# Objectif CRPE 2022

# Français

**Laurence Allain-Le Forestier**
Professeure de Lettres, docteure en Littérature
INSPÉ de Bretagne - Université Bretagne Occidentale

**Cécile Avezard-Roger**
Maitre de conférences en Didactique du Français
INSPÉ Lille Hauts de France - Université de Lille

**Véronique Bourhis**
Maitre de conférences en Didactique du Français
INSPÉ de l'académie de Versailles - CY Cergy Paris Université

**Kathy Similowski**
Maitre de conférences en Sciences du langage
INSPÉ de l'académie de Versailles - CY Cergy Paris Université

**Sous la direction de Véronique Bourhis**

hachette
ÉDUCATION

Cet ouvrage a été rédigé
avec la nouvelle orthographe rectifiée.

hachette s'engage pour l'environnement en réduisant l'empreinte carbone de ses livres. Celle de cet exemplaire est de : 1,7 kg éq. $CO_2$
Rendez-vous sur www.hachette-durable.fr

PAPIER À BASE DE FIBRES CERTIFIÉES

Couverture : Stéphanie Benoit
Maquette intérieure : Manon Guérin
Mise en pages : Médiamax
Édition : Élisabeth Sanchez

ISBN : 978-2-01-787728-8

58, rue Jean Bleuzen, 92170 Vanves
www.parascolaire.hachette-education.com


*L'éditeur remercie Laurent Bonnet et Julien Cumineto, auteurs des pages sur la présentation du concours de recrutement de professeur des écoles (p. 6-11).*

Achevé d'imprimer en août 2021 en Espagne par Grafo - Dépôt légal: Septembre 2021 - Édition 01 - 21/8766/2

# SOMMAIRE

## Tout savoir sur le concours et l'épreuve écrite de français



## ÉTUDE DE LA LANGUE

# RÉFLEXION ET DÉVELOPPEMENT

# Tout savoir sur le concours et l'épreuve écrite de français

## 1 Les modalités du Concours de recrutement de professeurs des écoles (CRPE)

### Conditions d'inscription pour le concours externe

À compter de la session 2022, **seuls les étudiants inscrits en 2^nde^ année de master** ou les candidats déjà **titulaires d'un master** pourront se présenter au concours externe de recrutement des professeurs.

**Faut-il détenir un master spécifique pour s'inscrire au concours externe rénové ?**

Non. L'inscription au concours est conditionnée à la détention d'un niveau de diplôme (master 2), pas à celle d'un titre spécifique.

**Faudra-t-il présenter certaines attestations comme un brevet de secourisme ?**

Ces informations sont disponibles sur les sites académiques détaillant l'organisation des épreuves.

**Qu'en est-il des candidats en situation de handicap ?**

Les candidats en situation de handicap peuvent solliciter un aménagement des conditions de concours en adressant leur demande à l'un des médecins désignés par la Commission des droits et de l'autonomie des personnes handicapées (CDAPH) territorialement compétente. La demande doit être formulée, au plus tard, à la date limite d'inscription au concours concerné, sauf dans le cas où le handicap est découvert après cette échéance ou si les besoins liés au handicap ont évolué. Le médecin rend un avis qui est adressé à l'autorité administrative compétente pour ouvrir et organiser le concours, dans lequel il propose des aménagements. L'autorité administrative décide, ensuite, des aménagements accordés et notifie sa décision au (à la) candidat(e). **Voir la circulaire n° 2015-127 du 3 août 2015.**

### Se préparer au concours

#### Le master MEEF des INSPÉ

▶ Pour devenir professeurs des écoles, les étudiants ayant validé une licence peuvent suivre la formation du **master MEEF** (Métiers de l'enseignement, de l'éducation et de la formation). Ce master, organisé par les INSPÉ (Institut national supérieur du professorat et de l'éducation), oriente ses enseignements sur la préparation au concours et dispense une **formation universitaire professionnalisante**, fondée sur une articulation entre le théorique et la pratique, à partir d'expériences et de **stages en milieu professionnel**. L'ensemble du parcours de formation comprend des activités diversifiées correspondant à 800 h d'enseignement et d'encadrement pédagogique, hors stage, par étudiant (annexes de l'arrêté du 27 août 2013 fixant le cadre national des formations dispensées au sein des masters MEEF, modifié par l'arrêté du 24 juillet 2020).

▶ Dans le cadre des MEEF, les étudiants peuvent être recrutés par le rectorat en qualité d'**alternants en école** (le plus souvent, en M2) et donc placés en responsabilité devant des élèves, avec un temps de service correspondant à un tiers de l'obligation réglementaire de service annuelle (selon les académies, cela équivaut à une journée en responsabilité par semaine). Ce temps de service pouvant être réparti sur les différents semestres du master, sa bonne articulation avec les temps de formation à l'INSPÉ doit favoriser la réussite des étudiants au concours.

▶ Cette formation, particulièrement ambitieuse pour eux, varie en fonction des INSPÉ. Si celle-ci vous intéresse, vous pouvez participer à des journées « portes ouvertes » ou prendre contact avec le responsable du master.

**L'alternance à l'INSPÉ est-elle rémunérée ?**

L'alternance des étudiants en M2 repose sur un contrat de travail, avec une rémunération mensuelle autour de 720 € nets (en 2021). Celle-ci est cumulable avec la bourse, si l'étudiant en bénéficie. Les étudiants ne sont pas obligés d'être alternants en 2e année de master. Ils doivent alors réaliser une ou plusieurs périodes de stage, pour un total de 18 semaines.

**Plus d'informations sur le site www.devenirenseignant.gouv.fr.**

▶ Des INSPÉ proposent parfois des formations à distance qui permettent à certains candidats de bénéficier d'un accompagnement important, tout en poursuivant une activité professionnelle.

### Les formations privées

De nombreux organismes privés proposent des formations payantes et un accompagnement annuel à la carte (concours blancs corrigés, remises à niveau, accompagnement individualisé, etc.).

### En candidat libre

C'est la solution qui vous permet de réviser à votre rythme et en fonction de vos disponibilités professionnelles et/ou familiales. Vous ne pourrez, cependant, compter que sur vous-même et sur vos propres lectures pour réussir le concours.

## Un concours académique

▶ Le **choix de l'académie** au moment de l'inscription au CRPE est très important : les admis seront affectés dans une école de l'académie où ils ont réussi le concours. **L'admission dans une académie ne vaut donc pas admission dans les autres.** Pour changer d'académie, vous devrez faire une demande de mutation. Or, pour que celle-ci soit acceptée, il faut, souvent, attendre plusieurs années.

▶ Les académies précisent, toujours, les dates des épreuves et leurs modalités pratiques sur leur site Internet.

**Nombre de postes par académie**

Les **taux d'admission** sont très différents d'une académie à l'autre. Cela dépend de plusieurs facteurs, dont le nombre de candidats, les besoins en postes dans l'académie ou encore le nombre d'habitants.

## Le contenu des épreuves du concours externe

▶ Les épreuves des concours de recrutement de professeurs des écoles sont précisées en annexes de l'arrêté du 25 janvier 2021 fixant les modalités d'organisation du concours externe, du concours externe spécial, du second concours interne, du second concours interne spécial et du troisième concours de recrutement de professeurs des écoles.

### Les épreuves écrites d'admissibilité

▶ **3 épreuves d'admissibilité** sont organisées **à l'écrit** :
– une épreuve écrite de **français** ;
– une épreuve écrite de **mathématiques** ;
– une épreuve écrite d'**application**.

▶ L'épreuve d'application est à choisir parmi 3 domaines :
– Histoire, Géographie, Enseignement moral et civique ;
– Arts ;
– Sciences et Technologie.

▶ En Histoire/Géographie/EMC et en Arts, 2 composantes seront au programme (par exemple, Histoire/EMC pour le domaine de l'Histoire, Géographie, EMC et Histoire des arts/Éducation musicale pour le domaine des Arts), comme l'évoque le BO : « *Au titre d'une session, la commission nationale compétente* [...] *détermine deux composantes parmi les trois enseignements.* »

| Épreuves d'admissibilité | Durée | Note |
|---|---|---|
| **Français** | 3 h | sur 20 (coeff. 1) |
| **Mathématiques** | 3 h | sur 20 (coeff. 1) |
| **Épreuve d'application** | 3 h | sur 20 (coeff. 1) |

▶ Les copies des épreuves écrites d'admissibilité des candidats sont rendues anonymes avant d'être soumises à une double correction. À l'issue de celle-ci, le jury fixe, après délibération, la **liste des candidats admis à subir les épreuves d'admission**. En cas d'échec, vous pouvez vous rapprocher du rectorat pour demander vos copies, afin d'en analyser les erreurs.

### Les épreuves orales d'admission

▶ **2 épreuves d'admission** sont organisées **à l'oral** :
– **une épreuve de leçon :** elle porte, successivement, sur le français et les mathématiques. Elle a pour objet la conception et l'animation d'une séance d'enseignement à l'école primaire, dans chacune de ces matières, à partir d'un dossier, fourni par le jury, comportant au plus 4 documents de nature variée (supports pédagogiques, extraits de manuels scolaires, traces écrites d'élèves, extraits des programmes...). Elle vise à apprécier votre maitrise disciplinaire et vos compétences pédagogiques ;
– **une épreuve d'entretien :** une 1re partie est consacrée à l'éducation physique et sportive, intégrant la connaissance scientifique du développement et la psychologie de l'enfant (à partir d'un sujet fourni par le jury, proposant un contexte d'enseignement et un objectif d'acquisition pour la séance, vous devez proposer une situation d'apprentissage) ; et une 2nde partie porte sur votre motivation et votre aptitude à vous projeter dans le métier de professeur au sein du service public de l'Éducation.

| Épreuves d'admission | Temps de préparation | Temps d'examen |
|---|---|---|
| **Épreuve de leçon (coeff. 4)** | 2 h | • Français (noté sur 10) : 30 min |
| | | • Mathématiques (noté sur 10) : 30 min (exposé : 10-15 min / entretien : 15-20 min) |
| **Épreuve d'entretien (coeff. 2)** | 30 min | • 1^re^ partie (noté sur 10) : 30 min (exposé : 15 min au maximum / entretien : 15 min au minimum) |
| | | • 2^nde^ partie (noté sur 10) : 35 min |

▶ Les 5 épreuves sont notées sur 20. Toute note inférieure ou égale à 5 sur 20 est éliminatoire. La note 0 obtenue à l'une des 2 parties de l'épreuve d'admission est éliminatoire.

▶ Les candidats admissibles qui en ont fait la demande au moment de leur inscription peuvent subir une **épreuve facultative de langue vivante étrangère** : allemand, anglais, espagnol ou italien. L'épreuve est notée sur 20. Seuls les points obtenus au-dessus de 10 sont pris en compte pour l'admission des candidats à l'issue des épreuves.

▶ Dans le concours externe spécial de recrutement de professeurs des écoles chargés d'un enseignement de et en langue régionale, les épreuves écrites et orales sont les mêmes. Le (La) candidat(e) aura, en plus, une épreuve écrite en langue régionale, ainsi qu'une épreuve orale de langue régionale.

▶ À l'issue des épreuves d'admission et après délibération, le jury, en fonction du nombre total de points que les candidats ont obtenus à l'ensemble des 2 séries d'épreuves et dans la limite des places mises au concours, fixe, par ordre de mérite, la **liste des candidats sur la liste principale** et établit, dans le même ordre, **une liste complémentaire**.

**À SAVOIR**

Pour les candidats admissibles, les points capitalisés à l'écrit ne peuvent suffire à obtenir le CRPE. La différence se fait à l'oral, et notamment sur les compétences pédagogiques et didactiques du (de la) candidat(e).

## Conseils pour réussir le concours

### Organisez-vous pour travailler efficacement

▶ Se préparer à un concours de recrutement de l'Éducation nationale est **un marathon**. Pour tenir le rythme et assimiler au mieux les expériences et les savoirs, il faut commencer à travailler le plus tôt possible !

• Si vous êtes en M1 et inscrit(e) en MEEF, préparez-vous un plan de travail dès cette 1^re^ année de master.

• Si vous êtes en M2, commencez vos révisions dès le début de l'été ! D'autant que, si vous suivez la formation à l'INSPÉ, **vous aurez des échéances importantes à tenir en plus de votre concours** (stages en alternance, mémoire professionnel, examens de M2).

▶ Avec un rythme régulier et précoce, vous appréhenderez les apprentissages plus sereinement ! Planifiez donc vos révisions en vous fixant des objectifs raisonnables sur **un emploi du temps mensuel, voire annuel**, qui mélange le personnel et le scolaire, et que vous pourrez faire évoluer au fil des semaines. C'est le meilleur outil pour savoir où vous en êtes.

▶ Constituez-vous des **fiches de révision** par type d'épreuve (écrit français, écrit mathématiques, écrit H-G/EMC).

▶ **L'oral ne peut se réussir qu'en le préparant dès le début de l'année.** Des révisions régulières vous permettront de consolider vos connaissances et d'appréhender plus efficacement les enjeux didactiques et pédagogiques des mathématiques et du français. Dans le même esprit, un travail très anticipé sur l'épreuve d'entretien permettra de laisser murir votre réflexion et votre projet professionnel.

### Coopérez et mutualisez vos travaux avec un petit groupe de candidats

▶ Réussir un concours aussi exigeant tout(e) seul(e) est très difficile. Essayez de constituer **un trinôme ou un binôme de travail** sur lequel vous pourrez vous appuyer dans les moments difficiles. Constituez votre groupe en fonction de vos compétences. Il est, par exemple, plus stratégique de travailler avec des étudiants qui se débrouillent bien en mathématiques si vous avez des lacunes dans cette discipline. De la même façon, optez pour un groupe avec des étudiants qui travailleront la même discipline que vous pour l'épreuve écrite d'application, si vous êtes sûr(e) de votre choix. Enfin, entrainez-vous à plusieurs sur des sujets zéro ou des concours blancs tout au long de l'année et mutualisez vos travaux.

▶ Dans le cadre de votre formation à l'INSPÉ ou dans d'autres types de formations privées, vous pouvez, très rapidement, commencer à repérer d'autres étudiants qui ont le même profil que vous mais avec des **compétences complémentaires**.

▶ N'hésitez pas à vous rapprocher de vos formateurs ou bien de professeurs du 1er degré, qui partageront avec vous leurs expériences. Ce lien peut vous permettre de **construire une culture du métier** indispensable pour discuter efficacement des problématiques posées durant les épreuves.

### Découvrez ce qu'est un élève

▶ Cela peut paraitre évident, mais avez-vous déjà vu des élèves de maternelle ? Avez-vous déjà observé des élèves en train de faire de la géographie en CM1 ?

▶ **L'élève est le sujet central du concours.** Le système éducatif est construit pour tâcher de le faire réussir, et il ne doit pas être un angle mort de vos révisions. La nouvelle mouture du CRPE est portée sur les enjeux didactiques et pédagogiques. La plupart des questions qui vous seront posées – à l'écrit comme à l'oral – vous amèneront à concevoir des situations pour faire travailler efficacement les élèves, leur faire acquérir des apprentissages, les faire progresser, etc.

▶ Si vous êtes inscrit(e) dans la formation à l'INSPÉ, **tirez parti le plus possible de vos stages, que vous soyez en observation ou en alternance**. Faites-vous des fiches thématiques avec des exemples concrets observés ou éprouvés, qui vous permettront d'illustrer vos propos lors des oraux et de mettre en perspective vos connaissances théoriques (l'école inclusive, l'évaluation, les valeurs de la République…).

### Adoptez une posture réflexive

▶ **Le professeur est un « *praticien réflexif* »** (Philippe Perrenoud), c'est-à-dire qu'il réfléchit pour concevoir et mettre en œuvre son enseignement, élabore des stratégies pour remédier aux problématiques rencontrées face aux élèves. Cette posture, vous ne pouvez, bien sûr, pas encore l'incarner, mais vous pouvez parfaitement commencer à l'appréhender en vous posant des questions de manière systématique, face aux différents enjeux scientifiques, didactiques et pédagogiques rencontrés. Les épreuves d'oral vous demandent, en effet, d'adopter une posture réflexive, d'être ouvert(e) au questionnement, d'imaginer des solutions face aux études de cas proposées, de réfléchir à voix haute à propos des enjeux du métier de professeur.

▶ Tâchez aussi de **suivre l'actualité du système éducatif** dès que possible et tout au long de votre année de concours. Faites-vous des fiches à propos des grands débats scolaires ou disciplinaires. Il ne s'agit pas d'être un expert de toutes les réformes qui doivent intervenir dans le système éducatif, mais de connaitre celles qui, dès la rentrée suivante, auront un impact sur votre enseignement.

## Luttez sans relâche contre le stress !

▶ **Adoptez une bonne hygiène de vie** pendant votre année de concours. Évitez aussi les nuits blanches, qui vous donneront l'impression d'avancer dans vos révisions mais qui diminueront la faculté de votre cerveau à retenir toutes les informations.

▶ Des études scientifiques ont prouvé, depuis longtemps, que **le cerveau a besoin de se reposer régulièrement pour être au maximum de ses capacités**. Le seul moyen de le ménager est de dormir ou se relaxer, en lisant un livre, en jouant modérément aux jeux vidéo, en allant se promener, en faisant du sport, etc. Le sommeil permet de régénérer les cellules du cerveau et de réorganiser ses pensées : en cas de fatigue prononcée, adoptez la micro-sieste de 15-20 min !

▶ **Ne vous coupez pas du monde !** Si vous organisez correctement vos révisions, vous pourrez profiter de vos proches, de vos amis, et sortir de chez vous. Accordez-vous des récompenses quand vous êtes satisfait(e) de votre travail !

# 2 Présentation de l'épreuve écrite de français

**Épreuve écrite**
Coefficient : 1
Durée : 3 heures

## Définition de l'épreuve

▶ L'épreuve est définie dans l'arrêté du 25 janvier 2021 publié au journal officiel du 29 janvier 2021, fixant les modalités d'organisation du concours de recrutement de professeur des écoles.

▶ L'épreuve prend appui sur un **texte** (extrait de roman, de nouvelle, de littérature d'idées, d'essai, etc.) d'**environ 400 à 600 mots**.

▶ Elle comporte **trois parties** :
– une partie consacrée à l'étude de la langue, permettant de vérifier les connaissances syntaxiques, grammaticales et orthographiques du candidat ;
– une partie consacrée au lexique et à la compréhension lexicale ;
– une partie consacrée à une réflexion suscitée par le texte à partir d'une question posée sur celui-ci et dont la réponse prend la forme d'un développement présentant un raisonnement rédigé et structuré.

▶ L'**épreuve est notée sur 20.** Une note globale égale ou inférieure à 5 est éliminatoire.

## Programmes concernés

▶ Le programme de l'épreuve est constitué :
– du programme en vigueur de français du cycle 4 ;
– de la partie « L'étude de la langue au lycée » des programmes de français de seconde générale et technologique et de première des voies générale et technologique (BOEN spécial n° 1 du 22 janvier 2019).

▶ Les connaissances et compétences prescrites dans ces programmes doivent être maitrisées avec le recul nécessaire à un enseignement réfléchi du cycle 1 au cycle 3 de l'école primaire.

# 1.

# ÉTUDE DE LA LANGUE ET LEXIQUE

# L'étude de la langue et le lexique

L'épreuve « Écrit d'admissibilité de français » comporte trois parties dont une première sur l'étude de la langue « permettant de vérifier les connaissances syntaxiques, grammaticales et orthographiques du candidat » et une seconde sur le lexique et la compréhension lexicale.

## A Ce que recouvre « l'étude de la langue »

▶ L'étude de la langue permet de réfléchir au **fonctionnement de la langue française** et donc de s'intéresser :
– au lien oral-écrit (système phonologique) ;
– aux relations que les mots (groupes de mots) entretiennent dans la phrase, syntaxiquement et lexicalement ;
– aux relations que les éléments d'un texte entretiennent entre eux ;
– aux régularités et irrégularités orthographiques.
Autrement dit, le champ de l'étude de la langue comprend : la **grammaire**, l'**orthographe**, la **conjugaison** et le **lexique** tel que l'école le définit dans ses programmes scolaires, de l'école primaire au lycée.

▶ En grammaire, c'est la **grammaire de phrase** qui comporte le plus de notions et qui fait l'objet de nombreuses questions au concours. Cependant, les sujets font également référence à vos connaissances en **grammaire de texte** (cohésion du texte, emploi des connecteurs…) et en **grammaire du discours** (problèmes relatifs à l'énonciation).

▶ Les questions d'orthographe peuvent aussi bien concerner l'**orthographe lexicale** (choix de telle graphie dans un mot dérivé par référence au radical, explication de la forme de tel radical par un recours à l'étymologie…) que **grammaticale** (les chaines d'accord, par exemple).

▶ Vous devez connaitre le **système phonologique** : les phonèmes du français et leur transcription en alphabet phonétique international (API), qui permet de comprendre comment le français est constitué en plurisystème.

▶ Des questions sur la conjugaison peuvent vous conduire à analyser la **morphologie** de tel verbe conjugué, ou encore à expliquer l'emploi de tel **mode** ou de tel **temps**.

▶ Enfin, le lexique peut faire l'objet de questions sur le sens d'un mot ou d'une expression (**sémantique lexicale**) issus d'un texte, sur les procédés permettant de construire des mots dérivés, composés (**morphologie lexicale**).

**REMARQUE**

Certains faits de langue (notions de langue) peuvent être abordés selon différents angles. Ainsi, les pronoms peuvent-ils être étudiés en grammaire de phrase (nature et fonction des pronoms), grammaire de texte (progression des informations grâce à des procédés de reprise pertinents) ou grammaire du discours (prise en compte des locuteurs, de la situation d'énonciation).

## B Fonctionnement de la langue et manipulations syntaxiques

Puisqu'il s'agit de réfléchir au fonctionnement de la langue, il convient de bien définir les notions avant même de les analyser. Ainsi il importe de pouvoir :
– classer et identifier des faits en question (nature, fonction des mots) ;
– analyser et commenter. Il faut alors être précis dans votre connaissance de la grammaire et justifier à l'aide des **manipulations syntaxiques**, qui permettent d'identifier et de vérifier les caractéristiques syntaxiques d'un mot ou d'un groupe de mots. Il existe cinq types d'opérations différentes.

### 1. L'effacement / la suppression

Cette manipulation permet de vérifier si le mot ou groupe de mots peut être supprimé, si sa présence est facultative, s'il est un constituant obligatoire.

**Ex. : Tous les soirs, cet homme politique écoute la radio.**

→ Si l'on peut supprimer le groupe *tous les soirs* ou encore le mot *politique*, on ne peut, en revanche, supprimer les groupes *la radio* et *cet homme politique* : **Cet homme écoute la radio.**

→ **Ces deux groupes de mots** sont essentiels à la construction syntaxique dans cette phrase.

### 2. Le déplacement

Il s'agit de déplacer un mot ou groupe de mots, permettant ainsi de vérifier sa fonction par sa mobilité ou pas dans la phrase. Reprenons l'exemple ci-dessus :

**Ex. : Tous les soirs, cet homme politique écoute la radio.**

→ On peut déplacer le GN *tous les soirs* : **Cet homme politique écoute la radio, tous les soirs. / Cet homme politique écoute, tous les soirs, la radio.**

→ Cette mobilité dans la phrase permet d'affirmer qu'il s'agit d'un complément circonstanciel.

### 3. L'ajout

C'est une opération qui permet d'enrichir une phrase, mais également de distinguer les natures grammaticales.

**Ex. : Tous les soirs, cet homme politique écoute la radio.** → **Tous les soirs, cet homme très* politique écoute la radio.** (forme asyntaxique)

→ En ajoutant l'adverbe *très* devant d'adjectif, on peut ainsi vérifier la catégorie et identifier un adjectif relationnel.

### 4. La substitution / le remplacement

Cela permet de distinguer des catégories grammaticales proches, telles que les déterminants.

**Ex. : Cet homme ajoute de la sauce sur ses pâtes. / Cet homme sort de la douche.** → On relève deux formes identiques (*de la*) et deux catégories différentes.

**Cet homme ajoute de la sauce sur ses pâtes.** → **Cet homme ajoute une / la / ma sauce sur ses pâtes.** → *De la = une, la, ma.* C'est donc bien un déterminant (ici un partitif).

**Cet homme sort de la douche.** → **Cet homme sort une / la / ma douche.** → *De la* n'est pas un déterminant mais est un groupe de mots constitué d'une préposition (*de*) et d'un déterminant (*la*). On peut ainsi remplacer *la* par un autre déterminant : **Cet homme sort de sa douche.**

## 5. L'encadrement

C'est une opération que l'on réserve souvent pour identifier un groupe sujet ou complément. La formule qui encadre (« C'est… qui ») permet cette identification.

**Ex. : Cet homme sort de la douche ⟶ C'est cet homme qui sort de la douche.**

⟶ *Cet homme* est sujet du verbe *sort.*

**Indiquez le sujet et les compléments des verbes soulignés dans le passage suivant.**

**Les enfants qui <u>franchissent</u> la porte de l'école disposent certes de la parole, mais leurs relations aux mots sont extrêmement inégales : la conscience de ce qu'est un mot [...], du territoire qu'il occupe par rapport aux autres mots, <u>est</u>, pour certains enfants, extrêmement confuse.**

**Alain Bentolila, *Le Vocabulaire et son enseignement*, Ressources pour l'école primaire, ministère de l'Éducation nationale, 2011.**

⟶ Dans ce passage, les manipulations syntaxiques permettent de justifier les réponses :

| Sujet | Verbe | Compléments de verbe |
|---|---|---|
| ***qui* :** pronom relatif, a pour antécédent *les enfants.*<br>⟶ Justifications possibles (en choisir une) :<br>– le pronom relatif *qui* non précédé d'une préposition est toujours sujet du verbe de sa proposition ;<br>– si on remplace le pronom par son antécédent, on obtient la phrase : ***Les enfants*** *franchissent la porte de l'école*, où *les enfants* est sujet du verbe, ce que prouve l'encadrement : *Ce sont* ***les enfants*** *qui franchissent la porte de l'école.* | ***franchissent*** | ***la porte de l'école* :** groupe nominal, COD.<br>⟶ Justification : le COD peut être pronominalisé par un pronom personnel (*le*, *la* ou *les*) : *Ils* ***la*** *franchissent.* |
| ***la conscience de ce qu'est un mot [...], du territoire qu'il occupe par rapport aux autres mots* :** groupe nominal (groupe nominal étendu).<br>⟶ Justifications possibles (en choisir une) :<br>– remplacement du sujet par un des pronoms personnels sujets de 3e personne : ***elle*** *est extrêmement confuse* ;<br>– encadrement par *C'est… qui.* | ***est*** | ***extrêmement confuse* :** groupe adjectif.<br>⟶ Justifications possibles (en choisir une) :<br>– quand il est complément d'un verbe attributif, un adjectif qualificatif est toujours attribut du sujet ;<br>– rappel des caractéristiques de l'attribut du sujet : non effaçable, non déplaçable, situé à droite du verbe dans la phrase de base ; remplaçable par le pronom *le* (à l'exclusion de *la* et *les*) ; complète un verbe attributif dont le prototype est le verbe *être.* |

Plusieurs types de manipulations sont à l'œuvre pour permettre d'identifier une nature grammaticale et une fonction : vous retrouverez ces opérations dans les fiches 4 à 15.

# FICHE 1 La terminologie grammaticale

La terminologie grammaticale permet de nommer les notions grammaticales. Selon les époques, les courants, cette terminologie évolue.

▸ Afin de faciliter votre navigation au sein de cet ouvrage, nous proposons de recenser les différents termes grammaticaux utilisés à l'université, à l'école, au collège et au concours.

▸ Certains termes ne sont plus usités mais peuvent persister dans l'usage ; la nouvelle terminologie grammaticale du MEN, parue en 2020, établit une nomenclature que vous utiliserez à l'école, mais certains termes ne font pas consensus. Ainsi, nous proposons une nomenclature qui vise à rassembler les différentes notions rencontrées. Seront notées également les abréviations souvent utilisées.

| Notion | Abréviation courante | Remarques |
|---|---|---|
| **CLASSES GRAMMATICALES (natures)** | | |
| Groupe nominal | GN / GPN | Le GNP est le groupe prépositionnel nominal.<br>Fiche 4, p. 28 |
| Nom | N | Fiche 4, p. 28 |
| Déterminant | Dét. | On ne dit plus adjectif (possessif, démonstratif).<br>Fiche 5, p. 30 |
| Adjectif | Adj. | Fiche 6, p. 35 |
| Groupe adjectival | GAdj | Fiche 6, p. 35 |
| Verbe | V | La terminologie MEN privilégie le mot *voix* (passive, active, impersonnelle et pronominale). Mais on trouve également le terme *forme* pour « forme pronominale/impersonnelle » voire « tournure impersonnelle ».<br>Fiche 8, p. 48 |
| Infinitif | Inf. | Fiche 8, p. 51 |
| Groupe infinitif<br>Groupe prépositionnel infinitif | GI<br>GPI | Fiche 8, p. 48 |
| Groupe verbal | GV | Fiche 8, p. 48 |
| Adverbe | Adv. | Fiche 9, p. 53 |
| Préposition | Prép. | Fiche 9, p. 54 |
| Pronom | Pr. | Fiche 7, p. 41 |
| Proposition subordonnée relative | PSR | Fiche 19, p. 115 |
| Proposition subordonnée conjonctive | | La terminologie MEN distingue les circonstancielles des complétives, s'intéressant à la fonction et non à la forme (conjonctive).<br>Fiche 21, p. 122 |
| Proposition subordonnée circonstancielle | | |

| Notion | Abréviation courante | Remarques |
|---|---|---|
| Proposition subordonnée infinitive | | Fiche 20, p. 120 |
| Proposition subordonnée interrogative indirecte | PS interrogative ind. | La terminologie MEN distingue les interrogatives totales et partielles. Les autres terminologies usent du qualificatif « interrogative indirecte » pour les deux types.<br>Fiche 20, p. 119 |
| **FONCTIONS** | | |
| Sujet | GS<br>GNS | Attention à cette abréviation (groupe nominal sujet) qui est usitée, et qui cumule la classe (groupe et fonction).<br>Fiche 10, p. 58 |
| Apposition | App. | La terminologie MEN parle d'apposition quand d'autres terminologies parlent d'épithète détachée.<br>Fiche 14, p. 77 |
| Épithète | | La terminologie MEN ne reconnait pas l'épithète liée ou détachée, elle parle uniquement d'épithète.<br>Fiche 14, p. 76 |
| Expansion du nom | | Fiche 14, p. 75 |
| Complément du nom | Ct du nom | On ne dit plus que la relative est complément de l'antécédent (ou complément du nom). Elle est épithète.<br>Fiche 14, p. 75 |
| Complément essentiel | | La terminologie du MEN ne reconnait pas le complément essentiel alors que la terminologie universitaire reconnait les compléments essentiels du verbe.<br>Fiche 3, p. 25 ; Fiche 12, p. 68 |
| Attribut | Attr. | Fiche 12, p. 68 |
| Complément d'objet direct/indirect/second | COD/COI/COS | La terminologie MEN ne parle pas de COS mais de COI.<br>On ne dit plus « complément d'attribution ».<br>Fiche 12, p. 66 |
| Complément circonstanciel | CC (ou C Circ.) | On ne dit plus « complément de phrase ».<br>Fiche 13, p. 72 |

# FICHE 2 Trois grammaires : la phrase, le texte, le discours

Selon l'objet étudié, on distingue trois sortes de grammaires :
– la grammaire de phrase ;
– la grammaire de texte ;
– la grammaire de discours.

## A La grammaire de phrase

FICHES 3 À 22, P. 22-125

▶ C'est la grammaire qui traite de notions relevant de la phrase : types et formes de phrases, natures et propriétés des constituants de la phrase, coordination et subordination.

▶ Les activités en lien avec la grammaire de phrase relèvent essentiellement de :

❶ **l'analyse grammaticale** qui permet de donner la nature et la fonction des mots ou groupes de mots, mais aussi le genre et le nombre, les temps, mode, voix et aspect.

**Exemple de consignes :** Classez les déterminants surlignés.

❷ **l'analyse logique** qui définit les relations dans la phrase complexe (étude des différentes propositions : donner la nature des propositions, ainsi que leur fonction pour les subordonnées).

**Exemple de consignes :** Relevez les propositions subordonnées relatives d'un paragraphe et analysez-les.

## B La grammaire de texte

FICHES 23 À 27, P. 142-156

La grammaire de texte prend comme unité d'analyse **le texte** et s'intéresse aux faits de langue qui entrent en jeu :

❶ **dans la cohérence du texte** : règle de répétition (reprises nominales et pronominales), de progression thématique, de non-contradiction, de congruence, etc. ;

❷ **dans la cohésion du texte** : enchainement des propositions, emploi de connecteurs, phénomènes de reprise, utilisation des temps verbaux et leur concordance, etc.

**Exemples de consignes :**
– Relevez toutes les reprises anaphoriques concernant le personnage principal.
– Rendez compte de la progression de l'information d'un texte.
– Étudiez les temps de verbes dans leur système énonciatif.

## C La grammaire de discours

FICHES 28 À 31, P. 170-181

▸ La grammaire de discours s'intéresse à l'**utilisation que les énonciateurs font des énoncés dans leurs productions orales ou écrites**, dans des contextes précis, adressés à des destinataires particuliers.

▸ Elle s'intéresse donc à **l'énonciation** (qui parle ? à qui ? où et quand ? dans quel but ?), à ses marques (**les déictiques**), aux phénomènes de **modalisation** (divers moyens linguistiques par lesquels l'énonciateur manifeste une attitude vis-à-vis de son énoncé et de son destinataire), pour étudier en quoi ce cadre énonciatif influe sur les productions verbales du locuteur.

> **Définition**
>
> **Déictiques :** mots appartenant à différentes classes grammaticales qui ne prennent leur sens qu'en relation avec la situation d'énonciation dans laquelle ils sont employés.

**Exemples de consignes :** Analysez l'énonciation de ce passage.

Ex. : **Je** suis **ici**.

▸ Cette grammaire du discours n'est pas enseignée en école primaire, mais **peut fournir des questions au CRPE**. De plus, de nombreux manuels de cycle 3 en proposent une initiation aux élèves (étude des situations de communication, présence d'un **locuteur** et d'un destinataire).

FICHE 28, P. 170

> **ATTENTION**
>
> On distingue la grammaire de discours et les formes de discours : discours direct, discours indirect, discours indirect libre.

# LA GRAMMAIRE DE PHRASE

**Notions de grammaire à mobiliser**



# FICHE 3 Nature et fonction dans la phrase

Chaque mot, chaque groupe de mots a une **nature** et une **fonction** dans la phrase.

Ex. : Chloé / fait / du sport.

→ *Chloé* est un groupe nominal constitué d'un nom propre, sujet du verbe *fait*.

→ *fait du sport* est un groupe verbal constitué du verbe *fait* et du groupe nominal *du sport*, complément essentiel.

## A Les groupes dans la phrase de base

### 1. La nature des groupes dans la phrase de base

▸ La phrase de base comprend **deux constituants (deux groupes)** obligatoires :

FICHE 4, P. 28

– **un groupe nominal** (GN) ou une autre unité avec lequel ce GN peut commuter. Ce groupe peut être ainsi composé d'une seule unité comme un **nom propre**, un **pronom personnel**.

FICHE 8, P. 48

– **un groupe verbal** (GV) constitué du verbe et des compléments du verbe (les compléments essentiels : COD, COI et attributs).

Ex. : Antoine mange.
nom propre (groupe nominal) ; verbe (groupe verbal)

Mon petit frère mange une pomme.
dét. adj. nom commun (groupe nominal) ; verbe COD (groupe verbal)

FICHE 13, P. 72

**REMARQUE**

On peut compléter une phrase de base par un (des) groupe(s) facultatif(s), déplaçable(s) et supprimable(s) qui a (ont) pour fonction : compléments circonstanciels.

Ex. : Tous les matins, mon petit frère mange une pomme.
Tous les matins : groupe nominal, CC ; mon petit frère : groupe nominal ; mange une pomme : groupe verbal

▶ Dans un GN, le **noyau est un nom**. Dans un GV, le **noyau est un verbe**.

### 2. Les fonctions des groupes dans la phrase de base

Dans la phrase de base, le **GN** est **sujet du verbe** et le verbe est le noyau de cette phrase.

Ex. : Antoine mange. ⟶ *Antoine* est sujet du verbe *mange*.

Mon petit frère mange une pomme. ⟶ *Mon petit frère* est sujet du verbe *mange*.

**REMARQUE**

Depuis Aristote, le sujet correspond à ce dont on parle, le groupe verbal ce que l'on dit du sujet, autrement dit à l'information nouvelle.

## B Nature et fonction

### 1. Nature

#### 1-1. Définition

▶ **En principe, un mot n'a qu'une nature** : celle-ci est constante, ne varie pas en fonction du contexte des phrases, et figure dans la définition du mot se trouvant dans le dictionnaire. C'est son identité.

**ATTENTION**

Il existe différentes terminologies pour signifier la nature : la classe, la classe grammaticale, la catégorie, la partie de discours.

▶ Cependant, selon l'usage qu'on en fait, un mot peut appartenir à **des classes différentes** :

Ex. : Un garçon fort.
fort : adjectif qualificatif, variable

Parler fort.
fort : adverbe, invariable

▶ Les mots sont regroupés en **neuf catégories** selon le fonctionnement qu'ils ont en commun. Voici ces **neuf classes grammaticales** :

| | | |
|---|---|---|
| Les classes variables | Noms | Ex. : chien, voiture, immobilité, Pierre… |
| | Déterminants | Ex. : les, mon, chaque, tous… |
| | Adjectifs | Ex. : laid, rouge, traditionnel, municipal… |
| | Pronoms | Ex. : tu, il, chacun, qui, dont, le… |
| | Verbes | Ex. : être, avoir, danser, aller, vouloir… |
| Les classes invariables | Adverbes | Ex. : bien, très, surement, ne… pas… |
| | Prépositions | Ex. : dans, de, à, par, pour, sur… |
| | Conjonctions de subordination et de coordination | Ex. : que, comme, quand, lorsque… |
| | Interjections et onomatopées | Ex. : ouf ! hélas ! crac ! |

**ATTENTION**

On appelle **locution** une expression composée de plusieurs mots qui présentent les mêmes caractéristiques qu'un seul mot.

Ex. : À ce moment-là, elle vit Pierre sortir parce qu'il devait se rendre à la gare.
(À ce moment-là : locution adverbiale ; parce qu' : locution conjonctive)

### 1-2. Manipulation

Pour justifier de la **nature** d'un mot, on cherche quelles sont ses **substitutions possibles**, dans un rapport paradigmatique (par colonne) :

Ex. : Le/chat/mange ; Mon/chien/court. ⟶ *le* fonctionne comme *mon*, on peut les substituer l'un à l'autre (on dit qu'ils commutent), ils appartiennent donc à la même classe grammaticale (en l'occurrence, celle des **déterminants**).

## 2. Les fonctions dans la phrase

### 2-1. Définition

▶ La fonction correspond au **rôle** que joue un mot, un groupe de mots ou une proposition **dans une phrase**. Ainsi, dans des énoncés différents, un mot de même nature peut occuper des fonctions diverses.

▶ Lorsqu'on procède à l'analyse grammaticale d'un mot, on doit toujours **indiquer sa fonction en précisant le terme par rapport auquel le mot analysé fonctionne** (dans la mesure où une fonction correspond à la relation qui s'instaure entre deux unités).

**REMARQUE**

Certaines classes de mots n'ont pas de fonctions grammaticales : les déterminants, les prépositions, etc.

Ex. : Le chat dort. ⟶ Indiquer que « *chat* est sujet du verbe *dort/dormir* »,
et non : « *chat* est sujet ».

### 2-2. Les fonctions dans le groupe nominal (GN)

FICHES 4 ET 5, P. 28 ET 30

▶ Le nom est le **noyau du GN**. Les noms communs sont généralement précédés d'un **déterminant**. Les expansions du nom peuvent être assumées par des unités de classes différentes et peuvent avoir trois fonctions :

FICHE 14, P. 75

❶ **Épithète** : cette fonction est assumée le plus souvent par l'**adjectif** et la **proposition subordonnée relative (PSR)**. Une épithète peut être liée.

Ex. : ce garçon épuisé → L'adjectif *épuisé* a pour fonction : épithète du nom *garçon*.
nom adj.

Ce garçon qui court derrière moi est tombé. → La proposition subordonnée relative
nom PSR
*qui court derrière moi* a pour fonction : épithète du nom *garçon*.

❷ Dans le cas où l'épithète est détachée, on parle d'**apposition**.

Ex. : Épuisé, ce garçon se coucha.
→ L'adjectif *épuisé* a pour fonction : apposition du nom *garçon*.

Ce garçon, qui court derrière moi, est tombé.
→ La proposition subordonnée relative *qui court derrière moi* a pour fonction : apposition du nom *garçon*.

Cette expansion renvoie au même référent que le nom qu'elle complète. Une virgule isole l'expansion.

Ex. : Paris, capitale de la France. → *Paris* est une expansion au GN *capitale de la France*.

❸ **Complément du nom** : expansion introduite par une **préposition**.

Ex. : le livre de mon frère → *de mon frère* a pour fonction : complément du nom *livre*.
nom prép.

un seau en métal. → *en métal* a pour fonction : complément du nom *seau*.
nom prép.

**REMARQUE**

La fonction de complément du nom peut aussi être assumée par une proposition subordonnée complétive introduite par une **conjonction de subordination**.

Ex. : L'hypothèse qu'il échoue l'angoisse. → L'hypothèse de son échec l'angoisse.
PS complétive Ct de nom

## 2-3. Les fonctions par rapport au verbe

▸ **Le groupe sujet** : il est identifiable par **encadrement**. On peut l'entourer par : *c'est (ce sont)… qui*.

Ex. : Le petit chien qui court vite est à moi. → **C'est** le petit chien qui court vite **qui** est à moi.
groupe sujet

Le GN est **pronominalisable**. Ex. : **Matthieu** va à la piscine → **Il** va à la piscine.

FICHES 11 ET 12, P. 62 ET 66

▸ **Les compléments du verbe** : on ne peut en principe **ni les déplacer, ni les supprimer**. Ils sont **essentiels**. Les compléments du verbe dépendent du verbe et permettent de compléter son sens ; ils sont en lien étroit avec le verbe (contrairement aux compléments circonstanciels).

**VOCABULAIRE**

La nouvelle terminologie n'emploie plus le terme « complément essentiel » mais COD, COI.

– **Les compléments d'objet** (COD, COI, COS) : ils peuvent être **pronominalisés**.

Ex. : Il regarde **la télévision**. → Il **la** regarde. → COD (complément d'objet direct)

Il se souvient **de Julie**. → Il se souvient **d'elle**. → COI (complément d'objet indirect)

Il donne une fleur **à sa fiancée**. → Il **lui** donne une fleur. → COS (compl.d'objet second)

**REMARQUES**

• Il faut nuancer le caractère essentiel des compléments du verbe. Ainsi, un COD n'est pas obligatoirement exprimé : cela ne nuit pour autant ni à la grammaticalité ni au sens de la phrase.

Ex. : Il mange une pomme. / Il mange.
COD

• Un COI peut se placer avant ou après le COD ou être placé en tête de phrase.

Ex. : À sa mère, il offre un joli vase. → Il offre un joli vase à sa mère.
COI COD COD COI

– **Les compléments essentiels** de lieu, de temps, de poids, de mesure : on ne peut pas les supprimer, car ils sont « appelés » par le verbe qui en a besoin pour compléter son sens. Ils sont aussi **difficilement déplaçables**.

Ex. : Je vais au cinéma. Ce film dure deux heures.
C essentiel de lieu — C essentiel de temps

⟶ On peut les pronominaliser : *J'y vais. Le film les dure.*

– **L'attribut du sujet** : on le trouve **après les verbes d'état** (*être, paraitre, sembler, rester, avoir l'air*). Il s'établit une relation d'égalité sémantique entre l'attribut du sujet et le sujet.

Ex. : Il est sympathique. Mon père est médecin.
sujet — attribut du sujet — sujet — attribut du sujet

– **L'attribut du COD** : lorsqu'il existe un lien d'égalité sémantique entre **l'attribut du COD** et le **COD**.

Ex. : Je déclare la séance ouverte.
COD — attribut du COD

## 2-4. Les fonctions par rapport à la phrase

▸ **Les compléments circonstanciels complètent** non pas le verbe (contrairement aux compléments essentiels) mais **toute la phrase** et peuvent **être déplacés et supprimés**. Ils ne dépendent pas du verbe, et peuvent donc apparaitre avec n'importe quel verbe.

FICHE 13, P. 72

▸ D'un point de vue sémantique, on dit qu'ils apportent des **précisions sur les circonstances de l'action**.

Selon leur valeur sémantique, on distingue les compléments circonstanciels :
– de **lieu** : **À Paris**, en vélo, on dépasse les autos.
– de **temps** : **À 18 heures**, les magasins ferment.
– de **cause** : J'ai choisi le vélo **parce que les voitures polluent**.
– de **but** : Nous travaillons **pour réussir**.
– de **manière** : Ton frère roule **prudemment**.
– de **moyen** : Il a réalisé cette œuvre **avec très peu d'outils**.
– de **conséquence** : C'est **si** facile **qu'il réussira**.
– d'**opposition** : Il est venu **malgré mon interdiction**.
– d'**accompagnement** : Tu viendras **avec Chloé**.

## 2-5. Autres fonctions

FICHE 14, P. 75

▸ **Le complément de l'adjectif :** il donne une information complémentaire sur l'adjectif.

Ex. : C'est un monument passionnant à observer.
adjectif — Ct de l'adjectif *passionnant*

▸ **Le complément du pronom** : il complète le pronom.

Ex. : Que celui d'entre vous qui a apporté ce document se manifeste.
pronom dém. — Ct du pronon dém. *celui*

**ATTENTION**

Ne pas confondre **nature** (identité d'un mot, d'un groupe de mots, d'une proposition) et **fonction** (rôle joué dans une phrase). L'analyse grammaticale consiste à préciser à la fois la nature et la fonction des unités dans une phrase.

# EXERCICES

→ Corrigés p. 86



**1 Classez ces mots ou groupes de mots selon qu'il s'agit d'une nature ou d'une fonction.**

Nom, sujet, pronom relatif, attribut, COD, groupe verbal, déterminant, COS, adjectif qualificatif, verbe, adverbe, COI, complément du nom, préposition, groupe nominal, épithète, proposition subordonnée relative, conjonction, complément circonstanciel.

**2 Faites l'analyse grammaticale des mots ou groupes de mots soulignés.**

Rendez votre élève attentif aux phénomènes de la nature, bientôt vous le rendrez curieux ; mais, pour nourrir sa curiosité ne vous pressez jamais de la satisfaire. Mettez les questions à sa portée, et laissez les lui résoudre. Qu'il ne sache rien parce que vous le lui avez dit, mais parce qu'il l'a compris lui-même ; qu'il n'apprenne pas la science, qu'il l'invente. Si jamais vous substituez dans son esprit l'autorité à la raison, il ne raisonnera plus, il ne sera plus que le jouet de l'opinion des autres.

Jean-Jacques Rousseau, *Émile ou De l'éducation*, 1762.

**3 Dites si les mots soulignés sont complément d'objet indirect (COI) ou compléments du nom (Ct du nom).**

a) Il parle de ses vacances.
b) Les amis de ma voisine sont bruyants.
c) Elle se demande si le fils de son amie n'a pas de graves problèmes.
d) Les amis du maréchal-ferrant sont tous cavaliers.
e) Elle ne parle de ses soucis qu'à son meilleur ami.
f) La vie de bohème est épuisante.
g) La littérature des pays francophones se développe.
h) Les fraises du jardin sont excellentes.
i) Une angoisse s'empara du jeune Pierre.

**4 Dites si les mots soulignés sont attributs ou complément d'objet direct.**

a) Il passe pour un grand savant.
b) Juliette semble déçue par son amie.
c) Sa mère, qui était couturière, fabriquait des vêtements.
d) Il lui demanda une faveur.
e) La bonté est la chose la plus indispensable qui soit.
f) Souffrir parait toujours inutile.
g) Elle demeure très exigeante.
h) On prit sa déposition au commissariat.
i) Les zèbres sont des équidés.
j) Il l'aime.

# FICHE 4 Le nom – Le groupe nominal

FICHE 5, P. 30

On appelle **groupe nominal (GN)** un groupe de mots (ou syntagme) constitué, au minimum, d'un **déterminant** et d'un **nom**.

Ex. : le garçon ; un garde-manger ; les Pyrénées.

| le garçon | un garde-manger | les Pyrénées |
|---|---|---|
| dét. nom | dét. nom | dét. nom |
| GN | GN | GN |

## A Le nom : définition

▸ Le nom constitue le **noyau** du groupe nominal (GN).

**REMARQUE**

FICHE 14, P. 75

Le GN peut être enrichi et étoffé par l'ajout d'autres unités venant compléter le nom. Ce sont les **expansions du nom**.

Ex. : une belle chaumière, un enfant qui rit, la femme de mon frère.

▸ Le nom est variable en **genre** et **nombre**. Il est le donneur d'accord car c'est en fonction de son genre (masculin/féminin) et de son nombre (singulier/pluriel) que vont s'accorder les déterminants qui l'accompagnent ainsi que les éventuels adjectifs dans le cas d'un GN étendu.

▸ **Le genre d'un nom est arbitraire**, c'est-à-dire qu'il ne correspond pas à un choix mais est inhérent à ce nom.

Ex. : une chaise ⟶ féminin ; un tabouret ⟶ masculin.

## B Les différentes catégories de noms

### 1. Noms propres et noms communs

▸ **Les noms propres** désignent des « objets » (personne, ville, par exemple) singuliers, identifiables par ce nom (ex. : Paris ; Rome ; Lucie...) ; généralement, ils ne sont pas accompagnés de déterminant.

**REMARQUE**

Le nom propre s'écrit avec une majuscule et désigne un référent unique. Il n'est pas accompagné de déterminant, hormis l'article défini dans quelques cas (ex. : les Alpes ; la Loire ; le Titanic ; la Callas). Il n'entretient pas de relations sémantiques comme la synonymie, l'hyponymie, ou l'antonymie avec d'autres noms.

▸ **Les noms communs** désignent des « objets » aux caractéristiques communes (ex. : ami ; voiture ; mer ; ville...). Ils ont besoin d'un déterminant pour être actualisés, c'est-à-dire pour fonctionner dans l'énoncé.

### 2. Les caractéristiques sémantiques

On peut également distinguer les noms en fonction de leurs caractéristiques sémantiques.

▸ **Les noms animés** désignent des êtres vivants, humains ou non humains.
Ex. : un homme ; un loup...

▸ **Les noms inanimés** correspondent à des choses.
Ex. : une table ; un radiateur....
Ils se divisent en :
– **noms concrets** ; Ex. : baguette ; verre...
– **noms abstraits** ; Ex. : mélancolie ; joie...
– **noms comptables** pouvant être dénombrés et déterminés par un déterminant numéral ;
Ex. : trois (dét.) villes (nom) ; deux (dét.) cheminées (nom)...
– et **noms massifs (non comptables)** désignant un ensemble ne pouvant a priori recevoir cette détermination.
Ex. : *deux tristesses ;*cinq farines...

## C La substantivation

▸ **La substantivation** consiste à changer la classe grammaticale d'un mot pour en faire un nom (appelé aussi « substantif »). On parlera également de dérivation impropre.
Ex. : Il prêche le vrai du faux. → À l'origine, *vrai* et *faux* sont des adjectifs. Ici, ils sont substantivés, ils sont passés dans la classe grammaticale des noms.

▸ Ces substantifs peuvent avoir pour **origine** :
– un **nom propre** ; Ex. : un hercule ; un camembert ; un bordeaux
→ C'est la figure de l'**antonomase**.
– un **adjectif** ; Ex. : le beau ; le vrai
– un **infinitif** ; Ex. : le boire ; le manger ; le dîner...
– un **adverbe**. Ex. : le pour ; le contre

## EXERCICES

→ Corrigés p. 86

**1 Repérez les noms dans cet extrait et classez-les.**

La chaîne de librairies Virgin est en faillite, la Fnac vend des réfrigérateurs. Ne nous leurrons pas : la dématérialisation est une destruction, massive et programmée, de milliards de livres. Ne dites pas que vous n'avez pas été prévenu.

Frédéric Beigbeder, *Premier bilan après l'apocalypse*, Grasset, 2011.

**2 Identifiez les différentes formes de substantivation. Vous préciserez le changement de classe grammaticale.**

Un Harpagon, une poubelle, un Picasso, un judas, un Dom Juan, un ampère, du morse, un labrador, un canari, du scotch, un portable.

# FICHE 5 Les déterminants

FICHE 4, P. 28

Le **déterminant** forme avec le **nom commun** le **groupe nominal (GN)**.

Ex. : le chat ; des sardines ; certaines pensées.
(le = dét., chat = nom → GN ; des = dét., sardines = nom → GN ; certaines = dét., pensées = nom → GN)

## A Qu'est-ce qu'un déterminant ?

▸ Le déterminant précède toujours le nom. Il **s'accorde** avec lui **en genre** et **en nombre** et apporte des informations sur le sens. Ex. : le chien, la chienne, les chiens.

En linguistique, on parle d'**actualisateurs du nom** pour les désigner. Les déterminants permettent au nom de fonctionner dans l'énoncé : sans eux, le nom ne peut pas jouer son rôle dans la phrase. Ex. : (*chien mange os)

▸ Les déterminants sont **commutables** les uns avec les autres : un déterminant peut être remplacé par n'importe quel autre déterminant. Cette manipulation **syntaxique** peut permettre le cas échéant de distinguer déterminant et pronom.

**ATTENTION**

Ne pas confondre **déterminants** et **pronoms** !
Le déterminant accompagne le nom alors que le pronom remplace un nom.

Ex. : L'escargot est caché sous les feuilles. (L' = dét.) Un escargot est caché sous les feuilles. (Un = dét.)
Je l'aperçois. (l' = pronom) Je ~~un~~ aperçois.

## B La classe des déterminants

### 1. Les articles

Cette sous-catégorie appartient à la classe des déterminants.

#### 1-1. Les articles définis : *le, la, l', les*

On utilise l'article défini :
– lorsque le référent est connu de l'interlocuteur Ex. : La maitresse est arrivée en retard.
– lorsqu'il a déjà été introduit dans un texte. Il s'agit alors :
• d'une **reprise anaphorique** :

Ex. : En entendant les aboiements, un chat avait fui ; l'animal semblait effrayé.

• ou d'une **reprise avec une valeur générique** : Ex. : Le lion est le roi des animaux.

#### 1-2. Les articles indéfinis : *un, une, des*

On utilise généralement un article indéfini pour introduire :
– **un nom qui n'a pas encore été mentionné** précédemment ;
Ex. : Je vais te faire une confidence.
– **ou un nom avec une valeur générique**.
Ex. : Un loup ne s'approche que rarement des habitations.

Il peut aussi avoir **une valeur numérale** : on peut alors le commuter avec d'autres déterminants numéraux.

Ex. : Pour faire ce gâteau, il faut un/deux/trois œuf(s).

### 1-3. Les articles partitifs : *du, de la*

Les articles partitifs s'utilisent devant un nom « non-comptable ». Ils servent à désigner une certaine quantité parmi un tout. On peut les remplacer par *un peu de*.

Ex. : J'achète de la farine, du beurre et du sucre.

### 1-4. Les articles définis contractés : *au/aux, du, des*

▸ Il s'agit là d'un amalgame entre deux unités différentes, une préposition (*à* ou *de*) et un article défini, regroupés dans une seule et même forme.

Pour les mettre en évidence, on peut faire varier le genre du nom déterminé (passer du masculin au féminin) ou remplacer l'article défini par un autre déterminant.

Ex. : Je vais au marché. → Je vais à la piscine.
[prép. *à* + art. *le*] nom masc. — [prép. *à* + art. *la*] nom fém.

Ex. : Le chien du voisin est gentil. → Le chien de ma voisine est gentil.
[prép. *de* + art. *le*] nom masc. — [prép. *de* + art. *ma*] nom fém.

▸ La commutation permet alors de mettre en évidence qu'au correspond *à* + *le*, et *du* à *de* + *la*, c'est-à-dire à la **préposition + l'article défini**. C'est pour cela qu'on parle d'article défini contracté.

**ATTENTION**

**Ne pas confondre :**

– ***du*** **: article partitif** ou **article défini contracté** ;

Ex. : Il y a du vin sur la nappe. → *du* = article partitif (peut être remplacé par *un peu de vin*).

Le vélo du facteur est neuf. → *du* = préposition *de* + article défini *le* = article défini contracté (peut être remplacé par *de la factrice / de mon facteur*).

– ***de la*** **: article partitif** ou **préposition + article défini** ;

Ex. : Je reprendrais bien de la soupe. → *de la* = article partitif (peut être remplacé par *un peu de soupe*).

J'aime l'odeur de la pluie. → *de la* = préposition *de* + article défini *la*.

– ***des*** : **article indéfini** ou **article défini contracté**.

Ex. : Des enfants jouent dans la cour. → *des* = article indéfini, pluriel de *un*.

On entendait les rires des enfants. → *des* = préposition *de* + article défini *les* = article défini contracté.

## 2. Les déterminants

### 2-1. Les déterminants démonstratifs : *ce, cet, cette, ces* et les formes renforcées : *ce...-ci / cette...-là*

Ils peuvent être utilisés :

– avec une valeur **déictique**, c'est-à-dire en référence à la situation de communication (à l'oral, on peut aussi les associer à un geste pour montrer) ;

Ex. : Regarde comme cette fleur est belle !

– ou avec une valeur **anaphorique** pour reprendre un nom déjà mentionné dans un texte.

Ex. : Ma voisine est infirmière. Cette femme est admirable.

**ATTENTION**

On utilise désormais la **terminologie « déterminants »** (possessifs, démonstratifs, etc.) et non plus celle d'« **adjectifs** » (possessifs, démonstratifs…) pour ne pas confondre ces unités avec les adjectifs qualificatifs qui n'ont pas du tout le même fonctionnement.

### 2-2. Les déterminants possessifs : *mon, ton, son, ta, votre, leurs…*

▸ Les déterminants possessifs indiquent le **lien de possession** entre l'« objet » possédé (le nom déterminé) et le « possesseur ». Ex. : Mon voisin soigne ses plantes.

▸ Les **déterminants possessifs varient en genre et en nombre** mais aussi en personne (1re, 2e ou 3e personne), en fonction du possesseur.

Ex. : mon / notre voisin ⟶ 1re pers. singulier/pluriel
ton / votre voisin ⟶ 2e pers. singulier/pluriel
son / leur voisin ⟶ 3e pers. singulier/pluriel

### 2-3. Les déterminants indéfinis : *plusieurs, quelques, certains, aucun, nul, chaque, tout, divers…*

Ils peuvent revêtir des valeurs différentes :
– **pluralité** : Quelques enfants sont venus.
Certains parents se sont plaints.
– **nullité** : Nul homme n'est censé ignorer la loi.
Aucun enfant ne mange à la cantine.
– **totalité** : Tout élève se doit de respecter le règlement.

*Tout/tous/toutes* peut être associé à un autre déterminant : tous les enfants.

**ATTENTION**

Certains déterminants indéfinis tels que *autre*, *certain* deviennent adjectifs lorsqu'ils sont placés derrière le nom.

Ex. : Certains (dét.) enfants sont partis. / Les enfants, certains (adj.) de leur idée, sont partis.

### 2-4. Les déterminants numéraux (cardinaux) : *un, deux, quarante, cent…*

Ils indiquent le **nombre d'unités** désignées par le nom.
Ex. : Elle a quarante ans. Trois poules se sont sauvées.

### 2-5. Les déterminants interrogatifs ou exclamatifs : *quel(s), quelle(s), combien de*

Ils ont la même forme et peuvent se rencontrer dans des phrases **exclamatives** ou **interrogatives**.

Ex. : Quelle heure est-il ? Quelle chaleur aujourd'hui !
Combien de personnes as-tu invitées ? Combien d'efforts il a dû faire pour y arriver !

### 2-6. Les déterminants relatifs : *lequel, laquelle, lesquel(le)s, auquel, à laquelle, auxquel(le)s*

Réservé généralement à la langue écrite, le déterminant relatif est constitué de l'**article défini** (parfois contracté) et du **démonstratif interrogatif** *quel*. En plus de son rôle de détermination du nom, il a la particularité de renvoyer à ce qui précède (d'où son nom de relatif).

Ex. : Dis-moi si tu vas au cinéma, auquel cas j'irai aussi.

### 2-7. Les déterminants complexes : *beaucoup de, trop de, une foule de, etc.*

Ils sont constitués de plusieurs éléments qui peuvent se réduire à un seul déterminant.

Ex. : beaucoup d'enfants ⟶ les enfants

**EN RÉSUMÉ**

- Le déterminant précède un nom commun. Il s'accorde en genre et en nombre avec le nom auquel il se rapporte.
- Pour le repérer et justifier de sa classe grammaticale, on utilise une manipulation syntaxique : la **commutation** (permutation).
- La classe des déterminants est composée de deux types : articles et déterminants.

| Articles | Déterminants |
|---|---|
| • définis : *le, la, l', les* | • démonstratifs : *ce, cet, cette, ces* + les formes renforcées *ce…-ci/cette…-là* |
| • indéfinis : *un, une, des* | • possessifs : *mon, ton, son, ta, votre, leurs…* |
| • partitifs : *du, de la* | • indéfinis : *plusieurs, quelques, certains, aucun, nul, chaque, tout, divers…* |
| • définis contractés : *au/aux, du, des* | • numéraux (cardinaux) : *un, deux, quarante, cent…* |
| | • interrogatifs ou exclamatifs : *quel(s), quelle(s), combien de* |
| | • relatifs : *lequel/laquelle/lesquel(le)s, auquel/à laquelle/auxquel(le)s* |

→ *Corrigés p. 87*

## EXERCICES

**1 Relevez et classez les déterminants de l'extrait suivant.**

De mes observations personnelles, je déduirai déjà ceci : qu'on peut fort bien écrire correctement sinon académiquement, sans connaitre les règles de grammaire. Il suffit pour cela d'avoir senti la nécessité de quelques principes essentiels et surtout d'avoir, par de nombreux exercices, assoupli notre plume comme nous avons, au cours de nos premières années, assoupli notre langue au contact familial.

Extrait de *La grammaire en 4 pages*, Célestin Freinet, Site ICEM, Pédagogie Freinet.

**2 Analysez les déterminants du texte suivant.**

Une après-midi, à la récréation de quatre heures, le grand Michu me prit à part, dans un coin de la cour. Il avait un air grave qui me frappa d'une certaine crainte ; car le grand Michu était un gaillard, aux poings énormes, que, pour rien au monde, je n'aurais voulu avoir pour ennemi.

– Écoute, me dit-il de sa voix grasse de paysan à peine dégrossi, écoute, veux-tu en être ?

Émile Zola, « Le Grand Michu », *Nouveaux contes à Ninon*, 1870.

**3 Vous préciserez la nature des mots soulignés : article contracté, article indéfini, article partitif, préposition (*à*, *de*) ?**

Il revint du marché avec du pain et des fruits. Il avait été tenté par tous ces légumes sortant de terre qui avaient mûri au soleil. Il avait acheté de quoi faire une bonne salade de fruits qui les réjouirait tous. Allait-il manger des frites avec de la mayonnaise ? Des journées sans pain, il en avait connu, maintenant il voulait goûter à tout. À la bonne escalope ! voilà ce qu'il allait écrire sur son ardoise.

**4 Vous préciserez la nature des mots en gras : pronom ou déterminant ?**

a) Elle décida de **lui** donner une deuxième chance.
b) Nous pensons **le** faire au plus vite.
c) **Leur** histoire ne fait que commencer.
d) Il **te** le demande encore une fois.
e) Pierre et Jacques **leur** en sont reconnaissants.
f) J'ai acheté **du** pain frais qui sort du four.

**5 Identifiez la nature grammaticale des indéfinis dans ce texte.**

M. Myriel devait subir le sort de tout nouveau venu dans une petite ville où il y a beaucoup de bouches qui parlent et fort peu de têtes qui pensent. Il devait le subir, quoiqu'il fût évêque et parce qu'il était évêque. Mais, après tout, les propos auxquels on mêlait son nom n'étaient peut-être que des propos ; du bruit, des mots, des paroles ; moins que des paroles, des *palabres*, comme dit l'énergique langue du midi.

Quoi qu'il en fût, après neuf ans d'épiscopat et de résidence à Digne, tous ces racontages, sujets de conversation qui occupent dans le premier moment les petites villes et les petites gens, étaient tombés dans un oubli profond. Personne n'eût osé en parler, personne n'eût même osé s'en souvenir.

Victor Hugo, *Les Misérables*, 1er chapitre, 1862.

# FICHE 6 L'adjectif et le groupe adjectival

Le groupe nominal a besoin souvent de précisions, on peut lui adjoindre alors un **adjectif** ou un **groupe adjectival**.

Ex. : Un bel (adj.) enfant, un lieu sacré (adj.), un étudiant fier (adj.) de lui [groupe adjectival : fier de lui].

## A Qu'est-ce qu'un adjectif ?

### 1. Définition

▸ L'adjectif apporte une précision sémantique sur le nom qu'il complète et **s'accorde en genre et en nombre** avec lui.

Ex. : le beau (adj.) tableau (nom) → masculin/singulier — les belles (adj.) fleurs (nom) → féminin/pluriel

▸ On note toutefois **quelques exceptions** sur la règle d'accord pour certains adjectifs de couleurs :

– lorsqu'ils sont issus de noms communs ;

Ex. : une robe (nom) marron (adj.) ; des sandales (nom) orange (adj.) → Pas d'accord en genre et en nombre

– lorsqu'il s'agit d'adjectifs composés ;

Ex. : des feuilles (nom) bleu foncé (adj.) → Pas d'accord en genre et en nombre

▸ Dans un groupe nominal, l'adjectif peut être supprimé sans que cela ne modifie le fonctionnement de ce groupe.

Ex. : Sa petite (adj.) sœur (nom) est charmante. → Sa sœur est charmante.

▸ Les participes passés peuvent être employés comme des adjectifs. Ils fonctionnent alors comme ces derniers et assument les mêmes fonctions.

### 2. Adjectifs qualificatifs et relationnels

Les adjectifs peuvent être :

– **qualificatifs** : ils expriment les qualités que possède le nom noyau du groupe ;

– **relationnels** : ils expriment un simple rapport avec le nom sans connotation.

#### 2-1. L'adjectif qualificatif

▸ La qualification donne une appréciation qui peut se traduire par une valeur positive, négative ou neutre.

Ex. : la belle (adj. qual.) Julie (nom) — la mauvaise (adj. qual.) copie (nom) — une route (nom) large (adj. qual.)

▶ Dans un groupe nominal, l'adjectif qualificatif **peut être placé avant ou après le nom** qu'il qualifie :

– La place est imposée parfois par l'usage.

Ex. : une table (nom) ronde (adj. qual.) et non *une ronde table

– La place peut être **libre**. Ex. : un garçon (nom) sympathique (adj. qual.) / un sympathique garçon

– La place peut aussi **modifier le sens du groupe nominal**.

Ex. : un ami vieux (âgé) / un vieil ami (de longue date) un chien sale (dégoûtant) / un sale chien (mauvais, méchant)

### 2-2. L'adjectif relationnel

▶ L'adjectif relationnel donne une indication objective au nom.

Ex. : la classe (nom) politique (adj. relationnel)

▶ Il est toujours placé après **le nom**.

Ex. : un moine (nom) tibétain (adj. relationnel) des récits (nom) antiques (adj. relationnel)

**ATTENTION**

Les adjectifs ordinaux se placent toujours avant le nom.

Ex. : la deuxième (adj. ordinal) route (nom).

## B Les degrés de l'adjectif

▶ **L'adjectif** varie souvent en intensité, en degrés.
Cette intensité peut être exprimée :
– par rapport à un élément de référence, un étalon (comparatifs et superlatifs relatifs) ;
– ou en elle-même, sans référence à d'autres éléments (superlatifs absolus).

▶ Seuls les adjectifs qualificatifs sont gradables (susceptibles d'avoir une intensité).

### 1. Les comparatifs et superlatifs relatifs

#### 1-1. Les comparatifs relatifs

Les **comparatifs relatifs** expriment l'intensité en comparaison avec un élément de référence, par le biais d'adverbes et d'une conjonction de subordination :

– **comparatif de supériorité** ; Ex. : Il est [plus] (adv.) grand (adj.) [que] moi (élément de référence). — supériorité

– **comparatif d'infériorité** ; Ex. : Cet exercice est [moins] (adv.) facile (adj.) [que] le premier (élément de référence). — infériorité

– **comparatif d'égalité**. Ex. : Ils sont [aussi] (adv.) bêtes (adj.) l'un [que] l'autre (élément de référence). — égalité

**REMARQUE**

Certains comparatifs sont irréguliers et présentent une forme spécifique.

Ex. : meilleur, pire, moindre…

Dans les exemples ci-dessus, *que* n'est pas un adverbe (même s'il fonctionne avec l'adverbe) mais bien une conjonction de subordination (le verbe est sous-entendu).

### 1-2. Les superlatifs relatifs

**Les superlatifs relatifs** indiquent le plus bas ou le plus haut degré en référence à un ensemble :

– **superlatif relatif d'infériorité** : il est introduit par *le, la, les moins ;*

Ex. : C'est le roman le moins sombre de Balzac.
(le moins : superlatif relatif d'infériorité ; sombre : adj.)

– **superlatif relatif de supériorité** : il est introduit par *le, la, les plus.*

Ex. : Charlotte est la plus grande de sa famille.
(la plus : superlatif relatif de supériorité ; grande : adj.)

**REMARQUE**

L'étalon de référence est parfois implicite.

Ex. : Il est plus grand, c'est le meilleur.

## 2. Les superlatifs absolus

Les superlatifs absolus sont introduits par des adverbes. Ils indiquent un degré d'intensité fort ou faible de la propriété représentée par l'adjectif :

– **superlatifs absolus de supériorité** ;

Ex. : Un enfant très/extrêmement/fort sensible.
(très/extrêmement/fort : superlatifs absolus de supériorité ; sensible : adj.)

– **superlatifs absolus d'infériorité**.

Ex. : Un acteur très peu/pas du tout/moyennement convaincant.
(très peu/pas du tout/moyennement : superlatifs absolus d'infériorité ; convaincant : adj.)

**REMARQUE**

**Ne peuvent pas être complétés par un degré d'intensité :**
– les adjectifs relationnels, dérivés d'un nom (ex. : cardiaque, municipal…) ;
– les adjectifs exprimant une propriété non soumise à variation (ex. : carré, circulaire…) ;
– les adjectifs intégrant une notion d'intensité ou de comparaison (ex. : mineur, premier…) ;
Ex. : *une carte assez routière, *un triangle très isocèle, *le plus aîné des frères…

## C Les fonctions de l'adjectif

FICHE 14, P. 75

L'adjectif peut assumer différentes fonctions syntaxiques :

– Dans un groupe nominal, il peut être :

• **épithète** lorsqu'il détermine directement le nom.

Ex. : Ses longs cheveux gris faisaient tout son charme.
(longs, gris : adj. épithètes de *cheveux*)

• **apposé** lorsqu'il est séparé du nom par un signe de ponctuation, il n'appartient plus au groupe nominal mais ajoute une information.

Ex. : Ses cheveux, longs et gris, faisaient tout son charme.
(longs et gris : adj. apposé ; Ses cheveux, longs et gris, : groupe nominal)

**REMARQUE**

La terminologie grammaticale du MEN ne parle plus d'« **épithète détachée** » mais bien d'« **apposition** ». Ce que l'on pouvait traditionnellement appeler « épithète détachée » devient, selon cette terminologie, « **apposé** ». Traditionnellement l'apposition est **un terme qui établit une relation d'identité** avec son référent.

Ex. : Sophie, ma cousine, vit à Paris.
(ma cousine : GN apposé)

– Dans un groupe verbal, il peut être attribut :

FICHE 12, P. 68

- **attribut du sujet** après des verbes d'état (*être, sembler, paraitre, devenir…*) ;

Ex. : Ses cheveux sont longs et gris.
attribut du sujet *Ses cheveux*

- **attribut du COD**.

Ex. : Je trouve ton café délicieux.
attribut du COD *ton café*

Ils sont introduits souvent par un verbe de « pensée » (*trouver, penser, estimer…*).

## D Le groupe adjectival

### 1. Définition

▸ Lorsque l'adjectif qualificatif fonctionne comme noyau syntaxique (c'est-à-dire comme le **noyau** du groupe), on parle de « groupe adjectival ». L'adjectif n'est pas supprimable : c'est le noyau, donc le mot plus important. Il peut alors être complété par différentes unités.

Ex. : Le plus âgé est aussi le plus sympathique.
[Le plus âgé : adj. « âgé » → groupe adjectival ; plus sympathique : adj. « sympathique » → groupe adjectival]

→ « âgé » et « sympathique » sont ici les noyaux des groupes adjectivaux.

▸ L'adjectif qualificatif peut être complété de trois façons :
– par des adverbes et des affixes ;
– par des groupes prépositionnels ;
– par des compléments prépositionnels.

### 2. Les adverbes et les affixes

▸ Comme dans le GN, un noyau adjectival peut être déterminé par des adverbes qui correspondent aux degrés d'intensité spécifiés plus haut :

– *plus, moins, aussi* + adj. + *que*, comparatifs de supériorité, d'infériorité, d'égalité ;

Ex. : Il est plus sympathique que son frère. → Le noyau, non supprimable, est l'adjectif « sympathique ».
[plus : adv. ; sympathique : adj. → groupe adjectival]

– *peu, assez, moyennement, vraiment, très, trop, extrêmement, fort, bien…* pour indiquer un degré d'intensité faible, moyen ou élevé.

Ex. : Il est vraiment doué. → Le noyau, non supprimable est l'adjectif *doué*.
[vraiment : adv. ; doué : adj. → groupe adjectival]

▸ Certains adjectifs se voient également adjoindre des affixes (**préfixes** ou **suffixes**) qui viennent modifier leur sens.

Ex. : une affaire surmédiatisée, une crème hypoallergénique, un film génialissime.
[sur : préfixe ; hypo : préfixe ; issime : suffixe]

## 3. Les groupes prépositionnels

Un adjectif peut également être complété par un **groupe prépositionnel**.

Ex. : fou de rage, vert de peur, enclin à la paresse, apte au service, fier d'avoir réussi...

## 4. Les compléments propositionnels

Une proposition **subordonnée complétive** peut également intervenir en détermination d'un adjectif.

Ex. : Je suis fière que tu aies réussi le concours. (subordonnée complétive)

Je suis content que vous soyez venus. (subordonnée complétive)

# EXERCICES

→ Corrigés p.88

**1 Soulignez l'adjectif et précisez si celui-ci est qualificatif ou relationnel.**

a) une histoire merveilleuse
b) une remarque ridicule
c) une garde présidentielle
d) un festin royal
e) une robe noire
f) une fièvre aphteuse
g) une étoile polaire
h) une vaisselle étincelante
i) un décret préfectoral
j) une vieille automobile

**2 Dans l'extrait suivant, relevez tous les adjectifs, donnez leur genre et leur nombre en les justifiant.**

Cette croisade menée au nom des humanités classiques laisse Françoise Melonio perplexe : avec cette réforme, Sciences Po estime au contraire avoir recentré l'examen d'entrée sur les fondamentaux. La dissertation d'histoire a été maintenue et les candidats devront passer un oral de langue ainsi qu'une épreuve écrite de mathématiques, sciences économiques et sociales ou de littérature-philosophie – le commentaire d'un texte de Stendhal ou de Gracq l'année dernière, de Proust ou Chateaubriand la précédente. « La littérature ne fait-elle pas partie de la culture générale ? » sourit Françoise Melonio. Ces épreuves ont été complétées par un oral portant sur les goûts intellectuels des candidats et par l'examen de leur dossier scolaire depuis la classe de seconde. « Il permet de vérifier la cohérence de leur parcours et d'atténuer l'effet parfois aléatoire des épreuves écrites », explique-t-elle.

Anne Chemin, *Le Monde*, « La culture générale, outil de sélection rouillé » (extrait), 15 avril 2012.

**3 Donnez la fonction des adjectifs présents dans les phrases suivantes.**

a) Sa sœur, encore très jeune, va le rejoindre à Florence.

b) Il la trouve très jolie.

c) Les quatre enfants de ma grande sœur sont extrêmement sages.

d) Ses autres voisins sont toujours aimables.

**4 Relevez les adjectifs et précisez leur degré d'intensité en analysant la construction.**

Voici le plus gros des oiseaux d'eau, sans même en excepter le cygne ; et, quoique moins grand que le pélican ou le flamant, il a le corps bien plus épais, le cou et les jambes moins allongés et mieux proportionnés. Indépendamment de sa très forte taille, l'albatros est encore remarquable par plusieurs autres attributs qui le distinguent de toutes les autres espèces d'oiseaux.

Buffon, *Histoires naturelles*, 1750.

**5 Relevez les adjectifs du passage suivant et classez-les selon leur fonction.**

Il était une fois une veuve qui avait deux filles : l'aînée lui ressemblait si fort d'humeur et de visage, que, qui la voyait, voyait la mère. Elles étaient toutes deux si désagréables et si orgueilleuses, qu'on ne pouvait vivre avec elles. La cadette, qui était le vrai portrait de son père pour la douceur et l'honnêteté, était avec cela une des plus belles filles qu'on eût su voir. Comme on aime naturellement son semblable, cette mère était folle de sa fille aînée, et, en même temps, avait une aversion effroyable pour la cadette. Elle la faisait manger à la cuisine et travailler sans cesse.

Charles Perrault, *Contes*, « Les Fées », www.bnf.fr.

# FICHE 7 Les pronoms

Les pronoms sont utilisés pour remplacer des mots ou groupes de mots.

Ex. : Émile voit Hélène. ⟶ Il la voit.
nom nom pronoms

Mon cartable est plus solide. ⟶ Le mien est plus solide.
nom pronom

## A Qu'est-ce qu'un pronom ?

▸ Étymologiquement, le terme *pronom* signifie « pour un nom » : la plupart du temps, le pronom est mis à la place du **nom**. On parlera de **pronoms représentants**.

Ex. : Je prends cette chaise. ⟶ Je la prends.
nom pronom

**ATTENTION**

FICHE 5, P. 30

Ne pas confondre **déterminants** et **pronoms**.
Le déterminant accompagne le nom alors que le pronom remplace généralement un nom.

Ex. : Le cerisier du jardin est très vieux. Je le trouve beau.
art. déf. nom pronom personnel remplaçant *le cerisier*

▸ Mais un pronom peut remplacer également des mots ou groupes de **mots appartenant à d'autres classes grammaticales** :

– un **groupe nominal** (GN) ;

Ex. : Son père est menuisier ⟶ Il est menuisier.
GN pronom

– un **GN étendu**, voire une **portion de texte**, comme dans l'extrait suivant :

Ex. : Ah ! la brave chevrette, comme elle y allait de bon cœur ! Plus de dix fois, je ne mens pas, Gringoire, elle força le loup à reculer pour reprendre haleine. Pendant ces trêves d'une minute, la gourmande cueillait en hâte encore un brin de sa chère herbe ; puis elle retournait au combat, la bouche pleine… ⟶ Cela dura toute la nuit.

Alphonse Daudet, « La chèvre de M. Seguin », *Lettres de mon moulin*.

– un **adjectif** ;

Ex. : Son fils est grand, sa fille l'est aussi.
adj. pronom

– une **proposition subordonnée complétive**.

Ex. : Je crois qu'il fera beau demain. Je le pense aussi.
PS complétive pronom

FICHE 29, P. 174

▸ Les pronoms *je* et *tu* ne remplacent pas des noms mais correspondent au locuteur et à l'interlocuteur dans une situation d'énonciation : ce sont des **pronoms déictiques**. On parlera de **pronoms nominaux**.

## B Les catégories de pronoms

Les pronoms appartiennent à plusieurs catégories selon le **référent** qu'ils remplacent.

**REMARQUE**

On appelle **référent**, le mot ou groupe de mots que le pronom remplace :
Ex. : J'ai une bonne idée. Je la soumets au comité.
référent pronom

→ *Une bonne idée* (GN) est le référent du pronom *la*.

### 1. Les pronoms personnels : *je, tu, il, elle, nous, vous, ils, elles, me, moi, te, toi, le, la, lui, leur, eux, elles...*

#### 1-1. Les pronoms personnels représentants ou déictiques

On distingue :
– Ceux qui ont une valeur anaphorique : **les pronoms personnels représentants**. Ils « représentent » un référent dont on a déjà parlé en le reprenant.

Ex. : Je lis un roman policier. Il est vraiment intéressant.
référent pronom pers. repr.

→ *Il* est un pronom anaphorique car il reprend un référent annoncé précédemment.

– Ceux qui renvoient à un des interlocuteurs dans une situation d'énonciation : **les pronoms déictiques**.
Ex. : Je suis contente d'être avec toi. → *Je* et *toi* renvoient aux personnes qui parlent.

#### 1-2. La forme des pronoms personnels

Les pronoms personnels changent de **forme** selon la **fonction** qu'ils assument, sauf *on* (pronom personnel indéfini) qui n'existe qu'en fonction sujet.

| Fonction Sujet | Fonction COD | Fonction COI |
|---|---|---|
| je | me | moi |
| tu | te | toi |
| il/elle | le/la/ | lui |
| nous | nous | nous |
| vous | vous | vous |
| ils/elles | les | leur |

#### 1-3. Les pronoms personnels réfléchis : *me, te, se, nous, vous, se*

▸ On parle de pronom personnel **réfléchi** lorsqu'il y a identité de référent entre ce pronom (en fonction COD) et le sujet.

Ex. : Elle se lave. → *se* est un pronom personnel réfléchi.
Sujet COD

#### 1-4. Les pronoms toniques : *moi, toi, lui, elle, nous, vous, eux, elles*

▸ On dit que le pronom est **tonique** lorsqu'il est accentué.
Ex. : Moi, j'aime bien le français ! → *moi* est le pronom tonique de la 1re personne.

## 2. Les pronoms adverbiaux : *en*, *y*

▸ *Y* remplace un groupe prépositionnel introduit par *à* ou *dans*, il peut assumer différentes fonctions :

– **complément circonstanciel** ;

Ex. : Il s'y promène souvent. ⟶ *y* = à la campagne

– **complément essentiel** ;

Ex. : Ils y vont. ⟶ *y* = à la piscine

– **complément d'objet indirect**.

Ex. : Nous y pensons ⟶ *y* = aux vacances

▸ *En* remplace généralement un groupe prépositionnel introduit par *de*, sauf dans le cas du COD. Il peut assumer différentes fonctions :

– **complément d'objet direct** ;

Ex. : Des fraises, j'en veux. ⟶ *en* = des fraises

– **complément d'objet indirect** ;

Ex. : Je m'en inquiète. ⟶ *en* = de cette situation

– **complément circonstanciel** ;

Ex. : J'en sors à l'instant. ⟶ *en* = du bureau

– **complément du nom**.

Ex. : Ce parfum me dérange, je n'en supporte pas l'odeur. ⟶ *en* = de ce parfum

**EN RÉSUMÉ**

| | Pronoms personnels | | | | | Pronoms adverbiaux |
|---|---|---|---|---|---|---|
| **personnes** | **sujets** | **réfléchis** | **toniques** | **COD** | **COI** | |
| 1re sing. | je | me | moi | me | me | en, y |
| 2e sing. | tu | te | toi | te | te | |
| 3e sing. | il/elle/on | se | lui, elle | le, la | lui | |
| 1re plur. | nous | nous | nous | nous | nous | |
| 2e plur. | vous | vous | vous | vous | vous | |
| 3e plur. | elles/elles | se | eux, elles | les | leur | |

## 3. Les pronoms possessifs : *le mien*, *la mienne*, *les tiens*, *le sien*, *les nôtres*, *le leur*...

En plus de varier en genre et en nombre, les pronoms possessifs varient en fonction de la **personne** qui possède.

Ex. : Ton chien est gentil, le mien l'est aussi. ⟶ *le mien* = le chien de *moi*
pronom poss.

**REMARQUE**

Le **pronom possessif** est bien constitué de deux formes : le + mien.

## 4. Les pronoms démonstratifs : *ça, ce, cela, ceci, celui, celle(s), ceux, celui-ci, celui-là...*

▸ Ils connaissent des **formes invariables** qui sont **neutres**.

Ex. : Ça suffit ; c'est bien ; cela me convient...

▸ Ils connaissent des **formes variables** en **genre** et en **nombre** :

Ex. : Mes filles sont sportives, celles de ma sœur aussi.
⟶ féminin pluriel

▸ Il existe également des formes composées, renforcées par *-ci* et *-là* :

Ex. : Ne prends pas ces fraises ; celles-là sont plus juteuses.

**REMARQUE**

Les formes variables sont toujours complétées :
- soit par un **adverbe** : ceux-là ;
- soit par une **relative** : ceux **qui partent** ;
- ou encore par un **groupe prépositionnel** : celui **d'entre nous**.

## 5. Les pronoms indéfinis : *plusieurs, certains, peu, beaucoup, tous, aucun, chacun, nul(le), personne, quelques-uns, la plupart...*

Les pronoms indéfinis forment un tout hétéroclite.

– Certains expriment une **pluralité**.

Ex. : Plusieurs sont venus ; certains se sont plaints...

– Certains expriment une **totalité**.

Ex. : Tous étaient ravis ; tout est prêt...

– D'autres expriment une **quantité nulle**.

Ex. : Je n'ai rien vu ; je n'ai vu personne ; nul n'est censé ignorer la loi ; aucun n'est venu...

– D'autres encore expriment une **unicité**.

Ex. : Quelqu'un a sonné ; chacun prend son matériel....

**ATTENTION**

Certains **pronoms indéfinis** ont la même forme que les **déterminants indéfinis**. Pour les distinguer, il faut chercher s'il y a un nom. Le déterminant est suivi d'un nom, mais pas le pronom.

Ex. : Plusieurs (pronom ind.) sont rentrés chez eux. Plusieurs (dét.) enfants (nom) sont rentrés chez eux.

## 6. Les pronoms relatifs : *qui, que, quoi, dont, où, lequel, laquelle, duquel, desquels, auquel...*

FICHE 19, P. 115

▸ Les pronoms relatifs servent **à introduire une proposition subordonnée relative (PSR)**. Ils permettent de reprendre un nom (généralement un GN), son antécédent.

▸ Ils assument également une **fonction** par rapport au verbe de la subordonnée qu'ils introduisent : leur forme change selon la fonction qu'ils assument.

Ex. : Le garçon (nom) qui (pronom) arrive (verbe) s'appelle Pierre.
[qui arrive : PSR]

⟶ *Qui* introduit ici une proposition subordonnée relative (*qui arrive*), il reprend le nom *garçon* et est sujet du verbe *arrive*.

Ex. : Le garçon que j'ai rencontré s'appelle Pierre.
nom pronom verbe
PSR

⟶ *Que* introduit ici une proposition subordonnée relative (*que j'ai rencontré*), il reprend le nom *garçon* et est COD du verbe *ai rencontré*.

▸ On distingue :
– les **formes simples** : *qui, que, quoi, dont, où.*
– les **formes composées** : *lequel, laquelle, desquelles, auxquelles, à laquelle…*

## 7. Les pronoms interrogatifs : *qui, que, quoi, lequel, laquelle ?…*

▸ On les rencontre dans :

– des **interrogatives directes** ;

Ex. : Qui veux-tu inviter ? De quoi parles-tu ?

– des **interrogatives indirectes**.

Ex. : Dis-moi qui tu veux inviter ; je ne sais pas de quoi tu parles ; je ne sais pas ce qu'il cherche.

▸ Au côté des **formes simples** (ex. : Qui est venu ? Qu'as-tu fait ? Que veux-tu ?) on rencontre également des **formes renforcées** (ex. : Qui est-ce qui est venu ? Qu'est-ce que tu veux ? Qu'est-ce qui te ferait plaisir ?).

▸ Le pronom *lequel* (qui s'accorde en genre et en nombre) peut avoir :

– une **valeur anaphorique** ;

Ex. : Entre le lion et le tigre, lequel est le plus fort ?

– ou une valeur **déictique**.

Ex. : Laquelle de ces robes préfères-tu ?

**ATTENTION**

Ne pas confondre **adverbe interrogatif** et **pronom interrogatif**.
Le pronom remplace un GN, mais pas l'adverbe.

Ex. : Quand viens-tu ? Combien as-tu ? Qui va là ?
adv. adv. pronom interrogatif

⟶ *Quand* et *combien* n'ont pas de référent. Le référent de *qui* est ici une personne.

# EXERCICES

→ Corrigés p. 89

**1 Dans l'extrait suivant, classez et analysez les pronoms et indiquez leur référent lorsque c'est possible.**

On ne me donnait que des livres enfantins, choisis avec circonspection ; ils admettaient les mêmes vérités et les mêmes valeurs que mes parents et mes institutrices ; les bons étaient récompensés, les méchants punis ; il n'arrivait de mésaventures qu'aux gens ridicules et stupides. Il me suffisait que ces principes essentiels fussent sauvegardés ; ordinairement, je ne cherchais guère de correspondance entre les fantaisies des livres et la réalité, je m'en amusais, comme je riais à Guignol, à distance ; c'est pourquoi, malgré les étranges arrière-plans qu'y découvrent avec ingéniosité les adultes, les romans de Mme de Ségur ne m'ont jamais étonnée. Mme Bonbec, le général Dourakine, de même que M. Cryptogame, le baron de Crac, Bécassine n'avaient qu'une existence de fantoches.

Simone de Beauvoir, *Mémoires d'une jeune fille rangée* © Éditions Gallimard, 1956.

**2 Relevez les pronoms et donnez leur fonction.**

a) Il arrive.
b) Je cherche quelqu'un.
c) Je ne lui fais pas confiance.
d) Qui es-tu ?
e) Tu le seras un jour.
f) Je cherche l'adresse de quelqu'un.
g) J'en suis conscient.
h) Par qui a-t-il été prévenu ?
i) Où a été signé le traité de Versailles ?
j) Peux-tu me prêter le tien ?

**3 Dans l'extrait suivant, relevez tous les pronoms relatifs et indiquez leur fonction.**

Les hypothèses contenues dans les deux définitions que nous venons de transmettre conduisent déjà à une critique de l'approche littéraire traditionnelle. Le sens d'une œuvre n'est plus le fruit d'une explication mais d'une action. En opposant explication et action, W. Iser dépasse la fonction du critique traditionnel qui consistait à rechercher la signification cachée d'un texte de fiction dont il se faisait en quelque sorte l'interprète. De ce fait c'est une tâche nouvelle qui est proposée au critique : « Au lieu de continuer à se poser la question de savoir ce que signifient tel poème, tel drame ou tel roman, il faut se demander ce qui se passe chez le lecteur lorsque, par sa lecture, il donne vie à des textes de fiction ». Au lieu de déchiffrer des sens qui seraient donnés dans le texte, il vaut mieux tenter d'appréhender les facteurs qui rendent possible la constitution de sens. Le texte ne fait en définitive que mettre à la disposition du lecteur un certain nombre de schémas, de pistes possibles, de projets auxquels seul l'acte de lecture est susceptible d'apporter une réalisation.

Yves Gilli, « Le texte et sa lecture. Une analyse de l'acte de lire selon W. Iser », SEMEN, n° 1, 1983, « Lecture et lecteur », pp. 106-107, mis en ligne le 21 août 2007, http://semen.revues.org/4261 © Presses universitaires de Franche-Comté.

**4 Remplacez les groupes de mots soulignés par des pronoms dont vous préciserez la nature.**

a) L'homme songeait à toute cette histoire.

b) Donne-moi son livre.

c) Le cambrioleur espère échapper aux policiers.

d) Les enfants ont acheté beaucoup de bonbons.

e) Il mange les bonbons en se cachant.

f) Elle a vu son amie arriver, enfin.

**5 Relevez les pronoms et classez-les selon leur nature. Vous préciserez pour chacun leur fonction.**

Ce qui avait été de la maigreur dans sa jeunesse était devenu, dans sa maturité, de la transparence ; et cette diaphanéité laissait voir l'ange. C'était une âme plus encore que ce n'était une vierge. Sa personne semblait faite d'ombre ; à peine assez de corps pour qu'il y eût là un sexe ; un peu de matière contenant une lueur ; de grands yeux toujours baissés ; un prétexte pour qu'une âme reste sur la terre.

Madame Magloire était une petite vieille, blanche, grasse, replète, affairée, toujours haletante, à cause de son activité d'abord, ensuite à cause d'un asthme.

À son arrivée, on installa M. Myriel en son palais épiscopal avec les honneurs voulus par les décrets impériaux qui classent l'évêque immédiatement après le maréchal de camp. Le maire et le président lui firent la première visite, et lui de son côté fit la première visite au général et au préfet.

Victor Hugo, *Les Misérables*, 1er chapitre, 1862.

# FICHE 8 Le verbe et le groupe verbal

Le verbe peut être employé seul ou accompagné, il peut comporter une seule ou plusieurs formes.

Ex. : Mange ! Ce gigot est cuit à point. Souffler n'est pas jouer.
Il doit être arrivé maintenant. Nous mangions de bonne heure.

## A Qu'est-ce qu'un verbe ?

### 1. Définition

#### 1-1. D'un point de vue syntaxique

▸ Syntaxiquement, le verbe peut être défini comme le **noyau du groupe verbal** (voir p. 50) : c'est l'unité autour de laquelle s'organisent et s'articulent les autres unités de la phrase verbale.

**Le verbe est le noyau de la phrase, on ne peut le supprimer.**

Ex. : Sami dort. (verbe) ⟶ Le groupe verbal est constitué du verbe *dort*. *Dort* ne peut être supprimé.

Sami achète du pain. (verbe) ⟶ Le groupe verbal est constitué du verbe *achète* et de son complément *du pain*. *Achète* ne peut être supprimé.

▸ De même, la relation qui s'instaure entre le verbe et son sujet (même sous-entendu) est obligatoire. On dit que le verbe a besoin d'être **actualisé** par un groupe en fonction sujet pour « fonctionner » dans l'énoncé et jouer le rôle de noyau.

Ex. : *dort. (verbe) ⟶ Cette phrase n'est pas correcte car elle n'est pas actualisée par un sujet.

#### 1-2. D'un point de vue sémantique

▸ **Sémantiquement**, le verbe est l'unité qui renvoie à un **procès** (ce qui se passe, donc soit une action, soit un état). Le verbe est alors l'élément qui apporte des informations sur le **thème** (ce dont on parle).

▸ Il exprime :
– une **action** ; Ex. : Il mange.
– ou un **état**. Ex. : Il devient grand.

#### 1-3. D'un point de vue morphologique

FICHE 41, P. 254

**Morphologiquement**, le verbe est une unité qui se conjugue : il change de forme selon :
– le **mode** ; Ex. : Il vient. / Viens ! ⟶ mode indicatif / mode impératif
– le **temps** ; Ex. : Je chante. / Je chanterai. ⟶ présent/futur
– l'**aspect** ; Ex. : J'arrive. / Je suis arrivé. ⟶ inaccompli / accompli
– la **personne** ; Ex. : Je viens. / Il vient. ⟶ 1re personne/ 3e personne
– le **nombre**. Ex. : Il comprend. / Nous comprenons. ⟶ singulier/pluriel

## 2. Les modes du verbe

▶ Le verbe indique le **temps** (passé, présent, futur) et change de **forme**. Il se conjugue : c'est **la conjugaison**.

▶ Il existe plusieurs modes qui expriment **un rapport au temps différent**. Le mode renvoie à la façon dont l'action exprimée par le verbe est envisagée. On distingue les **modes personnels** et les **modes impersonnels**. En français, on compte **cinq modes** : trois modes personnels et deux impersonnels.

▶ Les **trois modes personnels** du français sont :
– l'**indicatif** ; Ex. : Je mange.
– le **subjonctif** ; Ex. : Qu'il mange.
– l'**impératif** ; Ex. : Mange !
Un verbe conjugué à un mode personnel varie en personne et en nombre (singulier ou pluriel).

**REMARQUE**

Il existe 6 personnes en conjugaison.
– 3 personnes **singulier** :
*je* (P1), *tu* (P2), *il/elle/on* (P3).
– 3 personnes **pluriel** :
*nous* (P4), *vous* (P5), *ils/elles* (P6).

▶ Les deux modes impersonnels (ou non personnels) sont :
– l'**infinitif** ; Ex. : manger
– le **participe**. Ex. : mangeant / mangé
part. présent part. passé

On intègre souvent le **gérondif** au mode participe. Le gérondif est composé de **la préposition *en* + participe présent**.

Ex. : Il parle en dormant.
gérondif

Un verbe a un mode impersonnel ne varie pas en personne.

FICHE 31, P. 181

▶ Chacun de ces **modes** regroupe à son tour un certain nombre de **temps**.

## 3. Temps et aspects

▶ Chaque mode regroupe un certain nombre de **temps** qui expriment des valeurs différentes. Les différentes formes verbales qui composent le système sont à envisager selon deux notions différentes : la notion de **temps** et la notion d'**aspect**.

### 3-1. Les indications temporelles

▶ Certaines formes verbales apportent en effet des indications de type temporel et permettent de situer l'**action**, le **procès**, sur une ligne du temps, par rapport au moment de l'**énonciation** (« moment où l'on parle »), pris comme point de repère.

▶ Ainsi, une action pourra être **antérieure**, **concomitante** ou **postérieure** au moment de l'énonciation. Ces formes renseignent sur le temps.

**Énonciation**

*Temps* →

| Il partait en vacances. | Il part en vacances. | Il partira en vacances. |
|---|---|---|
| Action antérieure à l'énonciation | Action concomitante à l'énonciation | Action postérieure à l'énonciation |

### 3-2. Le déroulement de l'action et son degré d'achèvement

▶ En plus de ces indications temporelles, certaines formes verbales renseignent sur **le déroulement de l'action et sur son degré d'achèvement**.
Il ne s'agit plus (seulement) de situer le procès sur une ligne du temps par rapport au moment de l'énonciation, mais de préciser « où on en est » par rapport à l'action.

▸ Le **procès** est dans ce cas envisagé dans sa totalité, sa globalité, avec un **début**, un **déroulement** et une **fin**. Les formes verbales en question indiquent alors si l'action vient de commencer, est en cours, est terminée, etc. : elles renseignent sur l'**aspect**.
En français, on fait la différence entre **aspect inaccompli** (action en cours) **et aspect accompli** (action achevée).

**REMARQUE**

S'imaginer l'action dans sa tête, s'en faire le film, c'est-à-dire la visualiser mentalement aide à envisager le procès, à mieux le comprendre.

Ex. : Il mange.

⟶ Le procès est en cours de réalisation. On parlera d'aspect en cours d'**accomplissement**, d'**aspect inaccompli**.

Ex. : Il a mangé.

⟶ Le procès est terminé. On parlera d'**aspect accompli**.

Dans ces exemples, le procès est imaginé en train de se réaliser ou totalement terminé.

▸ La distinction entre aspect **inaccompli** et **accompli** se retrouve à tous les modes et correspond à la distinction traditionnelle entre :

– les **temps simples** ;

Ex. : Il mange. ⟶ aspect inaccompli

– les **temps composés**.

Ex. : Il a mangé. ⟶ aspect accompli

Quand je rentrerai, il aura mangé. ⟶ aspect accompli : la forme verbale *aura mangé* indique que l'action est envisagée comme étant terminée, achevée dans le futur.

**ATTENTION**

Ne pas confondre formes composées et temps composés.

– Les formes composées désignent les formes verbales comprenant un **participe passé**. Le verbe conjugué peut être à la **forme active** ou **passive**.

FICHE 43, P. 263

– Les temps composés désignent tous les temps qui se conjuguent avec un **auxiliaire** et un **participe passé**.

Ex. : Le poulet est mangé. / J'ai mangé un poulet.

| | |
|---|---|
| forme composée / | forme composée |
| ET temps simple | ET temps composé |
| (présent) | (passé composé) |
| voix passive | voix active |

## B Qu'est-ce qu'un groupe verbal ?

### 1. Définition

FICHE 3, P. 25

▸ Dans un **groupe nominal**, le noyau est un **nom** ; dans le **groupe verbal**, le noyau est le **verbe** de la phrase. Dans la phrase, un groupe verbal est constitué du **verbe** et des **compléments du verbe** (les compléments essentiels : **COD**, **COI** et **attribut**).

Ex. : Jeanne sourit.

sourit : verbe → groupe verbal

Nous en avons parlé.
COI verbe
groupe verbal

Son attitude est vraiment surprenante.
verbe attribut
groupe verbal

Tous les soirs, il promène son chien.
verbe COD
groupe verbal

Il s'imagine qu'il n'y arrivera pas.
verbe COD
groupe verbal

▸ Le groupe verbal a pour fonction **prédicat**.

## 2. Groupe verbal et groupe infinitif

Attention à ne pas confondre le **groupe verbal** et le **groupe infinitif**.

▸ Le **groupe verbal** est constitué d'un **verbe** et ses **compléments**.

Ex. : Il aime les chocolats.
verbe COD
groupe verbal

▸ Le **groupe infinitif** est un **groupe syntaxique** dont le **noyau** est un **verbe à l'infinitif**. Généralement, l'expansion du verbe suit l'infinitif. À l'instar du groupe nominal, le groupe infinitif peut avoir différentes fonctions dans la phrase :

- **COD du verbe** ;

Ex. : Il aime manger des chocolats.
verbe
groupe infinitif, COD de *aime*

- **attribut du sujet** ;

Ex. : Elle semble être de bonne humeur.
sujet verbe
groupe infinitif, attribut de *elle*

- **sujet du verbe** ;

Ex. : Lire lui plait.
verbe
groupe infinitif, sujet de *plait*

- **attribut du COD**.

Ex. : Elle a vu son père se tuer au travail.
COD verbe
groupe infinitif, attribut de *son père*

# EXERCICES

→ Corrigés p. 90

**1 Dans l'extrait ci-dessous, relevez l'ensemble des formes verbales et classez-les selon leur mode (personnel ou impersonnel).**

Les familles recomposées ne sont pas vraiment une nouveauté. Dans des temps plus reculés, elles se constituaient généralement après la disparition d'un des deux parents. Le survivant se remariait et fondait une nouvelle famille. Le nouveau père prenait le nom de « beau-père », la nouvelle mère celui de « belle-mère » et elle se transformait en « marâtre » lorsque les enfants du « premier lit » se dégradaient. Il était rare que la totalité des enfants vive sous le même toit : ceux issus du premier mariage étaient plus souvent envoyés en nourrice ou en pension pour éviter une cohabitation difficile.

L'un des plus beaux tableaux de famille recomposée « à l'ancienne » est offert par le conte de Charles Perrault, Cendrillon. Il commence ainsi : « Il était une fois un gentilhomme qui épousa, en secondes noces, une femme la plus hautaine et la plus fière qu'on eût jamais vue. Elle avait deux filles de son humeur et qui lui ressemblaient en toutes choses. Le mari avait, de son côté, une jeune fille d'une douceur et d'une bonté sans exemple. »

Marcel Rufo, *Frères et sœurs, une maladie d'amour* © Librairie Arthème Fayard, 2002.

**2 Identifiez les verbes conjugués.**

Si j'avais appris à quatre ans à me servir à dix doigts d'un clavier, la connexion organique se serait faite entre cet éventail horizontal et mon esprit, et non pas entre la crispation oblique de la main sur un objet et mon esprit. J'ai tendance à croire que j'aurais écrit la même chose, directement sur ordinateur. Le média n'est pas le message, c'est un serviteur.

Pierre Michon, « Écrire à la main »,
texte écrit à l'occasion de l'exposition « Brouillons d'écrivains », BNF, 2001.

**3 Précisez si la forme verbale soulignée est à un temps simple ou composé.**

a) L'avion a enfin atterri. Les passagers ont été choqués, ils sont cependant sains et saufs. Les pilotes furent applaudis à l'arrivée. Tous retrouvèrent la terre ferme avec soulagement. L'appareil a connu une grave avarie, il avait pourtant été révisé.

b) Le stage de Sonia s'est bien passé, pourtant elle est arrivée en retard dès le premier jour. Elle s'excusa auprès de son nouvel employeur, elle aurait raté sa correspondance, a-t-elle annoncé. Elle avait été prise de panique devant ce retard, elle avait appelé l'entreprise pour prévenir. Elle s'est souvenue fort heureusement du numéro. Elle aura été accueillie avec enthousiasme malgré tout.

**4 Identifiez les groupes verbaux dans les phrases suivantes.**

a) Toute la famille partait pour le Mexique le soir même.

b) Ce ferry transporte les voitures de Calais à Douvres.

c) Il déplaça le bureau avec précaution pour ne pas l'abîmer.

d) Pierre mange lentement.

e) Pierre avala son café sans perdre de temps.

# FICHE 9 Adverbes, prépositions, conjonctions, interjections : des mots invariables

Tous les mots ne sont pas soumis aux mêmes variations. Certains conservent la même orthographe quel que soit le contexte.

Ex. : Nous partons **souvent en** voyage.
– Ah, **oui**... **Mais où** sont-ils partis ?
– **Heu** !... je ne sais **pas**.
Je pars **demain en** train. / Nous partons **demain en** train.

## A Qu'est-ce qu'un mot invariable ?

▸ Les mots et groupes de mots appartiennent obligatoirement à une **classe grammaticale** :

FICHE 3, P. 24

– Certaines classes sont variables : elles varient en genre et en nombre ou en temps et personnes.

– Certaines classes sont invariables : leur orthographe est constante, ces mots ou groupes de mots ne subissent, ainsi, aucun changement quelle que soit leur fonction.

Quatre classes grammaticales sont invariables : les **adverbes**, les **prépositions**, les **conjonctions** et les **interjections**.

## B Les différentes catégories de mots invariables

### 1. Les adverbes

▸ La classe des adverbes regroupe des unités de **formes très diverses**.

▸ Les **adverbes** en *-ment* sont facilement repérables, ils sont construits à partir d'un **adjectif**.

Ex. : sage (adj.) → sagement (adv.)
admirable (adj.) → admirablement (adv.)
méchant (adj.) → méchamment (adv.)
brutal (adj.) → brutalement (adv.)
prudent (adj.) → prudemment (adv.)
incontestable (adj.) → incontestablement (adv.)

**REMARQUE**

Les adverbes en *-ment* prennent une double consonne lorsqu'ils sont formés sur un adjectif se terminant par *-ent/ant*.

Ex. : méchant / méchamment
prudent / prudemment

**REMARQUE**

Les mots se terminant par *-ment* ne sont pas tous des adverbes.
Le suffixe *-ment* peut être un suffixe nominal.
Ex. : un contentement (nom), un amusement (nom).

▸ On parle de **locution adverbiale** lorsqu'un adverbe est **composé de plusieurs mots**.
Ex. : tout de suite, de temps en temps, sans doute, tout à fait...

▶ Sémantiquement, les adverbes apportent des **indications** :
– de **lieu** ; Ex. : ici, ailleurs, là-haut... ;
– de **temps** ; Ex. : hier, aujourd'hui, demain ;
– de **manière** ; Ex. : poliment, vite, bien... ;
– de **quantité** ; Ex. : beaucoup, peu, moins, plus... ;

Ils peuvent aussi avoir une **valeur logique** (ex. : effectivement, pourtant, cependant...) ou intervenir comme **commentaire** (ex. : franchement, sans doute, peut-être...).

FICHE 50, P. 308

Font également partie de la classe adverbiale les **adverbes de négation** : ne... pas, ne... plus, ne... rien, etc.

▶ Les adverbes peuvent déterminer et modifier différentes classes de mots :

– des **adjectifs** ;

Ex. : Elle est extrêmement polie.
adv. adj.

– des **verbes** ;

Ex. : Il travaille beaucoup.
verbe adv.

– d'autres **adverbes** ;

Ex. : il est vraiment très gentil ;
adv. adv.

– une **préposition** ;

Ex. : Le chat dort tout contre le radiateur.
adv. prép.

– une **proposition**.

Ex. : La viande est cuite exactement comme j'aime.
adv. prop.

Ils sont alors **supprimables** sans que le sens ne change.

**ATTENTION**

Tous les adverbes sont invariables SAUF l'adverbe *tout* qui s'accorde devant un adjectif féminin commençant par une **consonne** ou un ***h aspiré***.

Ex. : Ses mains sont toutes petites.
adv. adj.

Nous sommes toutes honteuses.
adv. adj.

## 2. Les prépositions

▶ Comme l'adverbe, la préposition est **invariable**. En revanche, elle n'est pas **supprimable** car elle permet de mettre en relation deux unités, de les relier entre elles.
Les prépositions les plus fréquentes sont *à* et *de*, mais d'autres prépositions apportent des informations sémantiques diverses :
– de **lieu** ; Ex. : dans, chez, sur, sous, en, devant...
– de **manière** ; Ex. : avec, sans, par...
– de **temps** ; Ex. : avant, après...
– de **but**. Ex. : pour, afin de...

▶ Lorsque ce rôle est assumé par un ensemble de plusieurs mots, on parle de **locution prépositionnelle**.

Ex. : en guise de, à compter de, à l'aide de...

▶ On appelle **groupe prépositionnel** l'ensemble formé par une **préposition et un groupe (souvent nominal)**. Ces groupes peuvent assumer, dans la phrase, différentes fonctions :

– **complément circonstanciel** ;

Ex. : Il se promène dans la forêt.
verbe prép. groupe nominal

→ Le groupe prépositionnel *Dans la forêt* est complément circonstanciel du verbe *se promène*.

– **complément d'objet indirect** ;

Ex. : Il offre des fleurs à sa mère. → Le groupe prépositionnel *à sa mère* est complément d'objet indirect du verbe *offre*.
(offre : verbe ; à : prép. ; sa mère : groupe nominal)

– **complément du nom** ;

Ex. : Il me faut un sirop contre la toux. → Le groupe prépositionnel *contre la toux* est complément du nom *sirop*.
(sirop : nom ; contre : prép. ; la toux : groupe nominal)

– ou **complément de l'adjectif**.

Ex. : Je suis fier de sa réussite. → Le groupe prépositionnel *de sa réussite* est complément de l'adjectif *fier*.
(fier : adj. ; de : prép. ; sa réussite : groupe nominal)

**REMARQUE**

**La préposition a pour but d'introduire un complément**, ainsi dans le cas des articles contractés *du* et *au*, la préposition est incluse.

Ex. : Il revient du marché. → *du marché* = *de* (préposition) + *le* (article) *marché*.

Il va au marché. → *au marché* = *à* (préposition) + *le* (article) *marché*.

**ATTENTION**

Ne pas confondre :

– ***en* préposition / *en* pronom adverbial** ;

Ex. : Il voyage en avion. → *en* est une préposition qui introduit le complément circonstanciel *en avion*.
(en : prép.)

Il a acheté une nouvelle voiture, il en est content. → *en* pronom adverbial remplace le groupe nominal *une nouvelle voiture*.
(une nouvelle voiture : groupe nominal ; en : pronom)

– ***à* préposition / *a* du verbe *avoir*** ;

Ex. : Il va à New York. / Il a mangé un gâteau.
(à : prép. ; a : verbe *avoir*)

– ***de* préposition / *de* article partitif**.

Ex. : Il revient de la plage. / Il mange de la soupe.
(de : prép. ; de la : art. partitif)

## 3. Les conjonctions

▸ Les conjonctions, comme les prépositions, sont des **unités invariables** qui permettent de relier différents éléments.

### 3-1. Les conjonctions de coordination

▸ **Les conjonctions de coordination** relient des unités **qui fonctionnent de la même manière** dans la phrase et sont donc syntaxiquement et hiérarchiquement identiques, par exemple :

– deux noms assumant la même fonction ;

**Ex. : J'aime le chocolat et les bonbons.**

– deux verbes ;

Ex. : Elle ferma la porte et sortit.

– deux propositions indépendantes.

Ex. : Il a un caractère de cochon mais elle le trouve sympathique…

▶ Les conjonctions de coordination sont les suivantes : ***mais, ou, et, donc, or, ni, car***.

**REMARQUE**

La nouvelle terminologie du MEN ne considère plus *donc* comme une conjonction mais comme adverbe.

### 3-2. Les conjonctions de subordination

▶ **Les conjonctions de subordination** introduisent une proposition subordonnée. Dans ce cas, la conjonction n'établit pas un lien d'égalité mais de **dépendance syntaxique** entre deux propositions.

Ex. : Dès qu'il fait beau, Bastien sort son vélo.
prop. sub

Si vous voulez, vous pouvez manger avec nous.
prop. sub

Marie s'est inquiétée parce que Jean est rentré tard.
prop. sub

▶ Les conjonctions de subordination sont **nombreuses et variées** : quand, lorsque, parce que, que, puisque, si, alors que, comme…

FICHE 18, P. 112

▶ Lorsque la conjonction de subordination est formée de plusieurs mots, on parle de **locution conjonctive** : dès que, parce que, avant que…

## 4. Les interjections et onomatopées

▶ Les interjections constituent une **marque de la présence du locuteur** dans son discours et sont **liées à la situation d'énonciation**.

▶ Elles sont **invariables**, **de formes courtes**, et syntaxiquement **autonomes**.
Elles peuvent appartenir à différentes classes grammaticales :

– des **noms** ou **groupes nominaux** ; Ex. : Dieu ! Ciel ! Bonté divine ! Ma parole !
– des **adjectifs** ; Ex. : Bon ! Mince ! Chic !
– des **adverbes** ; Ex. : Bien ! Comment ! Tant pis ! Comment donc !
– des **verbes**. Ex. : Tiens ! Voyons ! Allez ! Allons !

▶ Il peut également s'agir de cris codifiés provenant d'**onomatopées**.
Ex. : Oh ! Ah ! Boum ! Aïe ! Oust ! Zut ! Chut !

Le signifiant imite le son : *Meuh* est une onomatopée.

Certaines ont un sens spécifique (ex. : Beurk ! Chut !), d'autres s'actualisent en contexte (*Ah !* d'étonnement, de satisfaction, de soulagement, de dégoût, etc.).

# EXERCICES

→ Corrigés p.91



**1 Dans le texte suivant, relevez les conjonctions, les prépositions et les adverbes et précisez le sens et/ou le fonctionnement de ces unités.**

Il n'y a pas d'apprentissage sans exposition, souvent dangereuse, à l'autre. Le guide temporaire, l'instituteur connaissent le lieu où ils emmènent l'initié, qui l'ignore maintenant et, en son temps, le découvrira. Cet espace existe, terre, ville, langue, geste ou théorème. Le voyage y va. Mais la course suit des courbes de niveau, selon une allure ou un profil qui dépendent à la fois des jambes du coureur et du terrain qu'il traverse, pierrier, désert ou mer, marais, paroi. Il ne se hâte pas, d'abord, au but, vers la cible, tendu en direction de sa finalité. Non, le jeu de pédagogie ne se joue point à deux, voyageur et destination, mais à trois.

Michel Serres, *Le Tiers instruit* © Éditions Julliard, 1991.

**2 Vous relèverez les adverbes et les prépositions dans cet extrait.**

Après cette fête où tout était bien charmant, mais fiévreux et fou, où lui-même avait si follement poursuivi le grand pierrot, Meaulnes se trouvait là plongé dans le bonheur calme du monde. Silencieusement, tandis que la jeune fille continuait à jouer, il retourna s'asseoir dans la salle à manger, et, ouvrant un des gros livres rouges épars sur la table, il commença alors à lire, distraitement.

Alain Fournier, *Le Grand Meaulnes*, 1913.

**3 Dans les phrases suivantes, soulignez les connecteurs, précisez leur nature et commentez leur emploi.**

a) Ils ne font plus attention au trajet parce qu'ils le connaissent par cœur.

b) Ici, les maisons sont blanches ; là-bas elles sont toutes jaunes.

c) Cette fille est très timide. En revanche, sa sœur n'a pas peur de dire ce qu'elle pense.

d) Ils ont eu très peur ; en effet, le projectile est passé juste au-dessus de leur maison.

e) Nous avions navigué toute la nuit. Soudain, un courant rapide nous emporta.

f) Une tempête fait rage ; par conséquent, je ne sortirai pas ce soir.

g) Tous les hommes sont mortels. Socrate est un homme donc Socrate est mortel.

h) Le monstre arrivait vers nous et notre vitesse se ralentit.

# FICHE 10 Identifier le groupe sujet

Certains mots et groupes de mots sont indispensables à la phrase pour assurer sa compréhension : c'est le cas du groupe **sujet**.

Ex. : Sophie et Marc partent en vacances. ⟶ phrase correcte
peuvent se rendre au réfectoire* ⟶ phrase incorrecte (il manque le sujet)
Pensez-vous y arriver ? ⟶ phrase correcte
Pensez y arriver ?* ⟶ phrase incorrecte (il manque le sujet)

## A Qu'est-ce qu'un sujet ?

### 1. La fonction sujet

▸ La **fonction sujet** est une fonction obligatoire, elle ne peut être supprimée. On dit que le sujet actualise le verbe, autrement dit, il permet au verbe de fonctionner syntaxiquement dans la phrase.

Ex. : Pleut (verbe) beaucoup* ⟶ syntaxiquement incorrect (il manque le sujet)

Il (sujet) pleut (verbe) beaucoup. ⟶ syntaxiquement correct

### 2. L'accord du verbe

FICHE 37, P. 219

▸ Le sujet **commande l'accord du verbe**. Le verbe s'accorde :

– en **personne** ; Ex. : Nous jouons dans la cour.

– en **nombre** ; Ex. : Les enfants jouent dans la cour.

– en **genre** pour les formes verbales construites avec **l'auxiliaire *être*** et le **participe passé**.
Ex. : Les filles sont arrivées hier.

### 3. Sujet apparent et sujet réel

▸ Avec certains verbes et dans certains contextes, on distingue parfois « **sujet grammatical** » (ou **sujet apparent**) et « **sujet logique** » (ou **sujet réel**).

– Le **sujet apparent** fonctionne syntaxiquement comme le sujet mais il est vide de sens.

– Le **sujet réel** est porteur des informations sémantiques.

Ex. : Il (sujet apparent) est arrivé un événement important (sujet réel).

⟶ *Il* pronom, assure grammaticalement la fonction de sujet dans cette tournure impersonnelle, mais sémantiquement ce sujet n'a pas de sens.
Le sujet réel alors est *un événement important* (*un événement important est arrivé*) car il est porteur des informations sémantiques.

**ATTENTION**

C'est le sujet grammatical qui commande l'accord du verbe.
Ex. : Il pleut des cordes ; il ne lui arrive que des malheurs.

### 4. Le groupe sujet

On parle de « **groupe sujet** » car le sujet est composé généralement de plusieurs mots, sauf s'il s'agit d'un pronom de conjugaison.

## B Les différentes natures du sujet

Le sujet peut avoir différentes natures :

– un **nom propre** ; Ex. : Pierre va bientôt rentrer de vacances.

– un **groupe nominal** ; Ex. : Les petites filles jouent à la corde dans la cour.

– un **pronom** :

• **personnel** ; Ex. : Ils jouent dans la cour.

• **démonstratif** ; Ex. : Cela me dérange. C'est dommage.

• **possessif** ; Ex. : Votre chien est gentil, le nôtre est un peu fou.

• **indéfini**… ; Ex. : Certains se sont plaints.

• le **pronom** relatif **qui** ; Ex. : Les enfants (antécédent) qui (sujet) jouent (verbe) dans la cour sont sages.

→ *Qui* reprend ici l'antécédent (*les enfants*), il introduit une proposition subordonnée relative (*qui jouent dans la cour*) et est sujet du verbe de cette subordonnée (*jouent*).

– un **verbe** à l'infinitif ;

Ex. : Fumer provoque des maladies graves ; souffler n'est pas jouer.

– une proposition **subordonnée complétive** ;

FICHE 20, P. 118

Ex. : Qu'il nous ait menti ne m'étonne pas du tout.

– une proposition **subordonnée relative**.

FICHE 19, P. 115

Ex. : Qui m'aime me suive.

**REMARQUE**

Dans les verbes à l'impératif (ex. : Mange !, Mangeons !, Mangez !), on peut considérer que la fonction sujet est assumée par la désinence de personne, ici respectivement P2 (2e personne du singulier), P4 (1re personne du pluriel) P5 (2e personne du pluriel).

## C La place du sujet

▸ Le groupe en fonction sujet est généralement placé **à gauche du verbe**.

Ex. : Pierre (sujet) accompagne (verbe) Paul ; Paul (sujet) accompagne (verbe) Pierre.

▸ Mais le sujet n'est pas toujours le premier élément de la phrase (ex. : Pendant les vacances, ils aiment faire la sieste) et il est parfois séparé du verbe par d'autres éléments :

– un **adverbe** ; Ex. : Les enfants, souvent (adv.), n'aiment (verbe) pas les légumes.

– un **complément circonstanciel** ; Ex. : Les enfants (sujet), tous les lundis (CC), vont (verbe) à la piscine.

– un **pronom personnel** ; Ex. : Pierre (sujet) vous (pronom pers.) avait prévenu (verbe).

▸ Par ailleurs, dans certains contextes, le groupe sujet est placé après le verbe. On parle alors de **sujet inversé** :

– dans les **phrases interrogatives** ; Ex. : Que voulez-vous manger ? (voulez : verbe ; vous : sujet)

– dans les **propositions incises** ; Ex. : Bonjour, dit-elle, en se retournant. (dit : verbe ; elle : sujet)

– après certains **adverbes** ; Ex. : Ainsi se termine cette histoire. (Ainsi : adv. ; se termine : verbe ; cette histoire : sujet)

– ou **groupes nominaux antéposés** au verbe. Ex. : Dans la forêt vivaient de gentils lutins. (Dans la forêt : GN ; vivaient : verbe ; de gentils lutins : sujet)

## D Comment reconnait-on un sujet ?

Pour identifier le groupe en fonction sujet et permettre de le délimiter, on peut recourir à différentes manipulations syntaxiques :

– la **pronominalisation** : le **groupe nominal en fonction sujet** est remplaçable par un **pronom** ;

Ex. : La perspective de devoir repasser le concours l'angoissait. → Cela l'angoissait.
(La perspective de devoir repasser le concours : groupe en fonction sujet ; Cela : pronom)

Les élèves qui connaissaient la réponse levèrent le doigt. → Ils levèrent le doigt.
(Les élèves qui connaissaient la réponse : groupe en fonction sujet ; Ils : pronom)

– l'**encadrement du sujet par** « ***c'est… qui*** » : ce test permet d'extraire le groupe en fonction sujet ;

Ex. : La perspective de devoir repasser le concours l'angoissait.
→ C'est la perspective de devoir repasser le concours qui l'angoissait.
Les élèves qui connaissaient la réponse levèrent le doigt.
→ C'est (ou ce sont) les élèves qui connaissaient la réponse qui levèrent le doigt.

**ATTENTION**

Lorsque le sujet est un pronom, sa forme change à certaines personnes (*je*, *tu*, *il*) :
Ex. : Je connais la réponse. → C'est moi qui connais la réponse.
Lui as-tu téléphoné ? → Est-ce toi qui lui as téléphoné ?

– la **passivité** : lorsqu'on passe d'une phrase à la voix active à une phrase à la voix passive, le groupe en fonction sujet devient complément d'agent. Cette transformation n'est possible qu'avec les verbes qui admettent un **complément d'objet direct**.

Ex. : Les lutins aident le Père Noël. → Le Père Noël est aidé par les lutins.
(Les lutins : sujet ; aident : verbe ; le Père Noël : COD → Le Père Noël : sujet ; est aidé : verbe ; par les lutins : Ct d'agent)

# EXERCICES

→ Corrigés p. 92

**1 Dans l'extrait suivant, relevez tous les sujets et indiquez leur classe grammaticale.**

Michka s'en allait dans la neige en tapant des talons. Il était parti de chez lui ce matin-là, comme le jour commençait de blanchir la fenêtre ; de chez lui, c'est-à-dire de la maison d'Élisabeth, sa jeune maîtresse qui était une petite fille impérieuse et maussade.

Marie Colmont, *Michka*, illustrations G. Franquin d'après Féodor Rojankovsky

**2 Relevez et classez les constituants qui ont la fonction de sujet d'un verbe dans le passage suivant.**

Ce qui avait été de la maigreur dans sa jeunesse était devenu, dans sa maturité, de la transparence ; et cette diaphanéité laissait voir l'ange. C'était une âme plus encore que ce n'était une vierge. Sa personne semblait faite d'ombre ; à peine assez de corps pour qu'il y eût là un sexe ; un peu de matière contenant une lueur ; de grands yeux toujours baissés ; un prétexte pour qu'une âme reste sur la terre.

Madame Magloire était une petite vieille, blanche, grasse, replète, affairée, toujours haletante, à cause de son activité d'abord, ensuite à cause d'un asthme.

À son arrivée, on installa M. Myriel en son palais épiscopal avec les honneurs voulus par les décrets impériaux qui classent l'évêque immédiatement après le maréchal de camp. Le maire et le président lui firent la première visite, et lui de son côté fit la première visite au général et au préfet.

Victor Hugo, *Les Misérables*, 1862.

**3 Relevez les pronoms qui ont la fonction de sujet. Précisez la catégorie à laquelle ils appartiennent et le verbe qu'ils régissent.**

Et ils résumèrent leur vie.

Ils l'avaient manquée tous les deux, celui qui avait rêvé l'amour, celui qui avait rêvé le pouvoir. Quelle en était la raison ?

– C'est peut-être le défaut de ligne droite, dit Frédéric.

– Pour toi, cela se peut. Moi, au contraire, j'ai péché par excès de rectitude, sans tenir compte de mille choses secondaires, plus fortes que tout. J'avais trop de logique, et toi de sentiment.

Puis, ils accusèrent le hasard, les circonstances, l'époque où ils étaient nés.

Frédéric reprit :

– Ce n'est pas là ce que nous croyions devenir autrefois, à Sens, quand tu voulais faire une histoire critique de la Philosophie, et moi, un grand roman Moyen Âge sur Nogent, dont j'avais trouvé le sujet dans Froissart : Comment messire Brokars de Fénestranges et l'évêque de Troyes assaillirent messire Eustache d'Ambrecicourt. Te rappelles-tu ?

Gustave Flaubert, *L'Éducation sentimentale*, 1869.

**4 Analysez l'accord sujet-verbe dans chacune des phrases.**

a) Ce matin, toute la classe travaille en silence.

b) Tous les enfants de la classe ont chanté le refrain et mimé la comptine.

c) Dans cette classe se trouvent des livres apportés par les élèves.

d) Les élèves de CP, écoutant l'enseignant, se mettent au travail.

e) Samuel et moi irons à piscine la semaine prochaine.

# FICHE 11 Le verbe et ses compléments

Le verbe peut être employé **avec ou sans complément**.
Ex. : J'aime le chocolat ; il donne une pomme à son frère. → verbe avec complément
Il dort. → verbe sans complément

## A Les compléments de verbe

### 1. Définition

FICHE 8, P. 48

▶ Si le verbe est obligatoirement accompagné d'un **sujet**, il peut être suivi de **compléments** de natures différentes qui appartiennent au **groupe verbal**.

▶ Ces **compléments** accompagnent certains verbes dont ils **complètent le sens**.
Ex. : Les enfants aiment **les frites** ; le loup obéit **à son instinct.**
Le complément de verbe peut **changer le sens du verbe**.
Ex. : Il boit. /Il boit **du thé.**

▶ Tous les verbes n'acceptent pas de compléments, certains ne peuvent pas être complétés tandis que d'autres acceptent plusieurs compléments.
Ex. : Il achète **un livre.** → Le verbe est nécessairement complété.
Le chien aboie. → Le verbe ne peut pas être complété.

**REMARQUE**

Certains verbes qui n'acceptent pas la complémentation peuvent être complétés, mais alors le sens varie.
Ex. : Le chien aboie. / Le colonel aboie **ses ordres.**
Le chien aboie **bruyamment.** → On peut parler de **locution verbale** (le complément est lié au verbe).

### 2. Compléments de verbe et compléments circonstanciels

▶ Lorsque le verbe accepte un complément, on distingue :

FICHE 12, P. 68

– les **compléments essentiels** : ils sont régis par le verbe et sont dépendants du sens du verbe.
Ex. : Il mange une pomme.
verbe C essentiel

FICHE 13, P. 72

– les **compléments circonstanciels** : ils ne font pas partie du groupe verbal. Ils ne sont pas dépendants du sens du verbe. Ils sont déplaçables et supprimables.
Du point de vue **sémantique**, les compléments circonstanciels apportent des informations relatives aux **circonstances de l'action** (lieu, temps, manière, but…).
Ex. : Il se promène tous les dimanches.
verbe CC de temps

**ATTENTION**

Ne pas confondre le **complément essentiel** qui donne une indication de lieu avec le **complément circonstanciel**.

Ex. : Il va à Paris. → Le complément est indispensable au verbe *aller*.
verbe C essentiel

Il travaille à Paris. → Le complément n'est pas indispensable au verbe *travailler*.
verbe CC de lieu

## B La classification des verbes

Puisque tous les verbes n'acceptent pas de compléments, il est nécessaire de pouvoir les classer :
- les verbes **transitifs** acceptent un **complément de verbe** ; Ex. : Il mange **un gâteau**.
- les verbes **intransitifs** n'acceptent pas ce complément. Ex. : Il dort.

### 1. Les verbes transitifs

#### 1-1. Les verbes transitifs directs et indirects

**Les verbes transitifs**, qui régissent un complément essentiel, sont de deux types :
- les **transitifs directs** se construisent avec un complément d'objet direct (COD) ;

Ex. : La boulangère vend des petits pains.
verbe COD

- les **transitifs indirects** appellent un complément d'objet indirect (COI) construit avec une **préposition**.

Ex. : Il a parlé à mes parents.
verbe COI

**ATTENTION**

FICHE 5, P. 31

Attention à ne pas confondre la **préposition** qui introduit le complément d'objet indirect et l'**article partitif**.

Ex. : Il dépense de l'argent.

→ *de l'* est un article partitif (c'est-à-dire un article s'utilisant devant une quantité non exprimée ou non comptable, *l'argent* par exemple).

→ *de l'argent* n'est pas un complément indirect mais un complément direct. Le verbe *dépenser* est transitif direct. (*Il dépense son argent.*)

#### 1-2. Les verbes transitifs avec une double complémentation

Certains verbes transitifs ont une **double complémentation**. ils acceptent plusieurs compléments :

- Verbes construits avec un **COD + COI**, que l'on peut appeler **COS**.

FICHE 12, P. 66

Ex. : Il offre des fleurs à sa mère.
verbe COD COI

- Verbes construits avec **deux COI**.

Ex. : Il a parlé de ses projets à ses parents.
verbe COI COI

### 2. Les verbes intransitifs

Les **verbes intransitifs**, en revanche, ne régissent pas de **complément essentiel** :

Ex. : Il part ; le petit chat est mort ; elle déambule.

Ils peuvent s'accompagner de compléments circonstanciels.

Ex. : Tous les matins, sur son vélo, il part.
CC CC verbe

**REMARQUE**

Parfois, les compléments du verbe ne sont pas exprimés mais sous-entendus.

Ex. : Il donne son temps. → COD exprimé mais COI implicite.
verbe COD

### 3. Les verbes attributifs

**Les verbes attributifs** sont les **verbes d'état** (*être*, *sembler*, *devenir*, *paraitre*…) qui n'acceptent pas de complément d'objet. Ils sont complétés avec un **attribut**.

Ex. : Mon père est médecin.
verbe attribut

## C Le cas des verbes pronominaux

FICHES 32 ET 37, P. 198 ET 219

Certains verbes pronominaux **ne peuvent être complétés**. Ce sont les verbes **essentiellement pronominaux** (verbes qui n'existent que sous cette forme), dont le pronom réfléchi ne peut s'analyser comme un complément direct ou indirect.

Ex. : Elle s'évanouit. → verbe essentiellement pronominal, pas de complément

Elle se coupe les cheveux.
COI verbe COD

→ Le verbe régit **deux compléments**, un COD et un COI. Il faut comprendre :

Elle coupe les cheveux à elle.

## EXERCICES

→ Corrigés p. 92

**1 Dans l'extrait suivant, précisez si les mots ou groupes de mots soulignés sont des compléments de verbes ou des compléments circonstanciels.**

Michka s'en allait dans la neige **en tapant des talons**. Il était parti de chez lui **ce matin-là**, comme le jour commençait **de blanchir la fenêtre** ; de chez lui, c'est-à-dire de la maison d'Élisabeth, sa jeune maîtresse qui était une petite fille impérieuse et maussade. Lui, c'était un petit ours.

En peluche. Avec le dessus des pattes en velours rose, deux boutons de bottines à la place des yeux, trois points de laine à la place du nez. En se réveillant, il s'était senti tout triste et dégoûté. Élisabeth n'était pas gentille. Il **lui** fallait **vingt-cinq joujoux à la fois** pour l'amuser et **quand on avait cessé de lui plaire**, il n'était pas rare qu'elle **vous** secouât et vous jetât d'un bout à l'autre de la pièce. Tant pis s'il lui restait une de vos pattes dans la main.

Marie Colmont, Michka, illustrations G. Franquin
d'après Féodor Rojankovsky © Flammarion, coll. « Castor Poche », 1992.

**2 Pour chaque phrase, précisez la classe du verbe (transitif direct/indirect, intransitif et attributif).**

a) Il vient souvent ici.
b) Il va bien.
c) Elle est devenue une grande danseuse.
d) Il vend et il achète.
e) Les collégiens ont lu plus d'un livre par mois en moyenne aux élèves de CP.
f) Les arbres communiquent entre eux.
g) Elle est restée de marbre.
h) Le soignant du zoo nourrit les lions, il leur donne des carcasses de bœuf.

**3 Relevez les verbes et classez-les.**

Tous les échanges verbaux sont, pour l'enfant, l'occasion de progresser dans la maîtrise des contraintes qui régissent ces usages du langage ; ils sont aussi le moyen d'acquérir les structures et les fonctionnements du français. Le rôle de l'adulte est, dans ce domaine, déterminant. Il organise et conduit des situations collectives de communication ; il entretient des dialogues fréquents avec chacun des enfants de sa classe ; il attire l'attention du groupe ou des individus sur les contraintes fonctionnelles du langage. Par la qualité de ses échanges verbaux et des modèles qu'il fournit, il est celui qui peut, véritablement, permettre à chaque enfant de commencer à maîtriser la diversité des usages du langage et des formes de la langue.

*La maîtrise de la langue à l'école*, 1992.

**4 Précisez si le verbe régit un complément essentiel.**

a) Le renard chasse la nuit.
b) Le soleil chasse la nuit.
c) Nous avons observé les étoiles la nuit.
d) Les voyageurs descendent leurs bagages à l'arrivée.

**5 Quelles remarques pouvez-vous faire sur l'emploi du verbe *tourner* dans les phrases suivantes ?**

a) Le lait a tourné.
b) Il tourne bien ses phrases quand il écrit.
c) La toupie tourne vite.

# FICHE 12 Les compléments du verbe

Le verbe régit différents compléments qui varient selon que le verbe est transitif, intransitif ou attributif.
Ex. : Il lit **des romans policiers à ses élèves** ; il est hanté **par ce souvenir** ; la maison est **trop grande** ; les enfants trouvent **ce jeu idiot.**

## A Les compléments d'objet

FICHE 11, P. 63

Les verbes transitifs régissent les compléments d'objet :
– directement : les **compléments d'objet direct (COD)**.
– indirectement : les **compléments d'objet indirect (COI)**.

### 1. La fonction complément d'objet

#### 1-1. Le complément d'objet direct (COD)

▶ **Les verbes transitifs directs admettent un COD** qui se construit directement après le verbe, sans préposition.

▶ Le COD est **non déplaçable**.
Ex. : Les enfants mangent leurs tartines. / *Leurs tartines les enfants mangent.

**ATTENTION**
Dans le cas d'une mise en relief, le COD peut être placé devant et donc déplaçable.
Ex. : Le chocolat, j'adore.

▶ Il est remplaçable par un **pronom personnel** (*le*, *la*, *l*, *les*, *en*).
Ex. : Les enfants mangent leurs tartines. / Les enfants les mangent.
Je veux du chocolat. / J'en veux.

▶ Il devient **sujet** de la phrase à la **voix passive**.
Le professeur encourage les élèves (COD). / Les élèves (sujet) sont encouragés par le professeur.

#### 1-2. Le complément d'objet indirect (COI)

▶ **Les verbes transitifs indirects admettent un COI** qui se construit indirectement après le verbe, avec une préposition.
Ex. : Le maitre distribue les cahiers à ses élèves. / Il leur distribue les cahiers.
Il se souvient de son enfance. / Il s'en souvient.
Il pense à sa mère. / Il pense à elle.
Il pense aux vacances. / Il y pense.

▶ **Certains verbes régissent deux compléments d'objet**, ce sont les verbes à double complémentation. Le second complément est obligatoirement un COI : il implique un premier complément qui peut être :

– un COD ; Ex. : Il donne un cadeau (COD) à son neveu (COI/COS).

– un COI ; Ex. : Il a parlé de son projet (COI) à ses collaborateurs (COI/COS).

On parle alors de complément d'objet second (COS) pour désigner le COI lorsqu'il y a déjà dans la phrase un complément d'objet exprimé (COD ou COI).

**ATTENTION**

Si le verbe a deux COD, le deuxième n'est pas un COS. Le COS est un COI par nature (il est construit avec une préposition).

Ex. : Il mange des cerises (COD) et parfois des framboises (COD).

**REMARQUE**

La terminologie du MEN ne parle pas de COS, seuls les compléments d'objet COD ou COI sont reconnus.

## 2. La nature du complément d'objet

▶ Les compléments d'objet (COD ou COI) peuvent avoir **des natures différentes** :

– un nom propre ;

Ex. : Elle encourage Myriam (COD) ; elle pense à Pierre (COI).

– un groupe nominal ;

Ex. : La maitresse distribue les cahiers du jour (COD) ; elle donne aux Restos du Cœur (COI).

– un pronom ;

Ex. : Elle l'(COD)encourage ; elle pense à lui (COI).

– un groupe infinitif ;

Ex. : il veut aller au cinéma (COD) ; il rechigne à apprendre sa poésie (COI).

– une proposition subordonnée complétive ;

Ex. : Je pense qu'il va pleuvoir (COD) ; je m'attendais à ce qu'ils soient en retard (COI).

– une proposition subordonnée infinitive ; Ex. : J'entends les oiseaux chanter (COD).

– une proposition subordonnée interrogative ;

Ex. : Elle demande comment vont les enfants (COD).

– une proposition subordonnée relative substantive.

Ex. : Choisissez qui vous voulez (COD) ; il pense à ce qu'il va manger (COI).

▶ Toutes les natures de complément sont l'**équivalent d'un GN** et peuvent être donc **remplacées par un pronom**.

Ex. : Elle encourage **Myriam** → Elle **l'**encourage.

**ATTENTION**

- Ne pas confondre **COD** et **COI**.

Ex. : Cette année, Lilian apprend à lire.

→ Le complément d'objet est introduit par à, ce qui pourrait faire penser à un COI, introduit par une préposition. Pourtant il s'agit bien d'un COD.

On reconnait le COD, même introduit par une préposition car le verbe est transitif direct.

- En cas de doute, on peut faire quelques manipulations :

– **Le recours à la question** : généralement, le COD répond à la question *quoi ?* ou *qui ?* posée après le verbe, alors que le COI répond à la question *à qui/à quoi ?*, *de qui/de quoi ?* Mais, s'il peut constituer une aide, ce critère est à manipuler avec précaution et ne doit pas être le seul utilisé !

– **La nominalisation :** on peut substituer un GN au complément.

Ex. : Cette année, Lilian apprend à lire (COD). → Cette année, Lilian apprend la lecture (COD).

## B Les compléments essentiels (de lieu, durée, mesure...)

FICHE 13, P. 73

▸ Certains compléments véhiculant des informations de lieu, durée, mesure, etc. sont régis par le verbe : ils sont indispensables pour en compléter le sens. Ils sont donc **non supprimables** et **non déplaçables**.

▸ Ces **compléments essentiels** se rencontrent après des verbes :

– **de localisation** ; Ex. : Il habite Lille ; la pharmacie se trouve à 500 mètres.

– **de mouvement** ; Ex. : les élèves vont au cinéma ; je me rends à la piscine.

– indiquant une **durée** (ex. : Le film dure deux heures ; les travaux datent de l'année dernière), un **poids** (ex. : Ce gigot pèse trois kilos.), une **mesure** (ex. : l'île de Ré mesure cinq kilomètres dans sa plus grande largeur.), un **prix** (ex. : ce livre coûte vingt euros.) ;

– **employés avec une tournure passive.** Ex. : La boulangerie est située à côté de la poste.

**REMARQUE**

La terminologie du MEN (2020) ne reconnait pas le complément essentiel. Ainsi les verbes qui expriment la durée, le lieu, le poids, la mesure sont considérés **comme des COD**.

## C Les attributs

### 1. La fonction attribut

#### 1-1. L'attribut du sujet

▸ **L'attribut du sujet** est régi par une certaine catégorie de verbes, les verbes d'état (ou verbes attributifs) : *être*, *sembler*, *devenir*, *paraître*, *avoir l'air*, *passer pour*, etc. Mais le verbe le plus couramment utilisé est le **verbe *être***.

Ex. : Il est médecin. Elle semble fatiguée.

**ATTENTION**

La question à partir de la phrase peut induire des analyses erronées.

Ex. : Il est quoi ? médecin, donc COD. → Analyse erronée

Il est impératif de s'intéresser à la construction verbale et la présence d'un verbe d'état.

▶ L'attribut du sujet entretient un **lien d'égalité sémantique** avec le sujet, par l'intermédiaire du verbe. Pour schématiser : on peut remplacer le verbe par le signe égal (=).

Ex. : Il = médecin. Elle = fatiguée.

▶ Cette fonction se rencontre également avec des verbes qui ne sont pas des verbes d'état mais qui permettent d'établir un lien (même ponctuel) avec le sujet :

Ex. : Il est parti content. ⟶ Quand il est parti, il était content.
Elle est rentrée fatiguée. ⟶ Quand elle est rentrée, elle était fatiguée.
Il est né prince. ⟶ Quand il est né, il était prince.

▶ L'attribut du sujet, lorsqu'il est assumé par des classes de mots variables, **s'accorde en genre et en nombre avec le sujet**.

Ex. : Les fleurs sont fanées. Ta fille est charmante.

### 1-2. L'attribut du COD

▶ Dans cette construction syntaxique, le groupe verbal est constitué de trois éléments :

❶ Un verbe transitif.

❷ Un COD.

❸ Un attribut du COD.

Ex. : Il trouve son travail excellent.

| | trouve | son travail | excellent |
|---|---|---|---|
| Il | verbe transitif | COD | attribut du COD |

▶ Ce complément est régi par une certaine catégorie de verbes :

– verbes de **jugement** ;

Ex. : Elle juge sa remarque déplacée ; je trouve ton café délicieux.

– verbes indiquant un **changement d'état** ;

Ex. : La mort de sa femme l'a rendu fou.

– des verbes conférant **un titre** ;

Ex. : Ils ont élu Rémi délégué de la classe.

– le verbe avoir suivi d'un COD désignant **une partie du corps**.

Ex. : Elle a les cheveux roux et les yeux en amande.

▶ Cette fonction indique un lien d'**égalité sémantique** qui s'établit non pas avec la fonction sujet (comme c'est le cas pour l'attribut du sujet) mais avec la fonction COD.

Ex. : Je trouve ton café délicieux. ⟶ Je trouve que ton café est délicieux.
ton café = délicieux.

**ATTENTION**

FICHE 14, P. 75

Ne pas confondre l'**attribut du COD** et l'**épithète**.

• Le COD est lié au verbe, l'épithète au nom.

Ex. : J'ai trouvé ton café délicieux. ⟶ *délicieux* est attribut du COD.

Ex. : J'ai trouvé ton ballon rouge. ⟶ *rouge* est épithète de *ballon*.

• L'attribut du COD est déplaçable (on peut l'antéposer au groupe en fonction COD), pas l'épithète. Ex. : J'ai trouvé délicieux ton café. *J'ai trouvé rouge ton ballon.

• L'épithète est supprimable, pas l'attribut du COD (à moins de changer le sens de la phrase).

Ex. : *J'ai trouvé ton café. ⟶ changement de sens
J'ai trouvé ton ballon. ⟶ pas de changement de sens

## 2. La nature des attributs

### 2-1. L'attribut du sujet

La fonction attribut du sujet peut être assumée par différentes classes grammaticales :

– un nom propre ; Ex. : C'est Jean !

– un nom ; Ex. : Pierre est facteur.

– un pronom ; Ex. : Qui est cet homme ?

– un groupe nominal ; Ex. : Louis est un médecin réputé.

– un adjectif ; Ex. : Ma sœur semble nerveuse.

– un adverbe ; Ex. : Ils sont restés debout.

– un pronom ; Ex. : Je suis celle qu'il vous faut.

– un groupe prépositionnel ; Ex. : Ils sont restés de marbre.

– un groupe infinitif ; Ex. : L'essentiel est de participer.

– une proposition subordonnée complétive.

Ex. : L'essentiel est que tous les élèves participent au voyage.

### 2-2. L'attribut du COD

La fonction attribut du COD est assurée par deux classes grammaticales :

– un nom ou GN ; Ex. : On a élu Pierre délégué de la classe.

– un adjectif ou groupe adjectival : Ex. : Je trouve sa chemise très belle.

## D Le complément d'agent

▸ Le complément d'agent s'observe uniquement dans une **phrase à la voix passive** correspondant à un changement d'orientation de l'action. Cette fonction est donc régie par la forme passive du verbe, mais n'est pas obligatoire.

Ex. : Tous les fruits ont été mangés.

FICHE 42, P. 259

▸ Dans le cas d'une transformation passive, le sujet de la phrase à la voix active devient complément d'agent de la phrase à la voix passive. Ce complément est le plus souvent introduit par la préposition *de* ou *par* :

Ex. : Ses parents (sujet) l'aiment. ⟶ Il est aimé de/par ses parents (complément d'agent).

# EXERCICES

→ Corrigés p. 93



**1 Relevez les compléments de verbe des phrases suivantes. Indiquez leur fonction.**

a) Il a dit à sa mère que son vélo avait été cassé par Paul.

b) Elles sont terrifiées car leurs fils vivent en territoire ennemi.

c) Le chat de mon voisin est un voleur qui croit que tout lui appartient.

d) On ne se moque pas des déguisements que ton frère a inventés !

**2 Effectuez un relevé des compléments de verbe dans le passage suivant et classez-les.**

Un cheval vit sur une ile. Il pense à la vie des chevaux auprès des hommes. Il veut les aider à avoir une vie moins dure.

**3 Donnez la fonction des adjectifs présents dans les phrases suivantes.**

a) Sa sœur, encore très jeune, va le rejoindre à Florence.

b) Il la trouve très intelligente.

c) Les quatre enfants de ma grande sœur sont extrêmement sages.

d) Ses autres voisins sont toujours aimables.

**4 Dans cet extrait du programme de maternelle, vous donnerez la fonction des groupes en gras.**

L'enfant apprend ainsi **à entrer en communication avec autrui** et à faire des efforts pour que les autres comprennent **ce qu'il veut dire**. Chacun arrive à l'école maternelle avec des acquis langagiers encore très hésitants. Ils reprennent des formulations ou des propos qui leur sont adressés et travaillent ainsi ce matériau qu'est **la langue qu'ils entendent**.

Les discours que tient l'enseignant sont **des moyens de comprendre et d'apprendre** pour les enfants.

Pour pouvoir s'intéresser aux syllabes et aux phonèmes, il faut que les enfants se détachent **du sens des mots**.

Dès leur plus jeune âge, les enfants sont intéressés **par la langue ou les langues qu'ils entendent**.

**5 Vous donnerez la fonction des GN soulignés.**

Nous recommandons donc hautement <u>l'usage étendu de cette pédagogie</u>, mais sa pratique restreinte comporte déjà <u>de riches effets induits</u>. Elle constitue en effet <u>un atout majeur</u> dans l'acquisition de l'orthographe lexicale, grâce à la connaissance de la structure des mots. Cette pédagogie incite aussi à s'orienter <u>vers les langues anciennes</u>, dont la nôtre et les langues européennes les plus parlées sont largement issues, en révélant leur présence dans notre culture, dont elles restent <u>une clé majeure</u> et, par la formation continue de néologismes, <u>un aliment</u>.

# FICHE 13 Les compléments circonstanciels

Quelles remarques pouvez-vous faire sur la place du complément *dans la forêt* ?

Ex. : **Dans la forêt**, les loups et autres sorcières attendent bien cachés.
Les loups et autres sorcières attendent bien cachés, **dans la forêt.**
Les loups et autres sorcières, **dans la forêt,** attendent bien cachés.
Les loups et autres sorcières attendent bien cachés.

## A Les compléments circonstanciels (CC)

### 1. Définition

▸ Les compléments circonstanciels ne dépendent pas **syntaxiquement** du verbe : ils ne font pas partie du groupe verbal et ne sont pas régis par le verbe.

**REMARQUE**

La terminologie *complément de phrase* (à la place de *complément circonstanciel*) n'est plus utilisée dans la nouvelle terminologie grammaticale scolaire (2020).

▸ **Sémantiquement**, les compléments circonstanciels renseignent sur les circonstances de l'action :

– le temps ; Ex. : Il a plu toute la journée.
– le lieu ; Ex. : En Bretagne, les sentiers côtiers sont particulièrement agréables.
– la manière ; Ex. : Il travaille sans relâche.
– le moyen ; Ex. : Il va souvent travailler à vélo.
– le but ; Ex. : J'ai appelé le secrétariat pour me renseigner.
– l'accompagnement ; Ex. : Il est parti au cinéma avec ses amis.
– la cause ; Ex. : À cause du couvre-feu, il ne pourra arriver aujourd'hui.
– la concession ; Ex. : Malgré le mauvais temps, elle a pris la route.
– la conséquence. Ex. : Il est parti si tôt qu'il est arrivé avant tout le monde.

▸ Les nuances sémantiques apportées par les compléments circonstanciels sont nombreuses et variées. Certains indiquent la présence du locuteur.

Ex. : Bizarrement, l'enfant marche. ⟶ bien différent de L'enfant marche bizarrement.

**ATTENTION**

Les compléments circonstanciels constitués par un groupe nominal ne sont pas toujours introduits par une préposition.

Ex. : Il arrivera lundi matin. / Il arrivera dans les jours prochains.

## 2. Identifier les compléments circonstanciels

▶ Les manipulations syntaxiques suivantes permettent de les identifier :

– Les compléments circonstanciels sont **déplaçables**.

Ex. : Il téléphone à sa mère toutes les semaines. / Toutes les semaines, il téléphone à sa mère.

– Ils sont **supprimables**.

Ex. : J'aime me promener au bord de la mer. / J'aime me promener.

– Ils sont **cumulables**.

Ex. : J'aime me promener au bord de la mer, tôt le matin, les pieds dans l'eau, par tous les temps…

– À part les compléments circonstanciels de lieu, ils ne sont pas pronominalisables.

Ex. : Les enfants jouent dans la cour. / Ils y jouent. ⟶ CC de lieu
J'ai couru pour ne pas rater le bus.
Pendant les vacances, nous ferons de l'escalade.

**ATTENTION**

FICHE 12, P. 66

Ne pas confondre le **complément circonstanciel** (CC) et le **complément d'objet indirect** (COI).
– Le COI est un complément de verbe et donc régi par le verbe.
– Le CC ne dépend pas du verbe.

Ex. : Il parle à sa mère. (COI) / Il travaille à Paris. (CC)

## 3. Les classes grammaticales (natures) du complément circonstanciel

Cette fonction peut être assumée par diverses natures grammaticales :

– un groupe nominal ; Ex. : La nuit, tous les chats sont gris.
– un adverbe ; Ex. : Elle écrit proprement.
– un groupe prépositionnel ; Ex. : Il se promène dans la forêt.
– une proposition subordonnée circonstancielle.

Ex. : Quand le chat est parti, les souris dansent ; le chat étant parti, les souris dansent.

# B Distinguer compléments circonstanciels et essentiels

FICHE 12, P. 68

▶ Certains compléments, bien qu'apportant des renseignements sur le lieu (ou la durée, le poids, le prix, etc.), sont régis par le verbe : ils sont non déplaçables et non supprimables. Ce sont des **compléments essentiels**.

Ex. : Nous vivons en plein centre-ville et habitons au cinquième étage.
Il se rend à Rennes / il vit à Rennes / il écrit un roman à Rennes.
⟶ Dans les deux premiers exemples, *à Rennes* est un complément lié au verbe tandis que dans le dernier exemple il s'agit d'un complément circonstanciel.

**REMARQUE**

La suppression du complément essentiel entraine généralement un changement de sens du verbe.

Ex. : Il vit à Rennes. / Il vit.
Les enfants se rendent à la piscine. / Les enfants se rendent.

# EXERCICES

→ Corrigés p. 94

**1 Dans l'extrait suivant, vous donnerez la fonction des mots ou groupes de mots en gras.**

**À six heures trente**, Fred Larivière quitta l'hôtel, un sac de clubs à l'épaule, ses longs cheveux blancs plaqués en arrière, encore humides de la douche qu'il venait de prendre. Il se rendit **au terrain de golf**, fringant comme un jeune homme, et débuta son parcours euphorique : il réussit à loger sa balle dans chacun des trois premiers trous **en un temps record**. **Pour une fois qu'il tenait une forme de champion**, il regrettait de jouer seul.

Michel Grimaud, *Chapeau les tueurs !* coll. « Cascade policier »
© Rageot éditeur, 1998.

**2 Repérez les différentes subordonnées circonstancielles, vous préciserez la circonstance.**

a) Je le ferai encore, si j'avais à le faire.
b) Quand le chat n'est pas là, les souris dansent.
c) Il pleut tant qu'on ne peut pas sortir.
d) Le problème identifié, la solution manquait toujours.

**3 Identifiez la nature grammaticale des différents compléments circonstanciels présents dans chacune des phrases.**

a) Il viendra en train.
b) Il le fait pour elle.
c) Ils travaillent pour s'enrichir.
d) Il viendra demain.
e) Il avance en reculant.
f) Il partira quand vous arriverez.

**4 Identifiez les différents compléments circonstanciels dans les phrases suivantes.**

a) Il court comme une gazelle.
b) La marchande pèse les pommes et les donne à sa cliente.
c) Son père est professeur des écoles.
d) Il avance malgré sa douleur.
e) Paul a écrit une lettre à Marie pendant les vacances.
f) Le petit chaperon rouge a été mangé par le grand méchant loup.
g) Si tu te prépares bien, tu réussiras.
h) Ce matin, je suis allée à la BU pour travailler.
i) Je le trouve fatigué.
j) En classe, les enfants parlent doucement.
k) Au concours, il faut courir 1 500 mètres le plus vite possible.

# FICHE 14 Le groupe nominal et ses expansions

Quelles informations sont apportées par les groupes de mots en caractère gras ?

Ex. : Le petit chaperon rouge vit dans une maison.
Le petit chaperon rouge vit dans une **très vieille** maison.
Le petit chaperon rouge vit dans une maison **qui est située à l'orée de la forêt**.
Le petit chaperon rouge vit dans une maison **de bûcherons**.

## A Définition

FICHE 4, P. 28

▶ Le groupe nominal est un groupe syntaxique composé *a minima* d'un déterminant et d'un nom. Le GN peut être *expansé* par un mot ou groupe de mots : ce sont **des expansions du nom**. Le terme « expansion du nom » désigne des fonctions qui s'établissent par rapport à un nom noyau de groupe, qu'elles permettent de compléter.

▶ Ces expansions permettent de donner des informations sur le nom. On distingue trois fonctions différentes : complément du nom, épithète et apposition.

## B La fonction complément du nom

### 1. Les caractéristiques

▶ La fonction complément du nom est toujours introduite par une **préposition** : *à*, *sans*, *pour*, *de*, *en*, etc.

Ex. : le chat **de la voisine** ; une bague **en or** ; un sirop **contre la toux** ;
un documentaire **sur les loups** ; la vie **chez les Incas**.

La préposition la plus courante est *de*.

**REMARQUE**

La préposition est parfois sous-entendue.

Ex. : un stylo-bille = un stylo *à* bille.

FICHE 9, P. 55

▶ Le complément du nom est **supprimable.**

Ex. : J'ai acheté un sirop **contre la toux.** / J'ai acheté un sirop.

Mais il est non **déplaçable**.

Ex. : Le chat **de la voisine** est câlin. / *De la voisine le chat est câlin.

### 2. Les différentes classes grammaticales

▶ **La fonction complément du nom peut être assumée par différentes classes grammaticales :**

– un nom ou un groupe nominal prépositionnel ;

Ex. : une cocotte **en papier** ; le chien **de mes voisins**.

– un pronom ; Ex. : un ami **à moi**.

– un verbe à l'infinitif ; Ex. : la machine **à laver** ; la peur **de vieillir**.

– un adverbe ; Ex. : des costumes **d'autrefois** ; les jeunes **d'aujourd'hui**.

– un adjectif ou groupe adjectival ; Ex. : la raison **du plus fort**.

– une subordonnée complétive.

Ex. : L'espoir **qu'elle reviendrait** le réconfortait. L'idée **qu'il puisse échouer** le terrorisait.

La subordonnée complétive introduite par la conjonction de subordination *que/qu'* complète ici un nom abstrait (fait, idée, hypothèse…) et en précise le sens. Cette subordonnée peut **commuter avec un groupe prépositionnel**. Elle assume la même fonction que ce dernier.

Ex. : L'espoir **de son retour** le réconfortait ; l'idée **de son échec / d'échouer** le terrorisait ; j'éprouvais la sensation **de l'avoir déjà vu.**

Dans ce cas, le complément du nom n'est pas supprimable.

▸ Plusieurs compléments du nom peuvent se suivre. Il convient alors d'être vigilant pour l'analyse.

Ex. : Harry Potter se rend dans la maison **du gardien de la forêt.**

*du gardien de la forêt* → GPN complément du nom *maison*

*de la forêt* → GPN complément du nom *gardien*

**ATTENTION**

FICHE 12, P. 66

Ne pas confondre **complément du nom** et **COI** (ou **COS**).

Ex. : Il a reçu une carte postale de sa grand-mère.
(de sa grand-mère : COS)

→ Le COS est régi par le verbe (*recevoir quelque chose* ***de quelqu'un***) et déplaçable (***De sa grand-mère****, il a reçu une carte postale).*

Ex. : Il a mangé les bonbons de son frère.
(de son frère : Ct du nom)

→ Le complément du nom n'est pas régi par le verbe mais il complète le nom *bonbons*. Il fait partie du groupe nominal.

## C La fonction épithète

### 1. Les caractéristiques

▸ L'unité en fonction épithète est liée au nom qu'elle complète de manière très étroite. Elle peut être située avant ou après le nom et s'accorde en genre et en nombre avec lui. Elle est construite directement **sans préposition**.

Ex. : Ses **longs** cheveux **blancs** tombaient sur ses épaules.

▸ La fonction épithète est en général **supprimable**.

Ex. : Ses **longs** cheveux **blancs** tombaient sur ses épaules. / Ses cheveux tombaient sur ses épaules.

▸ On parle d'**épithète liée** lorsque l'épithète précède ou suit directement le nom qu'elle complète.

Ex. : Les enfants **excités** attendaient Noël.

▸ On parle d'**épithète détachée**, lorsque le groupe qui assume la fonction épithète est séparé du nom par un signe de ponctuation (virgule, tirets ou parenthèses).

Ex. : Les enfants, **tout excités**, attendaient Noël. / **Tout excités**, les enfants attendaient Noël.

Dans ce cas, l'épithète est mobile et peut être déplacée dans la phrase.

**ATTENTION**

La terminologie du MEN (2020) ne reconnait pas l'**épithète détachée**. On parle d'**apposé** (*cf.* ci-dessous). Ainsi dans cette nouvelle terminologie, il n'est question que d'épithète (on ne distingue pas l'épithète liée et détachée).

### 2. Les différentes classes grammaticales

▶ **La fonction épithète peut être assumée par différentes classes grammaticales :**

FICHE 6, P. 37

– un adjectif (très fréquent) ou groupe adjectival ;

Ex. : Les **petits** enfants s'étaient endormis dans le **grand** lit.
Les **tout petits** enfants s'étaient endormis dans le **très grand** lit.

– un participe (passé ou présent) ;

Ex. : Ses cheveux **plaqués** en arrière lui allaient bien. ⟶ participe passé
La porte **grinçant** derrière lui l'effraya. ⟶ participe présent

– un autre nom ; Ex. : un temps **record**, une pause-**café**, un ticket **restaurant**...

FICHE 19, P. 115

– une proposition subordonnée relative adjective ;

Ex. : Jean, **qui se rappelait son enfance**, était très ému.

La subordonnée relative peut commuter avec un adjectif qualificatif.

Ex. Jean, **nostalgique**, était très ému. ⟶ Elle assume la même fonction que ce dernier.

**ATTENTION**

FICHE 3, P. 26

• Ne pas confondre **adjectif attribut du sujet** et **adjectif épithète**.

Ex. : Ses cheveux étaient longs et blancs.
⟶ *longs* et *blancs* sont attributs du sujet *ses cheveux* Ils sont séparés du nom par un verbe d'état.

Ex. : Ses cheveux longs et blancs virevoltaient.
⟶ *longs* et *blancs* sont épithètes de *cheveux*.

• Ne pas confondre **adjectif attribut du COD** et **adjectif épithète**.

Ex. : Il crut le magasin ouvert. ⟶ Il crut que le magasin était ouvert.
*Ouvert* est attribut du COD *le magasin*.
Il entra dans le magasin ouvert ⟶ *ouvert* est épithète de *magasin*.

## D la fonction apposition

### 1. Les caractéristiques

▶ La fonction apposition complète un nom. À la différence des fonctions épithète et complément du nom, elle établit un **lien d'égalité** avec le nom qu'elle complète.

Ex. : Nous irons visiter Bruxelles, **capitale de la Belgique**.

▶ L'apposition est séparée du nom par une virgule. Elle peut généralement se substituer (sémantiquement et syntaxiquement) au nom qu'elle complète.

### 2. Les différentes classes grammaticales

**La fonction apposition peut être assumée par des unités de différentes natures** :

– un nom propre ;

Ex. : Notre professeur de musique, **M. David**, est un homme très sympathique.

– un groupe nominal ; Ex. : Marie, **ma sœur**, viendra nous rejoindre pour les fêtes.

– un pronom ; Ex. : Lucie, **elle**, ne viendra pas.

– une subordonnée complétive. Ex. : Je n'ai qu'un souhait, **que cette année soit bonne**.

**REMARQUE**

• La terminologie du MEN (2020) ne reconnait pas dans l'apposition le lien d'égalité évoqué plus haut. L'apposition est considérée comme extérieure au GN et apporte une information supplémentaire, elle est détachée du GN par des virgules. **Elle s'apparente alors à l'épithète détachée**.

Ainsi, selon la terminologie :

Ex. : Cette enseignante remarquable, connue de tous, est partie à la retraite.

⟶ *remarquable* est épithète de *cette enseignante*.
*connue de tous* est un groupe adjectival, apposé au GN *cette enseignante remarquable*.

• Les seuls constituants qui peuvent être apposés sont :
– l'adjectif (groupe adjectival) ;
– le nom (GN) ;
– la proposition relative adjective.

# EXERCICES

→ *Corrigés p. 95*

**1 Dans l'extrait ci-dessous, relevez les expansions du nom et proposez-en un classement.**

Si l'œuvre littéraire se définit par sa polysémie, par le fait qu'elle requiert la coopération interprétative du lecteur, par sa résonance avec d'autres œuvres, on peut déjà écarter les artefacts proposés au lecteur débutant, les adaptations qui aplanissent toute éventuelle difficulté, les textes transparents qui se réduisent à une histoire simpliste.

Marie-Luce Gion (dir.), « Des lectures polyphoniques », in *Les chemins de la lecture au cycle 3*, SCEREN-CRDP de l'Académie de Créteil, 2003.

**2 Relevez les expansions du nom en précisant leur nature et leur fonction.**

**Récit d'un professeur**

Nous venions de faire connaissance à la rentrée, un gamin de treize ans, bien fait, grand, mince, un peu pâle, distingué, qui me regardait avec des yeux si avides, si ardents à s'instruire que je l'avais d'emblée adopté, installé devant moi et toujours je m'adressais à lui, sans m'en rendre compte, comme s'il avait été seul avec moi en leçon particulière, mais je m'aperçus bien vite que c'était peine inutile. Pas un mot de sa bouche je ne tirais à longueur de journée, ses devoirs nuls. Un muet. Un soliveau. Les zéros s'additionnaient. À la fin, n'y tenant plus, cause de cette attention passionnée qui me fascinait, je décidai d'obtenir, coûte que coûte, quelque chose de lui ; je l'entreprenais, je le pris à partie avec douceur d'abord, avec fermeté ensuite, convaincu de mon pouvoir, du pouvoir que j'avais de le faire sortir de lui lentement avec son assentiment et bientôt, s'il le fallait, par attaques brusquées, malgré lui [...].

Marcel Jouhandeau, *Essai sur moi-même* © Éditions Gallimard, 1947.

**3 Relevez toutes les expansions du nom. Classez-les en précisant leur nature.**

Enfin, ils peuvent aussi se poser des problèmes de planification, de mise en ordre des éléments réunis et surtout de correction portant sur le fond (changer l'ordre des événements rapportés dans un récit, organiser autrement l'argumentation, comprendre que plusieurs solutions sont également possibles). L'objectif prioritaire de ces activités est de rendre manifestes les opérations mentales qui absorbent silencieusement celui qui écrit tout seul.

Jean Hébrard, Anne-Marie Chartier, Christiane Clesse,
*Lire, écrire. Tome 2 : Produire des textes* © Hatier, 1997.

**4 Relevez les adjectifs du passage ci-dessous, vous préciserez s'ils sont épithètes, apposés (selon la terminologie MEN) ou attributs.**

**La grenouille qui veut se faire aussi grosse que le bœuf**

Une grenouille vit un bœuf
Qui lui sembla de belle taille.
Elle, qui n'était pas grosse en tout comme un œuf,
Envieuse, s'étend, et s'enfle et se travaille
Pour égaler l'animal en grosseur,
Disant : « Regardez bien, ma sœur ;
Est-ce assez ? dites-moi : n'y suis-je point encore ?
Nenni – M'y voici donc ? – Point du tout. M'y voilà ?
– Vous n'en approchez point. » La chétive pécore
S'enfla si bien qu'elle creva.
Le monde est plein de gens qui ne sont pas plus sages.
Tout bourgeois veut bâtir comme les grands seigneurs,
Tout prince a des ambassadeurs,
Tout marquis peut avoir des pages.

Jean de La Fontaine, *Fables*, 1668.

# FICHE 15 Les emplois de *que* : nature et fonction

*Que* est le mot grammatical le plus employé dans la langue française.

## A Les différentes natures de *que*

### 1. *Que*, conjonction de subordination

▸ Le plus souvent, *que* est une **conjonction de subordination**. Elle introduit :

– une proposition subordonnée complétive.

Ex. : Je sais que vous m'écoutez. Elle croit que vous y arriverez.

– une proposition subordonnée circonstancielle.

Ex. : Elle est si fatiguée qu'elle s'est endormie au théâtre.

▸ Mais *que* peut avoir plusieurs autres natures (pronom, adverbe…)

### 2. *Que*, pronom

▸ *Que* peut être un **pronom relatif**.

Ex. : La porte que tu as ouverte est au troisième étage.

→ *que* reprend l'antécédent *porte*, introduit la proposition subordonnée relative *que tu as ouverte*, et assume la fonction COD du verbe de la subordonnée (*as ouverte*).

▸ *Que* peut être un **pronom interrogatif**.

Ex. : **Que veux-tu que nous fassions ?** → interrogative directe. *Que* est mis à la place d'un nom (« *quelle chose* » *veux-tu que nous fassions ?*)

Je ne sais pas **que** faire à manger. → interrogative indirecte

**REMARQUE**

• Associée à d'autres mots, la conjonction *que* est dite **locution conjonctive** : *afin que, alors que, au fur et à mesure que, avant que, après que, dès que, parce que, si bien que, ce que…*

Ex. : Je parle plus fort **afin que** tu m'entendes mieux.

• Mais *ce que* est une **locution relative** s'il a une fonction dans la relative.

Ex. : Voilà **ce qu'il** avait à lui donner. → *que* est COD du verbe *donner*. C'est une locution relative.

Je m'oppose à **ce que** tu le lui donnes. → *ce que* est une locution conjonctive car *que* n'a pas de fonction dans la subordonnée.

### 3. *Que*, adverbe

▸ **Un adverbe exclamatif**, introduisant une phrase exclamative. Il pourrait être remplacé par *comme*.

Ex. : **Qu'il est beau !**

### 4. Les autres natures de *que*

▶ *Que* peut faire partie de la **locution adverbiale** de négation *ne… que/qu'*.
Ex. : Je **ne** ferais **qu'**une bouchée de ce fromage

▶ *Que* peut faire partie de **présentatifs** (*ce… que, il y a… que*).
Ex. : **C'est** à Paris **que** l'on trouve les colonnes Morris.
*Il* **n'***y a* **pas qu'**à Paris que l'on peut trouver des vélos à louer.

▶ *Que* peut un **marqueur de subjonctif**.[1] Il introduit une principale ou une indépendante :
Ex. : **Qu'il s'en aille !**

## B Les différentes fonctions de *que*

▶ Le **pronom relatif** *que* peut avoir plusieurs fonctions :
– COD ; Ex. : La voiture **que** j'ai achetée est garée devant la maison.
– attribut du sujet. Ex. : Le professeur **que** je suis devenu…

▶ Le **pronom interrogatif** peut avoir plusieurs fonctions :
– COD ; Ex. : **Que** dis-tu ?
– attribut du sujet ; Ex. : **Que** serais-je sans toi ?
– sujet. Ex. : **Qu'est-ce qui est là ?**

**ATTENTION**

Ne pas confondre l'analyse de *que* (nature et fonction) et l'analyse logique des subordonnées.
Ex. : La voiture **que** tu conduisais a été remorquée.
⟶ *Que* : pronom relatif (nature), COD de *conduisais* (fonction).
*Que tu conduisais* : proposition subordonnée relative (nature) introduite par le pronom relatif *que*, complétant le GN *la voiture* (fonction : épithète du nom).

1. Selon certaines grammaires. On peut aussi considérer qu'il s'agit d'une conjonction de subordination mais que le verbe introducteur est sous-entendu (= il faut qu'il s'en aille.)

## EXERCICES

→ *Corrigés p. 97*

**1 À quelle classe grammaticale appartient le mot *que* dans les phrases suivantes et quelle est sa fonction ?**

a) Que sais-tu sur le sujet ?
b) C'est à Versailles que le roi Louis XIV a régné.
c) Que je le déteste, que je le hais !
d) Il ne commença son discours qu'une fois la foule attentive.
e) Il est à craindre que le train n'ait du retard.

**2 Donnez la nature de *que* dans les phrases suivantes. Faites l'analyse logique de la subordonnée lorsqu'il en introduit une.**

a) Je pense qu'il sera en retard.

b) La robe que tu as vue n'est plus en solde.

c) Il n'y a que des légumes pour le déjeuner.

d) Qu'il soit là à 11 heures précises !

e) Que penses-tu ?

f) Il ne sait ce qu'il doit faire.

**3 Distinguez le pronom relatif et la conjonction de subordination. Justifiez votre réponse.**

a) Ces propos sont d'autant plus importants qu'ils ont été tenus par un médecin.

b) L'opinion se moque de ce que les spécialistes pensent.

c) Le tourisme que nous voyions se développer a chuté au premier semestre.

d) Nous nous réjouissons de ce qu'elle a guéri.

**4 Distinguez les différents emplois de *que* dans le texte suivant.**

Car, il faut bien le dire, il faut bien lâcher le grand mot que j'ai retardé si longtemps : Jeanne-Madeleine aimait d'amour l'abbé Jéhoël de La Croix-Jugan. Que si, au lieu d'être une histoire, ceci avait le malheur d'être un roman, je serai forcé de sacrifier un peu de la vérité à la vraisemblance, et de montrer au moins, pour que cet amour ne fût pas traité d'impossible, comment et par quelles attractions une femme bien organisée, saine d'esprit, d'une âme forte et pure, avait pu s'éprendre du monstrueux défiguré de la Fosse. […] Dieu merci, toute cette psychologie est inutile. Je ne suis qu'un simple conteur.

Jules Barbey d'Aurevilly, *L'ensorcelée*, 1852.

**5 Indiquez la nature de *qu'* dans les phrases suivantes. (sujet de CRPE)**

Encore des tableaux, toujours des tableaux, des saints, des hommes et des femmes avec des figures **qu'**on ne comprenait pas. […] Peu à peu, pourtant, le bruit avait dû se répandre **qu'**une noce visitait le Louvre.

Émile Zola, *L'Assommoir*, 1877.

**6 QCM : dites si chaque proposition est vraie ou fausse.**

a) **Dans la phrase : « *Je souhaite que tu sois là* »,**

**1.** *que* est un pronom relatif.

**2.** *que* est un pronom interrogatif.

**3.** *que* n'est pas un pronom.

b) **Dans la phrase : « *Il regarde la photo que j'ai prise* »,**

**1.** *que* est un pronom relatif.

**2.** *que* est un pronom interrogatif.

**3.** *que* n'est pas un pronom.

Fiches 3 à 15, p. 22 à 82

# ENTRAINEMENT AU CONCOURS

→ Corrigés p. 98

**1 Donnez la nature et fonction des mots soulignés.**

Un beau soleil de mai se couchait, dorant les cheminées. Et, tout là-haut, dans le ciel clair, l'ouvrier taillait tranquillement son zinc à coups de cisaille, penché sur l'établi, pareil à un tailleur coupant chez lui une paire de culottes. Contre le mur de la maison voisine, son aide, un gamin de dix-sept ans, fluet et blond, entretenait le feu du réchaud en manœuvrant un énorme soufflet, dont chaque haleine faisait envoler un pétillement d'étincelles.

Émile Zola, *L'Assommoir*, 1877.

**2 Vous donnerez la nature des mots (ou groupe de mots) soulignés en précisant s'ils sont sujets.**

a) Le soleil brille fort ce matin, il s'est levé à 5 heures, l'heure à laquelle tu es arrivé.

b) Sortir est une nécessité pour toi, il est impossible que tu puisses faire autrement.

c) Qui vit sa vie vit, c'est ta devise.

d) Tu succombes aux sirènes, tu les entends chanter.

**3 Dans cet extrait, vous identifierez les différentes expansions du nom, vous les classerez selon leur fonction et vous préciserez leur nature. (sujet de CRPE)**

L'heureuse paix du Paradou, dormant au grand soleil, empêchait la dégénérescence des espèces. Il y avait là une température égale, une terre que chaque plante avait longtemps engraissée pour y vivre dans le silence de sa force.

Émile Zola, *La Faute de l'abbé Mouret*, chapitre VII, 1875.

**4 Dans l'extrait suivant, vous donnerez la nature (classe grammaticale) et la fonction des mots et groupes de mots soulignés. (sujet de CRPE)**

Du flanc nourricier jaillissait la vie, les bourgeons crevaient en feuilles vertes, les champs tressaillaient de la poussée des herbes. De toutes parts, des graines se gonflaient, s'allongeaient, gerçaient la plaine, travaillées d'un besoin de chaleur et de lumière. Un débordement de sève coulait avec des voix chuchotantes, le bruit des germes s'épandait en grand baiser. Encore, encore, de plus en plus distinctement, comme s'ils se fussent rapprochés du sol, les camarades tapaient.

Aux rayons enflammés de l'astre, par cette matinée de jeunesse, c'était de cette rumeur que la campagne était grosse. Des hommes poussaient, une armée noire, vengeresse, qui germait lentement dans les sillons, grandissant pour les récoltes du siècle futur, et dont la germination allait faire bientôt éclater la terre.

Émile Zola, *Germinal*, 1885.

**5 Dans cet extrait, vous donnerez la nature des mots soulignés et expliquerez l'emploi de chacun d'entre eux. (sujet de CRPE)**

Si quelque chat faisait du bruit,
Le chat prenait l'argent : […]

Jean de La Fontaine, *Fables*, 1678, livre VIII.

**6 Dans cet extrait de texte, classez dans un tableau les mots soulignés selon leur nature, puis indiquez la fonction de chacun d'eux. (sujet de CRPE)**

Je la revois, un foulard sur la tête, le visage, les avant-bras et les jambes bronzés jusqu'aux genoux. Elle tricotait, ne perdant du temps que pour surveiller où j'étais. Parfois l'angoisse l'étreignait : elle ne me voyait plus. Alors elle posait ses aiguilles, se levait sans trop montrer qu'elle était inquiète, lissait sa jupe, ordonnait le col de son chemisier, s'approchait du rivage et cherchait. Son regard fouillait la plage, les rochers, le radeau et le plongeoir de l'établissement payant qui jouxtait l'endroit où nous allions. Il arrivait que je sois las de ce chaperonnage. […] Elle cherchait ; je me cachais pour aviver et prolonger son anxiété. Je nageais même vers la tour Rouge et plus loin encore jusqu'au phare, traversant l'entrée du port que de gros navires empruntaient.

Louis Nucéra, *Avenue des Diables-Bleus*
© Grasset, 1979.

**7 Dans la phrase : *Elles sont déjà tendues et anxieuses* (Colette, *Claudine à l'école*, Gallimard, 1900) :**

**a) Identifiez la nature de *tendues* et *anxieuses*.**

**b) Identifiez la fonction de *tendues* et *anxieuses*.**

**c) Expliquez l'accord de ces deux mots.**
**(sujet de CRPE)**

**8 Dans cet extrait, vous déterminerez la nature (classe grammaticale) des expansions des noms et vous les classerez. (sujet de CRPE)**

Elle est une des réalités suprêmes de ce monde, comme l'éclat du soleil, comme l'éveil du printemps, comme le reflet dans une eau sombre de cette conque d'argent qu'on appelle la lune.

Oscar Wilde (1890), *Le portrait de Dorian Gray*,
Le Livre de Poche, 1981, traduit par Vladimir Volkoff.

**9 Dans cet extrait, relevez les expansions des noms et indiquez leur nature. (sujet de CRPE)**

Cette modération, comparée à mon ton décidé, lui fit tort. Il ne semblait pas naturel de supposer d'un côté une audace aussi diabolique, et de l'autre une aussi angélique douceur. On ne parut pas se décider absolument, mais les préjugés étaient pour moi. Dans le tracas où l'on était, on ne se donna pas le temps d'approfondir la chose .

Jean-Jacques Rousseau, *Les Confessions*,
Livre II, 1782.

**10 Relevez les différents emplois de *que* et donnez leur nature.**

Il avait décidé de partir loin. Qu'il le cherche, ils verraient bien qu'il n'est pas si facile de le trouver. Il marcha un jour et une nuit avant de trouver un refuge : une toute petite cabane que l'on avait abandonnée. Elle serait plus confortable que son lit d'infortune de feuilles et de pierres. Qu'il était heureux, il se sentait enfin lui-même !

**11 Dans le texte suivant, précisez la nature des mots soulignés. (sujet de CRPE)**

Tous ces grands préparatifs ont souvent plus d'apparence que de solidité. Mais enfin ils marquent la haute idée qu'on a de l'éducation des garçons. Pour les filles, dit-on, il ne faut pas qu'elles soient savantes, la curiosité les rend vaines et précieuses. Il suffit qu'elles sachent gouverner un jour leurs ménages et obéir à leurs maris sans raisonner.

Fénelon (1689), *Traité de l'éducation des jeunes filles*
© Éditions Klincksieck, 1994.

**12 Donnez la fonction des pronoms signalés en gras dans la citation suivante.**
**(sujet de CRPE)**

Elle revoyait le petit logement cloitré, ces pièces étroites de la rue Durantin, **où** il ne **lui** était pas permis de s'accouder à la fenêtre. C'était une enfance prolongée, toutes sortes de défense **qu'**elle ne comprenait pas, des lignes que sa mère raturait à l'encre sur leur journal de mode et **dont** les barres noires la faisaient rougir, des leçons expurgées **qui** embarrassaient ses maitresses elles-mêmes lorsqu'elle **les** questionnait.

Émile Zola, *Pot-Bouille*, 1882.

**13 Identifiez précisément la nature et la fonction des mots soulignés. (sujet de CRPE)**

La nudité sévère de l'escalier les rendit graves.

**14 Analysez de façon grammaticale les quatre mots soulignés de la phrase suivante.** (sujet de CRPE)

Je suis catholique, ou berrichon, ou paysan, ou communiste : je ne suis pas personne, je ne risque pas d'être englouti par le néant.

**15 Dans le texte suivant, vous relèverez et analyserez tous les pronoms.** (sujet de CRPE)

Soupçon

J'ai tout de suite compris qu'il s'était passé quelque chose de grave. Dès que je l'ai vu. Il avait sauté sur mon lit et se léchait les babines d'une manière qui m'a semblé bizarre. Je ne saurais expliquer pourquoi, mais ça me semblait bizarre. Je l'ai regardé attentivement, et lui me fixait avec ses yeux de chat incapables de dire la vérité.

Bêtement, je lui ai demandé :

– Qu'est-ce que tu as fait ?

Bernard Friot, *Histoires pressées*, coll. « Éclat de rire » © Éd. Milan, 1995.

**16 Dans le texte ci-dessous, dans la seconde réplique du personnage désigné par « le premier », vous relèverez les attributs du sujet. Vous les classerez selon leur nature.** (sujet de CRPE)

LE PREMIER

Nulle. Je n'ai pas encore bien enchaîné mes raisons, et vous me permettrez de vous les exposer comme elles me viendront, dans le désordre de l'ouvrage même de votre ami.

Si le comédien était sensible, de bonne foi lui serait-il permis de jouer deux fois de suite un même rôle avec la même chaleur et le même succès ? Très chaud à la première représentation, il serait épuisé et froid comme un marbre à la troisième. Au lieu qu'imitateur attentif et disciple réfléchi de la nature, la première fois qu'il se présentera sur la scène sous le nom d'Auguste, de Cinna, d'Orosmane, d'Agamemnon, de Mahomet, copiste rigoureux de lui-même ou de ses études et observateur continu de nos sensations, son jeu, loin de s'affaiblir, se fortifiera des réflexions nouvelles qu'il aura recueillies ; il s'exaltera ou se tempérera, et vous en serez de plus en plus satisfait. S'il est lui quand il joue, comment cessera-t-il d'être lui ? S'il veut cesser d'être lui, comment saisira-t-il le point juste auquel il faut qu'il se place et s'arrête ? Ce qui me confirme dans mon opinion, c'est l'inégalité des acteurs qui jouent d'âme. Ne vous attendez de leur part à aucune unité ; leur jeu est alternativement fort et faible, chaud et froid, plat et sublime. Ils manqueront demain l'endroit où ils auront excellé aujourd'hui ; en revanche, ils excelleront dans celui qu'ils auront manqué la veille. Au lieu que le comédien qui jouera de réflexion, d'étude de la nature humaine, d'imitation constante d'après quelque modèle idéal, d'imagination, de mémoire, sera un, le même à toutes les représentations, toujours également parfait : tout a été mesuré, combiné, appris, ordonné dans sa tête ; il n'y a dans sa déclamation ni monotonie, ni dissonance.

Denis Diderot, *Paradoxe sur le comédien*, 1773-1777.

**17 Vous analyserez la constitution et la fonction des groupes nominaux dans les phases suivantes.** (sujet de CRPE)

Qui dira si tel squelette est un arbre mort ou tel autre un arbre qui fait le mort ?

Une forêt en hiver est indéchiffrable. Le vivant endormi et le vrai cadavre se ressemblent à s'y méprendre.

*Manuel Plurilectures CM2* © Nathan, collection « L'île aux mots », 2004.

# CORRIGÉS

## FICHE 3 Nature et fonction dans la phrase

→ Énoncés p. 27

**1**

| Nature | Fonction |
|---|---|
| nom, pronom relatif, déterminant, adjectif qualificatif, verbe, adverbe, préposition, groupe nominal, proposition subordonnée relative, conjonction. | sujet, attribut, COD, groupe verbal, COS, verbe, COI, complément du nom, épithète, complément circonstanciel. |

**2**

| Mots ou groups de mots | Nature | Fonction |
|---|---|---|
| *votre élève* | GN | COD de *rendez* |
| *de la nature* | GN | Complément du nom *phénomènes* |
| *le* | pronom personnel | COD de *rendrez* |
| *curieux* | adjectif qualificatif | attribut du COD *le* |
| *pour nourrir sa curiosité* | groupe infinitif | CC de but de *pressez* |
| *les questions* | GN | COD de *mettez* |
| *parce que vous le lui avez dit* | proposition subordonnée conjonctive circonstancielle | CC de cause de *sache* |
| *l'* | pronom personnel | COD de *invente* |
| *Si jamais vous substituez dans son esprit l'autorité à la raison* | proposition subordonnée conjonctive circonstancielle | CC de condition de *raisonnera* |
| *le jouet de l'opinion des autres* | GN | Attribut du sujet *il* |

**3**

| COI (complément d'objet indirect) | CN (compléments du nom) |
|---|---|
| **a)** *de ses vacances* | **b)** *de ma voisine* |
| **e)** *de ses soucis* | **c)** *de son amie* |
| **i)** *du jeune Pierre* | **d)** *du maréchal-ferrant* |
| | **f)** *de bohème* |
| | **g)** *des pays francophones* |
| | **h)** *du jardin* |

**4**

| Attributs | COD |
|---|---|
| **a)** *un grand savant* | **c)** *des vêtements* |
| **b)** *déçue* | **d)** *une faveur* |
| **e)** *la chose la plus indispensable qui soit* | **h)** *sa déposition* |
| **f)** *inutile* | **j)** *l'* |
| **g)** *exigeante* | |
| **i)** *des équidés* | |

## FICHE 4 Le nom – Le groupe nominal

→ Énoncés p. 29

**1** Plusieurs classements sont possibles :

- Noms propres : *Virgin, Fnac, Beigbeder, Grasset.*
- Noms communs : *chaîne, librairies, faillite, réfrigérateurs, dématérialisation, destruction, livres, bilan, apocalypse.*
- Noms inanimés : *chaîne, librairies, faillite, réfrigérateurs, dématérialisation, destruction, livres, bilan, apocalypse.*
- Noms comptables : *chaîne, librairies, faillite, réfrigérateurs, dématérialisation, destruction, livres, bilan, apocalypse.*
- Noms masculins : *réfrigérateurs, livres, bilan.*
- Noms féminins : *chaîne, librairies, faillite, dématérialisation, destruction, apocalypse.*
- Noms au pluriel : *librairies, réfrigérateurs, livres.*

• Noms au singulier : *chaîne, faillite, dématérialisation, destruction, bilan, apocalypse.*

**2** Ce sont tous des noms propres d'origine, passés dans la catégorie des noms communs sauf *portable* qui, à l'origine, est un adjectif passé dans la catégorie des noms.

On trouve :
– des personnes célèbres : *un harpagon, une poubelle, un picasso, un judas, un dom juan, un ampère, du morse ;*
– des lieux : *un labrador, un canari ;*
– une marque : *du scotch.*

## FICHE 5 Les déterminants

→ *Énoncés p. 33*

**1** Articles définis : ***les** (règles de grammaire)* ; ***la** (nécessité)* ; article défini contracté : ***au** (contact).*

• Article indéfini : ***de** (nombreux exercices).*

• Déterminants possessifs : ***mes** (observations personnelles)* ; ***notre** (plume)* ; ***nos** (premières années)* ; ***notre** (langue).*

• Déterminant indéfini : ***Quelques** (principes essentiels).*

• Absence de déterminant devant *grammaire* dans les *règles de grammaire* : l'article défini est ici sous-entendu.

• Déterminant numéral : ***quatre** (heures)* (appartient à la catégorie des indéfinis).

• Absence de déterminant : dans les locutions *prit à part* et *pour ennemi.*

**2** ***Une** après-midi, à **la** récréation de **quatre** heures, **le** grand Michu me prit à part, dans **un** coin de **la** cour. Il avait **un** air grave qui me frappa d'**un**e **certaine** crainte ; car **le** grand Michu était **un** gaillard, **aux** poings énormes, que, pour rien **au** monde, je n'aurais voulu avoir pour ennemi.*
*– Écoute, me dit-il de **sa** voix grasse de paysan à peine dégrossi, écoute, veux-tu en être ?*

Émile Zola, « Le Grand Michu »,
*Nouveaux contes à Ninon, 1893.*

• Articles :
– Article indéfini : ***une***, singulier/féminin, *(après-midi, certaine crainte)* ; ***un***, singulier/masculin *(coin, air, gaillard).*
– Article défini : ***la***, féminin/singulier *(récréation, cour)* ; ***le***, masculin/singulier *(grand Michu (2))* ; ***aux*** (article contracté, *à + les*) masculin/pluriel *(poings)*, ***au*** (article contracté, *à + le*) *(monde).*

**REMARQUE**

*Au = à + le.* L'article défini *le* est ici « contracté », amalgamé à la préposition *à.*

**3** • Article défini contracté : *(de + le = du)* ***du** marché* ; *(à + le = au)* : ***au** soleil.*

• Article indéfini pluriel : ***des** fruits*, ***des** frites*, ***des** journées.*

• Article partitif : ***du** pain*, ***de la** mayonnaise.*

• Préposition : *(de)* ***de** terre*, ***de** quoi faire*, ***de** fruits* ; *(à)* ***à** tout*, ***à** la bonne escalope.*

**4** • Déterminant : **c), f)**

• Pronom : **a), b), d), e)**

**5** *M. Myriel devait subir le sort de **tout** nouveau venu dans **une** petite ville où il y a **beaucoup de** bouches qui parlent et fort **peu de** têtes qui pensent. Il devait le subir, quoiqu'il fût évêque et parce qu'il était évêque. Mais, après **tout**, les propos auxquels **on** mêlait son nom n'étaient peut-être que **des** propos ; **du** bruit, des mots, **des** paroles ; moins que **des** paroles, **des** palabres, comme dit l'énergique langue du midi.*
*Quoi qu'il en fût, après neuf ans d'épiscopat et de résidence à Digne, **tous** ces racontages, sujets de conversation qui occupent dans le premier moment les petites villes et les petites gens, étaient tombés dans **un** oubli profond. **Personne** n'eût osé en parler, **personne** n'eût même osé s'en souvenir.*

Victor Hugo, *Les Misérables*, 1862.

Il existe deux catégories d'indéfinis : les pronoms et les déterminants.

- Les déterminants :
– articles indéfinis (***une***, ***des*** (5), ***un***) ;
– article partitif (***du***) ;
– déterminants indéfinis (***tout***, ***beaucoup de***, ***peu de***, ***tous***).
- Pronoms : ***tout*** *(après* tout*)*, ***on***, ***personne*** (2).

**REMARQUE**

- *Tout/tous/toute(s)* peut, selon son emploi, être déterminant, nom, pronom, adverbe.
- *On* est indéfini mais appartient à la catégorie des pronoms personnels.

## FICHE 6 L'adjectif et le groupe adjectival

→ *Énoncés p. 39*

**1** • **adjectif qualitatif** : a), b), d), e), h), j).
• **adjectif relationnel :** c), f), g), i)

**2** • *menée* : féminin singulier car épithète du nom *croisade*.
- *classiques* : féminin pluriel car épithète du nom *humanités*.
- *perplexe* : féminin singulier car attribut du COD *Françoise Melonio*.
- *écrite* : féminin singulier car épithète du nom *épreuve*.
- *économiques et sociales* : féminin pluriel car épithètes du nom *sciences*.
- *dernière* : féminin singulier car épithète du nom *année*.
- *générale* : féminin singulier car épithète du nom *culture*.
- *intellectuels* : masculin pluriel car épithète du nom *goûts*.
- *scolaire* : masculin singulier car épithète du nom *dossier*.
- *aléatoire* : masculin singulier car épithète du nom *effet*.
- *écrites* : féminin pluriel car épithète du nom *épreuves*.

**3** a) *jeune* : épithète du nom *sœur*.
b) *jolie* : attribut du COD *la*.
c) *grande* : épithète au nom *sœur* ; *sages* : attribut du sujet *enfants*.
d) *aimables* : attribut du sujet *voisins*.

**REMARQUE**

On ne relève pas *autres* dans la phrase d) car il s'agit d'un déterminant indéfini.

**4**

| Occurrence de l'adjectif | Degré d'intensité | Complément |
|---|---|---|
| • *le plus gros*<br>• *très forte taille* | **Superlatif**<br>supériorité<br>absolu | *des oiseaux d'eau* |
| • *moins grand que*<br>• *plus épais*<br>• *moins allongés*<br>• *mieux proportionnés* | **Comparatif**<br>infériorité<br>supériorité<br>infériorité<br>supériorité | *le pélican ou le flamant*<br>*le pélican ou le flamant* (non exprimé)<br>idem<br>idem |

**5** • Les adjectifs en fonction d'attribut :
– *désagréables* : attribut du sujet *elles* ;
– *orgueilleuses* : attribut du sujet *elles* ;
– *folle* : attribut du sujet *cette mère*.
- Les adjectifs en fonction d'épithète :
– *vrai* : épithète du nom *portrait* ;
– *belles* : épithète du nom *filles* ;
– *aînée* : épithète du nom *fille* ;
– *effroyable* : épithète de *aversion*.

# FICHE 7 Les pronoms

→ Énoncés p. 46

**1** • **Pronoms personnels :**

– Sujets : ***on*** (valeur de pronom indéfini dans *On ne me donnait*), ***ils*** (référent des *livres enfantins*), ***je*** (référent : *la narratrice*), ***il*** (sujet grammatical dans les séquences impersonnelles : *il n'arrivait de mésaventures…* et *Il me suffisait que…*, absence de référent) ;

– COD : ***m'*** (pronom réfléchi, référent : *la narratrice*), ***m'*** (référent : *la narratrice*) ;

– COI : ***me*** (référent : *la narratrice*).

• **Pronoms relatifs :**

– COD : ***que*** (référent *les mêmes valeurs*), ***qu'*** (référent *les étranges arrière-plans*).

• **Pronoms adverbiaux :**

– COI : ***en*** (référent *les fantaisies de livres*).

– CC de lieu : ***y*** (référent *les romans*).

• **Pronoms démonstratifs :**

– Sujet : ***c'*** (absence de référent, *c'est* étant un présentatif).

**2** **a)** **Il** arrive. *Pronom personnel sujet*

**b)** Je cherche **quelqu'un**. *Pronom personnel sujet + pronom indéfini COD*

**c)** **Je** ne **lui** fais pas confiance. *Pronoms personnels sujet + COI*

**d)** **Qui** es-**tu** ? *Pronom interrogatif attribut + pronom personnel sujet (inversé)*

**e)** **Tu le** seras un jour. *Pronoms personnels sujet + attribut*

**f)** **Je** cherche l'adresse de **quelqu'un**. *Pronom personnel sujet + pronom indéfini complément du nom*

**g)** **J'en** suis conscient. *Pronom personnel sujet + pronom adverbial complément de l'adjectif*

**h)** Par **qui** a-t-**il** été prévenu ? *Pronom interrogatif, complément d'agent + pronom personnel sujet*

**i)** **Où** a été signé le traité de Versailles ? *Pronom interrogatif, circonstanciel de lieu*

**j)** Peux-**tu** me prêter **le tien** ? *Pronom personnel sujet + pronom possessif COD*

**3** L'extrait comporte neuf pronoms relatifs :

• **Cinq pronoms relatifs sujets** (antécédent souligné) :

– *la* <u>fonction</u> *du critique traditionnel* ***qui*** *consistait à rechercher la signification cachée* (sujet du verbe *consistait*).

– *c'est une* <u>tâche</u> *nouvelle* ***qui*** *est proposée au critique* (sujet du verbe *est proposée*).

– <u>ce</u> ***qui*** *se passe* (sujet du verbe *se passe*).

– *Au lieu de déchiffrer des* <u>sens</u> ***qui*** *seraient donnés dans le texte* (sujet du verbe *seraient donnés*).

– *tenter d'appréhender les* <u>facteurs</u> ***qui*** *rendent possible la constitution de sens* (sujet du verbe *rendent*).

• **Deux pronoms relatifs COD** (antécédent souligné) :

– *Les hypothèses contenues dans les deux* <u>définitions</u> ***que*** *nous venons de transmettre* (COD de *venons de transmettre*, COD de *transmettre* modalisé par le verbe *venir*).

– ***ce que*** *signifient tel poème, tel drame ou tel roman* (COD du verbe *signifient*).

• **Un pronom relatif complément du nom** :

– *rechercher la signification cachée d'un* <u>texte de fiction</u> ***dont*** *il se faisait en quelque sorte l'interprète* (complément du nom *interprète*).

• **Un pronom relatif COS :**

– *mettre à la disposition du lecteur un certain nombre* <u>de schémas, de pistes possibles, de projets</u> ***auxquels*** *seul l'acte de lecture est susceptible d'apporter une réalisation* (COS du verbe *apporter*, le COD étant *une réalisation*).

**4** **a)** **Il y** songeait. (*il* : pronom personnel, *y* : pronom adverbial)

**b)** Donne-**le** moi. (*le* : pronom personnel)

**c)** Le cambrioleur espère **leur** échapper. (*leur* : pronom personnel)

**d)** Les enfants **en** ont beaucoup acheté (en ont acheté beaucoup) (*en* : pronom adverbial)

**e)** Il **les** mange en se cachant. (*les* : pronom personnel)

**f)** Elle **l'**a vue arriver, enfin. (*l'* : pronom personnel)

**5** ***Ce qui*** *avait été de la maigreur dans sa jeunesse était devenu, dans sa maturité, de la*

*transparence ; et cette diaphanéité laissait voir l'ange.* ***C'****était une âme plus encore que* ***ce*** *n'était une vierge. Sa personne semblait faite d'ombre ; à peine assez de corps pour qu'****il y*** *eût là un sexe ; un peu de matière contenant une lueur ; de grands yeux toujours baissés ; un prétexte pour qu'une âme reste sur la terre.*
*Madame Magloire était une petite vieille, blanche, grasse, replète, affairée, toujours haletante, à cause de son activité d'abord, ensuite à cause d'un asthme.*
*À son arrivée,* ***on*** *installa M. Myriel en son palais épiscopal avec les honneurs voulus par les décrets impériaux* ***qui*** *classent l'évêque immédiatement après le maréchal de camp. Le maire et le président* ***lui*** *firent la première visite, et* ***lui*** *de son côté fit la première visite au général et au préfet.*

| Occurrence | Nature | Fonction |
|---|---|---|
| *Ce qui* | Pronom neutre *ce* + pronom relatif *qui* | Introduit la relative substantive (sans antécédent) sujet de *avait été.* |
| *c'* | Pronom démonstratif (élidé car suivi d'une voyelle) | Sujet de *était* |
| *ce* | Pronom démonstratif | Sujet de *était* |
| *il* | Pronom impersonnel (dans une locution verbale impersonnelle : *il y eût*) | Sujet grammatical de *eût* |
| *y* | locution verbale impersonnelle *(il y a)* | Appartient à la locution verbale impersonnelle (pas de fonction sémantique) |
| *on* | Pronom personnel indéfini | Sujet de *installa* |
| *qui* | Pronom relatif | Sujet de *classent* |
| *lui* | Pronom personnel | COI de *firent* (COS) |
| *lui* | Pronom personnel tonique | Sujet de *fit* |

## FICHE 8 Le verbe et le groupe verbal

→ *Énoncés p. 52*

**1**

| Mode personnel | Mode impersonnel |
|---|---|
| • **Indicatif :** *sont, constituaient, remariait, fondait, prenait, transformait, dégradaient, était, étaient, est offert, commence, était, épousa, avait, ressemblaient, avait.*<br>• **Subjonctif :** *vive, eût vue.* | • **Infinitif :** *éviter.*<br>• **Participes passés :** *(familles) recomposées, (temps plus) reculés, (famille), recomposée.* |

**2** *Si* ***j'avais appris*** *à quatre ans à me servir à dix doigts d'un clavier, la connexion organique se* ***serait faite*** *entre cet éventail horizontal et mon esprit, et non pas entre la crispation oblique de la main sur un objet et mon esprit. J'****ai*** *tendance à croire que* ***j'aurais écrit*** *la même chose, directement sur ordinateur. Le média n'****est*** *pas le message, c'****est*** *un serviteur.*

**3** Les temps simples sont surlignés en jaune, les temps composés en orange.
1. *L'avion a enfin atterri. Les passagers ont été choqués, ils sont cependant sains et saufs. Les pilotes furent applaudis à l'arrivée. Tous retrouvèrent la terre ferme avec soulagement. L'appareil a connu une grave avarie, il avait pourtant été révisé.*
2. *Le stage de Sonia s'est bien passé, pourtant elle est arrivée en retard dès le premier jour. Elle s'excusa auprès de son nouvel employeur, elle aurait raté sa correspondance, a-t-elle annoncé. Elle avait été prise de panique devant ce retard, elle avait appelé l'entreprise pour prévenir. Elle s'est souvenue fort heureusement du numéro. Elle aura été accueillie avec enthousiasme malgré tout.*

| Temps simples | Temps composés |
|---|---|
| • *sont* (présent)<br>• *furent applaudis* (passé simple, passif)<br>• *retrouvèrent* (passé simple)<br>• *s'excusa* (passé simple) | • *a atterri* (passé composé)<br>• *ont été choqués* (passé composé, passif)<br>• *a connu* (passé composé)<br>• *avait été révisé* (plus-que-parfait, passif)<br>• *s'est bien passé* (passé composé)<br>• *est arrivée* (passé composé)<br>• *aurait raté* (conditionnel passé)<br>• *a annoncé* (passé composé)<br>• *avait été prise* (plus-que-parfait, passif)<br>• *avait appelé* (plus-que-parfait)<br>• *s'est souvenue* (passé composé)<br>• *aura été accueillie* (futur antérieur, passif) |

**ATTENTION**

On peut trouver une forme composée mais un temps simple, c'est le cas des verbes à la voix passive (*furent applaudis :* passé simple à voix passive).

**4** **a)** Toute la famille **partait pour le Mexique** le soir même.
**b)** Ce ferry **transporte les voitures de Calais à Douvres**.
**c)** Il **déplaça le bureau** avec précaution pour ne pas l'abîmer.
**d)** Pierre **mange lentement**.
**e)** Pierre **avala son café** sans perdre de temps.

## FICHE 9 Adverbes, prépositions, conjonctions, interjections : des mots invariables

→ *Énoncés p. 57*

**1** • **Adverbes :**
– de négation : ***ne… pas, non, ne… point.***
– de temps : ***souvent, maintenant, d'abord.***

• **Prépositions :**
– introduisant un complément du nom : ***de*** *(de niveau ; du coureur ; de sa finalité ; de pédagogie)* ; ***sans*** *(sans exposition)* ; ***à*** *(à l'autre).*
– introduisant un circonstanciel de temps : ***en*** *(en son temps).*
– introduisant un circonstanciel de lieu : ***à*** *(au but)* ; ***vers*** *(vers la cible)* ; ***en*** *(en direction de…).*
– introduisant un circonstanciel de manière : ***selon*** *(selon une allure… paroi)* ; ***à*** *(à deux ; à trois).*
– introduisant un COI : ***de*** *(des jambes ; du terrain).*
– introduisant une locution adverbiale : ***à*** *(à la fois).*

• **Conjonctions de coordination :**
– adjonction : ***et*** (trois occurrences : deux reliant ici deux noms ou groupes nominaux, une reliant deux propositions).
– opposition : ***ou*** (trois occurrences reliant ici deux noms).
– modification : ***mais*** (deux occurrences).

**2** *Après cette fête où tout était bien charmant, mais fiévreux et fou, où lui-même avait si follement poursuivi le grand pierrot, Meaulnes se trouvait là, plongé dans le bonheur calme du monde. Silencieusement, tandis que la jeune fille continuait à jouer, il retourna s'asseoir dans la salle à manger, et, ouvrant* un *des gros livres rouges épars sur la table, il commença alors à lire, distraitement.*

Alain Fournier, *Le Grand Meaulnes*, 1913.

**3** **a)** ***parce que*** : conjonction de subordination qui marque la cause.
**b)** ***Ici, là-bas*** sont deux adverbes qui organisent le propos en distribuant deux propositions indépendantes juxtaposées. Ils donnent des indications spatiales.

**c)** ***En revanche*** : locution adverbiale qui marque l'opposition.
**d)** ***En effet*** : locution adverbiale qui marque la conséquence.
**e)** ***Soudain*** : connecteur temporel qui organise le discours narratif et marque un élément perturbateur.
**f)** ***Par conséquent*** : locution adverbiale qui exprime la conséquence.
**g)** ***donc*** : conjonction de coordination qui marque la conséquence (adverbe selon la terminologie MEN).
**h)** ***et*** : conjonction de coordination qui marque l'ajout et exprime, ici, la conséquence.

## FICHE 10 Identifier le groupe sujet

→ *Énoncés p. 60*

**1** • ***Michka*** : nom propre, sujet du verbe *s'en allait*.

• ***Il*** : pronom personnel (3e pers. du singulier), sujet du verbe *était parti*.

• ***le jour*** : groupe nominal (déterminant + nom), sujet du verbe *commençait*.

• ***qui*** : pronom relatif (antécédent : *sa jeune maîtresse*), sujet du verbe *était*.

**2** • **Pronoms :**
– relatifs : ***ce qui***, locution pronominale (sujet de *avait été*) ; ***qui*** (sujet de *classent*) ;
– démonstratif : ***C'*** (sujet de *était*) ; ***ce*** (*n'était*) ;
– personnel : ***il*** (présentatif dans la locution *il y eût*, pronom impersonnel) ; ***on***, indéfini (sujet de *installa*) ; ***lui***, pronom tonique, (sujet de *fit*).

• Proposition relative substantive : ***Ce qui avait été de la maigreur dans sa jeunesse*** (sujet *de était devenu*).

• Groupe nominal : ***cette diaphanéité*** (sujet de *laissait voir*) ; ***sa personne*** (sujet de *semblait*) ; ***une âme*** (sujet de *reste*) ; ***Madame Magloire***, nom propre (sujet de *était*) ; ***le maire et le président*** (sujet de *firent*).

**3** • **Pronoms personnels :** ***ils*** *(résumèrent)*, ***ils*** *(avaient manqué)*, ***moi***, ***j'*** *(ai pêché)*, ***J'*** (avais), ***toi*** (sous-entendu avais), ***ils*** *(accusèrent)*, ***ils*** *(étaient nés)*, ***nous*** *(croyions)*, ***tu*** *(voulais)*, ***moi*** (sous-entendu *voulais faire*), ***j'*** *(avais trouvé)*, ***tu*** *(rappelles)*.

• **Pronoms relatifs :** ***qui*** (2 occurrences) *(avait rêvé)*. On peut relever la locution *celui qui*.

• **Pronoms démonstratifs :** ***C'*** *(est)*, ***cela*** *(se peut)*, ***Ce*** *(n'est)*.

**4** **a)** ***toute la classe*** : sujet du verbe *travaille*. Le sujet est au singulier sur le plan morphologique, mais il correspond à un pluriel sémantique.
**b)** ***Tous les enfants de la classe*** : GN, sujet des deux verbes *ont chanté* et *ont mimé*.
**c)** ***des livres apportés par les élèves*** : sujet inversé, au pluriel, alors que l'on trouve un complément, au singulier, placé juste avant le verbe.
**d)** ***Les élèves de CP*** : sujet séparé par une incise *(écoutant l'enseignant)* du verbe *se mettent*.
**e)** ***Samuel et moi*** : sujet correspondant au pronom *nous*, le verbe est accordé à la 1re personne du pluriel.

## FICHE 11 Le verbe et ses compléments

→ *Énoncés p. 64*

**1** • **Les compléments circonstanciels :** ***en tapant des talons ; ce matin-là ; quand on avait cessé de lui plaire.***

• **Les compléments de verbes :** ***de blanchir la fenêtre ; lui ; vingt-cinq joujoux à la fois ; vous.***

**2** **a)** *Il* ***vient*** *souvent ici* : ***venir***, verbe intransitif.
**b)** *Il* ***va*** *bien :* ***aller***, verbe intransitif.
**c)** *Elle est* ***devenue*** *une grande danseuse* : ***devenir***, verbe attributif (verbe d'état).
**d)** *Il* ***vend*** *et il* ***achète*** : ***vendre*** *et* ***acheter***, verbes transitifs directs.

**e)** *Les collégiens* ***ont lu*** *plus d'un livre par mois en moyenne aux élèves de CP* : ***lire*** verbe avec double complémentation : transitif direct et indirect.

**f)** *Les arbres* ***communiquent*** *entre eux* : ***communiquer*** verbe transitif indirect.

**g)** *Elle* ***est restée*** *de marbre* : ***rester***, verbe attributif (verbe d'état).

**h)** *Le soignant du zoo* ***nourrit*** *les lions, il leur donne des carcasses de bœuf* : ***nourrir***, verbe transitif direct ; ***donner***, verbe à double complémentation : transitif direct et indirect.

**REMARQUE**

Les verbes de la phrase **d)** n'ont pas de complément d'objet, mais leur complément est sous-entendu.

**3**

| Construction | Relevé des verbes |
|---|---|
| Attributive | l. 1-2 : *sont*<br>l. 4, l. 8 : *est* |
| Intransitive | l. 1 : *progresser* |
| Transitive directe | l. 2 : *régissent*<br>l. 3 : *acquérir*<br>l. 4 : *organise, conduit*<br>l. 5 : *entretient*<br>l. 8 : *fournit*<br>l. 9 : *commencer à maîtriser* |
| À double complément | l. 6 : *attire… sur*<br>l. 8 : *peut permettre à… de* |

**4** **a)** Le renard chasse **la nuit** : cette phrase n'a pas de complément de verbe. ***La nuit*** est un groupe nominal qui a pour fonction : complément circonstanciel de temps.

**b)** Le Soleil chasse **la nuit** : *la nuit* est COD du verbe *chasse*.

**c)** Nous avons observé **les étoiles la nuit**.

– ***les étoiles*** : groupe nominal ; COD du verbe *observe* (le verbe *observer* est transitif direct).

– ***la nuit*** : groupe nominal ; complément circonstanciel de temps.

**d)** Les voyageurs descendent **leurs bagages à l'arrivée**.

– ***leurs bagages*** : groupe nominal ; COD du verbe *descendent*.

– ***à l'arrivée*** : groupe prépositionnel ; complément circonstanciel de temps.

**ATTENTION**

Ici, le verbe *descendre* est en emploi transitif mais il peut être en emploi intransitif.

Ex. : L'ascenseur descend.

**5** **a), c)** *tourner* est employé de manière intransitive.

**b)** *tourner* est employé de manière transitive directe.

Le verbe *tourner*, selon son emploi au sens figuré ou propre, peut régir des compléments.

## FICHE 12 Les compléments du verbe

→ *Énoncés p. 71*

**1**

| Compléments de verbe | Fonction |
|---|---|
| **a)** • *à sa mère*<br>• *que son vélo avait été cassé par Paul*<br>• *par Paul* | • COI de *a dit.*<br>• COD de *a dit.*<br>• Complément d'agent |
| **b)** • *terrifiées*<br>• *en territoire ennemi* | • Attribut du sujet *Elles.*<br>• Complément essentiel de lieu de *vivent* (ou COI de *vivent*). |
| **c)** • *un voleur qui croit que tout lui appartient*<br>• *que tout lui appartient*<br>• *lui* | • Attribut du sujet *le chat de mon voisin.*<br>• COD de *croit.*<br>• COI de *appartient.* |
| **d)** • *des déguisements*<br>• *que* | • COI de *se moque.*<br>• COD de *a inventés.* |

**2**

| Compléments d'objets | Fonction |
|---|---|
| **directs** :<br>• *les*<br>• *une vie moins dure* | • COD de *veut aider.*<br>• COD de *avoir.* |
| **indirects** (selon la terminologie du MEN) :<br>• *sur une ile*<br><br>• *à la vie des chevaux auprès des hommes*<br>• *à avoir une vie moins dure* | • Complément de *vit* mais on peut considérer que c'est un complément essentiel (de lieu).<br>• COI de *pense.*<br>• COI de *veut aider.* |

**3** • *jeune* : épithète détachée du nom *sœur*.
• *intelligente* : attribut du COD *la*.
• *grande* : épithète liée au nom *sœur*.
• *sages* : attribut du sujet *enfants*.
• *aimables* : attribut du sujet *voisins*.

**4** • *à entrer en communication avec autrui* : complément d'objet direct (COD) du verbe *apprend*.
• *ce qu'il veut dire* : complément d'objet direct (COD) du verbe *comprennent*.
• *la langue qu'ils entendent* : sujet du verbe *est*.
• *des moyens de comprendre et d'apprendre* : attribut du sujet *Les discours que tient l'enseignant*.
• *du sens des mots :* complément d'objet indirect (COI) du verbe *se détachent*.
• *par la langue ou les langues qu'ils entendent :* complément d'agent du verbe *sont intéressés*.

**5**

| | |
|---|---|
| *L'usage étendu de cette pédagogie* | COD du verbe *recommandons* |
| *de riches effets induits* | COD du verbe *comporte* |
| *un atout majeur* | Attribut du sujet |
| *vers les langues anciennes* | COI de *s'orienter* |
| *une clé majeure* | Attribut sujet *elles* |
| *un aliment* | Attribut sujet *elles* |

## FICHE 13 Les compléments circonstanciels

→ *Énoncés p. 74*

**1** • *À six heures trente* : complément circonstanciel de temps du verbe *quitta*.

• *au terrain de golf* : complément essentiel (de lieu) du verbe *se rendit*. Attention, ce complément est régi par le verbe, ce n'est donc pas un complément circonstanciel même si sémantiquement, il véhicule une information de lieu.

• *en un temps record* : complément circonstanciel de manière du verbe *réussit*.

• *Pour une fois qu'il tenait une forme de champion* : complément circonstanciel de temps du verbe *regrettait*.

**2** **a)** Je le ferai encore, **si j'avais à le faire**.
*si j'avais à le faire* est une proposition subordonnée circonstancielle de condition. Elle est introduite par *si*, conjonction de subordination
**b)** **Quand le chat n'est pas là**, les souris dansent.
*Quand le chat n'est pas là* est une proposition subordonnée circonstancielle de temps introduite par la conjonction de subordination *quand*.
**c)** Il pleut tant **qu'on ne peut pas sortir**.
*qu'on ne peut pas sortir* est une proposition subordonnée circonstancielle de conséquence introduite par *que*. La conjonction est annoncée

par l'adverbe *tant* dans la principale (système corrélatif).

**d)** **Le problème identifié**, la solution manquait toujours.
*Le problème identifié* est une proposition subordonnée participiale, complément circonstanciel de concession.

**3** **a)** Un nom : Il viendra en **train**. (groupe prépositionnel)
**b)** Un pronom : Il le fait pour **elle**. (groupe pronominal)
**c)** Un groupe prépositionnel infinitif : Ils travaillent pour **s'enrichir**.
**d)** Un adverbe : Il viendra **demain**.
**e)** Un gérondif : Il avance **en reculant**.
**f)** Une proposition : Il partira **quand vous arriverez**.

**4** **a)** Il court **comme une gazelle**.
**b)** La marchande pèse les pommes et les donne à sa cliente : *pas de CC*
**c)** Son père est professeur des écoles : *pas de CC*.
**d)** Il avance **malgré sa douleur**.
**e)** Paul a écrit une lettre à Marie **pendant les vacances**.
**f)** Le petit chaperon rouge a été mangé par le grand méchant loup : *pas de CC*.
**g)** **Si tu te prépares bien**, tu réussiras.
**h)** **Ce matin**, je suis allée à la BU pour travailler.
**i)** Je le trouve fatigué : *pas de CC*.
**j)** **En classe**, les enfants parlent doucement.
**k)** **Au concours**, il faut courir 1 500 mètres **le plus vite possible**.

## FICHE 14 Le groupe nominal et ses expansions

→ *Énoncés p. 78*

**1** • **Les épithètes du nom :**
– ***littéraire*** : adjectif qualificatif, épithète du nom *œuvre*.
– ***interprétative*** : adjectif qualificatif, épithète du nom *coopération*.
– ***autres*** : adjectif qualificatif, épithète du nom *œuvres*.
– ***proposés*** (***au lecteur débutant***) : participe passé, épithète du nom *artefacts*.
– ***débutant*** : adjectif qualificatif, épithète du nom *lecteur*.
– ***éventuelle*** : adjectif qualificatif, épithète du nom *difficulté*.
– ***transparents*** : adjectif qualificatif, épithète du nom *textes*.
– ***simpliste*** : adjectif qualificatif, épithète du nom *histoire*.
– ***qui aplanissent toute éventuelle difficulté*** : proposition subordonnée relative, épithète du nom *adaptations*.
– ***qui se réduisent à une histoire simpliste*** : proposition subordonnée relative, épithète du nom *textes* (*transparents*).
Les épithètes s'accordent en genre et en nombre avec le nom qu'ils complètent.

• **Les compléments du nom :**
– ***du lecteur*** : groupe nominal prépositionnel, complément du nom *coopération* (*interprétative*).
– ***avec d'autres œuvres*** : groupe nominal prépositionnel, complément du nom *résonance*.
– ***qu'elle requiert la coopération interprétative du lecteur*** : proposition subordonnée complétive, complément du nom *fait*.

**ATTENTION**
Les compléments du nom sont introduits par une préposition (ou par une conjonction de subordination pour la proposition subordonnée complétive).

**2**

| Expansion | Nature | Fonction |
|---|---|---|
| *d'un professeur* (dans le titre) | Groupe prépositionnel | Complément du nom *récit* |
| *de treize ans* | Groupe prépositionnel | Complément du nom *gamin* |
| *bien fait, grand, mince* […] *distingué* | Adjectifs | Apposées selon la terminologie MEN 2020 / Épithètes détachées du nom *gamin* |
| *qui me regardait… devant moi* | Proposition subordonnée relative | Apposée selon la terminologie MEN 2020 / Épithète détachée (explicative) du nom *gamin*. |
| *si avides, si ardents à s'instruire* | Adjectifs du comparatif | *Si avide* : épithète liée<br>*Si ardents* : épithète détachée du nom *yeux* |
| *particulière* | Adjectif | Épithète (liée) au nom *leçon* |
| *inutile* | Adjectif | Épithète (liée) au nom peine |
| *de journée* | Groupe prépositionnel | Complément du nom *longueur* |
| *nuls* | Adjectif | Épithète (liée) au nom *devoirs* |
| *passionnée* | Adjectif | Épithète (liée) au nom *attention* |
| *qui me fascinait* | Proposition subordonnée relative | Apposé selon la terminologie MEN 2020/ Épithète détachée (explicative) du nom *attention* |
| *que j'avais de le faire sortir* | Proposition subordonnée relative | Complément du nom de *pouvoir* |
| *brusquées* | Adjectif (participe passé employé comme adjectif) | Épithète (liée) au nom *attaques* |

**REMARQUE**

- *De sa bouche* n'est pas une expansion du nom, c'est un **complément circonstanciel de lieu** (sous-entendu *qui sortait de sa bouche*).
- *De lui :* Ce n'est pas une expansion du nom, c'est un **complément du verbe** *obtenir* (double construction du verbe : *obtenir quelque chose* (COD) *de quelqu'un* (COI).
- *De mon pouvoir :* c'est une expansion mais pas du nom car *convaincu* est un participe passé employé comme adjectif.

**3**

| Groupe nominal (prépositionnel) | Adjectif | Relative | Participe présent |
|---|---|---|---|
| • *de planification (problèmes)*<br>• *de mise en ordre des éléments réunis (problèmes)*<br>• *des éléments réunis (mise en ordre)*<br>• *de correction portant sur le fond (problèmes)*<br>• *des événements (ordre)*<br>• *de ces activités (objectif)* | • *réunis (éléments)*<br>• *rapportés : emploi adjectival du participe passé (événements)*<br>• *prioritaire (objectif)*<br>• *mentales (opérations)* | • *qui absorbent silencieusement celui qui écrit tout seul.* | • *portant sur le fond (correction)* |

**4** • **Épithètes** : *belle* (du nom *taille*), *chétive* (du nom *pécore*), *grands* (du nom *seigneurs*).

• **Apposé** : *envieuse* (du pronom *elle*).

• **Attribut** : *grosse* (2) (du sujet *qui*), *sages* (du sujet *qui*).

# FICHE 15 Les emplois de *que* : nature et fonction

→ *Énoncés p. 81*

**1**

| Nature de *que* | Fonction |
|---|---|
| a) Pronom interrogatif | COD de *sais* |
| b) *Que* est associé au présentatif *C'(est).* | |
| c) Adverbes exclamatifs | |
| d) Partie de la locution adverbiale de négation : *ne… qu'* | |
| e) Conjonction de subordination | |

**2**

| Nature de *que* | Subordonnée |
|---|---|
| a) Conjonction de subordination | Proposition subordonnée complétive conjonctive, COD de *pense.* |
| b) Pronom relatif | Proposition subordonnée relative adjectivale, épithète du nom *robe.* |
| c) Adverbe | |
| d) Marqueur du subjonctif | |
| e) Pronom interrogatif | |
| f) Pronom interrogatif | |

**3** ***Que*** **pronom relatif :**

b) • Pronom relatif, forme avec *ce* une locution relative, introduit la proposition subordonnée relative *(de) ce que les spécialistes pensent.*

• *Que* est COD de *pensent.*

c) • Pronom relatif : reprend *le tourisme*, introduit la proposition subordonnée relative *que nous voyions se développer.*

• *Que* est COD de *voyons.*

***Que*** **conjonction de subordination :**

a) Conjonction de subordination, introduit la proposition subordonnée de comparaison *qu'ils ont été tenus par un médecin*, en corrélation avec *d'autant plus* dans la principale.

b) • Conjonction de subordination, introduit la proposition subordonnée complétive *(de ce) qu'elle a guéri.*

• *Que* n'a pas de fonction dans la subordonnée.

**4** • **Pronom relatif :** ***que*** (*que j'ai retardé*).

• Locution adverbiale restrictive : *je ne suis* ***qu'****un simple conteur.*

• **Locution conjonctive :** ***Que si*** (renforcement de la conjonction *si*) : *Que si, au lieu d'être une histoire* ; ***pour que*** (circonstancielle de but) : *pour que cet amour ne fut pas traité.*

**5** • *Encore des tableaux, toujours des tableaux, des saints, des hommes et des femmes avec des figures* ***qu'****on ne comprenait pas* : pronom relatif élidé *(= que l'on ne comprenait pas). Que*, pronom relatif remplace *des figures.*

• *Peu à peu, pourtant, le bruit avait dû se répandre* ***qu'****une noce visitait le Louvre.* : conjonction de subordination. Elle ne remplace aucun mot mais introduit une proposition subordonnée conjonctive.

**6** **1.** a) b) : faux ; c) : vrai, *que* n'est pas un pronom, c'est une conjonction de subordination.
**2.** a) vrai, *que est* un pronom relatif (ayant pour antécédent le nom *photo*) ; b) c) : faux.

# Entrainement au concours

*Énoncés, p. 83*

**1** • *Un beau soleil de mai* : groupe nominal, sujet de *se couchait*.

• *fluet et blond* : deux adjectifs coordonnés, apposés au GN *un gamin de dix-sept ans*, selon la terminologie 2020 ou épithète détachée (selon la terminologie courante).

• *le feu du réchaud* : groupe nominal, COD de *entretenait*.

• *dont* : pronom relatif ayant pour antécédent *soufflet*, complément du nom *haleine*.

**2** **a)** *Le soleil* : GN, sujet de *brille* ; *il* : pronom personnel (représentant de *soleil*, sujet de *s'est levé*) ; *laquelle* : pronom relatif composé remplace *heure*, il n'est pas sujet.
**b)** *Sortir* : infinitif, sujet d'*est* ; *Il :* pronom neutre, sujet grammatical de *est impossible*.
**c)** *Qui vit sa vie* : proposition relative sans antécédent, sujet de *vit*.
**d)** *Tu* : pronom personnel sujet de *entends* ; *les* : pronom personnel sujet de *chanter*.

**3**

| Fonction | Occurrences | Nature |
|---|---|---|
| **Complément du nom** | ***du paradou*** (*paix*)<br>***des espèces*** (*dégénérescence*)<br>***de sa force*** (*silence*) | GNP<br>GNP<br>GNP |
| **Épithète** | ***heureuse*** (*paix*)<br>***grand*** (*soleil*)<br>***égale*** (*température*)<br>[***que chaque plante avait longtemps engraissée pour y vivre dans le silence de sa force.***] (*terre*)<br>***dormant au grand soleil*** (épithète détachée) | Adjectif<br>Adjectif<br>Adjectif<br>Proposition subordonnée relative<br><br>Groupe participial (participe présent) |

**4**

| Occurrences | Nature | Fonction |
|---|---|---|
| *nourricier* | Adjectif | Épithète du nom *flanc* |
| *vie* | Nom commun | Sujet inversé de *jaillissait* |
| *chuchotantes* | Adjectif verbal | Épithète du nom *voix* |
| *des germes* | GN | Complément du nom *bruit* |
| *aux* | Déterminant contracté ; défini masculin pluriel | Pas de fonction grammaticale, détermine le nom *rayons* |
| *grosse* | Adjectif | Attribut du sujet *la campagne* |
| *vengeresse* | Adjectif | Apposition du GN *armée noire* (on accepte également « épithète détachée ») |
| *dont* | pronom relatif | complément du nom *armée* |

**5** *Si* ***quelque*** *chat faisait* ***du*** *bruit, /* ***Le*** *chat prenait l'argent :* [...]

• *quelque* : déterminant indéfini, il indique que l'on évoque un chat quelconque, n'importe quel chat, un individu pris au hasard dans l'espèce, non encore déterminé précisément.

• *du* : article partitif, utilisé devant un nom non comptable pour désigner une certaine quantité parmi un tout. On peut le remplacer par *un peu de*.

• *le* : article défini, il indique qu'il s'agit du chat évoqué précédemment et participe ici de la reprise anaphorique (*quelque chat* > *le chat*).

**6**

| Nature | Fonction |
|---|---|
| **Pronoms personnels :**<br>• *la*<br>• *elle* | • COD du verbe *revois*<br>• Sujet du verbe *tricotait* |
| **Pronoms relatifs :**<br>• *où* (*j'étais*), *où* (*nous allions*)<br>• *qui*<br>• *que* | • Complément essentiel de *étais* (locatif) et *allions* (selon la terminologie MEN 2020, on parle de complément d'objet indirect)<br>• Sujet de *jouxtait*<br>• COD de *empruntaient* |

**7** **a)** *tendues* et *anxieuses* sont des adjectifs qualificatifs (*tendues* est un participe passé employé comme adjectif).

**b)** Dans cette phrase, ces adjectifs sont attributs du sujet *elles*.

**c)** Ces deux adjectifs s'accordent en genre et en nombre avec le sujet (*elles* : féminin pluriel).

**8**

| Adjectif qualificatif (épithète) | Groupe nominal prépositionnel (complément du nom) | Proposition subordonnée relative (épithète) |
|---|---|---|
| • *suprêmes* | • *de ce monde* | • *qu'on appelle la lune* |
| • *sombre* | • *du soleil* | |
| | • *du printemps*<br>• *de cette conque d'argent qu'on appelle la lune*<br>• *d'argent* | |

**REMARQUE**

On peut trouver dans certaine terminologie la fonction « complément de l'antécédent » pour la proposition relative. Toutefois, il vaut mieux privilégier la fonction épithète.

**9** Plusieurs natures d'expansions du nom sont présentes :

• **Adjectifs ou groupe adjectival :**

– *comparée à mon ton décidé* : GA apposé selon la terminologie MEN, épithète détachée de *modération* ;

– *décidé* : épithète (liée) de *ton* ;

– *aussi diabolique :* épithète (liée) de *audace* ;

– aussi angélique : épithète (liée) de *douceur*.

• **Propositions relatives :**

– *où l'on était* : épithète du nom *tracas*.

• **Groupe prépositionnel :**

– *d'approfondir la chose :* complément du nom *temps*.

**REMARQUE**

La terminologie MEN ne distingue pas les épithètes détachées des épithètes liées, l'épithète détachée est considérée comme apposition.

**10**

| Occurrence | Nature/fonction |
|---|---|
| ***Qu'****il le cherche* | Indice de subjonctif (proposition indépendante) |
| ***qu'****il n'est pas si facile de le trouver.* | Conjonction de subordination (pas de fonction), introduit une complétive COD de *verraient* |
| ***que*** *l'on avait abandonnée.* | Pronom relatif (ayant pour antécédent *cabane*), COD de *avait abandonnée* introduit une PSR |
| *Elle serait plus confortable* ***que*** | Conjonction de subordination (comparatif, introduit par l'adverbe *plus…*) |
| ***Qu'****il était heureux* | Adverbe d'exclamation |

11

| | |
|---|---|
| *ces* | Déterminant démonstratif pluriel |
| *qu(e)* | Pronom relatif, mis pour le GN *haute idée* |
| *on* | Pronom personnel indéfini |
| *la* | Déterminant : article défini féminin singulier |
| *les* | Pronom personnel pluriel (remplace le GN *les filles*) |
| *précieuses* | Adjectif qualificatif |
| *leurs* | Déterminant possessif pluriel |
| *sans* | Préposition |

12

| | |
|---|---|
| *où* | Complément circonstanciel de lieu de la proposition subordonnée relative : *où il ne lui était pas permis de s'accouder à la fenêtre* |
| *lui* | Complément d'objet indirect du verbe *était permis* |
| *qu(e)* | Complément d'objet direct du verbe *comprenait* |
| *dont* | Complément du nom *les barres noires* |
| *qui* | Sujet du verbe *embarrassaient* |
| *les* | Complément d'objet direct du verbe *questionnait* |

13 • *sévère* : adjectif qualificatif, épithète (liée) au nom *nudité* .
• *les* : pronom personnel, complément d'objet direct du verbe *rendre*.
• *graves* : adjectif qualificatif, attribut du complément d'objet direct *les*.

14 Du point de vue des **classes grammaticales**, les mots proposés appartiennent à des catégories différentes :

• *catholique* : adjectif qualificatif ;
• *paysan* : nom commun ;
• *personne* : pronom indéfini ;
• *englouti* : participe passé employé comme adjectif.

Du point de vue des **fonctions syntaxiques**, *catholique*, *paysan*, *personne* sont attributs du sujet *je*. *Être englouti* est l'infinitif passif du verbe *engloutir*.

15 **1.** *J'ai tout de suite compris qu'il s'était passé quelque chose de grave. Dès que je l'ai vu. Il avait sauté sur mon lit et il se léchait les babines d'une manière qui m'a semblé* **5.** *bizarre. Je ne saurais expliquer pourquoi, mais ça me semblait bizarre. Je l'ai regardé attentivement, et lui me fixait avec ses yeux de chat incapables de dire la vérité. Bêtement, je lui ai demandé :* **10.** *Qu'est-ce que tu as fait ?*

**REMARQUE**

*Qu'est-ce que* : forme renforcée du pronom, qui supplée à l'absence de forme simple pour les sujets non animés : **quel***quoi*.

Martin Riegel, *Grammaire méthodique du français*, PUF, p. 208.

| | |
|---|---|
| **Pronoms personnels** | 1. ***j'*** : sujet du verbe *ai* ; *il* : pronom impersonnel, sujet du verbe était ; ***s'*** : pronom réfléchi, COD du verbe *passer*.<br>2. ***je*** : sujet de *ai vu* ; ***l'*** : mis pour le *chat*, COD de *ai vu*.<br>3. ***il*** : mis pour le *chat*, sujet de *avait sauté* ; ***il*** : mis pour *le chat*, sujet de *se léchait* ; ***se*** : pronom réfléchi, COD de *léchait*.<br>4. ***m'*** : COI de *a semblé*.<br>5. ***je*** : sujet du verbe *saurais*.<br>6. ***me*** : COI du verbe *semblait*; ***je*** : sujet de *ai regardé* ; ***l'*** : mis pour *le chat*, COD du verbe *ai regardé*.<br>7. ***lui*** : mis pour *le chat*, sujet de *fixait* ; ***me*** : mis pour le narrateur), COD de *fixait*.<br>9. ***je*** (le narrateur), sujet de *ai demandé* ; ***lui*** : mis pour *le chat*, COI de *ai demandé*.<br>10. ***tu*** : sujet de *as fait*. |
| **Pronom démonstratif** | 6. ***ça*** : sujet du verbe *semblait*. |
| **Pronom interrogatif** | 10. ***qu'est-ce que*** : COD de *as fait*. |
| **Pronom indéfini** | 2. ***quelque chose*** : COD de *passer*. |
| **Pronom relatif** | 4. ***qui*** : pronom relatif, ayant pour antécédent le nom *manière*, sujet de *a semblé*. |

16

| Attributs du sujet | Fonctions | Natures |
|---|---|---|
| *sensible* | Attribut du sujet *le comédien* | Adjectifs qualificatifs (et participes passés utilisés comme adjectifs) ; groupes adjectivaux |
| *permis* | Attribut du sujet *il* | |
| *épuisé et froid comme un marbre* | Attribut du sujet *il* | |
| *de plus en plus satisfait* | Attribut du sujet *vous* | |
| *fort et faible, chaud et froid, plat et sublime* | Attribut du sujet *leur jeu* | |
| *un* | Attribut du sujet *le comédien qui* [...] *de mémoire* | |
| *toujours également parfait* | Attribut du sujet *le comédien qui* [...] *de mémoire* | |
| *mesuré, combiné, appris, ordonné dans sa tête* | Attribut du sujet *tout* | |
| *lui* (3 fois) | Attribut du sujet *il* | Pronom personnel |
| *le même à toutes les représentations* | Attribut du sujet *le comédien qui* [...] *de mémoire* | Pronom indéfini (groupe pronominal) |
| *de bonne foi* | Attribut du sujet *le comédien* | Groupe nominal |

17 • *tel squelette* : déterminant indéfini + nom commun ; sujet du verbe *être*.

• *un arbre mort* : article indéfini + nom commun + adjectif qualificatif ; attribut de *squelette*.

• *un arbre qui fait le mort* : article indéfini + nom commun + proposition relative (pronom relatif + verbe + article défini + adjectif substantivé), GN attribut de *tel autre* (ellipse du verbe *être*) ; *fait le mort* peut être considéré comme verbe attributif.

• *Une forêt en hiver* : article indéfini + nom commun + préposition + nom commun : sujet de *est* (*en hiver* complément du nom *forêt*).

• *Le vivant endormi et le vrai cadavre :* article défini + participe présent substantivé + participe passé adjectivé + conjonction de coordination + article défini + adjectif qualificatif + nom commun : sujet de *ressemblent*.

## Analyser la phrase et ses propositions



# FICHE 16 Types et formes de phrases

Les intentions du locuteur varient en fonction des types et formes de phrases utilisées.

Ex. : – De quelle couleur est ton pull ?
– Rouge.
Voici ce que Zelda disait à Zigor lorsqu'elles aperçurent Zébulon.

## A Définir la phrase écrite

▸ **Une phrase commence par une majuscule et se termine par un point.** Elle a un sens. Telle est, a minima, la définition de la phrase écrite.

▸ Pour la définir plus précisément, il faut prendre en compte plusieurs critères : le sens, la syntaxe et la ponctuation.

▸ Une phrase est constituée d'éléments sémantiquement compatibles, organisés syntaxiquement, commençant par une majuscule et se terminant par un point.
Ces éléments peuvent s'organiser autour d'un noyau verbal (le verbe) : ce sont des **phrases verbales**.

Ex. : Ces étudiants sont (verbe) heureux d'être reçus.

Ils peuvent s'organiser dans un ensemble sans verbe : ce sont des **phrases non verbales ou averbales**.

Ex. : Quelle histoire !

## B Les types de phrases

Par rapport au contenu sémantique qu'il veut transmettre à un interlocuteur, un locuteur peut adopter plusieurs attitudes : la certitude, le doute, l'émotion. Il va choisir, en conséquence, un type de phrase adapté à l'effet escompté.

## 1. La phrase déclarative ou assertive

▸ Le locuteur **donne une information.**
Ex. : Il arrivera demain.

▸ Elle se termine par un point ou des points de suspension.

**ATTENTION**

Ne pas confondre la phrase déclarative et la phrase de forme affirmative, car une phrase déclarative peut être négative. Ex. : Il n'arrivera pas demain.

## 2. La phrase interrogative

▸ Le locuteur **demande une information**. Ex. : Arrivera-t-il demain ?

▸ Elle se termine par un point d'interrogation ; c'est une **question**.
Dans certains cas, le sujet est inversé (*cf.* exemple ci-dessus) et/ou l'on observe la présence de certains termes interrogatifs : *quel ? lequel ? où ?...*

**REMARQUE**

- L'interrogation est **totale** si on ne peut répondre que par oui ou non. Ex. : Es-tu occupé ?
- Elle est **partielle** dans les autres cas. Ex. : Comment te rends-tu au travail ?

## 3. La phrase injonctive (ou jussive)

▸ Le locuteur veut obtenir une **action** de son interlocuteur. Ex. : Dépêche-toi.

▸ Le verbe est le plus souvent conjugué au mode impératif, auquel cas on peut parler de « phrase impérative ».

▸ Elle correspond à **un ordre ou une injonction**.

## 4. La phrase exclamative

▸ Le locuteur exprime son émotion. Ex. : Tu viendras demain !

▸ Elle se termine par un point d'exclamation. Elle peut comporter éventuellement des termes exclamatifs.
Ex. : Ah... ! ; Comme... ! ; Que... !

## 5. L'exclusivité des types de phrases

▸ Toute phrase appartient nécessairement à un type de phrase : une phrase est soit **déclarative**, **injonctive**, **interrogative**, ou **exclamative**.

▸ Les types sont **exclusifs** les uns des autres : une phrase ne peut être déclarative et interrogative.

**ATTENTION**

Sur la question de l'exclusivité des types de phrase, le type exclamatif n'est pas sans poser problème. Certains grammairiens considèrent qu'une phrase peut être déclarative et exclamative ou interrogative et exclamative.

Ex. : Tu as été reçu au concours ! (?)

Ils préfèrent donc considérer l'exclamation comme une forme de phrase.
C'est d'ailleurs le choix qui est fait dans les nouveaux programmes (*cf. Grammaire du français. Précis de terminologie grammaticale*, ministère de l'Éducation nationale et de la Jeunesse, 2020).

## C Les formes de phrases

▸ Tout type de phrase peut prendre une **forme** particulière.

▸ Les formes de phrases s'opposent deux à deux : les **formes neutres** et les **formes particulières**.

▸ Contrairement aux types de phrases, **les formes de phrases peuvent se combiner entre elles** : une phrase peut, par exemple, être à la fois de formes pronominale et négative.

Ex. : Elle ne se trouve pas belle avec cette robe.

**Conseil**

Certaines grammaires parlent de **voix passive** ou **pronominale** plutôt que de formes.
**Pour le concours** : privilégiez le terme de « formes ».

### 1. Forme affirmative (neutre) / forme négative

La forme négative se caractérise par la présence d'adverbes de négation : *ne... pas, ne... jamais, ne... plus...*

Ex. : Les légumes surgelés se vendent. / Les légumes surgelés **ne** se vendent **plus**.

### 2. Forme neutre / forme pronominale

La forme pronominale se caractérise par la présence avant le verbe du **pronom personnel réfléchi**.

Ex. : Nous regardons. / Nous nous regardons.
(nous : pronom pers. réfl.)

**REMARQUE**

On parle de **pronom réfléchi** lorsqu'il y a identité de personne avec le pronom en fonction sujet : les deux pronoms renvoient à la même personne.

Ex. : Elle le lave. / Elle se lave.
(Elle : pronom pers. ; se : pronom pers. réfl.)

### 3. Forme neutre / forme emphatique

▸ Le locuteur insiste sur un élément de son discours pour le **mettre en relief**.
La mise en relief peut se faire par **répétition du mot** repris par :

– un pronom personnel.

Ex. : J'ai acheté cette maison ⟶ **Cette maison**, je l'ai achetée.

– des présentatifs.

Ex. : J'ai acheté cette maison. ⟶ **C'est** cette maison **que** j'ai achetée.
⟶ **Voilà** la maison **que** j'ai achetée

### 4. Forme personnelle / forme impersonnelle

Ex. : Une catastrophe est arrivée. / Il est arrivé une catastrophe.

À la forme impersonnelle, **l'accent est mis sur le propos** (l'évènement dont on parle). Le sujet du verbe est toujours *il* – on parle d'ailleurs également parfois de **forme unipersonnelle**.

Ex. : **Il** pleut.

## 5. Forme active / forme passive

▸ Une phrase est à la forme passive lorsqu'elle contient un verbe à la voix passive.

Ex. : On a détruit ce château. / Ce château a été détruit.

Des promoteurs immobiliers ont détruit ce château. / Ce château a été détruit par des promoteurs immobiliers.

▸ À la forme passive, le verbe est conjugué à l'aide de l'auxiliaire *être*. **Le sujet subit l'action** ; on peut noter la présence d'un **complément d'agent**, qui fait l'action.

Ex. : Le violoncelliste est acclamé par le public. (par le public : ct d'agent)

▸ Le complément d'agent n'est pas toujours exprimé.

Ex. : Ce château a été détruit. Le violoniste est acclamé.

**REMARQUE**

Le temps du verbe au passif est celui de l'auxiliaire.

Ex. : Ce château est détruit. ⟶ verbe *détruire* au présent, forme passive

Ce château a été détruit. ⟶ verbe *détruire* au passé composé, forme passive

Ce château sera détruit. ⟶ verbe *détruire* au futur, forme passive

## EXERCICES

→ *Corrigés p. 132*

**1 Pour chacune des phrases suivantes, indiquez les types et formes utilisés.**

a) Voudrais-tu te dépêcher ?

b) C'est l'erreur que nous commettons toujours.

c) Cette attitude arrogante ne lui sera pas pardonnée.

d) Quatre œuvres d'art disparues n'ont toujours pas été retrouvées !

e) Ne soyez pas éblouis par ses talents d'orateur.

**2 Relevez les phrases passives et impersonnelles dans cet extrait.**

Il ne fallait guère de temps à Matthieu pour y arriver. Il était attendu pour la soirée. On ne pensait quand même pas qu'il verrait le ministre et pourtant, c'est ce qu'il espérait. Il le valait bien !

**3 Pour chacune des phrases proposées, répondez par *oui* ou *non*.**

a) Cette phrase est de type exclamatif : Quelle belle journée !

b) Cette phrase est de type déclaratif et de forme négative : Ils n'arrivèrent que le lendemain.

c) Cette phrase est de type emphatique : C'est fou comme il te ressemble !

d) Cette phrase est de forme pronominale : Il me donne une belle leçon.

e) Cette phrase est de type interrogatif et de forme impersonnelle : Que faut-il faire alors ?

**4 Analysez les formes verbales des phrases suivantes. Indiquez quel est l'auxiliaire utilisé.**

a) Pierre a monté une étagère achetée en kit.

b) Mona est montée tout en haut de la tour Eiffel.

c) Les malles ont été montées au grenier.

d) À combien se sont évaluées vos dépenses ?

**5 Comparez les phrases par deux relativement à leur forme. Comment expliquez-vous la différence de préposition d'une phrase à l'autre ?**

a) Les groupes ont été constitués par les enseignants eux-mêmes. / L'assemblée est constituée des représentants de chaque commune.

b) Une importante cargaison de douane a été saisie par les douanes. / Le public a été saisi de stupeur.

# FICHE 17 Phrases simples et phrases complexes

La phrase simple est formée d'une seule proposition, la phrase complexe de plusieurs.

## A La phrase simple

▸ **La phrase simple** est formée d'une seule **proposition**, appelée *proposition indépendante.*

Ex. : Elle mange du pain.

• La présence ou l'absence d'un **verbe conjugué** dans une phrase simple permet de distinguer les **phrases verbales** (les plus nombreuses) des **phrases non verbales**.

Ex. : Il s'habille. ⟶ phrase verbale

Magnifique ! ⟶ phrase non verbale

• Le noyau des **phrases non verbales** peut être :
– un nom : Quel film ennuyeux !
– un adjectif : Délicieux, ce gâteau !
– un verbe : Agiter avant de servir ; Ne pas avancer.

## B La phrase complexe

### 1. Qu'est-ce qu'une phrase complexe ?

▸ **La phrase complexe** est formée de plusieurs **propositions**.
Une proposition comporte un seul verbe, conjugué le plus souvent à un mode personnel. Une phrase complexe comporte généralement autant de **verbes conjugués** que de **propositions**.

Ex. : Il est venu chez moi (proposition 1) car il passait par là. (proposition 2)

▸ **Pour trouver le nombre de propositions d'une phrase :**
– on repère la **majuscule**, le **point** et on relève les **verbes (conjugués)** ;
– on repère les **infinitifs** : on regarde s'ils introduisent une proposition infinitive ou s'ils sont noyaux d'un groupe infinitif (auquel cas ils n'introduisent pas de nouvelle proposition) ;
– on repère les **participes** (passés ou présents) : Louane et Laura couchés, les parents peuvent sortir.

Ex. : Chaque soir, on s'attardait (verbe conjugué), avant de monter se coucher (groupe infinitif prépositionnel, CC de temps).

⟶ Cette phrase est une phrase simple, constituée d'une proposition indépendante. Elle ne dépend d'aucune autre proposition et aucune autre proposition ne dépend d'elle.

**Comment reconnaître les propositions infinitives ?**

Elles ont un sujet propre : Ex. : J'entends (proposition) les oiseaux chanter (proposition infinitive). ⟶ *Les oiseaux* : sujet de *chanter.*

**Manipulation possible :** « J'entends que les oiseaux chantent. »

## 2. L'association de plusieurs propositions

▸ **La juxtaposition :** les propositions juxtaposées ne sont liées par aucun mot de liaison. Elles sont séparées par un signe de ponctuation : virgule, point-virgule, deux-points.

Ex. : Le chien aboie, la caravane passe.

▸ **La coordination :** les propositions sont reliées par un mot de liaison exprimant une relation chronologique ou logique.

FICHE 9, P. 55

Les **conjonctions de coordination** sont à connaître : *mais*, *ou*, *et*, *donc*, *or*, *ni*, *car*, ainsi que certains adverbes pouvant jouer ce rôle : *par conséquent*, *en effet*…

Ex. : Il est allé à la boulangerie mais il reviendra tout à l'heure.

**REMARQUE**

Selon la nouvelle terminologie du MEN (2020), *donc* est considéré comme un adverbe dans la mesure où il peut apparaître dans des contextes impossibles pour d'autres conjonctions de coordination :

Ex. : Tu pars, **donc**.

Si cette unité ne fonctionne pas dans cet exemple comme une conjonction de coordination, il ne faut pas systématiquement la supprimer pour autant de la liste :

Ex. : Je pense donc je suis. ⟶ *donc* fonctionne ici comme une conjonction de coordination.

## 3. La subordination

▸ Ce terme désigne un **lien de dépendance des propositions entre elles** : une proposition subordonnée (PS) dépend d'une proposition principale.

### 3-1. Les propositions subordonnées complétives

FICHE 20, P. 119

▸ Elles sont introduites par la conjonction de subordination *que* (après le verbe). Elles font partie du groupe verbal. Elles ont pour fonction : complément essentiel (COD, COI) du verbe.

Ex. : Je voudrais qu'elle vienne.
(qu'elle vienne : PS complétive)

**ATTENTION**

Certaines complétives complètent un nom.

Ex. : L'idée que tu viennes me fait plaisir.
(idée : nom ; que tu viennes : PS complétive)

▸ La proposition principale peut imposer l'emploi d'un certain mode dans la subordonnée qu'elle régit. Dans l'exemple précédent, le verbe *venir* est au subjonctif, en raison d'un verbe exprimant une volonté dans la principale.

### 3-2. Les propositions subordonnées circonstancielles

▸ Elles sont introduites :

– par des conjonctions de subordination : que, si, comme, quand, lorsque…

– des locutions conjonctives : aussitôt que, parce que, au moment où, bien que, si… que, si bien que…

FICHE 21, P. 122

▸ Elles sont régies par la principale, et ont pour fonction : complément circonstanciel (complément de phrase).

Ex. : Lorsqu'il sera parti, // nous pourrons fermer la maison.
(Lorsqu : conj. sub. ; sera parti : verbe ; « Lorsqu'il sera parti » : PS circonstancielle de temps ; pourrons : verbe ; « nous pourrons fermer la maison » : principale)

### 3-3. Les propositions subordonnées relatives (PSR)

FICHE 19, P. 115

▶ Ce sont des expansions du groupe nominal. Elles sont introduites par un pronom relatif qui reprend un antécédent.

Ex. : Le petit chat //que tu vois //est né le mois dernier.

chat : antécédent ; que : pronom relatif ; vois : verbe → PSR

### 3-4. L'insertion

▶ La proposition est en position détachée à l'intérieur ou à la fin d'une phrase. On parle alors de **proposition incise**.

Ex. : Pauline, je le crains, aura raté son train.

je le crains : proposition incise

⟶ 2 propositions indépendantes juxtaposées dont l'une en incise.

FICHE 30, P. 177

▶ Les verbes introduisant les **propos rapportés** au discours direct sont parfois inclus dans des propositions incises.

Ex. : Demain, déclara-t-elle avec philosophie, sera un autre jour.

**Comment différencier propositions juxtaposées ou subordonnées ?**

- Deux propositions juxtaposées ou coordonnées sont sur un même plan syntaxique et hiérarchiquement identiques : il n'y en a pas une plus importante que l'autre. On parle dans ce cas de **propositions indépendantes.**
- Les propositions subordonnées dépendent d'une autre proposition : **la proposition principale.**

## EXERCICES

→ Corrigés p. 132

**1 Les phrases du texte suivant sont toutes des phrases complexes. Précisez à chaque fois le nombre de propositions par phrase. Observez si l'enchainement des propositions se produit par juxtaposition, coordination ou subordination…**

On fait apprendre les fables de La Fontaine à tous les enfants, et il n'y en a pas un seul qui les entende. Quand ils les entendraient, ce serait encore pis car la morale est tellement mêlée et si disproportionnée à leur âge, qu'elle les porterait plus au vice qu'à la vertu. Ce sont encore là, direz-vous, des paradoxes. Soit, mais voyons si ce sont des vérités.

Jean-Jacques Rousseau, *Émile ou De l'éducation*, 1762.

**2 Repérez les phrases simples et les phrases complexes.**

**a)** Madame Bartollotti se leva et sillonna sa salle de séjour à cloche-pied pour se débarrasser de miettes. **b)** Puis elle suça l'un après l'autre ses doigts poisseux de miel. **c)** Elle se mit alors à converser avec elle-même. **d)** « Ma chère enfant, tu vas maintenant aller te laver et t'habiller correctement et puis tu vas aller travailler. **e)** Et que ça saute ! » **f)** Madame Bartollotti se disait toujours « ma chère enfant » lorsqu'elle se parlait à elle-même.

Christine Nöstlinger, *Le Môme en conserve*, Le Livre de poche Jeunesse, 2014.

**3 Repérez les phrases simples et les phrases complexes dans le texte ci-dessous.**

Les artistes contre la tour Eiffel

*Lettre ouverte adressée à M. Alphand, commissaire de l'Exposition.*

Nous venons, écrivains, peintres, sculpteurs, architectes, amateurs passionnés de la beauté, jusqu'ici intacte, de Paris, protester de toutes nos forces, de toute notre indignation, au nom du goût français méconnu, au nom de l'art et de l'histoire français menacés, contre l'érection, en plein cœur de notre capitale, de l'inutile et monstrueuse tour Eiffel, que la malignité publique, souvent empreinte de bon sens et d'esprit de justice, a déjà baptisée du nom de « tour de Babel ». Sans tomber dans l'exaltation du chauvinisme, nous avons le droit de proclamer bien haut que Paris est la ville sans rivale dans le monde.

« Les artistes contre la Tour Eiffel », *Le Temps*, 14 février 1887.

**4 Précisez le lien entre les propositions : juxtaposition, coordination, subordination.**

Elle partit sur un coup de tête et décida de s'installer à la campagne. Elle fit son sac, vendit ses meubles, prit ses économies et s'enfuit sans laisser de traces. On réalisa très tard qu'elle n'habitait plus dans cette maison. Les voisins s'interrogeaient sur son départ mais ne cherchèrent pas plus à savoir. Il n'y eut qu'une seule personne qui s'en inquiéta. C'était son amie d'enfance, sa plus fidèle amie.

# FICHE 18 Les différentes propositions subordonnées

Les phrases comportant des propositions subordonnées n'ont pas toutes la même structure.

Ex. : Nous sommes allés en Camargue **lorsque mon frère est venu.**
**Le jour se levant**, la surface de la mer se teinta d'or.
Il monta un cheval, **lequel se mit à ruer violemment.**
Je voudrais **que tu restes.**

## A Les caractéristiques

FICHE 17, P. 107

▶ Une proposition subordonnée (PS) entretient un lien de **dépendance** par rapport à la principale qui la régit.

▶ Les subordonnées peuvent être introduites par un **mot subordonnant** mais ce n'est pas obligatoire.

Ex. : Nous sommes allés en Camargue (lorsque) mon frère est venu. [mon frère est venu : PS]

⟶ La subordonnée est introduite par *lorsque*.

Ex. : Le jour se levant, la surface de la mer se teinta d'or. ⟶ Pas de mot subordonnant. [Le jour se levant : PS]

**REMARQUE**

Les propositions subordonnées (PS) peuvent être placées :

– **après la principale** ;

Ex. : Nous finirons ce travail [principale] quand nous aurons un peu plus de temps [PS].

– **avant la principale** ;

Ex. : Puisqu'il a fini son travail [PS], il peut partir [principale].

– au sein de la principale.

Ex. : Le colis [principale] que tu as envoyé [PS] ne m'est jamais parvenu [principale].

## B Le classement

On peut classer les subordonnées selon divers critères.

### 1. Le classement selon le mot subordonnant

#### 1-1. Les propositions subordonnées relatives (PSR)

Les propositions subordonnées relatives sont introduites par un **pronom relatif**.

FICHE 7, P. 41

Ex. : Le groupe (dont) nous faisons partie se réunit pour jouer au tarot. [dont nous faisons partie : PSR]

J'ai lu ton livre, (lequel) m'a beaucoup intéressé. [lequel m'a beaucoup : PSR]

⟶ Les pronoms relatifs *dont* et *lequel* introduisent les propositions subordonnées relatives.

### 1-2. Les propositions subordonnées conjonctives (PS conjonctives)

FICHE 9, P. 56

Elles sont introduites par une conjonction de subordination ou locution conjonctive. Elles peuvent être circonstancielles ou complétives. On distingue donc :

– les **propositions subordonnées circonstancielles** ;

Ex. : Puisqu'il a fait cette bêtise, il a été puni.
PS circonstancielle de cause

– les **propositions subordonnées complétives**.

Ex. : Je te dis qu'il a été puni.
PS complétive

### 1-3. Les propositions interrogatives indirectes (partielles)

Elles sont introduites par :

– un **déterminant** (*quel*) ;

Ex. : Il s'est demandé quelle serait sa réaction.

– un **pronom relatif** (*qui*, *que*, *quoi*, *dont*, *où*, *lequel* et les formes composées) ;

Ex. : Je ne sais pas qui il a rencontré. Dis-moi ce qu'il compte faire.

– des **adverbes interrogatifs** (*comment*, *pourquoi*, *où*, *quand*, *combien*).

Ex. : On ne comprend pas comment elle a obtenu son adresse.

**ATTENTION**

Ne pas confondre interrogation totale et partielle.

– **L'interrogation totale** pose une question directe à laquelle on peut répondre par « oui » ou par « non ».

– **L'interrogation partielle** pose une question indirecte à laquelle on ne peut pas répondre par « oui » ou « non ». Elle porte sur **une partie de la phrase** et demande donc une **réponse plus détaillée** qu'une interrogation totale.

Ex. : Il lui a demandé si elle avait déjeuné à la cantine. → interrogation indirecte totale
Il lui a demandé ce qu'elle avait mangé à la cantine. → interrogation indirecte partielle

### 1-4. Les propositions sans mot subordonnant

Il existe deux types de propositions sans mot subordonnant :

– les propositions subordonnées infinitives ;

Ex. : Il voit les voiles s'agiter sur le lac.

– les propositions subordonnées participiales.

Ex. : La Tanche rebutée il trouva du goujon (La Fontaine, « Le héron », *Fables*).

| Propositions subordonnées infinitives | Propositions subordonnées participiales |
|---|---|
| **Caractéristiques** | |
| • Le verbe constituant le noyau de la subordonnée est conjugué à un **mode non personnel** : **infinitif** ou **participe (présent ou passé).**<br>• Le verbe a un **sujet propre**, distinct de celui de la principale.<br>• Ces propositions ne sont pas introduites par un mot subordonnant. | |
| Ex. : Il voit l'homme **s'approcher**.<br>Il voit : principale ; l'homme (sujet) s'approcher (verbe à l'infinitif) : PS infinitive<br>→ *l'homme* est sujet de *s'approcher*. | Ex. : L'annonce **publiée**, ils eurent des réponses.<br>L'annonce (sujet) publiée (part. présent) : PS participiale ; ils eurent des réponses : principale<br>→ *L'annonce* est sujet de *publier*. |

| Propositions subordonnées infinitives | Propositions subordonnées participiales |
|---|---|
| **Fonction** | |
| Les subordonnées infinitives sont **COD du verbe de la principale** (et font donc partie des complétives).<br>Ex. : Il écouta le vent gémir dans les arbres.<br>Il écouta : principale ; le vent gémir dans les arbres : PS infinitive COD de *écouta* | Les subordonnées participiales sont à considérer comme des **propositions subordonnées circonstancielles particulières.**<br>Ex. : Le soir tombant vite, nous rentrâmes.<br>Le soir tombant vite : PS participiale Ct. circonstanciel de cause ; nous rentrâmes : principale |

## 2. Le classement selon la fonction

FICHE 14, P. 77

▶ Les propositions qui **complètent le nom** sont les **propositions subordonnées relatives.** Elles sont épithètes ou apposées du nom (selon la terminologie grammaticale scolaire).

Ex. : Le pantalon que j'ai acheté est rouge.
Le pantalon : nom ; que j'ai acheté : PSR, épithète de *pantalon*

▶ Les propositions qui ont la fonction de **compléments essentiels** sont les subordonnées **complétives**.

Ex. : Je voudrais que tu prennes du pain.
que tu prennes du pain : PS complétive

▶ Les propositions qui assument la fonction de **compléments facultatifs** sont les **propositions subordonnées circonstancielles.**

Ex. : Je sortirai quand je serai prêt.
quand je serai prêt : PS circonstancielle

## 3. Le classement selon le mode du verbe

### 3-1. Verbe à un mode conjugué

Le verbe est à un mode conjugué dans les propositions subordonnées **relatives**, **interrogatives indirectes**, **complétives** et **circonstancielles**.

Ex. : Il porte un pantalon qui est trop court. → proposition subordonnée relative
Il demande quand les enfants arriveront. → proposition subordonnée interrogative indirecte
Il sait qu'il quittera cette ville. → proposition subordonnée complétive
Dès que la nuit tombera, il partira. → proposition subordonnée circonstancielle

### 3-2. Verbe à un mode non conjugué

Le verbe est à un mode non conjugué dans les **propositions subordonnées infinitives ou participiales**.

Ex. : Il voit ses intérêts croitre. → proposition subordonnée infinitive : pas de mode conjugué, le verbe est à l'infinitif.

Ex. : Les soucis envolés, ils partirent le plus loin possible. → proposition subordonnée participiale : pas de mode conjugué, le verbe est au participe passé.

# EXERCICES

→ Corrigés p. 133

**1 Recherchez les différentes propositions du paragraphe suivant et donnez la fonction des propositions subordonnées.**

J'espérais que Carmen se serait enfuie ; elle aurait pu prendre mon cheval et se sauver… mais je la retrouvai. Elle ne voulait pas qu'on pût dire que je lui avais fait peur. [...] Elle était si occupée de sa magie qu'elle ne s'aperçut pas d'abord de mon retour.

Prosper Mérimée, *Carmen*, 1845.

**2 Entourez le ou les termes introduisant chaque proposition subordonnée. Puis donnez la nature de chacun de ces termes et de la proposition subordonnée qu'il introduit.**

*Jusqu'ici, tous vos romans se passaient dans des pays que l'on pourrait qualifier d'exotiques. Pourquoi ce parti pris ?*

– Il ne s'agissait pas d'un parti pris. Simplement, comme je suis né au Nigeria où vivait ma famille et que j'y ai vécu jusqu'à 23 ans, c'était mon univers. Bien sûr, je connaissais l'Écosse où j'ai fait mes études, mais j'étais plus à l'aise au Nigeria que dans mon collège écossais. Pour être franc, à l'époque, ce qui se passait en Angleterre ne m'intéressait pas vraiment.

*Pourquoi ce retour à Londres avec votre nouveau roman ?*

– J'avais envie d'écrire un roman comique du genre de mes premiers livres car il n'y a rien de plus agréable pour un écrivain que de faire rire ses lecteurs. En réalité, je crois que je voulais voir si j'en étais encore capable.

Interview de William Boyd par A. Liebart, *L'événement du Jeudi*, n° 702, avril 1998.

**3 Donnez la nature des propositions soulignées dans le passage suivant.**

Je demandais à cet homme <u>si M. Alphonse avait sa bague de diamants lorsqu'il lui parla</u>. Le domestique hésita pour répondre ; enfin, il dit <u>qu'il ne le croyait pas</u>, qu'il n'y avait fait au reste aucune attention. « <u>S'il avait eu cette bague au doigt</u>, ajouta-t-il en se reprenant, je l'aurais sans doute remarquée car je croyais <u>qu'il l'avait donnée à Mme Alphonse</u>.

Prosper Mérimée, *La Vénus d'Ille*, 1835.

**4 Relevez trois propositions subordonnées de nature différente dans le passage suivant.**

Les violettes de mots étaient manifestement d'une essence supérieure, elles donnaient aux inflexions de la voix de ma mère non pas une emphase, mais une ferveur que je partageais. Peut-être parce que j'étais prêt à partager beaucoup de choses avec cette lectrice. De tels moments de complicité venaient sans effort, mais ils n'étaient pas si fréquents, ma mère ayant une vie plus que remplie, entre son métier d'institutrice et toutes ses tâches domestiques. Je sentais qu'elle remerciait Colette d'avoir su dire exactement la vérité des violettes.

Philippe Delerm, *Écrire est une enfance* © Albin Michel, 2011.

# FICHE 19 Les propositions subordonnées relatives

Quelles sont les caractéristiques communes des parties de phrases en gras ?

Ex. : Embrassez **qui vous voudrez.** Tu pourras m'apporter le livre **dont tu m'as parlé ?**
Il saisit une statuette en terre, **laquelle se délita dans ses doigts.**

## A Les caractéristiques

FICHE 15, P. 80

▸ Les propositions subordonnées relatives sont introduites par un **pronom relatif simple** : *qui*, *que*, *quoi*, *où*, *dont*, ou par un pronom relatif composé : *lequel* (*laquelle*, *lesquels*, etc.), *duquel*, *auquel*, etc.

▸ La subordonnée relative adjective complète un nom appelé « antécédent » et peut généralement être supprimée.

Ex. : Le bouquet (que) tu m'as offert est magnifique.
bouquet : nom (antécédent) — que tu m'as offert : PSR

**ATTENTION**
*Que* peut avoir plusieurs natures et n'est pas toujours un pronom relatif.

▸ **Le pronom relatif remplit une fonction syntaxique dans la proposition subordonnée.** Il peut avoir toutes les fonctions du nom (sujet, attribut, COD, COI, complément d'agent, complément circonstanciel).

Ex. : La maison (que) tu vois est la mienne.
La maison … est la mienne : principale — que tu vois : PSR

⟶ ***que tu vois :*** proposition subordonnée relative, introduite par le pronom relatif *que*. **Fonction :** épithète du nom *maison*.
***que :*** **classe grammaticale (nature) :** pronom relatif simple. **Fonction :** complément d'objet direct de *vois* (*que = tu vois la maison*).

**ATTENTION**
Ne pas confondre la fonction du **pronom relatif** et celle de la **proposition subordonnée relative**.
– Le pronom relatif (un mot) a une fonction à l'intérieur de la proposition subordonnée relative.
– La proposition subordonnée relative (groupe de mots) a une fonction dans la phrase.

### Comment trouver la fonction du pronom relatif ?

Ex. : L'odeur du chocolat chaud qu'exhale cette cuisine me comble de bonheur.

**1. Repérer la subordonnée** relative : *qu'exhale cette cuisine*.

**2. Analyser la subordonnée** relative *qu'exhale cette cuisine* :
• proposition subordonnée relative, introduite par le pronom relatif *que*, ayant pour antécédent le nom *l'odeur du chocolat chaud*.
• **fonction :** épithète du nom *l'odeur du chocolat chaud*.

**3. Trouver la fonction** du pronom relatif *qu'* :
*qu'exhale cette cuisine* ⟶ *Cette cuisine exhale l'odeur du chocolat chaud.*
**Fonction** de *qu'* : COD du verbe *exhale*.

## B La présence ou l'absence de l'antécédent

### 1. Les relatives avec antécédent

#### 1-1. Définition

La proposition subordonnée relative avec antécédent est une **expansion de cet antécédent** qui peut être un **groupe nominal** ou un **pronom**.
Elle fonctionne comme un adjectif. On parle de « **relative adjective** ».

#### 1-2. Fonction

La proposition subordonnée relative avec antécédent peut avoir pour **fonction** :

– **épithète liée** au nom qu'elle complète lorsqu'elle est directement liée au nom (ou pronom) :

Ex. : J'ai acheté le livre dont tu m'as parlé.
livre : nom — dont tu m'as parlé : PSR, épithète de *livre*

– **apposée** au nom qu'elle complète (terminologie grammaticale 2020) lorsqu'elle est détachée du nom par une virgule (dans ce cas, l'épithète est détachée).

Ex. : Pierre, qui est malade, ne va pas à l'école.
Pierre : nom — qui est malade : PSR, apposée à *Pierre*

#### 1-3. Les relatives déterminatives et les relatives explicatives

▸ Certaines subordonnées relatives apportent une **information indispensable** ; elles ne peuvent être supprimées sans modifier le sens de la phrase. Ce sont les **relatives déterminatives** ; leur fonction est **épithète du nom**.

Ex. : Les voyageurs qui ont raté ce train devront patienter une heure.
voyageurs : nom — qui ont raté ce train : PSR déterminative, épithète de *voyageurs*

▸ D'autres apportent une **information facultative** ; elles sont parfois séparées de leur antécédent par une virgule. Ce sont les **relatives explicatives** ; leur fonction est apposée au nom.

Ex. : Il y avait là quelques touristes, qui flânaient en attendant leur train.
touristes : nom — qui flânaient en attendant leur train : PSR explicative, apposée à *touristes*

### 2. Les relatives sans antécédent

▸ Elles peuvent avoir les **mêmes fonctions que le nom** (on parle de « relative substantive ») ; le pronom relatif ne possède pas d'antécédent.

Ex. : Invite qui tu voudras. ⟶ COD de *invite*
Nous irons où vous le désirerez. ⟶ complément essentiel de *irons*

### 3. Le cas particulier de la relative semi-substantive

▸ On appelle relative **périphrastique**, ou « **semi-substantive** », une relative introduite par un pronom relatif dont l'antécédent est le pronom *ce*.
L'ensemble constitué par *ce* + le relatif est appelé « *pronom décumulatif* » : *ce qui…* ; *ce que…* ; *ce dont…*

Ex. : Il sait ce que tu penses. Ce qui m'intéresse se trouve dans ce magasin.

Ces propositions relatives peuvent s'analyser de 2 manières :
– elles peuvent avoir **toutes les fonctions du nom** comme les relatives sans antécédents (*ce qui*, *ce que*, *ce dont*, étant considéré comme pronom).
– elles peuvent être considérées comme **épithète du pronom *ce***.

**EN RÉSUMÉ**

| Proposition subordonnée relative avec antécédent | Proposition subordonnée relative sans antécédent |
|---|---|
| **Nature :** relative adjective. | **Nature :** relative substantive. |
| **Fonction :** épithète liée ou apposée (détachée). | **Même fonction** qu'un nom ou un groupe nominal. |

# EXERCICES

→ *Corrigés p. 134*

**1 Transformez les phrases suivantes de telle sorte que la deuxième devienne relative. Vous préciserez la fonction du pronom relatif.**

a) J'ai acheté un maillot de bain. J'ai vu un maillot de bain dans le petit magasin de la place.

b) Le fauteuil est grand. Le fauteuil est devant toi.

c) Le livre est magnifique. Je te parle d'un livre.

d) J'aime les lieux. On peut se recueillir dans des lieux.

**2 Relevez les propositions relatives et précisez si elles sont déterminatives ou explicatives.**

a) Les enfants qui sont fatigués iront se coucher à 20 heures.

b) Les professeurs pensent que les enfants sont plus attentifs le matin.

c) Les élèves que je croise à la sortie de l'école habitent dans mon quartier.

d) Je vis dans une ville qui est très touristique.

e) Les enfants, que je vois parfois, aiment s'amuser sur le square.

**3 Relevez les propositions subordonnées relatives et précisez leur fonction.**

Quand on sait qu'il faut 40 heures pour écrire un texte qui se lira en une seule, que se passe-t-il pendant les 39 heures de conception ? Comment s'élabore cet écrit, résultat d'un vague magma, cette pensée sauvage qu'il va falloir organiser ? Le propre du brouillon est de garder des traces des opérations intellectuelles par lesquelles passe celui qui écrit : déplacements, remplacements, ajouts, et retraits. La relecture et la mise en ordre de la pensée qui s'échafaude entraînent en même temps reformulations, réorganisations mais aussi formulation d'hypothèses et vérifications, l'écriture est ainsi soumise à des essais.

Séverine Lacourthiade « Du brouillon au texte », *Les actes de lecture*, n° 111, 2010.

**4 Faites l'analyse logique des phrases suivantes.**

a) Les élèves, qui ont fini leurs devoirs, sortent de la classe.

b) Les élèves qui ont fini leurs devoirs peuvent sortir.

c) Il avait fait de longues recherches, il a retrouvé la maison où il avait passé son enfance.

# FICHE 20 Les propositions subordonnées complétives

La proposition subordonnée complétive complète généralement le verbe et est le plus souvent introduite par la conjonction de subordination *que*. Elle dépend d'une proposition principale.

Ex. : J'ai tout de suite compris (qu')il ne viendrait pas.
principale — PS complétive

Sophie aimerait beaucoup (que) tu lui tricotes un pull.
principale — PS complétive

Il ne se souvient pas (de ce que) tu lui as dit.
principale — PS complétive

## A Les caractéristiques

▸ Les propositions complétives assurent une **fonction essentielle dans la phrase**. Elles sont, dans une très grande majorité, **COD** ou **COI** du verbe de la principale.

Ex. : Ma mère a veillé à ce qu'elle vienne. ⟶ COI de *a veillé*

Il faut que tu te dépêches. ⟶ COD de *faut*

▸ Plus rarement, elles peuvent occuper les **fonctions** de **sujet**, d'**attribut**, d'**apposition**, de **complément** du nom ou de l'adjectif.

Ex. : Que tu arrives samedi est toujours possible. ⟶ sujet du verbe *est*

Le fait est que Jules est parti. ⟶ attribut du sujet *le fait*

Ce souhait, qu'il neige, ne se réalisera pas ⟶ apposition au GN *ce souhait*

L'idée que tu m'offres ces fleurs me touche beaucoup ⟶ complément du nom *l'idée*.

Ses parents sont contents qu'elle ait eu son permis du premier coup. ⟶ complément de l'adjectif *contents*.

▸ La seule fonction qu'elles ne peuvent occuper est celle de **complément circonstanciel** : c'est ce qui les distingue des circonstancielles.

**REMARQUE**

La proposition principale peut imposer **l'emploi d'un certain mode dans la subordonnée qu'elle régit.**

Ex. : Je veux que tu viennes vite.
principale — PS complétive

⟶ Le verbe *venir* est au subjonctif, car le verbe de la principale exprime une volonté.

▸ Les propositions complétives peuvent être introduites :

– par une **conjonction de subordination**, elles appartiennent alors aux **conjonctives** ;

Ex. : Nous souhaitons / (que) tu arrives samedi.

– par un **mot interrogatif**, ce sont alors des **propositions interrogatives indirectes partielles** ;

Ex. : Je ne sais pas / (combien de) temps cela va durer.

FICHE 17, P. 107

– ou encore ne pas être introduites par un mot subordonnant, c'est le cas **des propositions infinitives**.

Ex. : Julie imaginait / les jours s'écouler de façon monotone.

## B Les subordonnées complétives introduites la conjonction de subordination *que / ce que*

▸ Introduites par la conjonction *que / ce que*, ce sont les **complétives les plus courantes**.

▸ La conjonction *que*, contrairement au relatif, n'a aucune fonction dans la proposition subordonnée.

▸ Les verbes qui entrainent une complétive introduite par *que* expriment : le jugement, le sentiment, la volonté, la déclaration.

Ex. : Je sais que tu ne me crois pas. ⟶ fonction : COD de *sais* ; il s'agit d'une construction directe.

▸ La complétive peut présenter une construction indirecte introduite par *ce que* (*à ce que*, *de ce que*).

Ex. : Je m'attends à ce qu'il réussisse ⟶ fonction : COI de *attends*. On peut également analyser la proposition *qu'il réussisse* comme une PSR épithète de *ce*.

▸ La conjonctive placée en tête de phrase est au subjonctif et a pour fonction d'être sujet.

Ex. : Que tu viennes me réjouit. ⟶ fonction : sujet de *réjouit*.

▸ La conjonctive peut assumer la fonction d'assumer la fonction d'attribut du sujet.

Ex. : L'essentiel est qu'ils aient participé. ⟶ fonction : attribut du sujet *L'esssentiel*.

**ATTENTION**

Ne pas confondre la **subordonnée relative** et la **subordonnée complétive** avec *que*.

Ex. : L'idée qu'elle a eue était géniale. / L'idée que tu m'offres ces fleurs me touche beaucoup.
PS relative — PS complétive

• Lorsque *que* ne renvoie à aucun signifiant, il est vide de sens : c'est une conjonction. Lorsqu'on peut le remplacer par quelque chose, c'est un pronom.

Ex. : l'idée (elle a eu l'idée) était géniale ⟶ *que* est un pronom relatif, mis pour *l'idée*.
que tu m'offres des fleurs. ⟶ *que* n'est pas un pronom.

• On peut aussi se demander si *que* assume une fonction par rapport au verbe de la subordonnée :

– si c'est le cas, il s'agit d'une proposition subordonnée relative ;

Ex. : qu'elle a eue ⟶ *que* est COD de *a eue*.

– si ce n'est pas le cas, il s'agit d'une conjonction de subordination.

## C Les propositions interrogatives indirectes

Les propositions interrogatives indirectes sont des **cas particuliers de complétives** qui correspondent à l'expression d'une question, présentée de manière indirecte.

### 1. Propositions complétives interrogatives indirectes totales

▸ La proposition complétive interrogative indirecte est introduite par *si*.

Ex. : Es-tu partie au Québec cet été ? ⟶ interrogative directe
Je me demande si tu es partie au Québec cet été. ⟶ interrogative indirecte

▸ L'interrogative indirecte est introduite par un **verbe de parole, de savoir**.

**ATTENTION**

Ne pas confondre la **proposition subordonnée interrogative indirecte** et la **proposition subordonnée circonstancielle**, toutes deux introduites par la conjonction *si*.

Ex. : Je ne sais pas si tu viens. / Je rentre si tu viens.
PS inter. indirecte — PS circonstancielle

→ Je me demande si tu viens. / Je rentre à la condition que tu viennes.

## 2. Propositions complétives interrogatives indirectes partielles

▸ Cette complétive n'est pas introduite par une **conjonction**, mais par :

– un **déterminant interrogatif** : Je me demande quel garçon va venir ;

– un **pronom interrogatif** : Je me demande qui viendra ;

– un **adverbe interrogatif** : J'ignore comment il est arrivé là.

▸ Ces propositions complétives sont **des interrogatives indirectes partielles** car l'interrogation porte sur un élément de la phrase. On ne peut répondre par *oui* ou *non*.

Ex. : Je ne sais pas quelle est la solution.

## 3. La proposition subordonnée infinitive

▸ Elle n'est pas introduite par un **mot subordonnant**.

▸ Elle se construit avec un infinitif dont le sujet est différent de celui de la proposition principale ; sa fonction est **COD** du verbe de la principale.

Ex. : J'écoute les canaris siffler.

→ *les canaris siffler* est une proposition subordonnée infinitive, COD du verbe *écoute* ; *canaris* est sujet de *siffler*, sous-entendu : *J'écoute les canaris qui sifflent.*

Ex. : J'aime **siffler le matin**.

→ Il y a une seule proposition, pas de subordonnée, car le sujet de *aime* et de *siffler* est identique.

**EN RÉSUMÉ**

| Mot introducteurs | Type de subordonnée complétive |
|---|---|
| **conjonction de subordination** | **conjonctive** |
| Ex. : Nous souhaitons que tu arrives samedi. → COD<br>Ma mère a veillé à ce que l'on m'apporte mes affaires. → COI<br>Que tu arrives samedi est toujours possible. → sujet<br>Le fait est que Jules est parti. → attribut du sujet<br>Ce souhait, qu'il neige, ne se réalisera pas → apposition<br>L'idée que tu m'offres ces fleurs me touche beaucoup → complément du nom<br>Ses parents sont contents qu'elle ait eu son permis du premier coup. → complément de l'adjectif | |
| ***si*** | **interrogatives indirectes totales** |
| Ex. : Je me demande si tu es partie au Québec cet été. | |
| **mot interrogatif** | **interrogatives indirectes partielles** |
| Ex. : Je ne sais pas combien de temps cela va durer. | |
| **pas de mot subordonnant** | **infinitives** |
| Ex. : Julie imaginait les jours s'écouler de façon monotone. | |

# EXERCICES

→ Corrigés p. 135



**1 Relevez les principales subordonnées et classez-les selon leur nature. Vous préciserez leur fonction.**

a) On savait qu'ils étaient destinés aux hécatombes.
b) Les héros, que l'on admirait, seraient vite remplacés.
c) On avait vu passer l'empereur sur un pont.
d) Que tu viennes ne me déplairait pas.
e) On ne savait s'il pouvait mourir de cette fièvre.
f) L'homme que tout le monde attendait était enfin arrivé !
g) Elle lisait dans ses yeux où brillait tant de gloire.

**2 Parmi les subordonnées ci-dessous, dissociez les relatives des conjonctives.**

a) Je vis la vie que j'ai rêvée.
b) L'idée que tu rentres tard m'inquiète.
c) L'idée que tu te fais de cet homme est fausse.
d) Je ne vis que pour le surf.
e) Je trouve que cet espace est très restreint.
f) Je trouve cet espace que tu ranges très restreint.
g) La peur que tu n'y arrives pas est très forte.

**3 Relevez les propositions dans le passage suivant et précisez leur lien. Vous préciserez la nature et la fonction des subordonnées.**

En Laponie

Partout ailleurs sur la terre, le jour devait s'achever, embrassant le ciel avant de disparaitre dans la calme douceur vespérale, mais personne ici n'aurait pu dire s'il faisait jour ou nuit […]. La flamme de son briquet éclaira tout entière la petite pièce où il avait dormi. Il tendit l'oreille aux rumeurs de la taïga toujours balayée par les vents d'ouest, et il en déduisit que la tempête faiblissait. Puis passant la porte de la salle voisine, il constata que la famille Sokki et ses visiteurs dormaient.

Roger Frison-Roche, *Le Rapt* © éd. Arthaud, 1966.

**4 Relevez et classez les différentes propositions subordonnées complétives.**

a) Elle n'avait pas entendu le téléphone sonner.
b) Avant de partir, Gaspard vérifia qu'il avait bien pris son portefeuille.
c) Elle voulait savoir si Marie avait pris ses médicaments.
d) Mon frère laisse toujours traîner ses chaussures dans le salon.
e) Il lui a demandé qui elle avait rencontré.
f) Nous voyons les hautes vagues s'écraser contre la falaise.
g) S'impatientant, le conducteur perdit son sang-froid.
h) Mon chien, assis devant la porte, regarde les gens passer.
i) Au bout d'un long moment, il demanda à sa voisine où se trouvait le Panthéon.

# FICHE 21 Les propositions subordonnées circonstancielles

Quelles sont les précisions apportées par les segments de phrases soulignés ?

Ex. Tu feras <u>comme je te l'ai demandé.</u>

<u>Puisque Chloé ne veut pas venir</u>, nous partirons plus tôt.

## A Les caractéristiques

▸ Les propositions subordonnées circonstancielles sont des subordonnées dont la fonction est **complément circonstanciel**.

▸ Elles expriment les **circonstances dans lesquelles se déroule l'action**. Elles peuvent généralement être déplacées, voire supprimées.

## B Les subordonnées circonstancielles introduites par une conjonction

### 1. Les nuances sémantiques

▸ **Les propositions subordonnées circonstancielles (PS circonstancielles) peuvent exprimer :**

– le **temps** ; Ex. : <u>Quand tu arriveras</u>, nous pourrons manger.
PS circonstancielle temporelle

– le **but** ; Ex. : Nous partirons tôt <u>pour que tu puisses la voir</u>.
PS circonstancielle finale

– la **cause** ; Ex. : Nous sommes contents <u>parce qu'il a été reçu à son concours</u>.
PS circonstancielle causale

– la **conséquence** ; Ex. : Il a chuté en ski, <u>si bien qu'il s'est cassé la jambe</u>.
PS circonstancielle consécutive

**REMARQUE**

Certaines subordonnées consécutives relèvent d'un système corrélatif.

Ex. : Il y avait [tant] de bruit [que] <u>nous avons quitté la salle</u>.

Le match est [tellement] médiocre [que] <u>les spectateurs quittent le stade</u>.

Nous avons été [si] contents [que] <u>nous y sommes retournés</u>.

Il s'agit ici d'un cas particulier de circonstancielles, qui ne répondent pas aux critères traditionnels, notamment le **déplacement** et la **suppression**.

– **l'opposition** ou la **concession** ; Ex. : <u>Alors qu'il pleut</u>, tu décides d'aller marcher.
PS circonstancielle concessive

– l'**hypothèse**, la **condition** ; Ex. : <u>Si tu le demandais</u>, je viendrais.
PS circonstancielle conditionnelle

– la **comparaison**. Ex. : Il a rasé sa moustache <u>comme l'a fait son collègue</u>.
PS circonstancielle comparative

**ATTENTION**

Certaines circonstancielles sont **elliptiques** (le verbe n'est pas exprimé).

Ex. : Il était, quoique riche, toujours à quémander.
PS circonstancielle concessive

## 2. Les conjonctions de subordination et les locutions conjonctives

FICHE 9, P. 56

▸ Les conjonctions de subordination qui introduisent les propositions subordonnées circonstancielles varient en fonction des circonstances exprimées.

| Circonstances exprimées | Conjonctions de subordination ou locutions conjonctives | Exemples |
|---|---|---|
| Temps | • quand, lorsque<br>• comme, aussitôt que, dès que<br>• avant que, pendant que, tant que, tandis que, après que<br>• depuis que, jusqu'à ce que, en attendant que<br>• en même temps que | Quand tu arriveras, nous pourrons manger.<br><br>Elle continuera jusqu'à ce que tu lui dises stop. |
| But | • pour que, afin que, de peur que | Nous partirons tôt pour que tu puisses le voir. |
| Cause | • parce que, comme, puisque, du moment que<br>• attendu que, vu que, sous prétexte que | Nous sommes contents parce qu'il a été reçu à son concours. |
| Conséquence | • de façon que, de manière que, de sorte que<br>• au point que, si bien que, tellement que | Il a chuté en ski, si bien qu'il s'est cassé la jambe. |
| Opposition ou Concession | • bien que, quoique<br>• quelque… que, si… que, pour… que, tout… que<br>• encore que, tandis que, alors que<br>• même si, quand même, quand | Alors qu'il pleut, tu décides d'aller marcher. |
| Hypothèse, Condition | • si<br>• à condition que, pourvu que, à moins que<br>• soit que…, soit que…<br>• au cas où, en cas que | Si j'étais arrivé avant, j'aurais pu la rencontrer. |
| Comparaison | • comme, de même que, ainsi que<br>• à mesure que, selon que, suivant que | Il a rasé sa moustache comme l'a fait son collègue. |

## C Les subordonnées circonstancielles sans mot subordonnant : les participiales

▸ Le noyau de la subordonnée est un **participe passé** ou un **participe présent**. Son **sujet** est distinct de celui de la principale.

Ex. : Le soleil se couchant à l'horizon, les bateaux rentrèrent au port.

⟶ Subordonnée participiale (deux sujets distincts : *soleil* et *bateaux*).

**Fatiguée de sa journée, elle se coucha tôt.**

⟶ Ici, le sujet est le même (*elle*), il ne s'agit donc pas d'une proposition subordonnée circonstancielle participiale, mais d'un complément du pronom *elle*, en fonction épithète (détachée).

**REMARQUE**

• Dans la proposition subordonnée circonstancielle, on emploie le plus souvent l'**indicatif**.
Ex. : Nous arriverons lorsque vous **serez partis**.
• Le mode subjonctif s'emploie avec les locutions conjonctives suivantes exprimant :
– **le but :** *pour que, afin que, de manière à ce que, de façon à ce que.*
Ex. : Nous resterons derrière vous pour que vous nous **montriez** la route.
– **l'antériorité :** *avant que, jusqu'à ce que, en attendant que.*
Ex. : Elle arrivera avant qu'il **fasse** jour.
– **la concession :** *bien que, quoique, malgré que, encore que.*
Ex. : Bien que nous **soyons** grands, nous n'arrivons pas à toucher le haut de ce mur.
– **la condition ou l'hypothèse :** *à moins que, pour peu que, pourvu que, (pour) autant que.*
Ex. : À moins que vous ne le **vouliez** pas, c'est Rose qui vous y conduira.
Il s'agit ici d'un cas particulier de circonstancielles, qui ne répondent pas aux critères traditionnels, notamment déplacement et suppression.

# EXERCICES

→ *Corrigés p. 136*

**1 Donnez la nature des circonstancielles (vous préciserez la circonstance).**

a) Lorsqu'il eut mangé son fruit, il en éprouva un dégout.
b) Comme il avait au doigt un diamant énorme, tout le monde devinait son origine.
c) Et quand même on aurait dû mourir, il fallait partir.
d) Les enfants endormis, les parents purent lire.

**2 Précisez la nature et la fonction des subordonnées du texte ci-dessous.**

Celles-ci courent le risque d'être oubliées alors qu'elles participent d'une approche peut-être naïve mais importante s'il s'agit d'inciter à lire. On peut dire qu'une certaine poésie s'est imposée. On voit qu'il se dégage une certaine forme de compréhension.

**3 Relevez les propositions subordonnées circonstancielles et donnez leur nature.**

Si la province est riche en minéraux, elle l'est aussi en combustibles fossiles. Les mines produisant plus d'uranium que partout au monde sont très convoitées. L'uranium considéré comme indispensable aux réacteurs nucléaires, les gisements sont surexploités. Comme la potasse est également un minerai exploité dans cette province, on fabrique beaucoup de savons, engrais et autres dérivés. Les écologistes dénonçant les pratiques intensives, l'État dut proposer une contrepartie.

# FICHE 22 L'analyse logique de la phrase

La phrase de base est le modèle de référence théorique pour analyser la construction des phrases. Elle contient un sujet et un groupe verbal, parfois un complément circonstanciel.
Dans les textes, les phrases sont généralement plus complexes, structurellement et sémantiquement.

## A L'analyse logique

▶ Une phrase est toujours constituée d'une ou plusieurs **propositions**. La proposition est un groupe de mots organisés autour d'un verbe.

▶ L'analyse logique d'une phrase consiste à mettre en évidence **son organisation interne, à en dénombrer les différentes propositions et à les nommer (préciser leur nature)**, et comprendre **les relations qui les lient (leur fonction)**.

▶ L'analyse logique nécessite l'utilisation d'un langage grammatical spécifique : *« propositions », « verbe », « subordonnée », « conjonction de coordination, de subordination »*…

**ATTENTION**

Distinguer **l'analyse logique** de **l'analyse grammaticale** :
– **L'analyse grammaticale** consiste à définir la **classe grammaticale (nature)** et la **fonction des mots** ou groupes de mots d'une phrase.
– **L'analyse logique** correspond au repérage des **différentes propositions** à l'intérieur d'une phrase.

## B Méthodologie de l'analyse logique

▶ Toutes les phrases d'un texte ont **une structure** et **un rôle** particuliers.

FICHES 17 ET 18, P. 107 ET 111

Ex. : Alors Natacha versa un peu d'huile sur les gonds. ⟶ phrase simple / proposition indépendante

Les chiens aboyèrent lorsqu'elle traversa la cour. ⟶ phrase complexe / plusieurs propositions

Ils tiraient la langue et leurs yeux lançaient des éclairs. ⟶ deux propositions indépendantes coordonnées

▶ Analyser, c'est étudier cette structure et ce rôle, c'est-à-dire opérer un travail en plusieurs étapes.

### Étape 1 : Délimiter les phrases

On commence par délimiter les phrases dont on va faire l'analyse : on travaille à l'intérieur de la phrase.

## Étape 2 : Repérer les verbes

Puis **pour chaque phrase** :

> **REMARQUE**
>
> Dans une phrase, il y a généralement autant de propositions que de verbes conjugués.

▸ **Repérer tous les verbes (conjugués)** :

Ex. : Les chiens aboyèrent // lorsqu'elle traversa la cour.

On peut commencer par repérer les propositions, elles ont une unité sémantique.

▸ **Repérer les verbes à l'infinitif.** Il faut rechercher s'ils sont le noyau d'une proposition infinitive ou d'un groupe infinitif.

Ex. : J'entends // les feuilles bruisser.

J' : sujet ; entends : verbe → proposition principale

les feuilles : sujet ; bruisser : verbe → proposition infinitive

⟶ *les feuilles*, le sujet de l'infinitif, est différent de celui de la principale (*J'*).
*les feuilles bruisser* est une proposition infinitive.

Ex. : Je m'entends rire aux éclats.

Je : sujet ; entends : verbe ; rire aux éclats : groupe infinitif

⟶ *Rire aux éclats* n'est pas une proposition infinitive. *Rire* est le noyau d'un groupe infinitif.
*Rire aux éclats* renvoie au sujet *je*. Sa fonction est COD du verbe *entends*.

▸ **Repérer les participes (passés ou présents).**

## Étape 3 : Étudier les liens entre les propositions

FICHE 18, P. 111

▸ Les propositions peuvent être **juxtaposées** ou **coordonnées** entre elles.
S'il y a un lien de dépendance entre deux propositions, l'une est une **proposition principale**, l'autre lui est subordonnée.

▸ **Repérer les mots de liaison :** les conjonctions de coordination *mais*, *ou*, *et*, *donc*, *or*, *ni*, *car* relient deux propositions entre elles.

FICHE 9, P. 56

▸ **Repérer les mots subordonnants :**

❶ **Les conjonctions de subordination** (*que* après un verbe, *lorsque*, *parce que*, *quand*…). La présence d'une conjonction de subordination indique qu'il s'agit d'une proposition subordonnée complétive ou d'une proposition subordonnée circonstancielle. On détermine le début et la fin de ces propositions, et on les place entre crochets.

❷ **Les pronoms relatifs :** ils remplacent un nom et introduisent une proposition subordonnée relative. La proposition subordonnée relative est généralement une expansion du groupe nominal.

## Étape 4 : En déduire les propositions principales

Les propositions principales sont les propositions dont dépendent les subordonnées.

## Étape 5 : Repérer les propositions indépendantes

Toute proposition qui reste seule (c'est-à-dire sans qu'une subordonnée ne dépende d'elle) est une proposition indépendante. Les propositions indépendantes peuvent être coordonnées.

> **Conseil**
>
> Les phrases, surtout dans les textes littéraires, sont parfois difficiles à appréhender structurellement et sémantiquement. Ce ne sont pas des phrases modèles ; ce sont pourtant celles que les questions du concours privilégient… La méthodologie de l'analyse logique est à bien respecter.

## C Exemple détaillé

Ex. : Il paraît improbable qu'une société puisse s'affranchir complètement du mythe, car des notes essentielles au comportement mythique — modèle exemplaire, répétition, rupture de la durée profane et intégration du temps primordial — les deux premières au moins sont consubstantielles à toute condition humaine.

Mircea Eliade.

▸ Je repère **les verbes conjugués** : *paraît* ; *puisse* ; *sont.*

▸ Je repère **les infinitifs** : *s'affranchir*. Dans *une société puisse s'affranchir complètement du mythe*, *s'affranchir complètement du mythe* n'a pas de sujet propre. C'est donc un groupe infinitif.

▸ J'étudie **les liens entre les propositions** : *car* est une conjonction de coordination. Elle relie deux propositions subordonnées.

Ex. : Il parait improbable qu'une société puisse s'affranchir complètement du mythe, // car des notes essentielles au comportement mythique [...] condition humaine.

Sémantiquement, il faut lire et comprendre la 2e proposition : *car de ces notes [des notes essentielles au comportement mythique — modèle exemplaire, répétition, rupture de la durée profane et intégration du temps primordial — ], les deux premières au moins sont consubstantielles à toute condition humaine.*

*— modèle exemplaire, répétition, rupture de la durée profane et intégration du temps primordial* — entre tirets, sont des GN qui complètent *des notes essentielles au comportement mythique.*

▸ Je repère **les mots subordonnants** : *qu'* dans *qu'une société puisse s'affranchir complètement du mythe.*

▸ J'en déduis **la proposition principale** et **la proposition subordonnée**.

Ex. : Il parait improbable // qu'une société puisse s'affranchir complètement du mythe.
proposition principale — proposition subordonnée

→ La proposition subordonnée conjonctive complétive est introduite par la conjonction de subordination *que*, sujet réel de la locution verbale attributive *parait improbable*.

**REMARQUES**

- La notion de phrase est au cœur de la nouvelle grammaire. Mais cette notion ne recouvre pas la notion de phrase en grammaire traditionnelle.
- En nouvelle grammaire, on définit la phrase comme une **unité syntaxique autonome**, généralement constituée de deux éléments obligatoires, le groupe en fonction sujet et le groupe en fonction prédicat, et éventuellement de groupes en fonction complément de phrase.
- Cette définition de la phrase repose sur des **critères syntaxiques** (notions de groupe et de fonction). Elle se distingue d'une définition de la phrase qui s'appuie sur des **critères graphiques** et selon laquelle une phrase est une suite de mots qui commence par une majuscule et se termine par un point. Elle diffère également d'une **définition fondée sur le sens** selon laquelle une phrase est une unité complète de sens.

Ex. : Le vent soufflait violemment. → une phrase graphique = une phrase syntaxique

Le vent soufflait violemment et la pluie n'allait pas tarder.
→ une phrase graphique = deux phrases syntaxiques

Le vent soufflait violemment. La pluie n'allait pas tarder.
→ deux phrases graphiques = deux phrases syntaxiques

# EXERCICES

→ Corrigés p. 137

**1 Repérez et nommez les différentes propositions subordonnées.**

a) Je le ferai encore, si j'avais à le faire.

b) Cadet Roussel a trois maisons qui n'ont ni poutres ni chevrons.

c) Je veux qu'on soit sincère.

d) Quand le chat n'est pas là, les souris dansent.

e) Je vois mes honneurs croitre et tomber mon crédit.

f) Il pleut tant qu'on ne peut pas sortir.

g) Dis-moi où tu habites.

h) Je connais la ville où tu habites.

i) Le problème identifié, la solution manquait toujours.

**2 Faites l'analyse logique de l'extrait suivant.**

Je demandais à cet homme si M. Alphonse avait sa bague de diamants lorsqu'il lui parla. Le domestique hésita pour répondre ; enfin, il dit qu'il ne le croyait pas, qu'il n'y avait fait au reste aucune attention. « S'il avait eu cette bague au doigt [...] je l'aurais sans doute remarquée car je croyais qu'il l'avait donnée à Mme Alphonse. »

Mérimée, *La Vénus d'Ille*, 1835.

**3 Relevez les subordonnées de ce passage et classez-les selon leur nature et leur fonction.**

Quant à *Histoires pour Bel-Gazou*, il est vrai que j'aimais beaucoup lire. Mais en l'occurrence, c'est ma mère qui avait tenté de m'instiller sa propre passion pour l'œuvre de Colette. Ces deux cadeaux n'étaient d'ailleurs pas ceux « qui me feraient le plus plaisir » mais ceux dont je savais qu'ils m'attendraient sous le sapin. Le Panachoc se révéla très vite décevant, l'autonomie des véhicules étant des plus réduites.

Philippe Delerm, *Écrire est une enfance* © Albin Michel, 2011.

**4 Analysez toutes les propositions de cet extrait.**

Quand notre vaisseau s'est brisé contre le rocher, quelques-uns des nôtres ont eu le temps de se jeter dans la chaloupe ; il est vrai que les vagues l'ont enveloppée : je ne sais ce qu'elle est devenue ; mais peut-être auront-ils eu le bonheur d'aborder en quelque endroit de l'île et je suis d'avis que nous les cherchions.

Marivaux, *L'Ile aux esclaves*, scène 1, 1725.

Fiches 16 à 22, p. 102 à 128

# ENTRAINEMENT AU CONCOURS

→ Corrigés p. 139

**1 Lisez le texte suivant et répondez aux questions sur les propositions surlignées.**

Il était seul. Il ouvre le piano, il approche une chaise, il se juche dessus ; ses épaules arrivent à la hauteur du clavier : c'est assez pour ce qu'il veut. Pourquoi attend-il d'être seul ? Personne ne l'empêcherait de jouer, pourvu qu'il ne fît pas trop de bruit. Mais il a honte devant les autres, il n'ose pas. Et puis, on cause, on remue : cela gâte le plaisir. C'est tellement plus beau quand on est seul !… Christophe retient son souffle pour que ce soit plus silencieux encore, et aussi parce qu'il est un peu ému, comme s'il allait tirer un coup de canon.

Romain Rolland, *Jean-Christophe*, 1904.

a) Il ouvre le piano, il approche une chaise, il se juche dessus ; ses épaules arrivent à la hauteur du clavier : c'est assez pour ce qu'il veut. Quel est le lien entre ces propositions ? Quel est l'effet produit ?

b) pourvu qu'il ne fît pas trop de bruit. Remplacez le connecteur logique par un autre plus usuel. Indiquez le temps et le mode de cette proposition.

c) Christophe retient son souffle pour que ce soit plus silencieux encore, et aussi parce qu'il est un peu ému comme s'il allait tirer un coup de canon. Remplacez les liens de subordination et les liens de coordination par des liens de juxtaposition. Réécrivez la phrase.

**2 Lisez le texte et répondez aux questions sur les propositions subordonnées.**

Lorsqu'un jour le gardien m'a dit que j'étais là depuis cinq mois, je l'ai cru, mais je ne l'ai pas compris. Pour moi, c'était sans cesse le même jour qui déferlait dans ma cellule et la même tâche que je poursuivais. Ce jour-là, après le départ du gardien, je me suis regardé dans ma gamelle de fer. Il m'a semblé que mon image restait sérieuse alors même que j'essayais de sourire. Je l'ai agitée devant moi. J'ai souri et elle a gardé le même air sévère et triste.

Albert Camus, *L'étranger* © Gallimard 1942.

a) le gardien m'a dit que j'étais là depuis cinq mois. **Quelle est la nature de la subordonnée introduite par *que* ? Que marque cette subordonnée ?**

b) c'était sans cesse le même jour qui déferlait dans ma cellule et la même tâche que je poursuivais. **Quelle est la nature de ces subordonnées ? Quelles informations apportent-elles?**

c) Je l'ai agitée devant moi. J'ai souri et elle a gardé le même air sévère et triste. **Combien d'indépendantes trouve-ton ? Quel est l'effet produit ?**

**3 Dans le passage suivant, relevez :**
**– une proposition indépendante juxtaposée ;**
**– une proposition indépendante coordonnée ;**
**– une proposition subordonnée.**

Je demandais à cet homme si M. Alphonse avait sa bague de diamants lorsqu'il lui parla. Le domestique hésita pour répondre ; enfin, il dit qu'il ne le croyait pas, qu'il n'y avait fait au reste aucune attention. « S'il avait eu cette bague au doigt, ajouta-t-il en se reprenant, je l'aurais sans doute remarquée car je croyais qu'il l'avait donnée à Mme Alphonse.

Prosper Mérimée, *La Vénus d'Ille*, 1835.

**4 Dans le passage suivant, relevez et analysez les propositions subordonnées en précisant leur nature et leur fonction.**

Ni l'une ni l'autre de tes deux mères n'a eu accès à la parole. Du moins à cette parole qui permet de se dire, se délivrer, se faire exister

expans° du nom

sub. relative adj déter

dans les mots. Parce que ces mêmes mots se refusaient à toi et que tu ne savais pas t'exprimer, tu as dû longtemps lutter pour conquérir le langage. Et si tu as mené ce combat avec une telle obstination, il te plaît de penser que ce fut autant pour elles que pour toi.

Charles Juliet, *Lambeaux* © Éditions P.O.L, 1995.

**5 Quiz : répondez au questions suivantes.**

**a) Dans les phrases suivantes, identifiez les propositions subordonnées relatives et donnez leur fonction.**

**1.** La maison que tu vois est la mienne.

**2.** Qui dort dine.

**3.** Je me demande qui tu es.

**4.** Elle est celle que tu attends

**b) Dans les phrases suivantes, relevez la ou les propositions subordonnées complétives.**

**1.** Quand tu arriveras, nous pourrons manger.

**2.** Elle pense que tu mens.

**3.** La maison que tu aimes tant est à vendre.

**4.** L'idée que tu viennes me transporte de joie.

**c) Identifiez les propositions subordonnées. Quelle est leur fonction commune ?**

**1.** Je ne sais si tu y arriveras.

**2.** Il se demande quand ils auront fini leur travail.

**3.** Elle entend le train siffler.

**4.** Il espérait qu'elle se serait enfuie.

**d) Parmi les phrases suivantes, relevez les propositions subordonnées interrogatives indirectes.**

**1.** Nous nous demandions où tu habitais.

**2.** Je ne sais pas quand tu arrives.

**3.** Je lui demandais : « Où vis-tu ? »

**4.** Elle s'interrogea sur son silence.

**e) Identifiez les propositions infinitives et justifiez votre réponse.**

**1.** À la campagne, on entend les oiseaux chanter.

**2.** Elle aime chanter seule.

**3.** Nous pensons y arriver sans toi.

**4.** On a vu passer un fantôme.

**6 Distinguez les propositions que comporte cet extrait. Donnez leur nature et leur fonction.**

Je préfère le repas d'auberge à la table la mieux servie, le jardin public au plus beau parc enclos de murs, le livre que je ne crains pas d'emmener en promenade à l'édition la plus rare, et, si je devais être seul à pouvoir contempler une œuvre d'art, plus elle serait belle et plus l'emporterait sur la joie ma tristesse.

André Gide, *Les Nouvelles Nourritures*, 1936.

**7 Qcm : dites si chaque proposition est vraie ou fausse.**

**a) Une phrase simple :**

**1.** ne compte qu'une seule proposition comportant un verbe conjugué.

**2.** peut comporter plusieurs propositions sous certaines conditions.

**b) Une phrase complexe peut se construire par :**

**1.** juxtaposition.

**2.** coordination.

**3.** subordination.

**4.** juxtaposition et coordination.

**5.** coordination et subordination.

**6.** juxtaposition et subordination.

**7.** juxtaposition, coordination et subordination.

**c) *« Je prends à Auch mon train pour Toulouse à neuf heures. »* comporte :**

**1.** une proposition.

**2.** deux propositions.

**3.** trois propositions.

**4.** quatre propositions.

**d) *« Il est neuf heures, j'attends le train. »* :**

**1.** est une phrase simple.

**2.** est une phrase complexe créée par juxtaposition.

**3.** est une phrase complexe créée par coordination.

**4.** est une phrase complexe créée par subordination.

**e)** ***« J'attends le train de neuf heures car je dois aller travailler à Toulouse. »*** **:**

**1.** est une phrase simple.

**2.** est une phrase complexe créée par juxtaposition.

**3.** est une phrase complexe créée par coordination.

**4.** est une phrase complexe créée par subordination.

**f) Dans la phrase :** ***« Il faut attendre qu'elle vienne. »*****, la proposition soulignée est :**

**1.** une subordonnée complétive.

**2.** une subordonnée relative.

**g) Dans la phrase :** ***« Je me demande qui viendra demain. »*****, la proposition soulignée est :**

**1.** une subordonnée relative.

**2.** une subordonnée interrogative indirecte.

**h) Dans la phrase :** ***« S'il neigeait, je serais déjà sur les pistes. »*****, la proposition soulignée est :**

**1.** une subordonnée complétive.

**2.** une subordonnée relative.

**3.** une subordonnée circonstancielle de condition.

**4.** une subordonnée circonstancielle de conséquence.

**5.** une subordonnée interrogative indirecte.

**8 Relevez les propositions subordonnées conjonctives complétives ou circonstancielles dans le passage suivant. Classez-les et indiquez leur fonction.**

À l'évidence, l'approche littéraire se porte préférentiellement vers la seconde façon, qui procure beaucoup de plaisir à qui sait s'y exercer. Pour autant ce n'est pas là le tout littéraire, à moins de s'en faire une conception restreinte, immanquablement appelée à être contestée. Dans cette perspective, en effet, la poésie qui exprime directement des sentiments ne pose pas de problèmes de compréhension, du moins pas dans cette perspective. On peut même dire qu'une certaine poésie, dans le sillage de Lamartine, s'est posée contre la pensée purement rationnelle pour jouer sur l'effusion et l'émotion. Difficilement didactisables, celles-ci courent le risque d'être oubliées, voire censurées, alors qu'elles participent d'une approche peut-être naïve mais importante s'il s'agit d'inciter à lire.

F. Marcoin, site Eduscol.

# CORRIGÉS

## FICHE 16 Types et formes de phrases

→ Énoncés p. 105

**1**

| | Type de phrase | Forme de phrase |
|---|---|---|
| a) | phrase interrogative (acte de parole indirect : il s'agit en fait d'un ordre) | pronominale |
| b) | phrase déclarative | emphatique |
| c) | phrase déclarative | passive, négative |
| d) | phrase exclamative | passive, négative |
| e) | phrase impérative | passive, négative |

**2** • Formes impersonnelles : *Il ne fallait guère de temps à Matthieu pour y arriver. Il le valait bien !*

• Formes passives : *Il était attendu pour la soirée.*

**3** **a)** oui. **b)** non (la phrase est bien déclarative mais pas négative, *ne… que* est une restriction mais non une forme négative). **c)** oui. **d)** non (le pronom *me* n'est pas un pronom réfléchi). **e)** oui.

**4** **a)** *Il a monté :* indicatif passé composé actif, auxiliaire *avoir*.

**b)** *Elle est montée :* indicatif passé composé actif, auxiliaire *être*.

**c)** *Elles ont été montées :* indicatif passé composé passif, auxiliaire *être*.

**d)** *Elles se sont évaluées :* indicatif passé composé, verbe pronominal, auxiliaire *être*.

**5** • Phrases **a)** 1. et **b)** 1. : la préposition *par* introduit un complément d'agent. *les enseignants, les douanes* sont les auteurs d'une action qui affecte respectivement *les groupes* et *la cargaison*.

• Phrases **a)** 2. et **b)** 2 ; : la préposition *de* introduit un complément qui n'est pas un « agent », au sens ci-dessus.

> **REMARQUE**
>
> Les deux prépositions *par* et *de* sont parfois interchangeable pour introduire un complément d'agent.
>
> Ex. : **Il est aimé de ses parents./ Il est aimé par ses parents.**
>
> Cette correction n'est donc pas à « généraliser ».

## FICHE 17 Phrases simples et phrases complexes

→ Énoncés p. 109

**1** • **1re phrase** : elle comporte trois propositions : *On fait apprendre les fables de La Fontaine à tous les enfants, / et il n'y en a pas un seul / qui les entende.* Les deux premières sont coordonnées par *et*, la troisième est subordonnée à la deuxième (conjonction de coordination : *et*).

• **2e phrase** : elle comporte quatre propositions : *Quand ils les entendraient, / ce serait encore pis / car la morale est tellement mêlée et si disproportionnée à leur âge, / qu'elle les porterait plus au vice qu'à la vertu.*
La première est subordonnée à la deuxième (conjonction de subordination : *quand*) ; la troisième est coordonnée à la deuxième (conjonction de coordination : *car*) ; la quatrième est subordonnée à la troisième (locution conjonctive : *si... que*).

• **3e phrase** : elle comporte deux propositions : *Ce sont encore là, / direz-vous, / des paradoxes.* La proposition centrale est une proposition incise.

• **4e phrase** : elle comporte deux propositions : *Soit, mais voyons / si ce sont des vérités.* La deuxième proposition est subordonnée à la première (conjonction de subordination : *si*).

> **REMARQUE**
>
> Même s'il provient du verbe *être* conjugué au mode subjonctif, le mot *soit* est à prendre ici comme un adverbe d'affirmation à valeur de concession (équivalent, sémantiquement, à une formule comme : *Admettons qu'il en soit ainsi, certes, mais*) ; il serait donc excessif de considérer qu'il constitue une proposition en soi.

**2** **a)** Phrase complexe : elle comporte deux verbes conjugués.
**b)** Phrase simple : elle ne contient qu'un verbe.
**c)** Phrase simple.
**d)** Phrase complexe.
**e)** Phrase simple.
**f)** Phrase complexe.

**3** 1. *Nous venons, écrivains, peintres, sculpteurs, architectes, amateurs passionnés de la beauté, jusqu'ici intacte, de Paris, protester de toutes nos forces, de toute notre indignation, au nom du goût français méconnu, au nom de l'art et de l'histoire français menacés, contre l'érection, en plein cœur de notre capitale, de l'inutile et monstrueuse tour Eiffel, que la malignité publique, souvent empreinte de bon sens et d'esprit de justice, a déjà baptisée du nom de « tour de Babel ».*
C'est une **phrase complexe** composée d'une **proposition principale** et d'une **subordonnée relative** : *que la malignité publique, souvent empreinte de bon sens et d'esprit de justice, a déjà baptisée du nom de « Tour de Babel ».*

2. *Sans tomber dans l'exaltation du chauvinisme, nous avons le droit de proclamer bien haut que Paris est la ville sans rivale dans le monde.*
C'est une **phrase complexe** composée d'une **proposition principale** et **d'une subordonnée conjonctive complétive** : *que Paris est la ville sans rivale dans le monde.*

**4** • *Elle partit sur un coup de tête / et décida de s'installer à la campagne* : **coordination** (*et*).

• *Elle fit son sac /, vendit ses meubles /, prit ses économies / et s'enfuit sans laisser de traces* : **juxtaposition** (emploi de la virgule) et **coordination** (*et*) de la dernière proposition.

• *On réalisa très tard / qu'elle n'habitait plus dans cette maison* : **subordination** (conjonction *que*).

• *Les voisins s'interrogeaient sur son départ / mais ne cherchèrent pas plus à savoir* : **coordination** (*mais*).

• *Il n'y eut qu'une seule personne / qui s'en inquiéta* : **subordination** (pronom relatif *qui*).

• *C'était son amie d'enfance, sa plus fidèle amie* : **une seule proposition**, pas de lien.

## FICHE 18 Les différentes propositions subordonnées

→ Énoncés p. 114

**1** *J'espérais // que Carmen se serait enfuie ; // elle aurait pu prendre mon cheval et se sauver... // mais je la retrouvai. // Elle ne voulait pas // qu'on pût dire // que je lui avais fait peur. //* [...] *Elle était si occupée de sa magie // qu'elle ne s'aperçut pas d'abord de mon retour.*

Prosper Mérimée, *Carmen*, 1845.

| Proposition | Nature | Fonction |
|---|---|---|
| *J'espérais* | Proposition principale | |
| *que Carmen se serait enfuie* | Proposition subordonnée complétive | COD de *espérais* |
| *elle aurait pu prendre mon cheval et se sauver...* | Proposition indépendante | |
| *mais je la retrouvai.* | Proposition indépendante | |
| *Elle ne voulait pas* | Proposition principale | |
| *qu'on pût dire* | Proposition subordonnée complétive | COD de *voulait* |
| *que je lui avais fait peur.* | Proposition subordonnée complétive | COD de *dire* |
| *Elle était [si] occupée de sa magie* | Proposition principale | |
| *si... qu'elle ne s'aperçut pas d'abord de mon retour.* | Proposition subordonnée circonstancielle | CC conséquence |

**REMARQUE**

Pour repérer les propositions, il faut identifier les verbes conjugués. Ici, on a 9 verbes conjugués, 9 propositions, mais pas d'infinitive ou de participiale. Les quatre propositions subordonnées sont introduites par des mots subordonnants.

2

| Terme introduisant la proposition subordonnée (nature) | Proposition subordonnée (nature) |
|---|---|
| *que* (pronom relatif) | *que l'on pourrait qualifier d'exotiques* (subordonnée relative) |
| *comme* (conjonction de subordination) | *comme je suis né au Nigeria* (subordonnée conjonctive circonstancielle causale) |
| *où* (relatif) | *où vivait ma famille* (subordonnée relative) |
| *que* (conjonction de subordination) | *que j'y ai vécu jusqu'à 23 ans* (circonstancielle de cause) sous-entendu reprise de *et que comme.* |
| où (pronom relatif) | *où j'ai fait mes études* (subordonnée relative) |
| *ce qui* (pronom relatif) | *ce qui se passait en Angleterre* (subordonnée relative sans antécédent) |
| *que* (conjonction de subordination) | *que je voulais voir* (subordonnée conjonctive complétive) |
| *si* (conjonction de subordination) | *si j'en étais encore capable* (subordonnée interrogative indirecte) |

3 • *si M. Alphonse avait sa bague de diamants lorsqu'il lui parla* : subordonnée complétive (subordonnée interrogative indirecte) introduite par la conjonction de subordination *si*.

• *qu'il ne le croyait pas :* subordonnée conjonctive complétive introduite par la conjonction de subordination *que*.

• *S'il avait eu cette bague au doigt :* subordonnée conjonctive circonstancielle de condition, introduite par la conjonction de subordination *si*.

• *qu'il l'avait donnée à Mme Alphonse :* subordonnée conjonctive complétive introduite par la conjonction de subordination *que*.

4 • **Une proposition subordonnée relative :** *que je partageais.*

• **Une proposition subordonnée conjonctive circonstancielle :** *parce que j'étais prêt à partager beaucoup de choses avec cette lectrice.*

• **Une proposition subordonnée conjonctive complétive :** *qu'elle remerciait Colette d'avoir su dire exactement la vérité des violettes.*

• Le passage contenait également une **proposition subordonnée participiale** : *ma mère ayant une vie bien remplie, entre son métier d'institutrice et toutes ses tâches domestiques.*

## FICHE 19 Les propositions subordonnées relatives

→ Énoncés p. 117

1 **a)** J'ai acheté un maillot de bain **que** j'ai vu dans le petit magasin de la place. (*que* : COD de *ai vu*)

**b)** Le fauteuil **qui** est devant toi est grand. (*qui* : sujet de *est*)

**c)** Le livre **dont** je te parle est magnifique. (*dont* : COI de *parle*)

**d)** J'aime les lieux **où** l'on peut se recueillir (*où :* complément circonstanciel de lieu)

2 **a)** Les enfants **qui sont fatigués** iront se coucher à 20 heures. (relative déterminative)

**b)** pas de relative : c'est une conjonctive / complétive.

**c)** Les élèves **que je croise à la sortie de l'école** habitent dans mon quartier. (relative déterminative)

**d)** Je vis dans une ville **qui est très touristique**. (relative explicative)

**e)** Les enfants, **que je vois parfois**, aiment s'amuser sur le square. (relative explicative)

**3** Ce passage contient 5 propositions subordonnées relatives :

- *qui se lira en une seule* : épithète du nom *texte.*
- *qu'il va falloir organiser* : épithète du nom *pensée.*
- *par lesquelles passe celui qui écrit* : épithète du nom *opérations.*
- *qui écrit* : épithète du pronom *celui* ou complément du pronom *celui.*
- *qui s'échafaude :* épithète du nom *pensée.*

**4** **a)** Les élèves, qui ont fini leurs devoirs, sortent de la classe.

- *Les élèves sortent de la classe :* proposition principale
- *qui ont fini leurs devoirs :* proposition subordonnée relative explicative, introduite par le pronom relatif *qui*, épithète (détachée) du nom *élèves.*

**b)** Les élèves qui ont fini leurs devoirs peuvent sortir.

- *Les élèves peuvent sortir* : proposition principale.
- *qui ont fini leurs devoirs :* proposition subordonnée relative déterminative, introduite par le pronom relatif *qui*, épithète du nom *élèves.*

**c)** Il avait fait de longues recherches, il a retrouvé la maison où il avait passé son enfance.

- *Il avait fait de longues recherches :* proposition indépendante.
- *Il a retrouvé la maison où il avait passé son enfance :* proposition indépendante, juxtaposée à la précédente par une virgule. Cette proposition est composée de :
  – une proposition principale : *il a retrouvé la maison*
  – une proposition subordonnée relative, introduite par le pronom relatif *où*, complément essentiel (manipulation syntaxique : *Il avait passé son enfance* ***dans cette maison***.)

# FICHE 20 Les subordonnées complétives

→ *Énoncés p. 121*

**1**

| Nature | Fonction |
|---|---|
| **Propositions subordonnées relatives :** | |
| **b)** *que l'on admirait* | épithète détachée de *héros* ( explicative) |
| **f)** *que tout le monde attendait* | épithète liée de *l'homme* (déterminative) |
| **g)** *où brillait tant de gloire* | épithète liée de *ses yeux* (déterminative) |
| **Propositions complétives :** | |
| **a)** *qu'ils étaient destinés aux hécatombes.* (conjonctive) | COD du verbe *savait* |
| **c)** *passer l'empereur sous un pont* (infinitive) | COD du verbe *avait vu* |
| **d)** *que tu viennes* (conjonctive) | sujet du verbe *déplairait* |
| **e)** *s'il pouvait mourir de cette fièvre* (interrogative indirecte) | COD du verbe *savait* |

**2** • **Relatives : a), c), f)**
- **Complétives (conjonctives) : b), d), e), g).**

**3** • *Partout ailleurs sur la terre, le jour devait s'achever, embrassant le ciel avant de disparaitre dans la calme douceur vespérale :* **proposition principale.**
- ***Mais*** *personne… jour ou nuit* : **proposition indépendante coordonnée (principale).**
- *s'il faisait jour ou nuit :* **subordonnée, interrogative indirecte (totale).**
- *La flamme de son briquet éclaira tout entière la petite pièce :* **proposition principale.**
- ***où*** *il avait dormi :* **proposition subordonnée, relative.**
- *Il tendit l'oreille aux rumeurs de la taïga toujours balayée par les vents d'ouest :* **proposition indépendante.**

• *et il en déduisit* : **coordination et juxtaposition (principale).**

• *que la tempête faiblissait* : **subordonnée conjonctive complétive.**

• ***Puis** passant la porte de la salle voisine, il constata* : **coordonnée (principale).**

• *que la famille... dormaient* : **subordonnée conjonctive complétive.**

4 Les complétives sont soulignées en gras :
a) Elle n'avait pas entendu // **le téléphone sonner.**
b) Avant de partir, Gaspard vérifia // **qu'il avait bien pris son portefeuille.**
c) Elle voulait savoir // **si Marie avait pris ses médicaments**.
d) Mon frère laisse toujours // **traîner ses chaussures dans le salon.**
e) Il lui a demandé // **qui elle avait rencontré.**
f) Nous voyons // **les hautes vagues s'écraser contre la falaise**.
g) S'impatientant, // **le conducteur perdit son sang-froid.**
h) Mon chien, assis devant la porte, regarde // **les gens passer.**
i) Au bout d'un long moment, il demanda à sa voisine // **où se trouvait le Panthéon**

| Proposition conjonctive | Propositions interrogatives indirectes | Propositions infinitives | Proposition participiale |
|---|---|---|---|
| b) | c) e) i) | a) d) f) h) | g) |

## FICHE 21 Les subordonnées circonstancielles

→ Énoncés p. 124

1 • **Subordonnées circonstancielles introduites par une conjonction :**
a) Lorsqu'il eut mangé son fruit (temps).
b) Comme il avait au doigt un diamant énorme (cause).
c) Et quand même on aurait dû mourir (concession).

• **Subordonnée participiale :**
d) Les enfants endormis (cause ou temps).

2 **Les conjonctives :**

• circonstancielles
– *alors qu'elles participent* [...] *lire* → fonction : **complément circonstanciel de concession.**
– *s'il s'agit* [...] *lire* » → fonction : **complément circonstanciel de condition.**

• complétives
– *qu'une certaine poésie s'est imposée* → fonction COD de *dire*.
– *qu'il se dégage* [...] *compréhension* → fonction : COD de *voit*.

3

| Subordonnées conjonctives | Subordonnées participiales |
|---|---|
| • *Si la province est riche en minéraux*<br>→ fonction : **circonstancielle de concession.**<br>• *Comme la potasse est également un minerai exploité dans cette province*<br>→ fonction : **circonstancielle de cause.** | • *L'uranium considéré comme indispensable aux réacteurs nucléaires*<br>→ fonction : **circonstancielle de cause.**<br>• *Les écologistes dénonçant les pratiques intensives*<br>→ fonction : **circonstancielle de cause.** |

**REMARQUE**

*produisant plus d'uranium que partout au monde* n'est pas une proposition participiale puisque le sujet des verbes est identique.

# FICHE 22 L'analyse logique de la phrase

→ *Énoncés p. 128*

**1** **a)** *si j'avais à le faire* est une proposition subordonnée circonstancielle de condition. Elle est introduite par *si*, conjonction de subordination.

**b)** *qui n'ont ni poutres ni chevrons* est une proposition subordonnée relative introduite par le pronom relatif *qui*.

**c)** *qu'on soit sincère* est une proposition subordonnée conjonctive complétive, introduite par *que* conjonction de subordination.

**d)** *Quand le chat n'est pas là* est une proposition subordonnée circonstancielle de temps introduite par la conjonction de subordination *quand*.

**e)** *mes honneurs croitre* est une proposition subordonnée infinitive. *tomber mon crédit* est une proposition seconde subordonnée infinitive dont la principale est sous-entendue.

**f)** *qu'on ne peut pas sortir* est une proposition subordonnée circonstancielle de conséquence introduite par *que*. La conjonction est annoncée par l'adverbe *tant* dans la principale (système corrélatif).

**g)** *où tu habites* est une proposition subordonnée complétive interrogative indirecte. Elle est le résultat du passage de la question *Où habites-tu ?* au discours indirect.

**h)** *où tu habites* est une proposition subordonnée relative, introduite par le pronom relatif *où*. Ça n'est pas une subordonnée circonstancielle de lieu.

**i)** *Le problème identifié* est une proposition subordonnée participiale, cas particulier de proposition subordonnée circonstancielle. En effet, le verbe *identifier* est au participe passé et son sujet est le *problème*.

**2** **a)** Attention, il faut considérer la hiérarchie entre les propositions :

*Je demandais à cet homme // si M. Alphonse avait sa bague de diamants lorsqu'il lui parla.*
proposition principale — proposition subordonnée interrogative indirecte

*si M. Alphonse avait sa bague de diamants // lorsqu'il lui parla.*
proposition subordonnée circonstancielle

- *Je demandais à cet homme* : proposition principale.
- *si M. Alphonse avait sa bague de diamants lorsqu'il lui parla* : subordonnée conjonctive complétive (subordonnée interrogative indirecte) introduite par la conjonction de subordination *si*.
- *lorsqu'il lui parla* : proposition subordonnée conjonctive circonstancielle, subordonnée à *si M. Alphonse avait une bague*, elle-même subordonnée à *je demandais à cet homme* (la principale).

**b)** *Le domestique hésita pour répondre* : proposition indépendante.

**c)** *Enfin il dit :* proposition principale.

**d)** *qu'il ne le croyait pas* : proposition subordonnée conjonctive complétive introduite par la conjonction de subordination *que*, COD du verbe *dit*.

**e)** *qu'il n'y avait fait au reste aucune attention :* proposition subordonnée conjonctive complétive introduite par la conjonction de subordination *que*, COD du verbe *dit*.

**f)** *S'il avait eu cette bague au doigt* : subordonnée conjonctive circonstancielle de condition, introduite par la conjonction de subordination *si*, complément circonstanciel de condition.

**g)** *je l'aurais sans doute remarquée* : proposition principale.

**h)** *car je croyais :* proposition principale, coordonnées à la précédente par la conjonction de coordination *car.*

**i)** *qu'il l'avait donnée à Mme Alphonse* : subordonnée conjonctive complétive introduite par la conjonction de subordination *que*, COD de *croyais*.

**3**

| Proposition | Nature | Fonction |
|---|---|---|
| *que j'aimais beaucoup lire* | Subordonnée conjonctive complétive | Complément de régime de la tournure impersonnelle *il est vrai* (sujet réel) |
| *qu'ils m'attendraient sous le sapin* | | COD de *savais* |
| *qui me feraient le plus plaisir* | Subordonnée relative | Complément de l'antécédent *ceux* |
| *dont je savais qu'ils m'attendraient sous le sapin* | | Complément de l'antécédent *ceux* |
| *l'autonomie des véhicules étant des plus réduites* | Subordonnée participiale | Complément circonstanciel de cause de la proposition *le Panachoc se révéla très vite décevant* |

**REMARQUE**

On ne relèvera pas *qui avait tenté de m'instiller sa propre passion pour l'œuvre de Colette* car il s'agit du second élément du présentatif composé *c'est… qui*.

**4** Analysez toutes les propositions de cet extrait.

| Proposition | Nature | Fonction |
|---|---|---|
| *Quand notre vaisseau s'est brisé contre le rocher* | Subordonnée circonstancielle (conjonctive introduite par la conjonction de subordination *quand*) | Complément circonstanciel de temps |
| *quelques-uns des nôtres ont eu le temps de se jeter dans la chaloupe ;* | Proposition principale | |
| *il est vrai* | Proposition principale (construction impersonnelle, le pronom *il* est vide de sens) | |
| *que les vagues l'ont enveloppée :* | Complétive (conjonctive introduite par la conjonction de subordination *que*) | Terme complétif de la tournure impersonnelle (appelé aussi « régime ») |
| *je ne sais* | Proposition principale | |
| *ce qu'elle est devenue ;* | Subordonnée interrogative indirecte (introduite par la locution pronominale ce *que*) | Complément d'objet du verbe *savoir* |
| *mais peut-être auront-ils eu le bonheur d'aborder en quelque endroit de l'île* | Proposition indépendante | |
| *et je suis d'avis* | Proposition principale | |
| *que nous les cherchions.* | Complétive (conjonctive introduite par la conjonction de subordination *que*) | COD de la forme lexicalisée *être d'avis* qui peut être remplacée par *je pense* |

• Les propositions *quelques-uns… chaloupes* et *il est vrai… enveloppée* sont juxtaposées par un point-virgule.

• Les propositions *il est vrai… enveloppée* et *je ne sais… devenue* sont juxtaposées par deux-points.

• Pour les propositions *je ne sais… devenue* et *mais peut-être… île*, il faut ici faire un choix entre :
– le point-virgule, dans ce cas, on dira que les propositions sont juxtaposées.
– la conjonction de coordination *mais* : dans ce cas, on dira que les propositions sont coordonnées.
Il faut en tout cas poser la difficulté d'analyse.

• Les propositions *mais peut-être… île* et *je suis… cherchions* sont coordonnées par conjonction de coordination *et*.

# Entrainement au concours

→ Énoncés p. 129

**1** **a)** Ces propositions sont juxtaposées. Cette énumération de verbes de mouvement au présent de narration dans des indépendantes juxtaposées montre la détermination de l'enfant et son émotion d'être seul face au piano.

**b)** On pourrait écrire : *Personne ne l'empêcherait de jouer, s'il ne faisait pas trop de bruit.* La subordonnée *pourvu qu'il ne fît pas trop de bruit* est à l'imparfait du subjonctif.

**c)** *Christophe retient son souffle ; c'est plus silencieux encore ; il est un peu ému, comme s'il allait tirer un coup de canon.*

**2** **a)** Il s'agit d'une proposition subordonnée conjonctive complétive, COD du verbe *dire*. Elle exprime la vérité et la certitude du gardien par opposition à l'impression du narrateur qui n'a pas vu le temps passer, et qui n'a pas la notion de durée et d'écoulement du temps, mais de la répétition du même jour.

**b)** Il s'agit de deux propositions subordonnées relatives. La première (*qui déferlait dans ma cellule*) est une expansion du nom *jour* et la seconde (*que je poursuivais*) une expansion du nom *tâche*. Les propositions subordonnées relatives donnent des précisions sur les noms qu'elles complètent.

**c)** Ce sont trois propositions indépendantes. Le rythme de la narration s'accélère quand le narrateur prend conscience qu'il y a un complet décalage entre ce qu'il ressent intérieurement et la réalité extérieure. Il devient même extérieur à lui-même en ne reconnaissant pas son visage.

**3**
- Une proposition indépendante juxtaposée : *enfin, il dit qu'il ne le croyait pas.*
- Une proposition indépendante coordonnée : *car je croyais qu'il l'avait donnée à Mme Alphonse.*
- Une proposition subordonnée : *lorsqu'il lui parla.*

**4**

| Propositions | Nature | Fonction |
|---|---|---|
| *qui permet de se dire, se délivrer, se faire exister dans les mots* | Proposition subordonnée relative | Épithète liée de *parole.* |
| *Parce que ces mêmes mots se refusaient à toi // et que tu ne savais pas t'exprimer* | 2 propositions subordonnées conjonctives coordonnées par la conjonction de coordination | Compléments circonstanciels de cause du verbe *devoir* (sous-entendu *parce que tu ne savais…*). |
| *Et si tu as mené ce combat avec une telle obstination* | Proposition subordonnée conjonctive | Complément circonstanciel de condition de la proposition *il te plaît de penser que ce fut autant pour elles que pour toi.* |
| *que ce fut autant pour elles que pour toi.* | Proposition subordonnée conjonctive | COD du verbe *penser.* |

**5** **a)** 1. La maison **que tu vois** est la mienne. (épithète du nom *maison*)
2. **Qui dort** dîne. (sujet de *dîne*, relative sans antécédent, relative substantive)
3. Je me demande qui tu es. (ce n'est pas une relative mais une interrogative indirecte)
4. Elle est celle **que tu attends**. (épithète du pronom *celle*)

**b)** 1. Quand tu arriveras, nous pourrons manger. (*quand tu arriveras* est une circonstancielle)
2. Elle pense **que tu mens**. (complétive conjonctive, COD du verbe *pense*)
3. La maison que tu aimes tant est à vendre. (*que tu aimes tant* est une relative)
4. L'idée **que tu viennes** me transporte de joie. (complétive, complément du nom *idée*)

**c)** 1. Je ne sais **si tu y arriveras**. (interrogative indirecte)
2. Il se demande **quand ils auront fini leur travail**. (interrogative indirecte)
3. Elle entend **le train siffler**. (infinitive)
4. Il espérait **qu'elle se serait enfuie**. (conjonctive)
Elles sont toutes COD du verbe de la principale.

**d)** 1. Nous nous demandions **où tu habitais**.
2. Je ne sais pas **quand tu arrives**.
3. Je lui demandais : « Où vis-tu ? » (propositions indépendantes, interrogative directe)
4. Elle s'interrogea sur son silence. (1 seul verbe, pas de proposition)

**e)** 1. *À* la campagne, on entend **les oiseaux chanter**. (proposition infinitive)
2. Elle aime chanter seule. (non)
3. Nous pensons y arriver sans toi. (non)
4. On a vu **passer un fantôme**. (proposition infinitive)

**6** *Je **préfère** le repas d'auberge à la table la mieux servie, le jardin public au plus beau parc enclos de murs, le livre que je ne **crains** pas d'emmener en promenade à l'édition la plus rare, et, si je **devais** être le seul à pouvoir contempler une œuvre d'art, plus elle **serait** belle et plus **l'emporterait** sur ma joie la tristesse.*

André Gide, *Les Nouvelles Nourritures*, 1936.

Cette phrase comprend cinq propositions (cinq verbes conjugués). Les infinitifs n'ont pas de sujet propre. Ce ne sont pas des propositions infinitives.

- *Je **préfère** le repas d'auberge à la table la mieux servie, le jardin public au plus beau parc enclos de murs, le livre* [...] *à l'édition la plus rare*, et, [...] *plus l'**emporterait** sur ma joie la tristesse* : 2 propositions principales coordonnées par *et*.
- *Que je ne **crains** pas d'emmener en promenade* : proposition subordonnée relative (introduite par le pronom relatif *que*), épithète du nom *livre*.
- *Si je **devais** être le seul à pouvoir contempler une œuvre d'art* : proposition subordonnée circonstancielle (introduite par la conjonction de subordination *si*), complément circonstanciel de condition de : *plus l'emporterait ma joie sur la tristesse*.
- *plus elle **serait** belle* : proposition subordonnée circonstancielle (introduite par la conjonction de subordination *plus… plus*), complément circonstanciel de comparaison du verbe *emporterait*.

**REMARQUE**

*et, si je devais* [...] *plus elle serait belle* ***et*** *plus l'emporterait sur ma joie la tristesse* : *et* ne joue pas ici le rôle de conjonction de coordination permettant de relier deux propositions coordonnées, mais intervient ici plutôt comme renforcement et effet de style afin d'accentuer les propos de l'auteur.
La deuxième proposition subordonnée circonstancielle de comparaison (*plus elle serait belle*) n'est ni supprimable ni déplaçable : c'est en effet le cas des subordonnées de comparaison ou de conséquence.
Ex : Tu me parles comme si j'avais cinq ans ; Je suis tellement émue que je ne trouve pas mes mots.

**7 a)** 1. vrai. 2. faux.
**b)** Toutes les propositions sont vraies.
**c)** 1. vrai. 2. 3. 4. faux.

**d)** 1. 3. 4. faux. 2. vrai.

**e)** 1. 2. 4. faux. 3. vrai.

**f)** 1. vrai. 2. faux.

**g)** 1. faux 2. vrai.

**h)** 1. 2. 4. : faux. 3. vrai.

**8** • **Les subordonnées conjonctives circonstancielles :**
– *alors qu'elles participent d'une approche peut-être naïve mais importante s'il s'agit d'inciter à lire* → fonction : **complément circonstanciel de concession** de la proposition *: Difficilement didactisables, celles-ci courent le risque d'être oubliées, voire censurées*
– *s'il s'agit d'inciter à lire* → fonction : **complément circonstanciel de condition** de la proposition : *elles participent d'une approche peut-être naïve mais importante*

• **La subordonnée conjonctive complétive introduite par *que* :**
– *qu'une certaine poésie, dans le sillage de Lamartine, s'est posée contre la pensée purement rationnelle pour jouer sur l'effusion et l'émotion* → fonction : **COD** de *peut dire*.

**REMARQUE**

On ne relève pas les subordonnées relatives du passage puisqu'elles ne sont pas conjonctives *: qui procure beaucoup de plaisir à qui sait s'y exercer ; à qui sait s'y exercer ; qui exprime directement des sentiments.*

## Notions à mobiliser



# FICHE 23 Introduction à la grammaire de texte

Étudier la grammaire de texte, c'est comprendre ce qui en fait sa cohérence.

## A Qu'est-ce qu'un texte ?

FICHE 28, P. 170

Un texte est un discours fixé par l'écriture. Il consiste en un ensemble structuré et cohérent de phrases véhiculant un message et réalisant une intention de communication. Il a un contenu thématique.

## B La cohérence textuelle

Pour qu'un texte soit jugé cohérent par son lecteur, il doit obéir à quatre (méta)règles (selon Michel Charolles).

### 1. La règle de répétition

FICHE 25, P. 147

Le texte doit comporter un ou des éléments qui, d'une phrase à l'autre ou d'un paragraphe à l'autre, se répètent, qui en constituent le fil conducteur et en assurent la continuité. Il comprend donc obligatoirement des **reprises de l'information**, par l'emploi de substituts (procédés de reprise et reprises anaphoriques).

### 2. La règle de progression

FICHE 24, P. 144

Un texte doit également présenter des informations nouvelles pour avoir un intérêt communicatif. S'il consiste à répéter de différentes façons la même chose, son intérêt sera très faible. Ce principe correspond à la règle de progression de l'information (progression thématique).

**REMARQUE**

Un bon texte assure un équilibre entre le principe de continuité et la progression de l'information.

### 3. La règle de non-contradiction

Toutefois, un texte cohérent doit également être exempt de contradictions internes. Un passage ne peut pas apporter une ou plusieurs informations en contradiction avec ce qui a été exprimé implicitement ou explicitement.

### 4. La règle de relation

FICHES 26 ET 27, P. 153 ET 156

Un texte qui présente des informations en contradiction avec les connaissances du monde du destinataire est considéré comme incohérent. Comme le souligne Michel Charolles, « *pour qu'une séquence ou qu'un texte soient cohérents, il faut que les faits qu'ils dénotent dans le monde représenté soient reliés*[1]. » Un rapport non pertinent peut résulter d'une mauvaise utilisation d'un **connecteur** ou de la **ponctuation**.

## C La cohérence et la cohésion

### 1. La cohérence

▸ **La cohérence se manifeste au niveau global du texte** (compréhension, unité thématique, champ lexical…). Elle concerne sa construction globale : les aspects discursifs (l'intention de l'auteur) ; les aspects référentiels (ce dont on parle, la compréhension du sens) ; les liens logiques et argumentatifs (les connecteurs).

▸ L'enchaînement des phrases du texte doit produire un message précis dans une situation d'énonciation donnée. Celui-ci doit être compréhensible par le destinataire.

▸ Les éléments qui constituent le message ne doivent pas présenter de distorsion. Il doit y avoir adéquation entre la forme écrite et l'objectif à atteindre dans la situation d'énonciation donnée.

▸ **La cohérence, c'est la liaison,** le rapport étroit d'idées qui s'accordent entre elles, c'est l'absence de contradiction. Elle correspond au niveau sémantique et informationnel.

### 2. La cohésion

▸ **La cohésion se manifeste au niveau local :** les liens phrase à phrase, paragraphe à paragraphe. Elle concerne les liens interphrastiques (connecteurs temporels, spatiaux, argumentatifs), l'usage des temps verbaux, l'utilisation des procédés de reprise et du lexique, et de la ponctuation. Pour assurer la cohésion d'un texte, les éléments grammaticaux doivent aller ensemble. La cohésion correspond au niveau grammatical et textuel.

▸ **Les éléments assurant la cohésion** d'un texte sont :
– l'aspect du texte, conforme à son usage : mise en page, organisation ;
– la ponctuation qui facilite la lecture ;
– la construction dynamique en paragraphes : la superstructure ;
– l'utilisation des connecteurs soulignant les articulations de cette construction ;
– le système des temps verbaux ;
– l'utilisation d'une ou plusieurs chaines substitutives (procédés de reprise) ;
– la progression thématique : chaque phrase s'appuie sur un élément qui précède pour faire progresser l'information.

▸ **La cohérence et cohésion sont nécessairement en interaction.** Pour étudier la cohérence, il faut étudier les éléments de cohésion.

---

1. M. Charolles, « Les études sur la cohérence et la connexité textuelles depuis la fin des années 1960 », *Modèles linguistiques*, tome 10, fasc. 2, n° 20, 1988.

# FICHE 24 La progression thématique

De quoi parle-t-on dans le texte ci-dessous et de quelle manière s'organisent les informations d'une phrase à l'autre ?

Ex. : Toutes les bêtes étaient là, le nez tourné vers la ficelle, et alignant confusément leurs croupes inégales. Les porcs étaient assoupis. Ils enfonçaient en terre leur groin. Les bœufs beuglaient. Tous se pressaient les uns contre les autres. Des brebis bêlaient. Les vaches, un jarret replié, étalaient leur ventre sur le gazon.

D'après Gustave Flaubert, *Madame Bovary*, 1857.

## A Qu'est-ce que la progression thématique ?

▸ La compréhension d'un texte implique que le lecteur établisse des **relations entre les phrases**, qu'il identifie le thème d'un passage, ce que l'on en dit, les sous-thèmes qui lui sont afférents. Il existe ainsi plusieurs types d'enchainements possibles dans un texte où s'articulent les informations connues et les informations nouvelles. Il s'agit de la **cohérence du propos** : si le texte n'apporte pas d'informations nouvelles, il « tourne en rond » ; s'il apporte des informations nouvelles sans reprendre une partie des informations connues, il « passe du coq à l'âne ».

▸ **On appelle progression thématique la façon dont un texte apporte des informations nouvelles.** Du point de vue sémantico-logique, l'information connue est appelée **le thème** (ce dont on parle) et l'information nouvelle est appelée **le rhème** ou **le propos** (ce qu'on en dit).

**REMARQUE**

Concrètement, dans la phrase, la zone qui précède le verbe et qui se rattache au contexte antérieur est le thème, tandis que le rhème (le propos) apporte une nouvelle information.

## B Les différents types de progression thématique

Il existe différents types de progression thématique selon la façon dont les informations s'organisent à l'intérieur d'un texte ou d'un discours.

### 1. La progression à thème linéaire

Le rhème d'une phrase contient un élément qui devient le thème de la phrase suivante. Ce type de progression se rencontre souvent dans les textes informatifs ou dans les textes descriptifs : chaque thème reprend le propos de la phrase précédente, ou un de ses éléments.

Ex. : Au XIIe siècle, on (thème 1) construit des cathédrales (rhème 1). Ces dernières (thème 2) ont des dimensions surprenantes (rhème 2). Les hauteurs (thème 3) peuvent en effet atteindre une quarantaine de mètres (rhème 3).

Phrase 1 : T1 ⟶ R1
↓ (R1 = T2)
Phrase 2 : T2 ⟶ R2
↓ (R2 = ou englobe T3)
Phrase 3 : T3 ⟶ R3

## 2. La progression à thème constant

Les phrases successives comportent toujours le même thème alors que les rhèmes sont différents. Ce type de progression est très fréquent, particulièrement dans les récits. Cette progression assure au texte une forte cohérence.

**Ex. : Il (thème 1) fait comme on lui a dit (rhème 1). Il (thème 1) a toujours été obéissant (rhème 2). Il (thème 1) a obéi à Février en lui livrant ses pensées (rhème 3).**

**Susie Morgenstern, *Trois jours sans*, L'École des Loisirs, 1998.**

→ Phrase 1 : T1 → R1
Phrase 2 : T1 → R2
Phrase 3 : T1 → R3

## 3. La progression à thèmes dérivés (ou thèmes éclatés)

Les phrases successives comportent des thèmes différents, sous-thèmes d'un même hyperthème. Dans l'exemple ci-dessous, le thème annoncé est « les mottes de beurre » ; il est décliné (dérivé, éclaté) en sous-thèmes : « les beurres de Bretagne » et « les beurres de Normandie ». Autrement dit, chaque phrase a pour thème une partie du thème de départ. Cette progression, très fréquente, se trouve dans tous les types de discours.

**Ex. : Sur les deux étagères de la boutique au fond, s'alignaient (rhème 1) des mottes de beurre énormes (thème 1) ; les beurres de Bretagne (thème 2), dans des paniers, débordaient (rhème 2 = sous-thème) ; les beurres de Normandie (thème 3), enveloppés de toile, ressemblaient à des ébauches de ventres, sur lesquelles un sculpteur aurait jeté des linges mouillés (rhème 3) [...].**

**Émile Zola, *Le Ventre de Paris*, 1873.**

→ Phrase 1 : T1 → R1
Phrase 2 : T2 (sous-thème) → R2
Phrase 3 : T3 (sous-thème) → R3

**REMARQUE**

Les fragments longs présentent souvent une **combinaison des types de progression**.

**Ex. : Toutes les bêtes étaient là, le nez tourné vers la ficelle, et alignant confusément leurs croupes inégales. Les porcs étaient assoupis. Ils enfonçaient en terre leur groin. Les bœufs beuglaient. Tous se pressaient les uns contre les autres. (D'après Gustave Flaubert, *Madame Bovary*, 1857.)**

→ Une progression à thème dérivé (**hyperthème 1 : la ferme / les bêtes**), dans laquelle sont enchâssées deux progressions à thèmes constants (**les porcs → ils** ; **les bœufs → tous**).

# EXERCICES

→ Corrigés p.163

**1 Analysez la progression thématique de l'extrait suivant.**

*(Phrase 1)* À la fin du XIX^e^ siècle, l'industrie s'est développée. *(Phrase 2)* De nombreuses usines ont été créées. *(Phrase 3)* Pour faire fonctionner leurs machines, elles ont eu besoin d'un grand nombre de personnes. *(Phrase 4)* Beaucoup d'agriculteurs quittent leur campagne pour grossir la main-d'œuvre ouvrière. *(Phrase 5)* L'exode rural commence. *(Phrase 6)* Les villages se dépeuplent. *(Phrase 7)* L'école et les commerces disparaissent. *(Phrase 8)* Des maisons sont fermées.

*À nous le monde CE2* © Sedrap, 2003.

**2 Pour chaque extrait, identifiez la progression thématique.**

**a)** Il glissait à toute vitesse sur ses skis, au fort des pentes, au revers des talus. Il disparaissait, puis il surgissait plus loin, les bras relevés, lancé tout droit à pleine poitrine. Il se penchait en avant, il s'accroupissait, il sautait, il reprenait sa glissade. Il volait à ras de terre.

Jean Giono, *Le Hussard sur le toit* © Gallimard, 1951.

**b)** L'électricité arrive dans la maison ou dans l'appartement à un appareil appelé compteur. Le compteur sert à mesurer la consommation d'électricité de la maison. Les compteurs modernes sont munis d'un disjoncteur qui coupe automatiquement l'électricité dans toute la maison en cas de danger. Du disjoncteur partent tous les fils électriques qui vont distribuer le courant dans chaque pièce de la maison.

**c)** Les chevaux sont des animaux très sociaux. Ils vivent en meute de 8 à 20 individus. Ces animaux sont herbivores. Ils sont ongulés à sabot unique. Les chevaux communiquent entre eux par des hennissements.

**d)** La pratique de l'équitation nécessite l'achat d'une selle. Cette selle doit être équipée d'étrivières. Chaque étrivière possède un étrier.

**e)** Le cheval me regardait fixement. Sa robe était flamboyante. Sa crinière volait dans le vent. Ses jambes, longues et fines, se terminaient par de jolis sabots noirs.

**3 Pour chaque extrait, indiquez si la progression est à thème linéaire, à thème constant ou à thèmes éclatés.**

**a)** Jean Valjean sortit de la ville [...]. Il se mit à marcher en toute hâte dans les champs, prenant les chemins et les sentiers qui se présentaient. Il erra ainsi toute la matinée.

Victor Hugo, *Les Misérables*, 1862.

**b)** Ce fut comme une apparition. Elle était assise au milieu du banc. Ce banc était de pierre.

**c)** Cette salle était garnie d'un riche mobilier. À droite en entrant, se trouvait un fauteuil style Napoléon III. Au-dessus, était accroché au mur un tableau représentant une scène de chasse à courre. Sur la gauche, un meuble en bois vernis, très imposant, laissait un faible passage pour accéder à la pièce suivante.

# FICHE 25 Les procédés de reprise

Voici la correction d'une courte production d'écrit par un enseignant.

Ex. : *Texte d'élève :* Portrait de mon ami. Mon ami s'appelle Marco. Mon ami a les cheveux bruns. Mon ami est grand. J'aine beaucoup mon ami.

*Remarques de l'enseignant :* Les répétitions alourdissent ton texte et empêchent, à la lecture, une certaine fluidité. Tu dois employer d'autres mots, des mots de substitution pour citer « ton ami ».

## A Les procédés anaphoriques : les anaphores ou substituts anaphoriques

### 1. Qu'est-ce qu'une anaphore (ou substitut anaphorique) ?

▸ Les anaphores grammaticales, ou substituts (reprises) anaphoriques, sont les éléments d'un texte qui permettent la **reprise d'un élément déjà évoqué**. Ainsi, l'anaphore est une expression qui permet d'interpréter un référent (ce dont on parle) déjà introduit dans le texte. Les anaphores participent donc très fortement à la cohérence d'un texte dans le sens où elles assurent la **continuité de l'information**.

#### Les chaines anaphoriques

• Les chaines anaphoriques permettent de faire des liens et de donner du sens à un énoncé.

Ex : Jadis vivait un jeune Indien qui aimait par-dessus tout chasser les oiseaux. En ces temps très anciens, les oiseaux n'avaient aucune couleur, ils étaient entièrement blancs. Le garçon les tuait pour le plaisir et sa mère qui trouvait ces jeux cruels le mettait souvent en garde.

D'après un conte guyanais.

⟶ Dans cet extrait, on relève deux chaines anaphoriques :
– la chaine du personnage : *un jeune Indien, qui, le garçon, le* ;
– la chaine des oiseaux : *les oiseaux, les oiseaux, ils, les.*

• Ainsi, le référent est d'abord présenté, puis, connu du destinataire, il peut être repris de différentes manières :

| | |
|---|---|
| – par la répétition ; | Ex. : les oiseaux ⟶ les oiseaux |
| – par un pronom ; | Ex. : le jeune Indien ⟶ qui, le |
| – par un groupe nominal différent. | Ex. : un jeune Indien ⟶ le garçon |

▸ Ces reprises peuvent avoir pour fonction d'éviter certaines répétitions. Elles peuvent aussi apporter un surplus d'informations, voire laisser paraitre un sentiment que le narrateur éprouve par rapport à ce dont il parle.

Ex. : Cendrillon n'avait plus de mère et était élevée par une marâtre. **La malheureuse jeune fille** était chargée de toutes les corvées dans la maison, alors que ses deux sœurs passaient leur temps en loisirs et distractions.

**ATTENTION**

Il ne faut pas confondre l'anaphore rhétorique et l'anaphore grammaticale (la reprise anaphorique) :

– **l'anaphore rhétorique** est une figure de style consistant à répéter un mot ou un groupe de mots en début de phrase ou de vers ;

Ex. : **Rome, l'unique objet de mon ressentiment !**
**Rome, à qui vient ton bras d'immoler mon amant !**
**Rome qui t'a vu naître, et que ton cœur adore !**
**Rome enfin que je hais parce qu'elle t'honore !**
Pierre Corneille, *Horace*, 1640.

– **l'anaphore grammaticale**, ou reprise anaphorique, a pour but d'éviter la répétition d'un terme ou d'une expression dans un texte et/ou d'apporter des informations.

Ex. : **Le prince** montait son cheval blanc. Lorsqu'elle vit **le beau jeune homme**, elle poussa un soupir : **il** se retourna.

## 2. Les reprises anaphoriques

### 2-1. Les reprises nominales

▸ Les anaphores nominales (ou lexicales) sont des reprises dont **l'élément principal est un nom**.

▸ La reprise peut être une reprise lexicale identique : on dit que l'anaphore nominale est **fidèle**.

Ex. : Jadis vivait un jeune Indien qui aimait par-dessus tout chasser **les oiseaux**.
En ces temps très anciens, **les oiseaux** n'avaient aucune couleur.

⟶ Le cas le plus fidèle de reprise identique est la répétition.

Pierre a inventé **une écriture. Cette écriture** s'inspire des pictogrammes de Sumer.

⟶ Dans cette phrase, on remarque un changement de déterminant : *cette* est un déterminant anaphorique.

▸ La reprise peut se faire par **répétition du noyau d'un groupe nominal**. Elle a dans ce cas un effet stylistique.

Ex. : Le **train** roulait. Ce n'était cependant pas un **train** comme les autres.

⟶ Ici, le noyau du groupe nominal (*train*) est répété et repris par un groupe nominal expansé (*un train comme les autres*), le noyau du groupe nominal est donc identique. Mais on peut noter le déterminant anaphorique *le* (*le* est déictique et précise le train dont on parle).

▸ La reprise peut se faire par **substituts nominaux**. On dit que l'anaphore nominale est **infidèle** quand elle constitue une reprise lexicale distincte.

Ex. : Jadis vivait **un jeune Indien** qui aimait par-dessus tout chasser les oiseaux. **Le garçon** les tuait pour survivre.

▸ La reprise d'un nom ou d'un groupe nominal peut se faire par un autre nom ou groupe nominal. Elle peut être effectuée par :

– **un nom générique** (un terme de sens plus général que celui du mot repris) ;

Ex. : Les élections présidentielles ont eu lieu dimanche dernier. **Cet évènement** a été relayé par tous les médias.

– **un synonyme** ;

Ex. : J'ai ramassé de nombreux papiers dans le bureau. **Toutes ces feuilles** s'étaient envolées à cause d'un courant d'air.

– **une périphrase** ;

Ex. : Paris attire chaque été de nombreux vacanciers. **La capitale de la France** est en effet l'une des premières destinations touristiques au monde.

– **un hyperonyme** ;

FICHE 47, P. 296

Ex. : Deux canapés et un fauteuil composaient le salon. **Ces meubles** étaient de qualité médiocre.

– **un hyponyme**.

Ex. : Marie avait cueilli les fleurs. **Les roses** embaumaient.

▶ L'anaphore peut être implicite, effacée. C'est alors une **ellipse**.

Ex. : Lucas **adore** le ski ; moi les sports aquatiques. ⟶ Le verbe *adorer* n'est pas répété mais au contraire supprimé.

## 2-2. Les reprises pronominales

▶ Les pronoms ont pour fonction de reprendre un groupe nominal antécédent. La reprise pronominale permet surtout d'assurer la **continuité référentielle**. On dit que l'anaphore pronominale est **fidèle**, car elle n'apporte aucune information nouvelle sur l'unité reprise.

▶ La reprise anaphorique est effectuée par un **pronom représentant** (ou anaphorique), c'est-à-dire un pronom se référant à un élément du texte déjà cité. Ce sont :

FICHE 7, P. 41

– **les pronoms personnels des troisièmes personnes** et *en* et *y* (pronoms considérés aussi comme adverbiaux) ;

Ex. : Elle m'a prêté son livre. **Il** est intéressant.
Ils voyagent dans l'Ouest américain et ils n'**en** reviendront que dans deux semaines.

**REMARQUE**

Les pronoms des premières et deuxièmes personnes ne sont pas des pronoms représentants, mais des **pronoms nominaux** (▶ FICHE 29, P. 174).

– **les pronoms démonstratifs :** *celui-ci*, *celle-là*, *ceux-ci*, *ceux-là*, *ceci*, *cela*…

Ex. : Tu préfères les opéras de Wagner ou **ceux** de Verdi ?

– **les pronoms possessifs :** *le mien*, *la sienne*, *les vôtres*, *le leur*…

Ex. : Elle m'a prêté sa voiture. **La mienne** est en panne.

– **les pronoms relatifs :** *qui*, *que*, *quoi*, *dont*, *où*, *lequel* (*laquelle*, *lesquels*, *duquel*…) ;

Ex. : C'est la personne **dont** nous t'avons parlé.

– **les pronoms numéraux** ;

Ex. : Il y a quatre tomes, commence par lire **le premier**.

– **les pronoms interrogatifs :** *lequel*, *laquelle*, *lesquels*…

Ex. : Parmi ces films, **lesquels** souhaiterais-tu voir ?

– **les pronoms indéfinis :** *on*, *certains*, *quelques-uns*, *tous*, *chacun*, *les mêmes*…

Ex. : Elle a rassemblé les enfants, et **chacun** a reçu une surprise.

▶ Les pronoms se substituent majoritairement à un nom, mais ils peuvent remplacer un autre constituant de la phrase. Ils peuvent ainsi se substituer à :

– **un groupe nominal** ;

Ex. : Les lettres ont toutes été lues sauf **celle** de Patrick.
⟶ *la lettre de Patrick* (parmi les lettres) = *celle*

– **un groupe nominal expansé** ;

Ex. : J'ai pensé à rapporter tous les livres intéressants sur le concours sauf **le tien**.

– **un adjectif** ;

Ex. : Elle est assez petite, je **le** suis aussi.

– **une proposition** ;

Ex. : Tu réussiras. Je **le** sais.

*(Les pronoms peuvent donc occuper toutes les fonctions du nom.)*

– **une séquence textuelle**.

Ex. : Aucun singe ne peut être notre ancêtre puisque les singes vivent actuellement ! Comme nous, ils descendent des premiers hominoïdes apparus il y a 35 millions d'années. Nous sommes sûrs de **cela**.

**REMARQUE**

L'anaphore pronominale peut être **partielle**, c'est-à-dire ne reprendre qu'une partie de l'antécédent.

Ex. : Les deux garçons nagèrent jusqu'à la rive. **L'un** s'en sortait bien, **l'autre** peinait beaucoup.

## B Les procédés cataphoriques

### 1. Qu'est-ce qu'une cataphore (ou procédé cataphorique) ?

▶ La cataphore consiste en l'emploi d'un élément textuel **avant** même que son référent soit introduit.

Ex. : **Le** voilà ! L'homme arriva.
référent

▶ La cataphore a pour fonction de :

– mettre en relief un élément syntaxique de la phrase ;

Ex. : **Elle** est venue, Marie.

– focaliser l'attention sur le contenu du message.

Ex. : Dis-lui bien **ceci** : on ne veut plus qu'il vienne.

### 2. La classe grammaticale des procédés cataphoriques

▶ Les cataphores sont le plus souvent des pronoms :

– **des pronoms personnels** et **des pronoms personnels réfléchis** ;

Ex. : Tu vas **le** donner à qui, le sac tu as trouvé ?
Pour **se** déplacer sur le lac, les enfants avaient pris un canoé.

– des pronoms démonstratifs ;

Ex. : Alors je lui ai dit **cela** : vous ferez mieux la prochaine fois.

– des pronoms indéfinis.

Ex. : **Chacun** des élèves a-t-il fini son travail ?

▶ **Les adverbes** peuvent être cataphoriques.

Ex. : Voilà **comment** on va faire : tu passeras d'abord et il arrivera ensuite.

▸ **Les déterminants** peuvent également avoir une valeur cataphorique :

– les déterminants démonstratifs ;

Ex. : Il a prononcé **cette** phrase : Nul n'est censé ignorer la loi.

– les déterminants possessifs ;

Ex. : Pour le mariage de **sa** sœur, elle avait mis une robe rouge.

– les déterminants interrogatifs.

Ex. : Il va dans **quelle** école, l'école des bleuets ?

**REMARQUE**

Dans les constructions attributives, les pronoms peuvent être à la fois **cataphoriques** et **anaphoriques** :

– les pronoms personnels sujets peuvent anticiper l'attribut exprimé par un nom (cataphore). Ils sont en même temps anaphoriques quand ils reprennent un nom de la phrase précédente ;

Ex. : Mon père ? **Il** est prof. ⟶ Le pronom *il* est anaphorique de *mon père* et cataphorique de *prof.*

– dans les propositions subordonnées relatives construites avec un verbe d'état, le pronom relatif sujet est à la fois anaphorique de son antécédent et cataphorique de l'attribut du sujet.

Ex. : Solène avait des amis **qui** étaient de mauvais garçons. ⟶ Le pronom relatif sujet *qui* est anaphorique de *amis* et cataphorique de *mauvais garçons.*

# EXERCICES

→ Corrigés p. 163

**1 Dans le texte suivant, relevez tous les procédés reprenant les groupes nominaux en gras. Précisez à chaque fois de quel type de procédé de reprise il s'agit. Pour les reprises pronominales, donnez la nature exacte des pronoms.**

Tous les ans, à la Chandeleur, les poètes provençaux publient en Avignon **un joyeux petit livre** rempli jusqu'aux bords de beaux vers et de jolis contes. Celui de cette année m'arrive à l'instant et j'y trouve **un adorable fabliau** que je vais essayer de vous traduire en l'abrégeant un peu… Parisiens, tendez vos mannes. C'est de la fine fleur de farine provençale qu'on va vous servir cette fois… **L'abbé Martin** était curé… de Cucugnan. Bon comme le pain, franc comme l'or, il aimait paternellement ses Cucugnanais ; pour lui, son Cucugnan aurait été le Paradis sur terre, si les Cucugnanais lui avaient donné un peu plus de satisfaction. Mais, hélas ! les araignées filaient dans son confessionnal, et, le beau jour de Pâques, les hosties restaient au fond de son saint-ciboire. Le bon prêtre en avait le cœur meurtri…

Alphonse Daudet, « Le Curé de Cucugnan », in *Lettres de mon moulin*, 1887.

anaph pronom

anaphore nominale pronom dém.

**2** **Dans le passage suivant, relevez les pronoms et faites-en un classement qui rende compte de leur rôle dans le texte et de leur fonction grammaticale.**

Lorsqu'il ne reste plus que les squelettes, on les transporte dans la maison, et j'ignore combien de temps on les y conserve.

Louis-Antoine de Bougainville, *Voyage autour du monde*, 1771.

**3** **Pour chaque affirmation, indiquez si elle est vraie ou fausse.**

**a)** *Bonjour les amis, comment allez-**vous** ?*
⟶ *Vous* est en emploi nominal et renvoie à *les amis*.

**b)** *« C'est un fameux navire », j'aimais bien **cette chanson**.*
⟶ *Cette chanson* est une reprise nominale de *navire*.

**c)** *Choisis **un livre** parmi ceux qui sont sur l'étagère.*
⟶ *Un livre* est une reprise de *ceux*.

**d)** *Les policiers recherchent un homme dangereux qui s'est évadé cette nuit. **Ce récidiviste** est bien connu des services de police.*
⟶ *Ce récidiviste* est une reprise lexicale qui délivre des informations.

**4** **Dans les phrases suivantes, relevez la ou les reprises des termes en gras et analysez le lien qui les unit avec leur antécédent.**

**a)** Il a trouvé **un merveilleux livre** : ce roman du XVIII^e siècle est un manuscrit anonyme.

**b)** **La voiture** allait trop vite : elle se fracassa contre le mur.

**c)** **Les enseignants de l'école Brizeux** font grève. La maitresse de CM2 restera tout de même à l'école.

**d)** Il le frappa avec **un bout de bois**. Le morceau de bois en fut coupé en deux.

**e)** Il a acheté **un roman** qui lui plait beaucoup.

**f)** **Pinocchio** était incorrigible. La marionnette au nez rouge avait encore désobéi.

**g)** La petite fille donna un bonbon à **sa sœur**. Celle-ci le refusa.

# FICHE 26 Les connecteurs

Comment mettre en lien deux énoncés à partir de leur contenu ? Le connecteur, sans être obligatoire dans l'exemple ci-dessous, est cependant un moyen efficace de préciser la relation de cohérence dans l'énoncé.

Ex. : Pierre est malade. Il est très faible.

→ Pierre est malade parce qu'il est très faible.

→ Pierre est malade donc il est très faible.

## A Définition

▸ Les connecteurs sont des **mots de liaison** qui assurent l'**organisation** et la **cohérence** d'un texte, dont ils soulignent les articulations.

▸ Ils peuvent avoir une valeur spatiale, temporelle, logique. Ils assurent une liaison entre les différents paragraphes d'un texte, entre les différentes phrases d'un paragraphe ou entre les différentes propositions d'une phrase.

FICHE 9, P. 53

▸ Ils appartiennent à différentes classes grammaticales : les adverbes, les conjonctions de coordination et les conjonctions de subordination.

## B Les différents connecteurs

On distingue :
– les connecteurs (ou organisateurs) textuels : temporels et spatiaux ;
– les connecteurs argumentatifs.

### 1. Les connecteurs (ou organisateurs) textuels

Les connecteurs, ou organisateurs textuels, balisent le texte. Ils permettent de repérer sa progression et ses différentes parties.

#### 1-1. Les connecteurs temporels

▸ Les connecteurs temporels situent les actions, les personnages et les objets dans le temps (ex. : alors, d'abord, ensuite, enfin, après, la veille, deux jours plus tard...). Ils précisent le moment (quand ?), la succession des actions (après quoi ? / avant quoi ? / en même temps que quoi ?), leur durée (pendant combien de temps ?) ou leur fréquence (combien de fois ? / à quel rythme ?). Par exemple :

▸ Certains connecteurs temporels donnent également une valeur d'ordre : *d'une part / d'autre part* ; *d'abord / ensuite / enfin* ; *en premier lieu / en second lieu…*

Ex. : Vous versez d'abord la farine, ensuite vous cassez les œufs, enfin vous mettez le beurre et vous mélangez le tout.

#### 1-2. Les connecteurs spatiaux

Les connecteurs spatiaux permettent de situer les objets et les personnages dans l'espace, d'indiquer leurs places relatives et leurs déplacements (ex. : à droite, à gauche, au premier plan, au sommet...). Ils permettent aussi d'ordonner une description pour que le récepteur puisse se représenter ce qui est décrit.

## 2. Les connecteurs (ou organisateurs) logiques

▶ Les connecteurs logiques, ou argumentatifs, sont à la fois des éléments de mise en lien d'énoncés et des aides à l'interprétation. Ils explicitent l'intention argumentative du locuteur.

▶ Les sens principaux des connecteurs argumentatifs sont :

– la **concession** : *mais*, *pourtant*, *cependant*, *certes*, *toutefois*, *quand même*…

Ex. : Ils sont encore fâchés, pourtant il avait fait des efforts.

– l'**explication** et la **justification** : *car*, *parce que*, *puisque*, *si*, *c'est que*…

Ex. : Ma robe jaune est devenue verte parce que la chemise bleue a déteint.

– la **conclusion** : *donc*, *alors*, *par conséquent*…

Ex. : Mathieu n'a cessé de faire des bêtises. Par conséquent il a été puni.

## 3. Tableau des principaux connecteurs

| | Sens | Adverbes et locutions adverbiales | Conjonctions de coordination | Conjonctions de subordination |
|---|---|---|---|---|
| **Connecteurs temporels** | • stade initial<br>• évènements, succession d'évènements<br>• fin du récit | • *tout d'abord, soudain, puis*<br>• *ensuite, cependant*<br>• *finalement, enfin* | *et* | *après que, avant que* |
| **Connecteurs spatiaux** | localisation dans l'espace | *en haut, en bas, à gauche, ici, là, devant* | | *plus loin que* |
| **Connecteurs logiques** | stade initial | *tout d'abord, premièrement* | | |
| | renchérissement | *d'autre part, par ailleurs, en outre, de plus* | *et* | |
| | cause | *en effet* | *car* | *parce que, puisque, comme* |
| | conséquence | *donc, c'est pourquoi, ainsi, par conséquent* | | |
| | but | | | *pour que* |
| | • opposition<br>• concession | • *cependant*<br>• *pourtant, toutefois, certes* | *mais, or* | • *bien que, quoique*<br>• *tandis que, alors que* |
| | condition | | | *si* |
| | conclusion, fin du raisonnement | *finalement, donc, ainsi* | | |

**ATTENTION**

Certains connecteurs peuvent avoir une valeur tantôt temporelle, tantôt logique.

Ex. : Elle mélangea vigoureusement la pâte avec un fouet. **Ensuite** celle-ci fut bien fluide et put être versée dans les ramequins. ⟶ *Ensuite* indique ici la conséquence.

Elle mélangea vigoureusement la pâte avec un fouet. *Ensuite*, elle la versa dans les ramequins. ⟶ *Ensuite* indique ici la temporalité.

# EXERCICES

→ Corrigés p. 165



**1 Dans le texte suivant, relevez tous les connecteurs. Donnez leur valeur sémantique et indiquez leur nature grammaticale.**

– Pour vous, mesdemoiselles, dit la fée aux deux sœurs de Belle, je connais votre cœur, et toute la malice qu'il enferme. Devenez deux statues ; mais conservez toute votre raison sous la pierre qui vous enveloppera. Vous demeurerez à la porte du palais de votre sœur, et je ne vous impose point d'autre peine, que d'être témoins de son bonheur. Vous ne pourrez revenir dans votre premier état, qu'au moment où vous reconnaîtrez vos fautes ; mais j'ai bien peur que vous ne restiez toujours statues. On se corrige de l'orgueil, de la colère, de la gourmandise et de la paresse : mais c'est une espèce de miracle que la conversion d'un cœur méchant et envieux. Dans le moment la fée donna un coup de baguette, qui transforma tous ceux qui étaient dans cette salle, dans le royaume du prince. Ses sujets le virent avec joie, et il épousa la Belle, qui vécut avec lui fort longtemps et dans un bonheur parfait, parce qu'il était fondé sur la vertu.

Madame Leprince de Beaumont, *La Belle et la Bête*, 1757.

**2 Dans le paragraphe suivant, relevez les connecteurs. Précisez à quelles classes grammaticales ils appartiennent et quelle est leur valeur sémantique.**

À l'origine, le rappel était dévolu à l'évaluation de la compréhension dans les recherches sur le texte. Aujourd'hui, cette technique commence à être utilisée en classe à la fois comme instrument d'évaluation et comme outil d'intervention en compréhension. Même si cette technique porte le nom de « rappel » de texte, il faut cependant préciser que le rappel de l'information n'est qu'une partie du processus en cause dans cette activité. En effet, quand les élèves redisent une histoire, ils s'appuient, certes, sur des éléments du texte, mais ils créent jusqu'à un certain point une nouvelle histoire, car ils organisent leur rappel autour de ce qu'ils considèrent être l'information importante du texte. […]

Jocelyne Giasson, *La Compréhension en lecture*,
Gaëtan Morin éditeur, Chenelière Éducation, 1990.

**3 Dans le texte suivant, relevez et classez les connecteurs.**

L'escalier, très étroit, un ancien escalier de service, avait trois étages démesurés, qu'elle gravit en butant, les jambes cassées et maladroites. Ensuite, il la prévint qu'ils devraient suivre un long corridor ; et elle s'y engagea derrière lui, les deux mains filant contre les murs, allant sans fin dans ce couloir, qui revenait vers la façade, sur le quai. Puis, ce fut un autre escalier, mais dans le comble celui-là, un étage de marches en bois qui craquaient, sans rampe, branlantes et raides comme les planches mal dégrossies d'une échelle de meunier. En haut, le palier était si petit qu'elle se heurta dans le jeune homme, en train de chercher sa clé.

Émile Zola, *L'Œuvre*, 1886.

# FICHE 27 La ponctuation

Observez le texte écrit et étudiez le rôle de la ponctuation.

Ex. : Sophie dit : « Albert est un âne ! » / Sophie, dit Albert, est un âne...
On peut manger, grand-mère ? / On peut manger grand-mère ?
⟶ La ponctuation peut changer le sens d'une phrase.

## A Définition

### 1. Les caractéristiques de la ponctuation

▶ La ponctuation constitue un système de signes linguistiques qui accompagnent les signes alphabétiques :
– au niveau du **mot** (le blanc entre les mots : la segmentation) ;
– au niveau de la **phrase** : les signes de ponctuation intraphrastiques (= dans la phrase), comme la virgule ;
– au niveau du **texte** : les signes de ponctuation interphrastiques (= entre les phrases), comme le point.

▶ Les principaux signes de ponctuation sont :
– les **points** ;
– la **virgule** ;
– **certains signes graphiques** qui permettent la compréhension de l'écrit.

**REMARQUES**

- La ponctuation indique les pauses dans le texte écrit, et en partie les intonations en lecture oralisée.
- Les signes de ponctuation suivent des règles qui sont propres à l'écrit et permettent de structurer un texte.

### 2. Les fonctions de la ponctuation

La ponctuation revêt plusieurs fonctions.

#### 2-1. La fonction syntaxique

Les signes de ponctuation sont **démarcatifs**, ils délimitent des segments à l'intérieur d'un énoncé : ils regroupent ou séparent des éléments de la phrase et ils séparent les phrases.

#### 2-2. La fonction communicationnelle ou énonciative

▶ Les signes de ponctuation ont une fonction communicationnelle ou énonciative : interrogation, exclamation, marques explicites du discours rapporté (guillemets, tirets).

▶ En complément, ils peuvent aussi avoir une fonction prosodique : la ponctuation donne la musique du texte. Fixée à l'écrit « pour les yeux », elle permet l'oralité de l'énoncé, « pour les oreilles ». Elle rythme le texte.

#### 2-3. La fonction sémantique

Il peut y avoir une corrélation directe entre la ponctuation et le sens.

Ex. : Les étudiants, qui ont passé leur examen, quittent l'université. ⟶ La proposition subordonnée relative est **explicative** : l'information donnée concerne tous les étudiants.

Les étudiants qui ont passé leur examen quittent l'université. ⟶ La proposition subordonnée relative est **déterminative** : elle donne une information qui ne concerne que les étudiants qui ont passé leur examen.

**Ponctuation et phrase graphique**

**La majuscule et le point** (point, point d'interrogation, point d'exclamation, points de suspension) **servent à délimiter la phrase graphique.** Celle-ci n'est pas nécessairement une phrase syntaxique mais un choix de l'émetteur de délimiter une section de texte par l'utilisation de ces signes.
(La phrase syntaxique est une unité syntaxique autonome constituée généralement d'un groupe sujet et d'un groupe verbal).

Ex. : Le vent soufflait violemment. → une phrase graphique = une phrase syntaxique

Le vent soufflait violemment et la pluie commençait à tomber. → une phrase graphique = deux phrases syntaxiques

La longueur et la complexité d'une phrase graphique est donc variable selon le choix effectué par l'émetteur et/ou l'auteur. Elle ne contient pas toujours un verbe conjugué.

Ex. : Stop !

## B Les principaux signes de ponctuation et leurs fonctions

### 1. Les points

#### 1-1. Le point

Le point a une **fonction syntaxique** (il indique que le segment qu'il clôt est une phrase) et une **fonction prosodique** (il marque une forte pause).

Ex : Elle partit à toute hâte. → point = pause

#### 1-2. Le point d'interrogation, le point d'exclamation et les points de suspension

▸ Le point d'interrogation, le point d'exclamation et les points de suspension permettent d'exprimer à l'écrit des intonations (interrogative, exclamative, suspensive ou non terminée), des hésitations. Ce sont des signes d'oralité. Leur fonction principale est **énonciative**, même si ce sont aussi des signes démarcatifs.

Ex. : Quoi ? Vous ? Ici ! Non...

▸ Les **points de suspension** ont aussi une **fonction sémantique** dans le sens où ils sont signes d'évocation : ils demandent de compléter le propos.

Ex. : SCAPIN : Monsieur votre fils...
GÉRONTE : Hé bien ! mon fils...
SCAPIN : Est tombé dans une disgrâce la plus étrange du monde.

Molière, *Les Fourberies de Scapin*, 1671.

#### 1-3. Les deux-points

▸ Les deux-points ont :
– une **fonction énonciative** lorsqu'ils introduisent un dialogue ;
– une **fonction sémantique** quand ils introduisent une explication ou quand ils expriment une relation de causalité.

Ex. : Les sommets des Vosges sont arrondis : on les appelle ballons. → explication
Dénoncés par leurs voisins : la police les arrête. → relation de causalité

▸ Typographiquement, les deux-points sont précédés et suivis d'une espace.

## 2. La virgule

▸ La virgule a **deux fonctions syntaxiques** :

• soit **elle relie des éléments de même nature** à la manière d'un coordonnant ;

Ex. : J'aime les gâteaux, le chocolat et la glace.

• soit **elle sépare des éléments de natures différentes** :

– dans les phrases ayant une construction détachée ;

Ex. : Les oiseaux, ils me réveillent le matin.
Tous les jours, il arrive en retard.

– dans le cadre des incises ;

Ex. : Merci, dit-elle, pour ce joli bouquet.

– dans le cas de l'ellipse.

Ex. : Tu aimes le rouge, moi le bleu.

▸ La virgule peut permettre aussi l'économie d'un connecteur. Elle correspond alors à une opération logique.

Ex. : Il pleut, je rentre. → Il pleut alors je rentre.
J'y vais, je n'y vais pas. → J'y vais ou je n'y vais pas.
Il l'adore, elle le déteste. → Il l'adore mais elle le déteste.

## 3. Le point-virgule

▸ Le point-virgule a une **fonction syntaxique**.

▸ Il sépare des phrases juxtaposées et unies par le sens.

Ex. : Les uns couraient par-ci ; les autres fuyaient par-là.

▸ Il sépare des parties d'une phrase contenant elles-mêmes des virgules.

Ex. : Les enfants doivent apporter du beurre, des œufs et du sucre pour la pâte ;
des pommes, de la compote et du sucre glace pour la garniture.

▸ Le point-virgule s'emploie aussi à la fin des différents éléments d'une énumération verticale.

Ex. : Les maçons ont réalisé les travaux suivants :
– la démolition des cloisons ;
– la peinture des pièces ;
– le nettoyage de toute la maison.

## 4. Les guillemets, les parenthèses et les tirets

Les guillemets, les parenthèses et les tirets sont des **signes doubles** qui **introduisent un décrochage énonciatif**.

### 4-1. Les guillemets

Les guillemets annoncent le **discours rapporté**. Ils peuvent aussi signaler un mot spécifique, pour **exprimer de la distance** par rapport à ce qui est dit, avec ironie par exemple.

Ex. : La vitesse de cette voiture, quel « exploit » !

### 4-2. Les parenthèses et les tirets

▸ Les parenthèses et les tirets apportent un complément d'information de façon détachée.

▸ Les parenthèses permettent d'**isoler un élément du texte** considéré comme facultatif, secondaire ou qui se situe à un autre niveau (commentaire, référence biographique…).

## C La typographie

L'usage des claviers a ajouté des significations à l'écrit qui n'existent pas dans l'écriture manuscrite. Les **signes typographiques** marquent visuellement diverses distinctions. On trouve :

– l'*italique* : marque par convention le titre d'un ouvrage, représente également une figure d'insistance ;

– le caractère **gras** : souligne l'importance d'un terme (insistance, titre d'une rubrique) ;

– MAJUSCULES / minuscules : graphiquement, la majuscule marque le début de la phrase. L'emploi des majuscules peut aussi signifier une importance accordée à un mot, un titre que l'on veut mettre en évidence. Dans un mail ou un SMS, écrire un mot entièrement en majuscules équivaut au fait de dire le mot comme s'il était crié ;

– des points de suspension entre crochets **[…]** : marquent un passage tronqué ;

– l'astérisque (*) : il peut indiquer un renvoi spécifique, répété après une initiale d'un nom propre que l'on ne veut pas nommer (Ex. : Monsieur***).

# EXERCICES

→ *Corrigés p. 166*

**1 Analysez la ponctuation dans cet extrait.**

Le comte et M. Carré-Lamadon pleuraient à force de rire. Ils ne pouvaient croire.

« Comment, vous êtes sûr ? Il voulait…

– Je vous dis que je l'ai vu.

– Et elle a refusé…

– Parce que le Prussien était dans la chambre à côté.

– Pas possible ?

– Je vous le jure. »

Le comte étouffait. L'industriel se comprimait le ventre à deux mains. Loiseau continuait :

« Et vous comprenez, ce soir, il ne la trouve pas drôle mais pas du tout. »

Guy de Maupassant, *Boule de Suif*, 1879.

**2 Justifiez l'emploi de l'italique et des guillemets dans cet extrait.**

Il était en train de lire *La Gloire de mon père* quand il entendit un bruit provenant de la cuisine. « Y a quelqu'un ? » s'exclama-t-il.

Personne ne répondit, il poursuivit sa lecture : « Le jeudi et le dimanche, ma tante Rose, qui était la sœur ainée de ma mère, et qui était aussi jolie qu'elle, venait déjeuner à la maison, et me conduisait ensuite, au moyen d'un tramway, jusqu'en ces lieux enchantés. » Il s'interrompit. *Ces lieux enchantés* résonnèrent dans sa tête. De quels lieux parlait-il ?

**3 Étudiez la pertinence de la ponctuation dans cette copie typographiée d'élève de CE2.**

***Consigne :*** *Écris la suite de cette histoire :* Il était une fois un jeune lapin qui s'appelait Lapinou. Il vivait avec ses parents, ses frères et sœurs dans un terrier très profond. Il était très heureux mais il n'avait pas le droit de sortir à cause des chasseurs. Un jour il en eut assez et, pendant que ses parents dormaient, il décida d'aller faire une petite promenade.

*Copie de l'élève typographiée :*

Le lapin sortie faire une promenade est partie très loin et vu un chasseur. Le petit lapin couru dans son terrier, et reveil les parants et dit « papa maman j'ai vu un chasseur dans la foret qui parté et le policier arriva et vu le chasseur qui parté et dit au chasseur « vous avez pas le droit de chasser dans la forêt.

**4 La ponctuation du texte suivant est incorrecte, ce qui rend le texte amusant et incohérent. Recopiez le texte en modifiant la ponctuation pour en faire un texte cohérent.**

Passe à la maison. Avec ta femme dans le frigo, il y a tout ce qu'il faut pour faire un bon gueuleton jusqu'à minuit. On regardera la télé et après, on sortira en boite si on n'est pas là. À votre arrivée, vous trouverez la clé. Chez le voisin, faites comme chez vous, et servez-vous un verre s'il vous embête. Enfermez le chien dans les toilettes avec la femme de ménage. Qui en a peur ? Il y est habitué.

Fiches 23 à 27, p. 142 à 160

# ENTRAINEMENT AU CONCOURS

→ Corrigés p. 167

**1 Précisez la progression de l'information dominante dans ces trois extraits. Justifiez.**

a) Le message fut remis au roi. Le roi prit la lettre et l'ouvrit. Elle ne contenait que quelques lignes rédigées à la hâte.

b) *Un chant qui se soucie aussi peu de [moi-même*
*Que la flamme de l'âtre ou le rideau du vent*
*L'ivresse du buveur, la balle du vivant*
*Un chant qui fait sauter les gonds de mes [poèmes*
*Un chant portant la nuit de l'aigle sur sa proie*
*Un chant d'incendie à l'heure de la grand'messe*
*Derrière lui par les moissons qui rien ne laisse*
*Un chant comme la peste toujours à l'étroit*

Louis Aragon, « Un jour Elsa ces vers », *Elsa* © Éditions Gallimard, 1959.

c) Derrière la maison, au couchant, le jardin se développe plus à l'aise. Une allée, riante de fleurs, devant les espaliers au midi, est abritée contre les vents de mer […] ; une autre allée, le long du mur nord, disparaît sous les branches […].

André Gide, *La Porte étroite* © Mercure de France, 1909.

**2 Écrivez trois courts textes à partir des thèmes suivants : *Juliette*, *Roméo* et *poèmes*.**

**a) le premier contiendra une progression à thème constant (la noter en surlignant) ;**

**b) le deuxième contiendra une progression à thème linéaire (la noter en surlignant) ;**

**c) le troisième contiendra une progression à thèmes dérivés (la noter en surlignant).**

**3 Dans les phrases suivantes, relevez les connecteurs, précisez leur nature et commentez leur emploi.**

a) Ils ne font plus attention au trajet parce qu'ils le connaissent par cœur.

b) Ici, les maisons sont blanches ; là-bas elles sont toutes jaunes.

c) Cette fille est très timide. En revanche, sa sœur n'a pas peur de dire ce qu'elle pense.

d) Ils ont eu très peur ; en effet, le projectile est passé juste au-dessus de leur maison.

e) Nous avions navigué toute la nuit. Soudain, un courant rapide nous emporta.

f) Une tempête fait rage ; par conséquent, je ne sortirai pas ce soir.

g) Tous les hommes sont mortels. Socrate est un homme donc Socrate est mortel.

h) Le monstre arrivait vers nous et notre vitesse se ralentit.

**4 Relevez et classez tous les mots désignant le personnage de Poil de Carotte dans l'extrait.**

Poil de Carotte n'aime pas les amis de la maison. Ils le dérangent, lui prennent son lit et l'obligent à coucher avec sa mère. Or, si le jour il possède tous les défauts, la nuit il a principalement celui de ronfler. Il ronfle exprès, sans aucun doute.

Jules Renard, *Poil de Carotte*, 1902.

**5 a) Dans ce texte, repérez les mots utilisés pour désigner le personnage de Michel Houellebecq.**

**b) Indiquez leur nature et proposez une justification de leur emploi.**

*Dans ce roman, Michel Houellebecq est un des personnages. Ici, il accueille chez lui Jed Martin, le personnage principal, artiste, qui lui demande de rédiger le catalogue de sa prochaine exposition. La discussion s'engage sur la question du sujet en arts plastiques et en littérature.*

Il parlait vite maintenant, allumait cigarette sur cigarette, il donnait l'impression de fumer pour se calmer, pour ralentir le fonctionnement de son cerveau. Jed songea fugitivement que, compte tenu des activités du cabinet, son père avait plutôt été en position d'acheter massivement des climatiseurs ; sans doute l'avait-il fait.

« Ces radiateurs sont en fonte, poursuivit Houellebecq avec animation ; probablement en fonte grise, à taux de carbone élevé, dont la dangerosité a maintes fois été soulignée dans des rapports d'experts. On pourrait considérer comme scandaleux que cette maison récente ait été équipée de radiateurs aussi anciens, de radiateurs au rabais en quelque sorte, et en cas d'accident, par exemple d'une explosion des radiateurs, je pourrais vraisemblablement me retourner contre les constructeurs. Je suppose que, dans un cas de ce genre, la responsabilité de votre père aurait été engagée ?

– Oui, sans aucun doute.

– Voilà un sujet magnifique, foutrement intéressant même, un authentique drame humain ! » s'enthousiasma l'auteur de *Plateforme*. « À priori la fonte ça vous a un petit côté XIXe siècle, aristocratie ouvrière des hauts-fourneaux, absolument désuet en somme, et pourtant on fabrique encore de la fonte, pas en France évidemment, plutôt dans des pays du genre Pologne ou Malaisie. On pourrait très bien, aujourd'hui, retracer dans un roman le parcours du minerai de fer, la fusion réductrice du fer et du coke métallurgique, l'usinage du matériau, la commercialisation enfin – ça pourrait venir en ouverture du livre, comme une généalogie du radiateur.

– Dans tous les cas, il me semble que vous avez besoin de personnages…

– Oui, c'est vrai. Même si mon vrai sujet était les processus industriels, sans personnages je ne pourrais rien faire. […] »

Michel Houellebecq, *La Carte et le Territoire*
© Flammarion, 2010.

**6 Étudiez la ponctuation dans ce texte.**

**RÉFUGIÉS** *(Hist. mod. politiq.)* C'est ainsi que l'on nomme les protestants français que la révocation de l'édit de Nantes a forcés de sortir de France, et de chercher un asile dans les pays étrangers, afin de se soustraire aux persécutions qu'un zèle aveugle et inconsidéré leur faisait éprouver dans leur patrie. Depuis ce temps, la France s'est vue privée d'un grand nombre de citoyens qui ont porté à ses ennemis des arts, des talents, et des ressources dont ils ont souvent usé contre elle. Il n'est point de bon Français qui ne gémisse depuis longtemps de la plaie profonde causée au royaume par la perte de tant de sujets utiles. Cependant, à la honte de notre siècle, il s'est trouvé de nos jours des hommes assez aveugles ou assez impudents pour justifier aux yeux de la politique et de la raison, la plus funeste démarche qu'ait jamais pu entreprendre le conseil d'un souverain. […]

Anonyme, article « Réfugiés »,
l'*Encyclopédie* de Diderot et d'Alembert (1751-1772).

**7 a) Relevez les différentes désignations des villageois dans cet extrait.**

**b) Que nous apprennent-elles sur le regard que porte sur eux le narrateur ?**

Alors apparut jaillissant de chaque rue la marée des femmes, des enfants, des vieillards, se rendant au lieu de rassemblement, suivant un plan concerté. Ils se hâtaient sans hâte, ruisselant littéralement sur les S.S., les paralysant « en toute bonne foi ». Le maçon fut laissé pour mort. Furieuse, la patrouille se fraya un chemin à travers la foule et porta ses pas plus loin. Avec une prudence infinie, maintenant des yeux anxieux et bons regardaient dans ma direction, passaient comme un jet de lampe sur ma fenêtre. Je me découvris à moitié et un sourire se détacha de ma pâleur. Je tenais à ces êtres par mille fils confiants dont pas un ne devait se rompre.

J'ai aimé farouchement mes semblables cette journée-là, bien au-delà du sacrifice.

René Char, « Fragment 128 », *Feuillets d'Hypnos*
© Éditions Gallimard, 1946.

# CORRIGÉS

## FICHE 24 La progression thématique

→ Énoncés p. 146

**1 Construction du texte autour de deux thèmes dérivés :**

• 1re progression à thèmes dérivés
Phrase 1 : **hyperthème** : *industrie*
Phrase 2 : sous-thème 1 : *usines*
Phrase 4 : sous-thème 2 : *agriculteurs*

• Phrase 3 : progression à thème constant (*usines créées* → *elles*) (*quittent leur campagne* → *exode rural*)

• 2e progression à thèmes dérivés
Phrase 5 : **hyperthème** : *exode rural*
Progression à thèmes dérivés :
Phrase 6 : sous-thème 1 : *villages*
Phrase 7 : sous-thème 2 : *école* et *commerces*
Phrase 8 : sous-thème 3 : *maisons*

**2** **a)** Progression à thème constant : reprise du pronom *il*.
**b)** Progression à thème linéaire.
**c)** Progression à thème constant (*les chevaux*).
**d)** Progression à thème linéaire.
**e)** Progression à thème dérivés (ou éclatés) : *sa robe*, *sa crinière*, *ses jambes* sont des éléments qui appartiennent au thème central (*le cheval*).

**3** **a)** Progression à thème constant : toutes les phrases du texte ont le même thème (Jean Valjean).
**b)** Progression à thème linéaire : chaque thème reprend le propos de la phrase précédente ou un de ses éléments.
**c)** Progression à thèmes éclatés : toutes les phrases du texte ont des thèmes différents, mais ces thèmes sont liés entre eux par une idée commune : l'hyperthème (le mobilier).

## FICHE 25 Les procédés de reprise

→ Énoncés p. 151

**1** Tous les ans, à la Chandeleur, les poètes provençaux publient en Avignon **un joyeux petit livre** rempli jusqu'aux bords de beaux vers et de jolis contes. Celui de cette année m'arrive à l'instant et j'y trouve **un adorable fabliau** que je vais essayer de vous traduire en l'abrégeant un peu… Parisiens, tendez vos mannes. C'est de la fine fleur de farine provençale qu'on va vous servir cette fois… **L'abbé Martin** était curé… de Cucugnan. Bon comme le pain, franc comme l'or, il aimait paternellement ses Cucugnanais ; pour lui, son Cucugnan aurait été le Paradis sur terre, si les Cucugnanais lui avaient donné un peu plus de satisfaction. Mais, hélas ! les araignées filaient dans son confessionnal, et, le beau jour de Pâques, les hosties restaient au fond de son saint-ciboire. Le bon prêtre en avait le cœur meurtri…

Alphonse Daudet, « Le Curé de Cucugnan »,
in *Lettres de mon moulin*, 1887.

• ***un joyeux petit livre* → *celui***, pronom démonstratif, reprise pronominale.

**REMARQUE**

Le *y* de *j'y trouve* est un pronom adverbial qui se réfère au groupe pronominal *celui de cette année*.

• ***un adorable fabliau***
⟶ ***que***, pronom relatif, reprise pronominale ;
⟶ ***l***, pronom personnel (représentant), reprise pronominale.

• ***L'abbé Martin*** ⟶ ***le bon prêtre***, périphrase à valeur affective (le narrateur laisse transparaitre le regard bienveillant qu'il porte sur le personnage et le lecteur est amené à adhérer à ce point de vue), reprise nominale.

**REMARQUE**
Le nom *curé* n'est pas une reprise, mais un élément nouveau.

**2** Lorsqu'**il** ne reste plus que les squelettes, **on les** transporte dans la maison, et **j'**ignore combien de temps **on les y** conserve.

Louis-Antoine de Bougainville, *Voyage autour du monde*, 1771.

| | | Rôle dans le texte | Fonction grammaticale |
|---|---|---|---|
| **Pronoms avec antécédent (dits aussi substituts, ou à valeur anaphorique, ou pronoms représentants)** | • ***les*** (deux occurrences de même valeur)<br>• ***y*** | • Pronom personnel, substitut du GN *les squelettes*<br>• Pronom adverbial, substitut du GN prépositionnel *dans la maison* | • COD de *transporte* et COD de *conserve*<br>• Complément circonstanciel de lieu de la proposition *on les conserve* |
| **Pronoms sans antécédent (dits aussi pronoms nominaux)** | ***il*** | Pronom impersonnel, « outil grammatical » qui ne renvoie à aucun référent, utilisé pour introduire le verbe *rester* à la forme impersonnelle. | Sujet de *reste* |
| | ***on*** (deux occurrences de même valeur) | Pronom personnel indéfini, désignant ici un référent non identifiable de façon précise :<br>• *quelqu'un*<br>• *tous* | • Sujet de *transporte*<br>• Sujet de *conserve* |
| | ***j'*** | Pronom personnel de l'interlocution, par lequel le locuteur se désigne. On parle de « déictique » (ou d'embrayeur) car son référent n'est identifiable qu'à partir de la situation de discours où il est employé. | Sujet de *ignore* |

**3** **a) Vrai.**
**b) Faux :** *cette chanson* est une reprise par le déterminant *cette* du titre en entier : *« C'est un fameux navire »*.
**c) Faux :** c'est le contraire, *ceux* est une reprise du mot *livre*.
**d) Vrai.**

**4** **a)** ***ce roman du XVIIIe siècle*** (substitut nominal) : lien de synonymie, le substitut étant alors un hyponyme (on parle d'anaphore infidèle).
**b)** ***elle*** (substitut pronominal, pronom personnel qui respecte le genre et nombre du nom qu'il remplace) : le pronom est en emploi anaphorique.
**c)** ***La maitresse de CM2*** (substitut nominal) : exprime une relation d'inclusion (on parle d'anaphore infidèle).
**d)** ***Le morceau de bois*** (anaphore nominale) : reprise synonymique.
**e)** ***qui*** (substitut pronominal) : pronom relatif, introduit la proposition subordonnée relative expansion du nom (épithète).
**f)** ***La marionnette au nez rouge*** (anaphore nominale) : on parle d'anaphore infidèle due à la reprise du nom propre par un groupe nominal.
**g)** ***Celle-ci*** (anaphore pronominale) : pronom démonstratif qui s'accorde en genre et nombre au nom qu'il remplace (il s'agit de coréférence due à la reprise totale du nom commun par le pronom).

# FICHE 26 Les connecteurs

→ Énoncés p. 155

**1** • Connecteurs temporels :
– ***au moment où*** : locution conjonctive marquant la simultanéité ;
– ***dans le moment*** : cette expression – qui n'est plus usitée – est constituée d'un groupe nominal à valeur adverbiale, dont l'équivalent, aujourd'hui, serait *au même instant*. Elle marque la simultanéité ;
– ***et*** (***et*** *il épousa la Belle*) : conjonction de coordination, marquant la succession des évènements.

• Connecteurs logiques :
– ***mais*** : conjonction de coordination marquant l'opposition ;
– ***et*** (***et*** *je ne vous impose point*) : conjonction de coordination marquant une succession dans les propos que la fée tient aux deux sœurs ;
– ***parce qu'*** : conjonction de subordination, à valeur causale.

**REMARQUE**

On note dans le texte la présence d'autres *et* (conjonctions de coordination), mais ils coordonnent certains compléments entre eux (*votre cœur,* ***et*** *toute la malice* ; *fort longtemps* ***et*** *dans un bonheur parfait*). Comme ils n'articulent pas entre eux deux paragraphes et qu'ils ne relient pas entre elles deux phrases ou deux propositions, ils n'ont donc pas ici, à proprement parler, le rôle que l'on attribue traditionnellement aux connecteurs.

**2**

| | Adverbes / locutions adverbiales | Conjonctions de coordination | Conjonctions de subordination / locutions conjonctives | Valeur sémantique |
|---|---|---|---|---|
| Connecteurs temporels | *à l'origine* | | | commencement |
| | *aujourd'hui* | | | époque actuelle |
| | *enfin* | | | terme d'une énumération |
| Connecteurs logiques | | *mais* | | opposition |
| | | *car* | | cause |
| | | | *même si* | condition |
| | *cependant* | | | concession |
| | *de plus* | | | renchérissement |
| | *également* | | | renchérissement |
| | *en effet* | | | cause |
| | *certes* | | | concession |

**3** • Les connecteurs temporels indiquent la succession des évènements : ***ensuite*** (adverbe), ***et*** (***et*** *elle s'y engagea derrière lui*, conjonction de coordination), ***puis*** (adverbe).

**REMARQUE**

*Et* peut être ici considéré comme connecteur logique, à valeur d'*alors*.

• Les connecteurs spatiaux indiquent la localisation dans l'espace : ***en haut*** (adverbe).

# FICHE 27 La ponctuation

→ Énoncés p. 159

**1** • Fonction syntaxique interphrastique : le point, le point d'interrogation, les points de suspension.

• Fonction syntaxique intraphrastique : la virgule obligatoire dans le cas du complément circonstanciel encadré ***ce soir***.

• Fonction énonciative : les signes spécifiques du discours direct :
– les guillemets (ouverts et fermés en début et en fin de dialogue) et les tirets montrant le changement de locuteur au sein du dialogue ;
– le point d'interrogation ;
– les deux-points (annonce des paroles du personnage) ;
– les points de suspension *(**Et** elle a refusé…)* ont quasiment la valeur d'un point d'interrogation.

**2** • Emploi de l'italique :
– ***La Gloire de mon père :*** est utilisé pour indiquer le titre du roman de Marcel Pagnol (convention éditoriale) ;
– ***Ces lieux enchantés :*** mots tirés de la citation précédente, met l'accent sur l'expression qui fait rêver le narrateur.

• Emploi des guillemets :
– ***« Y a quelqu'un ? » :*** marque le discours direct ;
– ***« Le jeudi et le dimanche, ma tante Rose* [...] *jusqu'en ces lieux enchantés. » :*** délimite la citation issue d'un autre texte (ici, le roman de Marcel Pagnol).

**3** La ponctuation est l'ensemble des signes visuels d'organisation et de présentation accompagnant le texte écrit.
**Pertinence de la ponctuation dans cette copie d'élève de CE2 :**

• D'un point de vue textuel (le texte vu dans son ensemble) :
– il n'y a pas de délimitation de paragraphe, le texte est assez court par ailleurs ;
– il y a un espace anormal entre ***sortie*** et ***faire***.

• Relations entre les phrases : présence d'un point et d'une majuscule entre les deux premières phrases. La dernière phrase se termine par un point mais elle devrait également se terminer par des guillemets.

• Ponctuation interne à la phrase :
– la deuxième phrase est longue : emploi incomplet des marques du dialogue après ***dit*** et après ***chasseur*** (il manque les deux-points) ;
– insertion incorrecte de guillemets après ***chasseur***. Ici, on peut noter un problème de phrases enchâssées ;
– après ***papa maman*** : on attendrait une virgule ou point d'exclamation ;
– la conjonction de coordination ***et*** est employée à de nombreuses reprises et pourrait être remplacée par l'usage de la virgule.
La ponctuation, ici, est en cours d'acquisition : l'emploi de la virgule n'est pas acquis, ainsi que les marques du dialogue.

**4** Passe à la maison avec ta femme**. D**ans le frigo**,** il y a tout ce qu'il faut pour faire un bon gueuleton**. J**usqu'à minuit**,** on regardera la télé**,** et après, on sortira en boite**. S**i on n'est pas là à votre arrivée, vous trouverez la clé chez le voisin**.** Faites comme chez vous, et servez-vous un verre**. S**'il vous embête**,** enfermez le chien dans les toilettes**. A**vec la femme de ménage qui en a peur**,** il y est habitué.

# Entrainement au concours

→ Énoncés p. 161

**1** **a)** Le message fut remis au roi. Le roi prit la lettre et l'ouvrit. Elle ne contenait que quelques lignes rédigées à la hâte.

⟶ La progression est linéaire car le propos de la première phrase devient le thème de la seconde et ainsi de suite.

**b)** La progression dominante (le chant) est à thème constant car le même thème se répète de phrase en phrase.

**c)** Derrière la maison, au couchant, le jardin se développe plus à l'aise. Une allée, riante de fleurs, devant les espaliers au midi, est abritée contre les vents de mer […] ; une autre allée, le long du mur nord, disparaît sous les branches […].

André Gide, *La Porte étroite*
© Mercure de France, 1909.

⟶ La progression est à thèmes dérivés car elle repose sur les sous-thèmes du thème initial (le jardin).

**2** *Proposition de textes possibles :*

**a)** La progression à thème constant : la seconde phrase reprend le thème de la première.

Juliette aime Roméo
Elle lui écrit des poèmes.
Dans sa chambre, elle s'imagine les lui réciter.

⟶ On remarque que l'on a ici deux progressions à thème constant (la seconde est surlignée en vert).

**b)** La progression linéaire : la seconde phrase reprend pour thème le propos de la première ou une partie de ce propos.

Juliette aime Roméo.
Celui-ci lit un recueil de poèmes.
Ils lui ont été envoyés par Juliette.
La jeune fille est éperdument amoureuse.

**c)** La progression à thèmes dérivés : chaque phrase a pour thème une partie du thème de la première phrase.

Le poème de Juliette interpelle Roméo.
Les strophes lui rappellent certaines de ses lectures.
La première raconte leur rencontre.
La seconde suggère leur amour.
La dernière évoque un avenir commun.

**3** **a)** ***Parce qu'*** est une conjonction de subordination qui marque la cause.

**b)** ***Ici*** et ***là-bas*** sont deux adverbes qui organisent le propos en distribuant deux propositions indépendantes juxtaposées. Ils donnent des indications spatiales.

**c)** ***En revanche*** est une locution adverbiale qui marque l'opposition.

**d)** ***En effet*** est une locution adverbiale qui marque la conséquence.

**e)** ***Soudain*** est un connecteur temporel qui organise le discours narratif et marque un élément perturbateur.

**f)** ***Par conséquent*** est une locution adverbiale qui exprime la conséquence.

**g)** ***Donc*** est une conjonction de coordination qui marque la conséquence.

**h)** ***Et*** est une conjonction de coordination qui marque l'ajout et exprime, ici, la conséquence.

**4** *Les mots désignant le personnage de Poil de Carotte sont surlignés :*

Poil de Carotte n'aime pas les amis de la maison. Ils le dérangent, lui prennent son lit et l'obligent à coucher avec sa mère. Or, si le jour il possède tous les défauts, la nuit il a principalement celui de ronfler. Il ronfle exprès, sans aucun doute.

Jules Renard, *Poil de Carotte*, 1902.

Les reprises du nom personnage sont des reprises pronominales. Ce sont tous des pronoms personnels masculin singulier mais d'emploi syntaxique différent :

– pronom sujet : ***il*** (trois occurrences) ;
– pronoms COD : ***le***, ***l'*** (on notera l'élision due à la voyelle initiale du mot suivant) ;
– pronom COI : ***lui***.

**5** **a)** Mots utilisés pour désigner le personnage de Michel Houellebecq : ***il, il, son, son père, Houellebecq, On, je, je, s', l'auteur de Plateforme, On, vous, mon, je.***

**b)** La reprise de l'information est un principe de base de la grammaire textuelle. Pour assurer la cohérence du récit, tout texte fait non seulement progresser l'information par des éléments nouveaux, mais présente des procédés de reprise qui assurent la continuité de l'information déjà donnée : ce sont des mots ou groupes de mots qui désignent les éléments déjà présentés dans le texte. Il existe différents types de substituts (pronom, groupe nominal ou groupe adverbial), selon la nature des mots qui les composent.

• **Les anaphores lexicales : les substituts nominaux**
Ils relèvent de la synonymie : ils permettent d'éviter les répétitions en attribuant une caractéristique au personnage.
– ***Houellebecq*** (*Ces radiateurs sont en fonte, poursuivit* ***Houellebecq*** *avec animation*) **:** reprise par le nom propre, réduit au nom de famille du personnage.
– ***L'auteur de Plateforme*** (*s'enthousiasma* ***l'auteur de Plateforme***) : reprise par le groupe nominal, masculin singulier, donne l'une des qualités du personnage.

• **Les anaphores grammaticales : les substituts pronominaux**
– ***Il*** (deux occurrences : ***il*** *parlait*, ***il*** *donnait*) : pronom personnel, 3e personne du singulier, dans le récit.
– ***Je*** (trois occurrences : ***je*** *pourrais*, ***je*** *suppose*, ***je*** *ne pourrais rien faire*) : pronom personnel, 1re personne du singulier, discours direct.
– ***Vous*** (une occurrence : ***vous*** *avez besoin*) : pronom personnel, 2e personne du pluriel, *vous* de politesse, discours direct.
– ***On*** (deux occurrences : ***on*** *pourrait considérer*, ***on*** *pourrait très bien*) : pronom personnel, 3e personne du singulier. Il est possible de considérer que la valeur du *on* n'est pas générique, mais qu'ici, il prend par énallage la valeur de *je*, d'autant que dans la suite de la phrase c'est le pronom personnel de la 1re personne du singulier qui est employé.
– ***S'*** (une occurrence : ***s'****enthousiasma*) : le pronom réfléchi *s'* du verbe essentiellement pronominal *s'enthousiama* est anaphorique de Houellebecq.

• **Les déterminants**
– ***Son*** (***son*** *cerveau*), ***mon*** (***mon*** *vrai sujet*) : les déterminants possessifs ont une valeur anaphorique. L'emploi du déterminant est déterminé d'une part par la relation d'appartenance, d'autre part par l'opposition récit (***son*** *cerveau*) / discours (***mon*** *vrai sujet*).

**REMARQUE**

Il reste une ambigüité dans l'emploi de ***son père*** : on peut s'interroger sur la valeur anaphorique du déterminant possessif. S'agit-il du père de Michel Houellebecq ou de celui de Jed. Même si la suite du texte évoque le père de Jed (*la responsabilité de votre père aurait été engagée*), l'extrait proposé ne permet pas de répondre avec certitude.

**6** Selon Nina Catach, la ponctuation est « l'ensemble des signes visuels d'organisation et de présentation accompagnant le texte écrit ». Cet extrait contient quatre phrases.

• **Les majuscules :** elles ouvrent les quatre phrases du texte. Les majuscules introduisent également des noms propres : *Nantes*, ***F****rance* (deux occurrences), ***F****rançais*.

• **Les points :** ils terminent chaque phrase (points finaux). On trouve aussi des points abréviatifs qui marquent la coupure à l'intérieur d'une abréviation : *Hist.* (histoire), *mod.* (moderne), *politiq.* (politique).

• **La virgule :**
– elle sépare les propositions : elle est employée avec la coordination *et* pour isoler un groupe de mots *(et de chercher un asile dans les pays étrangers)* qui traduit une conséquence du complément précédent *de sortir* dans la première phrase ; elle a une valeur sémantique : explicative. Il en est de même pour *à la honte de notre siècle*, le groupe de mots est ainsi mis en relief. Dans la deuxième phrase, elle marque le complément circonstanciel *(depuis ce temps)* en tête de phrase ;
– elle sépare des mots : elle marque l'énumération des termes grammaticalement semblables *des arts, des talents*. On remarque que l'emploi de la coordination *et* est marqué par une virgule précédant le dernier terme *(et des ressources)*.

• **Les parenthèses :** elles permettent d'intercaler une information non indispensable, ici pour indiquer la rubrique du dictionnaire, sans lien syntaxique avec le mot précédent.

• **Les caractères gras :** le mot *réfugiés* est en lettres capitales et caractères gras car c'est le titre de l'article. L'emploi du gras et des lettres capitales marque l'importance donnée au mot.

• **L'italique :** habituellement, la police de caractère italique attire l'attention du lecteur, mais ici elle semble plutôt rendre compte de l'usage du dictionnaire qui utilise ce procédé pour marquer l'origine, la rubrique à laquelle appartient l'article (ici redoublé par les parenthèses).

**7 a)** *Relevé des mots utilisés pour désigner les villageois :*

Alors apparut jaillissant de chaque rue la marée des femmes, des enfants, des vieillards, se rendant au lieu de rassemblement, suivant un plan concerté. Ils se hâtaient sans hâte, ruisselant littéralement sur les S.S., les paralysant « en toute bonne foi ». Le maçon fut laissé pour mort. Furieuse, la patrouille se fraya un chemin à travers la foule et porta ses pas plus loin. Avec une prudence infinie, maintenant des yeux anxieux et bons regardaient dans ma direction, passaient comme un jet de lampe sur ma fenêtre. Je me découvris à moitié et un sourire se détacha de ma pâleur. Je tenais à ces êtres par mille fils confiants dont pas un ne devait se rompre.

J'ai aimé farouchement mes semblables cette journée-là, bien au-delà du sacrifice.

René Char, « Fragment 128 », *Feuillets d'Hypnos*
© Éditions Gallimard, 1946.

**REMARQUE**

Il est possible de relever également les pronoms réfléchis (surlignés en vert) qui renvoient aux personnages.

**b)** Ces désignations anaphoriques reprennent le groupe nominal initial *la marée des femmes, des enfants, des vieillards* et donnent des personnages l'idée d'un ensemble uni et anonyme composé d'individus indistincts ; elles traduisent l'humanité et la proximité qui s'installent avec le narrateur :

– ***ils*** est une reprise pronominale anaphorique alors que les autres substituts sont nominaux et traduisent des variations ;

– ***se*** (deux occurrences : ***se** rendant*, ***se** hâtaient*) est un pronom anaphorique réfléchi ;

– ***la foule*** et ***ces êtres*** renvoient aux villageois anonymes, soudainement et secrètement ligués ;

– ***des yeux anxieux et bons*** est une figure de style, c'est un emploi métonymique qui, dans un rapport de la partie au tout, renvoie au premier groupe nominal et insiste sur l'importance du regard, traduisant la nature profonde des alliés qu'ils sont devenus ;

– ***mes semblables*** est cosmme une gradation au bout de laquelle le narrateur tisse des liens avec les villageois, concluant un processus de reconnaissance.

## Notions à mobiliser



# FICHE 28 Les formes de discours et leurs spécificités

Le mot « discours » fait l'objet de multiples acceptions dans l'usage quotidien et en linguistique.

## A Le discours dans le cadre de la grammaire de discours

FICHE 2, P. 21

Dans le sillage des travaux du linguiste Émile Benveniste, on distingue traditionnellement ce qui relève du **discours** de ce qui relève du **récit**, selon que l'énoncé est ancré ou non dans la **situation d'énonciation**.

### 1. Qu'est-ce que l'énonciation ?

▸ L'énonciation renvoie à l'acte par lequel un sujet (dit énonciateur, émetteur, destinateur, locuteur) qui parle ou écrit, produit un message (un énoncé) avec une intention particulière, adressé à quelqu'un (dit destinataire, récepteur, allocutaire).

▸ On distingue deux plans :
– **l'énoncé est ancré dans la situation d'énonciation** avec un locuteur qui s'implique dans son énoncé et la présence d'un destinataire plus ou moins facilement identifiable (**discours**) ;
– **l'énoncé est coupé de la situation d'énonciation** avec un locuteur qui prend ses distances (**récit**).

**VOCABULAIRE**

- Système énonciatif du discours : l'énoncé est ancré dans la situation d'énonciation.
- Système énonciatif du récit : l'énoncé est coupé de la situation d'énonciation.

### 2. Quand l'énoncé est ancré dans la situation d'énonciation : le discours

▸ Plusieurs éléments caractérisent les énoncés ancrés dans la situation d'énonciation (discours) :
– des marques temporelles (ex. : aujourd'hui...) ;

– des marques spatiales (ex. : ici, là-bas...) ;
– des marques personnelles de l'énonciation (mots appelés « déictiques ») : 1re et 2e personnes du singulier et du pluriel… ;
– un système de temps qui permet de situer les faits par rapport au présent du locuteur (présent d'énonciation, passé composé et futur).

▶ L'énonciation de discours se rencontre à l'oral et dans des types et genres d'écrit où un locuteur s'adresse directement à un destinataire (dialogues, répliques de théâtre, lettres, textes autobiographiques, par exemple.).

**REMARQUE**

On utilise le terme de « déictiques » (du grec *deixis* qui désigne « l'action de montrer ») pour désigner les mots qui renvoient à des éléments ancrés dans la situation d'énonciation. On ne peut les interpréter que dans la situation dans laquelle ils sont énoncés.
Ex. : **Le mois dernier, j'ai** vu dans **ce** quartier l'acteur dont **tu m'**as parlé.

### 3. Quand l'énoncé est coupé de la situation d'énonciation : le récit

▶ Dans l'énonciation de récit :
– les déictiques sont absents (marques de personne : 3e personne) ;
– les indicateurs de temps et de lieu s'insèrent dans un réseau de références internes au texte, coupées de la situation d'énonciation ;
– les temps verbaux sont ceux du récit ou de la narration (passé simple, imparfait, présent de narration) ou des présents de vérité générale ou historique.

▶ L'énonciation de récit se trouve dans les récits (romans, nouvelles, fables, contes, etc.) et dans les textes théoriques, scientifiques, informatifs, explicatifs. Tous les énoncés ne sont donc pas dépendants de la situation dans laquelle ils ont été produits.
Ex. : Il y a très longtemps, vivait dans l'ancienne Angleterre, une reine qui avait trois fils.

**REMARQUE**

Les énoncés peuvent appartenir à l'un des deux systèmes distincts. Cependant, il est rare qu'un texte soit ancré ou coupé de la situation d'énonciation du début à la fin (par exemple, on peut trouver dans un récit des paroles rapportées au discours direct qui comporte des traces de la situation d'énonciation).

## B Les caractéristiques des différentes formes de discours

Le terme de « discours » est aussi utilisé pour caractériser des **types de textes** ayant une fonction, une visée particulière : raconter, convaincre, décrire, expliquer… Ils sont à lier aux conduites discursives à l'oral. Chacun de ces textes a une structure type.

▶ **Le discours narratif**
Raconter, c'est produire un discours centré sur un déroulement chronologique finalisé avec :
– un début ;
– des évènements qui s'enchainent selon un ordre chronologique et causal ;
– une fin.

**▸ Le discours descriptif**

Décrire, c'est produire un discours dont les éléments ne sont pas arrangés selon un ordre causal, mais cependant hiérarchisés. Le lexique joue un rôle important.

**▸ Le discours injonctif**

Le but du discours injonctif (ou prescriptif) est de faire exécuter une tâche. L'organisation du propos est dictée par la logique des actions à accomplir.

**▸ Le discours argumentatif**

Le but du discours argumentatif est de remplacer chez son interlocuteur une croyance par une autre croyance.

**▸ Le discours justificatif**

Le but de ce discours est de répondre à la question : pourquoi affirmer cela ? On justifie donc ses propos, tandis qu'on explique des faits.

**▸ Le discours explicatif**

Le but de ce discours est de faire comprendre quelque chose à quelqu'un, de montrer les liens de cause à effet qui relient les faits entre eux. Expliquer, c'est répondre aux questions : pourquoi ? comment ?

**REMARQUE**

Le discours explicatif est une notion controversée. Il suppose une situation inégale : l'énonciateur sait ou/et son interlocuteur ne sait pas ou est supposé ne pas savoir. Certains ne le considèrent pas comme un discours spécifique.

## C Résumé

| | Visée du locuteur | Caractéristiques lexicales | Temps majoritairement employés |
|---|---|---|---|
| **Discours narratif** | Rapporter les actions, les évènements, les souvenirs. | • Verbes d'action<br>• Connecteurs spatiaux et temporels | • Passé simple / imparfait<br>• Présent de narration, présent de récit |
| **Discours descriptif** | Évoquer précisément un objet, le physique d'un personnage, un paysage. | • Connecteurs spatiaux<br>• Champs lexicaux | • Présent<br>• Imparfait |
| **Discours injonctif** | Ordonner, conseiller. | Fréquence des verbes d'action | • Impératif présent<br>• Futur de l'indicatif<br>• Mode subjonctif<br>• Infinitif présent |
| **Discours argumentatif** | Persuader, convaincre. | • Connecteurs logiques<br>• Pronoms personnels nominaux | • Présent |
| **Discours justificatif** | Expliquer des faits, justifier son propos. | • Connecteurs logiques | • Passé composé / imparfait<br>• Présent<br>• Futur |
| **Discours explicatif** | Faire comprendre un processus, un phénomène, un fait. | • Connecteurs logiques<br>• Éventuellement, vocabulaire technique, spécialisé | • Présent (de vérité générale) |

## D Discours direct, discours indirect, discours indirect libre

FICHE 30, P. 177

Lorsqu'un locuteur rapporte des paroles, il insère dans ses propos un discours qui a été formulé par une autre personne, ou dans une situation de communication autre que celle dans laquelle il se trouve. Un propos peut être rapporté au discours direct, au discours indirect ou au discours indirect libre.

## EXERCICE

→ Corrigé p.191

**Quelle forme de discours prédomine dans le texte suivant ? Repérez les indices qui permettent de justifier votre réponse.**

Dans les pays nordiques, bon nombre d'habitations sont construites en bois, d'une part parce que le bois de sapin est un matériau très fréquent au nord de l'Europe ; d'autre part, parce que le bois constitue en soi un excellent isolant. D'une manière générale, dans les pays froids, tout est fait pour préserver l'énergie et développer des moyens de chauffage qui soient à la fois économiques et respectueux de l'environnement.

# FICHE 29 Les pronoms nominaux

Parmi les pronoms personnels, certains jouent un rôle particulier car **ils ne prennent sens qu'en relation avec la situation d'énonciation dans laquelle ils sont employés** (pronoms nominaux déictiques), tandis que d'autres n'en sont pas dépendants (pronoms anaphoriques ou représentants qui reprennent un référent connu).

Ex. : **Je t'**adresse cette lettre, à **toi** mon cher ami.
**Chacun** sait que l'isolement est source d'ennui. Or, **tout** dans le village semble assoupi depuis que **je** suis arrivé…
⟶ pronoms nominaux

## A Définition et types de pronoms

▸ Étymologiquement, ***pronom*** signifie « à la place du nom » car il vient des mots latins *pro* et *nomen* (préfixe *pro*, « à la place de » + *nomen*, « nom »).

▸ On distingue deux sortes de pronoms : les pronoms anaphoriques (ou représentants) et les pronoms nominaux (déictiques).

### 1. Les pronoms anaphoriques (ou représentants)

FICHE 7, P. 41

Les pronoms anaphoriques (ou représentants) reprennent un élément (le référent connu) évoqué dans le contexte énonciatif.

Ex. : Pierre n'avait pas de stylo (référent). Je lui ai prêté le mien (pronom).

Mon voisin a adopté un chat (référent). Ce dernier (pronom) est boulimique.

### 2. Les pronoms nominaux (déictiques)

Les pronoms nominaux désignent directement des personnes, des animaux, des objets. Ces pronoms du discours sont déictiques. Ils ne prennent leur sens qu'en fonction de la situation d'énonciation dans laquelle ils sont employés : ils n'ont de sens que par rapport à la personne qui parle et désignent les personnes de l'interlocution. Ils ne représentent pas certains éléments présents dans le contexte, contrairement aux pronoms anaphoriques ou représentants.

Ex. : **Quelqu'un** a appelé la police. **Je** ne veux plus que **tu t'**inquiètes.

**ATTENTION**

La forme du pronom ne permet pas, à elle seule, de le classer comme nominal ou anaphorique.

Ex. : **Chacun** pour soi. ⟶ pronom nominal

Une colonne d'hommes en armes est arrivée et **chacun** portait un bouclier. ⟶ pronom anaphorique / représentant (reprend *hommes*)

### 3. Pour mieux comprendre

| Situation de communication (ici et maintenant ou *hic et nunc*) | Contexte linguistique |
|---|---|
| ↓ | ↓ |
| Pronoms nominaux déictiques | Pronoms anaphoriques ou représentants |
| ↓ | ↓ |
| Ils renvoient à un élément situationnel : *je*, *tu*, *personne*, *rien*… | Ils renvoient à un élément du contexte : *il*, *elle*... |

## B Caractéristiques formelles et sémantiques des pronoms nominaux

Il s'agit des pronoms personnels des 1re et 2e personnes du singulier (***je***, ***tu***) et du pluriel (***nous***, ***vous***) auxquels on peut ajouter ***on*** et des **pronoms indéfinis**.

▸ Les pronoms des 1re et 2e personnes du singulier voient leur forme changer selon la fonction qu'ils occupent dans la phrase et leur proximité ou non avec le verbe :
– 1re personne du singulier : sujet → ***je*** / complément → ***me***, ***m'***, ***moi*** ;
– 2e personne du singulier : sujet → ***tu*** / complément → ***te***, ***t'***, ***toi***.

Ex. : **Je t'**adresse cette lettre, à **toi** mon cher ami.

**REMARQUE**

On distingue les formes conjointes car proches du verbe (ex. : Je t'écris cette lettre.) des formes disjointes, éloignées du verbe (ex. : Je le dis à **toi** qui es son ami.).

▸ Les pronoms des 1re et 2e personnes du pluriel ne changent pas de forme selon leur fonction.

Ex. : Nous vous accompagnerons.

**REMARQUE**

Les pronoms personnels ne marquent pas le genre, ce qui peut créer une difficulté.

▸ On peut ajouter à ces pronoms *on*, pronom personnel indéfini ayant souvent la valeur de *nous*.

Ex. : Nous, **on** attend dehors !

▸ Des **pronoms indéfinis** peuvent être nominaux.

Ex. : **Tout** dans le village semble assoupi. → La référence de ce *tout* n'est pas explicite, il est donc nominal (il fait office de nom).

**Chacun** sait que l'isolement est source d'ennui.

**Chacun** pour soi, Dieu pour tous.

## EXERCICES

→ Corrigés p. 191

**1 Dans le texte suivant, étudiez comment les différents pronoms désignent chaque interlocuteur. Donnez leur nature et leur fonction.**

*Le jeune Hoffmann n'ose avouer au vieux musicien Gottlieb qu'il aime sa fille…*

– Es-tu devenu muet ? demanda le vieillard ; peste ! ce serait malheureux ; un gaillard qui en découd comme toi lorsque tu t'y mets ne peut pas perdre la parole comme cela, à moins que ce ne soit par punition d'en avoir abusé !

– Non, maître Gottlieb, non, je n'ai point perdu la parole, Dieu merci ! Seulement, ce que j'ai à vous dire…

– Eh bien ?

– Eh bien !… semble chose difficile.

– Bah ! est-ce donc bien difficile que de dire : maître Gottlieb, j'aime votre fille ?

– Vous savez cela, maître Gottlieb !

Alexandre Dumas, *La Femme au collier de velours*, 1850.

**2 Relevez et analysez les pronoms personnels du passage suivant.**

La forme du conte est précisément celle où la disposition mentale considérée se produit avec ses deux effets : la forme où le tragique est en même temps posé et aboli. On le voit déjà dans l'agencement des incidents et des données. Le conte choisit avec prédilection les états et les incidents qui contredisent à notre sentiment de l'événement juste.

André Jolles, *Formes simples* (1930) © Seuil, 1972.

**3 Relevez les pronoms déictiques de ce texte.**

– Loup, disait Marinette, quand viendra le printemps, tu nous emmèneras dans les bois, loin, là où il y a toutes sortes de bêtes. Avec toi, on n'aura pas peur.

– Au printemps, mes mignonnes, vous n'aurez rien à craindre dans les bois. D'ici là, j'aurai si bien prêché les compagnons de la forêt que les plus hargneux seront devenus doux comme des filles. Tenez, pas plus tard qu'avant-hier, j'ai rencontré le renard qui venait de saigner tout un poulailler.

Marcel Aymé, *Les Contes du chat perché* © Éditions Gallimard, 1963.

# FICHE 30 Les propos rapportés

Lorsqu'un locuteur rapporte des paroles, il insère dans ses propos un discours qui a été formulé par une autre personne, ou lors d'une situation de communication autre que celle dans laquelle il se trouve. Dans le cadre de la grammaire de discours, on étudie sous le terme de « discours rapporté » les différentes modalités d'intégration d'un discours extérieur dans un premier discours et les changements d'énonciation qui s'opèrent alors. Un propos peut être rapporté au **discours direct**, **indirect** ou **indirect libre**.

Ex. : La vieille prit la parole : « C'est terrible ! Jamais nous ne reverrons un voisin aussi sympathique ! » ⟶ discours direct

La vieille déclara que c'était terrible et que jamais ils ne reverraient un voisin aussi sympathique. ⟶ discours indirect

La vieille prit la parole. C'était terrible ! Jamais ils ne reverraient un voisin aussi sympathique ! ⟶ discours indirect libre

## A Le discours direct

▸ Au discours direct, les propos des personnages sont **exactement restitués**, selon leur registre de langue. Les personnes de la conjugaison, les temps verbaux, les connecteurs spatiaux et temporels ne subissent aucune modification par rapport à leur situation d'énonciation d'origine. Des **signes typographiques** sont garants de la fidélité de cette retranscription.

▸ Les marques de discours direct sont :

– l'emploi d'une ponctuation forte : deux-points, tirets (en principe au deuxième tour de parole sauf dans les romans modernes), guillemets (sauf romans modernes) et retour à la ligne ;

Ex. : Il s'avança vers moi :

« Qui t'a dit qu'on t'avait puni ?

– C'est écrit. »

Marcel Pagnol, *La Gloire de mon père*, Éditions de Fallois, 1957.

– la présence (non systématique) d'un verbe de parole (*dire*, *répondre*…) qui peut être sous forme de proposition incise avec inversion du sujet ;

Ex. : Allez-vous-en, dit-elle, vous êtes en retard.

– l'emploi des pronoms personnels des premières et deuxièmes personnes ;

– les temps du discours (présent, impératif, futur, passé composé…) ;

– la présence de déictiques : connecteurs de temps et de lieu liés à la situation d'énonciation.

FICHE 2, P. 21

Ex. : Mais moi, qui ne suis point menteur, je dis que c'était loin comme d'ici en Guinée… hé cric !

Joseph Zobel, *La Rue Cases-Nègres*, Éditions Présence africaine, 1950.

▸ La lecture à voix haute des propos rapportés au style direct est expressive et tente de donner aux phrases le même ton que celui employé par le locuteur d'origine.

## B Le discours indirect

▸ Au discours indirect, les propos sont rapportés **de manière indirecte**, sans les citer directement. Les paroles rapportées sont donc **intégrées à la narration**.

▸ Les marques de discours indirect sont :

– la présence le plus souvent d'un verbe de parole (*dire*, *répondre*…) suivi d'une proposition subordonnée ou d'un infinitif ;

Ex. : Il dit qu'il est content de ce travail.
Elle lui demande d'imprimer le document.

– les pronoms des troisièmes personnes.

**REMARQUE**

Dans le discours indirect, il y a une **concordance des temps** entre le temps du verbe de la principale et celui de la subordonnée (principale au présent, subordonnée au présent, etc.).
Ex. : Je sais qu'il est content. / Je savais qu'il était content.

▸ La transposition du discours direct en discours indirect entraine des modifications :

– les **temps** : si la narration se fait au passé, les verbes qui étaient conjugués au présent sont transposés à l'imparfait, ceux au futur au conditionnel présent ;

Ex. : Paul s'exclama : « Ce n'est pas juste ! » ⟶ Paul s'exclama que ce n'était pas juste.
Paul s'exclamera : « Ce n'est pas juste ! » ⟶ Paul s'exclamera que ce ne serait pas juste.

– les **connecteurs temporels** : *aujourd'hui* devient *ce jour-là*, *demain* devient *le lendemain*, *hier* devient *la veille*…

Ex. : « Je veux lire ce livre aujourd'hui ! » ⟶ Il voulait lire ce livre ce jour-là.

– les **phrases interrogatives ou exclamatives**, en étant insérées dans une phrase déclarative, perdent leurs marques spécifiques (ponctuation) ;

Ex. : La vieille déclara : « C'est terrible ! Jamais nous ne reverrons un voisin aussi sympathique ! » ⟶ La vieille déclara que c'était terrible et que jamais ils ne reverraient un voisin aussi sympathique.

– les **pronoms** et les **déterminants** : les pronoms personnels et les déterminants du discours direct, ancrés dans la situation d'énonciation, sont modifiés au profit de pronoms personnels et de déterminants coupés de la situation d'énonciation.

Ex. : « Enlève ton manteau. » ⟶ Elle lui proposa d'enlever son manteau.
« Je ne peux m'en souvenir. » ⟶ Elle ne pouvait s'en souvenir.

## C Le discours indirect libre

▸ Le discours indirect libre est une **forme mixte** qui conserve la souplesse du discours direct mais procède à des transpositions de temps et de personnes, comme dans le discours indirect. Les modifications que subissent les propos rapportés au discours indirect sont présentes au discours indirect libre, sans qu'il y ait pour autant de subordination. Les phrases gardent leur **modalité d'origine** (interrogative, exclamative). Lus à voix haute, les propos rapportés gardent l'**expressivité** que leur donnait le locuteur d'origine.

▸ Les marques du discours indirect libre sont :

– des **propositions indépendantes**, incluant, le plus souvent, des **verbes de parole** ;

Ex. : Puis, n'était-ce pas là une excellente publicité ? un homme capable de mettre beaucoup d'argent à une femme, n'a-t-il pas dès lors une fortune cotée ?
Émile Zola, *L'Argent*, 1891.

– une **ponctuation forte** ;

Ex. : Comment ! La réflexion serait défendue à l'ouvrier ! Eh !
Émile Zola, *Germinal*, 1885.

– des **déictiques** ;

Ex. : Justement, les choses changeraient bientôt parce que l'ouvrier réfléchissait à cette heure.
Émile Zola, *Germinal*, 1885.

– des **pronoms à la troisième personne**, le plus souvent.

Ex. : Le mineur [...] germait dans la terre ainsi qu'une vraie graine [...] : oui, il pousserait des hommes.
Émile Zola, *Germinal*, 1885.

▶ L'impression ressentie est d'entendre à la fois le personnage et le narrateur.

Ex. : La vieille prit la parole. C'était terrible ! Jamais ils ne reverraient un voisin aussi sympathique !

**ATTENTION**

Les transpositions discours direct / discours indirect / discours indirect libre peuvent entrainer de nombreux changements : types de phrases, propositions, modes et temps des verbes, connecteurs, pronoms, déterminants, ponctuation.

**Terminologie**

On utilise le plus souvent la terminologie discours direct, discours indirect et discours indirect libre. On parle également de style direct, style indirect, style indirect libre.

## D Résumé

| | Les principales marques du discours | | |
|---|---|---|---|
| | **Discours direct** | **Discours indirect** | **Discours indirect libre** |
| | Ex. : La vieille prit la parole : « C'est terrible ! Jamais nous ne reverrons un voisin aussi sympathique ! » | Ex. : La vieille déclara que c'était terrible et que jamais ils ne reverraient un voisin aussi sympathique. | Ex. : La vieille prit la parole. C'était terrible ! Jamais ils ne reverraient un voisin aussi sympathique ! |
| **Marques du décalage énonciatif** | • Ponctuation (deux-points, tirets, guillemets)<br>• Verbes de parole<br>• Proposition incise<br>• 1res et 2es personnes<br>• Temps du discours (présent, futur, passé composé) | • Verbes de parole suivis d'une proposition subordonnée ou d'un verbe à l'infinitif (phrases complexes)<br>• 3es personnes | • Propositions indépendantes<br>• Verbes de parole<br>• Ponctuation forte<br>• Déictiques<br>• Temps du récit<br>• 3es personnes |
| **Caractéristiques** | Discours indépendant, caractéristiques de l'oral : dialogue, répliques théâtrales | Non-autonomie du discours : paroles intégrées | • Points de vue mêlés du personnage et du narrateur<br>• Récit littéraire |

# EXERCICES

→ Corrigés p. 192

**1 Dans le texte suivant, repérez deux formes de discours rapportés différentes. Citez les indices qui vous ont permis de les identifier.**

Chez les marchands de vin, des pochards s'installaient déjà, gueulant et gesticulant. Et un bruit du tonnerre de Dieu montait, des voix glapissantes, des voix grasses, au milieu du continuel roulement des pieds sur le trottoir. « Dis donc ! viens-tu becqueter ?… Arrive, clampin ! je paie un canon de la bouteille… Tiens ! v'là Pauline ! ah bien ! non, on va rien se tordre ! » Les portes battaient, lâchant des odeurs de vin et des bouffées de cornet à pistons. On faisait la queue devant l'Assommoir du père Colombe, allumé comme une cathédrale pour une grand-messe ; et, nom de Dieu ! on aurait dit une vraie cérémonie, car les bons zigs chantaient là-dedans avec des mines de chantres au lutrin, les joues enflées, le bedon arrondi. On célébrait la sainte-touche, quoi ! une sainte bien aimable, qui doit tenir la caisse au Paradis.

Émile Zola, *L'Assommoir*, 1876.

**2 Dans le passage suivant, relevez tous les procédés permettant de rapporter le discours des personnages.**

J'oubliais la déposition d'un domestique qui le dernier avait vu M. Alphonse vivant. C'était au moment qu'il allait monter chez sa femme, et, appelant cet homme, il lui demanda d'un air d'inquiétude s'il savait où j'étais. Le domestique répondit qu'il ne m'avait point vu. Alors M. Alphonse fit un soupir et resta plus d'une minute sans parler, puis il dit : « Allons ! le diable l'aura emporté aussi ! ».

Je demandai à cet homme si M. Alphonse avait sa bague de diamants lorsqu'il lui parla. Le domestique hésita pour répondre ; enfin il dit qu'il ne le croyait pas, qu'il n'y avait fait au reste aucune attention. « S'il avait eu cette bague au doigt, ajouta-t-il en se reprenant, je l'aurais sans doute remarquée car je croyais qu'il l'avait donnée à Mme Alphonse. »

Prosper Mérimée, *La Vénus d'Ille*, 1837.

**3 Transposez la phrase suivante au discours indirect et précisez les transformations que vous avez opérées.**

Par la suite, le portier nous avoua : « Pendant tout le trajet, ma femme m'a raconté son histoire et a exprimé sa terreur de me donner une nouvelle fille. »

**4 Passez le texte au discours indirect, puis au discours indirect libre.**

Pierre répondit :

« Mais ce n'est pas juste ; moi aussi je veux jouer au ballon cet après-midi !

– Tu pourras jouer après tes devoirs », lui rétorqua mon père.

# FICHE 31 Les valeurs des modes et des temps verbaux

• Si le temps d'un verbe exprime une temporalité (passé / présent / futur), il peut également donner des indications sur la valeur accordée à l'action exprimée par le verbe : c'est **l'aspect**, la valeur aspectuelle.

Ex. : Choisis un livre qui te plait. / Choisis un livre qui te plaise.
Tais-toi ! / Tu te tais maintenant !
} Les verbes de ces couples de phrases n'ont pas la même valeur.

• La question de la **valeur (de l'emploi) des temps verbaux** est très délicate car elle demande :
– d'articuler plusieurs caractéristiques du verbe, en particulier l'époque, la phase, la vision du procès (de ce qui se passe, que le verbe soit d'action ou d'état), et l'opposition récit / discours ;
– d'aller au-delà du segment étudié car une valeur peut s'actualiser (se traduire en acte) non pas dans le cadre d'une phrase, mais dans le cadre d'un texte.
• Les temps sont regroupés au sein de grandes catégories : **les modes**.

FICHE 28, P. 170

## A Les modes

Même s'il convient de ne pas généraliser, il est possible de dire que les différents modes renvoient à des valeurs différentes.

### 1. L'indicatif

Il présente en général l'action comme **réelle**. La réalisation du procès a eu lieu, a lieu ou aura lieu.

FICHE 8, P. 48

Ex. : J'ai terminé de lire ce livre. Tu cours un risque. Son père viendra me chercher.

### 2. Le cas du conditionnel

▸ Les programmes donnent au conditionnel une valeur modale. Le conditionnel peut être effectivement considéré comme un mode lorsqu'il exprime l'**irréel** (du présent ou du passé) : action éventuelle, susceptible de se réaliser. L'action exprimée par le verbe est alors soumise à condition.

Ex. : Il viendrait s'il le pouvait.

▸ Bien que présenté par les programmes actuels comme un mode, le conditionnel peut être analysé dans certains de ses emplois par les linguistes comme un temps appartenant au mode indicatif. Il peut en effet avoir une valeur temporelle de futur dans le passé.

Ex. : Il pensait qu'il viendrait. ⟶ Dans ce cas, le mode est l'indicatif.

### 3. Le subjonctif

▸ Dans le cas du subjonctif, l'événement est présenté comme éventuel, possible mais incertain. On parle de l'**expression d'un souhait**.

Ex. : Je cherche une maison qui ait les volets verts. ⟶ L'emploi du subjonctif (*une maison qui ait*) montre l'incertitude (je ne sais pas si cette maison existe). L'emploi de l'indicatif ne produirait pas le même effet : *Je cherche une maison qui a les volets verts.* Dans cette dernière phrase, l'indicatif renvoie à une action certaine (je sais que cette maison existe).

▸ Le subjonctif se rencontre souvent après un **verbe de volonté ou de sentiment** : *vouloir, désirer, craindre*… Avec ces verbes, l'utilisation du subjonctif est contrainte.

Ex. : Je **veux** que tu viennes me voir.

De même, ce mode est contraint dans les **propositions subordonnées introduites par *que***.

Ex. : Il désire **que** je sorte. Je regrette **qu'**il soit venu.

▸ Le subjonctif est donc essentiellement employé dans :

– les propositions principales et indépendantes pour marquer l'ordre, le souhait ou l'indignation ;

Ex. : Que tout le monde applaudisse !

– les subordonnées complétives après un verbe ou un nom exprimant une volonté, un sentiment, une possibilité, une nécessité ou un doute (*il craint que*, *il veut que*, *il faut que*…) ;

Ex. : **Je crains qu'**il soit indisponible.

– les subordonnées de temps introduites par *avant que* et *jusqu'à ce que* ;

Ex. : Il faut rentrer la voiture, **avant qu'**il ne fasse nuit.

– les subordonnées de concession (introduites par *quoique*, *bien que*…) ;

Ex. : **Bien qu'**il ne soit pas d'accord, il a accepté la décision.

– les subordonnées de but (introduites par *afin que*, *pour que*…) ;

Ex. : J'ai mis le linge au soleil **afin qu'**il sèche.

– les subordonnées qui expriment la cause rejetée (introduites par *non que*…).

Ex. : **Non que** je veuille t'obliger à quoi que ce soit, mais j'aurais grand plaisir à te recevoir.

## 4. L'impératif

L'impératif permet généralement d'exprimer un **ordre** ou un **conseil**.

Ex. : Éteins la lumière s'il te plait.

## 5. L'infinitif

Dans le cas de l'infinitif, le procès exprimé par le verbe n'est pas encore actualisé dans une situation de communication, il n'est pas « en marche » mais « virtuel », en quelque sorte.

Ex. : Je voulais arrêter de fumer.

## 6. Le participe

Enfin, le mode participe indique quant à lui une **action accomplie** ou **en train de s'accomplir**.

Ex. : En limant ses ongles, elle s'aperçut que l'un d'entre eux était cassé.

action en train de s'accomplir — action accomplie

## B Les temps

FICHE 41, P. 254

▶ On distingue les **temps simples** et les **temps composés** : à chaque temps simple correspond un temps composé, construit à l'aide d'un auxiliaire (conjugué au temps simple correspondant) suivi du participe passé.

Ex. : il rêvait (imparfait, temps simple) ⟶ il avait rêvé (plus-que-parfait, temps composé = auxiliaire à l'imparfait + participe passé du verbe conjugué)

il viendra (futur, temps simple) ⟶ il sera venu (futur antérieur, temps composé = auxiliaire au futur + participe passé du verbe conjugué)

▶ Regardons les exemples suivants :

| | | |
|---|---|---|
| Il annonce que le train est passé. | Il annonçait que le train était passé. | Il annoncera que le train sera passé. |
| Il annonce que le train passe. | Il annonçait que le train passait. | Il annoncera que le train passera. |
| Il annonce que le train va passer. | Il annonçait que le train allait passer. | Il annoncera que le train sera sur le point de passer. |

On constate que quel que soit l'ancrage temporel (présent / passé / futur), on peut considérer le procès de trois manières :

– **aspect accompli** : traduit par un **temps composé** ;

– **aspect non accompli :** traduit par un **temps simple** (ex. : Je mange des pâtes. ⟶ en cours d'accomplissement) ;

– **aspect presque accompli** : traduit par une **périphrase**.

On peut donc conclure que le déroulement d'une action peut s'actualiser selon les trois valeurs citées ci-dessus, qui correspondent aux phases du procès.

### 1. La vision du procès

Lorsqu'on lit un texte, on peut avoir l'impression que les actions sont présentées dans leur globalité, comme des entités closes, ou bien que les actions semblent avoir commencé dans un temps passé et pouvoir se poursuivre.

Ex. : Pendant dix ans, il écrivit son livre ⟶ Le procès est limité, borné (arrivé à terme).

Il écrivait encore en 2016. ⟶ Nous savons certes qu'il écrivait en 2016, mais nous comprenons qu'il s'agit d'un morceau temporel qui possède un avant et un après : le procès n'est pas limité, non borné, ne nous donne pas l'impression de complétude de l'action.

Ces deux manières d'analyser la valeur d'un temps verbal s'appellent la **vision du procès**. On oppose une **vision globale**, **bornée**, marquée par le **passé simple**, et une **vision sécante** (découpage d'une durée), **non bornée**, marquée par l'**imparfait**.

Ces deux valeurs sont très présentes dans les textes narratifs car elles permettent la mise en relief du récit par une articulation du premier plan (passé simple) et de l'arrière-plan (imparfait).

### 2. L'opposition récit / discours

Le présent, le futur, le passé composé sont utilisés plutôt dans les messages ancrés dans la situation d'énonciation (système du discours). À l'inverse, le passé simple et le passé antérieur sont plutôt utilisés dans des messages coupés de la situation d'énonciation (système de récit).

# C Les principales valeurs des temps de l'indicatif[1]

## 1. Les valeurs des temps composés

Les temps composés indiquent qu'une action est accomplie (valeur aspectuelle) et/ou qu'elle est antérieure à une autre action exprimée avec une forme simple (valeur temporelle).

Ex. : Quand il eut fini son travail, il sortit se promener. → L'action est accomplie et antérieure à celle de « sortir ».
temps composé (passé antérieur)

## 2. Les valeurs des temps simples

Chaque temps a plusieurs emplois qu'on peut classer selon trois valeurs : la **valeur de base**, la **valeur stylistique** (emploi littéraire) et la **valeur modale** (caractérise l'attitude de celui qui parle, l'énonciateur, à l'égard de son énoncé).

### 2-1. Le présent

Le présent envisage le procès dans son déroulement sans en considérer précisément les limites de début et de fin.

▸ Valeurs de base :

– le **présent d'énonciation** : utilisé pour les événements qui se produisent en même temps que l'acte d'énonciation lui-même (c'est vrai au moment où l'on parle donc pas tout le temps, contrairement au présent de vérité générale) ;

Ex. : Je pense que tu fais bien.

– le **présent d'habitude** ;

Ex. : Quand il fait beau, les randonneurs empruntent ce sentier.

– le **présent de vérité générale** (lois scientifiques, proverbes…).

Ex. : L'eau bout à cent degrés.

▸ Valeurs stylistiques :

– le **présent de narration** : pour raconter quelque chose, là où on utiliserait plutôt le passé simple. Dans un texte au passé, le verbe au présent de narration est ainsi mis en valeur ;

Ex. : Il faisait nuit. Martin lisait tranquillement son journal. Soudain, on sonne à la porte.

– le **présent de récit** : lorsque tout un roman ou tout un récit est écrit au présent.

**REMARQUE**

D'autres terminologies existent : présent omnitemporel (d'habitude), présent gnomique (de vérité générale), présent historique (de narration).

▸ Valeurs modales :

– **dans le système hypothétique** après la conjonction *si* ;

Ex. : Si je suis en retard, vous prendrez la clé chez le voisin.

---

1. Cette notion de valeur des temps est extrêmement riche : outre les valeurs temporelles proprement dites (valeur présente, passée, future), il faut aussi prendre en compte certaines valeurs aspectuelles (action accomplie / non accomplie, bornée / non bornée, valeur itérative…) ou modales. Nous ne citerons ici que les plus fréquentes d'entre elles. Reportez-vous à une grammaire du français pour une étude exhaustive de ce point assez complexe.

– **dans la modalité jussive** (l'expression d'un ordre), interprétée comme un impératif.
Ex. : Tu fais tes devoirs !

**REMARQUE**

Le présent peut être aussi employé pour évoquer un futur proche (ex. : Demain, je vais à la piscine.) ou un passé proche (ex. : Elle sort à l'instant.).

### 2-2. Le futur

Le futur situe le procès dans l'avenir de l'énonciation.

▸ Valeur de base : évoque les actions à venir.
Ex. : Elle partira dans une heure.

▸ Valeur stylistique : **futur historique**.
Ex. : Joséphine de Beauharnais deviendra la femme de Napoléon Bonaparte.

▸ Valeurs modales :

– **futur injonctif / jussif** : pour des demandes, des ordres ;
Ex. : Tu rapporteras une baguette.

– **futur de conjecture** : pour une hypothèse ;
Ex. : Ma mère m'aura apporté mes affaires.

– **futur de politesse** : pour une atténuation.
Ex. : Cela vous coutera 18 euros.

### 2-3. Le passé simple et l'imparfait

La valeur temporelle est la même pour ces deux temps qui inscrivent le procès du texte dans un contexte passé. Ce sont leurs valeurs aspectuelles qui vont plutôt les différencier.

▸ **Le passé simple**
Valeur de base : **temps du récit**. On l'utilise pour les faits saillants, les actions de premier plan, c'est-à-dire les actions qui font avancer le récit. Il désigne soit :

– des actions bornées dans le temps ;
Ex. : Il saisit le révolver.

– des actions successives.
Ex. : Il prit le révolver, le mit dans sa poche et sortit.

**REMARQUE**

Le passé simple peut être employé pour évoquer un **temps long**.
Ex. : Les dinosaures vécurent ainsi sur Terre pendant des millions d'années.

▸ **L'imparfait**

**REMARQUE**

L'imparfait n'implique pas toujours une durée longue.
Ex. : À 18 h, l'avion se posait enfin.

• Valeurs de base :

– ce qui constitue l'**arrière-plan de l'histoire**, ce qui ne fait pas avancer le récit : imparfait descriptif, imparfait de répétition (valeur itérative), d'habitude ;

Ex. : Il était robuste. La plaine s'étendait à perte de vue. Elle sortait de chez elle tous les jours à 8 heures.

– présente une **action en cours dans le passé** ;

Ex. : Il prenait un bain, quand le téléphone sonna.

– **retranscrit la parole ou la pensée** d'un personnage dans le discours indirect ou le discours indirect libre ;

Ex. : Il lui fit savoir qu'il passait l'après-midi.

– **imparfait hypocoristique** (qui exprime une intention affectueuse) : registre plutôt familier, 3e personne ;

Ex. : Alors, il avait mal à son petit doigt. Il était mignon le bébé !

– **imparfait de perspective** (futur proche du passé).

Ex. : Un mois plus tard, les termites passaient à l'attaque.

• Valeur stylistique : **imparfait pittoresque** ou **historique**.

Ex. : En 1789, les Parisiens prenaient la Bastille.

• Valeurs modales :

– une valeur d'**irréel dans le passé** ;

Ex. : J'ai bien cru que je tombais.

– **imparfait d'atténuation** ou **de politesse**.

Ex. : Je voulais vous demander la permission de prendre votre voiture.

### 2-4. Le conditionnel présent

▸ Le conditionnel présent est considéré en linguistique comme un temps de l'indicatif et présenté dans les programmes de 2018 comme un mode.

▸ Valeur de base : un **futur dans le passé** (vision postérieure du procès pour lequel le point de référence est dans le passé).

Ex. : Il déclara qu'il s'inscrirait plus tard. ⟶ action future par rapport à celle de « déclarer »

▸ Valeur modale : une **action dépendant d'une condition** (supposition, éventualité, souhait).

Ex. : **Si j'avais plus de temps**, je passerais volontiers te voir.

**ATTENTION**

Les consignes des questions de grammaire peuvent varier :
– relevez / identifiez les verbes / les formes verbales et analysez la valeur des formes verbales conjuguées ;
– justifiez l'emploi des modes et des temps ;
– classez-les selon leurs valeurs d'emploi et expliquez l'effet produit…

# EXERCICES

→ Corrigés p. 193



**1 Indiquez les modes et les temps des verbes soulignés. Indiquez la valeur des temps des verbes en gras.**

Je **suis** maintenant à Montboissier, sur les confins de la Beauce et du Perche. Le château de cette terre, appartenant à Madame la comtesse de Colbert-Montboissier, **a été vendu** et démoli pendant la Révolution ; il ne reste que deux pavillons, séparés par une grille et formant autrefois le logement du concierge. […] Hier au soir je me **promenais** seul ; le ciel **ressemblait** à un ciel d'automne ; un vent froid soufflait par intervalles. À la percée d'un fourré, je m'**arrêtai** pour regarder le soleil : il s'enfonçait dans les nuages au-dessus de la tour d'Alluye, d'où Gabrielle, habitante de cette tour, avait vu comme moi le soleil se coucher il y a deux cents ans. Que sont devenus Henri et Gabrielle ? Ce que je serai devenu quand ces Mémoires seront publiés.

François-René de Chateaubriand, *Mémoires d'outre-tombe*, 1849-1850.

**2 Donnez la valeur des temps des verbes en gras en justifiant votre réponse.**

a) Quand il **chantait**, le chat se **cachait** sous le fauteuil.
b) Je **venais** voir s'il vous reste du pain.
c) Alice **rentrait** de l'école quand l'orage éclata.
d) Une parole de plus et je **laissais** ma colère éclater.
e) Promis, je **vais emmener** Paul à l'école.
f) Il m'a dit qu'il m'**emmènerait** à l'école.

**3 Après avoir précisé le mode et le temps des verbes en gras dans les phrases suivantes vous en analyserez la valeur.**

a) Je **voudrais** bien un café.
b) Un poker parce que j'**aime jouer** aux cartes.
c) Ce cadeau ne faisait pas partie de ceux qui me **feraient** plaisir, mais ceux dont je savais qu'ils m'**attendraient** sous le sapin.
d) **Rapporter** une telle quantité de points était certes un petit exploit.
e) **Laisse** plutôt monter à tes narines le parfum indéfinissable de ces roses.

**4 Relevez et analysez les formes verbales et classez-les. Précisez leur valeur.**

L'adulte a toujours eu tendance à considérer le livre comme un moyen d'enseigner des connaissances ou une morale. Cette préoccupation utilitaire sous-jacente, qu'elle soit le fait de l'auteur ou celle du prescripteur, est difficilement compatible avec la gratuité essentielle de l'œuvre d'art. Il est difficile, également, en voulant éviter les pièges du didactisme ou du moralisme, de ne pas tomber dans la démagogie pure et simple : sujets systématiquement racoleurs, langue plus que familière sans motivation véritable… Il y a là un subtil équilibre à tenir.

Renée Léon, *La Littérature de jeunesse à l'école*, Hachette Éducation, 2007.

# ENTRAINEMENT AU CONCOURS

→ Corrigés p. 194

**1 Dans le texte de René Char, vous analyserez la construction de la phrase en gras et commenterez l'effet produit par ce choix.** (sujet de CRPE)

Les habitants furent jetés hors des maisons et sommés de se rassembler sur la place centrale. **Les clés sur les portes.** Un vieux, dur d'oreille, qui ne tenait pas compte assez vite de l'ordre, vit les quatre murs et le toit de sa grange voler en morceaux sous l'effet d'une bombe.

René Char, « Fragment 128 », in *Feuillets d'Hypnos*
© Éditions Gallimard, 1946.

**2 Identifiez les formes et les fonctions des pronoms personnels dans le passage suivant de Racine et proposez un classement.** (sujet de CRPE)

Hippolyte lui seul digne fils d'un héros,
Arrête ses coursiers, saisit ses javelots,
Pousse au monstre, et d'un dard, lancé d'une [main sûre,
Il lui fait dans le flanc une large blessure.
De rage et de douleur le monstre bondissant
Vient au pied des chevaux tomber en mugissant,
Se roule, et leur présente une gueule enflammée,
Qui les couvre de feu, de sang et de fumée.
La frayeur les emporte ; et sourds à cette fois,
Ils ne connaissent plus ni le frein ni la voix.
En efforts impuissants le maître se consume ;
Ils rougissent le mors d'une sanglante écume.
On dit qu'on a vu même, en ce désordre affreux,
Un Dieu qui d'aiguillons pressait leur flanc [poudreux.
À travers des rochers la peur les précipite ;
L'essieu crie et se rompt. L'intrépide Hippolyte
Voit voler en éclat tout son char fracassé ;
Dans les rênes lui-même, il tombe embarrassé.
Excusez ma douleur. Cette image cruelle
Sera pour moi de pleurs une source éternelle.
J'ai vu, Seigneur, j'ai vu votre malheureux fils
Traîné par les chevaux que sa main a nourris.
Il veut les rappeler et sa voix les effraie ;
Ils courent. Tout son corps n'est bientôt qu'une [plaie.

Jean Racine, *Phèdre*, acte V, scène 6, 1677.

**3 Transposez au discours indirect le passage suivant en soulignant et en commentant les modifications.** (sujet de CRPE)

Tandis qu'il arrondissait un admirable point final, je criai : « Non ! Ce n'est pas vrai ! » Mon père se retourna soudain, me regarda stupéfait, et s'écria : « Qu'est-ce que tu dis ?
– Maman ne m'a pas puni ! Tu n'as pas bien écrit ! »

Marcel Pagnol, *La Gloire de mon père*
© Éditions de Fallois, 1957.

**4 Vous transposerez au discours indirect les paroles que le narrateur adresse au musicien dans cet extrait en commençant par : *Il lui demanda*.** (sujet de CRPE)

« Où diantre prends-tu tout ça ? à quoi que ça peut servir, et qu'est-ce tu veux signifier par là ? »

George Sand, *Les Maîtres sonneurs*, 1853.

**5 À partir de l'analyse de ces deux prises de paroles, expliquez les effets produits.** (sujet de CRPE)

LUI *(il lui coupe la parole).*
— Tu n'as rien vu. Rien. Chien amputé. Gens, enfants. Plaies. Enfants brûlés hurlant.
ELLE
— ... du quinzième jour aussi. Hiroshima se recouvrit de fleurs. Ce n'étaient partout que bleuets et glaïeuls, et volubilis et belles d'un jour qui renaissaient des cendres avec une extraordinaire vigueur, inconnue jusque-là chez les fleurs.

Marguerite Duras, *Hiroshima mon amour*
© Éditions Gallimard, 1960.

**6 Vous réécrirez cette phrase extraite d'un texte d'Émile Zola en utilisant le discours direct. (sujet de CRPE)**

Ce soir-là, on nous envoya simplement coucher, en nous disant que, le lendemain, nous aurions sans doute réfléchi.

Émile Zola, « Le grand Michu », *Nouvelles*, 1870.

**7 Vous transposerez le passage suivant au discours indirect en commençant par : *Lysistrata affirma*. (sujet de CRPE)**

LYSISTRATA. – C'est pour avoir le moyen de voler que Pisandre et tous les ambitieux suscitent continuellement de nouveaux troubles. Ils ne toucheront plus rien de cet argent.

LE MAGISTRAT. – Que feras-tu donc ?

Aristophane, *Lysistrata*, 411 avant J.-C., traduit du grec par Georges-Gustave Toudouze.

**8 Dans ces extraits, vous analyserez les discours rapportés employés et en identifierez les marques. (sujet de CRPE)**

a) Rendez-moi, lui dit-il, mes chansons et mon [somme,
Et reprenez vos cent écus.

Jean de La Fontaine, « Le Savetier et le Financier », *Fables*, livre VIII, 1678.

b) Vous me direz qu'avec de l'argent on n'a que l'apparence de tout cela [...].

François-René de Chateaubriand, *Mémoires d'outre-tombe*, 1849-1850.

c) Puis, n'était-ce pas là une excellente publicité ? un homme capable de mettre beaucoup d'argent à une femme, n'a-t-il pas dès lors une fortune cotée ?

Émile Zola, *L'Argent*, 1891

**9 Analysez la valeur des temps des formes verbales conjuguées dans le passage suivant qui correspond au monologue de Bérenger dans la pièce de Ionesco, *Rhinocéros*. (sujet de CRPE)**

*Bérenger, personnage central de la pièce, se retrouve seul à la fin, tous ses contemporains s'étant transformés en rhinocéros ; ce monologue clôt la pièce.*

J'ai eu tort ! Oh comme je voudrais être comme eux. Je n'ai pas de corne, hélas ! Que c'est laid, un front plat. Il m'en faudrait une ou deux, pour rehausser mes traits tombants. Ça viendra peut-être, et je n'aurai plus honte, je pourrai aller tous les retrouver. Mais ça ne pousse pas ! (Il regarde les paumes de ses mains.) Mes mains sont moites. Deviendront-elles rugueuses ? (Il enlève son veston, défait sa chemise, contemple sa poitrine dans la glace.) J'ai la peau flasque. Ah, ce corps trop blanc, et poilu ! Comme je voudrais avoir une peau dure et cette magnifique couleur d'un vert sombre, une nudité décente, sans poils, comme la leur !

Eugène Ionesco, *Rhinocéros*, acte III


**10 Expliquez l'emploi du verbe *être* dans les trois phrases suivantes.**

a) Chez le lecteur confirmé, les deux activités sont presque simultanées.

b) La première s'est automatisée, libérant toutes les ressources pour la seconde.

c) L'un et l'autre aspect de la lecture doivent être enseignés.

**11 Dans cet extrait, vous identifierez les modes et les temps des verbes en gras et vous justifierez leur emploi en proposant un classement. (sujet de CRPE)**

Alors Joseph **courut** auprès d'elle, et, lui prenant vivement les mains :

– **Explique**-toi, ma mignonne, **dit**-il, et **fais**-moi connaître si c'est de compassion pour moi que tu **pleures**, ou si c'est de contentement ?

– Je ne **sache** point, **répondit**-elle, que le contentement d'une chose comme ça **puisse** faire pleurer. Ne me **demande** point si c'est que j'**ai** de l'aise ou du mal ; ce que je **sais**, c'est que je ne m'en **puis** empêcher, voilà tout.

George Sand, *Les Maîtres sonneurs*, 1853.

**12 Vous justifierez l'emploi des temps verbaux dans les paroles rapportées suivantes.** (sujet de CRPE)

Ce soir-là, on nous envoya simplement coucher, en nous disant que, le lendemain, nous aurions sans doute réfléchi.

Émile Zola, « Le grand Michu », *Nouvelles*, 1870.

**13 Dans cet extrait, relevez les verbes au présent de l'indicatif, classez-les selon leurs valeurs d'emploi et expliquez l'effet produit.** (sujet de CRPE)

Elle nie enfin avec assurance, mais sans emportement, m'apostrophe, m'exhorte à rentrer en moi-même, à ne pas déshonorer une fille innocente qui ne m'a jamais fait de mal ; et moi, avec une impudence infernale, je confirme ma déclaration, et lui soutiens en face qu'elle m'a donné le ruban. La pauvre fille se mit à pleurer, et ne me dit que ces mots : « Ah ! Rousseau, je vous croyais un bon caractère. Vous me rendez bien malheureuse ; mais je ne voudrais pas être à votre place. » Voilà tout. Elle continua de se défendre avec autant de simplicité que de fermeté, mais sans se permettre jamais contre moi la moindre invective. Cette modération, comparée à mon ton décidé, lui fit tort. Il ne semblait pas naturel de supposer d'un côté une audace aussi diabolique, et de l'autre une aussi angélique douceur. On ne parut pas se décider absolument, mais les préjugés étaient pour moi. Dans le tracas où l'on était, on ne se donna pas le temps d'approfondir la chose ; et le comte de la Roque, en nous renvoyant tous deux, se contenta de dire que la conscience du coupable vengerait assez l'innocent. Sa prédiction n'a pas été vaine ; elle ne cesse pas un seul jour de s'accomplir.

Jean-Jacques Rousseau, *Les Confessions*, Livre II, 1782.

**14 Questionnaire sur les formes et les valeurs du présent de l'indicatif.** (sujet de CRPE)

a) L'indicatif est un mode :
**1.** personnel.
**2.** impersonnel.

b) Faites l'analyse morphologique de la forme : *(nous) chantons*.

c) Donnez les différentes bases (variations du radical) pour le présent des verbes suivants.
**1.** semer
**2.** devoir

d) Mettez au présent les verbes suivants.
**1.** vous disiez
**2.** ils croyaient
**3.** vous faisiez
**4.** tu envoyais

e) Donnez la 3e personne du singulier du présent de l'indicatif des verbes suivants.
**1.** plier
**2** acquérir
**3.** réussir
**4.** peindre

f) Indiquez la valeur que le verbe au présent exprime dans chacune des phrases suivantes : l'habitude ; le passé proche ; le futur proche.
**1.** Il sort à l'instant du collège.
**2.** Le matin, je me lève de bonne heure.

g) Associez à chacune de ces valeurs du présent la phrase qui lui correspond : vérité générale, narration, actualité.

**1.** Un agneau se désaltérait
Dans le courant d'une onde pure.
Un loup **survient** à jeun, qui cherchait aventure,
Et que la faim en ces lieux attirait.

Jean de La Fontaine, « Le Loup et l'Agneau », *Fables*, livre I, 1668.

**2.** Pierre qui **roule** n'**amasse** pas mousse.
**3.** J'aime bien l'écharpe que tu **portes** aujourd'hui.

# CORRIGÉS

## FICHE 28 Les formes de discours et leurs spécificités

→ Énoncé p.173

Ce texte présente un discours explicatif, que l'on reconnait à :
– la visée du locuteur : faire comprendre une manière de vivre particulière ;
– la présence de connecteurs logiques (***d'une part… d'autre part***, ***parce que***) et d'un vocabulaire spécialisé (***pays nordiques***, ***Europe***, ***isolant***, ***énergie***) ;
– l'emploi du présent de vérité générale (***sont construites***, ***le bois est un matériau***, ***tout est fait***).

## FICHE 29 Les pronoms nominaux

→ Énoncés p. 176

**1** Il s'agit dans cet exercice d'étudier les pronoms nominaux, c'est-à-dire les pronoms personnels désignant les interlocuteurs du dialogue.

**Propos de Hoffmann :**

• Pronoms désignant Hoffmann lui-même :
– ***je*** (*je n'ai point perdu*) ⟶ nature : pronom personnel ; fonction : sujet du verbe *perdre* ;
– ***j'*** (*j'ai*) ⟶ nature : pronom personnel ; fonction : sujet du verbe *avoir*.

• Pronoms désignant Gottlieb :
– ***vous*** (*à **vous** dire*) ⟶ nature : pronom personnel ; fonction : COS du verbe *dire* ;
– ***vous*** (***vous*** *savez*) ⟶ nature : pronom personnel ; fonction : sujet du verbe *savoir*.

**Propos de Gottlieb :**

• Pronoms désignant Hoffmann :
– ***tu*** (*es-**tu** devenu*) ⟶ nature : pronom personnel ; fonction : sujet (inversé) du verbe *devenir* ;
– ***toi*** (*comme **toi***) ⟶ nature : pronom personnel ; fonction : CC de comparaison ;
– ***tu*** (***tu*** *t'y mets*) ⟶ nature : pronom personnel ; fonction : sujet du verbe *mettre* ;
– ***t'*** (*tu **t'**y mets*) ⟶ nature : pronom personnel ; fonction : COD du verbe *mettre* ;
– ***j'*** (*j'aime*) ⟶ nature : pronom personnel ; fonction : sujet du verbe *aimer*. (Il s'agit d'un cas tout à fait particulier. C'est bien Gottlieb qui parle, mais il rapporte au discours direct des propos imaginaires tenus par son interlocuteur si bien que le *je*, dans la bouche du vieillard, désigne malgré tout Hoffmann.)

**2** *La forme du conte est précisément celle* où *la disposition mentale considérée* se *produit avec ses deux effets : la forme* où le *tragique est en même temps posé et aboli.* On le *voit déjà dans l'agencement des incidents et des données. Le conte choisit avec prédilection les états et les incidents* qui *contredisent à notre sentiment de l'événement juste.*

**Les pronoms personnels :**

• nominaux (le pronom ne réfère pas à un être (une notion) déjà désigné(e)) : ***on***, pronom indéfini (ne peut être que sujet), 3e personne du singulier, sujet du verbe *voit* ;

• représentants :
– ***se*** (réfléchi, ne peut s'analyser ici) : appartient à la forme pronominale du verbe *se produit* (verbe pronominal autonome). Il représente le GN *la disposition mentale considérée* ;
– ***le :*** masculin, singulier, COD du verbe *voit*. Il représente la proposition précédente (employé ici de façon générique) et est donc en emploi anaphorique.

**3** Pronoms déictiques :
– 1re personne du singulier : ***j'*** (*j'aurai*), ***j'*** (*j'ai rencontré*) ;
– 2e personne du singulier : ***tu*** (***tu*** *nous emmèneras*), ***toi*** (*avec **toi***) ;
– 1re personne du pluriel : ***nous*** (*tu **nous** emmèneras*), ***on*** (***on*** *n'aura pas*) (correspond à la 3e personne du singulier mais peut être utilisé pour remplacer d'autres personnes grammaticales) ;
– 2e personne du pluriel : ***vous*** (***vous*** *n'aurez rien*).

# FICHE 30 Les propos rapportés

→ Énoncés p.180

**1** • Propos rapportés au **discours direct** (de ***Dis donc !*** à ***se tordre !***) : Ce sont les pochards évoqués dans la première phrase qui parlent, sans qu'aucun d'entre eux soit évoqué précisément. Ce sont en tout cas leurs paroles telles qu'elles ont été prononcées qui sont ici rapportées par le narrateur, avec en particulier le maintien du registre familier. La présence des guillemets encadrant ces propos indique qu'ils sont introduits dans la narration sans subir de modification.

• Propos rapportés au **discours indirect libre** (de ***et, nom de Dieu !*** à ***au Paradis***) : ce sont toujours les propos des « pochards » qui sont ici rapportés. Ils sont intégrés à la narration, mais sans qu'il y ait de subordination (absence de verbe de parole suivi d'une subordonnée complétive, du type : « ils déclarèrent que… »). Leur vocabulaire, le registre de langue sont respectés (***nom de Dieu !***, ***les bons zigs***, ***quoi !***), mais les temps verbaux ont été modifiés : le verbe *dire* au conditionnel passé (***aurait dit***) aurait été rapporté au conditionnel présent dans un discours direct (« on dirait… ») ; les verbes *chanter* et *célébrer* conjugués à l'imparfait (***chantaient***, ***célébrait***) correspondent à un présent au discours direct (« les bons zigs chantent là-dedans… », « on célèbre la sainte-touche »).

**2** Les paroles d'un personnage peuvent être transmises directement ou indirectement.

• Le discours direct :

– ***« Allons ! le diable l'aura emporté aussi ! »*** introduit par le verbe ***dit*** ;

– ***« S'il avait eu cette bague au doigt, ajouta-t-il en se reprenant, je l'aurais sans doute remarquée car je croyais qu'il l'avait donnée à Mme Alphonse. »*** : le verbe introducteur de parole est en incise.

• Le discours indirect (les paroles sont introduites par une subordonnée) :

– ***il lui demanda d'un air d'inquiétude s'il savait où j'étais.***

– ***Le domestique répondit qu'il ne m'avait point vu.***

– ***Je demandai à cet homme si M. Alphonse avait sa bague de diamants lorsqu'il lui parla.***

– ***enfin il dit qu'il ne le croyait pas, qu'il n'y avait fait au reste aucune attention.***

• Le discours narrativisé :

– ***appelant cet homme*** ;

– ***lorsqu'il lui parla***.

**3** • Transposition au discours indirect :
Par la suite, le portier nous avoua que pendant tout le trajet, sa femme lui avait raconté son histoire et avait exprimé sa terreur de lui donner une nouvelle fille.

• Les transformations effectuées portent sur :

– le **temps des verbes** : passé composé ***a raconté*** → plus-que-parfait ***avait raconté*** (marque l'antériorité du fait) ;

– les **déterminants** : ***ma*** → ***sa*** (changement du narrateur, on passe de l'énonciateur *je* à un narrateur *il*) ;

– les **pronoms** : ***m'*** et ***me*** → ***lui*** (changement de narrateur) ;

– les **propositions** : on passe de deux propositions indépendantes juxtaposées par les deux-points à une phrase complexe composée d'une principale et d'une subordonnée conjonctive complétive introduite par la conjonction de subordination ***que*** ;

– suppression des **marques de ponctuation** du discours direct : les deux-points et les guillemets.

**4** *Proposition de correction :*

• **Discours indirect :**
Pierre répondit que ce n'était pas juste, qu'il voulait jouer lui aussi au ballon cet après-midi-là. Mon père lui rétorqua qu'il pourrait jouer après ses devoirs.

• **Discours indirect libre :**
Mais ce n'était pas juste ! Lui aussi voulait jouer au ballon cet après-midi ! Pierre vociférait. La réponse de mon père fut cinglante. Il pourrait jouer dès ses devoirs faits.

# FICHE 31 Les valeurs des modes et des temps verbaux

→ Énoncés p. 187

**1** • Modes et temps des verbes soulignés :
– ***appartenant :*** mode : participe / temps : présent ;
– ***a été vendu :*** mode : indicatif / temps : passé composé (à la voix passive) ;
– ***reste :*** mode : indicatif / temps : présent ;
– ***regarder :*** mode : infinitif / temps : présent ;
– ***avait vu :*** mode : indicatif / temps : plus-que-parfait ;
– ***sont devenus :*** mode : indicatif / temps : passé composé ;
– ***seront publiés :*** mode : indicatif / temps : futur (forme passive).

• Valeurs des temps en gras :
– ***suis :*** présent d'énonciation ; le procès a lieu au moment où le narrateur s'exprime ;
– ***a été vendu :*** passé composé ; l'action est accomplie et antérieure au fait que le narrateur soit maintenant présent à Montboissier ;
– ***promenais :*** imparfait constituant l'arrière-plan du récit ; il s'agit ici d'une action non bornée ;
– ***ressemblait :*** imparfait constituant l'arrière-plan du récit ; il s'agit ici d'une description ;
– ***arrêtai :*** passé simple, c'est le premier plan du récit ; il s'agit d'une action venant apporter un changement dans le cours des événements.

**2** **a)** Les deux verbes sont à l'imparfait. Ils ont une valeur d'habitude. Les actions semblent se répéter.
**b)** Le verbe est à l'imparfait mais n'a pas de valeur passée, ni d'itération, ni d'arrière-plan. D'ailleurs, on peut facilement transformer la phrase en : *Je viens voir s'il vous reste du pain.* Ici, l'imparfait a une valeur d'atténuation.
**c)** Le verbe est à l'imparfait et montre un procès non borné, caractéristique de l'arrière-plan dans le récit, articulé au verbe *éclata*, au passé simple et marquant le premier plan.
**d)** Le verbe est à l'imparfait, il a cependant une valeur d'hypothèse : il marque l'irréel du passé.
**e)** C'est un futur périphrastique marquant une phase presque accomplie.
**f)** C'est un conditionnel mais qui a une valeur de futur. D'ailleurs, si nous transformons le discours rapporté en discours direct, nous obtenons : *Il m'a dit : « Je t'emmènerai à l'école. »*

**3**

| Mode | Occurrences | Valeur |
|---|---|---|
| **Indicatif :**<br>• **Présent**<br>• **Conditionnel** | b) ***aime***<br>a) ***voudrais***<br>c) ***feraient***<br>c) ***attendraient*** | • Procès considéré comme certain<br>• Valeur modale de souhait<br>• Valeur modale d'hypothèse<br>• Valeur temporelle : concordance des temps |
| **Infinitif présent** | b) ***jouer***<br>d) ***rapporter*** | Non-actualisation du procès / valeur nominale |
| **Impératif présent** | e) ***laisse*** | Injonction |

**4** *L'adulte a toujours eu tendance à considérer le livre comme un moyen d'enseigner des connaissances ou une morale. Cette préoccupation utilitaire sous-jacente, qu'elle soit le fait de l'auteur ou celle du prescripteur, est difficilement compatible avec la gratuité essentielle de l'œuvre d'art. Il est difficile, également, en voulant éviter les pièges du didactisme ou du moralisme, de ne pas tomber dans la démagogie pure et simple : sujets systématiquement racoleurs, langue plus que familière sans motivation véritable… Il y a là un subtil équilibre à tenir.*

Renée Léon, *La Littérature de jeunesse à l'école*, Hachette Éducation, 2007.

• Modes personnels :

| Forme verbale | Mode | Temps | Valeur / aspect |
|---|---|---|---|
| • ***est*** (deux occurrences)<br>• ***a*** | Indicatif | Présent | Vérité générale |
| ***a eu*** | Indicatif | Passé composé | Aspect accompli |
| ***soit*** | Subjonctif | Présent | Possibilité (valeur modale) |

• Modes impersonnels :
– ***(à) considérer***, ***(d') enseigner***, ***éviter***, ***tomber***, ***(à) tenir*** : infinitif ;
– ***en voulant*** : gérondif.

**REMARQUE**

La consigne invite à relever toutes les formes verbales : conjuguées et non conjuguées.

# Entrainement au concours

→ Énoncés p. 188

**1** Il s'agit d'une phrase non verbale que le contexte permet d'interpréter. L'absence de verbe conjugué traduit une forme de discours indirect libre, qui serait prononcé par les miliciens à l'adresse des villageois. Cela traduit également un sentiment d'urgence, la précipitation des villageois à quitter leur domicile.

**2** Les pronoms personnels de l'extrait sont surlignés. Nous en proposons un classement ci-après.

*Hippolyte lui seul digne fils d'un héros,*
*Arrête ses coursiers, saisit ses javelots,*
*Pousse au monstre, et d'un dard, lancé d'une [main sûre,*
*Il lui fait dans le flanc une large blessure.*
*De rage et de douleur le monstre bondissant*
*Vient au pied des chevaux tomber en mugissant,*
*Se roule, et leur présente une gueule enflammée,*
*Qui les couvre de feu, de sang et de fumée.*
*La frayeur les emporte, et sourds à cette fois,*
*Ils ne connaissent plus ni le frein ni la voix ;*
*En efforts impuissants, le maître se consume.*
*Ils rougissent le mors d'une sanglante écume.*
*On dit qu'on a vu même en ce désordre affreux*
*Un dieu qui d'aiguillons pressait leur flanc [poudreux.*
*À travers des rochers la peur les précipite.*
*L'essieu crie et se rompt. L'intrépide Hippolyte*
*Voit voler en éclat tout son char fracassé.*
*Dans les rênes lui-même, il tombe embarrassé.*
*Excusez ma douleur.*
*Cette image cruelle*
*Sera pour moi de pleurs une source éternelle.*
*J'ai vu, Seigneur, j'ai vu votre malheureux fils*
*Traîné par les chevaux que sa main a nourris.*
*Il veut les rappeler et sa voix les effraie.*
*Ils courent. Tout son corps n'est bientôt qu'une [plaie.*

Le classement proposé tient compte de la morphologie des pronoms et de leurs fonctions.

- **Les pronoms personnels conjoints au verbe** (qui forment un bloc avec le verbe) :
– en fonction sujet : ***il*** (*lui fait*) ; ***ils*** (*ne connaissent plus*) ; ***ils*** (*rougissent le mors*) ; ***on*** (*dit qu'*) ***on*** (*a vu*) ; ***il*** (*tombe embarrassé*) ; ***j'*** (*ai vu*) (deux occurrences) ; ***il*** (*veut*) ; ***ils*** (*courent*) ;
– en fonction COD : ***les*** (*couvre de feu*) ; ***les*** (*emporte*) ; ***les*** (*précipite*) ; ***les*** (*rappeler*) ; ***les*** (*effraie*) ;
– en fonction COI : ***lui*** (*fait dans le flanc*) ; ***leur*** (*présente une gueule enflammée*).
- **Les pronoms personnels disjoints du verbe** (qui fonctionnent syntaxiquement comme un groupe nominal séparé du verbe) :
– en fonction sujet : ***lui*** (*seul digne fils d'un héros*) ; ***lui-même*** (= forme renforcée) ;
– en fonction complément de phrase : (*pour*) ***moi***.
- **Les pronoms personnels réfléchis** (qui présentent une identité de référent avec l'unité en fonction sujet) : ***se*** (*roule*) ; ***se*** (*consume*) ; ***se*** (*rompt*). Ils assument la fonction COD.

**3** *Transposition proposée :* Tandis qu'il arrondissait un admirable point final, je criai que ce n'était pas vrai. Mon père se retourna soudain, me regarda stupéfait, et me demanda ce que je disais. Je lui répondis que maman ne m'avait pas puni, qu'il n'avait pas bien écrit.
Lors du passage du discours direct au discours indirect, les propos du personnage sont insérés dans ceux d'un narrateur (qui les rapporte). Or ici le narrateur est en « je ». La fidélité aux propos initialement tenus est donc moindre que dans le cas du discours direct.
On observe notamment le procédé de la subordination : proposition principale (comportant le verbe de parole) puis proposition subordonnée complétive (rapportant les propos du personnage), avec plusieurs modifications, en particulier celles liées à la concordance des temps (les temps sont ceux du récit et non plus ceux du discours). De même, les pronoms nominaux sont remplacés par des pronoms représentants.

*Commentaires des modifications :*

| Construction de la subordonnée (ajout d'une conjonction de subordination *que*) | Verbe de parole | Concordance des temps | Pronoms |
|---|---|---|---|
| *que ce n'était pas vrai* | | Passage de *est* à *était.* | |
| *me demanda ce que je disais* | • Passage de *s'écria* à *demanda* afin de respecter la construction syntaxique (le verbe *s'écrier*, pronominal, n'accepte pas de COD).<br>• La subordination est introduite par la locution *ce que* (transposition de *qu'est-ce que*) et ajout d'un COI *me*. | • Dans la principale *demanda* est au passé simple, temps du récit.<br>• Passage de *dis* à *disais.* | Passage du *tu* interlocuteur à *je*, le narrateur (narration 1re personne). |
| *Je lui répondis que maman ne m'avait pas puni, qu'il n'avait pas bien écrit.* | Ajout d'un verbe de parole *répondis* et du COI *lui.* | • Le verbe de la principale *répondis* est au passé simple, temps du récit.<br>• Dans les subordonnées, passage du passé composé (*a puni, as écrit*) au plus-que-parfait (*avait puni, avait écrit*), temps du passé. | Passage du *tu* interlocuteur au *il*, pronom représentant qui renvoie au père du narrateur. |

**4** *Discours indirect :* Il lui demanda où il prenait tout cela, à quoi cela pouvait servir, et ce qu'il voulait signifier par là.

**5** Cet extrait présente deux occurrences de parole au discours direct. Les locuteurs sont mentionnés : LUI et ELLE.
Avant la première occurrence de prise de parole, on note en didascalie la coupure brutale de ce qui précède : *LUI (il lui coupe la parole).* Cette rupture brutale permet au locuteur de nier ce dont la locutrice parle : *Tu n'as rien vu.*
LUI : les phrases sont très courtes, constituées de monosyllabes pour certaines : *Rien. Plaies.* Excepté la première, toutes sont averbales. Cette accumulation de substantifs relève de la parataxe : les phrases sont juxtaposées, sans mots de liaison expliquant leur relation. Chaque mot est porteur d'un sens fort, les autres sont abandonnés car considérés comme accessoires.
L'effet produit est celui de flashs violents qui révèlent le sentiment d'horreur des conséquences de l'explosion atomique. LUI a urgence de dire, de dénoncer.
ELLE termine sa phrase : *... du quinzième jour aussi. Hiroshima se recouvrit de fleurs*, et développe cette idée initiale. La phrase qui suit est longue et complexe, avec une accumulation des noms de fleurs renforcée par la répétition de la conjonction de coordination *et* : *bleuets et glaïeuls, et volubilis et belles d'un jour.* Le temps employé est celui du récit, des histoires, avec alternance du passé simple et de l'imparfait.
Le style soutenu, le lexique utilisé, créent un effet de distanciation de l'évènement passé et permet une recréation poétique.
Deux points de vue semblent se croiser sans se rencontrer, même si l'objet du discours est le même évènement : l'un évoque le pire, ce qui s'est réellement passé, l'autre porte l'espoir. La lecture produit une impression de décalage entre les répliques de LUI et de ELLE, comme si le texte ne constituait pas un échange entre deux locuteurs. Les deux personnages construisent chacun de leur côté deux sortes de grands monologues intérieurs mêlés l'un à l'autre par les voix respectives, mais qui finalement entrent assez rarement en contact.

**6** *Discours direct :* Ce soir-là, on nous envoya simplement coucher, en nous disant : « Demain, vous aurez sans doute réfléchi. »
Le conditionnel passé *nous aurions réfléchi* au discours indirect devient futur antérieur *vous aurez réfléchi* au discours direct car le verbe introducteur est au passé (*on nous envoya*).

**7** *Discours indirect :* Lysistrata affirma que c'était pour avoir le moyen de voler que Pisandre et tous les ambitieux suscitaient continuellement de nouveaux troubles. Elle ajouta qu'ils ne toucheraient désormais plus rien de cet argent. Le magistrat demanda ce qu'elle ferait alors.

**8** **a)** Il s'agit ici d'un discours direct, qui correspond aux paroles du Savetier (telles qu'elles ont été dites) rapportées par le narrateur.
Ceci se manifeste par la proposition en incise (***lui dit-il*** avec utilisation d'un verbe de parole), qui permet d'insérer les paroles au style direct dans un récit.
Par ailleurs, le discours direct étant ancré dans la situation de communication, on retrouve les caractéristiques suivantes :
– le locuteur et le destinataire sont identifiés par des marques de 1re personne (pronom *rendez-**moi*** et déterminants possessifs ***mes*** *chansons*, ***mon*** *somme*) et 2e personne (déterminant possessif ***vos*** *cent écus*). On parle ici de déictiques de personne (unités linguistiques uniquement interprétables dans le cadre de la situation de communication) ;
– la présence de verbe à l'impératif présent (***rendez****-moi*, ***reprenez***), ce mode étant caractéristique du discours.
Au discours direct, les paroles sont rapportées directement, telles qu'elles ont été prononcées en situation : on ne change rien aux paroles prononcées.
**b)** Il s'agit d'un discours indirect : les paroles tenues ne sont pas rapportées directement (voir extrait précédent) mais elles sont transformées pour s'intégrer au récit. Ceci se manifeste ici par les caractéristiques suivantes :
– les propos tenus sont introduits par un verbe de parole (*vous me **direz***) ;
– ce verbe de parole introduit les propos tenus par le biais d'une proposition subordonnée (complétive ici) introduite par *que* (*vous me direz **qu'avec de l'argent***).
**c)** On a affaire dans cet extrait à du discours indirect libre : les paroles sont prononcées à la façon du discours indirect mais il n'y a ni verbe de parole ni subordonnant pour introduire les propos tenus. On conserve donc le ton et l'expressivité du discours direct, ce qui se traduit ici par les caractéristiques suivantes :
– les marques d'oralité (***puis***) qui reproduisent la manière de parler du personnage (Saccard) ;
– les tournures interrogatives (avec utilisation de la ponctuation correspondante : ?).
Le discours indirect libre est moins « lourd » que le discours indirect, du fait notamment de l'absence de subordonnant. Il permet de créer une continuité dans la narration, de conserver le côté expressif du discours direct et de donner au récit une certaine dynamique.

**9** L'extrait proposé comporte 17 formes verbales. Il correspond au monologue de Bérenger dans la pièce de Ionesco, *Rhinocéros*. On y retrouve donc des temps propres au système du discours, ancrés dans la situation de communication :
• Le présent de l'indicatif : *(je n')* ***ai*** *(pas de corne)* ; *(c')* ***est*** *(laid)* ; *(ça ne)* ***pousse*** *(pas)* ; *(il)* ***regarde*** ; *(mes mains)* ***sont*** *(moites)* ; *(il)* ***enlève*** *(son veston),* ***défait*** *(sa chemise),* ***contemple*** *(sa poitrine)* ; *(j')* ***ai*** *(la peau flasque).*
Il a ici valeur de présent d'énonciation, concomitant avec le moment de l'énonciation pris comme point de repère.
• Le futur de l'indicatif : *(ça)* ***viendra*** ; *(je n')* ***aurai*** *(plus honte)* ; *(je)* ***pourrai*** *(aller tous les retrouver)* ; ***deviendront*** *(-elles rugueuses).*
Le futur est employé ici dans sa valeur temporelle : l'action est présentée comme postérieure au moment de l'énonciation.
• Le passé composé de l'indicatif : *(j')* ***ai eu*** *(tort).*
Le passé composé a une valeur d'accompli par rapport au moment de l'énonciation : il marque une action achevée, terminée.
• Le conditionnel présent : *(je)* ***voudrais*** *(être comme eux)* ; *(il m'en)* ***faudrait*** *(une ou deux)* ; *(comme je)* ***voudrais*** *(avoir une peau dure).*
Le conditionnel a ici une valeur modale : il correspond à l'expression d'un souhait.

**REMARQUE**

Notons que le conditionnel présent est désormais considéré par de nombreux linguistes comme un temps de l'indicatif et non comme un mode à part entière.

**10** **a)** Le verbe *être* est employé comme un verbe d'état qui permet la construction d'un attribut.
**b)** Il s'agit de l'auxiliaire *être* qui permet la conjugaison d'un temps composé (passé composé du verbe pronominal *s'automatiser*).
**c)** L'auxiliaire *être* est employé dans une forme passive (il s'agit d'un infinitif passé).

**11** • **Les verbes au passé simple de l'indicatif :** *Joseph* ***courut***, ***dit****-il*, ***répondit****-elle.*
Le passé simple est employé pour des actions de premier plan du récit. Il exprime un aspect inaccompli. Tous les temps simples sont des temps inaccomplis.

• **Les verbes au présent de l'indicatif :** *tu* ***pleures***, ***j'ai***, *je* ***sais***, *je ne m'en* ***puis***.
Ces verbes qui sont employés dans le discours direct sont des présents d'énonciation. L'action évoquée est donc concomitante au moment de l'énonciation. La forme ***puis*** est équivalente à la forme de 1re personne *peux* + infinitif.

• **Les verbes au présent du subjonctif :** *je ne* ***sache*** *point, comme ça* ***puisse***.
Le mode subjonctif est le mode du virtuel, et des possibles. Il exprime de fait également une éventualité, mais aussi un doute, une incertitude. L'emploi dans la proposition principale *je ne* ***sache*** *pas* surprend par son décalage avec les usages courants. On le trouve plus habituellement dans des subordonnées, pour atténuer une affirmation et introduire une idée pouvant être l'objet d'une polémique (*que je sache*). Ici, dans cette proposition principale, il remet en cause tout jugement de certitude de la subordonnée qui suit, c'est une manière de mettre en doute, en débat par le fait que le verbe *savoir* est nié et au subjonctif présent.
Quant au verbe ***puisse*** dans la proposition subordonnée, c'est la négation du verbe *savoir* qui conduit à cet emploi du subjonctif. La tournure qui nie le fait de savoir induit une interrogation indirecte, donc une incertitude justifiant l'emploi du subjonctif.

• **Les verbes au présent de l'impératif :** ***explique****-toi*, ***fais****-moi*, *ne me* ***demande*** *point.*
Dans cet emploi, les verbes expriment une prière ou une recommandation, voire un conseil. Le dernier verbe avec la forme négative peut être considéré comme une prière ou une interdiction.

**12** Le passé simple ***envoya*** et le conditionnel passé ***aurions réfléchi*** sont les temps employés dans des modes personnels.
***Coucher*** et ***en disant***, respectivement infinitif et gérondif, ne portent pas de valeur d'emploi (modes impersonnels).
Le passé simple est le temps du premier plan (aspect borné) présent dans ce récit au passé. Le conditionnel passé exprime le « futur dans le passé », aspect accompli, le temps marque le futur d'une action rapportée dans un récit au passé.

**13** Dans cet extrait, trois emplois du présent sont relevés et commentés dans le tableau ci-dessous :

| Occurrences | Valeurs | Commentaires |
|---|---|---|
| ***nie, apostrophe, exhorte, confirme, soutiens*** | Présent de narration | Le présent de narration dans un texte au passé rend le récit plus dynamique : on a l'impression d'assister à la scène. |
| ***rendez*** | Présent d'énonciation | Valeur présente dans les paroles énoncées par l'interlocutrice (système énonciatif du discours), vraies au moment où elle parle. |
| ***cesse*** | Présent de vérité générale | Exprime une vérité, on le trouve dans les aphorismes, ce présent exprimé est toujours vrai. |

**14** **a)** L'indicatif est un mode personnel.

**b)** Chant (base verbale, radical) ; ons (désinence, marque de la 1re personne du singulier) ; présent de l'indicatif.

**c)** **1.** semer : sèm, sem.
**2.** sevoir : doi, dev.

**d)** **1.** vous disiez : vous dites.
**2.** ils croyaient : ils croient.
**3.** vous faisiez : vous faites.
**4.** tu envoyais : tu envoies.

**e)** **1.** plier : il plie.
**2.** acquérir : il acquiert.
**3.** réussir : il réussit.
**4.** peindre : il peint.

**f)** **1.** le passé proche.
**2.** l'habitude.

**g)** **1.** Présent de narration.
**2.** Présent de vérité générale.
**3.** Présent d'actualité (d'énonciation).

**Notions d'orthographe à mobiliser**



# FICHE 32 La phonologie

Plusieurs graphies peuvent correspondre à un même son (un même phonème) et, inversement, plusieurs sons (plusieurs phonèmes) peuvent correspondre à une graphie.

## A Qu'est-ce que la phonologie ?

▸ La phonologie décrit et étudie les sons d'une langue (les phonèmes) et les règles d'agencement entre eux. Connaitre les phonèmes en contexte permet de différencier certains mots. La phonologie concerne donc l'aspect oral du langage.

▸ La phonologie regroupe deux grands domaines :
– **la phonématique**, qui est l'étude des phonèmes de la langue ;
– **la prosodie** (ou intonation) qui étudie les éléments phoniques qui accompagnent la réalisation d'un ou plusieurs phonèmes : la courbe mélodique, l'intensité, la durée, les pauses et l'accentuation.

## B La phonétique et la phonologie

### 1. La phonétique

▸ La phonétique étudie les sons de la parole de manière isolée, **indépendamment de leur fonction de communication**. Elle s'intéresse aux sons émis, qui sont perceptibles : le son est une réalité physique, que l'on peut mesurer avec des instruments. Il relève aussi de la physiologie : la manière dont le son est prononcé (on parle dans ce cas de phonétique articulatoire).

▸ La phonétique est indépendante du sens et s'applique à toutes les langues.

## 2. La phonologie

▸ La phonologie étudie la valeur (oppositive) des sons dans une langue donnée. Ces sons sont en relation avec un signifié : ce sont les **phonèmes**.
Elle correspond à l'étude des sons du point de vue de leur fonction dans le système de communication linguistique, c'est-à-dire à la manière de distinguer, dans une même langue, deux messages de sens différents.

Ex. : *gland* /glɑ̃/ et *grand* /ɡʀɑ̃/ diffèrent par les phonèmes /l/ et /ʀ/.

▸ Une différence de son entraine une différence de sens.

Ex. : Dans *gland* /glɑ̃ / et *grand* /ɡʀɑ̃/, /l/ et /ʀ/ sont des phonèmes qui s'opposent.

**REMARQUE**

On appelle « paire minimale » deux mots qui ne se différencient que par un seul son (voir p. 201).

▸ La phonologie étudie donc comment une langue découpe les sons et permet de les regrouper en catégories : les phonèmes se combinent pour former des **morphèmes** (unités de sens), puis des mots, des syntagmes, des propositions, des phrases.

### La double articulation du langage

Le linguiste André Martinet a caractérisé la **double articulation du langage** pour **renvoyer** au fait que le langage est composé d'unités différentes.

Ex. : Mes chats mangeaient du poisson.

• **Première articulation** : elle est constituée par **les unités significatives dotées à la fois d'une forme et d'un sens : les morphèmes** (= plus petits segments linguistiques signifiants).

Ex. : *Mangeaient* est constitué de deux unités de sens distinctes : *mang(e)* (action de manger) et *-aient* (temporalité de l'imparfait). (Le *e* lié au radical a une valeur auxiliaire.)

• **Deuxième articulation** : chaque segment est décomposable en une succession d'unités.

Ex. : *mange* /mɑ̃ʒ/ ; *aient* /ɛ/ ⟶ *mangeaient* /mɑ̃ʒɛ/

**Les unités distinctives dépourvues de sens en elles-mêmes, les phonèmes** (= plus petites unités de sons), forment la deuxième articulation.
Les phonèmes permettent de distinguer les morphèmes entre eux.

## C Les phonèmes du français

Les phonèmes sont les plus petites unités de sons que l'on peut décomposer à l'oral. La langue française comprend **36 ou 37 phonèmes** (selon les régions) :
– 16 phonèmes vocaliques (voyelles) ;
– 3 phonèmes semi-vocaliques ;
– 18 phonèmes consonantiques (consonnes).
Ils sont transcrits en **alphabet phonétique international** (API).

**REMARQUES**

• L'alphabet phonétique international (API) permet de noter tous les phonèmes de manière univoque, dans leur succession exacte. Sa connaissance est au programme du CRPE.
• On écrit les phones (sons phonétiques) entre [ ] et les phonèmes (phonologie) entre / /.
• Le flux sonore étant continu, on ne sépare pas les mots.
• Les liaisons, sonores, se transcrivent par des phonèmes.

Ex. : les enfants /lɛzɑ̃fɑ̃/

| Les phonèmes du français (API) | | | |
|---|---|---|---|
| 16 voyelles | [a] | a antérieur | vache, sac, patte, ma |
| | [ɑ] | a postérieur ou vélaire | tas, pâte, âne |
| | [e] | e fermé (é) | dé, brulé, chantai |
| | [ɛ] | e ouvert (è) | lait, tête, chantais, mets |
| | [i] | i (français) | midi, livide, souris |
| | [o] | o fermé | Paule, La Baule, sot |
| | [ɔ] | o ouvert | Paul, bol, sotte, robe |
| | [u] | ou français | choux, cour, moule |
| | [y] | u français | sur, mur, j'eus |
| | [ø] | eu fermé | affreuse, meute, heureux |
| | [œ] | eu ouvert | jeune, bonheur, œuvre |
| | [ə] | e muet | cheveux, me, dureté |
| | [ɑ̃] | a nasalisé | franche, tante, tente |
| | [ɔ̃] | o nasalisé | bonbon, monter, fond |
| | [ɛ̃] | e nasalisé | brin, faim, main |
| | [œ̃] | œ nasalisé | un, brun, parfum |
| 3 semi-voyelles | [j] | | yeux, œil, panier, fille |
| | [ɥ] | | fuir, huile, puits, duel |
| | [w] | | oui, foi, fouet, moins |
| 18 consonnes | [p] | | petit, apprendre |
| | [b] | | bal, aborder, abbé |
| | [t] | | tendre, porter, attendre |
| | [d] | | dorer, adoré, addition |
| | [k] | | coque, kilo, ticket |
| | [g] | | gare, naviguer |
| | [f] | | fraise, pharmacien |
| | [v] | | vagabond, wagon |
| | [s] | | souris, assez, maçon, cerf, six |
| | [z] | | rose, zigzag |
| | [ʃ] | | chat, loucher |
| | [ʒ] | | jardiner, géographie |
| | [m] | | maison, pomme |
| | [n] | | nounours, annuler |
| | [ɲ] | | montagne, gagner |
| | [ŋ] | | parking |
| | [l] | | laisser, mille |
| | [ʀ] | | rare, erreur |

# D La conscience phonologique

La conscience phonologique est la capacité, acquise par l'enfant vers 6 ans, à distinguer les phonèmes dans le langage oral.

## 1. Les unités phonologiques

▸ **La syllabe** est une unité d'articulation orale. Elle se prononce d'un seul souffle de voix.

Ex. : *chapeau* : 2 syllabes ⟶ cha/peau
*papillon* : 3 syllabes ⟶ pa/pi/llon
*robe* : 1 syllabe car le *e* est muet à l'oral

▸ La syllabe orale peut être divisée en unités plus petites :
– **l'attaque** est constituée de la consonne ou du groupe de consonnes qui précèdent les premières voyelles ;
– **la rime** est la partie essentielle de la syllabe. Elle contient obligatoirement une voyelle : le **noyau**.
La **coda**, constituée d'une ou plusieurs consonnes, est située après le noyau. Elle est facultative.

Ex. :

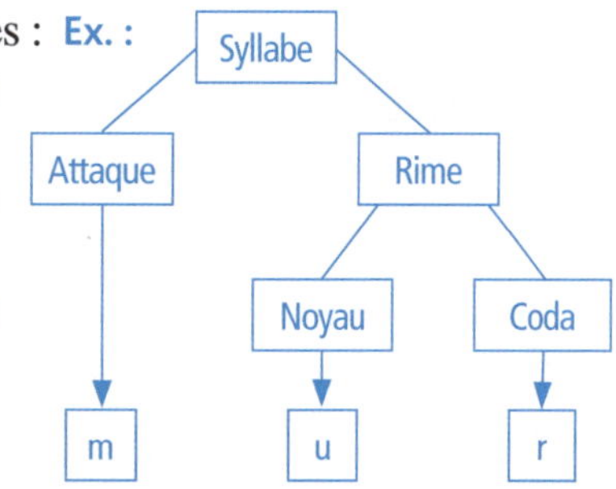


▸ Le mot est donc décomposable en syllabes, elles-mêmes décomposables en unités élémentaires : les phonèmes.

Ex. : *mur* ⟶ 1 syllabe ⟶ /m/ /y/ /ʀ/

**ATTENTION**

La phonologie concerne le **langage oral**.
- Ne pas confondre la syllabe à l'oral et la syllabe à l'écrit :

– **à l'oral**, la syllabe est une unité de souffle ;
Ex. : *robe* ⟶ 1 syllabe
*hélicoptère* ⟶ 4 syllabes (hé/li/cop/tère)
– **à l'écrit**, la syllabe est liée notamment aux procédés de versification : le mot qui suit peut rendre obligatoire la prononciation du *e*.
Ex. : *robe blanche* ⟶ Ici, *robe* a 2 syllabes.
hé/li/cop/tè/re ⟶ 5 sylllabes

- Ne pas confondre la **rime d'une syllabe** et la **rime d'un mot** (qui est la rime de la dernière syllabe de ce mot).

## 2. Quelques notions à bien comprendre

### 2.1. Les paires minimales

Distinguer le phonème permet de différencier deux mots. Deux mots qui diffèrent par un seul phonème dans un même contexte constituent une **paire minimale**.
Le fait de pouvoir identifier des paires minimales permet donc d'identifier des phonèmes distincts.

Ex. : /myʀ/ et /mɔʀ/ ⟶ *mur* et *mort* diffèrent par les phonèmes /y/ et /ɔ/.
/tʀo/ et /gʀo/ ⟶ *trop* et *gros* diffèrent par les phonèmes /t/ et /g/.

### 2.2. Opposition et neutralisation de phonèmes

En français, certaines oppositions peuvent se neutraliser.

❶ **Opposition** [a] **et** [ɑ]

Ex. : la patte du chien. / la pâte feuilletée de la tarte

Le tableau des voyelles nous donne deux occurrences : [a] antérieur (ouvert) et [ɑ] postérieur. Cette prononciation n'est pas valide partout. Si elle n'est pas valide, on dit que l'opposition est neutralisée.

❷ **Opposition** [œ̃] **et** [ɛ̃]

Ex. : un brin d'herbe / un garçon brun

▸ Au nord de la Loire, on ne différencie pas brin /bʀɛ̃/ et brun /bʀœ̃/ : l'opposition est neutralisée.

▸ Dans le sud de la France, ces deux voyelles nasales sont bien différenciées. Les paires minimales permettent de distinguer deux termes différents : brin /bʀɛ̃/ et brun /bʀœ̃/ ; lundi /œ̃/ et infini /ɛ̃/.

❸ **Opposition** [e] **et** [ɛ]

Ex. : J'ai mangé du poulet et j'ai bu du lait.

▸ Le tableau des voyelles nous donne deux occurrences : [e] fermé et [ɛ] ouvert.

▸ Dans certaines régions, cette opposition est neutralisée sauf quand le mot se termine par une syllabe fermée : mer, fer, sel, quel, ter (prononciation : [ɛ]).

▸ L'opposition qui permettait, pour les verbes, de distinguer le passé simple de l'imparfait a tendance à disparaitre au profit de [e].

▸ Il y a neutralisation lorsque la prononciation, qui dépend souvent de variantes locales et régionales, ne change pas le sens du mot.

▸ La recherche de paires minimales permet de mettre en évidence ces neutralisations / oppositions.

Ex. : Il était /etɛ/ une fois en été /ete/.

**REMARQUE**

Dans les exercices de transcription phonologique lors du concours, l'un ou l'autre des phonèmes possibles sont acceptés lorsqu'il s'agit d'une opposition ou d'une neutralisation comme indiqué ci-dessus.

## E De l'oral à l'écrit : les graphèmes

▸ **Le graphème** est la transcription écrite (= graphique) d'un phonème.

▸ Si l'alphabet du français comporte 26 lettres, le français comprend 36 phonèmes (37 si l'on inclut le [ŋ] de *parking*) et des signes diacritiques : accents, cédille, tréma.

▸ À un même phonème peuvent correspondre plusieurs graphèmes.

Ex. : /k/ ⟶ climat, accord, kilo, ticket, quand, chronique

/g/ ⟶ garage, aggraver, guerre, aiguille, second

/s/ ⟶ saucisse, centre, ça, nation, six, science

- On ne compte pas moins de 130 graphèmes correspondant aux phonèmes.
- Le graphème peut être composé d'une seule lettre ou de plusieurs.

Ex. : /m/ ⟶ m　　/ʃ/ ⟶ ch

- À un même graphème peuvent correspondre plusieurs phonèmes.

Ex. : x ⟶ e<u>x</u>ercice : /gz/ ; bo<u>x</u>er : /ks/

**Terminologie**

L'ensemble des informations sur les mots que l'on stocke en mémoire est appelé le **lexique mental**.
Ces informations concernent :
– la **sémantique** (= le sens du mot),
– la **phonologie** (= la suite des phonèmes qui composent le mot à l'oral),
– l'**orthographe** (= les graphèmes qui composent le mot).

# EXERCICES

→ Corrigés p. 240

**1 Faites la transcription phonétique de l'extrait de texte suivant.**

– Dorénavant tout mangeur de plantes, buveur de chocolat y compris, sera déclaré coupable et sévèrement puni.

– Ah mais ! « vouman jédep lente matondi ? » dit le roi.

Philippe Corentin, *Zigomar n'aime pas les légumes*, L'École des loisirs, 1992.

**2 Lisez la suite phonétique ci-dessous.**

/t ɔ̃ t e t a t i l o t e t a t u/

**a)** Combien cette suite comporte-t-elle de syllabes ?

**b)** Entourez chaque syllabe repérée.

**c)** Y a-t-il une logique structurant cette suite phonétique ? Expliquez dans le détail.

# FICHE 33 Le plurisystème orthographique

Relevez les erreurs orthographiques dans la phrase suivante.

Ex. : Les petis poisons rouche ce promaine dan le bocalle
⟶ Les petits poissons rouges se promènent dans le bocal.

## A Les difficultés du système orthographique français

Le système orthographique du français est complexe pour plusieurs raisons.

### 1. Le décalage entre le nombre de phonèmes et de graphèmes

Le décalage entre le nombre de **phonèmes** (les sons du langage, 37 en français) et le nombre de **lettres de l'alphabet** (26 lettres) servant à les coder a plusieurs conséquences.

▸ **Un même graphème** peut coder **des phonèmes différents**.

Ex. : La lettre *s* peut coder les sons [s] (souris) et [z] (cerise).
La lettre *c* peut coder les sons [s] (citron) et [k] (cacao).

**REMARQUE**

Le graphème est la **transcription graphique** d'un phonème.

Ex. : Le verbe *recommencer* peut se décomposer en 8 graphèmes : r-e-c-o-mm-en-c-er, qui correspondent aux 8 phonèmes : [ʀ]-[ə]-[k]-[o]-[m]-[ɑ̃]-[s]-[e].

▸ **Un même phonème** peut être codé par **des graphèmes différents**.

Ex. : Le son [o] peut s'écrire *o* (moto), *au* (en haut) ou *eau* (gâteau).
Le son [f] peut s'écrire *f* (fille) ou *ph* (éléphant).

**REMARQUE**

On peut recenser 12 manières d'écrire le son [s] en français : *s* (souris), *ss* (poisson), *c* (citron), *ç* (caleçon), *sc* (scie), *t* (mots en *-tion* : attention), *x* (six, dix), *z* (quartz), *th* (forsythia), *sth* (asthme), *cc* (succion), *sç* (il acquiesça).

▸ Il faut parfois utiliser une **association de plusieurs lettres** pour coder certains phonèmes.

Ex. : *on* (mouton), *an* (maman), *ou* (loup), *ain* (pain), *oin* (loin), *ch* (chat)...

### 2. Les lettres muettes

▸ Certains graphèmes n'ont **pas de valeur phonétique** et sont **muets** : on parle aussi de « lettres muettes ».

Ex. : du plomb, un banc, il prend, un cerf, un doigt

**REMARQUE**

En français, trois consonnes seulement ont toujours une valeur sonore : *j*, *k* et *v*. Toutes les autres peuvent être muettes dans certains mots.

▸ Les graphèmes muets peuvent correspondre à une **marque d'accord**.

Ex. : Les petits enfants sages jouent dans la cour.

-s du pluriel des noms et des adjectifs — -nt du pluriel des verbes

FICHE 46, P. 289

▸ Les graphèmes muets peuvent aussi correspondre à des **traces étymologiques**, en lien avec l'origine et l'évolution des mots.

Ex. : corps (vient du latin *corpus*), doigt (*digitus*), temps (*tempus*), loup (*lupus*), chant (*cantus*), compter (*computare*)…

FICHE 39, P. 228

▸ Les graphèmes muets permettent aussi de **distinguer des homophones**.

Ex. : cour / cours / court ver / vers / vert

**REMARQUE**

Ces particularités rendent le système orthographique français particulièrement complexe. Nina Catach[1] parle pour cette raison de **plurisystème**.

## B Les différents types de graphèmes

On distingue différents types de graphèmes selon leurs valeurs et le type d'information qu'ils véhiculent.

**REMARQUE**

Un graphème renvoie à une **lettre** ou à un **ensemble de lettres**.

- **Un digramme** est un graphème composé de deux lettres. Ex. : ou, ch, an, on, ph…
- **Un trigramme** est un graphème composé de trois lettres. Ex. : ain, ein, oin…

### 1. Les phonogrammes

Un phonogramme est un graphème qui a une **valeur phonétique** (il se prononce).

Ex. : Dans *papa*, le *p* et le *a* ont une valeur phonétique, ils s'entendent : ce sont des phonogrammes.

### 2. Les morphogrammes

▸ Un morphogramme est un graphème qui n'a pas de valeur phonétique mais qui est porteur d'une information lexicale ou grammaticale.

▸ On parle de **morphogramme lexical** lorsque le graphème apporte des informations de type lexical, sur la famille de mots par exemple.

Ex. : Dans *grand*, le *d* n'a pas de valeur phonétique mais permet de relier le mot à d'autres mots de la même famille (*grandir*, *grande*, *grandement*…) : c'est un morphogramme lexical. Même chose pour *galop* (*galoper*, *galopade*…).

1. Nina Catach est une linguiste, spécialiste de l'orthographe, qui a dirigé un groupe de recherche au CNRS. Pour plus de précisions, voir par exemple :
Nina Catach, *L'Orthographe* (1978), coll. « Que sais-je ? », PUF, 2011.
Nina Catach, *L'Orthographe française* (1995), coll. « Nathan Université », Nathan, 2003.

▸ On parle de **morphogramme grammatical** lorsque le graphème apporte des informations de type grammatical, sur le nombre, le genre, la personne…

Ex. : les enfants » → Les -s indiquent le pluriel.
Elle est partie. → Le -e indique le féminin.
} morphogrammes grammaticaux

### 3. Les logogrammes

▸ Un logogramme est un graphème qui permet de distinguer des homophones.

▸ **Un logogramme lexical** distingue des homophones lexicaux.

Ex. : amande / amende    cour / cours / court    bon / bond

▸ **Un logogramme grammatical** distingue des homophones grammaticaux.

Ex. : ces / ses    et / est    on / ont    son / sont

## C Le classement des erreurs orthographiques

Nina Catach, chercheuse spécialiste de l'orthographe, a mis au point une **grille d'analyse des erreurs orthographiques**, très complète et quasi exhaustive. Le tableau suivant en présente une version simplifiée, qui peut servir à analyser la plupart des erreurs des élèves.

**Conseil**

L'utilisation de cette grille n'est pas obligatoire ; d'autres classements sont possibles, à condition qu'ils soient logiques et cohérents. Attention ! Si vous utilisez la typologie de Nina Catach, vous devez être capables d'expliquer à quels types d'erreurs correspondent les différentes catégories.

| **1. LES ERREURS À DOMINANTE PHONÉTIQUE**<br>= L'élève entend mal ou prononce mal les sons | |
|---|---|
| **Oubli, ajout, confusion de sons ou de syllabes** | Ex. : boucoup, arbustre, suchoter, maitenant, un peneu… |

| **2. LES ERREURS À DOMINANTE PHONOGRAMMIQUE**<br>= L'élève connait les sons mais ne sait pas les transcrire<br>(Erreurs dans les correspondances graphie-phonie) | |
|---|---|
| **Altérant la valeur phonique du mot**<br>En raison de cette erreur, le mot n'est pas prononcé tel qu'il le devrait. | Ex. : bojour, gantil… |
| **N'altérant pas la valeur phonique du mot**<br>L'erreur n'a pas d'incidence sur la prononciation du mot. | Ex. : du vant, une miète… |

| **3. LES ERREURS À DOMINANTE MORPHOGRAMMIQUE**<br>= L'élève fait des erreurs sur les morphogrammes | |
|---|---|
| **Morphogrammes grammaticaux**<br>Accords, terminaison des verbes… | Ex. : la routes, les rue, les enfants manges… |
| **Morphogrammes lexicaux**<br>Non-reconnaissance des mots, ignorance de la famille lexicale, ignorance des préfixes/suffixes… | Ex. : un névier, grant, inabité, anterrement… |

| **4. LES ERREURS À DOMINANTE LOGOGRAMMIQUE**<br>= L'élève fait des erreurs concernant les homophones | |
|---|---|
| **Logogrammes lexicaux**<br>Erreurs dans l'orthographe des homophones lexicaux | Ex. : encre / ancre ; cour / court / cours ; chant / champ ; voie / voix… |
| **Logogrammes grammaticaux**<br>Erreurs dans l'orthographe des homophones grammaticaux | Ex. : a / à ; c'est / ces / ses ; et / est ; on / ont ; son / sont ; ou / où… |

| **5. LES ERREURS À DOMINANTE IDÉOGRAMMIQUE**<br>= L'élève fait des erreurs concernant les signes typographiques | |
|---|---|
| **Majuscules, ponctuation, apostrophes, trait d'union…** | Ex. : arras (Arras), létat (l'État)… |

| **6. LES ERREURS À DOMINANTE NON FONCTIONNELLE** | |
|---|---|
| **Consonnes simples ou doubles non fonctionnelles, accent circonflexe, lettres étymologiques…** | Ex. : sculteur (sculpteur), rume (rhume), patisserie (pâtisserie), anerie (ânerie), comter (compter)… |

## EXERCICES

→ *Corrigés p. 240*

**1 Relevez et analysez les erreurs d'orthographe présentes dans ce texte d'un élève de CM.**

La mer et la terre

Il était une fois un homme et c'est enfants. Le plus grand s'appellait Robin le 2e s'appellait Luigi et la derrnière Arcenciel. C'était des enfants malin ils faisaits de la plongé sous-marine de l'escalade ils grimpèrent aux arbre et ils avait une copine c'était la baleine elle s'appellait Béla. Mais un jour ils rencontrèrent un serpent et le serpent leurs boucher le passage et renard arriva est ils les soverrent et plus jamais ils on revu le serpent.

**2 Observez les marques d'accord dans cette copie d'élève de CE1 (en mars). Quelles remarques pouvez-vous faire ?**

Il était une foir deux oiseaux qui se regardé tous le temps. Il y avait un petit et un grand. Le petit résetait au nie, pendans que le grand alai chercher a manger, les vert de terre, les greinne et des insectes. C'est parfait pour qu'il se face un bon faisettin. Un jour le petit oiseaux a aprix a volé avec son grand frère.

**3 Commentez les différentes écritures du mot *feuille* dans cette copie d'élève de CP.**

L'arbre et c'est feuills

Il était une fois un bel arbre qui avait plein de feuills qui étaient très jolie. Un jour d'hiver il perds prèque toute c'est fellies il an raist que deux fellie. ou son til pasé se dis til ? ou son pa sé. les sotr fellie se dirte les deus fellie ? a je pans que les au fellie se son anvolé !. dis lune dai deux. fin.

# FICHE 34 La valeur des lettres

Une lettre peut avoir plusieurs valeurs lorsqu'on passe de l'écrit à l'oral. Elle peut en effet se lire différemment.
Ex. : J'ai passé dix fois cet examen et, à mon dixième essai, j'ai réussi !

## A Les valeurs des lettres

Chaque lettre ou ensemble de lettres de l'alphabet correspondant à un phonème peut avoir quatre valeurs : une valeur de base, une valeur de position, une valeur auxiliaire, une valeur zéro. Par ailleurs, certains phonèmes sont codés ou transcrits par un ensemble de deux ou trois lettres : les valeurs digrammique et trigrammique.

**Définitions**

**Phonème :** la plus petite unité distinctive de la chaine parlée (unité minimale de l'oral).

**Graphème :** la plus petite unité distinctive de la chaine écrite (unité minimale de l'écrit). Il transcrit un son (phonème). Un graphème peut être constitué d'une lettre, de deux lettres (digramme), de trois lettres (trigramme) ou d'une lettre pourvue d'un signe diacritique (accent, cédille).

**Phonogramme :** graphème chargé de transcrire un phonème.

### 1. La valeur de base

- La valeur de base est la **valeur phonétique usuelle des lettres**.
- La plupart des lettres ont en effet une valeur de base.

Ex. : *m* → [m] ; *d* → [d]

- Plusieurs graphèmes ont les mêmes valeurs de base.

Ex. : *v* et *w* → [v] ; *i* et *y* → [i]

**REMARQUES**

- Pour maintenir la valeur de base de certaines lettres, des transformations sont parfois nécessaires :
  – devant *e*, *i* et *y*, on ajoute un *u* après le *g* pour maintenir la valeur de base de la lettre *g* ou le son [g] ;
  Ex. : guenon, guitare, Guy
  – devant *e*, on ajoute un *u* après le *c* pour maintenir la valeur de base de la lettre *c* ou le son [k] ;
  Ex. : cueillir
  – entre deux voyelles, on double le *s* pour maintenir la valeur de base de la lettre *s* ou le son [s].
  Ex. : poisson
- La lettre *h* n'a pas de valeur phonétique.

### 2. La valeur de position

- La valeur de position est liée au fait que **certaines lettres peuvent avoir, selon leur environnement immédiat, des valeurs phonétiques différentes**.
- Entre deux voyelles, la lettre *s* a pour valeur de position [z].

Ex. : vase, poison

▶ En cas de liaison (quand le mot qui suit commence par une voyelle), la lettre *s* a pour valeur de position [z]. Ex. : Quels amis sont venus ?

▶ Des graphèmes différents peuvent avoir une même valeur de position.

Ex. : *c* ⟶ cinéma et *t* ⟶ opération
⟶ *c* et *t* sont suivis ici de la lettre *i*.

▶ Dans certains cas, la valeur de base des consonnes finales donne la valeur de position [ɛ] au *e* qui les précède. Ex. : bec, mer, ver

**REMARQUE**

Pour maintenir la valeur de position de certaines lettres, des transformations sont parfois nécessaires :
– devant *a* et *o*, on ajoute un *e* après le *g* pour obtenir le son [j] ;
Ex. : un geai, nous mangeons
– devant *a*, *o* et *u*, on ajoute une cédille à la lettre *c* pour obtenir le son [s].
Ex. : façade, garçon, reçu

## 3. La valeur auxiliaire

▶ On parle de valeur auxiliaire lorsque **le graphème n'est pas prononcé mais modifie la valeur phonétique d'un autre graphème**.

Ex. : Dans *jugeote*, le *e* change la valeur de base du *g*.
Dans *guenon* ou *guérir*, le *u* influe sur la prononciation du *g* qui garde sa valeur de base malgré la présence du e (même accentué) qui suit.

▶ La valeur auxiliaire des consonnes finales donne à la lettre *e* sa valeur de position [e].

Ex. : pied, poulet, nez, parler

▶ Les lettres *e* et *h* peuvent avoir une valeur auxiliaire (rôle « anticoagulant »).

Ex. : contraint/contraient tohu-bohu

## 4. La valeur zéro

**Le graphème est non prononcé**, il ne modifie la prononciation d'aucun autre graphème :
– à l'initiale ;
Ex. : scinder, histoire, homme
– en fin de syllabe ou de mot ;
Ex. : dévouement, doigt, instinct, foie, blond, corps, choux, sang, tu manges
– à l'intérieur d'un mot.
Ex. : faon, affoler, carré, homme, dévouement

**REMARQUE**

Les morphogrammes (c'est-à-dire les graphèmes qui donnent une indication grammaticale – marques de genre, nombre, temps, personne – ou lexicale – lettres dérivatives rattachant le mot à sa famille) sont le plus souvent muets.
Ex. : les enfants, il chantait ; l'enfant blond

## 5. Les valeurs digrammique et trigrammique

▶ **Un digramme** est un assemblage de deux lettres formant un unique graphème et représentant un unique phonème.

Ex. : Le mot *chou* est composé de deux digrammes : *ch* et *ou* ⟶ /ʃu/.

▶ On parle parfois également de **trigramme** pour les graphèmes *oin* et *ien* qui transcrivent cependant deux phonèmes étroitement associés : /wɛ̃/ et /jɛ̃/.

# B Le lien avec le plurisystème orthographique

## 1. Préciser la valeur d'emploi des lettres

Faire le lien entre la valeur des lettres et la classification de Nina Catach permet de préciser la valeur d'emploi des lettres :

– les **morphogrammes grammaticaux** : graphèmes donnant une indication grammaticale comme les marques de genre, de nombre, de temps et de personne ;
– les **morphogrammes lexicaux** : lettres dérivatives rattachant le mot à sa famille ;
– les **phonogrammes** : graphèmes chargés de transcrire des phonèmes ;
– les **lettres étymologiques** (origine historique des lettres).

FICHE 46, P. 289

## 2. Analyser les valeurs d'une lettre

Voici un exemple d'analyse des valeurs de la lettre *t* par rapport à la classification de Nina Catach :

« La campagne de presse qui a précédé la publication de ces modifications orthographiques du 6 décembre 1990 valait son pesant d'or. J'en ai gardé des traces croustillantes : “fin du style”, “prime aux cancres”, “on ne pourra plus lire Corneille dans le texte”. C'est Jean d'Ormesson qui a écrit cette dernière phrase. A-t-il lu quelquefois Madame de Sévigné dans le texte ? En voici un échantillon : “Monsieur vous me permettres de souhaitter la paix” ».

Danièle Manesse, « L'orthographe fout le camp ! », in Philippe Meirieu (dir.), *L'École et les parents : la grande explication*, Plon, 2000.

| | Valeur de base | Valeur de position | Valeur auxiliaire | Valeur zéro | Insertion dans un digramme |
|---|---|---|---|---|---|
| **Phonogramme** | traces<br>croustillantes<br>style<br>texte *(deux occurrences)*<br>échantillon<br>a-t-il | publication<br>modifications | | | permettres<br>souhaitter<br>cette |
| **Morphogramme grammatical** | | | | valait*<br>est*<br>écrit* | |
| **Morphogramme lexical** | croustillantes | | | pesant* | |
| **Lettre étymologique** | | | | | orthographiques |

* La lettre *t* possède également une valeur phonogrammique latente : elle graphierait le phonème [t] si le mot qui la suit était à initiale vocalique (liaison).

❶ **Valeur de base :** la lettre *t* graphie le phonème [t] dans *traces*, *croustillantes*, *style*, *texte* (deux occurrences), *échantillon* et *a-t-il*. Dans cette dernière occurrence, la lettre *t* est purement euphonique (elle facilite la prononciation) et vise à éviter le hiatus entre deux sons vocaliques.

❷ **Valeur de position :** la lettre *t* graphie le phonème [s] dans les finales en *-tion* : *publication*, *modifications*.

❸ **Valeur zéro :** la lettre *t* ne correspond à aucun phonème dans *valait*, *pesant*, *est* et *écrit* ; elle est muette parce qu'elle est suivie d'un mot à initiale consonantique. Elle possède une valeur phonogrammique latente : la lettre graphierait le phonème [t] si le mot qui la suit était à initiale vocalique (liaison).
Il s'agit d'un morphogramme grammatical dans les verbes conjugués *valait* et *est*, où la lettre *t* est la marque de la troisième personne du singulier.
Dans *écrit* et *pesant*, la lettre *t* peut être interprétée comme un morphogramme lexical dérivatif (exemples de dérivations : *écriture*, *pesanteur*), mais aussi comme un

morphogramme grammatical : elle est caractéristique des formes du participe passé *(écrit)* et du participe présent *(pesant)*, ici substantivé.
Enfin, dans l'adjectif *croustillantes*, la lettre *t*, en plus de correspondre à un phonème, permet de marquer graphiquement le lien entre l'adjectif masculin croustillant et l'adjectif féminin *croustillante* : c'est un morphogramme lexical.

❹ **La lettre *t* entrant dans un digramme :** dans quatre occurrences, la lettre *t* entre dans la formation de digrammes qui, comme la lettre simple, graphient le phonème [t]. Dans *permettres*, le diagramme modifie le son du phonème qui le précède, ce qui n'est pas le cas dans *souhaitter*.
Le digramme *th* dans *orthographe* est étymologique.

## EXERCICES

→ Corrigés p. 242

**1 Dans l'extrait suivant, étudiez les valeurs du graphème *x*.**

Avant d'être un boxeur célèbre, sixième de sa catégorie, il a été un exemple pour beaucoup d'enfants. Ceux-ci aimaient le voir, sous des faux airs de dur, il était très doux. À n'importe quel prix, ils n'auraient raté un seul de ces excellents matchs.

**2 Relevez et classez les différentes valeurs de la lettre *s*.**

Je songeais, sous l'obscur de la nuit endormie,
Qu'un sépulcre entrouvert s'apparaissait à moi
La Mort gisait dedans toute pâle d'effroi,
Dessus était écrit : Le tombeau de Marie.

Ronsard, *Amours de Marie*, 1556.

**3 Proposez un classement des occurrences de la lettre *c* selon ses valeurs orthographiques.**

Vous me demanderez peut-être, je vous entends d'ici, c'est une manie chez vous, pourquoi j'écris ce livre. Je vous donnerai, pour le même prix, deux réponses au lieu d'une. Première réponse : je vous emmerde. Voilà une bonne chose de faite.

Jean d'Ormesson, *Casimir mène la grande vie* © Éditions Gallimard, 1997.

**4 Analysez les valeurs de la lettre *t* dans l'extrait suivant.**

Anton Voyl n'arrivait pas à dormir. Il alluma. Son Jaz marquait minuit vingt. Il poussa un profond soupir, s'assit dans son lit, s'appuyant sur son polochon. Il prit un roman, il l'ouvrit, il lut ; mais il n'y saisissait qu'un imbroglio confus, il butait à tout instant sur un mot dont il ignorait la signification.

Georges Perec, *La Disparition* (1969) © Éditions Gallimard, 1989.

# FICHE 35 Orthographe lexicale et orthographe grammaticale

On distingue traditionnellement l'**orthographe lexicale** et l'**orthographe grammaticale**. Chacun de ces deux domaines présente des caractéristiques propres et leur maitrise fait appel à des compétences différentes.

Ex. : **un hippocampe, le temps, l'embonpoint** → mots présentant des difficultés relevant de l'orthographe lexicale

**Les petits insectes que j'ai voulu attraper se sont enfuis.** → phrase présentant des difficultés relevant de l'orthographe grammaticale

## A L'orthographe lexicale

▸ L'**orthographe lexicale** renvoie à la façon d'écrire les mots, indépendamment les uns des autres, **hors de tout contexte** : il s'agit de l'orthographe des mots tels qu'ils apparaissent dans le dictionnaire.

**REMARQUE**

L'orthographe lexicale est concernée par les rectifications orthographiques mentionnées dans le *Journal officiel* du 6 décembre 1990 (▸ FICHE 40, P. 234).

FICHE 33, P. 204

▸ Compte tenu des difficultés du système orthographique du français, certains mots de la langue sont difficiles à écrire car leur orthographe n'est pas « transparente » (doublement de consonnes, lettres finales muettes, etc.). Pour autant, l'orthographe lexicale présente un certain nombre de **régularités** et les mots de la langue s'organisent en réseaux ou en **séries** qu'il convient de connaitre et de comprendre pour éviter un certain nombre d'erreurs.

FICHE 46, P. 289

▸ Ainsi, l'orthographe d'un mot est en lien avec son histoire. **Connaitre l'étymologie** d'un mot peut aider à l'orthographier.

Ex. : Les mots ***hippodrome*** et ***hippocampe*** viennent du grec et sont formés à partir de « **hippo** » *(cheval)*.

Le mot ***doigt*** vient du latin « **digitus** », ce qui justifie les lettres muettes finales.

**ATTENTION**

Il ne faut pas confondre les deux éléments grecs « **hippo-** » *(cheval)* et « **hypo-** » *(inférieur, en dessous)*. S'ils se prononcent de la même manière, ils ne s'écrivent pas de la même façon et ont des sens différents.

Ex. : hippodrome, hippocampe / hypocalorique, hypoallergénique

▸ Par ailleurs, des mots de la même famille présentent un radical commun. **Rattacher un mot à sa famille dérivationnelle** aide à l'orthographier correctement.

Ex. : *galop* se termine par un *p* muet qui permet de le rattacher à *galoper*, *galopade*...

*jardin* s'écrit *in* car on retrouve ce *i* audible dans *jardinier*, *jardinage*...

FICHE 45, P. 282

▸ **La reconnaissance des différents affixes** (préfixes et suffixes) qui entrent dans la formation des mots contribue également à une orthographe correcte.

Ex. : suffixe ***-ette*** ⟶ **fillette, maisonnette, jupette**
préfixe ***en-*** ⟶ **enfermer, enterrement**
préfixe ***dys-*** ⟶ **dysfonctionner, dyslexie**

▸ Enfin, l'écriture de certains mots est régie par des **principes** qu'il convient de connaitre.

Ex. : Pour transcrire le son [ε], l'accent sur le *e* n'est pas nécessaire, notamment lorsque celui-ci se trouve devant deux consonnes (*escargot*, *escalier*, *personne*...) ou lorsqu'il est suivi d'une consonne audible qui termine le mot (*sel*, *miel*, *appel*...).
Devant *m*, *b* et *p*, il faut écrire *m* à la place de *n* (*emmener*, *embrasser*, *crampons*...) sauf dans *bonbon*, *bonbonne*, *bonbonnière*, *néanmoins*, *embonpoint*...

> **Conseil**
>
> Pour être performant en orthographe lexicale, il convient de prendre conscience des **régularités orthographiques** qui existent entre les mots et qui s'expliquent par leur appartenance à différentes séries ou différents réseaux. Il existe **plusieurs grandes séries**, parmi lesquelles :
>
> – les **séries analogiques** : elles rassemblent les mots qui présentent des similitudes du point de vue de leur **construction** ;
>
> Ex. : Les mots dont le radical est *honn-* prennent deux *n* (*honneur*, *honnête*, *honnêteté*, *honnêtement*...) ; ceux dont le radical est *honor-* prennent un seul *n* (*honorable*, *honorabilité*, *honoraire*...).
>
> – les **séries contextuelles** : elles concernent les mots qui obéissent à des **principes orthographiques identiques** ;
>
> Ex. : Les consonnes nasales (*m ou* n) ne sont jamais doublées après *i* ou *u* dans le radical du mot (*finesse*, *finement*, *jardinier*, *brunette*, *parfumeur*...).
>
> – les **séries homonymiques** suffixales : elles regroupent des mots qui se construisent avec les **mêmes affixes**.
>
> Ex. : On écrit *méchamment* avec un *a* et *patiemment* avec un *e* parce que *méchamment* vient de *méchant* et *patiemment* vient de *patient*.

## B L'orthographe grammaticale

▸ **L'orthographe grammaticale** renvoie aux **phénomènes d'accord** (en genre, en nombre et en personne) qui se manifestent entre des mots variables qui, à l'intérieur d'un groupe ou d'une phrase, entretiennent des relations syntaxiques. L'orthographe grammaticale correspond donc à la **manifestation orthographique d'un lien syntaxique entre différentes unités**.

Ex. : Les petits enfants sages jouent dans la cour.

▸ L'orthographe grammaticale concerne les phénomènes d'accord qui interviennent :

– à l'intérieur du groupe nominal ;

FICHE 36, P. 215

Ex. : Les petits enfants sages jouent dans la cour.
groupe nominal

– entre le verbe et son sujet.

FICHE 37, P. 219

Ex. : Les petits enfants sages jouent dans la cour.

▸ En fonction de ces différents cas de figures, ces phénomènes d'accord obéissent à des règles particulières.

> **Conseil**
>
> Pour être performant en orthographe grammaticale, il faut prendre conscience des **relations** qui s'instaurent entre les mots à l'intérieur d'une phrase, et **savoir identifier leur nature et leur fonction.**

# EXERCICES

→ Corrigés p.243

**1 Pour chacun des mots suivants, trouvez des mots de la même famille pour justifier leur orthographe.**

a) territoire

b) ventilateur

c) feuillage

d) terrifiant

e) contemporain

f) paysage

g) écœuré

h) long

**2 Justifiez les lettres muettes de chacun des mots suivants en vous appuyant sur leur étymologie.**

a) travers

b) estomac

c) corps

d) temps

e) doigt

f) loup

g) compter

# FICHE 36 Les accords dans le groupe nominal

À l'intérieur du groupe nominal, le déterminant et l' (les) adjectif(s) s'accordent en genre et en nombre avec le nom qu'ils déterminent.

Ex. : Les petits chats mangent leurs croquettes.
- Les (dét.) petits (adj.) chats (nom noyau) → groupe nominal
- leurs (dét.) croquettes (nom noyau) → groupe nominal

Les journaux évoquent l'ouverture des festivals.
- Les (dét.) journaux (nom noyau) → groupe nominal
- l' (dét.) ouverture (nom noyau) des festivals (nom Ct du nom) → groupe nominal

Mes petits-enfants ont eu des poux dans les cheveux !
- Mes (dét.) petits-enfants (nom noyau) → groupe nominal
- des (dét.) poux (nom noyau) → groupe nominal
- les (dét.) cheveux (nom noyau) → groupe nominal

## A Les caractéristiques du groupe nominal

FICHES 4, 5 ET 14, P. 28, 30 ET 75

▸ **Le groupe nominal** est constitué **d'un nom**, noyau du groupe, **et d'un déterminant** qui accompagne le nom, auxquels peuvent s'ajouter **d'autres constituants facultatifs, les expansions du nom**

▸ **Le nom commun** possède un **genre** (masculin ou féminin) et un **nombre** (singulier ou pluriel).

▸ On dit que le genre est arbitraire, c'est-à-dire qu'il ne relève pas d'un choix mais qu'il est imposé par le nom.

Ex. : une chaise → genre féminin — un tabouret → genre masculin

▸ Le nombre en revanche fait l'objet d'un choix de la part du locuteur qui produit l'énoncé.

Ex. : un chat → singulier — des chats → pluriel

## B La notion d'accord

▸ L'accord renvoie aux **marques de genre et de nombre** (et aussi de personnes dans le cas du verbe) qui se manifestent sur les mots variables à l'intérieur d'un groupe ou d'une phrase.

▸ Ces différentes marques sont la **manifestation d'un lien syntaxique** qui s'instaure entre les unités d'un groupe ou d'une phrase : autrement dit, **les relations syntaxiques** que les mots entretiennent entre eux **ont des répercussions orthographiques**.

**REMARQUE**

On parle de **chaine d'accord** lorsque plusieurs mots, qui entretiennent des relations syntaxiques, reçoivent des marques orthographiques (genre, nombre, etc.).

Ex. : Les petits enfants sages prennent leur gouter.

## C Les accords dans le groupe nominal

▸ À l'intérieur du groupe nominal, **le déterminant et le ou les adjectifs s'accordent en genre et en nombre avec le nom** qu'ils déterminent.

**REMARQUE**

Contrairement au nom commun, le **nom propre** n'a pas besoin d'être accompagné par un déterminant mais il peut l'être, au singulier ou au pluriel. Ex. : la Bretagne ; les Alpes

▸ Pour bien accorder un nom, il faut **repérer la fonction** qu'il assume dans la phrase :

– s'il assume la fonction **attribut du sujet**, le nom s'accorde en genre et en nombre avec le mot en fonction sujet ;

Ex. : Ses parents (sujet) sont médecins (att. du sujet). Sa fille (sujet) est avocate (att. du sujet).

– lorsqu'il assume la fonction **complément du nom**, c'est le sens qui parfois autorise ou non l'accord.

Ex. : des patins (nom) à glace (nom (Ct du nom)) ; des patins (nom) à roulettes (nom (Ct du nom))

▸ **La marque du genre féminin** se manifeste par une terminaison en ***-e*** sur l'adjectif qui complète le nom.

Ex. : une jolie petite fille ;
une vilaine sorcière

**ATTENTION**

**Les mots *amour*, *délice* et *orgue* changent de genre** en passant du singulier au pluriel : ils sont masculins au singulier et féminins au pluriel.

Ex. : un amour interdit, des amours interdites

**REMARQUES**

- **Les noms féminins terminés par** [i] s'écrivent ***-ie*** (ex. : une amie, une momie, une bergerie…) sauf *brebis*, *souris*, *fourmi*, *nuit*, *perdrix*.
- **Les noms féminins terminés par** [y] s'écrivent ***-ue*** (ex. : une morue, la berlue, la vue…) sauf *bru*, *glu*, *tribu*, *vertu*.
- **Les noms féminins terminés par *-té* ou *-tié*** ne prennent pas de ***-e*** (ex. : la santé, la satiété, la pitié, la vétusté…) sauf *dictée*, *jetée*, *montée*, *pâtée*, *portée* et les noms indiquant un contenu (ex. : une assiettée, une cuillérée…).

▸ **La marque du pluriel** dépend de la terminaison du nom.

• De manière générale, le pluriel des noms se marque par un ***-s***.

Ex. : des enfants, des verrous, des éventails

**ATTENTION**

- **7 noms en *-ou*** prennent un *-x* au pluriel : *bijoux*, *cailloux*, *choux*, *genoux*, *hiboux*, *poux*, *joujoux*.
- **7 noms en *-ail*** font leur pluriel en *-aux* au pluriel : *bail* → *baux* ; *corail* → *coraux* ; *émail* → *émaux* ; *soupirail* → *soupiraux* ; *travail* → *travaux* ; *vantail* → *ventaux* ; *vitrail* → *vitraux*.

• La marque est ***-x*** lorsque le nom se termine par :

***-eau*** (ex. : cadeaux, eaux, fourneaux, agneaux) ;

***-au*** (ex. : préaux, noyaux, fléaux), sauf *landaus* et *sarraus* ;

***-eu*** (ex. : cheveux, feux, enjeux), sauf *pneus* et *bleus* ;

***-al*** (ex. : cheval ⟶ chevaux ; journal ⟶ journaux), sauf *bals*, *carnavals*, *festivals*, *chacals récitals*, *régals*…

• Lorsqu'il s'agit d'un **nom composé** constitué de plusieurs mots, il faut tenir compte de la formation des mots pour l'accord en nombre :

FICHE 40, P. 236

– les mots composés construits sur le schéma « préposition + nom » et « verbe + nom » prennent toujours un ***-s*** sur le second élément ;

Ex. : des sans-papiers ; des ouvre-boites

– dans les autres cas, le sens ou les règles d'accord qui s'appliquent en français autorisent ou non l'accord au pluriel.

Ex. : des petits-enfants ; des timbres-poste ; des arcs-en-ciel

## EXERCICES

→ *Corrigés p. 244*

**1 Dans le texte suivant, relevez les erreurs d'accord et corrigez-les.**

Différents travaux lui ont permis d'obtenir des bails précaires nécessaires à la viabilité de son entreprise. Il vend des réveilles-matins et des abats-jours : en deux demi-journées, il peut en vendre une dizaine de chaque. Il ne faut pas marcher sur ses plates-bande. Malgré quelques bleux à l'âme, il se construit un avenir radieux.

**2 Dans le texte suivant, relevez et classez les marques orthographiques du pluriel.**

Les familles heureuses se ressemblent toutes ; les familles malheureuses sont malheureuses chacune à leur façon. Tout était sens dessus dessous dans la maison Oblonski. Prévenue que son mari entretenait une liaison avec l'ancienne institutrice française de leurs enfants, la princesse s'était refusée net à vivre sous le même toit que lui.

Léon Tolstoï, *Anna Karénine*, 1877.

**3 Intéressez-vous aux substantifs féminins et faites les remarques nécessaires d'un point de vue orthographique.**

J'aime à chanter les amours et les aventures de ces femmes venues de loin que l'on ne cesse d'aimer. Plus leur beauté m'émeut, plus mon envie de chanter s'accroit.

**4 Justifiez l'orthographe des mots en gras.**

En piles, sur le sol, formant une sorte de trône, s'entassaient **dindes**, **oies**, **pintadeaux**, terrines, rôtis, **cochons de lait**, **chapelets de saucisses**, **pâtés en croûte**, **bourriches d'huîtres**, châtaignes grillées, **pommes vermeilles**, **oranges juteuses**, poires fondantes, marrons glacés, **galettes des rois**, **coupes de punch** brûlant dont les senteurs gourmandes embaumaient la pièce.

D'après Charles Dickens, *Un chant de Noël*, 1843.

**5 Dans le texte suivant, justifiez l'accord des adjectifs.**

Sophie La Rouge, c'est ainsi qu'on la surnommait, descendit avec une grâce nonchalante les marches du train. Elle trouvait les hommes bien naïfs : combien d'entre eux se seraient damnés pour elle ? Elle portait des vêtements rouge carmin, couleur de la passion, celle qui rend fou, ce qui lui valait ce sobriquet un rien désuet…

**6 Les pluriels des noms composés suivants sont-ils corrects ?**

a) des ronds-points

b) des milles-feuilles

c) des arrières-pensées

d) des porte-bagages

# FICHE 37 Les accords du verbe avec son sujet

Le verbe s'accorde toujours avec son **sujet**. Selon les cas de figure, les règles d'accord entre le verbe et son sujet sont différentes.

Ex. : Aujourd'hui arrivent les premières jonquilles.
La plupart de mes amis viendront.
Un troupeau de moutons nous empêchait de passer.

## A Les caractéristiques de l'accord sujet-verbe

▸ **Le verbe s'accorde en personne et en nombre** (singulier ou pluriel) **avec son sujet**. Le sujet est le mot **donneur** de marques (personne et nombre) et le verbe est le **receveur**. Il est donc très important de bien repérer le sujet pour pouvoir marquer l'accord correctement.

▸ **La fonction sujet** peut être assumée par des **classes grammaticales différentes**.

FICHE 10, P. 58

Ex. : Pierre sort de chez lui. / Les Alpes attirent de nombreux touristes. → nom propre

Les élèves de Mme Boisjoli sortent dans la cour. / Le garçon que j'ai rencontré s'appelle Paul. → groupe nominal

Souffler n'est pas jouer. / Savoir rester optimiste en toutes circonstances est une qualité précieuse. → groupe verbal à l'infinitif

Il part demain. / Elles partent demain. → pronom

Que tu aies réussi me réjouit. / Qu'ils viennent nous voir nous fait plaisir. → proposition

**ATTENTION**

Un même sujet peut être lié à plusieurs verbes : **tous les verbes doivent alors s'accorder avec lui**.

Ex. : Dans la cour, les enfants courent, sautent, rient et se bousculent.

## B Des cas d'accord particuliers

Selon les cas de figure, il existe plusieurs règles d'accord entre le verbe et son sujet (accord au singulier ou au pluriel).

▸ **Plusieurs sujets coordonnés :**

– coordination par ***et*** : verbe au pluriel ;

Ex. : Un oiseau, un chien, une vache et un cochon partirent en quête d'argent.

– coordination par ***ou*** : verbe au pluriel ou au singulier selon le sens.

Ex. : Un oiseau, un chien ou un cochon feront l'affaire.
Un oiseau ou un chien, je ne sais plus, se tient à l'entrée.

▸ **Sujets juxtaposés** (lorsque les mots sont de sens proches) : verbe au pluriel ou au singulier selon le sens.

Ex. : Une plainte, un cri me firent sursauter.
Une plainte, un cri me fit sursauter

▸ **Sujets repris par un pronom** (ex. : tout, aucun, personne, rien…) : verbe au singulier.

Ex. : Cahiers, stylos, livres, tout trainait sur sa table.

▸ **Sujet assumé par un nom collectif seul :** verbe au singulier.
Un nom collectif, bien que singulier, renvoie à une pluralité et désigne un ensemble de personnes, d'animaux ou d'objets (ex. : foule, bande, troupe, équipe…).

Ex. : La foule était en liesse. Le groupe entra dans le refuge.

▸ **Sujet assumé par un nom collectif + un complément du nom :** verbe au singulier ou au pluriel.
Le nom collectif se construit souvent avec un complément du nom (ex. : une foule de manifestants, une équipe de sportifs, un groupe de randonneurs, une bande de copains, un banc de poissons, un troupeau de vaches…).

Ex. : Une foule de personnes s'avançait / s'avançaient.
Un troupeau de vaches marchait / marchaient au milieu de la route.

**REMARQUES**

• Si on considère **comme un « bloc »** l'ensemble des référents qui composent le collectif, le verbe s'accorde **avec le nom collectif (au singulier)**.
Ex. : Le groupe des manifestants se dispersa rapidement.

• Si on considère **dans leur individualité** chacun des référents qui composent le collectif, le verbe s'accorde **avec le complément du nom (au pluriel)**.
Ex. : L'équipe des sportifs victorieux saluèrent le public.

▸ **Sujet assumé par un GN indiquant une quantité :**

– verbe au pluriel ;

Ex. : Beaucoup viendront. Peu de choses m'intéressent.

**ATTENTION**

Lorsque *peu de* est précédé d'un déterminant (ex. : le peu de, ce peu de…), le verbe est au singulier.
Ex. : Le peu d'enfants qui mange à la cantine apprécie le repas.

– *la plupart de* + nom : verbe au pluriel (y compris quand le complément du nom est sous-entendu) ;

Ex. : La plupart des élèves mangent à la cantine. La plupart réussiront.

– *plus d'un* : verbe au singulier ou au pluriel admis.

Ex. : Plus d'un réussira / réussiront.

▸ **Sujet constitué d'une fraction numérique** (ex. : la moitié, le tiers…) **ou non** (ex. : la majorité, la minorité, la part…) **+ nom :** verbe au singulier ou au pluriel admis.

Ex. : La moitié des enfants mange/ mangent à la cantine.

▸ **Sujet constitué de noms assemblés par *comme*, *ainsi que*, *de même que*… :**

– lorsque le terme joignant les deux noms a valeur d'addition (= *et*) : verbe au pluriel ;

Ex. : L'argent comme la renommée ne font pas le bonheur.

– lorsque le second terme garde sa valeur de comparatif : accord avec le premier terme (au singulier ou au pluriel).

Ex. : Le frère, comme la sœur, redoutait par-dessus tout ce moment.
Les deux ainés, de même que la cadette, se réjouissaient de cette nouvelle.

▶ **Recours au présentatif *c'est* :**

– si le présentatif est suivi d'un nom ou pronom singulier : verbe au singulier (= *c'est*) ;

Ex. : C'est **ma sœur.** C'est bientôt **le printemps** ! C'est lui !

– si le présentatif est suivi d'un nom ou pronom pluriel : verbe au pluriel (= *ce sont*), sauf avec *nous* et *vous*.

Ex. : Ce sont **nos parents.** Ce sont **les miens.**
C'était donc **vous** !

**REMARQUE**

À l'oral, le présentatif *c'est* est souvent utilisé, même devant un nom au pluriel.
Ex. : C'est mes parents.

**ATTENTION**

Il faut veiller également :
– aux sujets inversés ;
Ex. : Dans la forêt, vivaient de gentils lutins.
– aux sujets assumés par un pronom relatif : l'accord se fait avec l'antécédent ;
Ex. : C'est **moi** qui irai. C'est **toi** qui payes. Il est **le seul** qui réussit l'exercice. C'est **nous** qui vous invitons. C'est **vous** qui viendrez. Ce sont **eux** qui se plaignent.
– aux sujets composés de plusieurs personnes.
Ex. : Pierre et Fanny sont arrivés à temps. ⟶ Le genre masculin l'emporte.
Fanny et toi irez au marché. ⟶ 2e personne du pluriel
Pierre et moi irons à la piscine. ⟶ 1re personne du pluriel

## EXERCICES

→ Corrigés p. 245

**1 Transposez ce texte au pluriel (narrateur : *ils*) en étant attentif aux changements d'accord.**

Il décida de partir dès le lendemain. S'il était angoissé par ce qui l'attendait, il n'en montra rien. Lui qui avait toujours espéré se rendre de l'autre côté : enfin se présentait l'occasion, il avait été choisi, il était l'élu. « Syloïde et toi, partirez très tôt, dès le lever de Vénus », dit le grand sage.

**2 Conjuguez chaque forme verbale entre parenthèses.**

a) Peut-on faire distinguer aux élèves passé proche et passé lointain ainsi que l'évolution des modes de vie comme le (*stipuler*, présent de l'indicatif) les programmes ?

**b)** Le travail sur un album de jeunesse en classe (*demander*, présent de l'indicatif) aux élèves de mobiliser beaucoup de compétences, que ce (*être*, subjonctif présent) des savoirs ou des savoir-faire.

**c)** Il (*être*, présent de l'indicatif) essentiel pour le professeur, comme le (*préconiser*, présent de l'indicatif) les progressions des programmes, de faire rendre compte aux élèves de leur compréhension fine du texte pour s'assurer que cette dernière est acquise et ne (*poser*, présent de l'indicatif) pas de problème.

**d)** Ces séances et leurs supports (*s'inspirer*, présent de l'indicatif) d'un album de littérature de jeunesse pour le cycle 2.

**e)** Elle va répondre aux questions que (*se poser*, présent de l'indicatif) les enfants.

**f)** Ainsi, les parents les plus diplômés (*avoir*, présent de l'indicatif) des enfants qui (*pratiquer*, présent de l'indicatif) plus souvent des activités comme la lecture, le cinéma ou la visite de musées.

**g)** Certains connecteurs (*évoquer*, présent de l'indicatif) la fréquence des actions, sa soudaineté, des actions successives, une durée.

**h)** L'enseignant (*choisir*, présent de l'indicatif) les œuvres qui (*confier*, futur simple de l'indicatif de la voix passive) aux familles.

**i)** Nous pouvons remarquer que les questionnements des élèves ne se (*faire*, présent de l'indicatif) que sur l'illustration et le vocabulaire.

**j)** À partir de ce questionnement, (*découler*, présent de l'indicatif) plusieurs questions.

**k)** Claude Le Manchec (*définir*, présent de l'indicatif) l'album comme une forme mixte de texte et d'images qui (*emprunter*, présent de l'indicatif) à la fois à la bande dessinée, au dessin animé et au conte par ses thématiques mais aussi par ses structures souvent répétitives.

**l)** En petite section, les élèves ont besoin d'un guidage fort pour s'exprimer oralement, le professeur d'école a donc un rôle déterminant pour tout d'abord amener les élèves à s'exprimer car certains, s'ils ne sont pas sollicités par l'enseignant, ne (*participer*, présent de l'indicatif) pas.

**3 Dans l'extrait suivant, vous transposerez au singulier le pronom *nous* et vous procéderez aux modifications nécessaires que vous justifierez.**

Ces amis-là, si nous passons la soirée avec eux, c'est vraiment que nous en avons envie. Eux, du moins, nous ne les quittons souvent qu'à regret. Et quand nous les avons quittés, aucune de ces pensées qui gâtent l'amitié : Qu'ont-ils pensé de nous ? – N'avons-nous pas manqué de tact ? – Avons-nous plu ? – et la peur d'être oublié pour tel autre.

Marcel Proust, *Sur la lecture*,
préface de la traduction de *Sésame et les Lys* de John Ruskin, 1905.

# FICHE 38 Les accords du participe passé

Selon qu'il est employé comme adjectif, avec les auxiliaires *être* ou *avoir*, ou avec des verbes pronominaux, le participe passé s'accorde différemment.

Ex. : Elles ont mangé toutes les fraises.
Les fraises qu'elles ont mangées étaient très sucrées.
Elles se sont lavées.
Elles se sont lavé les mains.

## A Le participe passé

FICHE 8, P. 49

Le participe est un **mode impersonnel** du verbe. On distingue le **participe présent** (ex. : chantant) et le **participe passé** (ex. : chanté).

**Conseil**

Pour trouver la terminaison du participe passé d'un verbe du 3e groupe, on l'utilise comme adjectif au féminin.

Ex. : prendre → une décision prise → pris
dire → une parole dite → dit
finir → une rédaction finie → fini

## B L'accord du participe passé

FICHE 37, P. 219

En plus des règles générales qui concernent l'accord du verbe avec son sujet, il existe des règles d'accord du participe passé, différentes selon qu'il est employé comme adjectif, avec les auxiliaires *être* ou *avoir*, ou avec des verbes pronominaux.

### 1. Le participe passé employé comme adjectif

Le participe passé employé comme **adjectif**, assumant la fonction **épithète du nom** ou **en apposition**, **s'accorde en genre et en nombre avec le nom** auquel il se rapporte.

Ex. : un bonbon sucré / des fraises sucrées ; des balcons fleuris / des jardinières fleuries

**ATTENTION**

Lorsqu'un participe passé assume les fonctions **attribut du sujet** ou **attribut du COD**, il suit les règles générales d'accord : il **s'accorde en genre et en nombre avec le sujet ou le COD** auquel il se rattache.

Ex. : Ces fraises sont sucrées. → Le participe passé est attribut du sujet : il s'accorde avec le sujet *ces fraises* (féminin pluriel).

Je trouve ces fraises sucrées. → Le participe passé est attribut du COD : il s'accorde avec le COD *ces fraises* (féminin pluriel).

### 2. Le participe passé employé avec l'auxiliaire *être*

Le participe passé employé avec l'auxiliaire *être*, qu'il s'agisse d'un verbe conjugué à un temps composé ou d'un verbe à la voix passive, **s'accorde en genre et en nombre avec le sujet**.

Ex. : Elles sont rentrées à Paris. / Ils sont arrivés en Bretagne. → verbes *rentrer* et *arriver*, conjugués au passé composé, à la voix active

La souris est mangée par le chat. ⟶ verbe *manger*, conjugué au présent, à la voix passive
Ils ont été révoltés par tant d'injustice. ⟶ verbe *révolter*, conjugué au passé composé, à la voix passive

## 3. Le participe passé employé avec l'auxiliaire *avoir*

### 3.1. Règle générale

▸ Le participe passé employé avec l'auxiliaire *avoir* **ne s'accorde pas avec le sujet**.

Ex. : Elles ont bien mangé. ⟶ Le participe passé ne s'accorde pas avec le sujet.

▸ Le participe passé employé avec l'auxiliaire *avoir* s'accorde avec le COD seulement si celui-ci est placé avant le verbe. Sinon, il ne s'accorde pas.

Ex. : Elles ont mangé des fraises. ⟶ Le participe passé ne s'accorde pas avec le COD *des fraises* car celui-ci est placé après le verbe.

Les fraises qu'elles ont mangées étaient délicieuses. ⟶ Le participe passé s'accorde avec le COD *qu'* placé avant et qui reprend l'antécédent *les fraises* (féminin pluriel).

Ces livres, je les ai tous lus. ⟶ Le participe passé s'accorde avec le COD *les* placé avant et qui reprend l'antécédent *ces livres* (masculin pluriel).

**Comment accorder correctement le participe passé ?**

Ex. : Les cadeaux que (COD) tu nous as rapportés nous (COI) ont beaucoup plu.

Le participe passé *rapportés* s'accorde avec le COD *que* placé avant et qui reprend *les cadeaux* (masculin pluriel).

Le participe passé *plu* ne s'accorde pas car le pronom *nous* placé devant lui assume la fonction COI et non COD.

### 3.2. Cas particuliers

▸ Le participe passé d'un **verbe impersonnel** est **invariable**.

Ex. : Les heures qu'il m'a fallu pour parcourir cette route m'ont semblé interminables.
⟶ verbe *falloir* impersonnel, pas d'accord avec le COD placé avant.

▸ Les participes passés des verbes ***faire*** (*fait*) et ***laisser*** (*laissé*) restent invariables lorsqu'ils sont suivis d'un infinitif.

Ex. : Les romans que tu m'as fait lire sont passionnants.
Elles se sont laissé surprendre par la marée.

**ATTENTION**

• À l'exception de *fait* et *laissé* qui sont toujours invariables, le **participe passé suivi d'un infinitif** s'accorde avec le COD qui précède si celui-ci est **complément du participe passé**.

Ex. : Les musiciens que j'ai entendus jouer étaient très doués. ⟶ Le participe passé entendus s'accorde avec le COD *que* (qui reprend *les musiciens*) car ce complément se rattache bien au participe passé (*J'ai entendu qui ?* ⟶ *les musiciens*).

• En revanche, le participe passé reste **invariable** si le COD dépend de l'infinitif.

Ex. : Ses enfants, je les ai vu grandir. ⟶ Ici, le participe passé *vu* est invariable car le COD *les* (qui reprend *ses enfants*) dépend de l'infinitif (*grandir*) et non du participe passé (*J'ai vu grandir qui ?* ⟶ *ses enfants*).

▶ **Le participe passé des verbes d'énonciation et d'opinion** (ex. : dire, devoir, croire, pouvoir, vouloir, savoir, etc.) est invariable lorsqu'il a pour COD une proposition ou un infinitif sous-entendus après lui.

Ex. : J'ai fait tous les exercices que j'ai pu. ⟶ Le participe passé *pu* est invariable car son COD est l'infinitif *faire* (sous-entendu dans ce cas : *j'ai fait tous les exercices que j'ai pu faire*). *Que* (qui reprend *tous les exercices*) est le COD de *faire* (sous-entendu) et non de *pu*.

## 4. Le participe passé employé avec les verbes pronominaux

▶ Les verbes pronominaux, c'est-à-dire accompagnés d'un pronom complément réfléchi (ex. : se laver, se nourrir, se déguiser…) se construisent avec l'auxiliaire *être* aux temps composés.

▶ Néanmoins, pour accorder correctement le participe passé, il faut suivre les règles d'accord du participe passé employé avec l'auxiliaire *avoir*. Il convient donc de **repérer correctement le COD du verbe** (qui peut être assumé par un groupe nominal, un pronom ou par le pronom réfléchi lui-même) **et sa position**.

Ex. : Elle s'est lavée. ⟶ Le COD de *se laver* est le pronom réfléchi *se*, qui remplace *elle*, et est placé avant (*elle a lavé se = elle-même*) : accord au féminin singulier.

Elle s'est lavé les dents. ⟶ Le COD de *se laver* est le GN *les dents*, placé après : pas d'accord.

La part de gâteau qu'il s'est servie était énorme. ⟶ Le COD de *se servir* est *qu'*, placé avant et qui reprend *la part de gâteau* : accord au féminin singulier.

**ATTENTION**

Il faut bien identifier la fonction des compléments.

Ex. : Les orages se sont succédé toute la nuit. ⟶ Ici, le participe passé *succédé* ne s'accorde pas car le pronom réfléchi *se* n'est pas en fonction COD mais COI (= *les orages ont succédé à eux-mêmes*).

## 5. L'accord de certains participes passés selon leur position par rapport au nom

Certains participes passés (ex. : supposé, passé, vu, attendu, excepté, ci-joint, ci-inclus…) suivent des règles d'accord différentes selon qu'ils sont placés avant ou après le nom qu'ils déterminent :

– **placés devant le nom : ils ne s'accordent pas** car ils fonctionnent comme une préposition ;

Ex. : Ci-joint ma lettre de motivation. Excepté la chambre, tout avait brulé.

– **placés après le nom : ils s'accordent** avec lui car ils fonctionnent alors comme un adjectif.

Ex. : Veuillez trouver ma lettre de motivation ci-jointe.

Tout avait brulé dans cette maison, la chambre exceptée.

**REMARQUE**

*Étant donné* placé devant le nom peut rester invariable ou s'accorder avec celui-ci.

Ex. : Étant donné / données les circonstances, ils ont préféré déménager.

# EXERCICES

→ Corrigés p. 246

**1 Accordez les participes passés.**

a) Les voyous ont été (*arrêté*) par les policiers.

b) Nous avons (*passé*) notre enfance à Paris.

c) Lorsqu'elles sont (*arrivé*), ils sont (*parti*).

d) Elle a fait sécher les fleurs (*fané*) puis les a (*collé*) sur une feuille.

e) La belle voiture que Paul a (*acheté*) fait des envieux !

f) La petite fille a (*fabriqué*) une poupée.

g) Les années qui se sont (*succédé*) ne le changent pas.

h) Elle s'est (*coupé*) le doigt. Elle s'est (*coupé*).

i) Elles se sont (*moqué*) de moi.

j) Ils se sont (*plu*) immédiatement.

k) Les filles se sont (*battu*) toute la partie et ont (*gagné*) le match.

l) Ils se sont (*souri*) en se voyant.

**2 Justifiez l'accord des participes passés.**

a) La maison ensoleillée qu'il a achetée a été totalement détruite par la tempête. Ils se sont nui. De chaque côté s'alignaient des pages rangés sur un double rang, et par taille décroissante, une tête de moins de l'un à l'autre [...].

Jacob et Wilhelm Grimm, *Le Pêcheur et sa Femme*, 1812.

b) C'est-à-dire qu'en se voyant affligés tous les deux de la même disgrâce, Pinocchio et Lumignon, au lieu de se trouver humiliés et de s'affliger, se montrèrent leurs oreilles démesurément agrandies et, après maintes grimaces, finirent par s'esclaffer et rire aux éclats.

Carlo Collodi, *Pinocchio*, 1881.

**3 Dans cet extrait, justifiez les accords des formes verbales composées.**

À l'instar de ces gens qui, sans entrer pour de bon dans votre vie, s'obstinent à la côtoyer et, bien plus que vos intimes, vous privent de liberté, parmi les choses qui vous sont arrivées ou que, poussé par une envie de connaissance ou de plaisir, vous avez apprises, certaines se frayent un chemin en vous, s'y développent à votre insu, et un jour vous vous apercevez que tout en vous aspire à leur obéir. Ainsi du français. Jamais je ne saurais s'il m'a vraiment accepté, mais que tel le lierre qui s'enroule autour d'un arbre il a desséché en moi l'espagnol, de cela je suis convaincu.

Hector Bianciotti, *Le Pas si lent de l'amour* © Éditions Grasset & Fasquelle, 1995.

**4 Justifiez l'accord des participes passés en gras.**

Si son enfance se fût **écoulée** dans l'arrière-boutique obscure d'un quartier marchand, elle se serait peut-être **ouverte** alors aux envahissements lyriques de la nature, qui, d'ordinaire, ne nous arrivent que par la traduction des écrivains. Mais elle connaissait trop la campagne ; elle savait le bêlement des troupeaux, les laitages, les charrues. **Habituée** aux aspects calmes, elle se tournait, au contraire, vers les **accidentés**. Elle n'aimait la mer qu'à cause de ses tempêtes, et la verdure, seulement lorsqu'elle était **clairsemée** parmi les ruines.

Gustave Flaubert, *Madame Bovary*, 1857.

**5 Réécrivez le passage suivant au passé composé et commentez les changements.**

Ses feuilles sont de deux sortes : celles qui rampent à l'ombre, au ras du sol, sont découpées en trois lobes ; celles qui se développent sur les rameaux dressés et qui s'orientent vers la lumière se simplifient, perdent leurs lobes. Les mœurs du lierre sont fort originales : la plante a besoin de très peu de lumière pour se nourrir, d'où son ardeur à ramper au sol et à recouvrir les sous-bois.

D'après Jean-Marie Pelt, *Fleurs, fêtes et saisons* © Éditions Fayard, 1989.

**6 Dans les phrases suivantes, accordez correctement les participes passés des verbes pronominaux.**

a) Elles se sont (*teint*) les cheveux.
b) Ma sœur s'est (*pincé*) pour s'assurer qu'elle ne rêvait pas !
c) Ils se sont (*rencontré*) sur le marché.
d) Valentine s'est (*coincé*) le doigt dans la porte.
e) Les enfants se sont (*endormi*) rapidement.
f) Ils se sont (*disputé*) puis se sont (*présenté*) leurs excuses.
g) Mes cousines se sont (*lavé*), se sont (*brossé*) les dents puis se sont (*maquillé*) avant de sortir.
h) Les deux chatons se sont (*blotti*) l'un contre l'autre.
i) Nous nous sommes (*juré*) d'y retourner.

# FICHE 39 Les homophones

Les homophones sont des mots qui se prononcent de la même façon mais qui s'écrivent différemment.

Ex. : Où es-tu ? Ici ou là ?
C'est ma fille qui s'est trompée.
Son frère et lui sont allés au cinéma.
En quelques heures seulement, il a lu quelque deux-cents pages.

## A Définir et caractériser les homophones

▶ Les homophones sont des mots qui **se prononcent de la même façon** mais dont l'**orthographe diffère** et qui n'appartiennent pas toujours à la même classe grammaticale. Il convient de bien identifier la nature du mot pour l'orthographier correctement.

**Homonymes, homophones et homographes**

- De façon usuelle, on utilise aussi le terme d'homonymes pour renvoyer à des mots de sens différents qui se prononcent de la même manière. Dans le langage courant, **homophones** et **homonymes** sont donc **synonymes**.
- On parle en revanche **d'homographes** pour des mots qui s'écrivent de la même manière mais **se prononcent différemment.**

Ex. : fils (les fils du tissu) / fils (le fils de Jean)
pub (bar irlandais) / pub (abréviation de *publicité*)

▶ On distingue les **homophones lexicaux** et les **homophones grammaticaux**.

### 1. Les homophones lexicaux

On parle d'homophones lexicaux lorsque les unités concernées sont des **mots du lexique** (noms, verbes, adjectifs, adverbes). Souvent, les homophones lexicaux appartiennent à la même classe grammaticale.

Ex. : encre / ancre ; amende / amande ; cour / cours / court ; ver / vers / vert / verre / vair ; mer / mère / maire ; conte / comte / compte...

**Conseil**

- À l'oral, le locuteur sait ce qu'il veut dire et ne se trompe pas dans le message qu'il souhaite faire passer.
- À l'écrit, il devra être particulièrement vigilant. Pour éviter les erreurs d'orthographe sur les homophones lexicaux, les différentes formes devront être mémorisées (ex. : encre / ancre ; mer / mère...).
- Dans certains cas, le lien avec d'autres mots de la même famille peut aider à choisir l'orthographe qui convient (ex. : vert / verte ; court/ courte...).

### 2. Les homophones grammaticaux

On parle d'homophones grammaticaux lorsque les unités concernées sont des **mots grammaticaux** (déterminants, pronoms, prépositions, conjonctions, auxiliaires).

Ex. : ou / où ; et / est ; ces / ses ; c'est / s'est ; on / ont ; son / sont ; ce / se...

**REMARQUES**

- Le plus souvent, les homophones grammaticaux appartiennent à des **classes grammaticales différentes** : les unités concernées n'ont donc pas le même fonctionnement linguistique, ce qui permet de les différencier (ex. : et / est ; son / sont ; ou / où...).
- Parmi les homophones grammaticaux, on rencontre **différentes formes d'un même verbe**, conjuguées à des personnes différentes (ex. : a / as ; es / est ; veux / veut...) et/ou à des temps/modes différents (ex. : chanter / chantait / chanté / chantez...).
- Les homophones grammaticaux appartiennent parfois à une même classe grammaticale (ex. : ces et ses sont des déterminants) ; la **transformation au singulier** peut alors éviter des erreurs.
- Certains cas d'homophonie grammaticale relèvent d'une **segmentation différente de la chaine écrite** (ex. : ni / n'y ; si / s'y ; sans / s'en...).

## B Distinguer les homophones grammaticaux

Très fréquents en français, les homophones grammaticaux sont une source d'erreurs chez les enfants comme chez les adultes. Pour choisir la bonne forme, il faut analyser correctement le fonctionnement des différentes unités en concurrence ; le recours à différentes manipulations (substitution, transformation) peut également aider à éviter les erreurs.

### 1. c'est / s'est

▸ ***C'est*** est un **présentatif**. On peut le remplacer par *voici*, *voilà*, *c'était*.

Ex. : C'est un beau livre. ⟶ Voici un beau livre. / C'était un beau livre.

▸ ***S'est*** est une **forme verbale** constituée du pronom personnel complément *se* et de l'auxiliaire *être*. *S'est* est toujours suivi d'un participe passé. Cette forme se retrouve avec les verbes pronominaux. La transposition au présent permet d'identifier correctement qu'il s'agit d'une forme verbale.

Ex. : Il s'est demandé ce qu'il allait faire. ⟶ Il se demande ce qu'il va faire.

### 2. ces / ses

▸ Il s'agit dans les deux cas de déterminants.

▸ ***Ces*** est un **déterminant démonstratif** ; il peut s'accompagner d'un geste de monstration (= *ceux-ci*, *ceux-là*).

Ex. : Ces élèves sont attentifs. Ces fleurs sont magnifiques.

▸ ***Ses*** est un **déterminant possessif** ; il exprime une possession (= *les siens*).

Ex. : Ses cheveux sont défaits. Ses amis sont partis en vacances.

**Conseil**

Pour distinguer *ces* déterminant démonstratif et *ses* déterminant possessif, on peut passer le GN au singulier pour entendre la différence.

Ex. : Ces fleurs sont magnifiques ⟶ Cette fleur est magnifique.
Ses amis sont partis en vacances. ⟶ Son ami est parti en vacances.

## 3. on / ont

▶ ***On*** est un **pronom personnel indéfini** ; on peut le remplacer par un autre pronom (*il* ou *nous* par exemple).

Ex. : On part demain. ⟶ Il part demain.

**ATTENTION**

Lorsque le pronom *on* est suivi d'un verbe qui commence par une voyelle, la liaison « masque » à l'oral la négation, mais il ne faut pas oublier de l'écrire ! Le remplacement de *on* par *il* permet alors de la rétablir.

Ex. : On n'en veut plus. ⟶ Il n'en veut plus.

▶ ***Ont*** correspond au **verbe *avoir*** à la 3e personne du pluriel, au présent de l'indicatif. Pour mettre en évidence qu'il s'agit d'une forme verbale, on peut changer le temps (remplacement par *avaient*).

Ex. : Ils ont un superbe voilier. ⟶ Ils avaient un superbe voilier.

## 4. a / à

▶ ***A*** correspond au **verbe *avoir*** à la 3e personne du singulier, au présent de l'indicatif, ou à l'**auxiliaire *avoir*** accompagné d'un verbe au participe passé pour former le passé composé. Pour mettre en évidence qu'il s'agit d'une forme verbale, on peut changer le temps (remplacement par *avait*).

Ex. : Elle a un teint de porcelaine. ⟶ Elle avait un teint de porcelaine.
Il a beaucoup dormi. ⟶ Il avait beaucoup dormi.

▶ ***À*** est une **préposition**. On peut parfois la remplacer par d'autres prépositions (ex. : dans, sur...).

Ex. : Elle habite à Vannes. ⟶ Elle habite dans Vannes.

## 5. la / là / l'as / l'a

▶ ***La*** peut correspondre à l'**article défini** (il accompagne alors un **nom**) ou au **pronom personnel complément** (il est alors suivi d'un **verbe**). Selon les cas, on pourra le remplacer par un autre déterminant (ex. : ma, cette...) ou par un autre pronom complément (ex. : le pronom masculin *le*).

Ex. : La fillette joue dans le parc. ⟶ Cette fillette joue dans le parc.
Je la croise tous les jours. ⟶ Je le croise tous les jours.

**REMARQUE**

Lorsque ***la*** est pronom personnel complément, on peut généralement retrouver son **antécédent**.

Ex. : Je la croise tous les jours. ⟶ la = la fillette

▶ ***Là*** est un **adverbe de lieu**. On peut le remplacer par *là-bas*.

Ex. : Arthur n'est pas là aujourd'hui. ⟶ Arthur n'est pas là-bas aujourd'hui.

▶ ***L'as*** et ***l'a*** correspondent à l'association du pronom personnel complément *l'* (on peut le remplacer par un autre pronom complément et on peut rechercher son antécédent) avec l'auxiliaire ou le verbe *avoir* à la 2e et 3e personne du singulier, au présent de l'indicatif. Pour les identifier, on peut changer le temps (remplacement par *avais* ou *avait* par exemple).

Ex. : Je ne trouve plus ma trousse. Tu ne l'as pas vue ? ⟶ Tu ne l'avais pas vue ?
l' = ma trousse

Ce livre, il l'a en double. ⟶ Ce livre, il l'avait en double.
l' = ce livre

## 6. tous (tout, toute(s)) / tout

▸ ***Tous*** (***tout***, ***toute(s)***) est un **déterminant** (souvent couplé à un autre déterminant). Il s'accorde avec le nom qu'il détermine.

Ex. : Tous les matins, elle part à vélo.

Elle a chanté tout l'été.

Toute la famille l'a félicité.

**REMARQUE**

Les formes *tout le / tout mon / tout ce…, toute la / toute ma / toute cette…, tou(te)s les / tou(te)s mes / tou(te)s ces…* résultent de l'association des déterminants indéfinis *tout / tous / toutes* et d'un autre déterminant (article défini, déterminant possessif, démonstratif…), et s'analysent comme un **déterminant composé**.

▸ ***Tout*** est un **adverbe**. On peut le remplacer par *très* ou *vraiment*.

Ex. : Il a l'air tout content. → Il a l'air très / vraiment content.

**ATTENTION**

L'adverbe ***tout*** **s'accorde** lorsqu'il est suivi d'un **mot féminin commençant par un *h* aspiré ou une consonne**. Dans les autres cas, il reste **invariable**.

Ex. : Elle semblait toute honteuse. Elle a de toutes petites mains. Elle était tout émerveillée.

## 7. même(s) / même

▸ ***Même(s) :*** lorsqu'il s'agit de l'**adjectif**, il est **variable** et s'accorde avec le nom qu'il détermine.

Ex. : J'ai la même chemise. J'ai acheté les mêmes livres.

▸ ***Même :*** lorsqu'il s'agit de l'**adverbe**, il est **invariable**. On peut le remplacer par *aussi*.

Ex. : Il a même fait la vaisselle. → Il a aussi fait la vaisselle.

## 8. ni / n'y

▸ ***Ni*** est une **conjonction de coordination**.

Ex. : Elle n'aime ni le poisson ni la viande.

Ni l'un ni l'autre n'a voulu venir avec nous.

▸ ***N'y*** correspond à l'adverbe de négation ***ne*** suivi du pronom adverbial ***y*** (dont on peut rechercher l'antécédent).

Ex. : Au marché, il n'y va jamais.
y = au marché

**REMARQUE**

Quand on ne peut pas retrouver l'antécédent du pronom adverbial *y*, il peut être remplacé par un GN (ex. : à cet endroit, à cette chose…).

Ex. : Elle ne s'y attendait pas. → Elle ne s'attendait pas à cette chose.

## 9. quel que / quelque(s) / quelque

▸ ***Quel que*** (***quels que /quelle que / quelles que***) : suivi du verbe *être* (le plus souvent au subjonctif), ***quel*** **s'accorde** avec le nom auquel il se rapporte.

Ex. : Quel que soit ton choix, ce sera le bon.

Quelles que soient tes décisions, je les respecterai.

▸ ***Quelque(s)*** peut correspondre au **déterminant indéfini**, il **s'accorde** alors avec le nom qu'il accompagne. On peut le remplacer par un autre déterminant indéfini (ex. : plusieurs, certain(es)...).

Ex. : Quelques enfants mangent à la cantine. → Plusieurs enfants mangent à la cantine.

▸ ***Quelque*** peut également fonctionner comme un **adverbe**. Il est alors **invariable** et peut être remplacé par *environ*.

Ex. : Il a écrit quelque deux-cents pages. → Il a écrit environ deux-cents pages.

## 10. quoique / quoi que

▸ ***Quoique*** peut être une **conjonction de subordination** qui introduit une proposition circonstancielle de concession. On peut la remplacer par *bien que*.

Ex. : Quoique cela ne m'intéresse pas, j'irai le voir quand même.

→ Bien que cela ne m'intéresse pas, j'irai le voir quand même.

▸ ***Quoi que*** est une **locution conjonctive**, formée du pronom ***quoi*** (que l'on peut remplacer par *quelle que soit la chose que*) et de la conjonction de subordination ***que***.

Ex. : Quoi qu'il lui arrive, il reste optimiste.

→ Quelle que soit la chose qu'il lui arrive, il reste optimiste.

## 11. leur / leur(s)

▸ ***Leur*** est un **pronom personnel** correspondant à la 3e personne du pluriel en **fonction COI**. Il se place **avant le verbe** et est **invariable**.

Ex. : Elle a rendu visite à ses parents, elle leur a offert des fleurs.
COI

▸ ***Leur(s)*** peut correspondre au **déterminant possessif**. Il est alors **suivi d'un nom** et **s'accorde** avec celui-ci.

Ex. : Leur fille est charmante. Ils ont laissé trainer leurs affaires.

▸ ***(Les) leurs*** correspond au **pronom possessif**. Il remplace un GN introduit par un déterminant possessif.

Ex. : Nos enfants sont sages, les leurs sont plus turbulents. → les leurs = leurs enfants

Ils sont des leurs. → des leurs = de les leurs

## 12. ou / où

▸ ***Ou*** est une **conjonction de coordination** indiquant un choix. On peut la remplacer par *ou bien*.

Ex. : J'irai à la piscine ou au cinéma. → J'irai à la piscine ou bien au cinéma.

▸ ***Où*** peut correspondre à un **pronom relatif** introduisant une proposition subordonnée relative (PSR) ou à un **pronom interrogatif**.

Ex. : La ville où nous vivons est très agréable. Où vas-tu ?
pr. relatif PSR pr. interrogatif

## 13. si / s'y

▸ ***Si*** peut correspondre à une **conjonction de subordination**, introduisant une proposition circonstancielle de condition ou une interrogative indirecte.

Ex. : Si tu veux, nous irons nous promener. Je ne sais pas si je pourrai venir.

Il peut aussi s'agir d'un **adverbe d'intensité**. On peut alors le remplacer par *tellement*.

Ex. : Il est si cultivé ! ⟶ Il est tellement cultivé !

▸ ***S'y*** correspond à la combinaison du pronom réfléchi ***se*** et du pronom adverbial ***y***. Cette forme se rencontre **devant un verbe pronominal**.

Ex. : Qui s'y frotte, s'y pique. Bien fol qui s'y fie.

# EXERCICES

→ Corrigés p. 247

**1 Justifiez l'orthographe des mots en gras.**

Ils sont **tous** là. **Quoi qu'**ils fassent, ils sont toujours **tout** contents. **Même** si les choses se compliquent, ils gardent **leur** sang-froid. Rien **n'y** fait ! **Quelques** ennuis par-ci par-**là** peuvent les contrarier mais **quels que** soient les évènements, ils s'en sortent admirablement. Ça **s'est passé** remarquablement bien.

**2 Pour chaque phrase, vous donnerez la nature de *tout(e)* en justifiant.**

a) **Tout** étudiant passera l'examen final.
b) Je passe **tout** l'été à la mer.
c) **Tout** est calme.
d) Les figures assemblées forment un **tout**.
e) Elle est **toute** contente.
f) Elles partent **toutes**.

**3 Précisez la nature des homophones pour chaque énoncé.**

a) C'est une belle histoire. / Elle s'est perdue dans la forêt.
b) Ces histoires sont belles. / Ses histoires sont incompréhensibles.
c) On rentre avec lui. / Ils ont mangé tous les gâteaux.
d) Il la voit arriver de loin. / Il l'a déposée chez elle. / Tu l'as bien vue ? / Elle est là.
e) Elle a beaucoup aimé ce livre. / Elle va à la plage demain.
f) Elle leur a trouvé un travail. / Ils repartent avec leur père.

**4 Quelle est la phrase correctement orthographiée ?**

a) Quoiqu'elle pense, quels que soient ses actes, elle ne pourra s'y soustraire.
b) Quoi qu'elle pense, quelque soit ses actes, elle ne pourra s'y soustraire.
c) Quoi qu'elle pense, quel que soit ses actes, elle ne pourra s'y soustraire.
d) Quoi qu'elle pense, quels que soient ses actes, elle ne pourra s'y soustraire.

# FICHE 40 L'orthographe rénovée

La langue française a beaucoup évolué au fil des siècles et son orthographe a connu différentes réformes, avant de se stabiliser en 1835.
En 1990, l'orthographe du français connait une nouvelle réforme : le *Journal officiel de la République française – Édition des documents administratifs* (n° 100 du 6 décembre 1990) publie les règles de la « nouvelle orthographe » proposées par les instances francophones compétentes, parmi lesquelles l'Académie française.
Même si cette nouvelle orthographe n'est pas obligatoire mais recommandée, c'est désormais **celle qui doit être enseignée à l'école** (tout en acceptant des élèves les graphies conformes aux normes antérieures).

Ex. : maître → maitre vingt et un → vingt-et-un week-end → weekend
des gentlemen → des gentlemans des stimuli → des stimulus

## A La mise en place de la nouvelle orthographe

▸ Nous entretenons tous un rapport particulier à l'orthographe et on pourrait s'interroger sur la nécessité d'une réforme supplémentaire. Ces rectifications, qui sont mises en œuvre non seulement en France mais aussi dans l'espace francophone, visent à simplifier et à harmoniser le système orthographique. Elles permettent ainsi de remédier à certaines anomalies ou irrégularités présentes dans notre orthographe. Ces modifications concerneraient entre 2 500 et 3 000 mots dans un dictionnaire usuel.

▸ L'adoption de ces rectifications orthographiques s'est faite de manière très progressive. Les dictionnaires Hachette ont été les premiers à tenir compte de la totalité des changements, depuis 2002. En 2006, Garnier les intègre à son tour dans *Le Nouveau Littré*. Depuis, les dictionnaires d'autres éditeurs, ainsi que les correcteurs orthographiques des traitements de texte, les appliquent progressivement.

▸ Aujourd'hui, cette orthographe se répand de plus en plus : elle est en usage dans de nombreuses revues scientifiques de didactique du français, et est également utilisée dans les **manuels scolaires**. Le présent ouvrage est écrit selon les principes de l'orthographe recommandée.

**L'orthographe rénovée et les programmes scolaires**

- *BOEN* du 19 juin 2008 : « L'orthographe révisée est la référence. »
- *BOEN* du 26 novembre 2015 : « L'enseignement de l'orthographe a pour référence les rectifications orthographiques publiées par le Journal officiel de la République française le 6 décembre 1990. »

## B Les rectifications orthographiques

### 1. Les accents et le tréma

▸ **L'accent circonflexe disparait sur les lettres *i* et *u*** dans la mesure où il ne sert pas à distinguer deux sons différents.

Ex. : le maitre, connaitre, paraitre, aout, cout, entrainer, boite, flute, bruler

En revanche, il est maintenu lorsqu'il a une valeur distinctive et qu'il permet de distinguer deux unités différentes.

Ex. : il croit (verbe *croire*) / il croît (verbe *croitre*) ; sur / sûr ; du pain/ ce qui est dû ; jeune / jeûne ; mur/ mûr ; il fut (passé simple) / qu'il fût (subjonctif imparfait)

▶ **On met un accent grave plutôt qu'un accent aigu** sur un certain nombre de mots pour faire coïncider orthographe et prononciation.

Ex. : un évènement, du cèleri, règlementaire, la sècheresse

Cela s'applique aussi au futur et au conditionnel des verbes qui se conjuguent sur le modèle de *céder* et aux inversions du sujet à la première personne.

Ex. : je cèderai, je règlerais, aimè-je, dussè-je, pussè-je

▶ **Les mots étrangers empruntés sont également accentués** pour éviter une prononciation hésitante et/ou s'adapter aux règles de l'orthographe française.

Ex. : à minima, à capella, du diésel, mon égo, un révolver, un sénior, une pizzéria

▶ **Les trémas** sont simplifiés et déplacés sur la lettre ***u***.

Ex. : aigüe, ambigüe, ambigüité, gageüre, argüer

## 2. Le trait d'union et la soudure

▶ **La soudure remplace l'usage du trait d'union** dans un certain nombre de mots :

– dans les mots composés de ***contr(e)*** et ***entr(e)*** ;

Ex. : entretemps, contrattaque, contrindiqué...

– dans les mots composés de ***extra-***, ***infra-***, ***intra-***, ***ultra-*** ;

Ex. : extraterrestre, ultraviolet, infrarouge...

– dans les mots composés savants en ***-o*** (ex. : hydro-, socio-, etc.) ;

Ex. : hydroalcoolique, socioéconomique, agroalimentaire, autoévaluation...

– dans les mots d'origine étrangère bien implantés et les onomatopées.

Ex. : weekend, baseball, cowboy, waterpolo, un tamtam, le chachacha...

**REMARQUE**

**Devant une voyelle**, le *e* disparait (ex. contrattaque). Sur ce même principe, *asseoir* devient *assoir*.

**REMARQUE**

Aux côtés de *portefeuille*, on écrivait avant *porte-monnaie*. Désormais, **le principe d'harmonisation prévaut** et on écrit *portemonnaie*.

▶ Le trait d'union est en revanche systématisé dans l'écriture des nombres.

Ex. : deux-cents, cent-deux, un-million, deux-mille-vingt-et-un, trente-et-unième...

## 3. Les consonnes simples, les consonnes doubles et les familles de mots

▶ **Les consonnes doubles sont simplifiées :**

– **dans les mots en *-olle* et les verbes en *-otter*,** de même que dans **les mots de la même famille** ;

Ex. : corole, frisoter, frisotis...

**ATTENTION**

Font exception à cette règle les mots ***colle***, ***folle*** et ***molle***, ainsi que les mots de la même famille qu'un nom en ***-otte*** (ex. : botte, botter).

– **dans les verbes en *-eler* et *-eter*** (qui se conjuguent sur le modèle de *peler* et *acheter*), ainsi que **leurs dérivés en *-ment***. Sur ce principe, le nom *déchetterie* devient ***déchèterie*** ;

Ex. : j'amoncèle, tu épèles, il époussète, un amoncèlement

**REMARQUES**

- La simplification de la consonne doublée entraine l'**ajout d'un accent grave sur le *e* qui précède**. Ex. : j'amoncelle → j'amoncèle
- Font exception à cette règle les verbes ***appeler***, ***jeter*** et leurs dérivés (y compris ***interpeler*** et ***projeter***).

– **dans les noms en *-illier* et *-illière*, le *i* muet est supprimé** après les deux *l*.

Ex. : joailler, quincailler, serpillère

▸ **L'écriture de mots de la même famille** ou formés sur le même modèle est harmonisée pour davantage de cohérence.

Ex. : *Charriot* s'écrit désormais avec deux *r* comme *charrue*.
*Combattif* prend désormais deux *t* comme *combattant*.
*Boursouffler* prend deux *f* comme *souffler*, de la même famille.
On écrit *ognon* comme *rognon* et *trognon*, *exéma* comme *exécuter*, etc.

**REMARQUE**

On écrit désormais *nénufar* et non *nénuphar* car ce mot est d'origine arabe et non grecque. Le *ph* est donc remplacé par un *f*.

## 4. Les accords

▸ **Les mots empruntés à d'autres langues** s'accordent en suivant la règle du pluriel des mots français.

Ex. : des gentlemans, des mafiosos, des matchs, des médias, des raviolis, des sandwichs, des scénarios, des stimulus (pluriel de *un stimulus*)

▸ **Les noms composés du type *pèse-lettre* (verbe + nom) ou *sans-abri* (préposition + nom)** forment leur pluriel de la même manière que les mots simples. **Seul le second mot prend la marque du pluriel**, le premier reste inchangé.

Ex. : des pèse-lettre → des pèse-lettres ; des sans-abri → des sans-abris

**REMARQUE**

Le **second élément** prend systématiquement un *-s* au pluriel mais n'en prend pas au singulier.

Ex. : un compte-goutte → des compte-gouttes ; un chasse-neige → des chasse-neiges ; un sans-cœur → des sans-cœurs

▸ **Le participe passé *laissé*** reste désormais invariable lorsqu'il est suivi d'un verbe à l'infinitif, dans tous les cas.

Ex. : Nous les avons laissé partir. Elle s'est laissé mourir.

**Conseil**

Au concours, on ne pourra pas vous reprocher d'utiliser l'ancienne orthographe dans votre copie. En revanche, évitez de mélanger les deux orthographes (ex. : maître/ maitre) !
Pour davantage de précisions, vous pouvez consulter le site Internet www.orthographerecommandee.org.

# EXERCICES

→ Corrigés p. 248



**1 Expliquez la règle qui préside aux modifications orthographiques des mots suivants.**

a) allo
b) paélia
c) estrogène
d) superhéros
e) bruler
f) labiodental
g) des aiguise-crayons
h) vingt-et-unième
i) un dictat
j) il halète

**2 Écrivez en orthographe rénovée les nombres suivants.**

a) 1 225 000
b) 8 012
c) 400
d) 374
e) 21/4
f) 20 1/4

**3 S'il y a lieu, rectifiez les graphies suivantes pour les rendre conformes à l'orthographe rénovée.**

a) contre-jour
b) cardio-vasculaire
c) coin-coin
d) hara-kiri
e) statu quo
f) beluga
g) placebo
h) referendum
i) âme
j) assidûment
k) croîtra
l) goût
m) impôt
n) piqûre
o) bonhomie
p) persifler
q) imbécillité
r) pharmacien

**4 Mettez au pluriel les mots suivants.**

a) un hors-piste
b) un rince-doigt
c) un coupe-ongle
d) une grand-mère
e) un trompe-l'œil
f) un barman
g) un crescendo
h) un lobby

# ENTRAINEMENT AU CONCOURS

→ Corrigés p. 249

**1 Dans les phrases suivantes, relevez les erreurs orthographiques, corrigez-les et argumentez votre proposition.** (sujet CRPE)

Delphine et moi, son amie, sommes allé nous promener en forét. Nos parents semblaient inquiet de nous voir partir seul. Nous sommes rentré fort tard, complètement trempé. Les provisions que nous avions emporté y sont passé.

**2 Réécrivez cette production d'élève en corrigeant les erreurs dont vous proposerez un classement.** (sujet CRPE)

Tous se temps passé a travailler porterat ces fruit ; les erreurs que le professeur a relevé son de moins en moins nombreuse. Quelque soit les difficultées, il et possible de progressé. Les entrainements fréquant ont aidés tous le monde.

**3 Réécrivez la phrase suivante en mettant le mot *vérité* au pluriel. Justifiez l'orthographe de *là*.** (sujet CRPE)

C'est une grande vérité que Pascal nous a dite là.

Jean-Claude Carrière, *Le Cercle des menteurs, contes philosophiques du monde entier*


**4 Transcrivez la phrase suivante en alphabet phonétique international.** (sujet CRPE)

Je sens en moi l'impérieuse obligation d'être heureux.

**5 Relevez les participes passés dans l'extrait suivant et justifiez leur accord.** (sujet CRPE)

J'ai vu les actualités. Le deuxième jour, dit l'Histoire, je ne l'ai pas inventé, dès le deuxième jour, des espèces animales précises ont ressurgi des profondeurs de la terre et des cendres. Des chiens ont été photographiés. Pour toujours. Je les ai vus. J'ai vu les actualités. Je les ai vues. Du premier jour. Du deuxième jour. Du troisième jour.

Marguerite Duras, *Hiroshima mon amour*


**6 Analysez et justifiez l'orthographe des terminaisons en [e] soulignées dans l'extrait suivant.** (sujet CRPE)

Écoutez plutôt comment le lion se comporta en être noble et généreux. Il fit comme s'il se rendait au chevalier : dressé sur ses pattes de derrière, il lui tendait ses pattes avant jointes et baissait la tête vers le sol. Ensuite, il s'agenouillait et pleurait à chaudes larmes en signe de grande humilité. Monseigneur Yvain comprit, sans l'ombre d'un doute, que le lion le remerciait de cette façon d'avoir tué le serpent et de l'avoir sauvé de la mort. La tournure que prenait l'aventure lui parut fort plaisante. Ayant essuyé son épée souillée par le venin du monstre, Yvain la remet au fourreau puis reprend son chemin. Le lion marche à ses côtés. Il le suivra partout désormais et ne le quittera plus jamais car il veut le servir et veiller sur lui.

Chrétien de Troyes, *Yvain ou le chevalier au lion*, vers 1177, texte en ancien français adapté par Jean-Pierre Tusseau, *Classiques* 

**7 Proposez une réécriture de ce passage en respectant les règles orthographiques.** (sujet CRPE)

La reine des fées dit tout haut : tu est une sorciére, tu doit faire le male. Tu n'a pas était accepter par les fée maintenant assume. Tu ne seras jamet l'une d'antre elles…

**8 Dans le passage suivant, relevez les participes passés et justifiez leur accord.** (sujet CRPE)

Cette faculté d'appréhension du vivant, voilà bien, en effet, la qualité maîtresse de l'historien. Ne nous laissons pas tromper par certaines froideurs de style. Les plus grands parmi nous l'ont tous possédée : Fustel ou Maitland à leur façon, qui était plus austère, non moins que Michelet. Et peut-être est-elle, en son principe, un don des fées, que nul ne saurait prétendre acquérir s'il ne l'a trouvé en son berceau. Elle n'en a pas moins besoin d'être constamment exercée et développée.

Marc Bloch, *Apologie pour l'histoire ou Métier d'historien*, 1949 © Dunod 2020, Malakoff.

**9 Dans l'extrait suivant, vous relèverez les participes passés, vous identifierez les formes verbales dans lesquelles ils apparaissent et vous justifierez l'accord des participes. Vous pourrez présenter votre réponse dans un tableau.** (sujet CRPE)

Puis je fus bien obligé d'entendre : les vers étaient répétés dans l'ombre. Des voix s'étaient levées timidement derrière moi. J'en percevais devant moi aussi. J'étais entouré. Sans même le vouloir, je fis plus lente ma récitation.

Des hommes étaient venus. Ils s'étaient ralliés et formaient un cercle. Ils prononçaient les mots en écho. À la fin de chaque strophe, à chaque silence, ils faisaient bourdonner les dernières syllabes. « Va, va ! Laisse-toi faire ! Récite ! me souffla l'acteur aux mains de fille, ce qui se passe est extraordinaire. »

Je psalmodiais. Il me semblait savoir à cet instant tous les poèmes que j'avais lus.

Jacques Lusseyran, *Le Monde commence aujourd'hui*, (première édition 1959) © Éditions Gallimard, 2016.

**10 Dans le passage suivant, justifiez les terminaisons des mots soulignés.** (sujet CRPE)

Mais quand la paix est arrivée, les jeunes ont du mal à en citer quelques-uns. Ils trouvent parfois le nom d'un homme politique, étoile filante dont ils ont entendu parler la veille. Quelques acteurs, quelques chanteurs sont un peu plus héroïsés que les sportifs, sauf quand un évènement permet la théâtralisation d'une tragédie dérisoire.

Boris Cyrulnik, *Ivres paradis, bonheurs héroïques* © Éditions Odile Jacob, 2016.

**11 a) Indiquez le nombre de syllabes qui composent chacun des trois vers suivants.**

[…] Là-dessus, au fond des forêts
Le loup l'emporte et puis le mange
Sans autre forme de procès.

Jean de La Fontaine, « Le loup et l'Agneau », *Fables*, Livre I, 1668.

**b) Indiquez le nombre de phonèmes qui composent chacun des deux mots suivants.**

chat – oiseau

**c) Soit le mot *abstention*. Indiquez la bonne transcription phonétique parmi les trois formes suivantes.**

1. [abstœsiɑ̃]
2. [apstɑ̃sjɔ̃]
3. [apstɑ̃siɔ̃]

**d) Trouvez trois mots rimant avec le mot *diamant*.**

1. un mot ayant un phonème commun
2. un mot ayant deux phonèmes communs
3. un mot ayant trois phonèmes communs

**e) Donnez au moins cinq graphies différentes correspondant au phonème [s].**

**f) Transcrivez phonétiquement les deux prononciations des mots suivants : *fils* et *couvent*, et donnez leur nature respective.**

# CORRIGÉS

## FICHE 32 La phonologie

→ Énoncés p. 203

**1** /doʀenavɑ̃tumɑ̃ʒœʀdəplɑ̃təbyvœʀdəʃo kolaikɔ̃pʀisəʀadeklaʀekupabləesevɛrəmɑ̃ pyniamɛvumɑ̃ʒedeplɑ̃təmatɔ̃didilərwa/

**REMARQUES**

- La consonne *r* française varie d'une région à l'autre, mais est souvent uvulaire, en particulier dans le nord de la France. Les prononciations les plus communes sont le son fricatif uvulaire [ʁ]et le trille uvulaire [ʀ].
- Vous pouvez ne pas transcrire le « schwa » (*e* muet /ə/ à la fin des mots) si vous ne le prononcez pas.
- On transcrit un continuum sonore, sans ponctuation ni segmentation (coupure) d'aucune sorte.

**2** **Lecture :** Ton thé t'a-t-il ôté ta toux ?

**a)** Cette suite comporte 8 syllabes.

**b)** /[t ɔ̃] [t e] [t a] [t i l] [o] [t e] [t a] [t u]/

**REMARQUE**

Le repérage des syllabes est basé sur la sémantique de la suite orale (le sens de chaque syllabe) :
CV (consonne + voyelle) = ton / CV = thé / CV = t'a / CVC = t-il / V = ô / CV = té / CV = ta / CV = toux.
Ainsi, on segmente : [t a] [t i l] [ô] [t e] : t'as / t-il / ô / té (et non : t a [t i] [l ô] t e).

**c)** Oui, il y a une logique. Il y a répétition de la même consonne *t* et alternance du même schéma vocalique (même si la première voyelle est nasalisée), excepté en césure médiane (coupure en milieu d'énoncé entre la 4e et la 5e syllabe), avec la syllabe comprenant une coda /t i l/ et la syllabe qui suit uniquement vocalique /o/ :
t ɔ̃ t e t a t i l o t e t a t u.

## FICHE 33 Le plurisystème orthographique

→ Énoncés p. 207

**1** *La mer et la terre*

*Il était une fois un homme et c'est enfants. Le plus grand s'appellait Robin le 2e s'appellait Luigi et la dernière s'appellait Arcenciel. C'était des enfants malin ils faisaits de la plongé sous-marine de l'escalade ils grimpèrent aux arbre et ils avait une copine c'était la baleine elle s'appellait Béla. Mais un jour ils rencontrèrent un serpent et le serpent leurs boucher le passage et renard arriva est ils les soverrent et plus jamais ils on revu le serpent.*

| | Erreurs |
|---|---|
| **Orthographe lexicale** | • ***plongé*** *(plongée)* : oubli du *e* dans le suffixe féminin *-ée*.<br>• ***soverrent*** *(sauvèrent)* :<br>– mauvais graphème du phonème /o/ (sans altération phonique) ;<br>– mauvais morphogramme verbal sans altération phonique. L'élève retranscrit le son (connaissance intuitive du passé simple).<br>• ***s'appellait*** (4 occurrences) *(s'appelait)* : doublement de la consonne incorrect qui entraine une altération phonique.<br>• ***derrnière*** *(dernière)* : doublement injustifié de la consonne *r* qui n'altère pas la prononciation. |
| **Orthographe grammaticale Accord dans les GN** | • ***malin*** *(malins)* : l'adjectif est accordé en genre mais pas en nombre (il se rapporte au nom *enfants*).<br>• ***arbre*** *(arbres)* : absence d'accord au pluriel, attendu par l'emploi du déterminant contracté masculin pluriel *aux*. |

| | Erreurs |
|---|---|
| Accord sujet/verbe | • ***faisaits*** *(faisaient)* : absence de la désinence du pluriel des verbes -*ent* (on note toutefois la présence de la lettre *s* qui est la marque du pluriel des noms). Le verbe s'accorde avec le sujet *ils* (qui renvoie à *enfants*).<br>• ***avait*** *(avaient)* : absence de la désinence du pluriel des verbes -*ent*, qui est attendue puisque le sujet est *ils*.<br>• On notera que dans le syntagme verbal *ils les soverrent*, le pronom personnel attendu est *il* (singulier) mais que l'accord *ils soverrent (sauvèrent)* est correct d'un point de vue phonologique (désinence du pluriel au passé simple). |
| Homophones grammaticaux | • ***c'est*** *(ses)* : confusion entre le verbe et le déterminant possessif.<br>• ***leurs*** *(leur)* : confusion entre le pronom *leur* (attendu) et le déterminant possessif pluriel.<br>• ***est*** *(et)* : confusion entre le verbe *être* et la conjonction de coordination *et* (attendue).<br>• ***on*** *(ont)* : confusion entre le pronom personnel indéfini et le verbe *avoir* à la 3e personne du pluriel.<br>• ***boucher*** *(bouchait)* : confusion entre les sons er/ez/é/ai. L'imparfait est attendu *(-ait)*. |

Dans l'ensemble, la copie présente des erreurs sur les homophones et l'accord sujet/verbe dû certainement à une confusion dans l'emploi des pronoms représentants *il/ils*. L'élève, en tout début de CM1, présente une orthographe globalement correcte.

*Autre classement possible, d'après la grille de Nina Catach :*

• **Erreurs phonogrammiques :**

– sans altération de la valeur phonique : ***boucher*** *(bouchait)*, ***soverrent*** *(sauvèrent)*, ***derrnière*** *(dernière)* ;

– avec altération phonique : ***s'appellait*** *(s'appelait)*.

• **Erreurs morphogrammiques :**

– morphogramme lexical : ***plongé*** *(plongée)* ;

– morphogramme grammatical : dans le syntagme nominal : ***malin*** *(malins)*, ***arbre*** *(arbres)* ; dans le syntagme verbal : ***faisaits*** *(faisaient)*, ***avait*** *(avaient)* ; confusion imparfait/infinitif : ***boucher*** *(bouchait)* ; dans le syntagme verbal ***ils les soverrent***, le pronom attendu était *il* pour reprendre *renard*.

• **Erreurs logogrammiques : *c'est*** *(ses)*, ***leurs*** *(leur)*, ***est*** *(et)*, ***on*** *(ont)*.

**2** *Il était une foir deux oiseaux qui se regardé tous le temps. Il y avait un petit et un grand. Le petit résetait au nie, pendans que le grand alai chercher a manger, les vert de terre, les greinne et des insectes. C'est parfait pour qu'il se face un bon faisettin. Un jour le petit oiseaux a aprix a volé avec son grand frère.*

**REMARQUE**

La consigne invite à s'intéresser autant aux réussites qu'aux erreurs d'accord.

Les accords peuvent être nominaux (accords en genre et en nombre dans le groupe nominal) et verbaux (accord sujet/verbe dans le groupe verbal).

| | Réussites | Erreurs |
|---|---|---|
| Accord dans le GN (en genre et en nombre) | • ***deux oiseaux*** (On notera la marque du pluriel en -*x*.)<br>• ***un petit et un grand***<br>• ***le petit***<br>• ***au nie*** *(au nid)*<br>• ***le grand***<br>• ***des insectes***<br>• ***un bon faisettin*** *(festin)*<br>• ***un jour***<br>• ***son grand frère*** (On notera la présence de la lettre *d* muette.) | • ***tous le temps*** *(tout)*<br>• ***les vert de terre*** *(les vers de terre)* : il manque la marque du pluriel -*s* (même si le mot est invariable). (On notera également que dans ce nom composé, le 2e terme ne s'accorde pas au pluriel.)<br>• ***les greinne*** *(graines)* : il manque la marque du pluriel des noms -*s*.<br>• ***le petit oiseaux*** *(oiseau)* : la présence du -*x* (marque du pluriel notée dans le 1er GN *des oiseaux*) n'a pas lieu d'être. |

| | Réussites | Erreurs |
|---|---|---|
| **Accord dans le groupe verbal (sujet/verbe)** | • ***il était, il y avait, c'est*** : orthographe correcte des présentatifs.<br>• ***se regardé*** *(se regardait)* : erreur phonogrammique sans altération phonique. Ainsi, on peut penser que l'accord est correct mais l'orthographe du morphogramme, la désinence *-ait*, est incorrecte.<br>• ***résetait*** *(restait)* : bonne désinence de la 3e personne du singulier à l'imparfait.<br>• ***qu'il se face*** *(se fasse)* : erreur phonogrammique sans altération phonique. L'accord semble correct, on notera le bon emploi du subjonctif.<br>• ***le petit oiseaux a aprix*** *(appris)* : bonne segmentation du passé composé, erreur phonogrammique sans altération phonique. On peut penser que l'élève a choisi l'orthographe *prix* par analogie avec le nom. | • ***le grand alai*** *(allait)* : il manque le *t* dans la désinence imparfait *-ait* qui marque la 3e personne du singulier, sans altération phonique. |

**3** *L'arbre et c'est feuills*

*Il était une fois un bel arbre qui avait plein de feuills qui étaient très jolie. Un jour d'hiver il perds prèque toute c'est fellies il an raist que deux fellie. ou son til pasé se dis til ? ou son pa sé. les sotr fellie se dirte les deus fellie ? a je pans que les au fellie se son anvolé !. dis lune dai deux. fin.*

• Le mot ***feuille*** est composé de 3 phonèmes : /fœj/, la lettre finale *e* étant caduque à l'oral. C'est un nom féminin qui peut être au singulier ou pluriel ; dans ce cas, il prend la marque du pluriel des noms *-s (feuilles).*

• Écriture du mot ***feuille*** par l'élève :
– ***feuills*** (2 occurrences) : les 3 phonogrammes sont corrects, il manque le *e* final, qui est muet, ce qui peut expliquer que l'élève ne l'ait pas retranscrit. Le nom présente un accord avec le déterminant pluriel : il a la marque du pluriel des noms *-s*. On note la présence du trigramme *eui* complexe ;
– ***fellies :*** mauvaise retranscription phonétique. L'élève maintient le graphème *ill* qui est un graphème du phonème /j/ mais il ne respecte pas l'ordre du trigramme. Le *u* a disparu au profit du *e* final. On note le maintien de la marque *-s* du pluriel (précédé du déterminant *plein de* qui traduit bien une quantité) ;
– ***fellie*** (4 occurrences) : l'élève conserve l'orthographe de ce mot jusqu'à la fin de son texte. Même analyse concernant l'ordre des lettres dans le phonogramme *ill*. La marque *-s* du pluriel a disparu alors que les déterminants sont toujours au pluriel : *deux, les sotr (les autres), deus (deux), les au (les autres).*

## FICHE 34 La valeur des lettres

→ Énoncés p. 211

**1** *Avant d'être un boxeur célèbre, sixième de sa catégorie, il a été un exemple pour beaucoup d'enfants. Ceux-ci aimaient le voir, sous des faux airs de dur, il était très doux. À n'importe quel prix, ils n'auraient raté un seul de ces excellents matchs.*

• Valeur de base /ks/ : *bo**x**eur, e**x**cellents.*

• Valeur de position : *si**x**ième, e**x**emple* /gz/, *fau**x** airs* /z/.

• Valeur zéro : *ceu**x**-ci, dou**x**, pri**x**.*

2

| Valeurs | Formes | Commentaires |
|---|---|---|
| **Phonogrammes** | *songeais, sous, obscur, sépulcre, s'apparaissait, dessus, Ronsard* | Transcription du phonème /s/ par la lettre *s* en début du mot ou après une consonne (valeur de base) ; par un doublement de la lettre *s* du fait de sa position intervocalique |
| | *gisait* | Transcription du phonème /z/ par la lettre *s* en position intervocalique (valeur de position). |
| **Morphogramme grammatical** (La lettre ne marque pas de son, elle est muette.) | *songeais*<br>*amours* | Marque de la 1re personne de l'imparfait<br>Marque du pluriel des noms |
| **Morphogramme lexical** | *sous, dedans, dessus* | Valeur lexicale |

3 *Vous me demanderez peut-être, je vous entends d'ici, c'est une manie chez vous, pourquoi j'écris ce livre. Je vous donnerai, pour le même prix, deux réponses au lieu d'une. Première réponse : je vous emmerde. Voilà une bonne chose de faite.*

Jean d'Ormesson, *Casimir mène la grande vie*
© Éditions Gallimard, 1997.

**Valeurs orthographiques de la lettre *c***

- Valeur de base /k/, le phonème correspond au graphème : ***écris***, ***Casimir***.
- Valeur positionnelle /s/, le phonème change selon l'environnement, le *c* suivi d'une voyelle retranscrit le phonème /s/ : ***ici***, ***c'***, ***ce***.
- Valeur de digramme dans *ch* : ***chez***, ***chose***.

4 *Anton Voyl n'arrivait pas à dormir. Il alluma. Son Jaz marquait minuit vingt. Il poussa un profond soupir, s'assit dans son lit, s'appuyant sur son polochon. Il prit un roman, il l'ouvrit, il lut ; mais il n'y saisissait qu'un imbroglio confus, il butait à tout instant sur un mot dont il ignorait la signification.*

Georges Perec, *La Disparition*
© Éditions Denoël, 1988.

- **Phonogrammes :**
  – La lettre ***t*** graphie le phonème /t/ dans *butait*, *tout instant*, *tout* et *dont* (dans la liaison à l'oral avec la voyelle suivante).
  – Elle graphie le phonème /s/ dans les finales en *-tion* : *signification*.
  – La lettre ***t*** ne correspond à aucun phonème dans *arrivait*, *marquait*, *minuit*, *vingt*, *s'assit*, *lit*, *s'appuyant*, *prit*, *ouvrit*, *lut*, *saisissait*, *butait*, *instant*, *mot*, *ignorait*. Elle est alors muette parce qu'elle est suivie d'un mot à initiale consonantique.
- **Morphogramme grammatical :**
  – La lettre ***t*** est la marque de la 3e personne du singulier dans les verbes conjugués (à l'imparfait et au passé simple des verbes du 2e et du 3e groupe) : *arrivait*, *marquait*, *s'assit*, *prit*, *ouvrit*, *lut*, *saisissait*, *butait*, *ignorait*.
  – Dans *s'appuyant*, la lettre ***t*** est caractéristique du participe présent dans la composition du suffixe *-ant*.
- **Morphogramme lexical :** dans *minuit*, *lit*, *instant*, *vingt*, *mot*.
- **Logogramme grammatical :** dans *tout*, la lettre ***t*** le distingue de *tous*.

## FICHE 35 Orthographe lexicale et orthographe grammaticale

→ Énoncés p. 214

1 **a)** ***territoire :*** appartient à la famille du mot *terre* et prend donc deux *r* comme *souterrain*, *terrier*, *atterrir*…
**b)** ***ventilateur :*** mot de la famille de *vent* comme *venteux*, *éventail*, *ventiler*…
**c)** ***feuillage :*** mot de la famille de *feuille* comme *feuillu*, *effeuiller*…
**d)** ***terrifiant :*** mot de la famille de *terreur* comme *terroriste*, *terrible*, *terroriser*…

**e) *contemporain :*** mot de la famille de *temps* comme *longtemps*, *temporel*, *printemps*…
**f) *paysage :*** mot de la famille de *pays* comme *dépaysement*, *paysagiste*, *paysan*…
**g) *écœuré :*** mot de la famille de *cœur* comme *écœurant*, *écœurement*…
**h) *long :*** avec un *g* muet final que l'on retrouve dans *longer*, *longueur*, *prolongation*…

**2** **a)** *travers :* vient du latin *traversus*.
**b)** *estomac :* vient du latin *stomachus*.
**c)** *corps :* vient du latin *corpus*.
**d)** *temps :* vient du latin *tempus*.
**e)** *doigt :* vient du latin *digitus*.
**f)** *loup :* vient du latin *lupus*.
**g)** *compter :* vient du latin *computare*.

## FICHE 36 Les accords dans le groupe nominal

→ Énoncés p. 217

**1** Différents travaux lui ont permis d'obtenir des **baux** précaires nécessaires à la viabilité de son entreprise. Il vend des **réveille**-matins et des **abat**-jours : en deux demi-journées, il peut en vendre une dizaine de chaque. Il ne faut pas marcher sur ses plates-**bandes**. Malgré quelques **bleus** à l'âme, il se construit un avenir radieux.

**2** *Les familles heureuses se ressemblent toutes ; les familles malheureuses sont malheureuses chacune à leur façon. Tout était sens dessus dessous dans la maison Oblonski. Prévenue que son mari entretenait une liaison avec l'ancienne institutrice française de leurs enfants, la princesse s'était refusée net à vivre sous le même toit que lui.*

Léon Tolstoï, *Anna Karénine*, 1877.

• Marque **-*s*** portant sur le nom, le déterminant, l'adjectif (accord dans le GN) :
– dans les noms : *familles* (2 occurrences), *enfants* ;
– dans les adjectifs : *heureuses*, *malheureuses* (2 occurrences : dans la première, l'adjectif est épithète ; dans la seconde, il est en position d'attribut du sujet) ;
– dans les déterminants *les* (après le graphème *e*, le *s* transcrit le phonème /e/) et *leurs* (dont la marque est perceptible à l'oral grâce à la liaison avec le nom *enfants*).

• Marque **-*nt*** portant sur le verbe *ressemble**nt*** et l'auxiliaire *so**nt***.

• Marque **-*s*** portant sur le pronom *toutes*.

**3** *J'aime à chanter les amours et les aventures de ces femmes venues de loin que l'on ne cesse d'aimer. Plus leur beauté m'émeut, plus mon envie de chanter s'accroit.*

• Le suffixe *-e* marque le féminin des noms suivants : *aventures*, *envie* (il s'agit d'un *-e* caduc sur le plan phonique).

• ***amours :*** devient féminin dès qu'il est au pluriel (tout comme *délices*, *orgues*).

• ***femmes :*** nom issu du mot latin *fémina*.

• ***beauté :*** suffixe *-té* issu du latin *-tas*, suffixe féminin traduisant le plus souvent une qualité physique ou morale.

• Quelques remarques sur les déterminants : *les* (2 occurrences), *ces*, *leur* ne marquent pas le genre féminin. L'emploi du déterminant possessif *mon* devant *envie* s'explique pour des raisons euphoniques.

**4** • Noms employés seuls :
– pluriel en **-*s*** : *dindes*, *oies* ;
– pluriel en **-*x*** : *pintadeaux*.

• Noms composés (ou complétés par un nom) qui prennent un **-*s*** sur le premier élément : *cochons de lait*, *pâtés en croûte*, *coupes de punch* (*lait*, *croûte* et *punch* ne prennent pas le pluriel pour des raisons sémantiques).

• Pluriel en *-s* marqué par les deux noms dans le groupe nominal car ils indiquent une quantité : *chapelets de saucisses*, *bourriches d'huîtres*, *galettes des rois*.

• Accords en genre et nombre dans les groupes nominaux constitués d'un nom et d'un adjectif épithète : *pommes vermeilles*, *oranges juteuses*.

**5** L'adjectif s'accorde en genre et en nombre avec le nom auquel il se rapporte :
– **adjectifs épithètes : *nonchalante*** (féminin/singulier, se rapporte à *grâce*), la marque du féminin est donnée par le *-e* qui permet de

prononcer la lettre caduque *t* au masculin ; ***rouge carmin*** (pas d'accord dans le cas des adjectifs composés de couleur) ; ***désuet*** (masculin/singulier, se rapporte à *sobriquet*) ;
– **adjectif attribut du COD :** ***naïfs*** (s'accordent avec le COD *hommes* masculin pluriel) ;
– **locution verbale :** dans l'expression figée *rendre **fou*** (sous-entendu *rendre un homme fou*), il s'agit d'une épithète du nom *homme* non exprimé dans l'expression.

6 a) Oui.
b) Non → *des **mille**-feuilles* (***mille*** est invariable).
c) Non → *des **arrière**-pensées* (les adverbes ne s'accordent pas au pluriel).
d) Oui (les verbes ne s'accordent pas au pluriel).

## FICHE 37 Les accords du verbe avec son sujet

→ *Énoncés p. 221*

1 **Ils décidèrent** de partir dès le lendemain. S'**ils étaient angoissés** par ce qui **les** attendait, **ils** n'en **montrèrent** rien. **Eux** qui **avaient** toujours espéré se rendre de l'autre côté : enfin se présentait l'occasion, **ils avaient** été **choisis**, **ils étaient les élus**. « Syloïde et **vous**, partirez très tôt, dès le lever de Vénus » dit le grand sage.

2 a) Peut-on faire distinguer aux élèves passé proche et passé lointain ainsi que l'évolution des modes de vie comme le **stipulent** les programmes ?
b) Le travail sur un album de jeunesse en classe **demande** aux élèves de mobiliser beaucoup de compétences, que ce **soient** des savoirs ou des savoir-faire.
c) Il **est** essentiel pour le professeur, comme le **préconisent** les progressions des programmes, de faire rendre compte aux élèves de leur compréhension fine du texte pour s'assurer que cette dernière est acquise et ne **pose** pas de problème.
d) Ces séances et leurs supports **s'inspirent** d'un album de littérature de jeunesse pour le cycle 2.
e) Elle va répondre aux questions que **se posent** les enfants.
f) Ainsi, les parents les plus diplômés **ont** des enfants qui **pratiquent** plus souvent des activités comme la lecture, le cinéma ou la visite de musées.
g) Certains connecteurs **évoquent** la fréquence des actions, sa soudaineté, des actions successives, une durée.
h) L'enseignant **choisit** les œuvres qui **seront confiées** aux familles.
i) Nous pouvons remarquer que les questionnements des élèves ne se **font** que sur l'illustration et le vocabulaire.
j) À partir de ce questionnement, **découlent** plusieurs questions.
k) Claude Le Manchec **définit** l'album comme une forme mixte de texte et d'images qui **emprunte** à la fois à la bande dessinée, au dessin animé et au conte par ses thématiques mais aussi par ses structures souvent répétitives.
l) En petite section, les élèves ont besoin d'un guidage fort pour s'exprimer oralement, le professeur d'école a donc un rôle déterminant pour tout d'abord amener les élèves à s'exprimer car certains, s'ils ne sont pas sollicités par l'enseignant, ne **participent** pas.

3 Ces amis-là, si **je passe** la soirée avec eux, c'est vraiment que **j'**en **ai** envie. Eux, du moins, **je** ne les **quitte** souvent qu'à regret. Et quand **je** les **ai** quittés, aucune de ces pensées qui gâtent l'amitié : Qu'ont-ils pensé de **moi** ? – N'**ai-je** pas manqué de tact ? – **Ai-je** plu ? – et la peur d'être oublié pour tel autre.

• **Transformations :**
– de la personne : passage du pronom personnel sujet *nous* (1re personne du pluriel) au pronom *je* (1re personne du singulier) et du pronom personnel complément d'objet indirect *nous* en *moi* ;
– cas particulier de l'élision du *je* devant une voyelle dans *j'en* ;
– du verbe : passage de la terminaison *-ons* à *-e* (1er groupe) : *passons/passe*, *quittons/quitte* ; passage de *avons* à *ai* (*avoir*) dans son emploi plein (*avoir envie*) ou comme auxiliaire dans la forme composée du passé composé (*ai quittés, ai manqué, ai plu*).

# FICHE 38 Les accords du participe passé

→ Énoncés p. 226

**1** a) Les voyous ont été **arrêtés** par les policiers.
b) Nous avons **passé** notre enfance à Paris.
c) Lorsqu'elles sont **arrivées**, ils sont **partis**.
d) Elle a fait sécher les fleurs **fanées** puis les a **collées** sur une feuille.
e) La belle voiture que Paul a **achetée** fait des envieux !
f) La petite fille a **fabriqué** une poupée.
g) Les années qui se sont **succédé** ne le changent pas.
h) Elle s'est **coupé** le doigt. Elle s'est **coupée**.
i) Elles se sont **moquées** de moi.
j) Ils se sont **plu** immédiatement.
k) Les filles se sont **battues** toute la partie et ont **gagné** le match.
l) Ils se sont **souri** en se voyant.

**2** a) *La maison **ensoleillée** qu'il a **achetée** a été totalement **détruite** par la tempête. Ils se sont **nui**. De chaque côté s'alignaient des pages **rangés** sur un double rang, et par taille décroissante, une tête de moins de l'un à l'autre* [...].

Jacob et Wilhelm Grimm, *Le Pêcheur et sa Femme*, 1812.

• ***ensoleillée :*** participe passé du verbe *ensoleiller*, employé comme adjectif, épithète du nom *maison*, s'accorde avec celui-ci en genre (féminin) et en nombre (singulier).

• ***achetée :*** participe passé du verbe *acheter* au passé composé, s'accorde en genre et en nombre avec le COD *qu'* placé avant le verbe et ayant pour antécédent le nom *maison* (féminin singulier).

• ***détruite :*** participe passé du verbe *détruire*, employé avec l'auxiliaire *être* (verbe *détruire* au passé composé voix passive), s'accorde en genre et en nombre avec le sujet *maison* (féminin singulier).

• ***nui :*** le participe passé au passé composé est employé avec un verbe pronominal dont le pronom réfléchi est complément d'objet indirect ; dans ce cas, le participe passé reste invariable.

• ***rangés :*** participe passé employé comme adjectif, épithète du nom *pages* (nom masculin désignant un jeune noble au service d'un seigneur), s'accorde en genre et en nombre avec ce nom.

b) *C'est-à-dire qu'en se voyant **affligés** tous les deux de la même disgrâce, Pinocchio et Lumignon, au lieu de se trouver **humiliés** et de s'affliger, se montrèrent leurs oreilles démesurément **agrandies** et, après maintes grimaces, finirent par s'esclaffer et rire aux éclats.*

Carlo Collodi, *Pinocchio*, 1881.

• ***affligés, humiliés :*** participes passés employés seuls, s'accordent comme un adjectif épithète avec *se*, mis pour *Pinocchio et Lumignon* (masculin pluriel).

• ***agrandies :*** participe passé employé seul, s'accorde comme un adjectif épithète avec *oreilles* (féminin pluriel).

**3** *À l'instar de ces gens qui, sans entrer pour de bon dans votre vie, s'obstinent à la côtoyer et, bien plus que vos intimes, vous privent de liberté, parmi les choses qui vous **sont arrivées** ou que, poussé par une envie de connaissance ou de plaisir, vous **avez apprises**, certaines se frayent un chemin en vous, s'y développent à votre insu, et un jour vous vous apercevez que tout en vous aspire à leur obéir. Ainsi du français. Jamais je ne saurais s'il m'**a** vraiment **accepté**, mais que tel le lierre qui s'enroule autour d'un arbre il **a desséché** en moi l'espagnol, de cela je **suis convaincu**.*

Hector Bianciotti, *Le Pas si lent de l'amour*


• *les choses qui vous **sont arrivées*** : le participe passé construit avec l'auxiliaire *être* s'accorde ici avec *qui* (pronom relatif qui assume la fonction sujet du verbe de la proposition subordonnée relative) qui reprend *les choses* (féminin pluriel).

• *(les choses) que vous **avez apprises** ; il m'**a accepté*** : accord du participe passé employé avec l'auxiliaire *avoir* si le COD est placé avant le verbe. Dans le premier cas, le pronom relatif *que* est COD de *avez apprises*, son antécédent *les choses* est féminin singulier ; le participe *apprises* porte donc les marques *-e* du féminin, et *-s* du pluriel. Dans le second cas, le participe est au masculin car le pronom personnel *m'* renvoie à un homme.

• *il **a desséché** en moi l'espagnol :* construit avec l'auxiliaire *avoir*, le COD est situé après le verbe, il n'y a pas d'accord.

• *je **suis convaincu** :* participe passé utilisé dans une forme passive. Il se comporte ici comme un adjectif et s'accorde donc avec le sujet *je* qui renvoie à un homme.

**4** *Si son enfance se fût **écoulée** dans l'arrière-boutique obscure d'un quartier marchand, elle se serait peut-être **ouverte** alors aux envahissements lyriques de la nature, qui, d'ordinaire, ne nous arrivent que par la traduction des écrivains. Mais elle connaissait trop la campagne ; elle savait le bêlement des troupeaux, les laitages, les charrues. **Habituée** aux aspects calmes, elle se tournait, au contraire, vers les **accidentés**. Elle n'aimait la mer qu'à cause de ses tempêtes, et la verdure, seulement lorsqu'elle était **clairsemée** parmi les ruines.*

Gustave Flaubert, *Madame Bovary*, 1857.

• Les participes passés employés seuls :
– ***habituée :*** en position d'épithète détachée, se rapporte au pronom *elle* féminin singulier ;
– ***accidentés :*** substantivé par l'emploi du déterminant *les*, masculin pluriel.

• Les participes passés employés dans une construction verbale :
– avec l'auxiliaire *être* (accord avec le sujet) : *était **clairsemée*** (féminin singulier, accord avec elle) ;
– le cas des verbes pronominaux : *se fût **écoulée*** (pronom inanalysable car sens passif, verbe essentiellement pronominal, s'accorde avec le sujet) ; *se serait **ouverte*** (le pronom réfléchi qui reprend *elle* peut s'analyser comme COD et permet dans ce cas l'accord du participe passé : féminin singulier).

**5** Ses feuilles **ont été** de deux sortes : celles qui **ont rampé** à l'ombre, au ras du sol, **ont été découpées** en trois lobes ; celles qui **se sont développées** sur les rameaux dressés et qui **se sont orientées** vers la lumière **se sont simplifiées**, **ont perdu** leurs lobes. Les mœurs du lierre **ont été** fort originales : la plante **a eu** besoin de très peu de lumière pour se nourrir, d'où son ardeur à ramper au sol et à recouvrir les sous-bois.

Le passé composé se construit avec l'auxiliaire *être* ou l'auxiliaire *avoir* au présent suivi du participe passé du verbe conjugué.

• Les participes passés construits avec l'auxiliaire *avoir* : ***ont été*** (2 occurrences), ***ont rampé***, ***ont perdu***, ***a eu***. Le participe passé construit avec l'auxiliaire *avoir* ne s'accorde pas avec le sujet, mais avec le COD lorsqu'il y en a un antéposé, ce qui n'est pas le cas ici.

• Le participe passé construit avec l'auxiliaire *être* : ***ont été découpées*** (forme passive du verbe). Dans ce cas, le participe passé s'accorde avec le sujet *les feuilles* en genre et en nombre (féminin pluriel).

• Les participes passés de verbes pronominaux : ***se sont développées***, ***se sont orientées***, ***se sont simplifiées***. Le participe passé suit les règles d'accord des participes passés construits avec l'auxiliaire *avoir* : il s'accorde avec le COD lorsque celui-ci est placé avant le verbe. Ici, le pronom réfléchi *se*, antéposé, assume la fonction COD et reprend *les feuilles*, il y a donc accord au féminin pluriel.

**6** **a)** Elles se sont **teint** les cheveux.
**b)** Ma sœur s'est **pincée** pour s'assurer qu'elle ne rêvait pas !
**c)** Ils se sont **rencontrés** sur le marché.
**d)** Valentine s'est **coincé** le doigt dans la porte.
**e)** Les enfants se sont **endormis** rapidement.
**f)** Ils se sont **disputés** puis se sont **présenté** leurs excuses.
**g)** Mes cousines se sont **lavées**, se sont **brossé** les dents puis se sont **maquillées** avant de sortir.
**h)** Les deux chatons se sont **blottis** l'un contre l'autre.
**i)** Nous nous sommes **juré** d'y retourner.

## FICHE 39 Les homophones

→ *Énoncés p. 233*

**1** ***Tous :*** pronom indéfini ; ***quoi que :*** locution conjonctive ; ***tout :*** adverbe ; ***même :*** adverbe ; ***leur :*** déterminant possessif ; ***n'y :*** négation + pronom adverbial ; ***quelques :*** déterminant indéfini ; ***là :*** adverbe ; ***quels que :*** locution conjonctive ; ***s'est passé :*** forme pronominale du verbe *se passer* au passé composé.

**2** **a)** Déterminant indéfini exprimant la distributivité totale.
**b)** Déterminant indéfini associé à l'article défini *l'* (déterminant composé) exprimant la totalité.
**c)** Pronom indéfini (masculin singulier) sujet du verbe *est*.
**d)** Nom précédé de l'article indéfini *un* ce qui en fait un GN.
**e)** Adverbe qui prend la marque du féminin par euphonie.
**f)** Pronom indéfini féminin pluriel.

**REMARQUE**

***Tout*** peut donc être un **déterminant** (on dit aussi prédéterminant lorsqu'il précède un autre déterminant ; il représente la totalité), un **pronom**, un **adverbe** (il prend la marque du féminin s'il est suivi d'un mot féminin commençant par une consonne ou un *h* aspiré) ou encore un **nom**.

**3** **a)** ***C'est*** est un présentatif. ***S'est*** est une forme verbale constituée du pronom complément *s'* et de l'auxiliaire *être* ; ***s'est*** est toujours suivi d'un participe passé.
**b)** ***Ces*** et ***ses*** sont tous deux des déterminants mais ***ces*** est un déterminant démonstratif et ***ses*** un déterminant possessif.
**c)** ***On*** est un pronom indéfini (on peut le remplacer par un autre pronom : *il*). ***Ont*** est l'auxiliaire *avoir* à la 3e personne du pluriel au présent de l'indicatif (on peut le remplacer par *avaient*).
**d)** ***La*** est un pronom personnel complément (féminin singulier) suivi d'un verbe (on peut le remplacer par un autre pronom masculin : *le*). ***L'a*** et ***l'as*** sont l'auxiliaire ou le verbe *avoir* précédé d'un pronom complément (on peut les remplacer par *avait* ou *avais*). ***Là*** est un adverbe de lieu (on peut le remplacer par *là-bas*).
**e)** ***A*** est la 3e personne du singulier du verbe ou de l'auxiliaire *avoir* (on peut le remplacer par *avait*). ***À*** est une préposition.
**f)** ***Leur*** est un pronom personnel COI invariable. ***Leur*** est un déterminant possessif, il est suivi d'un nom, ici masculin singulier.

**4** **d)** Quoi qu'elle pense, quels que soient ses actes, elle ne pourra s'y soustraire.

## FICHE 40 L'orthographe rénovée

→ *Énoncés p. 237*

**1** **a)** ***allo :*** la graphie la plus simple est privilégiée, sans accent circonflexe, plutôt que l'ancienne forme *allô*.
**b)** ***paélia :*** on francise certains mots, comme *taliatelle* (à la place de *tagliatelle*) et *squatteur* (à la place de *squatter*).
**c)** ***estrogène :*** *estrogène* et *œstrogène* coexistent, on choisit donc dans l'orthographe rénovée la graphie la plus simple (*estrogène*).
**d)** ***superhéros :*** le préfixe *super-* se soude au nom qui suit.
**e)** ***bruler :*** disparition de l'accent circonflexe sur le *u*.
**f)** ***labiodental :*** soudure d'un nom composé dont le premier élément se termine par *o*.
**g)** ***des aiguise-crayons :*** le nom composé pluriel suit désormais la règle des pluriels réguliers ; le second élément, *crayon*, prend un *s* au pluriel.
**h)** ***vingt-et-unième :*** présence d'un trait d'union entre les différents éléments pour les déterminants numéraux cardinaux et ordinaux.
**i)** ***un dictat :*** les mots *diktat* et *dictat* existaient déjà dans les dictionnaires, l'orthographe la plus simple est conservée dans l'orthographe rénovée.
**j)** ***il halète :*** conjugaison en *-ète* au lieu de *-ette*.

**2** **a)** un-million-deux-cent-vingt-cinq-mille
**b)** huit-mille-douze
**c)** quatre-cents
**d)** trois-cent-soixante-quatorze
**e)** vingt-et-un quarts
**f)** vingt et un quart (L'orthographe rénovée permet de distinguer ces deux derniers nombres.)

**3** **a)** ***contrejour*** (avec soudure)
**b)** ***cardiovasculaire*** (avec soudure)

c) ***coincoin*** (avec soudure)
d) ***harakiri*** (avec soudure)
e) ***statuquo*** (avec soudure)
f) *béluga*
g) *placébo*
h) *référendum*
i) âme (pas de changement : l'accent circonflexe est maintenu sur le *a*)
j) *assidument*
k) *croitra* (pas d'accent circonflexe sur le verbe *croitre* au futur car on ne risque pas de le confondre ici avec le verbe *croire*)
l) *gout*
m) *impôt* (pas de changement : l'accent circonflexe est maintenu sur le *o*)
n) *piqure*
o) *bonhommie* (comme *bonhomme*)
p) *persiffler* (comme *siffler*)
q) *imbécilité* (comme *imbécile*)
r) *pharmacien* (pas de changement : *nénufar* est le seul mot dans lequel *ph* a été remplacé par *f* suite à une erreur concernant l'origine du mot)

4 a) *des hors-pistes*
b) *des rince-doigts*
c) *des coupe-ongles*
d) *des grands-mères* (ce nom composé n'est pas construit sur le modèle « verbe-nom » ou « préposition-nom »)
e) *des trompe-l'œil* (il n' y a pas de changement à cause du *l'*)
f) *des barmans*
g) *des crescendos*
h) *des lobbys*

## Entrainement au concours

→ Énoncés p. 238

1 *Delphine et moi, son amie, sommes* ***allé*** *nous promener en* ***forét****. Nos parents semblaient* ***inquiet*** *de nous voir partir* ***seul****. Nous sommes* ***rentré*** *fort tard, complètement* ***trempé****. Les provisions que nous avions* ***emporté*** *y sont* ***passé****.*

**Les erreurs relevées et corrigées dans l'ordre du texte :** *allé* → *allées* ; *forét* → *forêt* ; *inquiet* → *inquiets* ; *seul* → *seules* ; *rentré* → *rentrées* ; *trempé* → *trempées* ; *emporté* → *emportées* ; *passé* → *passées.*

**Les erreurs regroupées par type :**

• Le participe passé :
→ employé avec l'auxiliaire *être*, il s'accorde en genre et en nombre avec son sujet :
– ***allé*** → ***allées*** (le sujet est *Delphine et moi*, *moi* est un pronom personnel féminin si l'on tient compte de la terminaison du nom *mon amie*) ;
– ***rentré*** → ***rentrées*** (le sujet est *nous*, reprise pronominale de *Delphine et moi*) ; ***passé*** → ***passées*** (le sujet est *provisions*, féminin pluriel) ;
– ***trempé*** → ***trempées*** (il s'agit de l'attribut du sujet *nous*, reprise pronominale de *Delphine et moi*) ;
→ employé avec l'auxiliaire *avoir*, il s'accorde en genre et en nombre avec le COD si celui-ci est placé devant le verbe : ***emporté*** → ***emportées*** (s'accorde avec le COD *que* placé devant, qui renvoie à *provisions*, féminin pluriel).

• L'adjectif qualificatif s'accorde en genre et en nombre avec le nom auquel il se rapporte :
– **inquiet** → **inquiets** : il s'agit d'un attribut du sujet par l'intermédiaire du verbe *semblaient*, qui s'accorde avec le nom sujet *parents* masculin pluriel ;
– **seul** → **seules** : s'accorde avec le pronom *nous*.

• L'accent (erreur extragraphique) : ***forét*** → ***forêt*** (accent circonflexe ; étymologique, il représente la marque du *s* qui est tombé en ancien français).

**REMARQUE**
Il ne s'agissait pas de commenter les erreurs mais de justifier la bonne orthographe.

2 ***Tous se*** *temps passé* ***a*** *travailler* ***porterat ces fruit*** *: les erreurs que le professeur* ***a relevé son*** *de moins en moins* ***nombreuse****.* ***Quelque soit*** *les* ***difficultées****, il* ***et*** *possible de* ***progressé****. Les entrainements* ***fréquant ont aidés tous*** *le monde.*

**REMARQUE**
On ne relèvera pas *entrainement*, dont la graphie est celle de l'orthographe rénovée (1990).

• **Réécriture normée du texte :**
Tout ce temps passé à travailler portera ses fruits : les erreurs que le professeur a relevées sont de moins en moins nombreuses. Quelles que soient les difficultés, il est possible de progresser. Les entrainements fréquents ont aidé tout le monde.

• **Classement des erreurs :**
Considérant le français comme un plurisystème, nous utiliserons la typologie de Nina Catach simplifiée (voir p. 205).

| | |
|---|---|
| Erreurs à dominante phonogrammique n'altérant pas la valeur phonique | • ***difficultées* → *difficultés***<br>• ***fréquant* → *fréquents*** (confusion avec la terminaison du participe présent possible) |
| Erreurs à dominante morphogrammique grammaticale | **Erreurs de désinence verbale :**<br>• ***porterat* :** erreur de désinence verbale, 3ᵉ pers. sing. futur → ***portera***<br>• ***soit* :** absence de marque du pluriel, 3ᵉ pers. → ***soient***<br>• ***progressé*** (participe passé) → ***progresser*** (infinitif)<br>**Erreurs d'accord dans le groupe verbal :**<br>• ***a relevé* :** absence d'accord du participe passé avec le COD placé devant le verbe (auxiliaire *avoir*) → ***relevées***<br>• ***ont aidés* :** erreur d'accord du participe passé avec l'auxiliaire *avoir* → ***ont aidé***<br>**Erreurs d'accord dans le groupe nominal :**<br>• ***fruit* :** absence de la désinence du pluriel → ***fruits***<br>• ***nombreuse* :** absence de marque du pluriel → ***nombreuses***<br>• ***fréquant* :** erreur morphogrammique grammaticale (absence de la désinence du pluriel de l'adjectif) → ***fréquents***<br>• ***tous* → *tout*** (le monde), marque du pluriel erronée |
| Erreurs à dominante logogrammique grammaticale | • ***tous*** (déterminant) → ***tout*** (déterminant)<br>• ***se*** (pronom personnel) → ***ce*** (déterminant démonstratif)<br>• ***a*** (verbe *avoir* 3ᵉ pers. sing.) → ***à*** (préposition)<br>• ***ces*** (déterminant démonstratif) → ***ses*** (déterminant possessif)<br>• ***son*** (déterminant possessif) → ***sont*** (verbe *être*, 3ᵉ pers. pluriel)<br>• ***quelque soit*** (pronom indéfini + verbe *être* au subjonctif) → ***quelles que soient*** (déterminant indéfini + pronom relatif + verbe *être* au subjonctif avec les désinences du pluriel → *les difficultés*)<br>• ***et*** (conjonction de coordination) → ***est*** (verbe *être* au présent) |

**3** Ce sont des (de) grandes vérités que Pascal nous a dites là.

• **Accord dans le groupe nominal**
L'adjectif épithète ***grande*** et le nom ***vérité*** prennent un ***s***, marque du pluriel de la plupart des adjectifs et des noms. Le déterminant ***une***, article indéfini, prend la marque du pluriel ***des*** ou ***de***, article indéfini qui gomme le genre au pluriel.

• **Accord dans le groupe verbal**
Le présentatif ***c'est***, composé du pronom démonstratif *c'* élidé et du verbe *être* à la 3ᵉ personne du singulier, passe au pluriel ***ce*** pour s'associer au verbe ***sont***, présentatif pluriel.
Le participe passé ***dite*** passe au pluriel ***dites*** avec l'ajout du ***s*** par accord avec le COD *que*, pronom relatif qui remplace *vérités*. Le participe passé conjugué avec le verbe *avoir* s'accorde avec le COD lorsque celui-ci est placé devant (ce qui est le cas ici).

• **Orthographe de *là***
Adverbe de circonstance d'origine latine (*illac*), ***là*** est un déictique qui renvoie à la situation d'énonciation. Il est invariable comme tous les adverbes.

**4** [ʒəsɑ̃(z)ɑ̃mwalɛ̃pɛʁjøzobligasjɔ̃dɛtʁøʁø]

• Le [z] est indiqué entre parenthèses car il peut être ou non audible selon que l'on fait ou non la liaison (*je sens en moi*).

• Ici, on a fait le choix du [ə] pour transcrire le *e* de *je* : il s'agit d'un *e* central (appelé « schwa »), ni vraiment ouvert ([œ] comme dans *peur*) ni vraiment fermé ([ø] comme dans *peu*), mais ces deux transcriptions sont également envisageables selon la prononciation de la personne.

**5** *J'ai **vu** les actualités. Le deuxième jour, dit l'Histoire, je ne l'ai pas **inventé**, dès le deuxième jour, des espèces animales précises ont **ressurgi** des profondeurs de la terre et des cendres. Des chiens ont été **photographiés**. Pour toujours. Je les ai **vus**. J'ai **vu** les actualités. Je les ai **vues**. Du premier jour. Du deuxième jour. Du troisième jour.*

Marguerite Duras, *Hiroshima mon amour*
© Éditions Gallimard, 1960.

• On recense sept occurrences de participe passé relevant de la formation des verbes au passé composé, que l'on peut classer comme suit :

| Classification | Occurrence | Justification |
|---|---|---|
| Participe passé du verbe avec l'auxiliaire *avoir*, COD postposé → pas d'accord du participe passé | *j'ai **vu** les actualités* (2 occurrences) | Participe passé du verbe *voir* conjugué au passé composé (auxiliaire *avoir*) : COD placé après, pas d'accord. |
| Participe passé du verbe avec l'auxiliaire *avoir*, COD antéposé → accord avec le COD | *je ne l'ai pas **inventé*** | Participe passé du verbe *inventer* conjugué au passé composé (auxiliaire *avoir*), s'accorde avec le COD placé avant le verbe : *l'*, mis pour *cela* (masculin singulier). |
| | *Je les ai **vus*** | Participe passé du verbe *voir* conjugué au passé composé (auxiliaire *avoir*), s'accorde avec le COD placé avant le verbe : *les*, mis pour *les chiens* (masculin, pluriel). |
| | *Je les ai **vues*** | Participe passé du verbe *voir* conjugué au passé composé (auxiliaire *avoir*), s'accorde avec le COD placé avant le verbe : *les*, mis pour *les actualités* (féminin, pluriel). |
| Participe passé du verbe avec l'auxiliaire *avoir* sans COD → pas d'accord | *des espèces animales précises ont **ressurgi*** | Participe passé du verbe *ressurgir*, conjugué au passé composé (auxiliaire *avoir*) : pas de COD, pas d'accord. |
| Participe passé du verbe avec l'auxiliaire *être* → accord avec le sujet | *des chiens ont été **photographiés*** | Participe passé du verbe *photographier* au passé composé, forme passive : l'auxiliaire *être* (*ont été*) + le participe passé. Le participe passé s'accorde avec le sujet : *des chiens*. |

**6** • **Orthographe lexicale :**

– ***humilité*** : les noms féminins qui se terminent en [te] s'écrivent *-té*, à l'exception des noms indiquant une certaine contenance (*une fourchetée, une pelletée…*) et des termes suivants : *la dictée, la jetée, la portée, la pâtée, la butée, la montée, la nuitée*.

– ***épée*** : les noms féminins qui se terminent en [pe] s'écrivent *-pée*, comme *poupée*, *épopée*, *échappée*, etc.

• **Orthographe grammaticale :**

– *écoutez* : verbe *écouter* à l'impératif présent, 2e personne du pluriel ; la terminaison (marque de personne) est donc *-ez*.

– *dressé* : participe passé, épithète détachée du pronom personnel *il* (mis pour *le lion*), s'accorde en genre et en nombre avec ce dernier, soit au masculin singulier.

– *(ayant) essuyé* : participe passé du verbe *essuyer*, il est construit avec l'auxiliaire *avoir* et ne s'accorde donc pas.

– *souillée* : participe passé, épithète liée du nom *épée*, s'accorde en genre et en nombre avec ce dernier, soit au féminin singulier.

– *veiller* : il s'agit ici de la forme infinitive qui apparait après le verbe *vouloir* (*il veut le servir et [il veut] veiller sur lui*). Pour vérifier qu'il s'agit bien de l'infinitif (terminaison en *-er*) et non du participe passé du verbe (terminaison en *-é*), on peut le remplacer par un verbe dont l'infinitif se distingue du participe passé à l'oral : *il veut le servir et dormi**r** sur lui*.

**7** *La reine des fées dit tout haut : tu **est** une **sorciére**, tu **doit** faire le **male**. Tu n'**a** pas **était accepter** par les **fée** maintenant assume. Tu ne seras **jamet** l'une d'**antre** elles…*

Ce passage est réécrit en tenant compte des règles ci-dessous.

• **Respect des désinences verbales :**
– ***est*** → ***es*** (2e personne du singulier) ;
– ***doit*** → ***dois*** (2e personne singulier) ;
– ***a était accepter*** → ***as été acceptée*** (2e personne du singulier), voix passive au passé composé et au féminin, accord du sujet avec le participe passé employé avec l'auxiliaire *être* (le sujet est *tu* qui est féminin).

• **Respect de l'accord dans le groupe nominal :** ***les fée*** → ***les fées*** (ajout d'un *s* qui marque le pluriel, accord avec le déterminant *les*).

• **Respect de l'orthographe lexicale :**
– ***sorciére*** → ***sorcière*** (avec un accent grave) ;
– ***male*** → ***mal*** ;
– ***jamet*** → ***jamais*** ;
– ***antre*** → ***entre***.

**REMARQUE**

Nous ne tenons pas compte des erreurs de ponctuation qui ne relèvent pas de l'orthographe au sens strict du terme. Selon Nina Catach, ce sont des erreurs idéogrammiques.

• **Réécriture normée :**
La reine des fées dit tout haut :
– Tu es une sorcière, tu dois faire le mal. Tu n'as pas été acceptée par les fées, maintenant assume. Tu ne seras jamais l'une d'entre elles…

**8** *Cette faculté d'appréhension du vivant, voilà bien, en effet, la qualité maîtresse de l'historien. Ne nous laissons pas tromper par certaines froideurs de style. Les plus grands parmi nous l'ont tous **possédée** : Fustel ou Maitland à leur façon, qui était plus austère, non moins que Michelet. Et peut-être est-elle, en son principe, un don des fées, que nul ne saurait prétendre acquérir s'il ne l'a **trouvé** en son berceau. Elle n'en a pas moins besoin d'être constamment **exercée** et **développée**.*

Marc Bloch, *Apologie pour l'histoire ou Métier d'historien*, Armand Colin, 1949.

L'accord du participe passé diffère selon qu'il est employé avec l'auxiliaire *être* ou *avoir*, et ce quel que soit le temps verbal. De plus, pour l'auxiliaire *avoir*, l'accord varie selon le co-texte : le participe passé s'accorde avec le COD si celui-ci est placé avant le verbe.

• *les plus grands parmi nous l'ont* ***possédée*** *:* le participe passé s'accorde avec le COD placé avant le verbe (ici au passé composé). Le pronom *l'* ayant pour référent *la qualité maîtresse de l'historien*, groupe nominal dont le noyau est au féminin singulier, le participe passé s'accorde au féminin singulier : ***ée***.

• *un don des fées, que nul ne saurait prétendre acquérir s'il ne l'a* ***trouvé*** *en son berceau :* le participe passé s'accorde avec le COD placé avant le verbe (ici au passé composé). Le pronom *l'* ayant pour référent le pronom *que* de la subordonnée relative, mis pour *un don des fées* (groupe nominal dont le noyau est masculin singulier) et COD du verbe *a trouvé*, le participe passé s'accorde au masculin singulier : ***é***.

• *(Elle n'en a pas moins besoin) d'être constamment* ***exercée*** *et* ***développée*** *:* les verbes *être exercée* et *(être) développée* sont à l'infinitif présent à la forme passive. Avec l'auxiliaire *être*, le participe passé s'accorde avec le sujet, ici *elle*, au féminin singulier : ***ée***.

**9** *Puis je fus bien **obligé** d'entendre : les vers étaient **répétés** dans l'ombre. Des voix s'étaient **levées** timidement derrière moi. J'en percevais devant moi aussi. J'étais **entouré**. Sans même le vouloir, je fis plus lente ma récitation. Des hommes étaient **venus**. Ils s'étaient **ralliés** et formaient un cercle. Ils prononçaient les mots en écho. À la fin de chaque strophe, à chaque silence, ils faisaient bourdonner les dernières syllabes. « Va, va ! Laisse-toi faire ! Récite ! me souffla l'acteur aux mains de fille, ce qui se passe est extraordinaire. »*
*Je psalmodiais. Il me semblait savoir à cet instant tous les poèmes que j'avais **lus**.*

Jacques Lusseyran, *Le Monde commence aujourd'hui*, (première édition 1959) © Éditions Gallimard, 2016.

On relève sept occurrences qui sont classées selon l'auxiliaire avec lequel les participes passés sont conjugués. L'accord du participe passé varie selon l'auxiliaire avec lequel il est conjugué.

| | |
|---|---|
| Employé avec l'auxiliaire *être* | → Employé avec l'auxiliaire *être*, le participe passé s'accorde en genre et en nombre avec son sujet.<br>• *fus* ***obligé*** (passé simple à la voix passive) : le sujet narrateur *je* est l'auteur, masculin singulier.<br>• *étaient* ***répétés*** (imparfait de l'indicatif, voix passive) : le sujet *les vers* est masculin pluriel.<br>• *s'étaient* ***levées*** (plus-que-parfait de l'indicatif, emploi pronominal, sens réfléchi) : le sujet *les voix* est féminin pluriel.<br>• *étais* ***entouré*** (plus-que-parfait de l'indicatif) : le sujet narrateur *je* est l'auteur, masculin singulier.<br>• *étaient* ***venus*** (plus-que-parfait de l'indicatif) : le sujet *des hommes* est masculin pluriel.<br>• *s'étaient* ***ralliés*** (plus-que-parfait de l'indicatif, emploi pronominal, sens réfléchi) : le sujet *ils* (qui renvoie *aux hommes*) est masculin pluriel. |
| Employé avec l'auxiliaire *avoir* avec un COD antéposé | → Le participe passé employé avec l'auxiliaire *avoir* s'accorde avec le COD quand celui-ci est antéposé.<br>• *que j'avais* ***lus*** (plus-que-parfait de l'indicatif) : le participe passé s'accorde au masculin pluriel car le COD *que*, qui renvoie à *poèmes*, est antéposé. |

**10** • ***citer :*** le verbe, du 1er groupe, est à l'infinitif. C'est le noyau du groupe verbal *à en citer quelques-uns*, COI de la locution verbale *avoir du mal*. (Pour savoir s'il faut écrire le participe passé ou l'infinitif d'un verbe du 1er groupe, on peut le remplacer par un verbe du 3e groupe comme *dire* pour « entendre » la terminaison.)

• *(étoile)* ***filante :*** cet adjectif qualificatif, construit à partir du participe présent, au féminin singulier, s'accorde en genre et en nombre avec le nom *étoile* auquel il se rapporte.

• *(ils ont)* ***entendu parler :*** du point de vue de la construction syntaxique, le verbe *entendre*, au passé composé, est construit avec l'auxiliaire *avoir* et le participe passé *entendu*, à la 3e personne du pluriel. Avec l'auxiliaire *avoir*, le participe passé ne s'accorde pas avec le sujet mais avec le COD, si celui-ci est placé avant, ce qui n'est pas le cas ici.
Le COD *parler* est un verbe du 1er groupe à l'infinitif (on peut le remplacer par un verbe du 3e groupe comme *prendre*).

• ***quelques*** *(acteurs) : quelques* est un déterminant indéfini, qui s'accorde avec le nom qu'il détermine, *acteurs*, au masculin pluriel.

• *(quelques acteurs, quelques chanteurs sont un peu plus)* ***héroïsés :*** cet adjectif, attribut du sujet *quelques acteurs, quelques chanteurs*, s'accorde avec celui-ci en genre et en nombre au masculin pluriel. Le verbe *être*, à la 3e personne du pluriel, est au présent.

**11** **a)** [...] *Là-dessus, au fond des forêts* → 8 syllabes
*Le loup l'emporte et puis le mange* → 8 syllabes
*Sans autre forme de procès.* → 8 syllabes

Jean de La Fontaine, « Le loup et l'Agneau », *Fables*, Livre I, 1668.

**REMARQUE**

Tous les vers sont des octosyllabes, composés de 8 syllabes. Se pose ici le problème de la syllabe orale et écrite. À l'oral (le cas de la poésie), certaines lettres sont accentuées (lettres finales) afin de marquer une syllabe. Dans le deuxième vers, les deux lettres finales *emporte* et *mange* ne sont pas prononcées. Elles auraient pu l'être pour des besoins prosodiques.

**b)** ***chat :*** 2 phonèmes → /ʃa/
***oiseau :*** 4 phonèmes → /wazo/
**c)** ***abstention*** → 2. [apstɑ̃sjɔ̃]
**d)** 1. Un mot ayant un phonème commun avec *diamant* : ***argent*** (le phonème à la rime ne peut être que /ɑ̃/).
2. Un mot ayant deux phonèmes communs : ***infiniment*** (2 phonèmes à la rime : /mɑ̃/).
3. Un mot ayant trois phonèmes communs : ***amant***, ***ramant*** (3 phonèmes à la rime : /amɑ̃/).
**e)** Cinq graphies correspondant au phonème [s] : ***s*** (*souris*) ; ***ss*** (*assurance*) ; ***c*** (*cela*) ; ***t*** (*addition*) ; ***sc*** (*ascète*).
**f)** • ***fils :*** [fis] nom masculin singulier et [fil] nom masculin pluriel.

• ***couvent :*** [kuvɑ̃] nom masculin singulier et [kuv] verbe *couver* au présent de l'indicatif, 3e personne du pluriel.

# LE VERBE

**Notions à mobiliser** — Exercices



# FICHE 41 La morphologie verbale

Le verbe se conjugue de différentes manières : on parle de morphologie verbale.

Ex. : Les enfants jouent dans la cour.
Les enfants ont joué dans la cour.
Comme les enfants jouaient dans la cour, la pluie tomba.

## A Qu'entend-on par morphologie verbale ?

FICHE 8, P. 48

▸ Le verbe est une **unité linguistique** qui peut être définie sur le plan sémantique, syntaxique et morphologique.
On différencie :
– **la morphologie verbale**, qui étudie la manière dont le verbe se conjugue, dont se construisent les différentes formes verbales ;
– **la valeur des temps**, qui étudie comment les différents temps sont employés et se distribuent à l'intérieur d'un texte, du point de vue de la temporalité et de l'aspect.

▸ Pour chaque verbe, il existe un nombre important de formes verbales liées aux variations de temps et de personnes : *je* (P1), *tu* (P2), *il/elle/on* (P3), *nous* (P4), *vous* (P5), *ils/elles* (P6).

## B Le système verbal présente des régularités

▸ Le verbe est une classe de mots qui subit des **variations**. Il change en fonction de la **personne** (les six formes écrites pour chaque verbe) et du **temps** : c'est le cumul de ces deux variations que l'on appelle **conjugaison**.

Ex. : Un cheval tire la troïka. **(P3)** / Trois chevaux tirent la troïka. **(P6)**
Trois chevaux tirent la troïka. **(présent)**
Trois chevaux ont tiré la troïka. **(passé)**

▸ Le verbe change également lorsque la phrase passe de la **forme active** à la **forme passive**.

Ex. : Trois chevaux tirent la troïka. **(forme active)**
La troïka est tirée par trois chevaux. **(forme passive)**

**Comment analyser une forme verbale ?**

Pour analyser une forme verbale, on donne les informations suivantes : **mode, temps, personne, voix** (active / passive / pronominale), **infinitif, groupe.**

► Le tableau ci-dessous recense l'ensemble des temps et des modes qui constituent le système verbal du français.

| Mode | Temps simples | Temps composés |
|---|---|---|
| Indicatif | Présent | Passé composé |
| | Imparfait | Plus-que-parfait |
| | Passé simple | Passé antérieur |
| | Futur | Futur antérieur |
| | Conditionnel présent | Conditionnel passé |
| Subjonctif | Présent | Passé |
| | Imparfait | Plus-que-parfait |
| Impératif | Présent | Passé |
| Infinitif | Présent | Passé |
| Participe | Présent | Passé |
| | Gérondif présent | Gérondif passé |

**ATTENTION**

- Certaines marques sont **muettes** (ex. : joue / jouent).
- Il y a parfois **homophonie** entre différentes formes verbales (ex. : infinitif / participe passé → jouer / joué).
- Il y a parfois des **formes identiques** pour des temps différents (ex. : il dit → présent ou passé simple).

## C Comprendre le fonctionnement du verbe

Toute forme verbale se construit sur le schéma : **radical (ou base lexicale) + marques de temps (désinence de temps) + marques de personne (terminaison ou désinence de personne)**.

Ex. : je jou-er-ai → base (*jou*) + désinence de temps (*er*) + terminaison (*ai*)

### 1. Les régularités dans les marques de temps

| Temps | Marques | Explications |
|---|---|---|
| **Futur** | *-(e)r-* | Même désinence *-r-*, que l'on entend. La désinence est la même quel que soit le verbe.<br>Ex. : je chant-**er**-ai, nous fini-**r**-ons, vous parti-**r**-ez |
| **Imparfait** | *-ai-* (P1, P2, P3, P6)<br>*-i-* (P4, P5) | Deux marques différentes quel que soit le verbe :<br>– *-ai-* pour P1, P2, P3 et P6 (ex. : je chant-**ai**-s, tu finiss-**ai**-s, il part-**ai**-t, ils voul-**ai**-ent) ;<br>– *-i-* pour P4 et P5 (ex. : nous chant-**i**-ons, vous part-**i**-ez). |
| **Conditionnel présent** | *-(e)rai-* (P1, P2, P3, P6)<br>*-(e)ri-* (P4, P5) | Deux marques différentes :<br>– marque du futur *-r-* + marque de l'imparfait *-ai-* → *-rai-* pour P1, P2, P3 et P6 (ex. : je chant-**erai**-s, tu fini-**rai**-s, il parti-**rai**-t, ils parti-**rai**-ent) ;<br>– marque du futur *-r-* + marque de l'imparfait *-i-* → *-ri-* pour P4 et P5 (ex. : nous parti-**ri**-ons, vous chante-**ri**-ez). |
| **Présent** | Pas de désinences | On ajoute directement les marques de personne au radical du verbe.<br>Ex. : tu chant-Ø-es, nous part-Ø-ons, ils finiss-Ø-ent |
| **Passé simple** | *-a-*<br>*-i-*<br>*-u-*<br>*-in-* | Quatre désinences possibles :<br>– [a] / *-a-* pour les verbes en *-er* (ex. : je parl-**a**-i, tu chant-**a**-s, nous chant-**â**-mes, vous parl-**â**-tes) ;<br>– [i] / *-i-* ou [y] / *-u-* pour les autres verbes (ex. : il pr-**i**-t, tu voul-**u**-s) ;<br>– [ɛ̃]/ *-in-* pour quelques verbes (*tenir, venir*…) (ex. : il v-**in**-t). |
| **Subjonctif présent** | *-e-* (P1, P2, P3, P6)<br>*-i-* (P4, P5) | Deux marques différentes selon la personne :<br>– [ə] / *-e-* pour P1, P2, P3 et P6 (ex. : que je parl-**e**, que tu chant-**e**-s, qu'il part-**e**, qu'ils prenn-**e**-nt) ;<br>– [j] / *-i-* pour P4 et P5 (ex. : que nous finiss-**i**-ons, que vous part-**i**-ez). |
| **Impératif présent** | Pas de désinences | |

## 2. Les régularités dans les marques de personnes

| Personnes | Marques | Explicatins |
|---|---|---|
| P1 | *-e*<br>*-ai*<br>*-s* (ou *-x*) | La marque de la 1re personne du singulier (***je***) est :<br>– ***-e*** pour les verbes en *-er* (ainsi que pour *souffrir, cueillir, ouvrir, couvrir, défaillir*) au présent (ex. : je parl-**e**, je cueill-**e**, je souffr-**e**), et au subjonctif présent pour la plupart des verbes (ex. : que je part-**e**, que je dorm-**e**), excepté *être* ;<br>– ***-ai*** pour tous les verbes au futur (ex. : je chant-er-**ai**, je dormi-r-**ai**, je viend-r-**ai**), pour les verbes en *-er* au passé simple (ex. : je parl-**ai**, je mange-**ai**) et pour *avoir* au présent (ex. : j'**ai**) ;<br>– ***-s*** pour tous les autres temps et tous les autres verbes (ex. : je fini-**s**, je prend-**s**, je cour-**s**, je vai-**s**) ou ***-x*** pour *pouvoir, valoir, vouloir* (ex. : je peu-**x**, je veu-**x**, je vau-**x**). |
| P2 | *-s* (ou *-x*) | La 2e personne du singulier (***tu***) connait une même terminaison :<br>– ***-s*** pour tous les verbes et tous les temps (ex. : tu chant-e-**s**, tu part-ai-**s**, tu viend-r-a-**s**, tu décid-a-**s**) ;<br>– mais ***-x*** pour les verbes qui se terminent par *-eu-* ou *-au-* (ex. : tu peu-**x**, tu veu-**x**, tu vau-**x**), à l'exception de l'impératif présent des verbes du 1er groupe (ex. : mang-**e**). |
| P3 | *-e*<br>*-a*<br>*-t*<br>(ou *-d*) | La 3e personne du singulier (***il/elle/on***) connait trois marques différentes :<br>– ***-e*** pour les verbes en *-er* (ainsi que pour les verbes *souffrir, cueillir, ouvrir, couvrir, défaillir*) au présent (ex. : il parl-**e**, il souffr-**e**, il cueill-**e**, il ouvr-**e**) et pour tous les verbes au subjonctif présent (ex. : qu'il part-**e**), sauf *avoir* et *être* ;<br>– ***-a*** pour les verbes *avoir* et *aller* au présent (ex. : il **a**, il v-**a**), pour les verbes en *-er* au passé simple (ex. : il demand-**a**) et pour tous les verbes au futur (ex. : il parti-r-**a**, il prend-r-**a**) ;<br>– ***-t*** (ou ***-d***) pour tous les autres verbes au présent (ex. : il dor-**t**, il pren-**d**), à l'imparfait (ex. : il finiss-ai-**t**) et au passé simple (ex. : il voul-u-**t**, il descend-i-**t**, il v-in-**t**) et pour *avoir* et *être* au subjonctif présent (ex. : qu'il ai-**t**, -qu'il soi-**t**). |
| P4 | *-ons*<br>*-mes* | La 1re personne du pluriel (***nous***) connait deux terminaisons différentes :<br>– ***-ons*** pour tous les verbes au présent (ex. : nous chant-**ons**), à l'imparfait (ex. : nous voul-i-**ons**, nous finiss-i-**ons**) et au futur (ex. : nous part-ir-**ons**) ;<br>– ***-mes*** pour le verbe *être* (ex. : nous som-**mes**). On retrouve cette forme au passé simple, en ajoutant un accent circonflexe à la voyelle qui précède (ex. : nous partîmes). |
| P5 | *-ez*<br>*-tes* | La 2e personne du pluriel (***vous***) connait deux marques différentes :<br>– ***-ez*** pour tous les verbes au présent (ex. : vous chant-**ez**), à l'imparfait (ex. : vous part-i-**ez**, vous choisiss-i-**ez**) et au futur (ex. : vous part-ir-**ez**) ;<br>– ***-tes*** pour les verbes *être, dire* et *faire* (ex. : vous ê-**tes**, vous di-**tes**, vous fai-**tes**).<br>Comme pour P4, cette forme servira au passé simple (ex. : vous parl-â-**tes**). |
| P6 | *-nt*<br>(*-ent* ou *-ont*) | Quels que soient le verbe et le temps, la marque de la 3e personne du pluriel (***ils/elles***) est ***-nt*** : ***-ent*** (ex. : ils chant-**ent**, ils part-ai-**ent**, ils fini-rai-**ent**) ou ***-ont*** au futur (ex. : ils viend-r-**ont**). Le passé simple ajoute à cette marque un ***-r-*** oralisé (ex. : ils chant-è-**rent**, ils voul-u-**rent**). |

**REMARQUE**

En s'appuyant sur ces observations, on peut donc dire que la distinction traditionnelle entre les verbes du 1er groupe, du 2e groupe et du 3e groupe n'est pas forcément pertinente. En effet, il n'est pas possible de déduire la conjugaison d'un verbe à partir de son infinitif.
Ainsi, les verbes *parler* et *cueillir* n'appartiennent pas au même groupe, mais présentent des similitudes dans leur construction (au présent, les marques de personnes sont les mêmes). À l'inverse, les verbes *partir* et *mourir* appartiennent au même groupe mais se conjuguent de façon très différente.

## 3. Les bases verbales (radicaux) : régularités et variations

Connaitre les radicaux d'un verbe permet de le conjuguer correctement.

### 3-1. Exemple du présent de l'indicatif

On distingue plusieurs cas pour la conjugaison des verbes au présent :

– **une base**, auquel on ajoute les marques de personnes ;

Ex. : aim- (+ e, es, e, ons, ez, ent) ; offr- (+ e, es, e, ons, ez, ent) ; conclu- (+ s, s, t, ons, ez, ent)

– **deux bases** ;

Ex. : fini- / finiss- (je fini-s, nous finiss-ons) ; di- / dis- (il di-t, nous dis-ons) ; sai- / sav- (tu sai-s, ils sav-ent) ; mang- /mange- (je mang-e, nous mange-ons) ; appell- / appel- (j'appell-e, vous appel-ez) ; plac- / plaç- (je plac-e, nous plaç-ons)

– **trois bases différentes :**

Ex. : peu- / pouv- / peuv- (il peu-t, vous pouv-ez, ils peuv-ent) ;
veu- / voul- / veul- (je veu-x, nous voul-ons, ils veul-ent) ;
doi- / dev- / doiv- (je doi-s, nous dev-ons, ils doiv-ent) ;
prend- / pren- / prenn- (tu prend-s, vous pren-ez, ils prenn-ent) ;
vien- / ven- / vienn- (je vien-s, vous ven-ez, ils vienn-ent)

– **six bases différentes :** le verbe ***être*** (verbe irrégulier).

Ex. : sui-s / e-s / es-t / somme-s / ête-s / s-ont

### 3-2. Exemple de l'imparfait de l'indicatif

À l'imparfait, tous les verbes ont **une seule base**. La construction des formes verbales de l'imparfait se fait à partir du radical de la 1re personne du pluriel du présent, quel que soit le verbe.

Ex. : nous finiss-ons → je finiss-ai-s ; nous sav-ons → tu sav-ai-s ;
nous mange-ons → il mange-ai-t ; nous dis-ons → nous dis-i-ons ;
nous appel-ons → vous appel-i-ez ; nous balay-ons → ils balay-ai-ent

## 4. Comprendre la construction des temps composés

▸ Afin de conjuguer les verbes aux différents temps composés, il faut également prendre conscience de la régularité qui préside à leur construction. Un verbe conjugué à un temps composé se présente en deux parties : un **auxiliaire** (*être* ou *avoir*) et le **participe passé** du verbe. À chaque temps simple correspond un temps composé.

▸ À partir de ces principes, on peut déduire les différentes formes verbales composées en conjuguant l'auxiliaire au temps simple correspondant, comme le montre le tableau suivant pour les temps de l'indicatif.

| Temps simples | | Temps composés |
|---|---|---|
| Présent<br>Ex. : Il mange. | → | Passé composé Ex. : Il **a** mang**é**.<br>auxiliaire au présent + participe passé |
| Imparfait<br>Ex. : Il mangeait. | → | Plus-que-parfait Ex. : Il **avait** mang**é**.<br>auxiliaire à l'imparfait + participe passé |
| Passé simple<br>Ex. : Il mangea. | → | Passé antérieur Ex. : Il **eut** mang**é**.<br>auxiliaire au passé simple + participe passé |
| Futur<br>Ex. : Il mangera. | → | Futur antérieur Ex. : Il **aura** mang**é**.<br>auxiliaire au futur + participe passé |
| Conditionnel présent<br>Ex. : Il mangerait. | → | Conditionnel passé Ex. : Il **aurait** mang**é**.<br>auxiliaire au conditionnel présent + participe passé |

▸ Pour les autres modes (subjonctif, impératif, infinitif et participe), les formes composées peuvent être retrouvées en suivant le même schéma de construction.

# EXERCICES

→ Corrigés p.270

**1 Dans l'extrait suivant, analysez les formes verbales en gras et décomposez-les en : radical, marques de mode et de temps, marque de personne.**

Mes parents m'**achetaient** des livres et je me **disais** qu'un jour, je les **lira**i. Je **savais** qu'une de ces histoires **ressemblerait** à ma vie.

**2 Classez dans un tableau toutes les formes verbales conjuguées à des modes personnels (classement selon le mode, le temps et la voix des verbes).**

Cette promesse à mon grand-père fit que je voulus devenir cosmonaute. Et après mes études, cette promesse qui m'a tant aidé lorsque j'étais enfant a été exaucée.

**3 Dans l'extrait de texte ci-dessous, vous relèverez et analyserez morphologiquement les formes verbales conjuguées à l'indicatif. Utilisez un tableau.**

Nicolas et Alexandra échangèrent un rapide coup d'œil. Et l'orateur, comme s'il avait senti qu'il était temps d'évoquer l'essentiel, amplifia les vibrations de sa voix en s'interrogeant d'une manière très rhétorique :

– Me sera-t-il permis de le dire ? Ce témoignage de sympathie s'adresse non seulement à l'Académie, mais à notre langue nationale même… qui n'est pas pour vous une langue étrangère, et l'on sent là je ne sais quel désir d'entrer en communication plus intime avec le goût et l'esprit français…

Andreï Makine, *Le Testament français* © Mercure de France, 1995.

**4 Vous relèverez et analyserez morphologiquement les formes verbales conjuguées de l'extrait suivant.**

J'ai rasé ce matin la barbe que je portais depuis l'Iran : le visage qui se cachait dessous a pratiquement disparu. Il est vide, poncé comme un galet, un peu écorné sur les bords. Je n'y perçois justement que cette usure, une pointe d'étonnement, une question qu'il me pose avec une politesse hallucinée et dont je ne suis pas certain de saisir le sens.

Nicolas Bouvier, *Le Poisson-scorpion* © Éditions Gallimard, 1981.

**REMARQUE**

Une question sur la morphologie verbale est souvent suivie d'une question sur la valeur des temps, de type : « Vous expliciterez l'usage et la valeur des temps dans le système d'énonciation que vous caractériserez. » ▶ FICHE 31, P. 181

# FICHE 42 Les voix du verbe

Un verbe peut être conjugué à un même temps et une même personne mais sous des formes différentes.

Ex. : Les voyageurs sont accueillis par les habitants du village. / Les habitants du village accueillent les voyageurs.
Les voyageurs sentent l'atmosphère joyeuse. / Les voyageurs se sentent joyeux.
Il convient d'accueillir dignement les voyageurs.

## A Définition

FICHE 8, P. 49

Si le verbe présente des distinctions de temps, de mode et d'aspect, il comporte également des voix différentes : la **voix active** et **voix passive**, la **voix pronominale** et la **voix impersonnelle**. Cette notion de voix correspond à une orientation différente de l'action par rapport au sujet.

### Terminologie

On peut trouver le mot « forme » à la place de « voix » : forme active / passive ; forme pronominale ; forme impersonnelle.
La terminologie du ministère de l'Éducation nationale emploie les termes de « forme passive » mais n'utilise pas ceux de « forme active », la phrase positive, active et non exclamative étant considérée comme la phrase de base.

## B La voix active et la voix passive

▸ **Le verbe comporte deux voix principales : la voix active ou la voix passive.** Il est conjugué obligatoirement à l'une de ces voix.

FICHE 11, P. 63

Tous les verbes ne peuvent pas être conjugués à la **voix passive**, seuls ceux qui admettent un COD (**verbes transitifs directs**) peuvent l'être. Les **verbes transitifs indirects**, les **verbes intransitifs**, les **verbes attributifs** s'emploient uniquement à la **voix active**.

Ex. : Pierre mange une pomme. / Une pomme est mangée par Pierre.
- mange : V *manger* à la voix active
- une pomme : COD du verbe *manger*
- est mangée : V *manger* à la voix passive

▸ Le passage d'une phrase de la voix active à la voix passive s'accompagne d'un certain nombre de transformations. Le **COD** de la voix active devient **sujet** de la voix passive ; le **sujet** de la voix active devient le **complément d'agent** de la voix passive.

Ex. : *Voix active :* Pierre (sujet) mange une pomme (COD).

*Voix passive :* Une pomme (sujet) est mangée par Pierre (Ct d'agent).

**Si le complément d'agent n'est pas exprimé**, il est sous-entendu.

Ex. : La souris est mangée. ⟶ sous-entendu : par un animal

Lors de la transformation, le complément d'agent sera remplacé par le pronom indéfini ***on***.

Ex. : *Voix active :* On mange une souris.
sujet — COD

*Voix passive :* La souris est mangée. ⟶ Ct d'agent non exprimé mais sous-entendu
sujet

**REMARQUE**

Certains **verbes intransitifs** peuvent être en **emploi transitif**. Il convient donc d'être attentif à l'entourage du verbe : sa complémentation.

Ex. : Il descend.

Il descend la poubelle. ⟶ Seule cette phrase peut être transformée à la voix passive : La poubelle est descendue.

▸ Le verbe à la voix passive est obligatoirement constitué de l'**auxiliaire *être*** et du **participe passé** (ex. : La souris est mangée par le chat.). C'est l'auxiliaire qui donne le temps.

| Temps simples | | Temps composés | |
|---|---|---|---|
| Présent | Ex. : Elle **est** mang**ée**. | Passé composé | Ex. : Elle **a été** mang**ée**. |
| Futur | Ex. : Elle **sera** mang**ée**. | Futur antérieur | Ex. : Elle **aura été** mang**ée**. |
| Imparfait | Ex. : Elle **était** mang**ée**. | Plus-que-parfait | Ex. : Elle **avait été** mang**ée**. |
| Passé simple | Ex. : Elle **fut** mang**ée**. | Passé antérieur | Ex. : Elle **eut été** mang**ée**. |

**ATTENTION**

Il ne faut pas confondre la voix active avec l'auxiliaire *être* et la voix passive.

Ex. : Il est sorti de chez lui. / Il est accueilli par ses amis.

V *sortir* au passé composé à la voix active — V *accueillir* au présent, à la voix passive

FICHE 12, P. 70

▸ Le verbe à la voix passive peut être accompagné d'un **complément d'agent** introduit par une **préposition**, le plus souvent ***de*** ou ***par***.

Ex. : Il est accueilli par les habitants. Le sol était jonché de feuilles mortes.

**ATTENTION**

Il ne faut pas confondre le **complément d'agent** et le **complément circonstanciel**.

Ex. : Il est rentré par ce chemin. / Il est applaudi par ses fans.
CC — Ct d'agent

Pour vérifier qu'il s'agit bien d'un complément d'agent, il faut faire la **transformation active**.

Ex. : Il est applaudi par ses fans. ⟶ Ses fans l'applaudissent.
Ct d'agent — sujet

## C La voix pronominale

▸ **La voix pronominale comporte deux formes :** une **forme verbale** et un **pronom réfléchi**.

Ex. : je me vois, tu te vois, il se voit, nous nous voyons, vous vous voyez, ils se voient
⟶ verbe *se voir* au présent de l'indicatif

▸ L'auxiliaire employé pour former les temps composés est l'auxiliaire *être*.

**ATTENTION**

Le pronom est réfléchi : il est donc **de la même personne que le sujet**.
Ex. : Je me vois. ⟶ Le verbe est à la voix pronominale.
Il me voit. ⟶ Le verbe n'est pas à la voix pronominale.

## D La voix impersonnelle

FICHE 10, P. 58

▸ La voix (ou forme) impersonnelle est une tournure verbale dont le sujet est un pronom impersonnel qui est vide de sens. On parle de **sujet apparent** (ou sujet grammatical).

Ex. : Il reste du pain.
sujet apparent

**Terminologie**

Selon la terminologie employée, on peut parler de « forme impersonnelle » (terminologie MEN en 2020) ou de « voix impersonnelle » : cela renvoie à la même réalité. Le pronom sujet *il* ne représente personne. ▸ FICHE 1, P. 18

▸ Certains verbes ne peuvent être conjugués qu'à la voix impersonnelle. Ce sont des verbes qui ne s'emploient qu'à la troisième personne du singulier.

Ex. : Il pleut ; il neige ; il convient de partir ; il est arrivé quelque chose ; il faut partir.

# EXERCICES

→ Corrigés p. 271

**1 Indiquez le temps du verbe et sa voix dans chaque phrase, puis transposez les phrases à la voix active ou passive selon le cas.**

a) L'avancée des soldats était freinée par des coulées de terre.

b) On avait mis en place un programme spécifique pour les étudiants.

**2 Transposez cette phrase à la voix passive et indiquez toutes les modifications que vous avez effectuées.**

Trois anciens réverbères éclairaient cette jolie place.

cette jolie place était éclairée par 3 anciens réverb

**3 Dans l'extrait ci-dessous, relevez et classez l'ensemble des voix verbales (active, passive, pronominale ou impersonnelle).**

Les familles recomposées ne sont pas vraiment une nouveauté. Dans des temps plus reculés, elles se constituaient généralement après la disparition d'un des deux parents. Le survivant se remariait et fondait une nouvelle famille. Le nouveau père prenait le nom de « beau-père », la nouvelle mère celui de « belle-mère » et elle se transformait en « marâtre » lorsque les enfants du « premier lit » se dégradaient. Il était rare que la totalité des enfants vive sous le même toit : ceux issus du premier mariage étaient plus souvent envoyés en nourrice ou en pension pour éviter une cohabitation difficile.

L'un des plus beaux tableaux de famille recomposée « à l'ancienne » est offert par le conte de Charles Perrault, *Cendrillon*. Il commence ainsi : « Il était une fois un gentilhomme qui épousa, en secondes noces, une femme la plus hautaine et la plus fière qu'on eût jamais vue. Elle avait deux filles de son humeur et qui lui ressemblaient en toutes choses. Le mari avait, de son côté, une jeune fille d'une douceur et d'une bonté sans exemple. »

Marcel Rufo, *Frères et sœurs, une maladie d'amour* © Librairie Arthème Fayard, 2002.

**4 Parmi les cinq phrases suivantes, quelles sont celles qui présentent une voix impersonnelle ?**

a) Il est possible que cela n'arrive jamais.
b) On est arrivés enfin à destination.
c) Il pleut tous les jours depuis notre arrivée.
d) Il est sorti tard hier, je ne sais pas à quelle heure il est rentré.
e) Quelle heure est-il ?

# FICHE 43 Les auxiliaires et les semi-auxiliaires

Les auxiliaires et les semi-auxiliaires entrent dans la composition de certaines formes verbales et apportent des informations de type temporel, aspectuel ou modal.

Ex. : Elle est descendue dans la rue.
Elle a descendu la poubelle.
Elles ont été mordues par un chien.
Je vais aller faire les courses.
Il vient tout juste de rentrer.

## A Définir les auxiliaires et les semi-auxiliaires

▸ Les auxiliaires (*être* et *avoir*) et les semi-auxiliaires (ex. : aller, venir...) sont des **unités qui entrent dans la composition de certaines formes verbales** (notamment les temps composés ou la voix passive). Il s'agit à l'origine de verbes, mais employés comme auxiliaires ou semi-auxiliaires, ils présentent les caractéristiques suivantes :

▸ Les auxiliaires et les semi-auxiliaires **perdent leur sens lexical**.

Ex. : Elle a un chien. ⟶ Le verbe *avoir* renvoie à l'idée de possession.
Elle a téléphoné à ses parents. ⟶ *Avoir* est employé comme **auxiliaire** intervenant dans la composition du passé composé, sa valeur lexicale disparait.

▸ Les auxiliaires et les semi-auxiliaires fonctionnent comme des **unités grammaticales** et apportent des **informations de type temporel, aspectuel ou modal**.

Ex. : Elle a mangé ; elle est partie ; il va pleuvoir ; elle vient de sortir. ⟶ Les auxiliaires (*être* et *avoir*) et les semi-auxiliaires (*aller* et *venir (de)*) renseignent sur l'état d'avancement de l'action : action achevée (*elle a mangé ; elle est partie*), action imminente (*il va pleuvoir*) ou action achevée récemment (*elle vient de sortir*).

▸ Les verbes employés comme des auxiliaires ou des semi-auxiliaires **peuvent se combiner avec le verbe de sens lexical** : les deux unités (l'auxiliaire et le verbe) n'apportent pas les mêmes informations.

Ex. : Elle a eu un chien quand elle était petite. ⟶ Verbe *avoir* (indiquant la possession), conjugué au passé composé avec l'auxiliaire *avoir*, indiquant ici une action achevée, révolue.
Je vais aller faire les courses. ⟶ Verbe à l'infinitif *aller* indiquant un déplacement, associé au semi-auxiliaire *aller* indiquant un futur proche ou l'imminence de l'action.

▸ On distingue généralement les **auxiliaires** et les **semi-auxiliaires**.

❶ Les auxiliaires ***être*** et ***avoir*** interviennent dans la **formation des temps composés et de la voix passive**. Ces unités sont considérées comme faisant pleinement partie de la morphologie du verbe.

Ex. : Il a travaillé toute la nuit. ⟶ Le verbe *travailler* est conjugué au passé composé. Ce temps verbal est composé de l'auxiliaire (en l'occurrence, l'auxiliaire *avoir*) et du participe passé du verbe : *a travaillé*.
La souris est mangée par le chat. ⟶ Le verbe *manger* est à la forme passive : il se construit à l'aide de l'auxiliaire *être* et du participe passé du verbe : *est mangée*.

❷ Bien qu'ils ne soient pas considérés comme pleinement intégrés au système verbal, **les semi-auxiliaires**, associés à un verbe à l'infinitif, **apportent des indications temporelles, modales ou aspectuelles**.
En français, on considère que les verbes suivants peuvent fonctionner comme des semi-auxiliaires : ***aller***, ***venir***, ***devoir***, ***pouvoir***, ***faire***, ***laisser***.

Ex. : Je vais bientôt manger. ⟶ futur proche / action imminente
Il vient de pleuvoir. ⟶ passé récent / action accomplie récemment
Il doit être environ 15 heures. ⟶ indication d'une probabilité
Elle fait ranger sa chambre par son frère. ⟶ indication que l'action est prise en charge par un tiers

## B Les auxiliaires *être* et *avoir*

Lorsqu'ils sont employés comme auxiliaires, *être* et *avoir* interviennent dans la formation des temps composés et dans celle de la forme passive.

### 1. Dans la formation des temps composés

▸ Un verbe conjugué à un temps composé se présente en deux parties : l'auxiliaire (*être* ou *avoir*) et le participe passé du verbe.

▸ L'auxiliaire ***avoir*** est le plus fréquent ; il intervient notamment dans la formation des temps composés pour les **verbes transitifs** (construits avec un complément d'objet direct).
Ex. : Il a mangé un pain au chocolat ; il a fini son assiette ; il a couru.

FICHE 42, P. 260
▸ L'auxiliaire ***être*** intervient dans la formation des temps composés des **verbes de mouvement** notamment, ainsi que dans celle des **verbes pronominaux**.
Ex. : Elle est partie ; nous sommes arrivés ; ils sont revenus ; ils se sont mariés cet été ; elle s'est maquillé les yeux.

**REMARQUE**

Dans certains cas, le choix de l'auxiliaire (*être* ou *avoir*) indique une différence de sens du verbe (verbe employé de manière transitive ou intransitive).
Ex. : Elle a descendu les poubelles. / Elle est descendue dans la rue.
COD du verbe *descendre*

### 2. Dans la formation de la voix passive

À la voix passive, le verbe se construit avec l'auxiliaire ***être***.

FICHE 42, P. 259
Ex. : Il est aimé de ses parents. ⟶ verbe *aimer* à la voix passive, auxiliaire être conjugué au présent
Le sapin avait été décoré par les élèves de la classe. ⟶ verbe *décorer* à la voix passive, auxiliaire *être* conjugué au plus-que-parfait
Il a été remercié pour son travail. ⟶ verbe *remercier* à la voix passive, auxiliaire *être* conjugué au passé composé

**REMARQUE**

Seul l'auxiliaire *être* intervient dans la formation de la voix passive, mais seuls les verbes transitifs peuvent se construire à cette forme.

## C Les semi-auxiliaires

En français, certains verbes comme *aller*, *venir*, *devoir*, *pouvoir*, *faire*, *laisser*, sont susceptibles de fonctionner dans des constructions verbales particulières, en apportant au verbe des **nuances temporelles, aspectuelles ou modales**. Les unités en question perdent alors leur sens lexical : on les considère comme des semi-auxiliaires.
On parle de **périphrases verbales** pour caractériser les constructions verbales dans lesquelles ils interviennent.

**ATTENTION**

Il faut analyser correctement les constructions verbales.
Ex. : Il doit faire ses exercices avant d'aller jouer. → *Devoir* fonctionne comme noyau de la phrase, avec son sens plein (idée d'obligation) : il est suivi du complément d'objet direct *faire ses exercices*.
Il doit être arrivé maintenant. → *Devoir* fonctionne comme semi-auxiliaire dans une périphrase verbale : il perd son sens lexical plein, mais associé au noyau verbal de la phrase (ici *être arrivé*), il apporte une nuance de probabilité (= *il est certainement arrivé*).

### 1. Les semi-auxiliaires et les nuances temporelles et/ou aspectuelles

***Aller*** et ***venir (de)***, suivis d'un verbe à l'infinitif, apportent des indications sur la temporalité de l'action et/ou sur son état d'avancement.

Ex. : Je vais me coucher. → indication d'un futur proche ou d'une action imminente
Il vient de pleuvoir. → passé récent ou action achevée récemment

**REMARQUE**

Contrairement à celle des auxiliaires, la liste des semi-auxiliaires n'est pas fermée. On peut ainsi considérer comme semi-auxiliaires (apportant des nuances temporelles et/ou aspectuelles) ***être en train de*** (+ infinitif) ou ***commencer à*** (+ infinitif).
Ex. : Elle est en train de travailler ; il commence à pleuvoir.

### 2. Les semi-auxiliaires et les nuances modales

▸ D'autres semi-auxiliaires permettent d'apporter au verbe des nuances modales : c'est le cas de ***pouvoir*** et ***devoir***, suivis d'un verbe à l'infinitif, qui modifient le sens du verbe en indiquant respectivement la possibilité et l'obligation.
Ex. : Il peut venir ; je dois partir.

▸ Ces semi-auxiliaires sont également susceptibles d'apporter d'autres nuances : la possibilité, la probabilité plus ou moins forte, la permission…
Ex. : Il peut pleuvoir aujourd'hui ; il doit pleuvoir cet après-midi ; on ne peut pas téléphoner en conduisant ; tu ne dois pas parler la bouche pleine, je peux te poser une question ?

**REMARQUE**

Là encore, cette liste peut être complétée par d'autres unités fonctionnant de la même manière.
Ex. : Elle sait faire ses lacets ; la radio ne veut pas fonctionner aujourd'hui.

### 3. Les semi-auxiliaires et les nuances causatives

Les semi-auxiliaires ***faire*** et ***laisser*** suivis d'un verbe à l'infinitif forment une périphrase verbale : ils indiquent le degré de prise en charge de l'action par le sujet (le sujet fait réaliser l'action par quelqu'un d'autre ou le sujet tolère l'action).

**Ex. : Il fait faire ses devoirs par sa grande sœur ; il laisse ses enfants sauter dans les flaques.**

## EXERCICES

→ *Corrigés p. 272*

**1 Dans les phrases suivantes, indiquez si les unités en gras fonctionnent comme des verbes de « sens plein » ou comme des auxiliaires ou semi-auxiliaires.**

a) Elle **a** les yeux verts.

b) Il **est** tombé de l'échelle et s'est fait mal au dos.

c) Il **est** dans la cuisine.

d) Elle **est** arrivée en retard.

e) Elle **a** fini son livre.

f) Tous les mercredis, elle **va** au théâtre.

g) Elle **va** bientôt partir en vacances.

h) Il **vient** nous voir tous les dimanches.

i) Il **vient** de finir ses devoirs.

j) Elle **fait** un gâteau dans la cuisine.

k) Elle **fait** faire ses courses par la voisine.

**2 Dans les phrases suivantes, indiquez quels sont les auxiliaires utilisés et précisez dans quelle construction ils interviennent.**

a) Il y a eu du vent toute la journée.

b) Les élèves se sont rendus à la piscine.

c) Ils avaient été contactés par le responsable.

d) Ils ont été très déçus par ce film.

e) Elles se sont donné rendez-vous la semaine suivante.

f) Comme d'habitude, ils se seront décidés au dernier moment.

Fiches 41 à 43, p. 254 à 266



# ENTRAINEMENT AU CONCOURS

→ Corrigés p. 272

**1 Dans cet extrait de la fable de Jean Anouilh, identifiez les verbes conjugués et indiquez leur temps, leur mode et la personne à laquelle ils sont conjugués.** (sujet de CRPE)

Le vieux loup qui avait lu les « Lettres de mon [Moulin »
Renonça à manger la chèvre de Monsieur [Seguin.
Qui dira un jour, d'aventure,
Les noirs méfaits de la littérature
Qui traite des bons sentiments ?
C'est elle qu'on devrait interdire aux enfants.
Je préfère qu'ils lisent Sade.

Jean Anouilh, « Le vieux loup », *Fables* (1967)


**2 Dans cet extrait, vous relèverez et classerez selon leur temps les verbes conjugués. Puis vous justifierez l'emploi de ces temps dans le texte.** (sujet de CRPE)

Il y avait un banc de pierre dans un coin, une ou deux statues moisies, quelques treillages décloués par le temps pourrissant sur le mur ; du reste plus d'allées, ni de gazon ; du chiendent partout. Le jardinage était parti, et la nature était revenue. Les mauvaises herbes abondaient ; aventure admirable pour un pauvre coin de terre. La fête des giroflées y était splendide. Rien dans ce jardin ne contrariait l'effort sacré des choses vers la vie ; la croissance vénérable était là chez elle. Les arbres s'étaient baissés vers les ronces, les ronces étaient montées vers les arbres, la plante avait grimpé, la branche avait fléchi, ce qui rampe sur la terre avait été trouver ce qui s'épanouit dans l'air, ce qui flotte au vent s'était penché vers ce qui traîne dans la mousse.

Victor Hugo, *Les Misérables*, 1862.

**3 a) Parmi les phrases ci-dessous, identifiez les verbes à la voix passive et donnez leur équivalent à la voix active.** (sujet de CRPE)

**1.** Monsieur, des abeilles, des mouches, des papillons sont entrés au premier.

**2.** Le bruit avait dû se répandre qu'une noce visitait le Louvre.

**3.** Les chevalets y étaient installés.

**4.** Monsieur, toute la Haute-Égypte est couverte de champignons et d'algues.

**5.** Tout le XX^e^ siècle s'est écroulé.

**b) Identifiez la forme (mode, temps, personne, voix) de tous les verbes en précisant leur infinitif.**

**4 Dans les phrases suivantes, mettez les verbes entre parenthèses au temps et au mode qui s'imposent. Justifiez votre choix.** (sujet de CRPE)

a) Je doute qu'il *(être)* le bienvenu.

b) Il faut que tu *(croire)* à ton destin.

c) Après que tu *(partir)*, j'irai manger

d) Avant que tu *(aller)* à la plage, tu mettras de la crème solaire.

**5 Dans la phrase en gras, identifiez la forme des verbes, donnez leur infinitif et leur groupe, puis justifiez leur emploi.** (sujet de CRPE)

J'étais fou de joie : à moi ces voix séchées dans leurs petits herbiers, ces voix que mon grand-père ranimait de son regard, qu'il entendait, que je n'entendais pas ! **Je les écouterais, je m'emplirais de discours cérémonieux, je saurais tout.**

Jean-Paul Sartre, *Les Mots*

**6 a) Dans le texte suivant, relevez et classez les verbes conjugués du poème selon leur mode et leur temps, et justifiez leur emploi.** (sujet de CRPE)

**b) Quelle remarque pouvez-vous faire sur l'occurrence *éblouit* (*sa grandeur éblouit l'histoire*) ?**

*Louis-Napoléon Bonaparte (futur Napoléon III), neveu de Napoléon Ier, prend le pouvoir de façon autoritaire le 2 décembre 1851 ; Victor Hugo part en exil, dont il ne reviendra qu'en 1870. Il rédige alors le recueil satirique et poétique* Les Châtiments, *où il s'en prend violemment au nouveau monarque en ne cessant de le ridiculiser en le comparant à la figure admirée de Napoléon Ier. Ce court poème juxtapose et confronte ainsi les deux figures, celle de Napoléon Ier et de son passé mythifié, et celle présente du neveu Louis-Napoléon.*

Sa grandeur éblouit l'histoire.
Quinze ans, il fut
Le dieu que traînait la victoire
Sur un affût ;
L'Europe sous la loi guerrière
Se débattit. –
Toi, son singe, marche derrière,
Petit, petit.

Napoléon dans la bataille,
Grave et serein,
Guidait à travers la mitraille,
L'aigle d'airain.
Il entra sur le pont d'Arcole,
Il en sortit. –
Voici de l'or, viens, pille et vole,
Petit, petit.

Berlin, Vienne, étaient ses maîtresses ;
Il les forçait,
Leste, et prenant les forteresses
Par le corset.
Il triompha de cent bastilles
Qu'il investit. –
Voici pour toi, voici des filles,
Petit, petit.

Il passait les monts et les plaines,
Tenant en main
La palme, la foudre et les rênes
Du genre humain ;
Il était ivre de sa gloire
Qui retentit. –
Voici du sang, accours, viens boire,
Petit, petit.

Quand il tomba, lâchant le monde,
L'immense mer
Ouvrit à sa chute profonde
Son gouffre amer ;
Il y plongea, sinistre archange,
Et s'engloutit. –
Toi, tu te noieras dans la fange,
Petit, petit.

Victor Hugo, « Chanson (VII, 6) »,
*Les Châtiments*, 1853.

**7 Dans l'extrait suivant, vous indiquerez le temps et le mode de chaque verbe souligné et vous justifierez son emploi.** (sujet de CRPE)

LYSISTRATA. – [...] Alors, cachant notre douleur sous un air riant, nous vous demandions : « Qu'est-ce que l'assemblée a résolu aujourd'hui ? quel décret avez-vous rendu au sujet de la paix ? – Qu'est-ce que cela te fait ? disait mon mari : tais-toi », et je me taisais.

UNE FEMME. – Moi je ne me serais pas tue.

LE MAGISTRAT. – Il te serait arrivé mal de ne pas te taire.

LYSISTRATA. – Aussi me taisais-je. Une autre fois, vous voyant prendre une résolution des plus mauvaises, je disais : « Mon ami, comment pouvez-vous agir si follement ? » Mais lui me regardant aussitôt de travers, répondait : « Tisse ta toile, ou ta tête s'en ressentira longtemps ; la guerre est l'affaire des hommes ! »

Aristophane, *Lysistrata*, 411 avant J.-C.,
traduit du grec par Georges-Gustave Toudouze.

**8 Dans l'extrait suivant, vous identifierez les temps et les modes des verbes en gras, et justifierez leur emploi. Votre réponse pourra être présentée dans un tableau. (sujet de CRPE)**

Nous **appelons** « contre nature » ce qui arrive contrairement à l'habitude : il n'y a rien, quoi que ce **puisse** être, qui ne soit pas selon la nature. Que cette raison universelle et naturelle **chasse** de nous l'erreur et l'étonnement que la nouveauté nous **apporte**.

Michel de Montaigne, « D'un enfant monstrueux », *Les Essais* (1595), livre II, chapitre XXX, adaptation en français moderne par André Lanly.

**9 Dans l'extrait suivant, identifiez les formes verbales en gras et justifiez l'emploi des temps et des modes. Classez les occurrences relevées dans un tableau organisé. (sujet de CRPE)**

On **donnait** ce jour-là un grand dîner, où, pour la première fois, je **vis** avec beaucoup d'étonnement le maître d'hôtel servir l'épée au côté et le chapeau sur la tête. Par hasard on **vint** à parler de la devise de la maison de Solar, qui **était** sur la tapisserie avec les armoiries : *Tel fiert qui ne tue pas*. Comme les Piémontais ne **sont** pas pour l'ordinaire consommés dans la langue française, quelqu'un trouva dans cette devise une faute d'orthographe, et dit qu'au mot *fiert* il ne fallait point de *t*. Le vieux comte de Gouvon allait répondre ; mais **ayant jeté** les yeux sur moi, il vit que je souriais sans oser rien dire : il m'ordonna de parler. Alors je **dis** que je ne croyais pas que le *t* **fût** de trop, que *fiert* était un vieux mot français qui ne venait pas du nom *ferus*, fier, menaçant, mais du verbe *ferit*, il **frappe**, il blesse ; qu'ainsi, la devise ne me paraissait pas dire : *tel menace*, mais *tel frappe qui ne tue pas*. Tout le monde me **regardait** et se regardait sans rien dire.

Jean-Jacques Rousseau, *Les Confessions*, livre III, 1782.

**10 Dans cet extrait de Jean de La Fontaine, vous relèverez les verbes conjugués, puis identifierez leur mode et leur temps, dont vous justifierez l'emploi. (sujet de CRPE)**

Le Savetier crut voir tout l'argent que la terre
Avait, depuis plus de cent ans,
Produit pour l'usage des gens.
Il retourne chez lui ; dans sa cave il enserre
L'argent et sa joie à la fois.

Jean de La Fontaine, « Le Savetier et le Financier », *Fables*, livre VIII, 1678.

**11 Dans les phrases suivantes, indiquez les nuances sémantiques véhiculées par l'utilisation des semi-auxiliaires.**

a) Dépêche-toi, le train va partir.
b) Le train vient de partir : tu l'as raté de peu.
c) La nuit commence à tomber.
d) Il est en train de faire ses devoirs.
e) Je venais de finir de manger quand il est arrivé.
f) Il devrait faire beau aujourd'hui.
g) Il peut encore pleuvoir.
h) Je peux te faire une confidence ?
i) Il sait nager depuis peu.
j) Pierre laisse son chien dormir dans son lit !

# CORRIGÉS

## FICHE 41 La morphologie verbale

→ Énoncés p. 258

**1** Mes parents m'**achet/ai/ent** des livres et je me **dis/ai/s** qu'un jour, je les **li/r/ai**. Je **sav/ai/s** qu'une de ces histoires **ressembl/erai/t** à ma vie.

| Forme | Base | Désinence de temps | Désinence de personne | Temps |
|---|---|---|---|---|
| *achetaient* | achet- | -ai | -ent | indicatif imparfait, P6 |
| *disais* | dis- | -ai | -s | indicatif imparfait, P1 |
| *lirai* | li- | -r | -ai | indicatif futur, P1 |
| *savais* | sav- | -ai | -s | indicatif imparfait, P1 |
| *ressemblerait* | ressembl- | -erai | -t | conditionnel présent, P3 |

**2** *Cette promesse **fit** que je **voulus** devenir cosmonaute. Et après mes études, cette promesse qui m'**a** tant **aidée** lorsque j'**étais** enfant **a été exaucée**.*

| Indicatif passé simple, voix active | Indicatif imparfait, voix active | Indicatif passé composé, voix active | Indicatif passé composé, voix passive |
|---|---|---|---|
| *(elle) fit* | *(j') étais* | *(elle m') a aidée* | *(elle) a été exaucée* |
| *(je) voulus* | | | |

**3** *Nicolas et Alexandra **échangèrent** un rapide coup d'œil. Et l'orateur, comme s'il **avait senti** qu'il **était** temps d'évoquer l'essentiel, **amplifia** les vibrations de sa voix en s'interrogeant d'une manière très rhétorique :*
*– Me **sera**-t-il **permis** de le dire ? Ce témoignage de sympathie s'**adresse** non seulement à l'Académie, mais à notre langue nationale même… qui n'**est** pas pour vous une langue étrangère, et l'on **sent** là je ne **sais** quel désir d'entrer en communication plus intime avec le goût et l'esprit français…*

Andreï Makine, *Le Testament français* © Mercure de France, 1995.

| Formes verbales | Personne | Base | Désinence | Temps | Infinitif |
|---|---|---|---|---|---|
| *échangèrent* | P6 | échang- | -èrent | passé simple | échanger (1er groupe) |
| *avait senti* | P3 | sent- (+ auxiliaire av-) | -ait | plus-que-parfait | sentir (3e groupe) |
| *était* | P3 | ét- | -ait | imparfait | être (auxiliaire) |
| *amplifia* | P3 | amplif- | -ia | passé simple | amplifier (1er groupe) |
| *sera permis** | P3 | ser- | -a | futur, voix passive | être (auxiliaire) → permettre |
| *adresse* | P3 | adress- | -e | présent | adresser (1er groupe) |
| *est* | P3 | es- | -t | présent | être (auxiliaire) |
| *sent* | P3 | sen- | -t | présent | sentir (3e groupe) |
| *sais* | P1 | sai- | -s | présent | savoir (3e groupe) |

*Attention : il *me sera permis* → *il me sera permis (par moi -même)* : voix passive.

**4** *J'**ai rasé** ce matin la barbe que je **portais** depuis l'Iran : le visage qui **se cachait** dessous **a** pratiquement **disparu**. Il **est** vide, poncé comme un galet, un peu écorné sur les bords. Je n'y **perçois** justement que cette usure, une pointe d'étonnement, une question qu'il me **pose** avec une politesse hallucinée et dont je ne **suis** pas certain de saisir le sens.*

Nicolas Bouvier, *Le Poisson-scorpion* © Éditions Gallimard, 1981.

Tous les verbes de cet extrait sont à l'indicatif.
• ***ai rasé :*** passé composé du verbe *raser* à la 1re personne du singulier ; formé de l'auxiliaire *avoir* au présent de l'indicatif puis du verbe *raser* au participe passé (*ras-é*).
• ***portais :*** imparfait du verbe *porter* à la 1re personne du singulier ; formé de la base *port-*, de la désinence du temps *-ai* et de la désinence de la personne *-s*.
• ***se cachait :*** imparfait du verbe *se cacher* (forme pronominale) à la 3e personne de singulier ; formé du pronom réfléchi *se*, suivi de la base verbale *cach-*, de la désinence du temps *-ai* et de la désinence de la personne *-t*.
• ***a disparu :*** passé composé du verbe *disparaitre* à la 3e personne du singulier ; formé de l'auxiliaire *avoir* conjugué au présent et du participe passé du verbe *disparaitre*.
• ***est :*** présent de l'auxiliaire *être* à la 3e personne du singulier.
• ***perçois :*** présent du verbe *percevoir* à la 1re personne du singulier ; formé de la base *perç-* et de la terminaison du temps et de la personne *-ois*.
• ***me pose :*** présent du verbe réfléchi *se poser* à la 3e personne du singulier ; formé du pronom réfléchi *me* suivi de la base verbale *pos-* et de la terminaison du temps et de la personne *-e*.
• ***suis :*** présent de l'auxiliaire *être* à la 1re personne du singulier.

## FICHE 42 Les voix du verbe

→ *Énoncés p. 261*

1 a) Le temps du verbe est l'imparfait de l'indicatif. Cette phrase est à la voix passive.
**Transposition à la voix active :** Des coulées de terre freinaient l'avancée des soldats.
b) Le temps du verbe est le plus-que-parfait de l'indicatif. Cette phrase est à la voix active.
**Transposition à la voix passive :** Un programme spécifique pour les étudiants avait été mis en place.

2 **Transposition à la voix passive :** Cette jolie place était éclairée par trois anciens réverbères.
**Transformations effectuées :**
– le sujet ***trois anciens réverbères*** devient complément d'agent introduit par la préposition *par* ;
– le COD ***cette jolie place*** devient sujet et le verbe s'accorde donc au singulier ;
– apparition du participe passé ***éclairée*** qui s'accorde avec le sujet du verbe (*cette jolie place*) au féminin singulier.

3 *Les familles recomposées ne sont pas vraiment une nouveauté. Dans des temps plus reculés, elles se constituaient généralement après la disparition d'un des deux parents. Le survivant se remariait et fondait une nouvelle famille. Le nouveau père prenait le nom de « beau-père », la nouvelle mère celui de « belle-mère » et elle se transformait en « marâtre » lorsque les enfants du « premier lit » se dégradaient. Il était rare que la totalité des enfants vive sous le même toit : ceux issus du premier mariage étaient plus souvent envoyés en nourrice ou en pension pour éviter une cohabitation difficile. L'un des plus beaux tableaux de famille recomposée « à l'ancienne » est offert par le conte de Charles Perrault, Cendrillon. Il commence ainsi : « Il était une fois un gentilhomme qui épousa, en secondes noces, une femme la plus hautaine et la plus fière qu'on eût jamais vue. Elle avait deux filles de son humeur et qui lui ressemblaient en toutes choses. Le mari avait, de son côté, une jeune fille d'une douceur et d'une bonté sans exemple. »*

Marcel Rufo, *Frères et sœurs, une maladie d'amour* © Librairie Arthème Fayard, 2002.

• Voix active : ***sont***, ***fondait***, ***prenait***, ***vive***, ***commence***, ***épousa***, ***eût vue***, ***avait***, ***ressemblaient***, ***avait***.
• Voix pronominale : ***se constituaient***, ***se remariait***, ***se transformait***, ***se dégradaient***.
• Voix passive : ***étaient envoyés***, ***est offert***.
• Voix impersonnelle : *il* ***était*** *(rare)*, *il* ***était*** *(une fois)*.

4 **Phrases à la voix impersonnelle :** a) **il est possible** ; c) **il pleut** ; e) quelle heure **est-il** ?

# FICHE 43 Les auxiliaires et les semi-auxiliaires

→ Énoncés p. 266

**1**

| Verbes de sens plein | Auxiliaires et semi-auxiliaires |
|---|---|
| a) Elle **a** les yeux verts.<br>c) Il **est** dans la cuisine.<br>f) Tous les mercredis, elle **va** au théâtre.<br>h) Il **vient** nous voir tous les dimanches.<br>j) Elle **fait** un gâteau dans la cuisine. | b) Il **est** tombé de l'échelle et s'est fait mal au dos.<br>d) Elle **est** arrivée en retard.<br>e) Elle **a** fini son livre.<br>g) Elle **va** bientôt partir en vacances.<br>i) Il **vient** de finir ses devoirs.<br>k) Elle **fait** faire ses courses par la voisine. |

**2** a) ***a eu :*** verbe *avoir* (*il y a du vent*) construit avec l'auxiliaire *avoir* pour former le passé composé.
b) ***se sont rendus :*** verbe pronominal *se rendre* construit avec l'auxiliaire *être* au présent pour former le passé composé.
c) ***avaient été contactés :*** verbe *contacter* au plus-que-parfait de la voix passive, construit avec l'auxiliaire *être*.
d) ***ont été :*** verbe *être* construit avec l'auxiliaire *avoir* pour former le passé composé.
e) ***s'étaient donné :*** verbe pronominal *se donner (rendez-vous)* construit avec l'auxiliaire *être* à l'imparfait pour former le plus-que-parfait.
f) ***se seront décidés :*** verbe pronominal *se décider* construit avec l'auxiliaire *être* au futur pour former le futur antérieur.

## Entrainement au concours

→ Énoncés p. 267

**1** Le vieux loup qui avait lu les « Lettres de mon Moulin »
Renonça à manger la chèvre de Monsieur Seguin.
Qui dira un jour, d'aventure,
Les noirs méfaits de la littérature
Qui traite des bons sentiments ?
C'est elle qu'on devrait interdire aux enfants.
Je préfère qu'ils lisent Sade.

Jean Anouilh, « Le vieux loup », *Fables* (1967) © Éditions Gallimard, 1973.

- Indicatif

**Temps composés :** – plus-que-parfait : ***avait lu***, 3e personne du singulier.
**Temps simples :** – passé simple : ***renonça***, 3e personne du singulier ;
– futur : ***dira***, 3e personne du singulier ;
– présent : ***traite***, ***est***, 3e personne du singulier ; ***préfère***, 1re personne du singulier.
**Conditionnel présent :** ***devrait***, 3e personne du singulier.

**REMARQUE**

À la suite de travaux de linguistes, le conditionnel peut être considéré comme un temps de l'indicatif ou comme un mode. Notons toutefois que les programmes actuels le considèrent comme un mode : les deux réponses sont donc acceptées.

- Subjonctif

Présent : ***lisent***, 3e personne du pluriel.

**2** *Il y avait un banc de pierre dans un coin, une ou deux statues moisies, quelques treillages décloués par le temps pourrissant sur le mur ; du reste plus d'allées, ni de gazon ; du chiendent partout. Le jardinage était parti, et la nature était revenue. Les mauvaises herbes abondaient ; aventure admirable pour un pauvre coin de terre. La fête des giroflées y était splendide. Rien dans ce jardin ne contrariait l'effort sacré des choses vers la vie ; la croissance vénérable était là chez elle. Les arbres s'étaient* *baissés vers les ronces, les ronces étaient montées vers les arbres, la plante avait grimpé, la branche avait fléchi, ce qui rampe sur la terre avait été trouver ce qui s'épanouit dans l'air, ce qui flotte au vent s'était penché vers ce qui traîne dans la mousse.*

Victor Hugo, *Les Misérables*, 1862.

L'extrait proposé est une description. Trois valeurs temporelles sont relevées et justifiées dans le tableau suivant :

| Temps | Occurrences | Valeur d'emploi |
|---|---|---|
| Imparfait de l'indicatif | *avait, abondaient, était* (2), *contrariait* | Imparfait de description : l'imparfait, temps du passé, s'oppose au passé simple du récit. C'est le temps de l'arrière-plan par opposition au temps du premier plan. |
| Plus-que-parfait de l'indicatif | *était parti, était revenue, s'étaient baissés, étaient montées, avait grimpé, avait fléchi, avait été, s'était penché* | Antériorité dans le passé à valeur accomplie. |
| Présent de l'indicatif | *rampe, s'épanouit, flotte, traîne* | Présent de vérité générale qui s'immisce dans les imparfaits, créant une impression de permanence. |

**3 a)** Les phrases 3 et 4 sont à la voix passive.

**REMARQUE**

Les sujets des verbes à la voix passive subissent l'action. Celle-ci est alors prise en charge par un complément d'agent, exprimé ou sous-entendu. Quand on passe de la voix passive à la voix active, le complément d'agent devient le sujet de la voix active. On enlève alors la préposition qui l'introduit. Le sujet du verbe à la voix passive devient le complément d'objet direct de la voix active. On veille à conserver le même temps lors de cette transposition. En identifiant le temps de l'auxiliaire conjugué à la voix passive, on identifie le temps à employer à la voix active.

**Transposition à la voix active :**

**3.** On y installait les chevaliers.

**REMARQUE**

La phrase marque un changement d'état avec le participe passé *installés* qui, à la voix active, serait conjugué avec l'auxiliaire *avoir*. Le complément d'agent n'étant pas exprimé dans la phrase de départ à la voix passive, on effectue la transposition avec un agent indéterminé rendu par le pronom indéfini *on*. Le verbe à la voix passive est à l'imparfait, on garde donc l'imparfait de la voix active (*installait*).

**4.** Monsieur, les champignons et les algues couvrent toute la Haute-Égypte.

**REMARQUE**

Cette phrase est une forme difficile à identifier en raison de la présence du participe passé *couverte* suivi du complément d'agent commençant par *de* : *de champignons et d'algues*. Ce complément d'agent de la voix passive devient le sujet de la voix active. Le verbe de la phrase de départ est au présent de l'indicatif de la voix passive, on emploiera donc le présent de l'indicatif de la voix active à la 3e personne du singulier (*couvre*).

**ATTENTION**

La phrase 2 est une phrase problématique. Il s'agit d'une périphrase verbale composée du semi-auxiliaire *devoir* conjugué au plus-que-parfait (*avait dû*) et du verbe pronominal à l'infinitif (*se répandre*). Le semi-auxiliaire apporte au verbe une nuance modale, ici la probabilité.

La forme passive pour la phrase 2 serait : *Le bruit s'était sans doute répandu qu'une noce visitait le Louvre*. Le verbe *avait dû* a été rendu ici par le modalisateur *sans doute* (on pouvait utiliser également *probablement*).
La phrase 1 est à la voix active et la phrase 5 à la voix pronominale.

**b)** • ***sont entrés :*** passé composé de l'indicatif, voix active, 3e personne du pluriel, verbe *entrer*.
• ***avait dû :*** plus-que-parfait de l'indicatif, voix active, 3e personne du singulier, verbe *devoir*, en emploi de semi-auxiliaire.
• ***se répandre :*** infinitif présent, verbe *se répandre*.
• ***visitait :*** imparfait de l'indicatif, voix active, 3e personne du singulier, verbe *visiter*.
• ***étaient installés :*** imparfait de l'indicatif, voix passive, 3e personne du pluriel, verbe *installer*.
• ***est couverte :*** présent de l'indicatif, voix passive, 3e personne du singulier, verbe *couvrir*.
• ***s'est écroulé :*** passé composé de l'indicatif, voix pronominale, 3e personne du singulier, verbe *s'écrouler*.

**4** **a)** Je doute qu'il **soit** le bienvenu. (= subjonctif présent)
Après le verbe *douter* et la conjonction de subordination *que* introduisant une proposition subordonnée complétive, le mode subjonctif est attendu. Le verbe de la principale étant au présent, le verbe de la subordonnée est également au présent.
**b)** Il faut que tu **croies** à ton destin. (= subjonctif présent)
La tournure *il faut que* correspond à une injonction et doit être suivie du subjonctif. Le verbe de la principale (*falloir*) étant au présent, le verbe de la subordonnée (*croire*) l'est aussi.
**c)** Après que tu **seras parti(e)**, j'irai manger. (= indicatif futur antérieur)
La locution conjonctive *après que* est suivie d'un verbe au mode indicatif, contrairement à *avant que* qui appelle le subjonctif. En effet, *avant que* implique que le procès de la subordonnée n'est pas encore réalisé au moment du procès de la proposition principale et reste donc virtuel (d'où l'utilisation du subjonctif). Avec *après que*, en revanche, le procès de la subordonnée est déjà réalisé au moment du procès de la principale : le mode indicatif marque alors un degré de certitude supérieur. Par ailleurs, le verbe de la proposition principale étant ici au futur simple (*irai*), celui de la subordonnée (ici subordonnée circonstancielle) doit être au futur antérieur (*seras parti*) pour marquer l'antériorité par rapport au verbe de la principale.

**REMARQUE**

Avec l'auxiliaire *être*, le participe passé s'accorde avec le sujet. Si la personne désignée par *tu* est de sexe féminin, il conviendra d'écrire *tu seras partie*.

**d)** Avant que tu **ailles** à la plage, tu mettras de la crème solaire. (= subjonctif présent)
La locution conjonctive *avant que* est suivie d'un verbe au mode subjonctif. Le verbe de la proposition principale étant au futur simple de l'indicatif (*mettras*), celui de la proposition subordonnée (circonstancielle) doit être au présent pour montrer la chronologie des actions sur l'axe du temps.

**5** Les verbes de la phrase en gras (***écouterais***, ***emplirais***, ***saurais***) sont à la 1re personne du singulier au conditionnel présent. Ce temps exprime une valeur modale car il est utilisé pour une action hypothétique, il exprime un souhait. Il a donc la valeur de potentiel : *je pourrais les écouter*.

**REMARQUE**

Le texte étant au discours indirect libre, on peut saisir la subtilité de l'emploi d'un conditionnel dont la valeur est à la fois modale et temporelle (futur dans le passé). En effet, le passage au présent et à la 3e personne du singulier donne : *Il est fou de joie : à lui ces voix séchées dans leurs petits herbiers, ces voix que son grand-père ranime de son regard, qu'il entend, que lui n'entend pas ! Il les écoutera, il s'emplira de discours cérémonieux, il saura tout*. Mais le discours indirect libre lui donne une valeur de potentiel : une action hypothétique et possible.

6 Dans le tableau ci-après, nous avons opté pour un relevé linéaire qui justifie le lien entre l'emploi des temps choisi par Victor Hugo et la structure du poème : en ses repères temporels et spatiaux, le texte a une structure narrative chronologique, ponctuée d'un commentaire dans un système énonciatif différent pour les deux derniers vers de chaque strophe.

Ce poème juxtapose deux figures : celle de Napoléon Ier, dont Hugo vante les mérites et loue les actions passées, et celle de Louis-Napoléon Bonaparte, « Napoléon le petit », que Hugo abhorre et qui lui est contemporain.

Par un jeu d'opposition systématique entre Napoléon Ier et Napoléon III, Hugo met en avant dans chaque strophe la valeur du premier empereur, ce que révèle au plan stylistique le système des temps verbaux du poème.

Dans chaque strophe, le système des temps est celui du récit au passé lorsque Hugo traite l'Histoire de façon épique pour magnifier l'empereur : le mode des verbes est l'indicatif et les temps utilisés sont ceux du récit au passé (les actions de second plan sont à l'imparfait, les actions de premier plan sont au passé simple).

En alternance, un refrain à l'impératif présent et au futur de l'indicatif pour la dernière ponctue la fin de chaque strophe : Hugo s'adresse directement à Napoléon III pour critiquer son règne, avec emploi de l'impératif présent (strophes 1 à 4), à valeur injonctive selon une modalité dépréciative, et du futur à valeur hypothétique et prophétique pour le dernier refrain (strophe 5), valeurs renforcées par le tutoiement (P2) et la répétition en fin de strophe de *petit petit*.

Les deux plans énonciatifs, discours et récit, alternent donc. Le tableau ci-dessous récapitule cette alternance :

| | Forme verbale (texte) | Caractéristiques (infinitif, personne) | Temps | Mode | Justification |
|---|---|---|---|---|---|
| Strophe 1 | *éblouit* | *éblouir*, P3 | *passé simple | indicatif | * *cf.* question suivante<br>récit au passé |
| | *fut* | *être*, P3 | passé simple | indicatif | |
| | *traînait* | *traîner*, P3 | imparfait | indicatif | |
| | *se débattit* | *se débattre*, P3 | passé simple | indicatif | |
| Refrain 1 | *marche* | *marcher*, P2 | présent | impératif | discours au présent (commentaire) |
| Strophe 2 | *guidait* | *guider*, P3 | imparfait | indicatif | récit au passé |
| | *entra* | *entrer*, P3 | passé simple | indicatif | |
| | *sortit* | *sortir*, P3 | passé simple | indicatif | |
| Refrain 2 | *viens* | *venir*, P2 | présent | impératif | discours au présent |
| | *pille* | *piller*, P2 | présent | impératif | |
| | *vole* | *voler*, P2 | présent | impératif | |
| Strophe 3 | *étaient* | *être*, P6 | imparfait | indicatif | récit au passé |
| | *forçait* | *forcer*, P3 | imparfait | indicatif | |
| | *triompha* | *triompher*, P3 | passé simple | indicatif | |
| | *investit* | *investir*, P3 | passé simple | indicatif | |
| Refrain 3 | pas de verbe, mais présentatif (*voici*) → énonciation, discours | | | | |
| Strophe 4 | *passait* | *passer*, P3 | imparfait | indicatif | récit au passé |
| | *était* | *être*, P3 | imparfait | indicatif | |
| | *retentit* | *retentir*, P3 | passé simple | indicatif | |
| Refrain 4 | *accours* | *accourir*, P2 | présent | impératif | discours au présent |
| | *viens (boire)* | *venir*, P2 | présent | impératif | |

| | Forme verbale (texte) | Caractéristiques (infinitif, personne) | Temps | Mode | Justification |
|---|---|---|---|---|---|
| Strophe 5 | *tomba* | *tomber*, P3 | passé simple | indicatif | récit au passé (passé simple, seulement des actions de 1er plan) |
| | *ouvrit* | *ouvrir*, P3 | passé simple | indicatif | |
| | *plongea* | *plonger*, P3 | passé simple | indicatif | |
| | *s'engloutit* | *s'engloutir*, P3 | passé simple | indicatif | |
| Refrain 5 | *noieras* | *se noyer*, P2 | futur | indicatif | Le futur n'a pas ici de valeur temporelle. Il a une valeur modale et exprime une supposition, une hypothèse à valeur prémonitoire. |

**b)** L'occurrence ***éblouit*** a la même forme au passé simple et au présent de l'indicatif. Considérant le système du récit de chaque strophe, on peut considérer que ce système implique une forme verbale au passé simple. Cependant, on peut interpréter cette forme comme un présent intemporel, duratif, à la gloire de Napoléon Ier, qui serait un pendant à l'avant-dernier vers (*Toi, tu te noieras dans la fange*), vers dépréciatif adressé à Napoléon III.

**7** Dans cet extrait d'Aristophane, il est possible de distinguer deux niveaux énonciatifs : celui du discours direct (les paroles des différents personnages qui interviennent dans cet échange) et celui des paroles rapportées par Lysistrata à l'intérieur de son discours (il s'agit alors d'un discours direct rapporté dans un discours direct).

• **Les formes verbales qui relèvent du discours direct** sont à analyser par rapport au moment de l'énonciation (T0). Il s'agit des formes suivantes :

| Forme verbale | Mode | Temps | Valeur |
|---|---|---|---|
| *serait arrivé* | Indicatif ou conditionnel* | Conditionnel passé | Valeur modale : indication d'une action soumise à condition. On parle ici d'irréel du passé. |
| *me taisais* | Indicatif | Imparfait | Imparfait indiquant ici l'habitude, la répétition. On parle de valeur itérative. |

* Les deux réponses sont ici acceptées. S'il est maintenant reconnu par de nombreux linguistes que le conditionnel est un temps de l'indicatif, les programmes de 2018 (*BO* du 26 juillet 2018) considèrent le conditionnel comme un mode.

• **Les formes verbales correspondant aux paroles rapportées** (par Lysistrata) sont les suivantes :

| Forme verbale | Mode | Temps | Valeur |
|---|---|---|---|
| *a résolu* | Indicatif | Passé composé | Énonciation passée dans un discours direct et valeur aspectuelle d'accompli qui indique que l'action est achevée, révolue. |
| *tais-toi* | Impératif | Présent | Indication d'un ordre. |
| *est* | Indicatif | Présent | Présent de vérité générale. |

**8**

| Occurrence | Temps | Mode | Emploi |
|---|---|---|---|
| *appelons* | Présent | Indicatif | Présent de vérité générale. |
| *puisse* | Présent | Subjonctif | Après la conjonction *quoi que*, on emploie le subjonctif présent dans les propositions subordonnées de concession. |
| *chasse* | Présent | Subjonctif | Souhait. Valeur injonctive ou optative après la conjonction *que*. |
| *apporte* | Présent | Indicatif | Présent itératif, d'habitude (de répétition) ou présent de description (de caractérisation). |

**9** Dans cet extrait de Rousseau, le récit est caractérisé par l'alternance entre le passé simple (faits de premier plan) et l'imparfait (l'arrière-plan).

| Forme verbale | Identification | Valeur des temps et des modes |
|---|---|---|
| *donnait* | Verbe *donner*, P3, imparfait de l'indicatif | Arrière-plan du récit dans un récit narratif. |
| *était* | Verbe *être*, P3, imparfait de l'indicatif | |
| *regardait* | Verbe *regarder*, P3, imparfait de l'indicatif | |
| *sont* | Verbe *être*, P6, présent de l'indicatif | Présent de vérité générale (*les Piémontais ne sont pas pour l'ordinaire…*). |
| *ayant jeté* | Verbe *jeter*, participe passé | Valeur d'accompli (l'action est achevée, terminée) par rapport au passé simple de la proposition principale (*ayant jeté les yeux sur moi, il vit que je souriais*). |
| *vis* | Verbe *voir*, P1, passé simple de l'indicatif | Actions de premier plan dans un récit narratif. |
| *vint* | Verbe *venir*, P3, passé simple de l'indicatif | |
| *dis* | Verbe *dire*, P1, passé simple de l'indicatif | |
| *fût* | Verbe *être*, P3, imparfait du subjonctif | Le subjonctif est ici contraint par la concordance des temps dans une subordonnée (*je ne croyais pas que* + subjonctif) |
| *frappe* | Verbe *frapper*, P3, présent de l'indicatif | Présent de vérité générale, à la manière des proverbes (*tel frappe qui ne tue pas*). |

**10**

| Verbes conjugués | Mode | Temps | Valeur |
|---|---|---|---|
| *crut* | Indicatif | Passé simple | Action de premier plan dans un texte narratif. |
| *avait produit* | Indicatif | Plus-que-parfait | Action antérieure et accomplie. |
| *retourne* | Indicatif | Présent | Présent de narration (utilisation du présent pour rapporter un évènement passé) afin de rendre le récit plus dynamique. |
| *enserre* | | | |

**11** **a)** Le semi-auxiliaire ***aller*** suivi de l'infinitif indique une nuance temporelle/aspectuelle : expression d'un futur proche ou d'une action imminente sur le point de se réaliser.

**b)** et **e)** Le semi-auxiliaire ***venir de*** suivi de l'infinitif apporte une information de type temporel / aspectuel : indication d'un passé récent ou d'une action qui s'est terminée, réalisée récemment.

**c)** Le semi-auxiliaire ***commencer à*** suivi de l'infinitif indique une nuance aspectuelle : on parle d'aspect inchoatif, le procès est saisi à son début.

**d)** La périphrase verbale construite avec le semi-auxiliaire ***être en train de*** suivi de l'infinitif indique une nuance aspectuelle : le procès est en cours de réalisation.

**f)** Le semi-auxiliaire ***devoir*** suivi de l'infinitif exprime une probabilité forte. Il s'agit d'une valeur modale.

**g)** et **h)** Le semi-auxiliaire ***pouvoir*** suivi de l'infinitif indique une possibilité, une probabilité ou correspond à l'expression d'une autorisation. Il s'agit d'une nuance modale.

**i)** Le semi-auxiliaire ***savoir*** suivi de l'infinitif indique l'expression de la capacité : il s'agit d'une nuance modale.

**j)** La périphrase verbale construite avec le semi-auxiliaire ***laisser*** suivi de l'infinitif exprime ici une idée de tolérance par rapport à l'action exprimée par le verbe.

**Notions à mobiliser**



# FICHE 44 Le lexique

Connaissez-vous le sens de ces mots : *langue*, *lexique*, *vocabulaire*, *lexicologie*, *dictionnaire*, *mot* ?

## A Définir le lexique

### 1. Le lexique

▸ Le terme *lexique* désigne l'**ensemble des mots qui existent dans une langue**. Le nombre total de mots d'une langue donnée est impossible à fixer précisément car la langue d'un pays est en perpétuelle transformation : elle s'enrichit de mots nouveaux alors que d'autres tombent en désuétude et, progressivement, ne sont plus utilisés.
La langue française compte environ 100 000 mots différents pour environ 350 000 utilisations couvrant les différents sens d'un mot. On peut donc dire que la langue française comprend 350 000 mots de sens différents (Robert de la Langue Française).

**La différence entre la langue et le langage**

• **La langue est un produit acquis, social et culturel.** C'est un **code** constitué d'un système de règles complexes, communes à une communauté linguistique : la **grammaire**, dont tout locuteur natif a une connaissance intuitive. La langue est formée de mots qui correspondent à la fois à une forme acoustique ou visuelle (le **signifiant**) et à un contenu sémantique, un concept (le **signifié**).

Ex. : chat → **Signifiant :** je vois écrit « chat », j'entends et je dis : [ʃa].
→ **Signifié :** la représentation mentale, le concept, l'animal à quatre pattes, qui a une longue queue et qui aime manger les souris.

• **Le langage est l'aptitude à communiquer.** Il suppose l'existence d'une fonction symbolique, c'est-à-dire d'une activité mentale. Il est en relation avec la pensée, l'intelligence. Le langage se traduit par des pratiques langagières variées, orales ou écrites.

▶ **La lexicologie** est la discipline de la linguistique consacrée à l'étude des mots : nature, étymologie, relations des mots entre eux. C'est l'étude du sens des unités qui constituent le lexique d'une langue.

▶ **La lexicographie** est une discipline qui consiste à compiler les mots, les classer, les définir, en donner des exemples pour rendre compte de l'ensemble de leurs significations (champ sémantique) en vue de composer les dictionnaires.

### 2. Le dictionnaire

▶ Un dictionnaire est un ouvrage de référence contenant un ensemble de mots (des unités lexicales) d'une langue donnée. Les dictionnaires unilingues regroupent les mots d'une même langue.

▶ Les mots sont présentés par ordre alphabétique et déclinés chacun selon certaines caractéristiques (celles-ci peuvent varier selon les dictionnaires) : genre, étymologie, prononciation, ensemble des définitions (les différents sens du mot), exemples, relations possibles (synonymie, antonymie, cooccurrence).

**ATTENTION**

On appelle **champ sémantique** d'un mot l'**ensemble de ses définitions**.

## B Le vocabulaire

La linguistique générale distingue le lexique, de l'ordre de la langue, et le vocabulaire, de l'ordre du discours, du langage. Le **lexique** concerne donc les **unités de la langue** ; le **vocabulaire**, les **unités de la parole**.

### 1. Définition

Le terme vocabulaire désigne l'**ensemble des mots employés ou connus par un individu**.

#### 1-1. Le vocabulaire de base

La connaissance de 2 000 à 3 000 mots est nécessaire pour répondre aux nécessités de la vie courante. Les personnes cultivées ont un vocabulaire de 25 000 à 35 000 mots. La moyenne des Français a un capital de mots compris entre 8 000 et 10 000. Selon les individus, chacun utiliserait chaque jour entre 300 et 3 000 mots. En fin de scolarité primaire, un élève français connaitrait environ 6 000 mots.

#### 1-2. Le vocabulaire actif et le vocabulaire passif

▶ Tout locuteur utilise spontanément à l'oral ou à l'écrit un certain nombre de mots qu'il connait : c'est le **vocabulaire actif**.

▶ Mais il connait également (plus ou moins bien) la signification d'un certain nombre de mots en contexte qu'il n'utilise pas : c'est le **vocabulaire passif**.

### 2. Lexique et vocabulaire

Bien que les deux termes recouvrent des significations différentes, ils sont souvent considérés comme synonymes, notamment quand il s'agit d'un lexique de spécialité, c'est-à-dire de l'ensemble des termes propres à une science, une technique, un groupe, un milieu ou un auteur (ex. : le vocabulaire / lexique de la navigation).

Il en est de même pour l'étude des textes : l'opposition entre le lexique (réservé à la langue) et le vocabulaire (réservé au discours) n'est pas toujours précisée. Or le vocabulaire d'un texte, d'un énoncé, n'est qu'un échantillon du lexique du locuteur.

## C Les mots

▸ Le lexique est composé d'unités lexicales, de mots. Comme nous l'avons vu plus haut (voir p. 278), le mot est un **signe caractérisé par son signifiant et son signifié** :
– le signifiant est la réalité sonore et la réalité graphique à l'écrit ;
– le signifié relève de la signification, de l'aspect sémantique.

Ex. : chat ⟶ Le mot a un signifiant phonétique [ʃa] et deux signifiants graphiques possibles : *chat* et *chas*.
⟶ Il a une signification : l'animal, le petit mammifère ou le trou d'une aiguille.

**Définition**

**Référent :** le référent est ce à quoi un signe linguistique fait référence dans la réalité, indépendamment des sentiments ou des opinions du locuteur. On distingue ainsi la fonction référentielle d'un mot, sa dénotation, et sa signification dans un contexte particulier (le rapport entre signifiant et signifié).

FICHE 45, P. 281

▸ Pour comprendre la notion de mot, on définit le **mot graphique**, c'est-à-dire isolé par deux blancs dans un texte. Ces mots graphiques peuvent être divisés en :
– **mots pleins ou lexicaux**, qui renvoient à une réalité, à un référent que l'on peut définir (ex. : bureau, marcher, lac, montagne, bleu…) ;
– **mots-outils ou grammaticaux** qui n'évoquent pas de réalité concrète : les prépositions (ex. : à, de, par, pour…), les articles (ex. : le, un, une…), les conjonctions (ex. : que…).

▸ **Connaitre un mot**, c'est en avoir une représentation :
– phonologique : pouvoir l'identifier à l'oral, le prononcer correctement ;
– morphologique : pouvoir le lire et l'orthographier ;
– sémantique : pouvoir le définir, le réemployer en contexte, à l'oral comme à l'écrit.

▸ **En contexte**, la manière dont les mots font sens, dont ils se répondent permet de produire un effet chez le lecteur. La **stylistique** est l'étude des particularités d'écriture d'un texte.

## D La morphologie lexicale et la sémantique lexicale

Le lexique s'organise selon deux axes :

FICHES 45 ET 46, P. 281 ET 289

– l'axe de la forme des mots et du lien entre forme et sens ; cette étude relève de la **morphologie lexicale** ;

FICHES 47 ET 48, P. 294 ET 299

– l'axe du sens des mots en soi et en relation les uns avec les autres ; cette étude relève de la **sémantique lexicale**.

# FICHE 45 La morphologie lexicale : la formation des mots

Le lexique peut s'analyser selon la forme des mots et le lien entre la forme et le sens.
Ex. : porter ⟶ importer, exporter, porteur, portatif, portefeuille
pomme ⟶ pomme de terre

## A Qu'est-ce qu'un mot ?

Dans le cadre de l'écrit, on considère comme mot **toute entité séparée par des blancs graphiques et appartenant à l'une des classes de mots du français**. À l'oral, les mots forment une chaine continue. Cette définition doit être complétée du point de vue de la lexicologie, ainsi que nous allons le voir.

### 1. Mot, sémantique et cohésion interne

Le mot a un **sens propre** et une **cohésion interne**. Ses constituants (les graphèmes et les morphèmes) ne sont pas modifiables.

Ex. : Le verbe *recommencer* peut être décomposé de deux façons différentes :

⟶ r – e – c – o – mm – en – c – er, soit huit phonogrammes (graphèmes transcrivant les huit phonèmes) : [ʀ], [ə], [k], [ɔ], [m], [ɑ̃], [s], [ɛ] ;

⟶ re – commenc – er, soit trois morphogrammes (graphèmes transcrivant trois unités sémantiques : les morphèmes) : le préfixe de répétition, le radical indiquant une action, le suffixe propre aux verbes du premier groupe.

### 2. Mot et configuration graphique

Le mot se définit par **un ensemble graphique constitué d'une ou plusieurs unités lexicales**.

Ex. : – *Jupe* est à la fois un mot graphique et une unité lexicale. *Jupe* est un mot simple.

– *Porte-cartes* est une unité lexicale composée de deux mots graphiques reliés par un trait d'union.

– *Portemanteau* est un mot graphique mais composé de deux unités lexicales soudées.

– *Pomme de terre* est composé de trois mots graphiques sans trait d'union. Cependant, c'est bien une unité lexicale. Du point de vue sémantique, la composition des trois unités forme un signifié différent des signifiés de chaque unité ; et du point de vue syntaxique, c'est bien une unité dans laquelle on ne peut rien insérer. On ne peut pas écrire ou dire : *pomme grosse de terre*. Les blancs graphiques ne permettent donc pas toujours de délimiter le morphème (unité minimale de sens).

## B Les principaux procédés de formation des mots

Les mots simples ne peuvent pas se décomposer en unités significatives plus petites (ex. : une jupe). Mais il existe d'autres mots formés par certains procédés :

– **la dérivation :** les mots dérivés se forment à partir d'un radical ou d'une base et d'un affixe ;
– **la composition :** les mots composés sont formés à partir de mots simples autonomes qui, associés, constituent un mot nouveau ;
– **la néologie :** formation de mots nouveaux.

## 1. La dérivation

▶ La dérivation consiste à former un mot à partir d'un morphème lexical (= la base, le radical) auquel s'adjoignent **un ou plusieurs affixes** : les **préfixes** (devant la base) et les **suffixes** (derrière). Certains mots sont constitués à la fois de préfixes et de suffixes.

**Définitions**

**Dérivation :** affixe(s) + base.
**Préfixe :** précède la base sur laquelle il se fixe.
**Suffixe :** suit la base sur laquelle il se fixe.

▶ La dérivation concerne environ 80 % des mots. Ces deux affixes apportent une information supplémentaire, peuvent se combiner sur le même radical, peuvent changer de forme, et fonctionnent différemment.

Ex. : triangle = préfixe + base ⟶ *tri* (*trois*) + *angle*
pauvrette = base + suffixe ⟶ *pauvre* + *ette*
maladroitement = préfixe + base + suffixe ⟶ *mal* + *adroite* + *ment*
inflammable = préfixe + base + suffixe ⟶ *in* + *flamm* (*flamme*) + *able*
nominalisation = base + plusieurs suffixes ⟶ *nom* (nom) / *inal* (adjectif) / *is* (iser = verbe) / *ation* (nom)

▶ Pour analyser les mots dérivés, il convient d'indiquer la nature du radical et d'identifier les affixes et leurs sens.

Ex. : amoral ⟶ *a* (suffixe marquant l'absence)
+ *moral* (du nom morale)
= *amoral* (adjectif)

**REMARQUE**

La préfixation ou la suffixation sont dites nominales, adjectivales, adverbiales ou verbales selon qu'elles concernent un nom, un adjectif, un adverbe ou un verbe.

▶ Les affixes (préfixes et suffixes) **ne peuvent pas fonctionner seuls** : ils interviennent uniquement pour former des mots dérivés et n'ont pas d'existence autonome.

▶ Les affixes peuvent **changer de forme**.

Ex. : dé- / dés- : dérégler, déshabiller
in- / im- / ir- / il- : inconscient, immoral, irresponsable, illicite
-ité / -eté : facilité, habileté

### 1-1. La préfixation

▶ La préfixation joue un rôle essentiellement sémantique : **le préfixe porte un sens**.

**ATTENTION**

Il ne faut pas confondre les mots formés avec un préfixe et les **mots composés**. Certains mots ont été construits à partir de morphèmes autonomes (ex. : mal, entre, sous...) et peuvent être classés parmi les mots composés (ex. : malhabile, entresol, souterrain).

▶ La préfixation permet de créer **un mot appartenant à la même nature grammaticale**. Ce n'est pas forcément le cas pour la suffixation.

Ex. : adroit / maladroit (adjectifs) ; prendre / reprendre (verbes)
chant (nom) / chanter (verbe)

▶ **Quelques exemples de préfixes[1] :**

| Forme | Signifié du préfixe | Exemples |
|---|---|---|
| a-, an- | absence | amoral, anormal, analphabète |
| ad-, ac-, ap- | idée de rapprochement | adjoindre, accourir, apporter |
| anté-, anti- | avant | antéposition, antidater |
| anti- | contre | antigel |
| auto- | réfléchi | autocollant |
| co-, com-, con-, col- | ensemble | copropriétaire, comporter, concilier, collatéral |
| contre- | opposition, proximité, substitution | contrepoison, contresigner |
| dé(s)-, dis- | séparation, cessation, différence, sens négatif | débrancher, disjoindre |
| dys- | mal, anomalie | dysfonctionnement |
| ex- | en dehors | exporter |
| hémi- | à demi | hémisphère |
| hyper- | intensité, excessivité | hypertension |
| in-, im-, il-, ir-, intra- | sens négatif, intérieur | inconfort, impropre, illisible, irresponsable, intraveineux |
| mal-, mau- | négatif, mauvais, inexact | malaise, maudire, malformation |
| néo- | nouveau, récent | néologisme |
| para- | protection, voisin de | parachute, paraphrase |
| péri- | autour de | périscolaire |
| re-, ré- | répétition | relire, réécrire |
| rétro- | en arrière | rétrocéder |
| sus- | plus haut | susmentionné |
| tri(s)- | trois | tricorne |

## 1-2. La suffixation

▶ La suffixation détermine généralement une **nature grammaticale**.

Ex. : porter ⟶ verbe

▶ Cependant, la suffixation peut apporter une **nuance sémantique**.

Ex. : maisonnette ⟶ petite maison
jaunâtre, blondasse ⟶ connotation péjorative

▶ L'ajout d'un suffixe peut faire changer la nature grammaticale du mot, contrairement à l'ajout d'un préfixe.

Ex. : fleur (nom) ⟶ fleuriste (nom) ; cerise (nom) ⟶ cerisier (nom)
manger (verbe) ⟶ mangeable (adjectif) ; clôture (nom) ⟶ clôturer (verbe)

1. Source : www.etudes-litteraires.com/prefixes.php. À consulter pour un tableau exhaustif des préfixes.

▸ Il existe différents suffixes :

❶ **Les suffixes nominaux** permettent de créer un mot appartenant à la classe des noms : ***-té*** indique une qualité (ex. : bonté, propreté) ; ***-(i)er*** un métier ou une activité (ex. : postier, infirmier) ; ***-tion***, ***-age*** ou ***-ade*** une activité (ex. : démolition, chantage, bousculade) ; ***-et*** ou ***-ette*** une valeur diminutive (ex. : garçonnet, maisonnette)… C'est la nominalisation.

❷ **Les suffixes d'adjectifs** permettent de créer un mot appartenant à la classe des adjectifs : ***-able***, ***-ible***, ***-uble*** indiquent une possibilité (ex. : lavable, constructible, soluble) ; ***-issime*** une valeur laudative ou grandissante (ex. : richissime) ; ***-âtre*** et ***-asse*** une valeur péjorative (ex. : verdâtre, blondasse)… C'est l'adjectivisation.

❸ **Les suffixes de verbes** permettent de créer un mot appartenant à la classe des verbes : le suffixe ***-er*** forme des verbes du 1er groupe (ex. : récolter, blâmer) et permet de créer des unités à partir d'onomatopées, par exemple dans le langage enfantin (ex. : atchoumer, ploufer).

❹ **Les suffixes d'adverbes** permettent de créer un mot appartenant à la classe des adverbes : ***-ment*** indique la manière (ex. : gentiment, bruyamment). C'est l'adverbialisation.

▸ **Quelques exemples de suffixes[2] :**

| Forme des suffixes nominaux | Signifié | Exemples |
|---|---|---|
| -ade, -age, -aille, -ure | action, résultat de l'action | embrassade, codage, trouvaille, ossature |
| -ité, -eté, -té, -eur | qualité, propriété, fonction | musicalité, bonté, hauteur |
| -isme | opinion, attitude | communisme |
| -eur, -euse, -oir | instrument, machine, objet fonctionnel | autocuiseur, agrafeuse, arrosoir |
| -tion, -ment, -age | action ou résultant d'une action | observation, rationnement, tuilage |

| Forme des suffixes adjectivaux | Signifié | Exemples |
|---|---|---|
| -able | possibilité | adaptable |
| -el(le) | se rapportant à l'objet | conflictuel, naturel |

| Forme des suffixes adverbiaux | Exemples |
|---|---|
| -ment | joyeusement, préalablement, méchamment, récemment<br>(→ Doublement du *m* si l'adjectif se termine par un *n*.) |

| Forme des suffixes verbaux | Signifié | Exemples |
|---|---|---|
| -iser, -ifier | action | solidariser, planifier |
| -ailler, -asser, -eler, -eter, -nicher | fréquentatifs, diminutifs, péjoratifs | rimailler, trainasser, craqueler, voleter, pleurnicher |

## 2. La dérivation impropre et la composition

### 2-1. La dérivation impropre

▸ Par dérivation impropre, on ne crée pas des mots nouveaux proprement dits, mais on donne aux mots déjà existants un emploi ou une fonction nouvelle, sans que ce changement soit accompagné d'aucune modification de la forme.

Ex. : être, diner, coucher (verbes à l'infinitif) → un être, le diner, le coucher (noms communs)
haute (adjectif), verrière (nom commun) → la Haute-Verrière (nom propre d'une localité)
Eugène Poubelle (nom propre) → la poubelle (nom commun)

2. Pour un tableau exhaustif des suffixes nominaux, adjectivaux, verbaux et adverbiaux (forme, signifié, exemples), consulter : www.etudes-litteraires.com/suffixes.php

▸ Le terme dérivé prend les caractéristiques de la nouvelle nature grammaticale et en a les mêmes fonctions possibles.

Ex. : Le coucher s'effectua à 21 heures. ⟶ nom commun, sujet du verbe *s'effectua*

### 2-2. La conversion

La conversion, dérivation impropre, consiste à changer la nature grammaticale d'un mot, sans en modifier la forme. Pour analyser ce mot, il convient de signaler la nature originelle du mot et sa nature finale :

– du verbe au nom ; Ex. : le dire, le lire, l'écrire
– de l'adjectif au nom ; Ex. : l'ordinateur portable ⟶ le portable, le vrai, le faux
– du nom à l'adjectif ; Ex. : marron, rose, orange
– du nom propre au nom commun. Ex. : la poubelle, le frigidaire

**REMARQUE**

On distingue :
– la nominalisation ; Ex. : Le jour se lève. ⟶ la levée du jour
– l'adjectivation ; Ex. : la fraicheur ⟶ frais
– l'adverbialisation. Ex. : chaud ⟶ chaudement

### 2-3. La composition

▸ La formation de mots à partir d'unités lexicales autonomes par ailleurs s'appelle la composition. Cette composition peut se rencontrer avec ou sans tiret.

Ex. : un portefeuille, un sans-abri, une grand-mère

▸ Un mot composé comporte des éléments solidaires entre eux qui rendent impossible toute substitution, sauf à changer de sens.

Ex. : un portefeuille, un portemonnaie

**Conseil**

Pour analyser les mots composés, il convient de donner la nature d'origine de chacun de ses constituants et d'indiquer celle du mot ainsi composé.

Ex. : un casse-croute ⟶ casse (verbe *casser*) + croute (nom) = casse-croute (nom commun)
un avant-texte ⟶ avant (adverbe) + texte (nom) = avant-texte (nom commun)

## 3. La néologie

Une langue est un « organisme vivant » qui évolue sans cesse. Outre les emprunts faits à différentes langues, elle peut s'enrichir de nouvelles unités (ex. : courriel ; cluster, qui signifie « grappe » ou « groupe » en anglais). **La néologie consiste à créer de nouveaux mots (néologismes) ex nihilo ou à partir d'un mot étranger**, avec maintien ou non du sens initial. Il s'agit de créations lexicales, issues de différents procédés.

### 3-1. L'abréviation ou troncation

Il s'agit de la **réduction d'un mot** :

– **par aphérèse** (suppression du début du mot) ;

Ex. : autocar ⟶ car, omnibus ⟶ bus
problème ⟶ blème, beefsteak ⟶ steak
Américain ⟶ Ricain

**ATTENTION**

Dans ce cas, il y a création d'une nouvelle forme (d'un nouveau signifiant) mais pas d'un nouveau sens (pas de nouveau signifié).

– **par apocope** (suppression de la fin du mot).

télévision ⟶ télé ; professeur ⟶ prof ; appartement ⟶ appart ; faculté ⟶ fac ; manifestation ⟶ manif ; adolescent ⟶ ado, métropolitain ⟶ métro

### 3-2. La siglaison

▶ Il s'agit de **réunir les initiales de plusieurs mots** fonctionnant comme un bloc, ou de réunir les syllabes initiales de ces mots.

Ex. : Régie autonome des transports parisiens ⟶ RATP ; Société nationale des chemins de fer ⟶ SNCF ; Réseau express régional ⟶ RER

▶ On peut y associer les **acronymes** qui sont prononçables comme un mot.

Ex. : Réseau d'éducation prioritaire ⟶ REP ; Institut national supérieur du professorat et de l'éducation ⟶ INSPÉ ; Mouvement démocrate ⟶ Modem ; Caisse d'allocations familiales ⟶ CAF ; Salaire minimum interprofessionnel de croissance ⟶ SMIC

▶ Des sigles sont parfois considérés comme des mots simples.

Ex. : Société du papier linge ⟶ Sopalin

**REMARQUE**

Les sigles, comme les emprunts, peuvent ensuite servir à former des dérivés (voir le procédé de dérivation, p. 290).

Ex. : un smicard, un érémiste, un débriefing, un zadiste (construit à partir de l'acronyme ZAD – Zone à défendre –, un zadiste est une personne qui milite en faveur de la protection d'une ZAD)

### 3-3. Les mots-valises

Il s'agit de l'**association de deux unités qui s'emboitent partiellement l'une dans l'autre**. Le terme nouveau ainsi créé conserve un segment commun aux deux unités.

Ex. : un alicament (aliment + médicament) ; le photocopiage (photocopie + copiage) ; le franglais (français + anglais) ; un héliport (hélicoptère + aéroport)

Le phubbing, de *phone* (qui signifie « téléphone ») et *snubbing* (qui signifie « snober »), désigne l'attitude qui consiste à ignorer son entourage, tout absorbé par son mobile.

**EN RÉSUMÉ**

- **La dérivation** s'effectue à partir de la base (ou radical) à laquelle s'ajoutent des affixes : les préfixes (devant) et/ou les suffixes (derrière).
- **Une famille de mots** regroupe tous les termes formés à partir d'un même radical.
- **L'analyse morphologique** permet de retrouver la formation du mot (préfixation : ajouter un préfixe ; suffixation : ajouter un suffixe).
- **La conversion**, ou dérivation impropre, permet de transformer un mot en un autre et de changer de nature grammaticale.
- **La composition** désigne la formation d'un mot à l'aide d'unités lexicales autonomes. Elle est populaire ou savante.
- Un mot peut aussi être créé (**néologisme**) par abréviation, troncation, siglaison…

# EXERCICES

→ Corrigés p. 324



**1 Recherchez les mots simples à partir desquels les mots suivants sont formés et précisez les affixes (préfixes et suffixes) utilisés.**

aérien – affichette – ambulancière – arbitrage – astrologie – baignoire – balançoire – blocage – buissonnière – camionnette – chaumière – collégienne – crayonnage – criminologie – dénoyautage – familiale – gauchère – journaliste – laideron – montagnard – moucheron – napperon – noiraud – patinoire – piéton – prisonnier – rougeâtre – ruelle – tartelette – tragédienne – vigneron

**2 Analysez la formation des mots suivants et, d'après cette analyse, proposez une définition.**

a) désintoxication　　b) anthropomorphisme

**3 Analysez la formation des mots en gras et précisez leur sens.**

Un jour, par exemple, il était entré dans le block, mimant l'attitude de quelqu'un qui donne le bras à une femme. Nous étions écroulés dans nos coins, sales, **écœurés**, **désespérés**, ceux qui n'étaient pas trop claqués geignaient, se plaignaient et blasphémaient à haute voix. Robert traversa la baraque, continuant à offrir le bras à la femme imaginaire, sous nos regards **médusés**, puis fit le geste de l'inviter à s'asseoir sur son lit.

Romain Gary, *Les Racines du ciel* © Éditions Gallimard, 1956.

**4 Relevez les différents suffixes nominaux présents dans ce passage. Vous donnerez leur signification et préciserez le radical auquel ils se raccrochent.**

Leclère dormait paisiblement dans son sac de couchage en fourrure, lorsque Bâtard, jugeant l'instant propice, se faufila vers lui avec une souplesse féline, la tête rasant le sol et son oreille intacte rejetée en arrière. Bâtard retenait son souffle et il ne releva la tête qu'une fois arrivé tout près de son maître. Là, il s'arrêta et considéra le cou de taureau nu et bronzé, aux muscles noueux, s'enflant régulièrement au rythme de la respiration. La bave dégouttait de la gueule du chien au souvenir de son oreille déchirée, des innombrables coups reçus et des injustices flagrantes dont il avait été victime. Alors, sans un bruit, Bâtard se jeta sur le dormeur.

Jack London, *L'Appel de la forêt*, 1903.

**5 Donnez une définition du mot *acculturation* à partir de l'analyse du préfixe, du suffixe et du radical. Établissez une liste de trois mots dérivés.**

Roland Goigoux présente les quatre domaines d'apprentissage à la lecture : identification des mots, **acculturation**, compréhension, lien lire/écrire.

**6 Relevez les mots construits par dérivation et précisez leur formation.**

L'instruction publique, pour être digne de ce nom, doit s'étendre à la généralité des citoyens et il est impossible que les enfants en profitent si, bornés aux leçons qu'ils reçoivent d'un maître commun, ils n'ont pas un instituteur domestique qui puisse veiller sur leurs études dans l'intervalle des leçons, les préparer à les recevoir, leur en faciliter l'intelligence, suppléer enfin à ce qu'un moment d'absence ou de distraction a pu leur faire perdre.

Condorcet, *Cinq mémoires sur l'instruction publique*, 1791.

**7 Identifiez dans la liste suivante les mots dérivés et les mots composés.**

polyvalence – monologue – intoxication – anthropologie – refroidissement – pomme de terre – camionnette – philanthrope – outrepasser – quatre-vingts – vigneron – hypertonique – montagnard – thermomètre – calorique

**8 Formez des adjectifs à partir des noms suivants puis, inversement, des noms à partir des adjectifs donnés. Vous préciserez, le cas échéant, la formation réalisée.**

• Noms *(formez des adjectifs)* :

a) la clarté de la lune
b) la couleur du crépuscule
c) un poème de Rimbaud
d) un partisan de Franco
e) un animal assoiffé de sang

• Adjectifs *(formez des noms)* :

f) un platonicien
g) un homme sobre
h) un jour lumineux
i) une femme cruelle
j) un homme nonagénaire

**9 Quelle est la signification de ces mots ? Vous différencierez les acronymes, les sigles et les abréviations.**

a) CQFD
b) VTT
c) Sida
d) photo
e) TGV
f) BCG
g) cinéma
h) DROM
i) vélo
j) QI
k) SNCF
l) BCBG

**10 Donnez le sens de ces néologismes, en précisant la langue d'origine et le procédé utilisé.**

a) un café gourmand
b) des comics
c) une e-cigarette ou e-cig
d) vapoter, vapoteur, vape
e) un hashtag
f) un troll, troller
g) un préquel ou une préquelle
h) un scud
i) un stilleto
j) le véganisme
k) la zénitude
l) la zumba

# 46 L'étymologie et les familles de mots

Les mots de la langue ont différentes origines :
– ils peuvent venir de langues anciennes (ex. : peuple, chaleur) et le cas échéant avoir subi une évolution de leur sens (ex. : tête, nager, naviguer) ;
– ils peuvent aussi être construits à partir d'un radical (ex. : surpopulation),
– ils peuvent être composés de différents éléments provenant d'autres langues (ex. : photographie, quadrupède).

## A Les mots hérités de la langue « mère »

### 1. L'étymologie

Les mots qui composent une langue peuvent avoir des origines différentes. L'étymologie étudie précisément l'**origine des mots** ainsi que leur **évolution**.

▸ **80 % des mots du français proviennent du latin**, et dans une moindre mesure du grec et du gaulois. Au fil du temps, ces mots ont subi une évolution phonétique et phonologique (ancien français, puis français).
On appelle **étymon** le mot source à l'origine d'un mot. Les dictionnaires étymologiques[3] précisent l'étymon ainsi que l'évolution du mot.

Ex. : peuple ⟶ populus (latin) ; poblo (IXe sièce) ; pueple, pople (XIe siècle) ; peuple (XVe siècle)
⟶ *Populus* est l'étymon du mot *peuple* ; il a subi différentes modifications avant d'arriver au mot *peuple* que l'on connait actuellement.

▸ Il arrive que deux mots différents soient issus du même étymon latin : un même terme latin a ainsi pu évoluer de deux façons différentes, donnant naissance à deux mots différents. On parle alors de doublets : un **doublet populaire** (issu du latin populaire) et un **doublet savant** (apparu ultérieurement, par emprunt).
Ces deux mots ont la plupart du temps des sens différents : le doublet savant garde un sens plus proche du sens étymologique.

Ex. :
fabrica ⟶ forge (mot populaire) ; fabrique (mot savant)
navigare ⟶ nager (mot populaire) ; naviguer (mot savant)

▸ L'étymologie est souvent complexe, comme le montrent les exemples ci-après.

Ex. : Le mot *tête* est issu du latin classique *testa* qui a donné en ancien français puis en moyen français *teste*. À l'origine, ce mot a pour sens « coquille, carapace » et par extension tout objet en terre cuite (« pot, cruche, amphore »). En bas latin, par plaisanterie (comme on dirait : « il n'a pas grand-chose dans le carafon »), *testa* a pris le sens de « tête, crâne ».

*Tête* a donc remplacé dans l'usage le mot *chef* issu du latin *caput* qui signifie « tête, extrémité, partie principale, capitale ». Aujourd'hui, le mot *chef* dans son acception originelle ne se retrouve plus guère que dans l'expression *couvre-chef*.

3. Voir par exemple : A. Dauzat, J. Dubois, H. Mitterand, *Dictionnaire étymologique*, Larousse, 2001.

Ex. : Le mot *chaleur* est issu du latin *calor* (qui a donné *calorie*, *calorique*, *calorifique*).
Ce mot latin est à l'origine de *calidus* (« chaud ») et de *calefare* (« faire chauffer »).
Ces deux mots donnent des champs dérivationnels différents :
– *calidus* ⟶ *chaud*, *chaudière*, *chaleur*…
– *calefare* ⟶ *chauffer*, *chauffage*…
Par ailleurs, en grec, *chaleur* se dit *thermos* et a donné les mots *thermes*, *thermalisme*, *thermostat*, *thermomètre*…

**REMARQUE**

Connaitre l'étymologie d'un mot permet d'en déduire son sens, voire son orthographe.
Ex. : Méditerranée = *media* (« milieu ») et *terra* (« terre ») ⟶ « née au milieu des terres »

## 2. Les familles de mots ou familles dérivationnelles

FICHE 45, P. 282

▸ Une famille de mots rassemble les mots formés à partir d'un **même radical** ou **base** (qui provient de l'étymon). La combinaison d'une base et de ses **affixes** forme une famille de mots (ou champ dérivationnel ou morphosémantique) : des mots de la même famille entretiennent donc des relations étroites par leur forme et par leur sens.

Ex. : *mer*, *amerrir*, *marin*, *maritime*… ⟶ Ces mots appartiennent à la même famille et sont construits à partir du radical *mer-* ou *mar-*.
*peinture*, *peindre*, *peintre*, *peinte*… ⟶ radical *pein-*
*pompe*, *pompier*, *pompage*… ⟶ radical *pomp-*
*crier*, *cri*, *criard*… ⟶ radical *cri-*

▸ Certaines familles de mots présentent de nombreuses occurrences et rassemblent des mots appartenant à **différentes classes grammaticales**.

Ex. : Parmi les mots de la famille de *terre*, on trouve :
– des noms communs : *un terrain*, *une terrasse*, *un enterrement*…
– des adjectifs : *terrestre*, *terrien*…
– des verbes : *atterrir*, *déterrer*, *enterrer*…

▸ Des mots de la même famille peuvent se présenter sous forme de liste, d'énumération.
Ex. : *froid*, *refroidir*, *froidure*, *refroidissement*…

On peut aussi les présenter sous forme de tableau pour mettre en évidence les affixes (préfixes, suffixes ou les deux) qui interviennent dans leur composition :

| Suffixes / Préfixes | Ø | -er | -ade | -ation | -(e)ment |
|---|---|---|---|---|---|
| Ø | Radical : peupl / popul | peupler | peuplade | population | peuplement |
| dé- | | dépeupler | | dépopulation | dépeuplement |
| re- | | repeupler | | repopulation | repeuplement |
| sur- | | surpeupler | | surpopulation | surpeuplement |

**REMARQUES**

• Connaitre la famille d'un mot aide à l'orthographier correctement.
Ex. : *Jardin* s'écrit avec un *i* que l'on entend dans *jardiner*, *jardinage*, *jardinier*…
*Champ* se termine par un *p* muet que l'on entend dans *champêtre*.
*galop* ⟶ *galoper* / *tricot* ⟶ *tricoter*.
*Pommier* s'écrit avec deux *m* comme *pomme*.

• Connaitre la famille d'un mot aide à trouver son sens.
Ex. : Une pommeraie est un champ planté de pommiers.

## B La composition savante

▶ Certains mots du lexique sont composés de l'**assemblage de différents éléments**, empruntés au latin ou au grec : on parle alors de **composition savante**.

Ex. : plurilingue = *pluri* (« plusieurs ») + *lingua* (« langue ») ⟶ « qui parle plusieurs langues »

arboricole = *arbor* (« arbre ») + *colere* (« cultiver ») ⟶ « qui a trait à la culture des arbres »

carnivore = *carnis* (« chair ») + *vorare* (« dévorer ») ⟶ « qui mange de la viande »

**REMARQUE**

Les unités assemblées présentent souvent une voyelle de transition :
– -i- pour les unités d'origine latine (ex. : agricole, omnivore, viticole) ;
– -o- pour les unités d'origine grecque (ex. : biographie, géologie, orthopédie).

▶ Alors que les dérivés sont construits sur le modèle « affixe + base » (la base pouvant fonctionner seule, ex. : propre-té, mal-poli), les unités issues de la composition savante se présentent sous la forme « affixe + affixe ». Les unités ainsi assemblées n'ont pas d'autonomie et ne peuvent pas fonctionner seules (ex. : philo-sophe, biblio-phile, herbi-vore, psycho-logie, poly-chrome).

▶ **Exemples d'éléments intervenant dans la composition savante :**

| Éléments issus du latin | | |
|---|---|---|
| **Affixes** | **Signification** | **Exemples** |
| agri- | champ | agricole |
| aqua- | eau | aquatique |
| carni- | chair, viande | carnivore |
| omni- | tout | omnivore |
| prim- | premier | primipare |
| radio- | rayon | radiographie |
| viti- | vigne | viticole |
| -cide | qui tue | herbicide |
| -cole | qui cultive | piscicole |
| -fique | qui produit | calorifique |
| -fuge | qui fait fuir | centrifuge |
| -grade | pas, degré | centigrade |
| -vore | qui mange | granivore |
| -pède | pied | bipède |

| Éléments issus du grec | | |
|---|---|---|
| **Affixes** | **Signification** | **Exemples** |
| auto- | soi-même | autobiographie |
| biblio- | livre | bibliophile |
| bio- | vie | biographie |
| démo- | peuple | démocratie |
| géo- | terre | géologie |
| nécro- | mort | nécrologie |
| ortho- | droit | orthographe |
| -cratie | pouvoir | technocratie |
| -drome | course | hippodrome |
| -graphie | écrire | calligraphie |
| -manie | folie | toxicomanie |
| -nomie | loi | astronomie |
| -phobie | peur | claustrophobie |
| -thèque | armoire | bibliothèque |

**REMARQUE**

On parle de **composition hybride** quand l'unité emprunte des éléments de différentes langues.

Ex. : génocide = *genos* (du grec : « genre, espèce ») + *cide* (du latin : « qui tue »)
⟶ « destruction d'un groupe humain »

autoclave = *auto* (du grec : « de soi-même ») + *clave* (du latin : « clé »)
⟶ « qui se ferme de lui-même »

## C Les mots empruntés à d'autres langues

▶ Outre son héritage latin et grec, le français a emprunté des mots aux Gaulois, aux Francs, aux Wisigoths. Selon Henriette Walter[4], sur les 35 000 mots d'un dictionnaire de français courant, 4 200 sont empruntés à des langues étrangères, dont : l'anglais (25 %), l'italien (16,8 %), le francique (langue des anciens Francs, 13 %) et l'arabe (5,1 %).

▶ Depuis le XX$^{e}$ siècle, de nombreux mots et expressions anglais ont été intégrés à la langue française, selon des mécanismes différents :
– conservation du mot dans sa forme d'origine ;
**Ex. : parking, weekend, football, toast**
– modification de la prononciation et/ou de l'orthographe du mot emprunté pour l'adapter au système du français ;
**Ex. : riding-coat → redingote ; bull-dog → bouledogue**
– calque d'une unité ou d'une expression (traduction littérale, c'est-à-dire mot à mot).
**Ex. : sky-scraper → gratte-ciel**

---

4. Henriette Walter, *L'Aventure des langues en Occident. Leur origine, leur histoire, leur géographie*, Robert Laffont, 2013.

# EXERCICES

→ Corrigés p. 327

**1 Précisez l'origine des mots suivants.**

a) lavabo
b) magazine
c) gang
d) agenda
e) calepin
f) guillotine
g) quiproquo

**2 Quel est le radical commun à ces mots ? Précisez le sens des affixes qui forment ces mots. Pour chaque affixe, vous proposerez un autre exemple de mot l'utilisant.**

terrien – terrible – atterrissage – souterrain – terroriste – terrassement – terroriser – enterrer – enterrement – déterrer

**3 Donnez trois mots de la famille de : *plant, lait, bois*. Pour chaque famille, vous proposerez un verbe, un nom et un adjectif.**

**4 Pour chaque affirmation, indiquez si elle est vraie ou fausse.**

a) L'adjectif *belliqueux* est formé d'un radical et d'un préfixe.

b) Un suffixe permet à un mot de changer de classe grammaticale.

c) *Peur*, *peureux*, *apeuré* sont des mots qui appartiennent à la même famille de mots.

d) Les mots suivants ont un point commun : *graphologie*, *monologue*, *bibliographie*, *glossaire*.

e) Le mot *désordre* a deux types d'affixes.

f) Les mots suivants présentent le même préfixe : *amoral*, *apolitique*, *allouer*, *apparaitre*.

**5 Analysez précisément le mode de formation du mot *hippologie* dans le texte suivant. Puis donnez deux mots formés avec l'élément *hipp(o)-* et deux mots avec l'élément *-logie*, ainsi que leur définition.**

Le cheval fait partie d'une des sept espèces de la famille des équidés. C'est un mammifère, herbivore et ongulé. Le premier « cheval » était un petit mammifère possédant plusieurs doigts puis il est devenu un grand animal avec un sabot unique. Il commence à être domestiqué il y a 9 000 ans dans la péninsule arabique puis dans toute l'Eurasie, 3000 à 2000 ans avant J.-C. Son étude appartient à l'**hippologie**.

# FICHE 47 Sémantique lexicale : sens et formes

Les mots de la langue n'existent pas indépendamment les uns des autres, ils prennent place dans un ensemble structuré et entretiennent des relations entre eux, en fonction de leur sens et/ou de leur forme.

Ex. : **mer, marée, vagues** ⟶ champ lexical de la mer
**canard, volume** ⟶ mots polysémiques
**cafard** ⟶ mot avec un sens propre et un sens figuré
**encre, ancre** ⟶ homophones
**Les poules du couvent couvent.** ⟶ homographes
**fleur, tulipe, rose, bleuet** ⟶ hyperonyme (*fleur*) et hyponymes (*tulipe, rose, bleuet*)

## A Classer les unités lexicales

On peut regrouper les unités du lexique en fonction de leur sens et les classer selon des champs ou des réseaux de mots.

### 1. Le champ lexical

▸ Un champ lexical désigne un **ensemble de mots qui se rapportent à une même notion, une même idée, un même thème**, que ces mots appartiennent ou non à la même famille.

Ex. : Le champ lexical de la **mer** comprend les mots *marée*, *maritime*, *bateau*, *pêche*, *vagues*…
Le champ lexical du **mariage** regroupe les mots *mariés*, *alliance*, *cérémonie*, *consentement*…

▸ De façon plus large, on parlera de **réseau lexical** pour désigner les mots qui appartiennent à un même champ lexical, auxquels on ajoute les mots qui peuvent évoquer ce thème.

Ex. : Le réseau lexical du **mariage** peut ainsi intégrer les mots *fleurs*, *blanc*, *émotion*…

### 2. Le champ sémantique

Le champ sémantique d'une unité renvoie aux **différentes acceptions (ou sens)** de cette unité.

**REMARQUE**

Le champ sémantique d'un mot est donné par le dictionnaire qui rassemble les différentes acceptions de ce mot.

Ex. : **canard :** 1. Oiseau palmipède. 2. Fausse note criarde. 3. Morceau de sucre trempé dans le café. 4. Journal.

#### 2-1. La polysémie

La notion de champ sémantique est liée à celle de polysémie : un même mot peut avoir des **sens différents**. Un mot qui n'a qu'un sens est **monosémique**, un mot qui a plusieurs sens est **polysémique**.

Ex. : *Volume* est un mot polysémique qui peut renvoyer :
– au volume sonore *(Baisse un peu le volume de la télé !)* ;
– à l'idée de quantité / de capacité *(Mettre 1 volume de sirop pour 7 volumes d'eau.)* ;
– à l'idée de tome *(un livre en 3 volumes)* ;
– à une unité de mesure en mathématiques *(Calculer le volume du cylindre.)*…

#### 2-2. Le sens propre et le sens figuré

Le **sens propre** d'un mot est son **acception première**, généralement **concrète**, par opposition au **sens figuré**, qui renvoie à une **acception souvent imagée**, qui apparait dans un contexte différent.

Ex. : J'ai vu un **cafard** sous le placard. ⟶ sens propre (= insecte)
Aujourd'hui, j'ai le **cafard**. ⟶ sens figuré (= idées noires)

#### 2-3. La dénotation et la connotation

La dénotation et la connotation sont à distinguer :
– **la dénotation renvoie au sens précis d'un mot**, tel qu'il apparait dans le dictionnaire ;
– **la connotation renvoie aux représentations attachées à un mot ou à une expression**, selon les locuteurs, les contextes, la culture… Il s'agit d'un sens subjectif.

Ex. : Le mot *colombe* a comme sens dénoté, l'*oiseau*, mais connote la *paix* (connotation collective, partagée par un grand nombre).

## B Les relations entre les mots

Les mots qui composent la langue entretiennent **différents types de relations** : des **relations formelles** ou des **relations sémantiques**.

### 1. Les relations formelles

Les mots du lexique peuvent être liés en raison de leur forme (orale et/ou écrite).

#### 1-1. Les homophones

Les homophones sont des mots qui **se prononcent de la même manière mais s'écrivent différemment**.

Ex. : ver, verre, vers, vert, vair / mer, mère, maire / cour, cours, court

#### 1-2. Les homographes

Les homographes sont des mots qui **s'écrivent de la même manière mais se prononcent différemment**.

Ex. : **fils** (pluriel de *fil* : *les fils du tissu*) et **fils** (*le fils de Jean*)
**pub** (abréviation de *publicité*) et **pub** (bar irlandais)
**couvent** (monastère) et **couvent** (verbe *couver* au présent, 3e pers. du pluriel)

#### 1-3. Les homonymes

Les homonymes sont des mots **ayant un sens différent mais qui se prononcent de la même façon et s'écrivent de la même façon**.

Ex. : **louer** (faire des compliments) et **louer** (donner ou prendre en location)
**pêche** (fruit) et **pêche** (à la ligne)

**REMARQUE**

Au sens large, on parle d'homonymes pour désigner des mots de sens différents qui se prononcent de la même manière (même si leur orthographe diffère).

### 1-4. Les paronymes

Les paronymes sont des **mots de sens différents ayant une prononciation proche**, ce qui peut provoquer des confusions.

Ex. : collision / collusion ; proposition / préposition ; irruption / éruption ; allocation / allocution ; attention / intention…

## 2. Les relations sémantiques

Les mots du lexique peuvent entretenir des liens particuliers en raison de leur sens.

### 2-1. Les synonymes

Les synonymes sont des mots **dont le sens apparait comme identique** (ex. : heureux, joyeux, ravi). Attention, toutefois, **la synonymie absolue n'existe pas** ! Deux synonymes peuvent relever de **registres de langue différents** (ex. : des chaussures, des godasses) et des mots de sens proche ne sont pas forcément interchangeables dans tous les contextes.

Ex. : Je **vois** mon enfant. / Je **regarde** mon enfant. → Les verbes *voir* et *regarder* ont un sens proche et sont interchangeables dans les deux phrases.

Je vais **voir** mon médecin tous les 6 mois. / Je vais **regarder** mon médecin tous les 6 mois. → Ici, le verbe *regarder* n'a pas le même sens que le verbe *voir* et n'est pas interchangeable avec celui-ci.

**REMARQUE**

Des synonymes appartiennent à la **même classe grammaticale**.

Ex. : heureux, joyeux, ravi → Ces synonymes appartiennent tous les trois à la classe des adjectifs.

### 2-2. Les antonymes

Les antonymes sont des mots **de sens contraire**. Cette relation d'opposition est possible pour certaines unités seulement : elle est très fréquente pour les adjectifs (ex. : facile / difficile ; chaud / froid ; gentil / méchant), les verbes (ex. : commencer / finir ; faire / défaire) ou les adverbes (ex. : bien / mal ; beaucoup / peu) mais beaucoup plus rare dans la classe des noms, sauf pour les noms abstraits (ex. : joie / tristesse).

**REMARQUE**

Des antonymes appartiennent à la **même classe grammaticale**.

### 2-3. Les hyperonymes

Les hyperonymes sont des mots qui **désignent un terme générique incluant des termes plus spécifiques**, appelés **hyponymes**.

Ex. : Le mot *fleur* est le terme générique (l'hyperonyme) qui regroupe des mots tels que *marguerite*, *tulipe*, *rose*, *jonquille*… (qui sont des hyponymes).

Le mot *fruit* est l'hyperonyme qui inclut les hyponymes *pomme*, *banane*, *cerise*, *poire*, *ananas*…

**REMARQUE**

Les hyponymes et les hyperonymes appartiennent au **même champ lexical**.

# EXERCICES

→ *Corrigés p. 328*



**1 Donnez le sens de ces expressions. Employez-les dans une phrase.**

a) une arme blanche
b) une page blanche
c) raisin et vin blancs
d) un mariage blanc
e) écrire des vers blancs
f) un bruit blanc
g) une balle à blanc
h) saigner à blanc
i) un magasin de blanc
j) un chèque en blanc
k) être blanc
l) donner carte blanche
m) être blanc comme neige
n) une voix blanche
o) chauffer à blanc
p) de but en blanc

**2 Choisissez dans chaque extrait un mot polysémique. Précisez son sens dans le contexte (vous pouvez proposer un synonyme) et employez-le dans une phrase où il exprimera un autre sens.**

a) À trente-cinq ans il est temps de se retirer de la course. Si course il y a.

Eugène Ionesco, *Le Solitaire* © Éditions Gallimard, 1973.

b) Un riche baron, encore à la fleur de son âge et que nous appellerons Édouard, venait de passer dans sa pépinière les plus belles heures d'une riante journée d'avril.

Goethe, *Les Affinités électives*, 1809.

c) Tu m'as envoyé ce matin sans un mot le lien vers un site de statistiques. Il y a eu aujourd'hui 218 799 naissances dans le monde, et 218 840 le temps d'écrire. 90 102 personnes sont mortes aujourd'hui, 11 pendant que je tapais cette phrase.

Camille Laurens, *Romance nerveuse* © Éditions Gallimard, 2010.

**3 Donnez trois exemples de phrases où, sans changer de nature, le mot en gras aura un sens différent.**

« **Tournez** à gauche » répétait la voix qui s'élevait dans l'habitacle. Elle résonnait dans un silence de consternation : il n'y avait aucune rue à gauche.

**4 Proposez trois mots qui appartiennent au champ sémantique de *cœur*. Vous les emploierez dans une phrase.**

**5 Le mot *cœur* peut également être employé dans des expressions. Quel est le sens de ces expressions ?**

a) Avoir le cœur sur la main
b) S'en donner à cœur joie
c) Parler à cœur ouvert
d) Avoir le cœur gros
e) Par cœur

**6** **Dans le texte suivant, relevez le champ lexical de la campagne et relevez trois antonymes de ce mot. Puis développez le champ sémantique du mot *campagne* et proposez plusieurs phrases illustrant les changements de sens.**

Promenade aux fortifications

Les Parisiens montrent aujourd'hui un goût immodéré pour la campagne. […] Le dimanche, la population, qui étouffe, en est réduite à faire plusieurs kilomètres à pied, pour aller voir la campagne, du haut des fortifications.

Cette promenade aux fortifications est la promenade classique du peuple ouvrier et des petits bourgeois. Je la trouve attendrissante, car les Parisiens ne sauraient donner une preuve plus grande de leur passion malheureuse pour l'herbe et les vastes horizons.

Ils ont suivi les rues encombrées, ils arrivent éreintés et suants, dans le flot de poussière que leurs pieds soulèvent ; et ils s'assoient en famille sur le gazon brûlé du talus, en plein soleil, parfois à l'ombre grêle d'un arbre souffreteux, rongé de chenilles. Derrière eux, Paris gronde, écrasé sous la chaleur de juillet : le chemin de fer de ceinture siffle furieusement, tandis que, dans les terrains vagues, des industries louches empoisonnent l'air. Devant eux, s'étend la zone militaire, nue, déserte, blanche de gravats, à peine égayée de loin en loin par un cabaret de planches. Des usines dressent leurs hautes cheminées de brique, qui coupent le paysage et le salissent de longs panaches de fumée noire.

Mais, qu'importe ! Par-delà les cheminées, par-delà les terrains dévastés, les braves gens aperçoivent les coteaux lointains, des prés qui font des tables vertes, grandes comme des nappes, des arbres nains qui ressemblent aux arbres en papier frisé des ménageries d'enfant ; et cela leur suffit, ils sont enchantés, ils regardent la nature, à deux ou trois lieues. Les hommes retirent leurs vestes, les femmes se couchent sur leurs mouchoirs étalés ; tous restent là jusqu'au soir, à s'emplir la poitrine du vent qui a passé sur les bois. Puis, quand ils rentrent dans la fournaise des rues, ils disent sans rire : « Nous revenons de la campagne. »

Émile Zola, in *Le Messager de l'Europe*, 1875.

**7** **Dans la phrase suivante, quel est le sens en contexte de *recette* ? Vous emploierez le mot dans une phrase illustrant un autre sens.**

Il était sous le beffroi, dans la salle de recette, à la bouche même du puits.

Émile Zola, *Germinal*, 1885.

# FICHE 48 Sémantique lexicale : les figures de style

La figure de style est un procédé littéraire qui permet de s'écarter de la formulation simple et banale pour dire les choses autrement. Elle permet également de mettre en relief certaines parties d'un discours, en lui apportant un style ou une expressivité particulière. Il existe plus de deux-mille figures de style, les plus anciennes remontent à Aristote. On les regroupe en catégories.

Ex. : Ton thé t'a-t-il ôté ta toux ? ⟶ allitération en [t]
Il est innocent comme l'enfant qui vient de naitre. ⟶ comparaison
Boire un verre. ⟶ métonymie
C'est un vrai Don Juan. ⟶ antonomase
une obscure clarté ⟶ oxymore
Il n'est plus tout jeune. ⟶ litote

## A Les figures de mots

Cette catégorie comprend les figures de style portant sur la **sonorité des mots**, sur leur **sens** ou sur leur **construction**.

### 1. Les figures liées à la sonorité des mots

Selon les phonèmes répétés, on parlera d'**assonance** ou d'**allitération**.

#### 1-1. L'assonance

Elle consiste en la **répétition de sons vocaliques** identiques.

Ex. : « Je fais souvent ce rêve étrange et pénétrant » (Paul Verlaine)
⟶ assonance en [e] et [ɑ̃]

#### 1-2. L'allitération

Il s'agit de la **répétition d'une consonne ou d'une famille de consonnes** proches par leur point d'articulation. Le son répété entretient un rapport de ressemblance avec la réalité désignée : on parle d'**harmonie imitative**.

Ex. : « Pour qui sont ces serpents qui sifflent sur vos têtes » (Jean Racine)
⟶ Allitération en [s] qui rappelle le sifflement du serpent.

**REMARQUE**

Cette proximité sonore se retrouve notamment dans les proverbes, qui associent des mots à la prononciation presque identique. On parle dans ce cas de **paronomase**.

Ex. : Qui vole un œuf vole un bœuf.

### 2. Les figures liées au sens des mots

Cette catégorie regroupe les figures qui consistent à rapprocher des mots selon les **liens de ressemblance ou d'inclusion** qu'ils entretiennent.

### 2-1. La comparaison

La comparaison indique un **rapport de ressemblance**, de similitude entre deux termes (un comparé et un comparant), **de façon explicite**, souvent par le biais d'un terme grammatical.

Ex. : doux comme un agneau, rapide comme l'éclair, malin tel un renard

### 2-2. La métaphore

▸ La métaphore établit un **rapprochement entre deux termes** (un comparé et un comparant) sur la base de propriétés communes, sans que cette similitude ne soit explicitée par une unité linguistique.

Ex. : une chevelure d'or, un visage d'ange, un teint de rose

**REMARQUE**

La **personnification** est une figure de style qui consiste à attribuer à un objet ou à un animal des propriétés humaines sur la base de certaines ressemblances.

Ex. : **Les arbres dansaient** dans le vent.

▸ On parle de **métaphore filée** lorsqu'une métaphore se poursuit dans un texte à travers différentes expressions.

Ex. : « L'empereur était là, debout, qui regardait.
Il était comme un arbre en proie à la cognée.
Sur ce **géant**, **grandeur** jusqu'alors épargnée,
Le malheur, **bûcheron** sinistre, était monté ;
Et lui, **chêne vivant**, par la **hache** insulté,
Tressaillant sous le spectre aux lugubres revanches,
Il regardait tomber autour de lui **ses branches**. »

Victor Hugo, *Les Châtiments*, 1852.

→ Dans cet extrait, on trouve d'abord une comparaison entre l'empereur et l'arbre. Celle-ci est ensuite renforcée par une métaphore filée qui utilise différentes images pour insister sur la ressemblance entre les deux.

### 2-3. L'allégorie

FICHE 47, P. 295

▸ Cette figure de style permet d'**évoquer une notion abstraite de façon concrète**. (Voir aussi les notions de dénotation et de connotation.)

Ex. : **Marianne** → la République ; **la grande faucheuse** → la mort ;
**la balance** → la justice

▸ On parle de **parabole** lorsque le récit allégorique des livres saints donne lieu à un enseignement et délivre une morale.

Ex. : la parabole du fils prodigue

### 2-4. La périphrase

Il s'agit de **remplacer un mot par une expression plus développée**. Cette figure permet d'éviter les répétitions, de donner des précisions ou d'insister sur une caractéristique.

Ex. : la ville Lumière (= Paris) ; la cité des Papes (= Avignon) ; le compositeur des *Noces de Figaro* (= Mozart)

### 2-5. La métonymie

La métonymie est une figure qui consiste à **remplacer un terme par un autre** sur la base de leur correspondance ou de leur rapport d'implication. Plusieurs rapprochements peuvent ainsi être faits :

– entre le contenant et le contenu ;

Ex. : boire un verre (= boire le contenu du verre) ; finir son assiette (= finir ce qu'il y a dans l'assiette)

– entre la couleur ou la matière et l'objet.

Ex. : les cuivres (pour désigner les instruments à vent fabriqués en cuivre) ; croiser le fer (= s'affronter à l'épée) ; un verre de blanc ou un verre de rouge (= un verre de vin blanc ou de vin rouge)

### 2-6. La synecdoque

Il s'agit d'un cas particulier de métonymie qui rapproche deux termes sur la base de leurs rapports d'inclusion (**une partie pour désigner un tout**).

Ex. : Une voile noire entre dans le port. → un bateau

« Alors le monstre s'avança et les petites cornes entrèrent en danse.
Ah ! la brave chevrette, comme elle y allait de bon cœur ! Plus de dix fois, je ne mens pas, Gringoire, elle força le loup à reculer pour reprendre haleine. »

Alphonse Daudet, « La Chèvre de monsieur Seguin », in *Les Lettres de mon moulin*, 1866.

→ Dans le récit du combat entre la chèvre et le loup, *les petites cornes* désignent Blanquette, la chèvre de monsieur Seguin.

### 2-7. L'antonomase

FICHE 4, P. 28

L'antonomase est une variété de métonymie, qui consiste à **remplacer un nom propre par un nom commun et inversement** :

– certaines inventions sont ainsi désignées par le nom de leur inventeur ;

Ex. : Une poubelle est l'invention d'Eugène Poubelle.

– certains noms propres, utilisés comme des noms communs ont une valeur métonymique.

Ex. : Un Picasso désigne un tableau de Picasso ; un Harpagon, du nom du personnage de Molière, désigne un avare ; un Don Juan désigne un séducteur invétéré.

## 3. Les figures liées aux constructions

À l'échelle d'un groupe de mots, d'une phrase ou d'un texte, les figures de style liées aux constructions jouent sur la **combinaison des mots**, leur **disposition** ou leur **répétition**.

### 3-1. L'anaphore

FICHE 23, P. 142

L'anaphore est une figure de **répétition** : elle consiste à répéter en début de vers, de phrases ou de paragraphes, un même mot ou groupe de mots, ce qui provoque un effet de renforcement. Ce procédé permet de dynamiser un texte et participe également de sa cohérence.

Ex. : L'anaphore « Moi président de la République », utilisée par le candidat François Hollande en 2012, a été amplement relayée par les journalistes.

### 3-2. Le parallélisme

Ce procédé consiste en la **reprise d'éléments**, selon une construction identique (de type AB/AB).

Ex. : « Et jamais je ne pleure et jamais je ne ris » (Charles Baudelaire)
Suis-moi je te fuis, fuis-moi je te suis (proverbe)

#### 3-3. Le chiasme

Le chiasme consiste à **croiser**, inverser les termes de deux groupes syntaxiques identiques (sur le modèle AB/BA, selon un **effet miroir**).

Ex. : Blanc bonnet et bonnet blanc (proverbe)
Tel qui rit vendredi, dimanche pleurera (proverbe)
Et rose elle a vécu ce que vivent les roses (François de Malherbe)

#### 3-4. L'inversion

Il s'agit dans ce cas d'**inverser les éléments de la phrase** par rapport à leur ordre prototypique.

Ex. : *Et au milieu coule une rivière* (titre de film) → inversion sujet-verbe
« Contre nous de la tyrannie, l'étendard sanglant est levé ! » (*La Marseillaise*)
→ L'étendard sanglant de la tyrannie est levé contre nous.

#### 3-5. L'antithèse

Cette figure de style permet d'**opposer deux termes** dans une phrase ou entre deux phrases pour en faire ressortir le **contraste** (sans que les termes ne soient dans une proximité immédiate).

Ex. : « Ton bras est invaincu, mais non pas invincible » (Corneille)

#### 3-6. L'oxymore

Il s'agit d'**associer** dans un même groupe de mots **deux termes de sens opposés**.

Ex. : une douce violence ; une réalité virtuelle ; « le Soleil noir » (Gérard de Nerval) ; « un silence assourdissant » (Albert Camus) ; « Elle se hâte avec lenteur » (la tortue de la fable de Jean de La Fontaine)

**REMARQUE**

Le nom *oxymore* (du grec *oxymôron*) est formé de deux termes antinomiques : *oxus* (« pointu, subtil ») et *morôs* (« émoussé, stupide »). L'oxymore produit un effet de surprise, il fait naitre des images d'une grande force poétique, inconcevables ordinairement. Cette figure de style permet d'exprimer des émotions et des sentiments contradictoires.

## B Les figures de pensée

Au-delà de la forme et/ou du sens des mots (ou expressions) et de leurs constructions, les figures de pensée permettent de **jouer sur le sens du message** en général, dans un but précis : susciter l'adhésion, convaincre, faire rire.

### 1. Les figures d'amplification

#### 1-1. La gradation

Il s'agit de l'**énumération de termes proches** sémantiquement. On parle de :

– **gradation ascendante** lorsque les termes sont associés selon une intensité croissante ;

Ex. : « Je me **meurs**, je suis **mort**, je suis **enterré** » (Molière) ; « **Va**, **cours**, **vole**, et nous venge » (Corneille)

– **gradation descendante** lorsque les termes sont disposés selon une intensité décroissante.

Ex. : « Vous voulez qu'un roi meure, et pour son châtiment / Vous ne donnez qu'**un jour**, qu'**une heure**, qu'**un moment**. » (Racine, *Andromaque*)

### 1-2. L'hyperbole

L'hyperbole est une **figure d'exagération** qui consiste à utiliser des expressions ou des termes excessifs.

Ex. : « Je suis perdu, je suis assassiné, on m'a coupé la gorge, on m'a dérobé mon argent. » (Molière) ; Il m'a fait un million de reproches.

## 2. Les figures énonciatives

Il s'agit dans ce cas de **détourner le message de son sens premier**, en signifiant autre chose que ce qui est réellement dit.

### 2-1. L'euphémisme

Il s'agit d'**atténuer** une réalité désagréable ou jugée trop brutale.

Ex. : Il est un peu **limité**. (= Il est complètement idiot.) ; Il nous **a quittés**. (= Il est mort.)

### 2-2. La litote

Cette figure de style consiste à présenter la réalité de façon atténuée, mais la visée du locuteur est en fait d'exprimer plus qu'il ne semble le faire. Il s'agit de **dire moins pour faire comprendre plus**. La litote se présente à la **forme négative**.

Ex. : Ce n'est pas mauvais. (= C'est bon.) ; Il n'est plus tout jeune. (= Il est vieux.) ; « Va, je ne te hais point ! » (Paroles de Chimène à Rodrigue, dans la pièce de Corneille, pour lui faire comprendre qu'elle l'aime en dépit de son acte qui devrait les séparer à tout jamais.)

### 2-3. L'antiphrase

L'antiphrase est une figure du registre ironique qui consiste à **dire le contraire de ce que l'on pense**. Le ton ou d'autres indices laissent entendre le sens véritable du propos.

Ex. : « Ah, bravo, 0/20, quel beau travail, je vous félicite ! » ; « Mais oui, bien sûr, je te crois ! » (À quelqu'un qu'on considère comme un menteur.)

# EXERCICES

→ Corrigés p.330

**1 Identifiez la ou les figures de style utilisées dans ces énoncés.**

a) « Mon beau navire, ô ma mémoire » (Guillaume Apollinaire)

b) « Sur la mousse des nuages
Sur les sueurs de l'orage
Sur la pluie épaisse et fade
J'écris ton nom » (Paul Éluard)

c) « Ce n'est pas un mauvais sort
que d'être jeune, beau et prince »
(Jean Giraudoux)

d) « Ce n'est que feu de leurs froides chaleurs
Ce n'est qu'horreur de leurs feintes douleurs » (Joachim du Bellay)

e) « La mer, abondamment sur le monde étalée » (Anna de Noailles)

**2 Lisez ce texte puis répondez aux questions suivantes.**

Des piliers sortirent de l'ombre, des poutrelles, un pont roulant, toute une charpente métallique. Des fours se profilèrent que des démons grimaçants gavaient à la pelle ou qu'ils excitaient à coups de ringard. Puis, ce fut la forge, les coups sourds des pilons sur un lingot chauffé à blanc. Plus loin, une scie à métaux, gigantesque, grinçait dans une volée d'étincelles.

Jean Pallu, *L'Usine* (1931), La Thébaïde, 2018.

a) Relevez deux champs lexicaux que vous définirez (sur cette notion, voir **fiche 47, p. 294**).

b) Quelle est la figure de style utilisée dans *« des piliers sortirent de l'ombre »* : une personnification, une métaphore ou un oxymore ?

c) Dans le texte, relevez une métaphore que vous expliquerez.

d) Le mot *Pilons* peut-il avoir un autre sens que celui employé dans le texte ?

e) Quel est le sens de *ringard* dans le texte ?

**3 Identifiez les figures de style employées dans les phrases suivantes.**

a) « Ma jeunesse ne fut qu'un ténébreux orage » (Charles Baudelaire)

b) « Il dort dans le soleil, la main sur sa poitrine
Tranquille. Il a deux trous rouges au côté droit » (Arthur Rimbaud)

c) « Sa belle figure laide sourit tristement. » (Alphonse Daudet)

d) « La rue assourdissante autour de moi hurlait. » (Charles Baudelaire)

e) « Ils se donnent la comédie, n'importe, mettons tout à profit, ce garçon-ci n'est pas sot, et je ne plains pas la soubrette qui l'aura. » (Marivaux)

f) « Un roi chantait en bas, en haut mourait un Dieu. » (Victor Hugo)

g) « Cette obscure clarté qui tombe des étoiles.
Enfin avec le flux nous fait voir trente voiles » (Pierre Corneille)

h) « J'entends Théodecte de l'antichambre ; il grossit sa voix à mesure qu'il s'approche. Le voilà entré : il rit, il crie, il éclate ; on bouche ses oreilles, c'est un tonnerre. » (La Bruyère)

i) « Je n'écris point d'amour, n'étant point amoureux,
Je n'écris de beauté, n'ayant belle maîtresse,
Je n'écris de douceur, n'éprouvant que rudesse,
Je n'écris de plaisir, me trouvant douloureux » (Joachim du Bellay)

# FICHE 49 Les registres de langue

Il existe différents registres de langue.

Ex. : Je vais te donner une gifle. → registre courant

J'vais t'fout' une baffe ! → registre familier

Je vais vous administrer un soufflet. → registre soutenu

## A Définition

▸ Les registres de langue désignent les **variations langagières liées aux locuteurs, aux destinataires et aux situations d'énonciation**.

▸ On ne parle plus de « niveaux de langue ». Cette dénomination, abandonnée, était trop centrée sur le locuteur et son milieu socioculturel et induisait un jugement de valeur.

▸ Désormais, on considère que chaque locuteur a à sa disposition plusieurs registres de langue (**familier**, **courant**, **soutenu**). Chacun adapte ses pratiques langagières en fonction des situations d'énonciation : les personnes auxquelles on s'adresse (un ami, un collègue, un supérieur hiérarchique…), les sujets abordés ainsi que les enjeux de la communication (discussion informelle en famille / entre amis, entretien d'embauche, etc.).

Ex. : J'aime beaucoup la tartiflette. → registre courant

La tartiflette, je kiffe trop ! → registre familier

Selon moi, la tartiflette est indéniablement un mets succulent. → registre soutenu

## B Les trois registres de langue

### 1. Le registre courant

▸ Le registre courant correspond à la **langue quotidienne** d'un locuteur, en particulier quand il s'adresse à quelqu'un qu'il connait peu ou pas. Les propos sont alors simples, clairs, compréhensibles par tous : ils correspondent à un **usage normé de la langue**. C'est par rapport au registre courant que les deux autres registres (le registre familier et le registre soutenu) se définissent.

▸ Le registre courant refuse l'emploi de termes trop familiers ou au contraire trop recherchés, et privilégie les tournures syntaxiques simples.

Ex. : Il n'a pas osé te donner une gifle, quand même ?

### 2. Le registre familier

▸ Le registre familier est utilisé quand le locuteur se trouve dans une **situation d'énonciation libre de toute contrainte**, c'est-à-dire lors d'échanges avec des personnes très proches, ou encore lorsque l'on cherche, volontairement, à briser la distance entre soi et son interlocuteur ou que l'on parle sous le coup de la colère, par exemple.

▸ Ce registre est essentiellement utilisé à l'**oral**. À l'écrit, il revêt précisément les caractéristiques du discours oral (on peut le trouver notamment dans les dialogues).

▶ En termes de **prononciation**, certains phonèmes, voire certaines syllabes, ne sont pas toujours prononcés.

Ex. : Heureusement qu'elle n'a pas osé t'mettre [pour *te mettre*] une baffe !

▶ Le **lexique** est en principe celui réservé à un usage oral : il peut être argotique ou grossier. On utilise également les troncations (ou abréviations).

Ex. : Heureusement qu' elle n'a pas osé te mettre [pour *donner*] une baffe [pour *une gifle*] !

▶ Du point de vue de la **syntaxe**, on peut aussi observer certaines simplifications :

– suppression d'un élément de la négation ;

Ex. : Il a pas osé [pour *il n'a pas osé*] te mettre une baffe !

– non-inversion du sujet dans les phrases interrogatives ;

Ex. : T'es d'accord ?

– utilisation de propositions juxtaposées plutôt que subordonnées ou de certains traits caractéristiques (segmentation).

Ex. : Elle lui dit, elle veut lui mettre une baffe [pour *elle lui dit qu'elle veut*].
Question bouffe, moi, les pâtes, j'adore.

## 3. Le registre soutenu

▶ Le registre soutenu est utilisé **en situation formelle**, quand le locuteur s'adresse à une personne qu'il ne connait pas ou qu'il connait peu (qui peut être, par exemple, son supérieur hiérarchique). Il révèle, de la part du locuteur, une grande maitrise de la langue.

▶ Le registre soutenu relève d'une **communication non spontanée** et nécessite des choix de langage ou d'expression précis, non habituels, souvent calqués sur ceux de la **langue écrite**.

▶ On reconnait notamment le registre soutenu à l'emploi :

– de termes recherchés ;

Ex. : Il lui a administré un soufflet.

– de tournures syntaxiques complexes (phrases complexes, respect des règles de concordance des temps).

Ex. : Il aurait fallu qu'il lui administrât un soufflet.

# EXERCICES

→ Corrigés p. 330



**1 Dans le texte suivant, identifiez le registre de langue utilisé, et justifiez votre réponse en en relevant au moins quatre caractéristiques.**

C'est vrai, t'as raison en somme, que j'ai convenu, conciliant, mais enfin on est tous assis sur une grande galère, on rame tous à tour de bras, tu peux pas venir me dire le contraire ! [...] Et qu'est-ce qu'on en a ?

Rien ! Des coups de trique seulement, des misères, des bobards et puis des vacheries encore. On travaille ! qu'ils disent. C'est ça encore qu'est plus infect que tout le reste, leur travail !

Louis-Ferdinand Céline, *Voyage au bout de la nuit* © Éditions Gallimard, 1932.

**2 Dans l'extrait suivant :**
**a) Identifiez le registre de langue dominant, en justifiant votre réponse.**
**b) Relevez une expression illustrant ce registre dominant.**
**c) Indiquez pourquoi le narrateur a fait le choix de ce registre.**

– Et si ça m'amuse de me crever, moi !... Avec ça que la vie est drôle. S'escrimer toute la sainte journée pour gagner cinquante-cinq sous, se brûler le sang du matin au soir devant la mécanique, non, vous savez, j'en ai par-dessus la tête !... Allez, ce rhume-là ne me rendra pas le service de m'emporter ; il s'en ira comme il est venu.

Il y eut un silence. Cette vaurienne de Clémence, qui dans les bastringues, menait le chahut avec des cris de merluche, attristait toujours le monde par ses idées de crevaison, quand elle était à l'atelier. Gervaise la connaissait bien et se contenta de dire :

– Vous n'êtes pas gaie, les lendemains de noce, vous !

Le vrai était que Gervaise aurait mieux aimé qu'on ne parlât pas de batteries de femmes. Ça l'ennuyait, à cause de la fessée du lavoir, quand on causait devant elle et Virginie de coups de sabot dans les quilles et de giroflées à cinq feuilles. Justement, Virginie la regardait en souriant.

– Oh ! murmura-t-elle, j'ai vu un crêpage de chignons, hier. Elles s'écharpillaient...

– Qui donc ? demanda madame Putois.

– L'accoucheuse du bout de la rue et sa bonne, vous savez, une petite blonde... Une gale, cette fille ! Elle criait à l'autre : « Oui, oui, t'as décroché un enfant à la fruitière, même que je vais aller chez le commissaire, si tu ne me payes pas. » Et elle en débagoulait, fallait voir ! L'accoucheuse, là-dessus, lui a lâché une baffe, v'lan ! en plein museau. Voilà alors que ma sacrée gouine saute aux yeux de sa bourgeoise, et qu'elle la graffigne, et qu'elle la déplume, oh ! mais aux petits oignons ! Il a fallu que le charcutier la lui retirât des pattes.

Émile Zola, *L'Assommoir*, 1876.

# FICHE 50 L'expression de la négation

La négation est un phénomène langagier et linguistique qui consiste à rejeter, nier, désigner comme fausse une proposition, un propos, un comportement. Il existe différentes façons d'exprimer la négation.
Ex. : Non ! / Je n'irai pas. / Je n'en veux plus. / C'est incompréhensible.

## A Définition

Si la négation consiste à nier, elle ne peut se réduire à la forme négative d'une phrase. Elle exprime le contraire de l'affirmation et, pour cela, plusieurs procédés peuvent être utilisés : la négation peut porter sur une phrase, un propos ou un mot.
Ex. : Il est incompétent. / Il n'est pas compétent.

## B Les différentes constructions de la négation

### 1. La forme négative

FICHE 16, P. 104

▶ La négation s'exprime syntaxiquement : la forme de la **phrase négative** est le procédé le plus couramment utilisé pour marquer la négation.

▶ On utilise des **adverbes de négation** qui encadrent le verbe : ***ne + pas***, ***rien***, ***jamais***, ***guère***, ***personne***, ***plus***… Ces adverbes n'ont pas la même portée.
Ex. : Il part. / Il ne part pas. / Il ne part plus. / Il ne part jamais.

**ATTENTION**

Il ne faut pas confondre l'**adverbe de négation *ne*** et le ***ne* explétif**.
Ex. : Il ne mange rien. ⟶ adverbes de négation
Il mange des pâtes avant que n'arrivent ces parents. ⟶ *ne* explétif (marque de langage soutenu)

▶ L'adverbe peut être utilisé seul comme une réponse (ex. : Non !). Il forme alors une phrase à lui tout seul. On peut retrouver l'emploi de cet adverbe dans certaines tournures.
Ex. : C'est non négociable. (= Ce n'est pas négociable.) ⟶ La négation, ici, est employée comme un préfixe, elle porte sur *négociable* afin d'insister sur le mot.

### 2. Le lexique

La négation porte sur le mot et non plus sur la phrase. On utilise la **préfixation** ou l'**opposition lexicale**.

#### 2-1. La préfixation

FICHE 45, P. 282

La préfixation emploie des **préfixes** qui expriment la négation ou l'opposition.
Ex. : compétent / incompétent ; libéral / antilibéral ; monter / démonter ; poison / contrepoison ; formé / malformé ; normal / anormal

### 2-2. L'opposition lexicale

FICHE 47, P. 296

▶ L'opposition lexicale (ou antonymie) se définit par **deux mots de sens opposé ou contraires**.
Ex. : le début / la fin ; la joie / la tristesse ; parler / se taire

▶ La préposition ***sans*** peut également exprimer une négation.
Ex. : Je pars sans toi.

## C Les différentes expressions de la négation

### 1. La négation partielle ou totale

La négation peut porter sur **une partie ou la totalité de l'énoncé**. Qu'elle soit partielle ou totale, elle est toujours composée de **deux éléments** : ***ne*** + adverbe / pronom / déterminant.

#### 1-1. La négation totale

La négation totale s'exprime à l'aide des adverbes ***ne… pas***, ***ne… plus***, ***ne… guère***. Elle répond par « non » à une question sous-entendue.
Ex. : Elle ne part pas. (Est-ce qu'elle part ? ⟶ **Non, elle ne part pas.**)

#### 1-2. La négation partielle

La négation partielle porte sur une partie de l'énoncé. Elle s'exprime à l'aide :

– des adverbes ***ne… jamais*** ;
Ex. : Il ne sort jamais de chez lui.

– des pronoms indéfinis ***personne*** et ***rien*** ;
Ex. : Personne ne le pense. / Rien n'y fait.

– des déterminants indéfinis ***aucun*** et ***nul***.
Ex. : Aucune histoire ne sera racontée ce soir. / Je n'ai nulle envie d'y aller.

**ATTENTION**

• On remplace la conjonction de coordination ***et*** par ***ni*** dans une phrase à la forme négative.
Ex. : Il mange des pâtes et du gruyère. ⟶ Il **ne** mange **pas** de pâtes ni de gruyère. /
Il ne mange ni pâtes ni gruyère.

• Dans un énoncé négatif, on attend une réponse négative (le cas échéant).
Ex. : – Je n'aime pas les pâtes et toi ?
– Moi non plus. ⟶ *Moi aussi* est incorrect.

### 2. La négation restrictive

On parle de négation restrictive lorsque la négation est **restreinte**, **atténuée**.
Ex. : Il ne mange que des pâtes italiennes.

⟶ *Ne… que* est une locution adverbiale restreignant la portée du propos : il mange des pâtes mais uniquement les pâtes italiennes. Cette locution restrictive affirme un propos (il mange des pâtes) mais nie à la fois (il ne mange pas d'autres pâtes).

## 3. Les registres de langue

### 3-1. La négation dans le registre familier

FICHE 49, P. 305

▶ À l'oral, la forme négative tend à disparaitre (le plus souvent l'adverbe ***ne***).
Ex. : J'aime pas le chou-fleur. ⟶ Alors que la syntaxe écrite attend : *Je **n'**aime **pas** le chou-fleur.*

**REMARQUE**

À l'oral, l'adverbe de négation ***n'*** ne s'entend pas toujours.
Ex. : On n'a rien dit. ⟶ L'adverbe *n'* ne s'entend pas du fait de la liaison.

▶ On trouve également une absence de construction syntaxique.
Ex. : Pas question ! ⟶ Alors que la syntaxe écrite attend : ***Il n'(en) est** pas question !*

### 3-2. La négation dans le registre soutenu

Certains adverbes de négation marquent un langage soutenu.
Ex. : Je n'aime guère me promener.

**ATTENTION**

Une phrase à la forme affirmative peut avoir un sens négatif.
Ex. : Il est parti sans rien en poche. (= Il n'avait rien dans les poches.)

## EXERCICES

→ Corrigés p. 331

**1 Relevez les différentes formes de l'expression de la négation dans le texte suivant.**

Non. Pomme n'avait jamais eu d'animal avant lui. Cela, il le comprit dès qu'il pénétra dans l'appartement parisien. Aucun chien n'avait jamais vécu là. Ni aucun chat, d'ailleurs, ni aucun oiseau. Ils y auraient laissé une odeur. Or, l'appartement sentait l'homme, rien d'autre. Non. Le Chien s'en rendit compte très vite : en venant le chercher à la fourrière, Pomme avait fait un caprice.

Maintenant qu'elle retrouvait sa maison, sa chambre, ses jouets, ses camarades, ses habitudes, elle se désintéressait complètement de lui. Si l'appartement avait été une vraie maison, avec un jardin, ça n'aurait pas été si grave que ça.

Daniel Pennac, *Cabot-Caboche* © Nathan, 1982.

**2 Donnez le contraire des mots suivants.**

a) beau
b) gentil
c) précis
d) clérical
e) ranger
f) imaginaire
g) possible
h) matérialiser

**3 Classer les mots suivants selon la valeur préfixale de leur correspondant négatif. Donnez la nuance sémantique.**

a) connu
b) agréable
c) servir
d) normal
e) possible
f) priser
g) recevable
h) content
i) lisible
j) continu
k) tourner
l) aventure

# ENTRAINEMENT AU CONCOURS

→ Corrigés p. 332

**1 Vous ferez l'analyse morphologique du mot *civilisations* dans cet extrait.** (sujet de CRPE)

Ennui sans fin de ces musées. Absurdité de ces tableaux alignés, par époques ou par lieux, les uns contre les autres, que personne à peu près ne sait plus lire, dont on ne sait pas pour la plupart déchiffrer le sens, moins encore trouver en eux une réponse à la souffrance et à la mort. Morosité des sculptures qui n'offrent plus, comme autrefois la statue d'un dieu ou d'un saint, la promesse d'une intercession. Dérision des formules et prétention des audaces esthétiques. Entrepôts des **civilisations** mortes. À quoi bon tant d'efforts, tant de science, tant d'ingéniosité pour les montrer ? Et puis désormais, la question, obsédante : pour qui et pourquoi ?

Jean Clair, *L'Hiver de la culture*
© Flammarion, 2011.

**2 Expliquez le sens du mot *délégitimation* dans cet extrait. Faites l'analyse morphologique de ce terme.** (sujet de CRPE)

L'histoire au contraire appartient à tous et à personne, ce qui lui donne vocation à l'universel. La mémoire s'enracine dans le concret, dans l'espace, le geste, l'image et l'objet. L'histoire ne s'attache qu'aux continuités temporelles, aux évolutions et aux rapports des choses. La mémoire est un absolu et l'histoire ne connaît que le relatif. [...] La mémoire est toujours suspecte à l'histoire dont la mission vraie est de la détruire et de la refouler. L'histoire est **délégitimation** du passé vécu.

Pierre Nora, « Entre Mémoire et Histoire. La problématique des lieux », in *Les Lieux de mémoire, Tome I : La République*, collectif sous la direction de Pierre Nora, NRF © Éditions Gallimard, 1984.

**3 Vous ferez l'analyse morphologique des mots *éducation* et *puérilités* dans ce texte de Jean-Jacques Rousseau. Quel sens prend le mot *puérilités* ?** (sujet de CRPE)

Les femmes, de leur côté, ne cessent de crier que nous les élevons pour être vaines et coquettes, que nous les amusons sans cesse à des **puérilités** pour rester plus facilement les maîtres ; elles s'en prennent à nous des défauts que nous leur reprochons. Quelle folie ! Et depuis quand sont-ce les hommes qui se mêlent de l'**éducation** des filles ? Qui est-ce qui empêche les mères de les élever comme il leur plaît ? Elles n'ont point de collège : grand malheur ! Eh ! Plût à Dieu qu'il n'y en eût point pour les garçons ! Ils seraient plus sensément et plus honnêtement élevés ! Force-t-on vos filles à perdre leur temps en niaiseries ? Leur fait-on malgré elles passer la moitié de leur vie à leur toilette, à votre exemple ? Vous empêche-t-on de les instruire et faire instruire à votre gré ? Est-ce notre faute si elles nous plaisent quand elles sont belles, si leurs minauderies nous séduisent, si l'art qu'elles apprennent de vous nous attire et nous flatte, si nous aimons à les voir mises avec goût, si nous leur laissons affiler à loisir les armes dont elles nous subjuguent ? Eh ! Prenez le parti de les élever comme les hommes, ils y consentiront de bon cœur. Plus elles voudront leur ressembler, moins elles gouverneront, et c'est alors que nous serons vraiment les maîtres.

Jean-Jacques Rousseau,
*Émile ou de l'Éducation*,
Livre V, 1762.

**4 Donnez un synonyme du verbe *entendre* dans la phrase en gras.** (sujet de CRPE)

Rien n'est si vain, si mal entendu, que la morale par laquelle on termine la plupart des fables ; comme si cette morale n'était pas ou ne devait pas être étendue dans la fable même, de manière à la rendre sensible au lecteur ! Pourquoi donc, en ajoutant cette morale à la fin, lui ôter le plaisir de la trouver de son chef ? Le talent d'instruire est de faire que le disciple se plaise à l'instruction. Or, pour qu'il s'y plaise, il ne faut pas que son esprit reste tellement passif à tout ce que vous lui dites, qu'il n'ait absolument rien à faire pour vous entendre. Il faut que l'amour-propre du maître laisse toujours quelque prise au sien ; il faut qu'il se puisse dire : Je conçois, je pénètre, j'agis, je m'instruis. Une des choses qui rendent ennuyeux le Pantalon[1] de la comédie italienne, est le soin qu'il prend d'interpréter au parterre des platises[2] qu'on n'entend déjà que trop. Je ne veux point qu'un gouverneur soit Pantalon, encore moins un auteur. Il faut toujours se faire entendre ; mais il ne faut pas toujours tout dire : celui qui dit tout dit peu de choses, car à la fin on ne l'écoute plus. Que signifient ces quatre vers que La Fontaine ajoute à la fable de la grenouille qui s'enfle ? A-t-il peur qu'on ne l'ait pas compris ? A-t-il besoin, ce grand peintre, d'écrire les noms au-dessous des objets qu'il peint ? Loin de généraliser par là sa morale, il la particularise, il la restreint en quelque sorte aux exemples cités, et empêche qu'on ne l'applique à d'autres. Je voudrais qu'avant de mettre les fables de cet auteur inimitable entre les mains d'un jeune homme, on en retranchât toutes ces conclusions par lesquelles il prend la peine d'expliquer ce qu'il vient de dire aussi clairement qu'agréablement. **Si votre élève n'entend la fable qu'à l'aide de l'explication, soyez sûr qu'il ne l'entendra pas même ainsi.**

1. **pantalon :** personnage du théâtre italien ; il est le type du vieillard de comédie.
2. **platises** : platitudes.

Jean-Jacques Rousseau, *Émile ou de l'Éducation*, Livre IV, 1762.

**5 a) Dans ce texte, expliquez l'expression *figures violentes*.**

**b) Donnez deux autres sens possibles du mot *figure*.**

Dans Athènes autrefois, peuple vain et léger,
Un Orateur, voyant sa patrie en danger,
Courut à la Tribune ; et d'un art tyrannique,
Voulant forcer les cœurs dans une république,
Il parla fortement sur le commun salut.
On ne l'écoutait pas. L'Orateur recourut
À ces **figures violentes**
Qui savent exciter les âmes les plus lentes :
Il fit parler les morts, tonna, dit ce qu'il put.

Jean de La Fontaine, « Le pouvoir des fables », *Fables*, Livre VIII, (1668-1694).

**6 Expliquez la formation et le sens des mots suivants dans le texte de Marc Bloch : *incompréhension* et *appréhension*.** (sujet de CRPE)

L'**incompréhension** du présent naît fatalement de l'ignorance du passé. Mais il n'est peut-être pas moins vain de s'épuiser à comprendre le passé, si l'on ne sait rien du présent. J'ai déjà ailleurs rappelé l'anecdote : j'accompagnais, à Stockholm, Henri Pirenne ; à peine arrivés, il me dit : « Qu'allons-nous voir d'abord ? Il paraît qu'il y a un hôtel de ville tout neuf. Commençons par lui. » Puis, comme s'il voulait prévenir un étonnement, il ajouta : « Si j'étais un antiquaire, je n'aurais d'yeux que pour les vieilles choses. Mais je suis un historien. C'est pourquoi j'aime la vie. » Cette faculté d'**appréhension** du vivant, voilà bien, en effet, la qualité maîtresse de l'historien.

Marc Bloch, *Apologie pour l'histoire ou Métier d'historien* (1949) © Dunod, 2020.

**7** **a) Dans les textes suivants, vous expliquerez la formation des mots *dédaigneusement* (texte 1) et *infaillible* (texte 2) en les décomposant.**

**b) Vous expliquerez le rôle des préfixes et des suffixes dans ces mots.** (sujet de CRPE)

**Texte 1**

*Dans un collège, la majorité des élèves jugent immangeable la nourriture qu'on leur sert. Le grand Michu, un fils de paysan, accepte d'être à la tête de la révolte.*

Le grand Michu fut superbe. Il alla, ce premier soir, jusqu'à ne pas même manger de pain. Il avait mis les deux coudes sur la table, il regardait **dédaigneusement** le petit pion qui dévorait. Cependant, le surveillant fit appeler le proviseur, qui entra dans le réfectoire comme une tempête. Il nous regardait rudement, nous demandant ce que nous pouvions reprocher à ce dîner, auquel il goûta et qu'il déclara exquis. Alors le grand Michu se leva.

Émile Zola, « Le grand Michu », *Nouveaux contes à Ninon*, 1870.

**Texte 2**

On a trouvé l'art de lui faire de Paris une solitude plus affreuse que les cavernes et les bois, où il ne trouve au milieu des hommes ni communication, ni consolation, ni conseil, ni lumières, ni rien de tout ce qui pourrait lui aider à se conduire, un labyrinthe immense où l'on ne lui laisse apercevoir dans les ténèbres que de fausses routes qui l'égarent de plus en plus. Nul ne l'aborde qui n'ait déjà sa leçon toute faite sur ce qu'il doit lui dire et sur le ton qu'il doit prendre en lui parlant. On tient note de tous ceux qui demandent à le voir et on ne le leur permet qu'après avoir reçu à son égard les instructions que j'ai moi-même été chargé de vous donner au premier désir que vous avez marqué de le connaître. S'il entre en quelque lieu public, il y est regardé et traité comme un pestiféré : tout le monde l'entoure et le fixe, mais en s'écartant de lui et sans lui parler, seulement pour lui servir de barrière, et s'il ose parler lui-même et qu'on daigne lui répondre, c'est toujours ou par un mensonge ou en éludant ses questions d'un ton si rude et si méprisant qu'il perde l'envie d'en faire. Au parterre on a grand soin de le recommander à ceux qui l'entourent, et de placer toujours à ses côtés une garde ou un sergent qui parle ainsi fort clairement de lui sans rien dire. On l'a montré, signalé, recommandé, partout aux facteurs, aux commis, aux gardes, aux mouches, aux Savoyards, dans tous les spectacles, dans tous les cafés, aux barbiers, aux marchands, aux colporteurs, aux libraires. S'il cherchait un livre, un almanach, un roman, il n'y en aurait plus dans tout Paris ; le seul désir manifesté de trouver une chose telle qu'elle soit est pour lui l'**infaillible** moyen de la faire disparaître.

Jean-Jacques Rousseau, *Les Dialogues*, ou *Rousseau juge de Jean-Jacques*, 1772-1776.

**8** **Dans cet extrait, vous expliquerez la composition et le sens du mot *approbation* puis vous donnerez deux mots de la même famille.** (sujet de CRPE)

Beaucoup de femmes et de gamins lancent de la boue avec moi. Je me rue vers l'horrible papyrus qui veut déshonorer Polynice, il me brûle les yeux. La foule me porte en avant, bouscule les gardes et le crieur public qui s'enfuient. Zed s'empare de l'édit, je le déchire, on m'apporte du feu et le honteux décret de Créon brûle au milieu des cris et de l'**approbation** énorme de la foule. Dans mon malheur, je suis heureuse, je piétine sauvagement les cendres de l'édit.

Zed me saisit les mains : « Mets-toi à notre tête, remplace Vasco, attaquons les soldats du roi en attendant le retour d'Hémon. » Comme une eau glacée en plein visage, ses paroles me dégrisent. « Non », je dis seulement non. Je veux enterrer Polynice puis quitter à jamais cette ville de mort.

Henry Bauchau, *Antigone*, chapitre XIX, « La colère » © Actes Sud, 1997.

**9 Dans cet extrait, expliquez la formation du mot *familièrement* et trouvez, dans ce même extrait, un mot formé de la même façon. (sujet de CRPE)**

Je crois bien ne pas avoir de fautes ; je n'ai qu'à veiller aux accents, car ils vous comptent des demi-fautes, des quarts de fautes, pour des velléités d'accents qui traînent mal à propos au-dessus des mots. Pendant que je relis, une petite boule de papier, lancée avec une adresse extrême, tombe sur ma feuille ; je la déroule dans le creux de ma main, c'est la grande Anaïs qui m'écrit : « Faut-il un S à *trouvés* dans la seconde phrase ? » Elle ne doute de rien, cette Anaïs ! Lui mentirai-je ? Non, je dédaigne les moyens dont elle se sert **familièrement**. Relevant la tête, je lui adresse un imperceptible « oui », et elle corrige, paisiblement.

Colette, *Claudine à l'école*, 1900, in *Œuvres* I, « Bibliothèque de la Pléiade » © Éditions Gallimard, 1984.

**10 a) Dans cet extrait, indiquez la formation du mot *effrontément* puis expliquez son sens.**

**b) Proposez deux mots de la même famille. (sujet de CRPE)**

Non seulement Marion était jolie, mais elle avait une fraîcheur de coloris qu'on ne trouve que dans les montagnes, et surtout un air de modestie et de douceur qui faisait qu'on ne pouvait la voir sans l'aimer ; d'ailleurs bonne fille, sage et d'une fidélité à toute épreuve. C'est ce qui surprit quand je la nommai. L'on n'avait guère moins de confiance en moi qu'en elle, et l'on jugea qu'il importait de vérifier lequel était le fripon des deux. On la fit venir ; l'assemblée était nombreuse, le comte de la Roque y était. Elle arrive, on lui montre le ruban, je la charge **effrontément** ; elle reste interdite, se tait, me jette un regard qui aurait désarmé les démons, et auquel mon barbare cœur résiste.

Jean-Jacques Rousseau, *Les Confessions*, Livre II, 1782.

**11 Dans cet extrait, vous expliquerez le sens et la formation du mot *incessamment*. (sujet de CRPE)**

Sans argent, nul moyen de fuite ; on ne peut aller chercher un autre soleil, et, avec une âme fière, on porte **incessamment** des chaînes.

François-René de Chateaubriand, *Mémoires d'outre-tombe*, 1848.

**12 Dans ces extraits, expliquez en contexte le sens des mots suivants en vous fondant sur leur morphologie lexicale : *embarqué* (texte 1) et *combattent*, *incarnés*, *amoindris* (texte 2). (sujet de CRPE)**

**Texte 1**

Serais-je donc le seul lâche sur la terre ? pensais-je. Et avec quel effroi !… Perdu parmi deux millions de fous héroïques et déchaînés et armés jusqu'aux cheveux ? Avec casques, sans casques, sans chevaux, sur motos, hurlants, en autos, sifflants, tirailleurs, comploteurs, volants, à genoux, creusant, se défilant, caracolant dans les sentiers, pétaradant, enfermés sur la terre comme dans un cabanon, pour y tout détruire, Allemagne, France et Continents, tout ce qui respire, détruire, plus enragés que les chiens, adorant leur rage (ce que les chiens ne font pas), cent, mille fois plus enragés que mille chiens et tellement plus vicieux ! Nous étions jolis ! Décidément, je le concevais, je m'étais **embarqué** dans une croisade apocalyptique.

On est puceau de l'Horreur comme on l'est de la volupté. Comment aurais-je pu me douter moi de cette horreur en quittant la place Clichy ? Qui aurait pu prévoir, avant d'entrer vraiment dans la guerre, tout ce que contenait la sale âme héroïque et fainéante des hommes ? À présent, j'étais pris dans cette fuite en masse, vers le meurtre en commun, vers le feu… Ça venait des profondeurs et c'était arrivé...

Louis-Ferdinand Céline, *Voyage au bout de la nuit* © Éditions Gallimard, 1932.

**Texte 2**

Dans une culture en paix, le champ de bataille n'est plus à Roncevaux, ni à Valmy, ni aux taxis de la Marne, il est sur les écrans où jouent Zorro, James Bond et Superman, il est sur les terrains de sport où **combattent** le footballeur Zidane ou la navigatrice Florence Arthaud. Vercingétorix n'affronte plus Jules César, Jeanne d'Arc ne boute plus les Anglais hors de France, et de Gaulle ne libère plus le pays. Dans une culture en paix, les grands récits nous ennuient. Les héros n'ont plus de raisons de mourir pour nous. Le communisme, grand producteur de héros, a fabriqué des ouvriers stakhanovistes, des conquérants de l'espace comme Gagarine ou des coureurs inépuisables comme Zatopek. Le nazisme a engendré des héros masculins dominant le monde afin de lui apporter mille ans de bonheur et des femmes merveilleuses soignant les soldats et mettant au monde des régiments de bébés langés dans des drapeaux nazis. Devant tant de beauté, tout le monde pleurait. Chaque culture, en fabriquant son type de héros, a révélé, en une seule image, son projet de société. Nos héros ne sont plus militaires ni saints, ils sont **incarnés** par des femmes, enfin victorieuses, et des handicapés qui ne sont plus des hommes **amoindris** quand ils triomphent de l'adversité. L'école, le cinéma et les terrains de sports sont aujourd'hui les lieux où combattent les héros. Quand un pays est en difficulté, les noms de héros qui viennent en tête s'appellent Jeanne d'Arc, Napoléon, Charles de Gaulle ou Nelson Mandela. Mais quand la paix est arrivée, les jeunes ont du mal à en citer quelques-uns. Ils trouvent parfois le nom d'un homme politique, étoile filante dont ils ont entendu parler la veille.

Boris Cyrulnik, *Ivres paradis, bonheurs héroïques*
© Odile Jacob, 2016.

**13 Dans la liste suivante, trouvez l'intrus et donnez l'étymologie des trois mots restants.** (sujet de CRPE)

a) belliciste
b) belliqueux
c) belladone
d) belligérant

**14 Trouvez trois mots issus du mot grec *polémos*, qui signifie « la guerre ».** (sujet de CRPE)

**15 Vous relèverez et rectifierez les impropriétés lexicales dans les phrases suivantes. Vous donnerez le sens des mots erronés.** (sujet de CRPE)

a) Il est entré dans la banque par infraction.
b) Les gradations du thermomètre ont été effacées.
c) Le chat a bu tout son lait et il ne mourra pas d'inanité.
d) Le parc est sillonné d'allées ombrageuses.

**16 Dans cet extrait, remplacez les mots et les expressions soulignés par des synonymes ou des expressions de sens équivalent dans le contexte.** (sujet de CRPE)

Des coursiers attentifs le crin s'est hérissé.
Cependant sur le dos de la plaine liquide
S'élève à gros bouillons une montagne humide.
L'onde approche, se brise, et vomit à nos yeux
Parmi les flots d'écume un monstre furieux.

Jean Racine, *Phèdre*, acte V, scène 6, 1677.

**17 Que signifient les expressions suivantes ?** (sujet de CRPE)

a) de guerre lasse
b) ne pas être un foudre de guerre
c) de bonne guerre
d) être sur le pied de guerre

**18 Dans ces extraits, vous expliquerez les sens des mots *chemin* (texte 1) et *route* (texte 2) dans leurs différentes occurrences.**
**(sujet de CRPE)**

**Texte 1**

POURQUOI ?

C'est évidemment la question que se posent les autres, même quand ils ne vous la posent pas. Chaque fois qu'au retour vous prononcerez la phrase : « Je suis allé à Compostelle à pied », vous noterez la même expression dans les regards. Elle traduit d'abord l'étonnement (« Qu'est-ce qu'il est allé chercher là-bas ? ») puis, à une certaine manière de vous dévisager à la dérobée, la méfiance.

Rapidement, une conclusion s'impose : « Ce type doit avoir un problème ». Vous sentez le malaise s'installer. Heureusement, nous vivons dans un monde où la tolérance est une vertu : l'interlocuteur se ressaisit bien vite. Il peint sur son visage une mimique enthousiaste qui exprime la joie, en même temps que la surprise. « Quelle chance tu as ! » Et il ajoute car, tant qu'à mentir, autant le faire avec conviction et emphase : « C'est mon rêve de faire ce **chemin** un jour... »

La question du « pourquoi » s'arrête en général sur cette phrase. En avouant qu'il caresse le même projet que vous, votre interlocuteur vous dispense, en même temps qu'il se dispense, de disserter sur les raisons qui peuvent pousser un adulte normalement constitué à marcher près de mille kilomètres avec un sac sur le dos. Alors, tout de suite, on peut passer au « comment » : « Étais-tu seul ? Par où es-tu passé ? Combien de temps cela t'a-t-il pris ? »

Il est heureux que les choses se déroulent ainsi. Car les rares fois où, au contraire, on m'a posé frontalement la question « Pourquoi êtes-vous allé à Santiago ? », j'ai été bien en peine de répondre. Ce n'est pas un signe de pudeur mais plutôt de profonde perplexité.

Au lieu d'exprimer son embarras, la meilleure solution est encore de livrer quelques indices, au besoin en les inventant, pour égarer la curiosité de celui qui vous interroge et le mener sur de fausses pistes : « Il y avait des coquilles Saint-Jacques sur les monuments dans la ville de mon enfance » (piste freudienne). « J'ai toujours été fasciné par les grands pèlerinages du monde » (piste œcuménique). « J'aime le Moyen Âge » (piste historique). « Je voulais marcher vers le soleil couchant jusqu'à rencontrer la mer » (piste mystique).

« J'avais besoin de réfléchir. » Cette dernière réponse est la plus attendue, au point d'être considérée généralement comme la « bonne » réponse. Elle ne va pourtant pas de soi. N'est-il pas possible et même préférable, pour réfléchir, de rester à la maison, de traîner au lit ou dans un fauteuil, ou, à la rigueur, de faire quelques pas sur un itinéraire proche et familier ?

Comment expliquer, à ceux qui ne l'ont pas vécu, que le **Chemin** a pour effet sinon pour vertu de faire oublier les raisons qui ont amené à s'y engager ? À la confusion et à la multitude des pensées qui ont poussé à prendre la route, il substitue la simple évidence de la marche. On est parti, voilà tout. C'est de cette manière qu'il règle le problème du pourquoi : par l'oubli. On ne sait plus ce qu'il y avait avant. Comme ces découvertes qui détruisent tout ce qui les a précédées, le pèlerinage de Compostelle, tyrannique, totalitaire, fait disparaître les réflexions qui ont conduit à l'entreprendre.

Jean-Christophe Rufin, *Immortelle randonnée, Compostelle malgré moi* © Éditions Guérin, 2013.

**Texte 2**

Ulysse ne croyait pas si bien dire quand il mettait les mains en cornet pour hurler au Cyclope qu'il s'appelait « Personne ». On ne voyage pas pour se garnir d'exotisme et d'anecdotes comme un sapin de Noël, mais pour que la **route** vous plume, vous rince, vous essore, vous rende comme ces serviettes élimées par les lessives qu'on vous tend avec éclat de savon dans les bordels. On s'en va loin des alibis ou des malédictions natales, et dans chaque ballot crasseux coltiné dans des salles d'attente archibondées, sur de petits quais de gare atterrants de chaleur et de misère, ce qu'on voit passer c'est son propre cercueil. Sans ce détachement et cette transparence, comment espérer faire voir ce qu'on a vu ? Devenir reflet, écho, courant d'air, invité muet au petit bout de la table avant de piper mot.

J'ai nettoyé soigneusement mon rasoir comme si je le voyais pour la première fois et j'ai repris la **route** de Galle.

Nicolas Bouvier, *Le Poisson-scorpion*


**19 Dans cet extrait, donnez le sens des mots *arrogants, adulé, vaniteux* et *cupides*.**
**(sujet de CRPE)**

Le sport est devenu la plus avantageuse des entreprises de spectacle. Il est devenu la plus étonnante école de vanité. L'habitude, allègrement acquise, d'accomplir les moindres actes du jeu devant une nombreuse assistance a développé, dans une jeunesse mal défendue contre les chimères, tous les défauts que l'on reprochait naguère encore aux plus **arrogants** des cabotins. Il s'est fait un bien étrange déplacement de la curiosité populaire. Quel ténor d'opérette, quel romancier pour gens du monde ou du demi-monde, quel virtuose de l'éloquence politique peut se vanter, aujourd'hui, d'être aussi copieusement **adulé**, célébré, caricaturé que les chevaliers du « ring », du stade ou de la piste ? Je parle de tous ces enfants que l'on disait avec juste raison des amateurs parce qu'ils aimaient quelque chose, et que l'on voit se transformer bien vite en *sportsmen* de métier, **vaniteux**, **cupides**, qui cessent d'aimer leur plaisir dès qu'il devient un gagne-pain. L'ambition, sans doute noble en soi, de briller au premier rang pousse un grand nombre de jeunes hommes à réclamer de leurs corps des efforts auxquels ce corps paraît peu propre. Le sport n'est plus, pour beaucoup, un harmonieux amusement, c'est une besogne harassante. Dès que les compétitions perdent leur gracieux caractère de jeux purs, elles sont empoisonnées par des considérations de gain ou de haines nationales. Elles deviennent brutales, dangereuses ; elles ressemblent à des attentats plutôt qu'à des divertissements.

Georges Duhamel, *Scènes de la vie future* (1930)


**20 Dans ce texte :**

**a) Vous expliquerez le sens du mot *tapis* et en proposerez deux synonymes dans la phrase.**

**b) Vous analyserez la formation du mot *échéance* et en donnerez la signification.**
**(sujet de CRPE)**

Les habitants furent jetés hors des maisons et sommés de se rassembler sur la place centrale. Les clés sur les portes. Un vieux, dur d'oreille, qui ne tenait pas compte assez vite de l'ordre, vit les quatre murs et le toit de sa grange voler en morceaux sous l'effet d'une bombe. Depuis quatre heures j'étais éveillé. Marcelle était venue à mon volet me chuchoter l'alerte. J'avais reconnu immédiatement l'inutilité d'essayer de franchir le cordon de surveillance et de gagner la campagne.

Je changeai rapidement de logis. La maison inhabitée où je me réfugiai autorisait, à toute extrémité, une résistance armée efficace. Je pouvais suivre de la fenêtre, derrière les rideaux jaunis, les allées et venues nerveuses des occupants. Pas un des miens n'était présent au village. Cette pensée me rassura. À quelques kilomètres de là, ils suivraient mes consignes et resteraient **tapis**. Des coups me parvenaient, ponctués d'injures. Les S.S. avaient surpris un jeune maçon qui revenait de relever des collets. Sa frayeur le désigna à leurs tortures. Une voix se penchait hurlante sur le corps tuméfié : « Où est-il ? Conduis-nous », suivie de silence. Et coups de pied et coups de crosse de pleuvoir. Une rage insensée s'empara de moi, chassa mon angoisse. Mes mains communiquaient à mon arme leur sueur crispée, exaltaient sa puissance contenue. Je calculais que le malheureux se tairait encore cinq minutes, puis, fatalement, il parlerait. J'eus honte de souhaiter sa mort avant cette **échéance**. Alors apparut jaillissant de chaque rue la marée des femmes, des enfants, des vieillards, se rendant au lieu de rassemblement, suivant un plan concerté. Ils se hâtaient sans hâte, ruisselant littéralement sur les S.S., les paralysant « en toute bonne foi ». Le maçon fut laissé pour mort. Furieuse, la patrouille se fraya un chemin à travers la foule et porta ses pas plus loin. Avec une prudence infinie, maintenant des yeux anxieux et bons regardaient dans ma direction, passaient comme un jet de lampe sur ma fenêtre. Je me découvris à moitié et un sourire se détacha de ma pâleur. Je tenais à ces êtres par mille fils confiants dont pas un ne devait se rompre.

J'ai aimé farouchement mes semblables cette journée-là, bien au-delà du sacrifice.

René Char, « Fragment 128 », in *Feuillets d'Hypnos* (1943-1944) © Éditions Gallimard, 2007.

**21 Dans cet extrait de George Sand :**

**a) Vous expliquerez la formation du mot *compassion* et donnerez son sens dans son contexte.**

**b) Vous trouverez deux adjectifs appartenant à la même famille. (sujet de CRPE)**

Alors Joseph courut auprès d'elle, et, lui prenant vivement les mains :

– Explique-toi, ma mignonne, dit-il, et fais-moi connaître si c'est de **compassion** pour moi que tu pleures, ou si c'est de contentement ?

– Je ne sache point, répondit-elle, que le contentement d'une chose comme ça puisse faire pleurer. Ne me demande point si c'est que j'ai de l'aise ou du mal ; ce que je sais, c'est que je ne m'en puis empêcher, voilà tout.

– Mais à quoi est-ce que tu as pensé, pendant ma flûterie ? dit Joseph en la fixant beaucoup.

– À tant de choses, que je ne saurais point t'en rendre compte, répliqua Brulette.

George Sand, *Les Maîtres sonneurs*, 1853.

**22 Dans cet extrait de Claude Lévi-Strauss :**

**a) Vous expliquerez la formation du mot *inarticulation* et vous donnerez le sens des éléments identifiés.**

**b) Vous expliquerez le sens de la dernière phrase et analyserez un procédé stylistique : *le barbare, c'est d'abord l'homme qui croit à la barbarie*. (sujet de CRPE)**

L'attitude la plus ancienne, et qui repose sans doute sur des fondements psychologiques solides puisqu'elle tend à réapparaître chez chacun de nous quand nous sommes placés dans une situation inattendue, consiste à répudier purement et simplement les formes culturelles, morales, religieuses, sociales, esthétiques, qui sont les plus éloignées de celles auxquelles nous nous identifions. « Habitudes de sauvages », « cela n'est pas de chez nous », « on ne devrait pas permettre cela », etc., autant de réactions grossières qui traduisent ce même frisson, cette même répulsion, en présence de manières de vivre, de croire ou de penser qui nous sont étrangères. Ainsi l'Antiquité confondait-elle tout ce qui ne participait pas de la culture grecque (puis gréco-romaine) sous le même nom de barbare ; la civilisation occidentale a ensuite utilisé le terme de sauvage dans le même sens. Or derrière ces épithètes se dissimule un même jugement : il est probable que le mot barbare se réfère étymologiquement à la confusion et à l'**inarticulation** du chant des oiseaux, opposées à la valeur signifiante du langage humain ; et sauvage, qui veut dire « de la forêt », évoque aussi un genre de vie animale par opposition à la culture humaine. Dans les deux cas, on refuse d'admettre la diversité culturelle ; on préfère rejeter hors de la culture, dans la nature, tout ce qui ne se conforme pas à la norme sous laquelle on vit. [...] Cette attitude de pensée, au nom de laquelle on rejette les « sauvages » (ou tous ceux qu'on choisit de considérer comme tels) hors de l'humanité, est justement l'attitude la plus marquante et la plus instinctive de ces sauvages mêmes. [...] L'humanité cesse aux frontières de la tribu, du groupe linguistique, parfois même du village ; à tel point qu'un grand nombre de populations dites primitives se désignent d'un nom qui signifie les « hommes » (ou parfois – dirons-nous avec plus de discrétion – les « bons », les « excellents », les « complets »), impliquant ainsi que les autres tribus, groupes ou villages ne participent pas des vertus – ou même de la nature – humaines, mais qu'ils sont tout au plus composés de « mauvais », de « méchants », de « singes de terre » ou « d'œufs de pou ». On va souvent jusqu'à priver l'étranger de ce dernier degré de réalité en en faisant un « fantôme » ou une « apparition ». Ainsi se réalisent de curieuses situations où deux interlocuteurs se donnent cruellement la réplique. Dans les Grandes Antilles, quelques années après la découverte de l'Amérique, pendant que les Espagnols envoyaient des commissions d'enquête pour rechercher si les indigènes possédaient ou non une âme, ces derniers s'employaient à immerger des blancs prisonniers afin de vérifier par une surveillance prolongée, si leur cadavre était, ou non, sujet à la putréfaction. [...] En refusant l'humanité à ceux qui apparaissent comme les plus « sauvages » ou « barbares » de ses représentants, on ne fait que leur emprunter une de leurs attitudes typiques. **Le barbare, c'est d'abord l'homme qui croit à la barbarie.**

Claude Lévi-Strauss, *Race et Histoire* (1952)


**23 Dans cet extrait, expliquez cette expression et identifiez la figure de style utilisée : *à moi ces voix séchées dans leurs petits herbiers.* (sujet de CRPE)**

*Anne-Marie, la mère de Sartre, a pris l'habitude de lui raconter puis de lui lire des histoires.*

Je fus alors jaloux de ma mère et je résolus de lui prendre son rôle. Je m'emparai d'un ouvrage intitulé *Tribulations d'un Chinois en Chine* et je l'emportai dans un cabinet de débarras ; là, perché sur un lit-cage, je fis semblant de lire : je suivais des yeux les lignes noires sans en sauter une seule et je me racontais une histoire à voix haute, en prenant soin de prononcer toutes les syllabes. On me surprit – ou je me fis surprendre – on se récria, on décida qu'il était temps de m'enseigner l'alphabet. Je fus zélé comme un catéchumène ; j'allais jusqu'à me donner des leçons particulières : je grimpais sur mon lit-cage avec *Sans famille* d'Hector Malot, que je connaissais par cœur et, moitié récitant, moitié déchiffrant, j'en parcourus toutes les pages l'une après l'autre : quand la dernière fut tournée, je savais lire.

J'étais fou de joie : **à moi ces voix séchées dans leurs petits herbiers**, ces voix que mon grand-père ranimait de son regard, qu'il entendait, que je n'entendais pas ! Je les écouterais, je m'emplirais de discours cérémonieux, je saurais tout. On me laissa vagabonder dans la bibliothèque et je donnai l'assaut à la sagesse humaine. C'est ce qui m'a fait.

Jean-Paul Sartre, *Les Mots* (1964)

**24 Dans cet extrait, vous expliquerez l'expression *le luxe rustique*.** (sujet de CRPE)

Disons, un Opinel n° 6 ou un Laguiole. Un couteau qui aurait pu être celui d'un hypothétique et parfait grand-père. Un couteau qu'il aurait glissé dans un pantalon de velours chocolat à larges côtes. Un couteau qu'il aurait tiré de sa poche à l'heure du déjeuner, piquant les tranches de saucisson avec la pointe, pelant sa pomme lentement, le poing replié à même la lame. Un couteau qu'il aurait refermé d'un geste ample et cérémonieux, après le café bu dans un verre – et cela aurait signifié pour chacun qu'il fallait reprendre le travail.

Un couteau que l'on aurait trouvé merveilleux si l'on était enfant : un couteau pour l'arc et les flèches, pour façonner l'épée de bois, la garde sculptée dans l'écorce – le couteau que vos parents trouvaient trop dangereux quand vous étiez enfant.

Mais un couteau pour quoi ? Car l'on n'est plus au temps de ce grand-père, et l'on n'est plus enfant.

Un couteau virtuel, alors, et cet alibi dérisoire :

– Mais si, ça peut servir à plein de choses, en promenade, en pique-nique, même pour bricoler quand on n'a pas d'outils…

Ça ne servira pas, on le sent bien. Le plaisir n'est pas là. Plaisir absolu d'égoïsme : une belle chose inutile de bois chaud ou bien de nacre lisse, avec le signe cabalistique sur la lame qui fait les vrais initiés : une main couronnée, un parapluie, un rossignol, l'abeille sur le manche. Ah oui, le snobisme est savoureux quand il s'attache à ce symbole de vie simple. À l'époque du fax, c'est **le luxe rustique**.

Philippe Delerm, « Un couteau dans la poche »,
in *La Première Gorgée de bière et autres plaisirs minuscules*, « L'Arpenteur »


**25 En vous appuyant sur au moins deux procédés d'écriture qui vous semblent significatifs, vous identifierez l'effet de la musique sur les deux personnages dans cet extrait de Frank Conroy.** (sujet de CRPE)

C'était clair, fougueux, apparemment facile. Claude s'entendit lui répondre une octave plus bas, avec une concentration réfléchie, contrôlant délibérément le sentiment d'euphorie qu'il sentait monter dans sa poitrine. C'était parti, ça leur échappait, c'était libre. Ils voguèrent jusqu'à la fin du morceau, comme un grand voilier roulant sous le vent.

Tout le temps qu'il dialogua avec Fredericks, il se sentit pratiquement hors de lui, écoutant le flot magique, les changements de couleurs, entendant la pulsation, regardant ses mains accomplir leur travail étonnant. Pendant qu'il façonnait la musique dans sa tête et la jouait, il sentait que Fredericks la façonnait et la jouait en accord avec lui, leurs âmes jointes dans une entreprise harmonieuse, comme de vieux amis qui peuvent se parler sans mots, se communiquer une pensée avant même qu'elle n'émerge totalement, parce que la même pensée naît dans l'âme de l'autre.

Frank Conroy, *Corps et âme (1993)*,
traduit de l'américain par Nadia Akrouf


**26 Dans cet extrait, précisez sur quels réseaux d'images se construit l'argumentation.**
(sujet de CRPE)

Imaginez l'exemple le plus complet : un homme qui serait absolument dépourvu de la faculté d'oublier et qui serait condamné à voir, en toute chose, le devenir. Un tel homme ne croirait plus à son propre être, ne croirait plus en lui-même. Il verrait toutes choses se dérouler en une série de points mouvants, il se perdrait dans cette mer du devenir. En véritable élève d'Héraclite il finirait par ne plus oser lever un doigt. Toute action exige l'oubli, comme tout organisme a besoin, non seulement de lumière, mais encore d'obscurité. Un homme qui voudrait ne sentir que d'une façon purement historique ressemblerait à quelqu'un que l'on aurait forcé de se priver de sommeil, ou bien à un animal qui serait condamné à ruminer sans cesse les mêmes aliments. Il est donc possible de vivre sans presque se souvenir, de vivre même heureux, à l'exemple de l'animal, mais il est absolument impossible de vivre sans oublier. Si je devais m'exprimer, sur ce sujet, d'une façon plus simple encore, je dirais : il y a un degré d'insomnie, de rumination, de sens historique qui nuit à l'être vivant et finit par l'anéantir, qu'il s'agisse d'un homme, d'un peuple ou d'une civilisation.

Friedrich Nietzsche,
*Seconde considération inactuelle*, 1874,
traduction de l'allemand par Henri Albert.

**27 Relevez dans cet extrait au moins deux procédés d'écriture qui vous semblent particulièrement intéressants. Vous expliquerez l'effet produit sur le lecteur.** (sujet de CRPE)

La dictée est le meilleur moyen qu'a trouvé le maître pour nous calmer au retour de la gymnastique. Dès que je l'aperçois sur le pas de la porte de la classe, la sueur se glace le long de ma colonne vertébrale. M. Brulé nous attend, la blouse bien sanglée, les mains dans le dos, les lunettes déjà méfiantes sur le nez. On entre un par un. La salle de classe attend dans une pénombre bleutée. On dirait une chapelle. Le maître a tiré les grands rideaux. Il ne faut pas qu'il y ait le moindre morceau de ciel pour nous distraire.

Daniel Picouly, *Le Champ de personne*
© Flammarion, 1995.

**28 Dans cet extrait, quel regard le narrateur porte-t-il sur cet épisode de son enfance ? Quels sont ses sentiments ? Vous développerez votre réponse en vous appuyant sur le relevé de procédés d'écriture significatifs.**
(sujet de CRPE)

Pourquoi me montrer si cruel ?... Oh ! Ça n'arrivait pas toujours... le plus souvent j'étais tendre, cherchant les clefs de la quiétude pour celle qui les avait égarées à jamais. Ma grand-mère avait raison : le diable s'en mêlait quelquefois. Il balayait affection, promesses : je faisais ma cure de malignité envers la seule personne qui comptait dans ma vie. Je me trahissais. Je sais bien que ce n'était pas grave : des enfantillages qui faisaient mouche parce qu'ils frappaient une solitude écorchée. Est-ce recruter des chagrins qui ne demandent qu'à s'éteindre que de songer à ces journées de plage ? Est-ce complaisance à souffrir ? Tant d'autres ouragans déferlent sur les hommes ! Peut-être vaudrait-il mieux laisser reposer le passé en paix ; à les regarder souvent les mirages agonisent ; restent les menues blessures. Quarante ans après je m'attendris sur cette femme qui était ma mère et que la sottise inconsciente d'un enfant épouvanta.

Louis Nucéra, *Avenue des Diables-Bleus*
© Grasset, 1979.

**29 Dans cet extrait, vous identifierez un procédé stylistique et analyserez son effet.**
(sujet de CRPE)

*Le roman relate l'ascension financière de Saccard, due à des placements boursiers malhonnêtes. Alors que le Second Empire triomphe avec l'exposition universelle, Saccard est au sommet de sa fortune et entretient plusieurs relations adultères. Il envisage d'en débuter une nouvelle avec madame de Jeumont, dont la « grande réputation venait de ce que l'empereur lui avait payé une nuit cent mille francs ».*

Et Saccard, qu'excitait particulièrement l'envie de mordre à ce morceau d'empereur, alla jusqu'à deux cent mille francs, le mari ayant d'abord fait la moue sur cet ancien financier louche, le trouvant trop mince personnage et d'une immoralité compromettante.

Émile Zola, *L'Argent*, 1891.

**30 Dans cet extrait, quelle est la particularité de la syntaxe choisie par l'auteur ? Vous répondrez en vous appuyant sur trois exemples.** (sujet de CRPE)

Moi d'abord la campagne, faut que je le dise tout de suite, j'ai jamais pu la sentir, je l'ai toujours trouvée triste, avec ses bourbiers qui n'en finissent pas, ses maisons où les gens n'y sont jamais et ses chemins qui ne vont nulle part. Mais quand on y ajoute la guerre en plus, c'est à pas y tenir.

Louis-Ferdinand Céline, *Voyage au bout de la nuit*


**31 Quel effet produit la construction de la phrase en gras sur le lecteur ?** (sujet de CRPE)

Le théâtre de l'héroïsation nécessite une mise en scène avec des oriflammes, des chants, des rythmes et des couleurs. Mais après l'événement, c'est le récit qui fera de l'acteur un héros ou un diable. À l'origine, le mot « héros » désignait un combattant qui par ses exploits approchait les demi-dieux. Dans le langage sportif, les « dieux du stade » réalisent des exploits physiques, ils nous sauvent de l'ennui, et ils entrent dans l'histoire (qui sera oubliée la semaine suivante). Le langage reste guerrier : « il attaque, il perce la défense, il tire un boulet de canon, il souffre ». C'est pour nous qu'il a gagné le match puisqu'il porte le maillot qui représente notre ville. [...] Quand une culture propose un projet social, elle a besoin de modèles et non pas de héros : Pasteur, Einstein et les scientifiques sont très peu cités. Les jeunes se passionnent pour le héros persécuté d'un autre peuple. Est-ce que cela signifie qu'il est plus facile de donner un sens à sa vie en luttant contre le malheur qu'en construisant du bonheur ? Les héros les plus cités par les jeunes de pays en paix viennent des conflits armés d'autres pays comme Nelson Mandela, Martin Luther King, Ernesto Che Guevara et Yasser Arafat. **C'est dans le malheur que brille l'humanité.**

Boris Cyrulnik, *Ivres paradis, bonheurs héroïques*

# CORRIGÉS

## FICHE 45 La morphologie lexicale : la formation des mots

→ Énoncés p. 287

**1** ***aér/ien*** → air ; ***affich/ette*** → affiche ; ***ambulanc/ière*** → ambulance ; ***arbitr/age*** → arbitre ; ***astro/logie*** → astre ; ***baign/oire*** → bain ; ***balanç/oire*** → balance ; ***bloc/age*** → bloc ; ***buissonn/ière*** → buisson ; ***camion/nette*** → camion ; ***chaum/ière*** → chaume ; ***collég/ienne*** → collège ; ***crayonn/age*** → crayon ; ***crimino/logie*** → crime ; ***dé/noyaut/age*** → noyau ; ***famili/ale*** → famille ; ***gauch/ère*** → gauche ; ***journal/iste*** → journal ; ***laid/eron*** → laid ; ***montagn/ard*** → montagne ; ***mouche/ron*** → mouche ; ***nappe/ron*** → nappe ; ***noir/aud*** → noir ; ***patin/oire*** → patin ; ***piét/on*** → pied ; ***prison/nier*** → prison ; ***rouge/âtre*** → rouge ; ***ru/elle*** → rue ; ***tartel/ette*** → tarte ; ***tragéd/ienne*** → tragédie ; ***vigne/ron*** → vigne

**2** **a)** ***désintoxication :*** Ce mot est formé par dérivation, c'est-à-dire par ajout d'affixes sur un radical. Le radical est *toxique*, adjectif qualificatif ; sur ce radical, on forme le verbe *intoxiquer* par ajout simultané du préfixe *in-* (qui signifie « dans ») et de la désinence verbale *-er* (c'est une dérivation parasynthétique, car *toxiquer* et *intoxique* n'existent pas) ; ce verbe est utilisé comme base pour le nom *intoxication* : le suffixe *-ation* sert en effet à former un nom, et exprime l'action.

On notera, sur le plan orthographique, le remplacement du digramme *qu* par la lettre *c* de même prononciation. Pour arriver à *désintoxication*, il est logique de passer du verbe *intoxiquer* à son contraire *désintoxiquer*, formé à l'aide du préfixe *dé-*, qui exprime l'éloignement, et, pour un verbe, marque que l'on défait ce qui a été fait. On notera la variante de ce préfixe, avec addition d'un *s* qui fonctionne un peu comme une liaison. La dernière étape est l'ajout du suffixe de nom comme indiqué ci-avant.

La désintoxication, c'est le fait d'ôter un élément toxique du corps, comme l'alcool ou la drogue.

**b)** ***anthropomorphisme :*** Ce mot a été formé par composition savante, c'est-à-dire par juxtaposition de deux radicaux (au moins) d'origine latine ou grecque. Il s'agit ici de deux radicaux grecs : l'élément *anthropo-* signifie « l'homme » (en tant qu'espèce) et l'élément *morph-* signifie « la forme ». À ces deux éléments s'ajoute un suffixe *-isme* qui permet de former un nom masculin, nom qui correspond généralement à une pensée ou une théorie.

L'anthropomorphisme est une manière de penser une certaine vision des choses ou du monde à l'image de l'homme ou du comportement humain. Par exemple, dans les albums de littérature de jeunesse, l'auteur prête des intentions ou des sentiments à des objets, des animaux, voire des éléments naturels : il fait de l'anthropomorphisme.

**3** • ***écœurés :*** préfixe *é-* (sens négatif : « hors de ») + radical *cœur* + *-é* (désinence du participe passé des verbes du 1er groupe). Le mot ***écœurés*** signifie ici que les hommes (des prisonniers) sont démoralisés, dégoutés.

• ***désespérés :*** préfixe *dés-* (sens négatif : « privé ») + radical *esper-* + *-é* (désinence du participe passé des verbes du 1er groupe). Le mot ***désespérés*** signifie que les hommes ont perdu l'espoir.

• ***médusés :*** d'origine grecque, le mot est emprunté à la mythologie. Méduse est l'une des trois gorgones (qui a le pouvoir de transformer en pierre). La valeur étymologique du mot est conservée et signifie « frappé de stupeur ».

Ces trois mots présentent la marque *s* du pluriel. Ainsi les trois adjectifs marquent l'état d'atterrement et de désespoir que vivent les hommes dans le block.

**4** *Leclère dormait paisiblement dans son sac de* **couchage** *en* **fourrure***, lorsque Bâtard, jugeant l'instant propice, se faufila vers lui avec une* **souplesse** *féline, la tête rasant le sol et son oreille intacte rejetée en arrière. Bâtard retenait son souffle et il ne releva la tête qu'une fois arrivé tout près de son maître. Là, il s'arrêta et considéra le cou de taureau nu et bronzé, aux muscles noueux, s'enflant régulièrement au rythme de la* **respiration***. La bave dégouttait de la gueule du chien au souvenir de son oreille déchirée, des innombrables coups reçus et des injustices flagrantes dont il avait été victime. Alors, sans un bruit, Bâtard se jeta sur le* **dormeur***.*

Jack London, *L'Appel de la forêt*, 1903.

Un suffixe nominal est un affixe ajouté à un radical qui permet la formation d'un nom.

• Suffixes signifiant une action ou le résultat d'une action :
– ***couchage :*** suffixe *-age* (formé sur le radical *couch-*), signifie l'action de coucher ;
– ***fourrure :*** suffixe *-ure* (formé sur le radical *fourr-*), signifie le résultat de l'acte de fourrer ;
– ***respiration :*** suffixe *-ation* (formé sur le radical *respir-*), signifie l'action de respirer.

• Suffixe désignant une qualité, une propriété :
– ***souplesse :*** suffixe *-esse* (le mot est formé sur l'adjectif *souple*, radical *soupl-*), signifie une qualité.

• Suffixe désignant l'acteur d'une action :
– ***dormeur :*** suffixe *-eur* (le mot est formé sur le radical *dorm-*), signifie celui qui dort.

**5** • Le mot ***acculturation*** est formé du préfixe *ac-* (idée de rapprochement, vient du *ad* latin, qui signifie « vers ») + radical *cultur-* (la culture) + suffixe *-ation* (action). Ainsi, la définition du mot est : le fait de développer une culture, l'action de permettre à un individu d'appartenir à une culture. Dans le cadre de l'énoncé, il s'agit d'entrer dans une culture (ici, culture écrite). À noter que le radical *culture* est en emploi figuré ; au sens propre, il renvoie au travail de la terre.

• Dérivés proposés :
– dans le sens du mot ***acculturation*** dans la phrase : *culturel*, *culturellement*, *culturalisme*, *interculturel*, *transculturel*, etc. ;
– dans un emploi propre, on peut proposer tous les dérivés qui ont trait à la notion de « culture de produits végétaux ou animaux » : *horticulture*, *pisciculture*, *agriculture*, etc.

**6** *L'**instruction** publique, pour être digne de ce nom, doit s'étendre à la **généralité** des **citoyens** et il est **impossible** que les enfants en profitent si, bornés aux leçons qu'ils reçoivent d'un maître commun, ils n'ont pas un **instituteur domestique** qui puisse veiller sur leurs études dans l'intervalle des leçons, les **préparer** à les recevoir, leur en **faciliter** l'intelligence, **suppléer** enfin à ce qu'un moment d'**absence** ou de **distraction** a pu leur faire perdre.*

Condorcet, *Cinq mémoires sur l'instruction publique*, 1791.

Les mots en gras sont construits par dérivation, c'est-à-dire qu'ils sont formés à l'aide d'affixes : un préfixe, un suffixe, ou les deux.

• Mots ne présentant qu'un préfixe : ***impossible***, ***préparer***, ***suppléer***, ***absence***.

• Mots ne présentant qu'un suffixe : ***généralité***, ***citoyens***, ***domestique***, ***faciliter***.

• Mots présentant une dérivation complète (parasynthétique) : ***instruction***, ***instituteur***, ***distraction***.

**7** • Mots dérivés (par ajout de préfixe/suffixe) : ***in**toxic**ation***, ***re**froidisse**ment***, *camion**nette***, *vigne**ron***, *montag**nard***, *calo**rique***.

• Mots composés (deux termes) : *poly/valence*, *mono/logue*, *anthro/pologie*, *pomme / de terre*, *philan/thrope*, *outre/passer*, *quatre-/vingt*, *hyper/tonique*, *thermo/mètre*.
(Le mot *pomme de terre* est de composition populaire tandis que les autres mots sont de composition savante.)

**8** • **Des noms transformés en adjectifs :**
a) ***lunaire***
b) ***crépusculaire***
c) ***rimbaldien*** (Formé sur un nom propre, il est nécessaire dans ce cas de changer le radical.)
d) ***franquiste*** (Le suffixe *-iste* traduit une appartenance.)
e) ***sanguinaire*** (Le suffixe *-aire* employé dans *lunaire*, *crépusculaire* et *sanguinaire* traduit une relation : une propriété).

• **Des adjectifs transformés en noms :**
f) ***Platon*** (Tout comme précédemment avec *Rimbaud*, c'est une construction à partir d'un nom propre.)
g) ***sobriété*** (Le suffixe marque une qualité.)
h) ***de lumière***
i) ***cruauté***
j) ***de quatre-vingt-dix ans***

**9** • **Les sigles** (toutes les lettres se prononcent et chacune correspond à un mot) :
a) ***CQFD*** (ce qu'il fallait démontrer) ;
b) ***VTT*** (vélo tout terrain) ;
e) ***TGV*** (train à grande vitesse) ;
f) ***BCG*** (vaccin Bilié de Calmette et Guérin) ;
j) ***QI*** (quotient intellectuel) ;
k) ***SNCF*** (Société nationale des chemins de fer) ;
l) ***BCBG*** (bon chic, bon genre).

• **Les acronymes** (les initiales sont prononcées comme un mot ordinaire) :
c) ***Sida*** (Syndrome d'immunodéficience acquise) ;
h) ***DROM*** (département et région d'outre-mer).

• **Les abréviations :**
d) ***photo*** (photographie) ;
g) ***cinéma*** (cinématographe) ;
i) ***vélo*** (vélocipède).

10 a) Le ***café gourmand*** apparait désormais dans les cartes de restaurant en guise de dessert pour désigner un café accompagné de mignardises. Il s'agit d'un nom composé français ; il est lexicalisé.

b) ***Comics*** est un mot emprunté à la langue anglo-américaine. Le mot est employé depuis 1940 mais n'a pas encore fait son apparition dans les dictionnaires. Il désigne, paradoxalement par abréviation de *Comics strips*, (qui signifie « bandes dessinées comiques »), des bandes dessinées de science-fiction.

c) Une ***e-cigarette*** est une cigarette sans combustion contenant ou non de la nicotine. Elle fonctionne avec une batterie. Par abréviation, on trouve le terme *e-cig* pour *electronic-cigarette*. Elle dégage de la vapeur et non une fumée réelle. L'ordre des mots indique un emprunt anglo-saxon.

d) ***Vapoter***, ***vapoteur*** et ***vape*** sont des néologismes utilisés depuis l'apparition dans le commerce de la cigarette électronique. Les utilisateurs de la cigarette électronique, appelés *vapoteurs*, préfèrent le verbe intransitif *vapoter* à *fumer* parce que la cigarette électronique dégage une fumée simulée et non réelle, à base de vapeur. Il arrive qu'on leur dise alors « bonne vape », troncation de *vapeur*.

e) Un ***hashtag*** est un mot d'origine anglaise désignant par composition le croisillon # appelé *hash* et un ou des mots accolés appelés *tags*. Il s'agit dans le langage informatique de communication d'un marqueur de métadonnées utilisé sur Internet ou Twitter permettant d'établir des regroupements thématiques de messages électroniques.

f) Dans le langage informatique, un ***troll*** est une personne introduisant des polémiques dans un forum de discussion. Il en découle par suffixation l'emploi du néologisme verbal *troller* pour l'idée d'introduire un sujet polémique ou provocateur.

g) Un ***préquel*** ou une ***préquelle*** est une œuvre cinématographique. Le néologisme datant des années 1970 ou 1980 est d'origine anglaise et formé à partir du préfixe *pré-* et de *(se)quel* signifiant « suite ». Il s'agit d'une œuvre inventée à postériori d'une œuvre connue et dont l'action se déroule avant l'épisode à succès.

h) Un ***scud*** est un missile balistique de courte portée de fabrication soviétique, dont l'usage a été beaucoup médiatisé pendant le conflit avec l'Irak au moment de l'invasion du Koweït. Il en a résulté un usage figuré et familier du mot pour désigner une attaque verbale acerbe et mordante, un vif reproche. On dit par exemple : « Elle m'a lancé un scud ».

i) ***Stilleto*** est un mot emprunté à l'italien désignant étymologiquement un petit poignard et par néologisme une chaussure, souvent un escarpin, avec un talon haut de plus de 10 cm.

j) Le ***véganisme*** est un néologisme créé à partir de l'emprunt de l'adjectif anglais *vegan* signifiant « entièrement végétarien » ou « végétalien », et allant au-delà du comportement alimentaire par le fait que ce mode de vie s'accompagne d'un refus de consommation de produits d'origine animale. L'adjectif anglais *vegan* est formé par syncope de l'adjectif *veg(etari)an*. L'emploi de l'accent aigu est une marque logographique de francisation.

k) La ***zénitude*** est un mot formé par dérivation de *zen* et du suffixe *-itude* désignant l'attitude d'être zen. Le mot signifie donc le fait de suivre une philosophie de vie privilégiant la sérénité et le lâcher-prise, la méditation.

l) La ***zumba*** est un mot emprunté à l'hispano-américain et désigne des danses de cette région ou une séance de fitness reprenant des mouvements empruntés à ces danses.

# FICHE 46 L'étymologie et les familles de mots

→ Énoncés p. 292

**1** • **Mots d'origine latine** (ces mots latins sont employés tels quels dans la langue française) : a) ***lavabo*** (littéralement « je laverai ») ; d) ***agenda*** (littéralement « choses à faire ») ; g) ***quiproquo*** (littéralement « qui employé pour quo »).

• **Mots empruntés à l'anglais :** b) ***magazine*** ; c) ***gang***.

• **Mots venant d'un nom propre :** e) ***calepin*** (vient de Calepino, auteur de dictionnaire du XVI^e^ siècle) ; f) ***guillotine*** (vient de Guillotin, médecin du XVIII^e^ siècle).

**2** Deux familles de mots sont présentes : l'une a pour radical ***terr-*** (autour du mot *terre*) ; l'autre radical est ***terr-*** également mais n'a pas la même origine, il vient de *terror* (qui signifie « terreur »).

• **Famille de *terre***

| Préfixe | Forme | Sens | Autre mot (exemple) |
|---|---|---|---|
| ***at-*** | ***at**terrissage* | Idée de rapprochement (s'approcher de la terre). | ***at**teindre* |
| ***sou-*** | ***sou**terrain* | Dessous (sous terre). | ***sou**bassement* |
| ***en-*** | ***en**terrer / **en**terrement* | À l'intérieur (dans la terre). | ***en**durer* |
| ***dé-*** | ***dé**terrer* | Idée d'enlever (séparation). | ***dé**brancher* |
| **Suffixe** | **Forme** | **Sens** | **Autre mot (exemple)** |
| ***-ien*** | *terr**ien*** | Origine (vit sur la planète Terre). | *électric**ien*** |
| ***-age*** | *atterriss**age*** (formé sur la forme verbale *-isser*). | Action (le fait d'atterrir). | *lav**age*** |
| ***-asse* + *-ment*** | *terr**asse**ment / enterre**ment*** | Ce qui compose + l'action (le fait de terrasser, le fait d'enterrer). | *lave**ment*** |

• **Famille de *terreur***

| Suffixe | Forme | Sens | Autre mot (exemple) |
|---|---|---|---|
| ***-ible*** | *terr**ible*** | Idée de possibilité (qui peut apporter la terreur). | *compréhens**ible*** |
| ***-iste*** | *terror**iste*** | Idée d'appartenance, partisan (qui appartient au mouvement de « terreur »). | *absolution**iste*** |
| ***-iser*** | *terror**iser*** | Qui fait (qui sème la terreur). | *solidar**iser*** |

**3**

| | *plant* | *lait* | *bois* |
|---|---|---|---|
| Nom | plantation, plante, planteur | lait, allaitement, laitage | bocage, bosquet |
| Adjectif | plantureux | laiteux, laitier | boisé |
| Verbe | planter | allaiter | boiser, reboiser, embusquer, déboiser |

**REMARQUE**

Attention à ne pas confondre ***plant*** et ***plan*** *(aplanir, planisphère…).*

**4** a) **Faux :** ***belliqueux*** n'a pas de préfixe. Il est formé sur *bellicosus* qui vient de *bellum*, qui signifie « guerre » en latin.

b) **Vrai :** il existe des suffixes nominaux, verbaux, adjectivaux, adverbiaux.

c) **Vrai :** ces mots qui ont pour radical *peur* appartiennent à la même famille de mots.

d) **Vrai :** ces mots ont pour point commun d'être des mots composés. Ils ont tous trait au langage (sémantiquement) et présentent tous un élément d'origine grecque (morphologiquement) : *grapho-* (« écriture ») ; *-logue* (« discours ») ; *biblio-* (« le livre ») ; *gloss-* (« le langage »).

e) **Faux :** le mot ***désordre*** n'est composé que d'un seul affixe : le préfixe ***dés-***.

f) **Faux :** ces mots présentent deux préfixes différents : ***a-*** (***amoral***, ***apolitique***) qui signifie « privé de » ; ***al-/ap-*** (***allouer***, ***apparaitre***) qui signifie « rapprochement ».

5 ***Hippologie*** est formé de deux éléments grecs : ***hippo-*** (qui veut dire « cheval ») et ***-logie*** (qui veut dire « discours, étude »). L'hippologie est la science qui étudie le cheval.

• **Exemples de mots formés avec l'élément *hipp(o)-* :**

– ***Hippo****potame :* « cheval de fleuve », animal imposant vivant en Afrique.

– ***Hippo****drome :* lieu de course des chevaux.

– ***Hippo****campe :* sorte de poisson qui présente une tête de cheval.

– ***Hipp****ique :* relatif aux courses de chevaux

• **Exemples de mots formés avec l'élément *-logie* :**

– *Gynéco****logie*** *:* étude médicale des organes féminins.

– *Ana****logie*** *:* étude de l'identité des termes.

## FICHE 47 Sémantique lexicale : sens et formes

→ *Énoncés p. 297*

1 Toutes les expressions contiennent le mot *blanc*, c'est le champ sémantique de ce mot. Son emploi peut être au sens propre ou au sens figuré.

a) ***Une arme blanche*** est une arme bronzée qui n'est pas en bronze, opposée à l'arme à feu.
→ *Il a été blessé à l'arme blanche, sans doute un grand couteau.*

b) ***Une page blanche*** est non écrite, vierge. → *Certains auteurs ont l'angoisse de la page blanche.*

c) ***Raisin et vin blancs*** se dit des aliments clairs par opposition à d'autres aliments de même espèce ou catégorie qui sont d'une couleur plus marquée et foncée. → *Le jasnières est un vin blanc sec de la vallée du Loir.*

d) ***Un mariage blanc*** n'a pas les effets habituels ; c'est un mariage de convenance en vue d'en tirer souvent profit. → *L'amour n'est pas la motivation d'un mariage blanc.*

e) ***Écrire des vers blancs***, c'est écrire des vers sans rimes.
→ *Le vers blanc est idéal pour les proverbes.*

f) ***Un bruit blanc*** fait la synthèse de toutes les fréquences, dans un intervalle donné.
→ *Une heure de bruit blanc favoriserait le sommeil.*

g) ***Une balle à blanc*** est inoffensive.
→ Les *entrainements de tir se font plutôt avec des balles à blanc.*

h) ***Saigner à blanc***, c'est se vider complètement de son sang. Au figuré, cela signifie « épuiser ».
→ *Le père Goriot a été ruiné, saigné à blanc par ses filles.*

i) ***Un magasin de blanc*** est un magasin de linge de maison, traditionnellement blanc dans le passé. → *C'est la période des soldes pour le blanc, le linge de maison va être bradé.*

j) ***Un chèque en blanc*** est sans écriture, non rempli. → *Quand on perd un chèque en blanc dans la rue, il faut contacter sa banque pour faire opposition.*

k) ***Être blanc***, c'est avoir mauvaise mine ou pâlir à la suite d'une émotion ou d'une frayeur. Dans le registre familier, l'expression signifie « ne pas être bronzé ».
→ *Il devrait partir au soleil, il est tout blanc.*

l) ***Donner carte blanche***, c'est donner tous les pouvoirs à quelqu'un pour qu'autrui agisse à la place de la personne. → *Il lui donne carte blanche pour gérer les actions de son patrimoine.*

m) ***Être blanc comme neige*** signifie être innocent. → *Il est blanc comme neige dans cette affaire, il est honnête.*

n) ***Une voix blanche*** est sans timbre. → *Il a une voix blanche, c'est ennuyeux de l'écouter.*

o) ***Chauffer à blanc***, c'est chauffer à très haute intensité, de telle sorte pour un métal qu'il devienne blanc. L'expression a souvent un sens figuré pour marquer l'intensité et le haut degré.

→ *Le public est chauffé à blanc, il applaudit à tout rompre.*

**p)** ***De but en blanc*** signifie directement, sans préparation. → *De but en blanc, il a demandé à son patron une augmentation.*

**2 a)** *À trente-cinq ans il est* ***temps*** *de se retirer de la* ***course****. Si course il y a.*

Eugène Ionesco, *Le Solitaire*
© Éditions Gallimard, 1973.

• En contexte :
– le mot ***temps*** signifie « c'est le moment » ;
– le mot ***course*** renvoie à une compétition, une épreuve de vitesse.

• Autres emplois :
– Le **temps** est pluvieux aujourd'hui. *(= phénomène météorologique)*
– Elle part faire ses **courses** au supermarché. *(= provisions)*

**b)** *Un* ***riche*** *baron, encore à la* ***fleur*** *de son âge et que nous appellerons Edouard, venait de* ***passer*** *dans sa pépinière les plus belles heures d'une riante journée d'avril.*

Goethe, *Les Affinités électives*, 1809.

• En contexte :
– ***riche*** renvoie à une idée d'argent ;
– dans l'expression *fleur de l'âge*, ***fleur*** signifie au beau moment de l'existence, lorsqu'on a un âge mature sans être trop vieux ;
– dans l'extrait, le verbe ***passer*** renvoie à l'idée d'être présent, de rester un moment.

• Autres emplois :
– C'est une **riche** idée ! *(= idée intéressante)*
– Elle cueille des **fleurs** pour faire un beau bouquet. *(= végétal)*
– Elle **passe** son examen de philosophie aujourd'hui. *(= épreuve)*

**c)** *Tu m'as envoyé ce matin sans un mot le* ***lien*** *vers un site de statistiques. Il y a eu aujourd'hui 218 799 naissances dans le* ***monde****, et 218 840 le* ***temps*** *d'écrire. 90 102 personnes sont mortes aujourd'hui, 11 pendant que je* ***tapais*** *cette phrase.*

Camille Laurens, *Romance nerveuse*
© Éditions Gallimard, 2010.

• En contexte :
– le mot ***lien*** renvoie à une opération hypertextuelle, qui permet d'accéder à un site ;
– le ***monde*** signifie la Terre, à la fois les habitants et le lieu ;
– ***temps*** renvoie au moment ;
– le verbe ***taper*** signifier écrire sur un clavier.

• Autres emplois :
– J'ai fait des **liens** solides pour que le rideau tienne. *(= des attaches)*
– Il y avait beaucoup de **monde** dans ce magasin. *(= beaucoup de personnes)*
– Le **temps** est pluvieux aujourd'hui *(= conditions météorologiques)*
– Cet enfant **tape** ses camarades à la récréation. *(= frapper)*

**3** • Champ sémantique du verbe **tourner** : dans la phrase, **tournez** est un verbe employé dans son sens propre, c'est-à-dire de changer de direction.

• Propositions de phrases :
– Le lait a **tourné**. *(= Il est devenu aigre.)*
– Il **tourne** bien ses phrases quand il écrit. *(= Les phrases présentent de belles tournures.)*
– Il **tourne** mal avec toutes ses fréquentations ! *(= Il est dans une mauvaise voie.)*

**4** Un champ sémantique représente les différents sens d'un même mot :
– ***cœur*** = muscle cardiaque → *Son* ***cœur*** *bat à 100 pulsations minute.*
– ***cœur*** = sentiment, amour → *Mon* ***cœur*** *est à toi.*
– ***cœur*** = être au centre de → *Il est au* ***cœur*** *de toutes les conversations.*
– ***cœur*** = couleur de cartes → *L'atout est à* ***cœur****.*

**5 a)** ***Avoir le cœur sur la main :*** être généreux.
**b)** ***S'en donner à cœur joie :*** se faire plaisir.
**c)** ***Parler à cœur ouvert :*** faire des confidences.
**d)** ***Avoir le cœur gros :*** avoir du chagrin.
**e)** ***Par cœur :*** mémorisé.

**6** • Champ lexical de la campagne : ***l'herbe****,* ***les vastes horizons****,* ***le gazon brûlé du talus****,* ***un arbre****,* ***les coteaux lointains****,* ***des prés qui font des tables vertes****,* ***des arbres nains****,* ***la nature****,* ***les bois****.*

• Antonymes possibles : ***des fortifications****,* ***les rues encombrées****,* ***le chemin de fer****,* ***des industries louches****,* ***la zone militaire****,* ***un cabaret de planches****,* ***des usines****,* ***les terrains dévastés, les terrains vagues****.*

• Un champ sémantique couvre les différents sens d'un même mot. Par exemple, pour le mot ***campagne*** :
– Les **campagnes** de Napoléon ont été meurtrières. *(= opérations militaires)*
– La **campagne** pour les élections est ouverte. *(= présentation d'un programme politique)*
– Il habite en rase **campagne**. *(= lieu désert)*
– J'ai acheté un pâté de **campagne**. *(= fait « comme à la campagne »)*

**7** • Dans la phrase, le mot ***recette*** fait référence à la mine de charbon : il s'agit d'une salle dans laquelle on entreposait le charbon.

• Le mot peut ***revêtir*** plusieurs sens :
– une somme reçue → Le commerçant s'est fait voler la recette du jour.
– un texte culinaire → Cette recette de gâteau au chocolat est vraiment délicieuse.
– une contribution de l'État → Les recettes publiques de l'État sont en baisse.

## FICHE 48 Sémantique lexicale : les figures de style

→ Énoncés p. 304

**1** **a)** Métaphore. Cet extrait présente par ailleurs une apostrophe (*ô ma mémoire*) : il s'agit d'une forme de mise en valeur, destinée à interpeler le destinataire, et non d'une figure de style.
**b)** Anaphore et assonance en [a].
**c)** Litote et ironie, voire gradation.
**d)** Oxymore et anaphore (parallélisme).
**e)** Allitération en consonnes (labiales) [m] et [l].

**2** **a)** On peut relever deux champs lexicaux :
– celui des machines (de l'usine) : ***des piliers***, ***des poutrelles***, ***un pont roulant***, ***une charpente métallique***, ***des fours***, ***ringard***, ***la forge***, ***des pilons***, ***une scie à métaux*** ;
– celui de l'enfer : **des démons grimaçants**, **chauffé**, **une volée d'étincelles**.
On peut également noter le champ lexical du bruit : ***à coups de ringard***, ***les coups sourds***, ***grinçait***.
**b)** C'est une personnification : l'usine est comparée à une créature infernale.
**c)** Dans la métaphore ***des démons grimaçants gavaient à la pelle***, les ouvriers sont comparés à des démons qui doivent alimenter une bête (ici le feu des fours).
**d)** Dans le texte, le mot ***pilons*** fait référence à une machine articulée, à des marteaux mécaniques. Ce mot peut avoir un autre sens : « cuisse de volaille ».
**e)** Il s'agit d'un mot peu usité, c'est un terme technique qui désigne une barre de fer. Le mot ***ringard*** est davantage connu dans son emploi familier pour désigner un objet (une personne) médiocre, dépassé, qui n'est plus à la mode.

**3** **a)** Métaphore.
**b)** Allitération (effet de dureté) :
*« Il dort dans le soleil, la main sur sa poitrine Tranquille. Il a deux trous rouges au côté droit »* (Arthur Rimbaud)
**c)** Oxymore (***belle*** *figure* ***laide***).
**d)** Personnification (***la rue hurlait***).
**e)** Litotes : *ce garçon-ci* ***n'****est* ***pas*** *sot* (= il est intelligent) ; *je* ***ne*** *plains* ***pas*** (= j'envie).
**f)** Chiasme.
**g)** Oxymore (*cette* ***obscure clarté***) et métonymie (***trente voiles*** = trente bateaux).
**h)** Gradation ascendante (*il* ***rit****, il* ***crie****, il* ***éclate***), hyperbole (*on bouche ses oreilles, c'est un tonnerre*) et métaphore (la voix de Théodecte est comparée à un tonnerre).
**i)** Anaphore (***Je n'écris*** répété à chaque début de vers).

## FICHE 49 Les registres de langue

→ Énoncés p. 307

**1** Ce texte utilise le registre familier que l'on reconnait à :
– certaines particularités dans la prononciation, liées à des phénomènes d'élisions fréquentes dans les discours oraux : ***t'as raison*** pour ***tu as raison*** ; ***c'est ça encore qu'est*** pour ***c'est encore ça qui est*** ;
– certaines tournures syntaxiques : la façon d'introduire la proposition incise indiquant le verbe introducteur des propos rapportés (***que***

***j'ai convenu*** pour ***ai-je convenu*** ; ***qu'ils disent*** pour ***disent-ils***) ; la négation sous sa forme incomplète (***tu peux pas*** pour ***tu ne peux pas***) ; l'emploi de constructions segmentées (***C'est ça encore qu'est plus infect que tout le reste, leur travail !*** pour ***Leur travail est encore plus infect que tout le reste !***) ; l'emploi d'un lexique particulier (***des bobards***, ***des vacheries***) et d'une métaphore figée elle aussi réservée à un emploi familier (***la galère***).

**2** **a)** Le registre dominant est le registre familier. Il est illustré par des mots comme : ***crever***, ***bastringues***, ***merluche***, ***crevaison***, ***débagoulait***. On trouve également un registre soutenu : ***qu'on ne parlât pas de batteries de femmes***.
**b)** Constructions syntaxiques incorrectes : ***avec ça que la vie est drôle*** ; ***cette vaurienne de Clémence***.
Expression imagée qui fait référence à un avortement : ***t'as décroché un enfant à la fruitière***.
**c)** Si le narrateur emploie ce registre familier, surtout dans les paroles des personnages, c'est pour rendre plus réalistes les propos, et permettre ainsi au lecteur d'être au plus près des sentiments des personnages.

## FICHE 50 L'expression de la négation

→ *Énoncés p. 310*

**1** ***Non***. *Pomme* ***n'****avait* ***jamais*** *eu d'animal avant lui. Cela, il le comprit dès qu'il pénétra dans l'appartement parisien.* ***Aucun*** *chien* ***n'****avait* ***jamais*** *vécu là.* ***Ni aucun*** *chat, d'ailleurs,* ***ni aucun*** *oiseau. Ils y auraient laissé une odeur. Or, l'appartement sentait l'homme,* ***rien*** *d'autre.* ***Non***. *Le Chien s'en rendit compte très vite : en venant le chercher à la fourrière, Pomme avait fait un caprice.*
*Maintenant qu'elle retrouvait sa maison, sa chambre, ses jouets, ses camarades, ses habitudes, elle se* ***dés****intéressait complètement de lui. Si l'appartement avait été une vraie maison, avec un jardin, ça* ***n'****aurait* ***pas*** *été si grave que ça.*

Daniel Pennac, *Cabot-Caboche*, Nathan, 1982.

**Négation de la phrase**

- Adverbe ***non*** utilisé seul (il porte sur la phrase) : deux occurrences.
- Système corrélatif composé de la négation ***ne*** **+ adverbe** :
– négations partielles (*ne… jamais*) : *Pomme* ***n'****avait* ***jamais*** ; *aucun chien* ***n'****avait* ***jamais*** *vécu là* ;
– négations totales (*ne… pas*) : *ça* ***n'****aurait* ***pas*** *été si grave*.
- Conjonction de coordination ***ni*** : ***ni*** *aucun chat d'ailleurs,* ***ni*** *aucun oiseau.*

**Négation du mot**

- Pronom ***rien*** : ***rien*** *d'autre.*
- Déterminant ***aucun*** : ***aucun*** *chien* ; *ni* ***aucun*** *chat d'ailleurs, ni* ***aucun*** *oiseau.*
- Préfixe négatif ***dés-*** (négation lexicale) : ***dés****intéresserait.*

**2** Selon le mot, l'opposition lexicale peut se construire grâce à :
– **un préfixe : c)** précis / **imprécis** ; **d)** clérical / **anticlérical** ; **e)** ranger / **déranger** ; **g)** possible / **impossible** ; **h)** matérialiser / **dématérialiser** ;
– **un antonyme** (qui peut dépendre de l'interlocuteur) : **a)** beau / **laid** ; **b)** gentil / **méchant** ; **f)** imaginaire / **réel**.

**3** • La négation (***a-***) : **d)** normal / **a**normal.
- La privation (***dés-***, ***des-***, ***dé-***) : **b)** agréable / **dés**agréable ; **c)** servir / **des**servir ; **k)** tourner / **dé**tourner.
- La séparation (***dis-***) : **j)** continu / **dis**continu.
- Le manque :
– (***in-***, ***im-***, ***ir-***, ***il-***) : **a)** connu / **in**connu ; **e)** possible / **im**possible ; **g)** recevable / **ir**recevable ; **i)** lisible / **il**lisible ;
– (***mé-***, ***més-***) : **f)** priser / **mé**priser ; **h)** content / **mé**content ; **l)** aventure / **més**aventure.

# Entrainement au concours

→ Énoncés p. 312

**1** Le mot ***civilisations*** est formé par dérivation à partir du radical du verbe *civiliser* (*civilis-*) suivi du suffixe nominal *-ation* et du *-s* (morphème grammatical du nombre).

**2** • **Analyse sémantique :**
Du point de vue du sens, la **délégitimation** est le fait de se mettre hors la loi, de se rendre illégitime ; la délégitimation correspond à la suppression d'une légitimité. Il s'agit dans l'extrait de la perte de la légitimité de la mémoire individuelle, du vécu par rapport à l'histoire qui crée – ou recrée – un récit collectif des évènements. Le passé vécu, subjectif, n'est pas ce que retient l'histoire, qui a pour objet d'objectiver les faits, de les expliquer selon une dialectique (*continuités temporelles*, *évolutions* et *rapports des choses*) : elle ne rend donc pas légitime la mémoire, qui est enracinée dans le « perçu ».

• **Analyse morphologique de *dé/légitim/ation* :**
– le préfixe ***dé-*** est un préfixe négatif qui marque la séparation, la perte ;
– ***légitim-*** est la base (du latin *legitimus* : « estimé être selon la loi ») ;
– le suffixe ***-ation*** indique une nominalisation (dérivation lexicale du verbe *légitimer*).

**3** • **Analyse morphologique :**
– ***éducation :*** deux morphèmes → base : ***éduc-*** (du préfixe *ex* = « hors de » + *ducere* = « conduire ») + suffixe nominal : ***-tion*** ;
– ***puérilités :*** quatre morphèmes → du latin ***puer*** (= « enfant ») + suffixe adjectival ***-il*** + suffixe nominal ***-ité*** + ***-s*** morphème grammatical du nombre.

• **Analyse sémantique :**
Dans le texte de Rousseau, le mot ***puérilités*** n'est pas pris dans son acception première, son sens dénoté : « caractère propre à l'enfant ». Il est connoté péjorativement et prend le sens de futilité, de choses sans importance. Ici, le mot ***puérilités*** est appliqué aux femmes : les hommes occuperaient les femmes à des puérilités, à des sujets légers, ayant peu d'intérêt, pour mieux exercer leur domination et les maintenir dans une certaine soumission, comme on pourrait le faire avec des enfants dont on est responsable.

**4** Dans cette phrase de Jean-Jacques Rousseau, le verbe ***entendre*** signifie « comprendre » (du latin *intendere* : « tendre vers »). Ce sens (*comprendre*) est le sens dominant jusqu'au XVIIIᵉ siècle (le texte est écrit en 1762). Ici, ***comprendre*** est synonyme d'***entendre*** : *Si votre élève ne **comprend** la fable qu'à l'aide de l'explication, soyez sûr qu'il ne la **comprendra** pas même ainsi.*

**5** **a)** ***figures violentes :*** dans la fable de La Fontaine, le terme ***figures*** renvoie aux figures de rhétorique ou aux figures de style employées par l'Orateur. Ce dernier use en effet de ***figures violentes*** telles que la prosopopée (art de faire parler les morts) pour frapper les esprits et inciter ses concitoyens à la guerre.
**b)** ***figure :***
– l'idée de forme peut être reprise dans différents contextes, par exemple : *L'élève reconnait les différentes **figures** géométriques : carré, rectangle, cercle.*
– employé au singulier, ***figure*** peut signifier « visage » au sens propre (comme dans la phrase : *L'enfant se lave la **figure**.*) ou au sens figuré (*faire bonne **figure*** est une locution imagée voulant dire « accepter »).

**6** • Le mot ***incompréhension*** est composé d'une base et de trois affixes (*in/com/préhen/sion*) :
– *in-* constitue un préfixe négatif ;
– *-sion* est un suffixe nominal ;
– l'unité *compréhen-* est composée du préfixe *com-* + *préhen-* (base).
L'***in/compréhension*** est l'inverse de la compréhension. Dans le texte (*l'incompréhension du présent*), il s'agit du fait de ne pas comprendre le présent.

**REMARQUE**

La base provient du latin *comprehensio*, dérivé de *comprehendere* (= « saisir ensemble, embrasser par la pensée »), formé du préfixe *com-* (du latin *cum* = « avec ») et de *préhen-* (verbe *prendere*). Donc *com/préhension* signifie « avec (soi)/préhension du sens ».

• Le mot ***appréhen/sion*** est composé d'un préfixe (ap-) d'une base (*préhen-*) et d'un suffixe nominal (*-sion*).
Dans le texte (*cette faculté d'appréhension du vivant*), ***ap/préhen/sion*** signifie le fait de prendre vers soi, de saisir par l'esprit.

**REMARQUE**

La base provient du latin *apprehensio* (= « ce qui est pris par la pensée, la connaissance »). Comme pour le mot *compréhension*, la racine latine est *prehendere* précédé du préfixe *ap-* (dérivé du ad latin).

Les deux mots ont la même base (*préhen-*) et le même suffixe nominal (*-sion*). Ils diffèrent par leur préfixation : double préfixation pour ***in/com/préhension*** ; simple préfixation pour ***ap/préhen/sion***.

**7** **a)** • Le mot ***dédaigneusement*** est formé par dérivation. Il présente un radical *daign-* (« juger digne, consentir ») auquel sont ajoutés le préfixe *dé-* puis le suffixe adjectival *-euse* et le suffixe *-ment* pour former un adverbe.

• Le mot ***infaillible*** est formé également par dérivation à partir du radical *faill-* (« faire défaut ») auquel sont adjoints le préfixe contraire *in-* et le suffixe *-ible* qui exprime la possibilité.
**b)** Les préfixes ***dé-*** et ***in-*** expriment respectivement la séparation (« enlever ») et le contraire.
Les suffixes ***-euse*** (agent de l'action) et ***-ment*** (la manière) permettent de construire un adverbe en *-ment*. Le suffixe ***-ible*** exprime la possibilité (forme l'adjectif).
Le mot ***dédaigneusement*** est un adverbe qui signifie « de façon dédaigneuse, avec dédain » ; ***infaillible*** est un adjectif qui a pour sens « qui ne peut pas faillir, qui ne peut manquer de se produire ».

**8** Le mot ***approbation*** est construit par dérivation : il est composé du préfixe *ap-* (qui vient du préfixe latin *ad-*), du radical *prob-* (« preuve ») et du suffixe *-ation* (suffixe nominal). Il a pour sens un jugement favorable que l'on porte sur quelqu'un ou quelque chose, un accord, une adhésion.
Exemples de mots de la même famille : *approuver*, *approbateur*, *désapprouver*, *désapprobation*, *probation*, *probatoire*, *réprobateur*, *réprouver*, *probable*, *probablement*.

**9** Le mot ***familièrement*** est formé par dérivation. Il est composé d'une base et de deux suffixes : *famille* + *-ier* (suffixe adjectival) + *e* (euphonique) + *-ment* (suffixe adverbial). (L'adverbe de manière se construit sur le féminin de l'adjectif.)
Dans l'extrait, ***paisiblement*** (*Relevant la tête, je lui adresse un imperceptible « oui », et elle corrige,* ***paisiblement****.*) est formé de la même façon, c'est-à-dire d'une base, *pai(x)*, et d'une double suffixation : adjectivale (*-ible*) + adverbiale (*-ment*).

**10** **a)** Le mot ***effrontément*** est formé par dérivation propre du radical *front-* auquel sont adjoints le préfixe *ef-* (qui veut dire « enlever », de *ex-*, préfixe latin) et du suffixe *-ment* qui permet de construire un adverbe de manière. ***Effrontément*** est un adverbe qui signifie « de façon effrontée, qui n'a pas peur de rougir (sans front), de façon impudente, hardie, sans honte ».
**b)** Mots de la même famille : *front*, *effronté*, *frontal*, *fronteau*, *affronter*, *affrontement*, *effronterie*.

**11** Le mot ***incessamment*** est un adverbe qui signifie « sans cesse, sans discontinuer, de manière incessante, répétitive ».
Il est formé à partir de l'adjectif *incessant*, lui-même dérivé du participe présent *cessant* auquel on a ajouté le préfixe d'opposition (indication d'un sens contraire) *in-*, ainsi que le suffixe en *-ment* / *-amment* pour créer une unité appartenant à la classe des adverbes. La formation de ce mot dérivé peut se schématiser ainsi : préfixe *in-* + *cessant* + suffixe *-ment*.

**12** • Dans le texte de Céline, le terme ***embarqués***, comme sa formation morphologique l'indique, est formé du préfixe *em-* (*en-*) qui signifie « à l'intérieur de ».
Le terme est employé au sens figuré. Il indique que tous les soldats de la Grande Guerre sont « à l'intérieur de la même barque », « dans le même bateau » comme le signifie cette autre expression synonyme, au sens figuré également. Le

futur commun, et auquel tous seront confrontés, métaphoriquement nommé *voyage* pour renforcer le terme *bateau*, est incertain, voire *apocalyptique* : c'est le temps de la fin du monde, de la mort. Le narrateur s'est engagé dans l'armée sans issue possible.

• Dans le texte de Boris Cyrulnik, le terme ***combattent*** est la forme conjuguée à la 3^e^ personne du pluriel du verbe *combattre* : **com/batt/ent** (préfixe / base / désinence de conjugaison). Du latin populaire *combattere* (qui signifie « combattre »), le terme est constitué, au plan de la morphologie, du préfixe : *com-* (qui vient du latin *cum*, « avec ») et du verbe *battre*, au sens « se battre avec », celui de soutenir l'attaque.
Dans notre contexte du XXI^e^ siècle, « dans une culture en paix » comme l'écrit Boris Cyrulnik, le verbe *combattre*, associé au groupe nominal *champ de bataille*, a pour effet d'indiquer un changement de perspective. Désormais, l'adversaire n'est plus l'ennemi : le sport permet certes de vaincre l'équipe adverse (comme Zidane) et les éléments (comme Florence Arthaud) mais il permet surtout de se vaincre soi-même. Il s'agit de lutter, tant au plan physique que moral.

• Dans le texte de Boris Cyrulnik, ***incarnés*** est le participe passé adjectivé du verbe *incarner*, ici au masculin pluriel. Il est formé du préfixe *in-* (qui signifie « dans » en latin), du radical *carn-* (qui vient du latin *carnis*, « chair ») et du suffixe adjectival *-é*.
Initialement, le terme est religieux : il s'agit d'« entrer dans un corps » et, pour le Christ, de « revêtir la forme humaine ». Par extension, le terme signifie le fait de représenter quelque chose d'abstrait sous une forme matérielle. Dans la phrase proposée, les femmes, les handicapés deviennent les symboles de l'héroïsme, ils sont des héros.

• Dans le texte de Boris Cyrulnik, ***amoindris*** est formé du préfixe *a-* (*ad latin* qui signifie « vers »), de la base comparative adjectivale *moindre*, du suffixe adjectival *-i*, et du *-s (morphème grammatical du nombre)*. L'adjectif est formé par le participe passé du verbe *amoindrir*. Amoindrir, c'est diminuer la force, l'importance ou la valeur de quelque chose. Le terme est porté par la négation. De fait, la phrase présente une double négation (adverbiale : *ne… plus*, et sémantique : *amoindri* est un terme de sens négatif) qui fait écho au verbe *incarner* : la valeur des hommes et des femmes est ainsi sublimée, ce sont des héros.

**13** L'intrus est ***belladone***. Les trois autres mots (*belliciste*, *belliqueux* et *belligérant*) sont formés sur le radical *bell-* d'origine latine *bellum*, qui signifie « guerre ».

**14** Exemples de mots issus du mot grec ***polémos*** : *polémiquer*, *polémique*, *polémologie*, *polémiste*.

**15** **a)** Il est entré dans la banque par **effraction** *(= forcement d'une porte, serrure, etc.)*.
***Infraction :*** transgression d'une règle.
Ex. : *Les contraventions, les délits et les crimes constituent des infractions.*
**b)** Les **graduations** *(= étalonnage en degrés)* du thermomètre ont été effacées.
***Gradation :*** progression par degrés successifs (valeurs croissantes ou décroissantes).
Ex : *Ce semestre, nous avons observé une gradation de ses efforts.*
**c)** Le chat a bu tout son lait et il ne mourra pas d'**inanition** *(= privation d'aliments)*.
***Inanité :*** inutilité.
Ex. : *L'inanité de ses efforts le décourage.*
**d)** Le parc est sillonné d'allées **ombragées** *(= à l'ombre)*.
***Ombrageux :*** défiant, méfiant.
Ex. : *De caractère ombrageux, il s'inquiète et se méfie de tout et de tous.*

**REMARQUE**

Ces unités sont appelées des **paronymes**. Elles ont une prononciation proche mais des sens différents (**ex. : préposition / proposition, collision / collusion, allocution / allocation, etc.**).

**16** Les synonymes sont indiqués entre parenthèses et en gras :
*Des coursiers* (***chevaux***) *attentifs le crin s'est hérissé.*
*Cependant sur le dos de la plaine liquide* (***la mer paisible***)
*S'élève à gros bouillons une montagne humide* (***une vague puissante***).

*L'onde* (**le flot**) *approche, se brise, et vomit à nos yeux*
*Parmi les flots d'écume un monstre furieux.*

Jean Racine, *Phèdre*, acte V, scène 6, 1677.

**17 a)** ***de guerre lasse :*** par lassitude.
**b)** ***ne pas être un foudre de guerre :*** manque de combattivité, de courage. Forme négative qui traduit un sens ironique.
**c)** ***de bonne guerre :*** action considérée comme légitime car le contexte l'autorise.
**d)** ***être sur le pied de guerre :*** être en attente, prêt à agir.

**18** • Dans le texte de Jean-Christophe Rufin, la première occurrence du mot ***chemin***, prononcé par un interlocuteur imaginé par l'auteur (*c'est mon rêve de faire ce* ***chemin*** *un jour*), désigne le sens propre de sentier, route sur laquelle on marche. Le mot est utilisé dans un sens propre. Dans le dernier paragraphe, ***Chemin*** est employé avec une majuscule : il prend un autre sens, à la fois sacré (par son origine œcuménique) et métonymique car il désigne le cheminement, l'acte de cheminer.

• Dans le texte de Nicolas Bouvier, le mot ***route*** est utilisé au sens propre : l'auteur suit la route, marche sur la route, et dans un emploi métaphorique qui signifie « poursuivre son voyage ».

**19** Parmi ces adjectifs, ***arrogants***, ***vaniteux*** et ***cupides*** expriment une relation négative, méprisante tandis que l'adjectif ***adulé*** renvoie, au contraire, à une personne particulièrement aimée :
– ***arrogants :*** personnes qui manifestent une insolence méprisante :
– ***adulé :*** encensé, comblé d'éloges, de témoignages d'admiration ;
– ***vaniteux :*** personnes orgueilleuses, prétentieuses, suffisantes ;
– ***cupides :*** faisant preuve d'avidité, de convoitise, voire de rapacité.

**20 a)** Associé au verbe d'état *resteraient*, le mot ***tapis***, en fonction d'attribut du sujet *ils*, traduit les sens de « cachés » et « blottis » (deux synonymes), exprimant une attente sur la défensive.

**b)** Le mot ***échéance*** est formé par dérivation du radical *choir* qui renvoie à l'idée de chute, du préfixe *é-* (issu du latin *ex* qui veut dire « hors de ») et du un suffixe *-ance* qui sert à créer un substantif.
Dans la phrase, le mot ***échéance*** signifie le moment où le maçon va finir par parler, au terme d'un délai évalué à cinq minutes par le narrateur.

**21 a)** Le nom ***compassion*** est formé du préfixe *com-* (de l'étymon latin *cum-* signifiant « avec ») et du radical *passion* (du latin *patior*, « souffrir »).
La compassion, c'est le fait de comprendre la souffrance de quelqu'un, de la partager, d'en prendre une part avec soi par empathie. Ici, dans le contexte du texte de George Sand, Joseph pose deux hypothèses : celle d'une communion de sentiments entre Brulette et lui, forme de compassion, ou bien celle de larmes de plaisir en ce qui la concerne. Il lui demande de clarifier cette alternative.
**b)** Exemples d'adjectifs appartenant à la même famille : *passionnel*, *passionnant*, *patient*, *impatient*, *compatissant*…

**22 a)** Le mot ***inarticulation*** est un nom féminin formé par dérivation (affixation) sur la base *articul-* à laquelle le préfixe privatif négatif *in-* a été ajouté, de même que le suffixe *-ation* qui permet une substantivation par rapport à la base issue du verbe *articuler*. Comme le mot *articulation* existe avec un seul affixe, le suffixe *-ation*, ***inarticulation*** indique que le langage des oiseaux est dépourvu d'articulation.
**b)** *Le barbare, c'est d'abord l'homme qui croit à la barbarie* : cette phrase est sémantiquement une maxime relevant du paradoxe. Le barbare n'est plus défini par des actes, mais par une croyance dans le fait que l'autre est inférieur ou mauvais. La croyance même en l'infériorité barbare de celui qui n'est pas semblable à soi ratifie la barbarie comme créée par celui qui y croit. La phrase est comme un miroir où celui qui accuse l'autre de barbarie sur des critères de différence est lui-même le barbare qui exclut son semblable qu'il ne reconnait pas comme une déclinaison autre de lui-même.
La phrase repose syntaxiquement sur une thématisation, à savoir la mise en avant dans la phrase

du thème qui précède le verbe : *le barbare*. Cela s'accompagne d'une dislocation syntaxique à gauche qui met en valeur le groupe *le barbare* par la virgule.

**23** Il s'agit d'une métaphore : le jeune narrateur compare les petits herbiers à des livres et les voix séchées aux mots qui prennent vie en les prononçant et en leur donnant du sens. Les livres jusque-là étaient vus comme une collection de lettres (qui correspondraient à des herbes séchées).

**24** L'expression ***luxe rustique*** s'analyse comme un oxymore. En effet, ***luxe*** et ***rustique*** sont deux termes qui s'opposent :
– ***rustique*** signifie « qui appartient à la campagne, simple voire pauvre, accessible à tous ». Le terme renvoie à la simplicité, aux aspects pratiques de la vie quotidienne en milieu rural (on note le champ lexical de la campagne) ;
– ***luxe*** suppose raffinement, élégance, sophistication. C'est un terme réservé à une élite, un marqueur social. Il suppose le prix élevé de l'objet et la rareté des matières.
Cependant, la simplicité et l'authenticité d'un objet commun en milieu rural (le couteau) importé en milieu urbain et contemporain peut représenter un luxe pour ceux qui savent l'interpréter… Dans ce contexte, l'objet rustique est déchiffré, il offre non seulement sa matérialité mais sa sensualité ; de plus, il ouvre sur les différents âges de la vie à la manière d'un rite initiatique : c'est donc un luxe pour les initiés.

**25** L'énumération ternaire d'adjectifs qualificatifs dans la première phrase (*c'était clair, fougueux, apparemment facile*) insiste sur la fluidité de l'échange musical. Cela prépare un sentiment de liberté qui se dégage de la comparaison du voilier (*comme un grand voilier roulant sous le vent*), elle-même préparée par la métaphore de la navigation maritime *ils voguèrent*, puis repris plus tard par les termes *le flot magique*. Cette métaphore de la navigation suggère l'idée d'un équipage partant pour un voyage, transporté par un souffle aérien, le vent, le comparant, pouvant être rapproché du comparé qu'est la musique. Le rythme des propositions est ternaire également : *c'était parti, ça leur échappait, c'était libre*, soulignant le transport qui anime ce moment en une sorte de gradation ascendante vers la liberté, après un premier moment de contrôle.
Le morceau de musique est constitué d'une partie « réfléchie », consciente, fruit d'un acte du mental (*délibérément*), et d'une partie créative inconsciente qui s'exprime par les métaphores et la comparaison du voilier. Cette liberté est aussi exaltante comme le soulignent les mots : *fougueux*, *euphorie*, *ça leur échappait*, *c'était libre*.

**26** Les images sont, en sémantique lexicale, des figures de style dont la fonction est de donner une tonalité au texte. Elles concernent principalement les comparaisons et les métaphores. Les réseaux, les relations qu'elles tissent entre elles produisent un effet stylistique et ont une portée interprétative.

L'argumentation de Nietzsche part du postulat qu'un homme qui n'aurait pas la faculté d'oublier et qui serait condamné à s'appuyer exclusivement sur ses souvenirs ne pourrait construire son avenir. La métaphore initiale de *la mer du devenir*, qualifiée de mouvante, va être constellée à toute une série de figures de style qui serviront chaque argument et qui étayeront la thèse du philosophe, à savoir que l'homme doit construire son futur sans oublier le passé mais sans en dépendre, en s'en détachant totalement.

La construction rythmique de la phrase : *toute action exige l'oubli, comme tout organisme a besoin, non seulement de lumière, mais encore d'obscurité*, portée par la préposition à valeur comparative *comme*, donne une portée générale à ce qui vient d'être énoncé et a une fonction prédicative (commentaire de la métaphore).

La phrase suivante met en relation la singularité de chaque individu et la portée universalisante de la thèse par deux comparaisons successives. D'abord celle de quelqu'un que l'on priverait de sommeil, et dont l'auteur suggère implicitement les conséquences négatives : *un homme qui voudrait ne sentir que d'une façon purement historique ressemblerait à quelqu'un que l'on aurait forcé de se priver de sommeil*. Puis celle de l'animal : *ou bien à un animal qui serait condamné à ruminer sans cesse les mêmes aliments*. La comparaison file alors, non de manière métaphorique, mais par l'emploi du déterminant indéfini *un* à celui du défini anaphorique *l'(animal)*, un homme dont la rumination nuit à l'être vivant jusqu'à l'anéantir. Nietzsche conclut alors par une forme hyperbolique : *qu'il s'agisse d'un homme, d'un peuple ou d'une civilisation.*

Les relations que ces réseaux d'images entretiennent avec le contexte discursif caractérisent l'isotopie (redondance d'éléments dans un texte permettant de comprendre ce dernier) de la destinée humaine, justement parce que les relations se tissent entre les mots par référence et sens figuré, ce qui permet de saisir la portée de la thèse de l'auteur.

**27** • La phrase *on dirait une chapelle* est une **comparaison** qui rapproche deux objets : la salle de classe et la chapelle. Un rapport d'analogie est établi. Ce procédé d'écriture implique un terme comparant (une chapelle) et un terme comparé (la salle de classe). La comparaison s'opère ici grâce aux termes comparants *on dirait*.
Cette comparaison sacralise le lieu qu'est la classe, sacralisation renforcée par le groupe nominal *pénombre bleutée* dans la phrase qui précède et par le début de la phrase *il ne faut pas qu'il y ait le moindre morceau de ciel*, qui participent au même réseau sémantique caractérisant l'atmosphère des lieux.

• On peut relever également un **oxymore** : *la sueur se glace le long de ma colonne vertébrale.* Cette figure d'opposition consiste à réunir deux termes de sens contraire (la sueur que l'on produit lorsqu'on a chaud / se glacer) à l'intérieur d'un même syntagme, c'est-à-dire dans un même groupe de mots.
L'oxymore cherche à produire un effet de surprise et renforce ici le sentiment de frayeur qu'éprouve l'auteur à la vue du maitre de la classe. D'autant que son nom, monsieur Brûlé, renforce la perception de chaleur qui provoque la sueur.

• On aurait pu aussi relever :
– *la salle de classe attend* qui est une **personnification** ;
– *les lunettes déjà méfiantes* est un **hypallage** (ou transfert syntaxique). C'est la personne qui porte les lunettes qui est méfiante et non véritablement l'objet lui-même. L'hypallage concerne surtout les adjectifs qui sont déplacés ou intervertis. L'adjectif *méfiantes* s'applique en réalité au personnage de monsieur Brûlé, mais il qualifie et fonctionne syntaxiquement avec *les lunettes* que celui-ci porte comme signe de cette méfiance.

**28** Le narrateur porte un regard sur son propre comportement vis-à-vis de sa mère. La ponctuation expressive retranscrit les convictions qui l'animent. Les phrases exclamatives (*Oh ! Ça n'arrivait pas toujours…* ; *Tant d'autres ouragans déferlent sur les hommes !*) et les questions rhétoriques (*Pourquoi me montrer si cruel ?* ; *Est-ce recruter des chagrins qui ne demandent qu'à s'éteindre que de songer à ces journées à la plage ?*) suscitent la réflexion. Utilisant ces questions rhétoriques (qui n'appellent pas de réponses), il met en avant sa réflexion sur ses actions passées, interrogeant son attitude qu'il juge cruelle. On retrouve également une métaphore (*les clefs de la quiétude*) et une comparaison avec le diable qui accentuent ainsi l'opposition thématique : la solitude de sa mère et la souffrance, développée par les deux champs lexicaux.
Le narrateur exprime son questionnement, ses pensées actuelles en créant une distance entre les deux protagonistes : lui-même et sa mère représentée par des reprises (*celle*, *la seule personne*, *une solitude écorchée*, *cette femme*) qui la rendent presque anonyme. On ressent une certaine amertume, mêlée de regrets, voire de remords que le narrateur tend à amenuiser. La dernière phrase, formant un chiasme, rassemble les deux protagonistes, les nommant : *Quarante ans après je m'attendris sur cette femme qui était ma mère et que la sottise inconsciente d'un enfant épouvanta.* Une phrase qui résume, en définitive, le sentiment duel du narrateur : un enfant / sa mère d'une part et attendrissement / épouvante d'autre part.

**29** On peut identifier dans cette phrase :
– une **métaphore** : le désir de possession qu'éprouve Saccard pour madame de Jeumont correspond à un désir de dévoration (*mordre à ce morceau d'empereur*) ;
– une **métonymie** (qui prend la forme d'une périphrase) : madame de Jeumont est qualifiée de *morceau d'empereur*, elle n'est pas présentée

comme un individu à part entière mais comme un moyen d'atteindre le pouvoir.
L'emploi cumulé de ces deux procédés stylistiques révèle la vulgarité et la trivialité de Saccard.
Par ailleurs, on remarque dans ce passage une allitération en *m* : *mordre*, *morceau*, *mille*, *mari*, *moue*, *mince*, *immoralité compromettante*.

**30** La particularité syntaxique choisie par Louis-Ferdinand Céline est la construction paratactique. La **parataxe** est un mode de construction par juxtaposition de phrases ou de mots, dans lequel aucun mot de liaison n'explicite les rapports syntaxiques de subordination ou de coordination entre ces phrases ou ces mots. Au XX<sup>e</sup> siècle, la parataxe est une figure de style qui se répand, notamment avec l'emploi croissant de la langue parlée dans la littérature, ce qui permet de rendre l'idée de l'instantanéité, de l'immédiateté, ou de l'excès pour exprimer des actions et des réactions violentes, comme l'illustre le texte de Céline.
Cet effet est amplifié par les procédés de l'oral :
– absence d'un adverbe de négation (*j'ai jamais pu* ; *c'est à pas*) ;
– lexique familier (*sentir* au sens de « supporter ») ;
– absence de sujet impersonnel (*faut que*) ;
– répétition du pronom (forme disjointe en position détachée par dislocation : *moi* [...], *je*) ;
– pléonasme entre les deux pronoms *où* et *y* ;
– dislocation de la chaine syntaxique (antéposition du COD *la campagne*, insertion de la proposition *faut que je le dise tout de suite*).

**31** Dans la phrase *c'est dans le malheur que brille l'humanité*, deux procédés stylistiques permettent de surprendre le lecteur et d'accentuer la portée symbolique des propos de l'auteur. L'utilisation de *c'est... que* crée un clivage de la phrase avec une mise en relief thématique du terme *malheur*. Ensuite, les termes *malheur* et *briller* sont antithétiques. Le fait que le sujet soit inversé rapproche ces deux termes antithétiques et renforce le parallèle entre l'humanité qui brille et *dans le malheur* en accentuant l'opposition entre *malheur* et *brille*.

**REMARQUE**

Il ne s'agit pas ici d'un oxymore. Pour former un oxymore, les mots de sens contraire sont toujours accolés (**ex. : cette obscure clarté**), tandis que l'antithèse unit des mots de sens contraire au sein d'une même proposition (**ex. : l'humanité brille dans le malheur**).

# 2.

# RÉLEXION ET DÉVELOPPEMENT

# FICHE 1 Définition de l'épreuve et attendus

▶ Comme les deux autres parties de l'épreuve d'admissibilité (voir p. 15), cette troisième partie de l'épreuve écrite de français s'appuie sur « un texte (extrait de roman, de nouvelle, de littérature d'idées, d'essai, etc.) d'environ 400 à 600 mots ».

▶ Comme le précise le texte de cadrage qui fixe les attendus et les modalités de l'épreuve[1], cette partie est « consacrée à une **réflexion** suscitée par le texte **à partir d'une question** posée sur celui-ci et dont la réponse prend la forme d'un **développement présentant un raisonnement rédigé et structuré** ».

▶ Dans le cadre de cette épreuve, il s'agira donc pour le candidat :
– de **prouver sa bonne compréhension du texte** proposé en étant capable d'en dégager les idées essentielles et de convoquer ses connaissances et sa culture personnelle en lien avec les thématiques du texte pour élargir le débat ;
– de **produire un écrit structuré et argumenté** après avoir fait une lecture attentive du texte. On attend du candidat qu'il organise son développement de manière cohérente et progressive pour aboutir à une conclusion, qu'il construise son texte de manière équilibrée et en assurant le guidage du lecteur (annonces, articulations logiques, identification des sources) ;
– de **faire preuve d'une bonne maitrise de la langue** : clarté de l'expression, orthographe et grammaire maitrisées, utilisation d'un lexique approprié et précis et d'un style adapté.

▶ Cette troisième partie porte donc à la fois sur le fond (votre compréhension de la lecture d'un texte et votre capacité à faire des liens à partir de ce texte) et sur la forme (votre façon de rédiger, d'organiser votre réponse, en tenant compte de certaines contraintes).

**Conseils**

- Rédigez un texte d'environ 3-4 pages.
- Consacrez 1 h 30 à 2 heures maximum à cette 3e partie de l'épreuve.

1. Arrêté du 25 janvier 2021 fixant les modalités d'organisation des concours du certificat d'aptitude au professorat de l'enseignement du second degré.

# FICHE 2 Comment organiser sa réponse ?

## A Les objectifs de l'exercice

▶ Il s'agit d'un travail de compréhension et de réflexion autour d'une ou de plusieurs thématiques initiées par le texte. Vous devrez donc :
– dégager les idées essentielles développées par l'auteur ;
– être capable de faire des liens, des passerelles entre les éléments du texte (fournis par l'auteur) et des éléments hors texte (des apports personnels), en vous appuyant sur votre culture, vos lectures, vos connaissances, vos expériences.
Le cas échéant, vous devrez être attentif aux procédés linguistiques utilisés par l'auteur.

▶ Votre réponse rédigée devra comporter une introduction, un développement et une conclusion, dont les particularités sont développées ci-après.

**EN RÉSUMÉ**

L'enjeu de l'exercice réside dans la mise en regard des idées essentielles du texte, de la forme du texte et de vos apports personnels afin d'en éclairer le sens.

## B La rédaction de la réponse

### 1. L'introduction

Elle doit contenir impérativement les quatre « ingrédients » suivants : une phrase d'accroche, la présentation du texte, la problématique, l'annonce du plan.

#### 1-1. La phrase d'accroche

Elle permet de **poser le thème** et de présenter le sujet dont vous allez parler, en le replaçant par exemple dans le contexte actuel.

Ex. : Dans le contexte actuel de pandémie mondiale que nous traversons, la question de la résilience est une nouvelle fois posée.

Si vous manquez d'inspiration, vous pouvez vous contenter d'une formule « passe-partout » pour poser la thématique du texte.

Ex. : Le texte proposé aborde la question de l'influence des lectures d'enfance.

#### 1-2. La présentation du texte

Le texte soumis à votre analyse doit être présenté au moyen de ses **références bibliographiques** complètes : prénom et nom de l'auteur, titre de l'ouvrage, année de publication, éditeur. De plus, il est conseillé d'indiquer en quelques mots l'orientation générale du texte afin d'en **présenter la thématique**.

#### 1-3. La problématique

▶ L'introduction doit également faire émerger une problématique, c'est-à-dire présenter la **question ouverte** qui se dégage du texte.
Soyez bien attentif à la consigne qui vous est proposée car elle constitue une aide dans l'organisation de votre réponse. En effet, cet intitulé correspond généralement à la

problématique ; il peut aussi vous fournir des pistes de plan et vous permettre d'organiser et de structurer votre réponse.

SUJET 6, P. 433

Ex. : • Le gigantisme technologique est-il associé à la défaite de l'humain ?

SUJET 5, P. 425

• Après avoir expliqué ce que Jean Giono désigne par l'image de « la grande barrière », vous vous interrogerez sur la pertinence actuelle de cette expression pour caractériser la relation entre l'homme et l'animal.

▶ La problématique peut se présenter sous la forme d'une **question directe** (ex. : Le gigantisme technologique est-il associé à la défaite de l'humain ?) ou **indirecte** (ex. : À partir de ce texte, nous nous demanderons si le gigantisme technologique est associé à la défaite de l'humain).

**REMARQUE**

Il est également possible de présenter la problématique en tout début d'introduction (à la place de la phrase d'accroche), sous la forme d'une question directe. Ceci rend le texte vivant et permet de dynamiser l'introduction.

### 1-4. L'annonce du plan

L'introduction doit également faire apparaitre le plan que vous allez suivre (généralement en deux ou trois parties) pour répondre à la problématique. Évitez l'enchainement de questions et veillez à poser clairement les différentes parties abordées (*tout d'abord*, *dans un premier temps*, *puis*, *ensuite*, *enfin*…).

## 2. Le développement

▶ Le développement doit **mener progressivement vers une réponse à la problématique** posée en introduction. Tout l'enjeu ici est de trouver un plan pertinent (généralement en deux ou trois parties) au regard de la problématique dégagée.

▶ Dans votre travail, vous prendrez soin de **dégager les idées essentielles** développées par l'auteur, tout en **prenant en compte les procédés linguistiques** utilisés, dans la mesure où ceux-ci participent de la construction du sens du texte. Il conviendra également d'**aller au-delà du texte**, en faisant le lien entre les idées qui y sont développées et des apports personnels (lectures, connaissances, expériences) afin d'en éclairer et d'en prolonger le sens.

**REMARQUE**

Dans le développement, vous pouvez faire des citations à condition qu'elles soient utilisées à bon escient, de manière pertinente et raisonnable (l'objectif n'est pas de citer le plus possible).

## 3. La conclusion

Elle est **indispensable** et doit permettre de **répondre de façon simple, claire et brève** (en quelques lignes) à la question posée en introduction. Elle reprend les **éléments les plus importants du développement** et propose éventuellement une **ouverture** en lien avec la problématique abordée.

# FICHE 3 Les différentes étapes le jour de l'épreuve

## A Prendre connaissance de la consigne et du texte

Avant même la lecture du texte, **prenez connaissance de la consigne** qui vous est proposée. Cela vous permettra de **dégager le(s) thème(s) développé(s)** et d'être plus efficace dans votre lecture dans la mesure où vous saurez ce que vous devez chercher dans le texte.

Puis, à partir des **références bibliographiques** de l'extrait proposé, repérez le type de texte (roman, essai, poésie…), le(s) thème(s) développé(s) (en vous appuyant sur le titre), l'auteur (Est-il célèbre ? Appartient-il à une école de pensée précise ? Quelles sont ses fonctions : écrivain, chercheur, essayiste, journaliste… ?), la date de parution du texte (texte récent ou plus ancien)… Ces informations sont importantes et pourront guider votre lecture et votre compréhension du texte.

## B Lire le texte attentivement

▸ Faites ensuite une **lecture fine du texte** proposé : « crayon en main », relevez les **idées** qui s'en dégagent et analysez-le de façon approfondie pour éviter les contresens et les faux-sens.

▸ En outre, dans la marge, ajoutez des remarques concernant la **forme** du texte : son genre et son type, la façon dont il a été écrit par l'auteur (vocabulaire utilisé, structure des phrases, champs lexicaux, registre de langue, tonalité de l'extrait – ironique, humoristique, satirique, réaliste… –, figures de style), dans la mesure où ces éléments formels interviennent eux aussi dans la **construction du sens**. On considère en effet que le sens d'un texte découle à la fois de ce qui est dit (c'est-à-dire les idées qui sont apportées) et de la façon dont on le dit (les procédés linguistiques utilisés).

▸ Par ailleurs, notez également dans la marge les **apports personnels**, les éléments hors texte susceptibles d'en éclairer et d'en compléter le sens : les références à d'autres textes du même auteur, à d'autres auteurs sur une thématique commune, les références aux textes institutionnels pour les questions en lien avec l'enseignement, les apports culturels et artistiques, professionnels, les éléments en relation avec votre propre expérience.

**ATTENTION**

Cette analyse peut nécessiter plusieurs lectures.

▸ À l'issue de cette étape, vous devez être capable de résumer la thèse développée par l'auteur et de formuler une problématique, en vous appuyant le cas échéant sur la consigne proposée.

## C Mettre en regard les idées essentielles, la forme du texte et les apports personnels

▶ À partir de la lecture qui précède et afin d'organiser votre développement de manière efficace, nous vous conseillons de reporter dans un « tableau de réflexion » les différents éléments qui se sont dégagés de la lecture. Cette présentation vous permettra de **mettre en regard les données indispensables** dans le cadre de cet exercice :
– les **idées essentielles** ;
– les remarques sur la **forme** du texte (lorsque celui-ci s'y prête) ;
– les **apports personnels**.

▶ Sur une feuille au format paysage, tracez trois colonnes (voir le tableau ci-dessous) :
– **la colonne « texte »** servira au relevé des idées essentielles, que vous noterez en les reformulant et en les présentant de façon linéaire, dans l'ordre du texte ;
– **la colonne « forme / reformulation »** fera apparaitre, en regard de la colonne précédente, les procédés linguistiques mis en œuvre par l'auteur pour développer telle ou telle idée ou la reformulation avec vos propres mots des idées de l'auteur ;
– **la colonne « apports personnels »**, en lien avec les éléments de la colonne « texte », proposera des passerelles, des articulations avec des éléments hors texte, afin de compléter son sens et de l'étoffer.

| Texte | Forme / reformulation | Apports personnels |
|---|---|---|
| | | |

## D Élaborer un plan détaillé

▶ Ce « tableau de réflexion », outre la mise en relation des différents éléments détaillés précédemment, va vous permettre d'élaborer le plan en tenant compte des thèmes développés dans le texte. Le plan est généralement organisé en **deux ou trois parties** correspondant aux **différents axes proposés pour répondre à la problématique**.

### Les différents types de plans

En fonction du texte soumis à votre lecture et de la consigne qui vous est proposée, plusieurs types de plans sont possibles.

- **Le plan « analytique » ou « thématique » :** à partir d'un phénomène donné, il permet de faire le point successivement sur les constats, les causes (ou explications), les conséquences et d'envisager des solutions.
- **Le plan « critique » :** il se présente sous la forme « thèse / antithèse / synthèse » et est particulièrement pertinent lorsqu'il s'agit d'évaluer les avantages et les inconvénients d'un même phénomène, afin d'envisager des applications possibles.
- **Le plan « comparatif » :** en procédant à une comparaison ou à une confrontation de différents arguments dans les deux premières parties, il permet de dresser un bilan dans la troisième.
- **Le plan « explicatif » :** il propose une définition d'un phénomène dans une première partie et son explication dans une deuxième, pour terminer par un commentaire et/ou une ouverture sur le sujet considéré.

▸ Une fois le plan élaboré, reprenez ensuite chacune des idées essentielles que vous avez dégagées pour les y intégrer. Pour vous aider à y voir plus clair, vous pouvez attribuer un code couleur à chacune de vos parties (ex : partie 1 en jaune, partie 2 en bleu et partie 3 en vert). Reprenez alors le tableau élaboré à l'étape précédente et surlignez chacune des idées essentielles de la couleur qui convient. Ceci vous permettra de vérifier que toutes les idées essentielles du texte trouvent bien leur place dans une des parties et que les différentes parties de votre plan sont **équilibrées**.

## E Rédiger

▸ Rédigez votre réponse à partir du plan détaillé.

**ATTENTION**

Le jour du concours, vous n'aurez pas le temps de faire de brouillon et vous devrez directement rédiger « au propre » : l'élaboration d'un plan détaillé (avec les parties et les sous-parties) vous facilitera la tâche de rédaction.

▸ N'oubliez pas qu'il ne faut pas se contenter de résumer le texte qui vous est proposé : les **idées essentielles** doivent être complétées par des **considérations sur la forme du texte** ainsi que par des **apports personnels** (connaissances et lectures notamment). Attention, même si des apports personnels sont attendus ici, il ne s'agit pas de « raconter sa vie » mais bien de réinvestir une expérience pour illustrer, compléter un point particulier… Les éléments hors texte que vous avancez, tout comme les considérations sur la forme, sont là pour en compléter le sens et pour servir le texte en quelque sorte : ils doivent donc être choisis de façon judicieuse et pertinente.

**Conseils**

- Lors de la rédaction, **les titres des parties et des sous-parties disparaissent**. En revanche, pour une bonne lisibilité de votre travail, pensez à **bien séparer les différentes parties** : sautez deux lignes entre l'introduction et le développement et entre le développement et la conclusion. De la même manière, les différentes parties de votre développement doivent être repérables facilement : sautez une ligne entre chaque partie ou marquez-les par un alinéa important.
- À l'intérieur de votre développement, pensez à **faire des transitions entre chaque partie** pour reprendre brièvement ce que vous avez dit dans la partie précédente et annoncer la suite. Cela participe de la cohérence de votre travail.
- Dans votre rédaction, ne prenez pas position de manière tranchée mais **soyez nuancé** dans vos propos.
- Soignez la **qualité de l'expression**. Veillez à utiliser un vocabulaire précis et faites attention à l'orthographe et à la construction des phrases (évitez notamment les phrases trop longues).

▸ En suivant les différentes étapes proposées ci-dessus, nous allons voir comment rédiger votre réponse à partir de deux sujets différents (p. 346 et 352).

## TEXTE 1 Michel Leiris, *Biffures, La Règle du jeu* © Éditions Gallimard, 1948

L'un de mes jouets – et peu importait ce qu'il fût : il suffisait qu'il fût un jouet –, l'un de mes jouets était tombé. En grand danger d'être cassé, car la chute avait été directe et l'altitude – prise au-dessus du niveau du sol – d'une table, voire même d'un simple guéridon, est fort loin d'être négligeable, quand il s'agit de la chute d'un jouet. L'un de mes jouets, du fait de ma maladresse, – cause initiale de la chute – se trouvait sous le coup d'avoir été cassé. L'un de mes jouets, c'est-à-dire un des éléments du monde auxquels, en ce temps-là, j'étais le plus étroitement attaché.

Rapidement je me baissai, ramassai le soldat gisant, le palpai et le regardai. Il n'était pas cassé, et vive fut ma joie. Ce que j'exprimai en m'écriant : « …Reusement ! » Dans cette pièce mal définie – salon ou salle à manger, pièce d'apparat ou pièce commune –, dans ce lieu qui n'était alors rien d'autre que celui de mon amusement, quelqu'un de plus âgé – mère, sœur ou frère aîné – se trouvait avec moi. Quelqu'un de plus averti, de moins ignorant que je n'étais, et qui me fit observer, entendant mon exclamation, que c'est « heureusement » qu'il faut dire et non, ainsi que j'avais fait : « …Reusement ! »

L'observation coupa court à ma joie ou plutôt – me laissant un bref instant interloqué – eut tôt fait de remplacer la joie, dont ma pensée avait été d'abord tout entière occupée, par un sentiment curieux dont c'est à peine si je parviens, aujourd'hui, à percer l'étrangeté.

L'on ne dit pas « …reusement », mais « heureusement ». Ce mot, employé par moi jusqu'alors sans nulle conscience de son sens réel, comme une interjection pure, se rattache à « heureux » et, par la vertu magique d'un pareil rapprochement, il se trouve inséré soudain dans toute une séquence de significations précises. Appréhender d'un coup dans son intégrité ce mot qu'auparavant j'avais toujours écorché prend une allure de découverte, comme le déchirement brusque d'un voile ou l'éclatement de quelque vérité. Voici que ce vague vocable – qui jusqu'à présent m'avait été tout à fait personnel et restait comme fermé – est, par un hasard, promu au rôle de chaînon de tout un cycle sémantique. Il n'est plus maintenant une chose à moi : il participe de cette réalité qu'est le langage de mes frères, de ma sœur et celui de mes parents. De chose propre à moi, il devient chose commune et ouverte. Le voilà, en un éclair, devenu chose partagée ou – si l'on veut – socialisée. Il n'est plus maintenant l'exclamation confuse qui s'échappe de mes lèvres – encore toute proche de mes viscères, comme le rire ou le cri – il est, entre des milliers d'autres, l'un des éléments constituant du langage, de ce vaste instrument de communication dont une observation fortuite, émanée d'un enfant plus âgé ou d'une personne adulte, à propos de mon exclamation consécutive à la chute du soldat sur le plancher de la salle à manger ou le tapis du salon, m'a permis d'entrevoir l'existence extérieure à moi-même et remplie d'étrangeté.

Sur le sol de la salle à manger ou du salon, le soldat, de plomb ou de carton-pâte, vient de tomber. Je me suis écrié : « …Reusement ! » L'on m'a repris. Et, un instant, je demeure interdit, en proie à une sorte de vertige. Car ce mot mal prononcé, et dont je viens de découvrir qu'il n'est pas en réalité ce que j'avais cru jusque-là, m'a mis en état d'obscurément sentir – grâce à l'espèce de déviation, de décalage qui s'est trouvé de ce fait imprimé à ma pensée – en quoi le langage articulé, tissu arachnéen de mes rapports avec les autres, me dépasse, poussant de tous côtés ses antennes mystérieuses.

**Quel rapport au langage l'enfant construit-il ? Vous présenterez votre réponse de façon structurée et argumentée, en vous appuyant sur le texte de Michel Leiris, ainsi que sur l'ensemble de vos connaissances et de vos lectures.**

## CORRIGÉ COMMENTÉ

### 1 Prenez connaissance de la consigne et du texte.

▶ La consigne invite à s'interroger sur le rapport que l'enfant entretient avec le langage. Il s'agit donc de montrer de quelle manière l'enfant, partant de ses représentations initiales, prend conscience du fonctionnement de la langue.

▶ Le texte proposé est une autobiographie : dans ce passage, l'auteur, Michel Leiris relate un souvenir d'enfance, précisément lié à sa découverte du fonctionnement de la langue.

### 2 Lisez le texte attentivement.

▶ Il faut surligner dans le texte ci-dessus les passages importants qui seront reformulés à l'étape suivante dans le tableau de réflexion :

– l. 1 et 2 : « L'un des jouets [...] était tombé » ;
– l. 1-7 : « L'un de mes jouets, c'est-à-dire un des éléments du monde auxquels, en ce temps-là, j'étais le plus étroitement attaché. » ;
– l. 9-10 : « Dans cette pièce mal définie » ;
– l. 11-13 : de « quelqu'un de plus âgé » à «...Reusement ! » ;
– l. 15 : « un bref instant interloqué » ;
– l. 17 : « un sentiment curieux » ;
– l. 18-22 : de « L'on ne dit pas « ...reusement » à « allure de découverte » ;
– l. 23 : « ce vague vocable » ;
– l. 24-25 : « est, par un hasard, promu au rôle de chaînon de tout un cycle sémantique » ;
– l. 26-27 : de « il participe » à « commune et ouverte » ;
– l. 28 : « chose partagée » et « socialisée » ;
– l. 30-31 : « il est, entre des milliers d'autres, l'un des éléments constituant du langage, de ce vaste instrument de communication » ;
– l. 37-41 : de « Car ce mot mal prononcé » à la fin du texte.

▶ Outre le repérage des idées essentielles, les points suivants peuvent encore être relevés :

• dans ce passage, Michel Leiris, à partir d'un souvenir d'enfance, interroge la manière dont s'est constitué son rapport au langage. Cet extrait fait apparaitre le discours commentatif du souvenir d'enfance, ainsi que le récit du souvenir au passé, emboité dans un récit au présent ;
• on peut considérer que ce texte est construit en trois parties :
– « L'un de mes jouets » ⟶ « "...Reusement !" » : narration du souvenir d'enfance (l. 1-14) ;
– « L'observation » ⟶ « l'étrangeté. » : un évènement étrange et soudain (l. 15-17) ;
– « L'on ne dit pas » ⟶ « antennes mystérieuses. » : la prise de conscience du pouvoir des mots (l. 18-41) ;
• la deuxième séquence, très courte, fait office de passerelle, de transition entre l'évocation du souvenir et l'analyse de cet évènement anodin par l'auteur, son interprétation, à savoir ici sa prise de conscience du pouvoir du langage.

### 3 Mettez en regard les idées essentielles, la forme du texte et les apports personnels.

Le tableau de réflexion ci-dessous reprend les idées essentielles dégagées par l'auteur en les reformulant (1re colonne) et les met en regard avec la forme du texte et les procédés stylistiques utilisés par l'auteur (2e colonne), ainsi qu'avec des éléments hors texte (3e colonne).

| Texte | Forme | Apports personnels |
|---|---|---|
| • Évocation du souvenir : chute du jouet. | • Écriture à la 1re personne : point de vue de l'enfant.<br>• Récit au passé.<br>• Champ lexical de la rapidité (« rapidement », « vive », « m'écriant »), exclamation (« …Reusement ! ») : spontanéité de l'enfant. | |
| • Présentation de l'univers de l'enfant : importance des jouets. | • « Un des éléments du monde auxquels, en ce temps-là j'étais le plus étroitement attaché » : accès aux sentiments du jeune enfant.<br>• « Pièce mal définie », « quelqu'un de plus âgé – mère, sœur ou frère aîné ». | |
| • Remarque d'un proche sur la prononciation de l'enfant : objet de toute son attention, occultant tout le reste. | • « Interjection pure », « vague vocable » devient « séquence de significations précises », « chaînon de tout un cycle sémantique » (contraste entre avant et après). | • Colette, *La Maison de Claudine* : découverte du sens véritable du mot *presbytère* : importance des interactions avec l'entourage. |
| • Récit de la prise de conscience du pouvoir des mots et de la puissance du langage. | • De vocable « tout à fait personnel », « comme fermé », « chose propre à moi » ⟶ « chose commune et ouverte », « langage de mes frères, de ma sœur et celui de mes parents, chose partagée, socialisée ». | • Programme d'enseignement de l'école maternelle : le langage comme « moyen de découvrir les caractéristiques de la langue française ».<br>• Sartre, *Les Mots* : accès à la lecture et à l'écriture par le biais des mots puisés dans les livres. |
| • L'auteur fait l'expérience de son entrée dans le langage et du chemin parcouru. Ouverture vers le monde du langage.<br>• Véritable révélation.<br>• Force de cette révélation. | • « Une allure de découverte. »<br>• Exaltation de l'auteur : « le voilà en un éclair » (effet de style) et longue dernière phrase.<br>• « Vertige », « me dépasse », « antennes mystérieuses ». | • Programme d'enseignement de l'école maternelle : le langage oral « permet aux enfants de communiquer, de comprendre, d'apprendre et de réfléchir. » |

**4 Élaborez un plan détaillé.**

▶ Proposition de plan :

**I.** Se construire par le langage : du monde de l'enfant au monde du langage

**a)** L'univers de l'enfant

**b)** La place du langage

**II.** La puissance du langage

**a)** Un réseau de significations

**b)** Un outil de communication

**REMARQUE**

Le code couleur attribué à chacune des parties (partie 1 / partie 2) est ensuite utilisé dans le tableau de réflexion (voir ci-dessus) pour visualiser la répartition des idées essentielles selon le plan choisi.

▶ Le plan retenu ici est linéaire et suit l'organisation du texte (mais d'autres plans peuvent également être possibles).

▶ Chacune des parties devra mettre en regard les idées essentielles du texte avec sa forme et/ou des apports personnels.

**5 Rédigez.**

*Dans la proposition de corrigé qui suit, les différents éléments de l'introduction (phrase d'accroche, présentation du texte, problématique et annonce du plan) sont repérés en bleu et les titres des différentes parties apparaissent pour vous permettre d'avoir une vue d'ensemble sur l'organisation de la réponse. Mais attention, toutes ces indications ne doivent pas figurer sur votre copie !*

**[Introduction]**

[Phrase d'accroche] L'importance du langage et sa découverte par l'enfant sont au cœur du texte proposé.

[Présentation du texte] Michel Leiris, dans son autobiographie *La Règle du jeu*, éditée en 1948 puis rééditée en 2003 dans la « Bibliothèque de la Pléiade » chez Gallimard, dévoile en effet toute l'attention qu'il porte au langage et à la construction de l'individu social. Dans *Biffures* particulièrement, une sous-partie de son autobiographie, il raconte un souvenir d'enfance qui l'amène à interroger son rapport au langage.

[Problématique] Le texte proposé invite à se poser la question suivante : quel rapport au langage l'enfant construit-il ?

[Annonce du plan] Afin de répondre à cette question, nous évoquerons tout d'abord le rapport de l'enfant au monde, avant d'étudier dans un second temps comment l'enfant découvre le monde qui l'entoure grâce à l'exploration du langage.

[SAUT DE LIGNES]

**[I. Se construire par le langage : du monde de l'enfant au monde du langage]**

Propre au genre autobiographique, l'extrait proposé met en avant une réflexion sur les évènements passés, dans une alternance de discours commentatif et de récit. Cette réflexion apportée par l'écriture traduit l'interrogation que Michel Leiris pose sur les évènements vécus dans son enfance : comment le langage permet-il une autre naissance, celle de l'individu social ?

**[a) L'univers de l'enfant]**

Le jeune enfant est d'abord présenté dans un monde intérieur qui lui suffit ; entouré de jouets qui sont autant de présences autour de lui, il vit en autarcie. Ces objets constituent le monde dans lequel il évolue et la perte d'un soldat représente alors pour l'enfant un évènement important, vécu comme une véritable péripétie. L'auteur livre le récit de son enfance, à travers le point de vue du jeune Michel Leiris, offrant l'accès à ses sentiments et à son intériorité. La succession des actions (« je me baissai, ramassai […], […] palpai, […] regardai »), le champ lexical de la rapidité (« rapidement », « vive », « m'écriant ») expriment la spontanéité enfantine qui trouve son aboutissement dans l'exclamation « …Reusement ! ».

**[b) La place du langage]**

L'enfant est tout à la découverte de sa joie, de son jouet sauvé, il vit dans son monde sans communication avec autrui, pourtant présent, lorsque les évènements ont lieu. La mémoire de l'auteur autobiographe fait défaut, il ne sait ni où la scène se passe, ni avec qui : « pièce mal définie », « quelqu'un de plus âgé », « quelqu'un de plus averti ». La précision, l'importance des faits se porte non pas sur les autres mais plus particulièrement sur le mot prononcé alors : « …Reusement ! ».

La remarque faite par un autre (« c'est "heureusement" qu'il faut dire et non, ainsi que j'avais fait : "...Reusement !" ») va alors faire basculer ce jeune enfant dans un univers de délices, inconnu jusqu'ici (« l'observation coupa court à ma joie ») : le sens du langage.
Cet épisode évoqué par le jeune Michel Leiris rappelle l'expérience de Colette rapportée dans *La Maison de Claudine* (1922) lorsqu'elle découvre le véritable sens du mot *presbytère*, qui lui est dévoilé par sa mère, alors qu'elle donnait à ce mot des significations très personnelles.
Dans les deux cas, ces expériences singulières mettent notamment l'accent sur l'importance des interactions dans la construction du langage.
Dans cet extrait de *Biffures*, l'auteur, par le biais d'un souvenir presque insignifiant, la chute d'un jouet, s'interroge en fait sur la construction de l'individu qu'il a été et plus précisément sur son entrée dans le langage.

[SAUT DE LIGNES]

**[II. La puissance du langage]**

**[a) Un réseau de significations]**

Telles les poupées gigognes, Michel Leiris ouvre les tiroirs de sa mémoire qu'il décortique, s'attachant à des détails, telle la mauvaise prononciation d'un mot : « L'on ne dit pas "...Reusement", mais "heureusement" ». L'auteur explique alors comment ce mot qu'il utilisait jusqu'alors comme une « interjection pure », « sans nulle conscience de son sens réel », lui dévoile subitement toute sa vérité et tout son sens, ce qui constitue pour le jeune enfant une découverte incroyable, une véritable « révélation ». Ce mot, jusqu'ici employé non comme un élément langagier, mais comme une réaction spontanée, comme « le rire ou le cri », prend alors tout son sens.
D'un monde intérieur délimité par des jouets, le jeune Michel Leiris découvre un monde inconnu, une vérité insoupçonnée. Cette découverte le fait entrer dans l'ordre de la langue : le jeune Michel Leiris prend alors conscience du rôle du langage, de son signifiant. La gradation qu'il utilise (« significations précises », « allure de découverte », « éclatement de quelque vérité », « promu au rôle de chaînon de tout un cycle sémantique ») traduit l'importance grandissante du phénomène.
Cette anecdote en apparence anodine devient pour l'auteur un sujet d'introspection et l'amène à une prise de conscience puissante, qui rappelle la priorité accordée au langage dans le programme d'enseignement de l'école maternelle (*BOEN* n° 2 du 26 mars 2015), considéré comme « le moyen de découvrir les caractéristiques de la langue française ».
À l'instar de Jean-Paul Sartre, qui dans son autobiographie *Les Mots* (1964) raconte comment ces derniers, puisés dans les livres, lui ont permis d'accéder à la lecture et à l'écriture, Michel Leiris, dans ce long paragraphe prenant la forme d'un commentaire, analyse les évènements vécus et met en scène sa découverte du fonctionnement de la langue.

**[b) Un outil de communication]**

En outre, cet évènement vécu amène l'auteur à prendre conscience du caractère social du langage. Le jeune Michel Leiris réalise la puissance du langage en même temps que son fonctionnement. C'est alors tout un monde qui s'ouvre à lui, un moyen d'échanger et de partager avec les autres. Le langage devient « chose partagée », « socialisée » : le « vaste instrument de communication » que constitue le langage ainsi que ses pouvoirs dans la compréhension du monde et de son fonctionnement s'imposent à lui. La structure en chiasme (« De chose propre à moi, il devient chose commune et ouverte ») renforce cette idée.

Le langage apparait comme une forme de socialisation, une communication avec son entourage car il est signifiant pour soi et autrui.
Dans le programme d'enseignement de l'école maternelle, il est d'ailleurs précisé que le langage « permet aux enfants de communiquer, de comprendre, d'apprendre et de réfléchir ». Les mots sont indispensables pour nommer le monde et pour le comprendre : apprendre à parler, c'est aussi apprendre à penser et à organiser le monde.
C'est ce phénomène étrange, vécu par le jeune Michel Leiris comme une forme de magie lui échappant en partie, qui est ici en jeu puisque l'auteur précise en quoi l'expérience rapportée lui a ouvert un autre monde et lui a permis « d'entrevoir l'existence extérieure à moi-même et remplie d'étrangeté ». Le langage semble comparé à un insecte aux allures étonnantes, « tissu arachnéen de mes rapports avec les autres [...] poussant de tous côtés ses antennes mystérieuses ».

[SAUT DE LIGNES]

**[Conclusion]**

Dans ce texte autobiographique qui mêle récits d'enfance et réflexions d'adulte, Michel Leiris évoque, à travers un souvenir anodin, sa découverte d'un pouvoir qu'il ne soupçonnait pas, celui du langage. L'auteur révèle ainsi la puissance du langage, qui permet d'une part l'accès à un ensemble de significations et, d'autre part, la communication avec ses pairs. Ce texte sert ainsi de point de départ pour mettre en évidence le rôle essentiel et fondamental du langage dans la construction du jeune enfant. C'est en apprenant à parler (grâce aux interactions avec l'entourage), et notamment en découvrant de nouveaux mots, que l'enfant comprend le monde qui l'entoure et devient capable de structurer sa pensée.

## TEXTE 2 Simone de Beauvoir, *Mémoires d'une jeune fille rangée*



Les livres me rassuraient : ils parlaient et ne dissimulaient rien ; en mon absence, ils se taisaient ; je les ouvrais, et alors ils disaient exactement ce qu'ils disaient ; si un mot m'échappait, maman me l'expliquait. À plat ventre sur la moquette rouge, je lisais Mme de Ségur, Zénaïde Fleuriot, les contes de Perrault, de Grimm, de Mme d'Aulnoy, du chanoine Schmidt, les albums de Töpffer, Bécassine, les aventures de la famille Fenouillard, celles du sapeur Camember, *Sans famille*, Jules Verne, Paul d'Ivoi, André Laurie, et la série des « Livres roses », édités par Larousse, qui racontaient les légendes de tous les pays du monde et pendant la guerre des histoires héroïques.

On ne me donnait que des livres enfantins, choisis avec circonspection ; ils admettaient les mêmes vérités et les mêmes valeurs que mes parents et mes institutrices ; les bons étaient récompensés, les méchants punis ; il n'arrivait de mésaventures qu'aux gens ridicules et stupides. II me suffisait que ces principes essentiels fussent sauvegardés ; ordinairement, je ne cherchais guère de correspondance entre les fantaisies des livres et la réalité ; je m'en amusais, comme je riais à Guignol, à distance ; c'est pourquoi, malgré les étranges arrière-plans qu'y découvrent avec ingéniosité les adultes, les romans de Mme de Ségur ne m'ont jamais étonnée. Mme Bonbec, le général Dourakine, de même que M. Cryptogame, le baron de Crac, Bécassine n'avaient qu'une existence de fantoches. Un récit, c'était un bel objet qui se suffisait à soi-même, comme un spectacle de marionnettes ou une image ; j'étais sensible à la nécessité de ces constructions qui ont un commencement, une ordonnance, une fin, où mots et phrases brillent de leur éclat propre, comme les couleurs d'un tableau. Parfois pourtant le livre me parlait plus ou moins confusément du monde qui m'entourait ou de moi-même ; alors il me faisait rêver, ou réfléchir, et quelquefois il bousculait mes certitudes. Andersen m'enseigna la mélancolie ; dans ses contes, les objets pâtissent, se brisent, se consument sans mériter leur malheur ; la petite sirène, avant de s'anéantir, souffrait à chacun de ses pas comme si elle eût marché sur des charbons ardents et cependant elle n'avait commis aucune faute ; ses tortures et sa mort me barbouillèrent le cœur. Un roman que je lus à Meyrignac et qui s'appelait *Le Coureur des jungles*, me bouleversa. L'auteur contait d'extravagantes aventures avec assez d'adresse pour m'y faire participer. Le héros avait un ami, nommé Bob, corpulent, bon vivant, dévoué, qui gagna tout de suite ma sympathie. Emprisonnés ensemble dans une geôle hindoue, ils découvraient un corridor souterrain où un homme pouvait se glisser en rampant. Bob passait le premier ; soudain il poussait un cri affreux : il avait rencontré un python. Les mains moites, le cœur battant, j'assistai au drame : le serpent le dévorait. Cette histoire m'obséda longtemps. Certes, la seule idée d'engloutissement suffisait à glacer mon sang ; mais j'aurais été moins secouée si j'avais détesté la victime. L'affreuse mort de Bob contredisait toutes les règles ; n'importe quoi pouvait arriver.

Malgré leur conformisme, les livres élargissaient mon horizon [...].

**Quels rôles les livres jouent-ils dans la construction de l'individu ? Vous présenterez votre réponse de façon structurée et argumentée, en vous appuyant sur le texte de Simone de Beauvoir, ainsi que sur l'ensemble de vos connaissances et de vos lectures.**

## CORRIGÉ COMMENTÉ

### 1 Prenez connaissance de la consigne et du texte.

▶ La consigne invite à s'interroger sur le rôle des livres, autrement dit sur ce qu'ils apportent au lecteur, que ce soit par rejet ou adhésion. La question posée vous invite également à interroger votre propre rapport aux livres et d'une certaine manière à la lecture.

▶ Le texte proposé est une autobiographie : il revient sur l'enfance de l'autrice et le regard qu'elle porte, adulte, sur cette époque. Simone de Beauvoir est connue d'une part pour son engagement féministe et d'autre part comme femme de lettres.

### 2 Lisez le texte attentivement.

▶ Il faut surligner dans le texte ci-dessus les passages importants qui seront reformulés à l'étape suivante dans le tableau de réflexion.

▶ En lisant, crayon en main, le texte, il est probable que cela fasse résonnance en vous (ce qui montre, également, le pouvoir de la lecture) et vous remémore certaines lectures d'enfance. Apparaissent ainsi des points essentiels (repris dans le tableau ci-dessous) qui serviront à construire le plan et faire des liens avec vos propres connaissances du genre littéraire (roman, poésie, théâtre ou essai) mais également avec vos connaissances d'auteurs (classiques ou contemporains) qui parlent des livres, de la lecture.

### 3 Mettez en regard les idées essentielles, la forme du texte et les apports personnels.

▶ Le tableau de réflexion présenté ci-dessous est différent du sujet d'entrainement 1. Nous proposons ici une reformulation de l'idée soulignée et les apports personnels. Il reprend les idées essentielles dégagées par l'auteur (1re colonne) en les reformulant (2e colonne) et propose des éléments hors texte (3e colonne).

| Texte | Reformulation | Liens / apports personnels |
|---|---|---|
| • « Les livres me rassuraient : ils parlaient et ne dissimulaient rien […]. » (l. 1) | • Les livres sont vus comme un refuge, ils apportent la sécurité et créent un espace rassurant, tel une bulle qui protège la jeune lectrice. | • Les héros qui lisent (certains auteurs de littérature de jeunesse mettent en scène de jeunes lecteurs : Claude Ponti, Philippe Corentin, etc.). |
| • « […] je lisais Mme de Ségur, Zénaïde Fleuriot, les contes de Perrault, de Grimm, de Mme d'Aulnoy, du chanoine Schmidt, les albums de Töpffer, Bécassine, les aventures de la famille Fenouillard, celles du sapeur Camember, *Sans famille*, Jules Verne, Paul d'Ivoi, André Laurie, et la série des "Livres roses", édités par Larousse, qui racontaient les légendes de tous les pays du monde et pendant la guerre des histoires héroïques. » (l. 3-8) | • Simone de Beauvoir se remémore les livres qu'elle a lus formant une bibliothèque intérieure. On y retrouve des livres d'aventures, des contes, des collections diverses (« Livres roses »). | • Il est pertinent de faire un lien avec la culture littéraire, de façon large (voir le document d'application « Pour une première culture littéraire à l'école maternelle »).<br>• Mais on peut aussi s'interroger sur l'accès à la lecture numérique (voir Françoise Benhamou, spécialiste de l'économie de la culture et des médias). L'historien Roger Chartier s'est intéressé au devenir du livre également. |
| • « choisis avec circonspection » (l. 9) | • Les livres sont sélectionnés par l'adulte qui ainsi décide des thèmes ou des genres à découvrir. Même si l'on ne peut parler réellement de censure, cela y ressemble en partie. | • Daniel Pennac, *Comme un roman* (1992) et les « droits imprescriptibles du lecteur ». |
| • « […] je m'en amusais, comme je riais à Guignol, à distance […]. » (l. 13-14) | • L'autrice est capable d'attitude distanciée, elle s'intéresse au fonctionnement de l'intrigue, à la forme du texte. | • Des auteurs comme Michel Houellebecq, Pierre Bayard, Jean-Paul Sartre ont décrit leur rapport à la littérature. |

| Texte | Reformulation | Liens / apports personnels |
|---|---|---|
| • « Parfois pourtant le livre me parlait plus ou moins confusément du monde qui m'entourait ou de moi-même […]. » (l. 20-21) | • Le livre révèle d'une certaine manière le monde qui entoure Simone de Beauvoir, il donne accès à une forme d'introspection et à des connaissances. | • Plusieurs auteurs ont traité le sujet de la lecture dans leurs autobiographies : Jean-Paul Sartre, *Les Mots* ; Nathalie Sarraute, *Enfance* (1983) ; ou Georges Perec et certains auteurs contemporains.<br>• *Le Journal d'Anne Frank* (rédigé entre 1942 et 1944).<br>• Maurice Baron, *L'Illettré* (2006). |
| • « […] mais j'aurais été moins secouée si j'avais détesté la victime. » (l. 34) | • L'autrice s'identifie au héros, elle éprouve pour lui des sentiments de sympathie et est alors bouleversée par les aventures qui ne sauvent pas ce dernier. | |
| • « Malgré leur conformisme, les livres élargissaient mon horizon […]. » (l. 36) | • Les livres, malgré tout, permettent une ouverture au monde. | • Dai Sijie, *Balzac et la Petite Tailleuse chinoise* (2000).<br>• Muriel Barbery, *L'Élégance du hérisson* (2006).<br>• Jean-Paul Didierlaurent, *Le Liseur du 6 h 27* (2014). |

▶ Le thème des livres et de la littérature est un thème courant qui renvoie à la culture littéraire et, en particulier, à la construction de l'individu. Ainsi, chacune de vos lectures peut trouver un écho avec les idées relevées dans le texte de Simone de Beauvoir. Les apports personnels peuvent être des références de livres mais également des films, des chansons, toutes formes de références culturelles. Ces apports peuvent appartenir à la littérature classique, contemporaine, à la littérature générale ou de jeunesse. Ils peuvent, en définitive, dans ce contexte, illustrer chacune des idées notées.

## 4 Élaborez un plan détaillé.

Le plan proposé n'est pas linéaire et reprend les idées énoncées dans le tableau. Il s'agit d'un plan thématique :

**I.** Les livres engagent l'émotion de l'autrice
**a)** Un refuge
**b)** Le partage avec les personnages
**II.** La dimension éducative
**a)** Les choix imposés par les adultes
**b)** Le développement d'une culture littéraire
**III.** L'ouverture au monde
**a)** Une réflexion, des connaissances
**b)** La découverte d'un ailleurs

## 5 Rédigez.

*Dans la proposition de corrigé qui suit, nous n'avons pas mis en relief les différents éléments de l'introduction (phrase d'accroche, présentation du texte, problématique et annonce du plan) ni les titres des différentes parties, ces indications ne devant pas figurer sur votre copie.*

Les livres sont présents à chaque âge et accompagnent l'adulte tout au long de sa vie. L'extrait des *Mémoires d'une jeune fille rangée*, écrit par Simone de Beauvoir et paru aux éditions Gallimard en 1958, permet de questionner les rôles des livres dans la construction de l'individu.

Si les livres engagent l'émotion de la lectrice qu'est Simone de Beauvoir, ils revêtent une dimension éducative présente dans les diverses lectures rencontrées, mais surtout ils offrent une ouverture sur le monde.

Simone de Beauvoir présente dans son autobiographie l'enfant-lectrice qu'elle a été. Découvrant avec ferveur les livres, elle y trouve à la fois un refuge mais également un partage avec les personnages qu'elle rencontre.
« Les livres me rassuraient » énonce l'autobiographe. Ils semblent lui apporter un réconfort car ils sont immuables : ils renferment des vérités, des propos dont la permanence rassure. En effet, le tout jeune lecteur qui découvre l'écriture, les mots est sensible à cette permanence de l'écrit : combien d'enfants réclament toujours la même histoire le soir avant de se coucher ou à l'école ? Réécouter, relire les mêmes mots, les mêmes récits, a quelque chose de rassurant en opposition avec l'entourage en constante évolution, avec le monde qui bouge. Les livres servent alors de refuge : l'enfant mais aussi l'adulte s'y retrouvent. C'est le cas de beaucoup de jeunes héros d'albums de jeunesse ou de récits.
Le livre est ainsi un lieu de réconfort dans lequel le lecteur peut se laisser aller à ses sentiments. Simone de Beauvoir, à travers le personnage de Bob, vit des sensations physiques (« mains moites, le cœur battant ») qui traduisent une forme d'identification au personnage. Ressentant de la sympathie pour le personnage, elle souffre pour lui, vivant par procuration une forme douloureuse d'empathie. C'est ce que ressent le personnage du roman *Balzac et La Petite Tailleuse chinoise* : le narrateur, dans un camp de rééducation à la campagne en Chine au moment de la révolution culturelle, découvre les livres étrangers, interdits car produits du capitalisme, et fait la rencontre d'Ursule, personnage de Balzac avec lequel il partage les mêmes sentiments.
Ainsi le livre permet une ouverture sur soi, par la rencontre avec les autres personnages et le réconfort qu'il apporte.

Mais au-delà de ce rapport personnel, les livres adressés aux jeunes lecteurs et lectrices revêtent une dimension éducative. En effet, les livres dépendent déjà du choix des adultes qui ont alors des intentions éducatives.
Les livres rencontrés par Simone de Beauvoir sont nombreux et diversifiés. Elle se remémore les livres qu'elle a lus : des livres d'aventures, des contes, des collections diverses. Elle fait ainsi appel à sa mémoire, convoquant sa bibliothèque intérieure, ce que l'on nomme la culture littéraire, culture qu'elle construit dès son enfance. On sait que la constitution d'une culture littéraire développe la familiarisation au langage, à l'écrit ; c'est un objectif incontournable de l'école maternelle. Les références littéraires qu'évoque Simone de Beauvoir sont des titres connus qui renvoient à une culture générale et commune de l'époque ; les contes de Perrault ou Grimm sont toujours à l'étude, traduisant une dimension intergénérationnelle. Ils ont une portée universelle, ils appartiennent à la littérature patrimoniale.
Toutefois, les livres qui lui sont proposés ne sont pas choisis par elle mais consciencieusement sélectionnés « avec circonspection » par le cercle éducatif, afin de véhiculer « les mêmes vérités et les mêmes valeurs que [les] parents et [les] institutrices » car le livre ne doit pas être subversif. Daniel Pennac, un siècle plus tard, démontrera dans son célèbre plaidoyer pour la lecture *Comme un roman*, la nécessité de laisser le lecteur choisir son livre afin de lui permettre une meilleure compréhension et surtout de contribuer à son développement personnel et autonome. L'accès aux livres est certes différent au XXIe siècle, par le biais du numérique : le support de lecture varie, les genres évoluent.
Le livre ouvre alors des mondes qui peuvent être sous contrôle mais, quelle que soit la façon dont il est choisi, il ouvre nécessairement sur un ailleurs.

Enfin, le livre, comme le revendique Simone de Beauvoir, est l'espace de liberté qu'il offre : « malgré leur conformisme, les livres élargissaient mon horizon ». En effet, il permet à la fois une réflexion personnelle et une ouverture sur le monde.

Le livre révèle d'une certaine manière le monde qui entoure l'autrice, il donne accès à une forme d'introspection par le questionnement qu'il suscite : « le livre me parlait confusément du monde qui m'entourait ou de moi-même ; [alors] il me faisait rêver, ou réfléchir ». Nombre d'autobiographes classiques tels que Rousseau ou même Montaigne, ou plus contemporains tels Sartre, Sarraute ou Ernaux mettent en avant le rôle indéniable des livres, de la littérature sur la construction de l'individu. Anne Franck, dans son célèbre journal, s'interroge sur ses sentiments, tente de comprendre l'incompréhensible grâce à l'écriture. Cette réflexion est ainsi accessible aux jeunes lecteurs.

S'il interroge, le rôle indéniable du livre est bien l'ouverture au monde. Il permet d'échapper à un quotidien trop lourd, trop répétitif : le personnage du *Liseur de 6 h 27*, de Jean-Paul Didierlaurent, en fait l'expérience en lisant à voix haute des textes de toutes sortes aux ouvriers et aux voyageurs du métro. Cette ouverture au monde peut inquiéter : ce qui explique la peur des dictateurs lorsqu'ils pratiquent des autodafés, lorsque le livre est vu comme subversif, ce que le narrateur de *Balzac et la Petite Tailleuse chinoise* décrit parfaitement dans une Chine qui réfute toute pensée intellectuelle.

L'extrait issu des *Mémoires d'une jeune fille rangée* de Simone Beauvoir raconte l'intérêt qu'elle porte aux livres, à la littérature dont elle fera son métier. Au-delà d'une rencontre racontée par l'enfant qu'elle a été, Simone de Beauvoir invite chacun à une rencontre littéraire, certaine que la culture des livres est indispensable à la construction de soi et de la société.

Fiches 1 à 3, p. 340 à 345

# ACTIVITÉS PRATIQUES POUR S'ENTRAINER À CONSTRUIRE LA RÉFLEXION SUR LE TEXTE

Les exercices qui suivent proposent un entraînement aux différentes étapes de la rédaction de la partie « Réflexion et développement » du concours :

- Lire le texte :
  – identifier et reformuler (exercice 1) ;
  – faire des liens avec ses connaissances (exercice 2) ;
- Construire le plan (exercice 3).
- Rédiger sa réponse :
  – l'introduction (exercices 4 5 6) ;
  – une partie (exercice 7) ;
  – la conclusion (exercices 8 9)

## Lire le texte

### 1. Identifiez et reformulez

**CONSEILS**

- Reformuler, c'est avoir compris une idée, savoir l'extraire d'un ensemble, l'écrire avec ses propres mots, selon son propre style d'écriture et sans en dénaturer le sens.
- Il s'agit de ne pas paraphraser, c'est-à-dire de ne pas redire avec d'autres mots tout à fait la même chose.
- Reformuler une idée permet de synthétiser les propos de l'auteur ; de clarifier la compréhension, de pouvoir passer logiquement à l'étape ultérieure de la progression du texte. C'est la lecture attentive et active du texte qui permet d'assurer sa compréhension afin de pouvoir reformuler les idées.
- Quelques formules pour introduire la reformulation des propos d'un auteur : *selon X, d'après X, en d'autres termes, autrement dit…*

**1 Repérez les idées principales de l'extrait de *Voyage au bout de la nuit* de Louis-Ferdinand Céline (voir p. 315, texte 1 de l'exercice 12) et résumez-les en une phrase.**

**CORRIGÉ**

**• Repérage des idées principales :**

| | |
|---|---|
| « Serais-je donc […] armés jusqu'aux cheveux ? » | → Le narrateur s'interroge sur une forme de lâcheté qu'il éprouve. |
| « Avec casques, sans casques […] comme on l'est de la volupté. » | → L'humanité est engagée dans une « croisade apocalyptique », les hommes sont devenus des meurtriers. |
| « Comment aurais-je pu me douter moi de cette horreur en quittant la place Clichy ? » | → La place Clichy représente un bonheur perdu. |
| « Qui aurait pu prévoir […] vers le feu… » | → Personne ne peut s'imaginer ce que chacun est capable de faire. |
| « Ça venait des profondeurs et c'était arrivé… » | → Les hommes sont impuissants face à cette fatalité (« c'était arrivé »). |

**• Résumé :** Dans un monologue intérieur, le narrateur s'interroge sur la condition humaine face au conflit meurtrier de la Première Guerre mondiale.

### 2. Faites des liens avec vos connaissances

**2 Le texte de Louis-Ferdinand Céline utilisé dans l'exercice 1 (voir p. 315 pour le texte) interroge la condition humaine dans un de ses aspects les plus difficiles : le conflit, la guerre. Proposez une problématique à partir de ce texte et établissez des liens à partir de vos connaissances (littéraires, artistiques, faits de société).**

CORRIGÉ

Chacun tirera bien entendu profit de ses propres connaissances. On peut citer à titre d'exemples :

**• Le sens de la guerre : peut-on dire que la guerre est juste ? que la guerre est noble ?**

– Emmanuel Kant, *Vers la paix perpétuelle*, 1795.

– Sébastien Japrisot, *Un long dimanche de fiançailles*, Denoël, 1991 (adapté au cinéma par Jean-Pierre Jeunet en 2004).

– Hannah Arendt, « Fragment 3c, La guerre totale » (1958-1959), *Qu'est-ce que la politique ?*, Seuil, 2014.

– Aristote, *Éthique à Nicomaque*.

– Mario Bettati, Bernard Kouchner, *Le Devoir d'ingérence*, Denoël, 1987.

– Maurice Merleau-Ponty, « La guerre a eu lieu », *Sens et non-sens*, Gallimard, 1996.

– Jean-Paul Sartre, *Carnets de la drôle de guerre*, Gallimard, 1983.

**• La contradiction de la condition humaine**

– André Malraux, *La Condition humaine*, Gallimard, 1933.

– Hannah Arendt, *Eichmann à Jérusalem, Rapport sur la banalité du mal*, Gallimard, 1963. La philosophe explore l'idée de la finitude humaine : l'être humain le plus banal peut se rendre responsable des pires atrocités, sans nécessairement avoir ni motif ni haine. Il s'agit d'une remise en cause fondamentale de l'humain.

– Guillaume Apollinaire, *Calligrammes, poèmes de la paix et de la guerre 1913-1916*, Mercure de France, 1918.

– Eugène Ionesco, *Rhinocéros*, Gallimard, 1959.

**• Les formes actuelles de la guerre**

Les visages ou les masques que la guerre assume aujourd'hui sont, tour à tour, le choc des civilisations, les guerres de religion, les opérations de police internationale, la lutte contre la terreur voire pour la diffusion du progrès et de la démocratie. Dans les guerres contemporaines, de nouveaux combattants se mêlent et se superposent aux anciens guerriers : soldats réguliers et irréguliers, mercenaires, agents secrets, terroristes, pirates et kamikazes.

**• Le topos du guerrier**

Le guerrier est un personnage courageux, héroïque, viril, depuis les personnages mythologiques jusqu'aux bandes dessinées actuelles, en passant par les chansons de geste (= guerre) du Moyen Âge : la *Chanson de Roland* (XIe siècle).

**• La peur comme ressort de la haine**

– La montée du nazisme.

– La saga cinématographique *Star Wars* de George Lucas : c'est la peur qui mène au côté obscur.

– La peur prend une dimension supplémentaire lorsqu'elle se cristallise sur un autre, un individu ou des communautés qui ne sont pas comme nous : une dimension identitaire.

– Une pièce de théâtre : Alfred Jarry, *Ubu roi*, 1896.

– Des chansons : Georges Brassens, *La Ballade des gens qui sont nés quelque part* (1972) ; Boris Vian, *Le Déserteur* (1954) ; Jean Ferrat, *Nuit et brouillard* (1963).

**• À qui profite la guerre ?**

Paul Valéry : « La guerre, un massacre de gens qui ne se connaissent pas, au profit de gens qui se connaissent mais ne se massacrent pas. »

## Construire le plan

**CONSEIL**

Reportez dans un « tableau de réflexion » (voir p. 344) les différents éléments qui se sont dégagés de la lecture du texte. Cette présentation vous permettra de mettre en regard les données indispensables dans le cadre de cet exercice : les idées essentielles du texte, les remarques sur la forme du texte et les apports personnels.

**3 Lisez le sujet ci-dessous. Proposez un plan détaillé après avoir repéré les idées principales du texte.**

Sujet : **Les musées ont-ils une utilité sociale ? Vous présenterez votre réponse de façon structurée et argumentée en vous appuyant sur le texte d'Émile Zola ainsi que sur l'ensemble de vos connaissances personnelles et de vos lectures.**

*L'héroïne Gervaise vient de se marier avec Coupeau. À la suite de la cérémonie, et comme le temps est maussade, la compagnie se réfugie au Louvre où le musée dévoile ses curiosités.*

La nudité sévère de l'escalier les rendit graves. Un huissier superbe, en gilet rouge, la livrée galonnée d'or, qui semblait les attendre sur le palier, redoubla leur émotion. Ce fut avec un grand respect, marchant le plus doucement possible, qu'ils entrèrent dans la galerie française.

Alors, sans s'arrêter, les yeux emplis de l'or des cadres, ils suivirent l'enfilade des petits salons, regardant passer les images, trop nombreuses pour être bien vues. Il aurait fallu une heure devant chacune, si l'on avait voulu comprendre. Que de tableaux, sacredié ! Ça ne finissait pas. Il devait y en avoir pour de l'argent. Puis, au bout, M. Madinier les arrêta brusquement devant le *Radeau de la Méduse* ; et il leur expliqua le sujet. Tous, saisis, immobiles, se taisaient.

Quand on se remit à marcher, Boche résuma le sentiment général : c'était tapé. [...]

Puis, la noce se lança dans la longue galerie où sont les écoles italiennes et flamandes. Encore des tableaux, toujours des tableaux, des saints, des hommes et des femmes avec des figures qu'on ne comprenait pas, des paysages tout noirs, des bêtes devenues jaunes, une débandade de gens et de choses dont le violent tapage de couleurs commençait à leur causer un gros mal de tête. M. Madinier ne parlait plus, menait lentement le cortège, qui le suivait en ordre, tous les cous tordus et les yeux en l'air. [...] Des siècles d'art passaient devant leur ignorance ahurie, la sécheresse fine des primitifs, les splendeurs des Vénitiens, la vie grasse et belle de lumière des Hollandais. Mais ce qui les intéressait le plus, c'étaient encore les copistes, avec leurs chevalets installés parmi le monde, peignant sans gêne ; une vieille dame, montée sur une grande échelle, promenant un pinceau à badigeon dans le ciel tendre d'une immense toile, les frappa d'une façon particulière. Peu à peu, pourtant, le bruit avait dû se répandre qu'une noce visitait le Louvre ; des peintres accouraient, la bouche fendue d'un rire ; des curieux s'asseyaient à l'avance sur des banquettes, pour assister commodément au défilé ; tandis que les gardiens, les lèvres pincées, retenaient des mots d'esprit. Et la noce, déjà lasse, perdant de son respect, traînait ses souliers à clous, tapait ses talons sur les parquets sonores, avec le piétinement d'un troupeau débandé, lâché au milieu de la propreté nue et recueillie des salles.

Émile Zola, *L'Assommoir*, 1876.

**CORRIGÉ**

**• Repérage des idées principales, puis construction du plan :**

| Texte | Forme / reformulation | Apports personnels |
|---|---|---|
| *L'héroïne Gervaise vient de se marier avec Coupeau. À la suite de la cérémonie, et comme le temps est maussade, la compagnie se réfugie au Louvre où le musée dévoile ses curiosités.* | • Le Louvre, véritable patrimoine culturel français, se trouve au centre de l'extrait de *L'Assommoir* d'Émile Zola qui, au XIX$^{e}$ siècle, le prend comme décor pour la noce de son héroïne Gervaise, dévoilant les réactions des gens du peuple face aux grandes œuvres, réactions oscillant entre émerveillement et incompréhension. | • On pourra rappeler la permanence de cette institution. Ancienne résidence royale située au centre de Paris, le Louvre est devenu un musée à partir du XVIII$^{e}$ siècle, ne cessant d'enrichir ses collections, d'abord de peinture et de sculpture, puis s'étendant à des antiquités, dessins, céramiques et divers objets. Le musée se signale par sa pyramide de verre construite au XX$^{e}$ siècle sous la présidence de François Mitterrand. Cependant, à travers cet exemple, c'est de l'institution muséale dont il est question.<br>• Les visites de musées font partie de nos pratiques culturelles, tandis que se développent des musées de toutes sortes (musée de la carte à jouer, de la poupée…) et se multiplient les offres culturelles, si bien que l'on parle de tourisme culturel. |
| • « La nudité sévère de l'escalier les rendit graves. Un huissier superbe, en gilet rouge, la livrée galonnée d'or, qui semblait les attendre sur le palier, redoubla leur émotion. Ce fut avec un grand respect, marchant le plus doucement possible, qu'ils entrèrent dans la galerie française. »<br>• « Puis, la noce se lança dans la longue galerie où sont les écoles italiennes et flamandes. Encore des tableaux, toujours des tableaux, des saints, des hommes et des femmes avec des figures qu'on ne comprenait pas, des paysages tout noirs, des bêtes devenues jaunes, une débandade de gens et de choses dont le violent tapage de couleurs commençait à leur causer un gros mal de tête. | • L'idée qui ressort du texte est le luxe du musée et la multitude des œuvres qui y sont présentes. La description d'Émile Zola souligne le contraste entre la sobriété de l'escalier, une « nudité sévère », permettant d'accéder au premier étage de la galerie française et le faste des étages où les dorures sont présentes dans l'habit rouge de chaque huissier mais aussi au niveau du cadre doré des tableaux. Le musée est marqué par de vastes dimensions, comme celle de la longue galerie menant aux écoles italiennes et flamandes et ses « parquets sonores ». Le musée est bien un lieu qui permet aux visiteurs de s'émerveiller, c'est-à-dire de s'étonner devant une œuvre inattendue jugée alors merveilleuse. | • La profusion des œuvres et leur mise en valeur dans un cadre inhabituel forcent l'admiration.<br>• Cependant, cette approche n'est pas partagée par tous et les musées peuvent être considérés comme des lieux ennuyeux, alors que se développe l'accès numérique aux œuvres, accompagné ou non de commentaires. |

| Texte | Forme / reformulation | Apports personnels |
|---|---|---|
| M. Madinier ne parlait plus, menait lentement le cortège, qui le suivait en ordre, tous les cous tordus et les yeux en l'air. […] »<br>• « Et la noce, déjà lasse, perdant de son respect, traînait ses souliers à clous, tapait ses talons sur les parquets sonores, avec le piétinement d'un troupeau débandé, lâché au milieu de la propreté nue et recueillie des salles. » | Effectivement, la noce décrite par Émile Zola marque à maintes reprises son étonnement devant les toiles : « cous tordus et yeux en l'air », les personnages traversent les multiples galeries du Louvre et ne cessent de s'étonner tant par les tableaux exposés que par le travail des copistes. | |
| • « Alors, sans s'arrêter, les yeux emplis de l'or des cadres, ils suivirent l'enfilade des petits salons, regardant passer les images, trop nombreuses pour être bien vues. Il aurait fallu une heure devant chacune, si l'on avait voulu comprendre. Que de tableaux, sacredié ! Ça ne finissait pas. Il devait y en avoir pour de l'argent. »<br>• « Peu à peu, pourtant, le bruit avait dû se répandre qu'une noce visitait le Louvre ; des peintres accouraient, la bouche fendue d'un rire ; des curieux s'asseyaient à l'avance sur des banquettes, pour assister commodément au défilé ; tandis que les gardiens, les lèvres pincées, retenaient des mots d'esprit. » | • Un des reproches principaux qui est adressé aux musées est leur caractère hétéroclite : Gervaise dans *L'Assommoir* passe avec ses invités dans la galerie des peintres français aux innombrables tableaux représentant à leurs yeux une valeur colossale, puis ils traversent la galerie des écoles italiennes et flamandes ; cet amoncèlement de tableaux finit par donner un effet de saturation physique à l'ensemble des invités de la noce. | • Le développement des connaissances rendues plus accessibles par les nouvelles technologies, la diversification du marché des loisirs et la lente démocratisation du savoir bousculent le monde muséal et l'obligent à se repositionner.<br>• Pour éviter cette lassitude des visiteurs, l'architecture est modernisée et les conservateurs de musée et les spécialistes des arts repensent leurs choix dans l'organisation des musées et l'exposition des œuvres. |
| • « Puis, au bout, M. Madinier les arrêta brusquement devant le *Radeau de la Méduse* ; et il leur expliqua le sujet. Tous, saisis, immobiles, se taisaient.<br>Quand on se remit à marcher, Boche résuma le sentiment général : c'était tapé. […] »<br>• « Des siècles d'art passaient devant leur ignorance ahurie, la sécheresse fine des primitifs, les splendeurs des Vénitiens, la vie grasse et belle de lumière des Hollandais. Mais ce qui les intéressait le plus, c'étaient encore les copistes, avec leurs chevalets installés parmi le monde, peignant sans gêne ; une vieille dame, montée sur une grande échelle, | • En outre, devant la multiplicité des tableaux, les protagonistes de *L'Assommoir* sont fréquemment confrontés à l'incompréhension, les œuvres défilent devant leur « ignorance ahurie » au point que cela finit par leur donner un « gros mal de tête ». Cette ignorance semble conduire à un manque de respect lorsque la visite perdure et que les personnages se fatiguent, « perdant [leur] respect », se comportant comme un « troupeau débandé ». Le danger qui guette les œuvres d'art, c'est l'incompréhension du public populaire : passé le moment de la surprise des fastes du décor, le public, à l'image de Gervaise et Coupeau, | • Les musées ont une fonction démocratique en rendant visibles à tous des œuvres qui seraient sinon conservées par des collectionneurs ou chez des mécènes. Ils sont des espaces de médiation culturelle.<br>• Toutefois, la fréquentation des musées concerne des individus largement diplômés et/ou appartenant à des classes sociales supérieures.<br>• Ainsi, si l'espace muséal se donne pour objectif de former le plus grand nombre à une sensibilité artistique, sa fréquentation révèle en pratique la persistance d'inégalités culturelles (voir Fabienne Brugère, « Le musée entre culture populaire et divertissement », *Esprit* n° 283, 2002). |

RÉFLEXION ET DÉVELOPPEMENT

| Texte | Forme / reformulation | Apports personnels |
|---|---|---|
| promenant un pinceau à badigeon dans le ciel tendre d'une immense toile, les frappa d'une façon particulière. » | peut se sentir dépassé par l'abondance des objets et des messages qu'ils portent (« Tous, saisis, immobiles, se taisaient »). Pourtant l'art parle de nous-mêmes ou des autres hommes.<br>• Le tableau le *Radeau de la Méduse* a une valeur prédictive : sans le savoir, Gervaise contemple, en état de recueillement, l'annonce de son destin tragique : elle, si gourmande, mourra affamée, et personne ne la verra mourir sous le réduit de son escalier, son corps sera retrouvé par l'odeur de ses chairs pourrissantes.<br>• Il semble manquer aux personnages d'Émile Zola suffisamment de connaissances pour apprécier à leur juste valeur les œuvres o bservées.<br>Cette réaction devant la richesse artistique en plein cœur du XIXe siècle perdure au XXe siècle. Émile Zola laisse entendre que les musées sont des lieux d'exclusion pour ceux qui s'y réfugient sans avoir la culture de comprendre les œuvres. L'art est vecteur d'apprentissage, mais il doit, pour remplir cette mission, faire lui-même l'objet d'un apprentissage. | • Les mêmes constats peuvent sans doute être dressés concernant les musées scientifiques.<br>• Par des projets artistiques ou scientifiques et des partenariats éducatifs avec des musées, l'école se donne pour objectif de favoriser l'accès à la culture, à l'éducation artistique et à la science en aidant l'enfant à se repérer dans ce lieu particulier et à analyser les œuvres d'art ou les objets qui sont offerts à son observation. |

• **Plan possible :**

**I.** Le musée, un écrin pour des œuvres mais un espace de culture à penser

**a)** Un lieu d'émerveillement qui transmet le patrimoine de l'humanité

**b)** Un lieu dépositaire d'objets hétéroclites, dépassé

**II.** Le musée, un lieu d'éducation artistique à accompagner

**a)** Des réactions contrastées du public : le musée, objet d'incompréhension ?

**b)** Un espace d'enseignement des cultures du monde et un objet d'apprentissage

**REMARQUE**

Dans cet exercice comme dans ceux qui suivent, les idées relevées dans les textes ne suffisent pas à répondre à la question posée et nécessitent des apports personnels.

## Rédiger sa réponse

### 1. L'introduction

**4 Lisez le sujet ci-dessous. Puis complétez l'introduction proposée.**

Sujet : **Le texte suivant propose le portrait plutôt repoussant d'un personnage. Rédigez une présentation synthétique de ce texte en faisant apparaitre une perspective d'analyse possible.**

*Félix Grandet (le père Grandet) est un tonnelier devenu extrêmement riche grâce à sa grande avarice ; il fait travailler chez lui comme servante « la Grande Nanon ».*

À l'âge de vingt-deux ans, la pauvre fille n'avait pu se placer chez personne, tant sa figure semblait repoussante ; et certes ce sentiment était bien injuste : sa figure eût été fort admirée sur les épaules d'un grenadier de la garde ; mais en tout il faut, dit-on, l'à-propos. Forcée de quitter une ferme incendiée où elle gardait les vaches, elle vint à Saumur, où elle chercha du service, animée de ce robuste courage qui ne se refuse à rien. Le père Grandet pensait alors à se marier, et voulait déjà monter son ménage. Il avisa cette fille rebutée de porte en porte. Juge de la force corporelle en sa qualité de tonnelier, il devina le parti qu'on pouvait tirer d'une créature femelle taillée en Hercule, plantée sur ses pieds comme un chêne de soixante ans sur ses racines, forte des hanches, carrée du dos, ayant des mains de charretier et une probité vigoureuse comme l'était son intacte vertu. Ni les verrues qui ornaient ce visage martial, ni le teint de brique, ni les bras nerveux, ni les haillons de la Nanon n'épouvantèrent le tonnelier, qui se trouvait encore dans l'âge où le cœur tressaille. Il vêtit alors, chaussa, nourrit la pauvre fille, lui donna des gages, et l'employa sans trop la rudoyer. En se voyant ainsi accueillie, la Grande Nanon pleura secrètement de joie, et s'attacha sincèrement au tonnelier, qui d'ailleurs l'exploita féodalement.

Honoré de Balzac, *Eugénie Grandet*, 1834.

**Début de l'introduction :**

Honoré de Balzac écrit *Eugénie Grandet* en 1834, une tragédie qui met en scène une jeune femme, un être de souffrance, qui ne connait que le malheur dans une société où tout n'est qu'amour de soi, intérêt matériel et finalement illusion.

**CORRIGÉ**

*Les indications en* ***bleu*** *ne sont pas à écrire dans l'introduction.*

Honoré de Balzac écrit *Eugénie Grandet* en 1834, une tragédie qui met en scène une jeune femme, un être de souffrance, qui ne connait que le malheur dans une société où tout n'est qu'amour de soi, intérêt matériel et finalement illusion.

L'extrait d'*Eugénie Grandet* proposé ici, fait le portrait de Nanon, une femme sensible dont le corps est disgracieux, et qui est rejetée de l'humanité. [Présentation de l'extrait.]

Il permet de s'interroger sur la conception des relations entre hommes et femmes dans la société. [Perspective d'analyse possible.]

[L'introduction est incomplète, il faudra ensuite présenter le plan, par exemple :]

Nous nous interrogerons sur la conception des relations humaines dans un monde à domination masculine pour ouvrir au concept de genre, qui rend compte des conséquences pour les êtres humains de leur appartenance à l'un ou l'autre des sexes.

**5 Lisez le texte ci-dessous puis complétez l'introduction proposée.**

Sujet : **Le texte suivant propose le portrait plutôt repoussant d'un personnage. Rédigez une présentation synthétique de ce texte en faisant apparaitre une perspective d'analyse possible.**

*Enfant d'origine noble, Gwynplaine a été enlevé par des voleurs qui en ont fait un monstre de foire. Le narrateur présente au lecteur ce personnage singulier.*

La nature avait été prodigue de ses bienfaits envers Gwynplaine. Elle lui avait donné une bouche s'ouvrant jusqu'aux oreilles, des oreilles se repliant jusque sur les yeux, un nez informe fait pour l'oscillation des lunettes de grimacier, et un visage qu'on ne pouvait regarder sans rire.

Nous venons de le dire, la nature avait comblé Gwynplaine de ses dons. Mais était-ce la nature ? Ne l'avait-on pas aidée ?

Deux yeux pareils à des jours de souffrance, un hiatus pour bouche, une protubérance camuse avec deux trous qui étaient les narines, pour face un écrasement, et tout cela ayant pour résultante le rire, il est certain que la nature ne produit pas toute seule de tels chefs-d'œuvre.

Seulement, le rire est-il synonyme de la joie ?

Si, en présence de ce bateleur — car c'était un bateleur —, on laissait se dissiper la première impression de gaieté, et si l'on observait cet homme avec attention, on y reconnaissait la trace de l'art. Un pareil visage n'est pas fortuit, mais voulu. Être à ce point complet n'est pas dans la nature. L'homme ne peut rien sur sa beauté, mais peut tout sur sa laideur.

Victor Hugo, *L'Homme qui rit*, 1869.

**Début de l'introduction :**

Victor Hugo, dans *L'Homme qui rit*, paru en 1869, renoue avec un personnage qu'il affectionne dans son œuvre : le monstre.

**CORRIGÉ**

*Les indications en bleu ne sont pas à écrire dans l'introduction.*

Victor Hugo, dans *L'Homme qui rit*, paru en 1869, renoue avec un personnage qu'il affectionne dans son œuvre : le monstre.

L'extrait soumis à notre réflexion met en scène le personnage de Gwynplaine dont le sourire figé, expression d'une laideur redoutable, traduit l'intervention de l'homme dont les actes ignobles ont créé le monstre. [Présentation de l'extrait.]

Le texte interroge la question de la monstruosité dans une société de l'apparence. [Perspective d'analyse, normalement suggérée dans la consigne.]

[L'introduction est incomplète, il faudra ensuite présenter le plan, par exemple :]

Seront abordés le portrait du bateleur qui, entre grotesque et sublime, conduit à une interrogation sur la définition de la laideur, puis la portée philosophique de cet extrait concernant l'acceptation de la différence dans un monde de l'uniformité.

**6 Les phrases de l'introduction d'un travail de réflexion sur un extrait d'*Immortelle randonnée* de Jean-Christophe Ruffin (voir texte p. 317) sont mélangées. Reconstruisez l'introduction en les remettant dans l'ordre. Faites les retours à la ligne nécessaires. Enfin, caractérisez les éléments constitutifs de l'introduction.**

**Introduction à reconstituer :**

Par ce témoignage expérientiel, l'académicien témoigne dans cet extrait des raisons de son départ et de l'apaisement qu'il a suscité. Le voyage sert de révélateur et, à travers cette expérience, on pourra se demander dans quelle mesure il apparait comme une épreuve révélatrice et initiatrice, comme une étape nécessaire à la connaissance de soi. Le récit de voyage se définit autant par son déplacement que par le récit qui en est fait. Quel que puisse être le voyage et même si la décision de partir n'est pas toujours clairement identifiée, le cheminement qui en découle permet de se projeter hors de soi, dans un dépassement qui offre alors pour soi-même, une révélation, un dépassement, une affirmation. À travers une écriture viatique, Jean-Christophe Rufin relate dans *Immortelle randonnée, Compostelle malgré moi*, paru en 2013, son itinéraire sur le chemin de Saint-Jacques-de-Compostelle tout en faisant part de sa réflexion. Ainsi le récit oscille-t-il entre essai et journal de bord. Ayant parcouru le chemin qui mène à Compostelle, il expose ses doutes, son questionnement.

**CORRIGÉ**

*Les indications en bleu ne sont pas à écrire dans l'introduction.*

Le récit de voyage se définit autant par son déplacement que par le récit qui en est fait. **[Phrase d'accroche, non indispensable.]**

À travers une écriture viatique, Jean-Christophe Rufin relate dans *Immortelle randonnée, Compostelle malgré moi*, paru en 2013, son itinéraire sur le chemin de Saint-Jacques-de-Compostelle tout en faisant part de sa réflexion. Ainsi le récit oscille-t-il entre essai et journal de bord. **[Présentation du texte.]** Par ce témoignage expérientiel, l'académicien témoigne dans cet extrait des raisons de son départ et de l'apaisement qu'il a suscité. Ayant parcouru le chemin qui mène à Compostelle, il expose ses doutes, son questionnement. **[Caractérisation du propos de l'extrait.]**

Le voyage sert de révélateur et, à travers cette expérience, on pourra se demander dans quelle mesure il apparait comme une épreuve révélatrice et initiatrice, comme une étape nécessaire à la connaissance de soi. **[Problématique.]**

Quel que puisse être le voyage et même si la décision de partir n'est pas toujours clairement identifiée, le cheminement qui en découle permet de se projeter hors de soi, dans un dépassement qui offre alors pour soi-même, une révélation, un dépassement, une affirmation. **[Plan.]**

## 2. Une partie

**7 Lisez le sujet ci-dessous. Puis, à partir du plan proposé, rédigez la première partie.**

**Sujet : La société de consommation est-elle le reflet de la nature humaine ? Vous présenterez votre réponse de façon structurée et argumentée en vous appuyant sur le texte d'Émile Zola ainsi que sur l'ensemble de vos connaissances personnelles et de vos lectures.**

*Dans son roman, Émile Zola s'intéresse à la naissance du premier « grand magasin de nouveautés » dans une société marquée par le libéralisme financier. Dans cet extrait, le magasin vient de fermer ses portes après une vente qui a attiré les foules.*

RÉFLEXION ET DÉVELOPPEMENT

À l'intérieur, sous le flamboiement des becs de gaz, qui, brûlant dans le crépuscule, avaient éclairé les secousses suprêmes de la vente, c'était comme un champ de bataille encore chaud du massacre des tissus. Les vendeurs, harassés de fatigue, campaient parmi la débâcle de leurs casiers et de leurs comptoirs, que paraissait avoir saccagés le souffle furieux d'un ouragan. On longeait avec peine les galeries du rez-de-chaussée, obstruées par la débandade des chaises ; il fallait enjamber, à la ganterie, une barricade de cartons, entassés autour de Mignot ; aux lainages, on ne passait plus du tout, Liénard sommeillait au-dessus d'une mer de pièces, où des piles restées debout, à moitié détruites, semblaient des maisons dont un fleuve débordé charrie les ruines ; et, plus loin, le blanc avait neigé à terre, on butait contre des banquises de serviettes, on marchait sur les flocons légers des mouchoirs. Mêmes ravages en haut, dans les rayons de l'entresol : les fourrures jonchaient les parquets, les confections s'amoncelaient comme des capotes de soldats mis hors de combat, les dentelles et la lingerie, dépliées, froissées, jetées au hasard, faisaient songer à un peuple de femmes qui se seraient déshabillées là, dans le désordre d'un coup de désir ; tandis que, en bas, au fond de la maison, le service du départ, en pleine activité, dégorgeait toujours les paquets dont il éclatait et qu'emportaient les voitures, dernier branle de la machine surchauffée. Mais, à la soie surtout, les clientes s'étaient ruées en masse ; là, elles avaient fait place nette ; on y passait librement, le hall restait nu, tout le colossal approvisionnement du Paris-Bonheur venait d'être déchiqueté, balayé, comme sous un vol de sauterelles dévorantes. Et, au milieu de ce vide, Hutin et Favier1 feuilletaient leurs cahiers de débit, calculaient leur tant pour cent, essoufflés de la lutte. Favier s'était fait quinze francs, Hutin n'avait pu arriver qu'à treize, battu ce jour-là, enragé de sa mauvaise chance. Leurs yeux s'allumaient de la passion du gain, tout le magasin autour d'eux alignait également des chiffres et flambait d'une même fièvre, dans la gaieté brutale des soirs de carnage.

Émile Zola, *Au bonheur des dames*, 1883.

**Plan proposé :**

**I.** La société de consommation suscite des sentiments ambivalents
- **a)** Une société du plaisir et de la possession
- **b)** Une société où l'abondance créée le désordre

**II.** La société de consommation génère des espoirs et des dérives révélateurs de la nature humaine
- **a)** L'espoir d'une société qui répond de façon égalitaire aux besoins humains
- **b)** Des dérives liées à la surconsommation et ses effets économiques et environnementaux

**CORRIGÉ**

La société de consommation suscite des sentiments ambivalents. Elle engendre d'abord une fascination évidente, un émerveillement devant la profusion et la satisfaction de la possession. Cette dimension du plaisir est présente dans la description d'Émile Zola avec cette expression d'un besoin d'assouvir un désir, « un coup de désir » (connotation charnelle), lors d'une journée de promotion dans les nouveaux temples de la consommation que constituent les grands magasins à la fin du XIXe siècle. C'est une société de plaisir où se multiplient de nouveaux biens et de nouveaux services, une société répondant à nos besoins. De fait, la société de consommation

1. Des employés.

permet d'assouvir un besoin de propriété qui structure les sociétés humaines. Elle ouvre aussi la voie à la société des loisirs.

Cependant, l'offre peut générer aussi un sentiment de désordre. Émile Zola trace un tableau assez apocalyptique de l'état du magasin Au Bonheur des dames après que les clientes ont eu quartier libre pour parcourir les rayons, essayer, abandonner ou acheter les articles qui leur faisaient envie. Il décrit un véritable champ de bataille où sont visibles les traces de la violence qui s'est déployée, un déferlement mis en relief par les hyperboles épiques, les comparaisons et plus généralement par le lexique relevant du désastre militaire ou naturel : « débâcle », « débandade », « déchiqueté », « carnage ». Cette envie de consommer est exacerbée aujourd'hui par la publicité, instrument de manipulation, qui conditionne les comportements et influence inconsciemment nos achats. Cette offre peut aussi provoquer de la frustration devant des désirs inassouvis. Les consommateurs sont mis en face de leur propre impuissance, les limites de leur pouvoir d'achat, qui les oblige à se restreindre, à se priver, voire à céder devant certaines tentations comme celle de recourir à des organismes de crédit. L'abondance voulue par la société de consommation entraine une hyperconsommation avec un immense gâchis de denrées. En France, chaque année, 20 kg de nourriture par habitant finissent à la poubelle : on jette des produits dits périmés (les dates limites de vente ne correspondant pas toujours à de réelles données scientifiques de nocivité), on achète trop, sans discernement, par peur de manquer comme l'a montré la réaction de certains consommateurs lors de la pandémie de 2020. La société de consommation a travesti nos modes de vie. C'est ainsi que Boris Vian dans sa chanson *La Complainte du progrès* montre que la relation amoureuse est régie par la possession de biens matériels et qu'elle se dégrade au profit de la conservation de ces biens matériels. Cette relation n'est que marchandage et le bonheur se résume à la possession d'objets de consommation. Cette société crée donc du désordre dans nos vies.

### 3. La conclusion

**CONSEILS**

Voici un rappel des étapes constitutives de la conclusion :
- tirer un bilan du développement (résumer l'apport de chaque grande partie) ;
- répondre par une phrase à la problématique ;
- donner une phrase d'ouverture possible.

**8 Dégagez les axes du texte et proposez des éléments de conclusion relativement à ce relevé.**

Le bonheur est beau à voir ; c'est le plus beau spectacle. Quoi de plus beau qu'un enfant ? Mais aussi il se met tout à ses jeux ; il n'attend pas que l'on joue pour lui. Il est vrai que l'enfant boudeur nous offre l'autre visage, celui qui refuse toute joie ; et heureusement l'enfance oublie vite ; mais chacun a pu connaître de grands enfants qui n'ont point cessé de bouder. Que leurs raisons soient fortes, je le sais ; il est toujours difficile d'être heureux ; c'est un combat contre beaucoup d'événements et beaucoup d'hommes ; il se peut que l'on y soit vaincu ; il y a sans doute des événements insurmontables et des malheurs plus forts que l'apprenti stoïcien ; mais c'est le devoir le plus clair peut-être de ne point se dire vaincu avant d'avoir lutté de toutes ses forces. Et surtout, ce qui me paraît évident, c'est qu'il est impossible que l'on soit heureux si l'on ne veut pas l'être ; il faut donc vouloir son bonheur et le faire.

Ce que l'on n'a point assez dit, c'est que c'est un devoir aussi envers les autres que d'être heureux. On dit bien qu'il n'y a d'aimé que celui qui est heureux ; mais on oublie que cette récompense est juste et méritée ; car le malheur, l'ennui, et le désespoir sont dans l'air que nous respirons tous ; aussi nous devons reconnaissance et couronne d'athlète à ceux qui digèrent les miasmes, et purifient en quelque sorte la commune vie par leur énergique exemple. Aussi n'y a-t-il rien de plus profond dans l'amour que le serment d'être heureux. Quoi de plus difficile à surmonter que l'ennui, la tristesse ou le malheur de ce que l'on aime ? Tout homme et toute femme devraient penser continuellement à ceci que le bonheur, j'entends celui que l'on conquiert pour soi, est l'offrande la plus belle et la plus généreuse.

Alain, *Propos sur le bonheur*, 1925.

CORRIGÉ

**• Axes du texte et liens possibles**

Dans cet extrait de *Propos sur le bonheur*, Alain affirme que le bonheur est une affaire de volonté. Selon lui, c'est un devoir d'être heureux.

– *Le bonheur, une quête universelle :* bien que difficile à définir dans la mesure où il est affaire individuelle, les hommes cherchent le bonheur. Il est « la fin de nos actions », écrit Aristote dans l'*Éthique à Nicomaque*, ce qui signifie qu'il est ce pour quoi nous agissons. Blaise Pascal, dans *Pensées*, précise : « Tous les hommes recherchent d'être heureux : cela est sans exception. »

– *Le bonheur, un devoir.* Si pour Alain, le bonheur est un devoir, il ne dépend pas que de la volonté personnelle, mais aussi du contexte social, politique et historique de la société dans chacun vit. Selon Freud (*Le Malaise dans la culture*, 1930), il est plus difficile de faire l'expérience du bonheur que celle du malheur. La souffrance nous menace : dans notre propre corps soumis à la douleur, l'angoisse, la déchéance et la mort ; du côté du monde extérieur, qui dispose de forces inexorables pour anéantir l'Homme ; enfin dans nos rapports avec les autres êtres humains.

– *Le bonheur ne s'achète pas, il se vit.* Selon Alain, « n'y a-t-il rien de plus profond dans l'amour que le serment d'être heureux. Quoi de plus difficile à surmonter que l'ennui, la tristesse ou le malheur de ce que l'on aime ? » Philippe Delerm (*Le Bonheur*, 2007), lui, trouve le bonheur dans les petits plaisirs de la vie et se demande s'il va durer. Or ce que notre société de surconsommation et matérialiste semble vouloir suggérer plutôt, c'est que le bonheur s'achète.

– *Le droit au bonheur.* Le bonheur est un devoir écrit Alain, mais peut-il être un droit ? Dans le monde du XXIe siècle, dans une société comme la nôtre, dont la base de la Constitution est la *Déclaration des droits de l'homme et du citoyen*, certains ne peuvent satisfaire à leurs besoins vitaux (droit au logement, à l'éducation…) pour pouvoir saisir le bonheur de vivre.

**• Éléments de conclusion**

Le philosophe s'efforce de montrer dans cet extrait que le bonheur dépend d'abord d'une disposition d'esprit, et que celle-ci relève de notre volonté individuelle. Plus encore, il est le devoir de tout un chacun : le bonheur doit se vivre.

Cette exhortation ne peut pas ne pas tenir compte des conditions de vie élémentaires qui font défaut à une grande partie de l'humanité. Elle nous invite à penser de manière proactive le droit à l'éducation, au logement, à la santé comme des biens élémentaires et partagés.

**9 Lisez le sujet ci-dessous. Puis rédigez la conclusion de l'analyse dont le plan succinct est fourni.**

Sujet : **Analysez les enjeux de l'éducation des femmes.**

Il est nécessaire que les femmes partagent l'éducation donnée aux hommes.

**1.** Pour qu'elles puissent surveiller celle de leurs enfants.

L'instruction publique, pour être digne de ce nom, doit s'étendre à la généralité des citoyens et il est impossible que les enfants en profitent si, bornés aux leçons qu'ils reçoivent d'un maître commun, ils n'ont pas un instituteur domestique qui puisse veiller sur leurs études dans l'intervalle des leçons, les préparer à les recevoir, leur en faciliter l'intelligence, suppléer enfin à ce qu'un moment d'absence ou de distraction a pu leur faire perdre.

Or, de qui les enfants des citoyens pauvres pourraient-ils recevoir ces secours, si ce n'est de leurs mères qui, vouées aux soins de leur famille, ou livrées à des travaux sédentaires, semblent appelées à remplir ce devoir ; tandis que les travaux des hommes, qui presque toujours les occupent au-dehors, ne leur permettraient pas de s'y consacrer ? Il serait donc impossible d'établir dans l'instruction cette égalité nécessaire au maintien des droits des hommes et sans laquelle on ne pourrait même y employer légitimement ni les revenus des propriétés nationales, ni une partie du produit des contributions publiques, si, en faisant parcourir aux femmes au moins les premiers degrés de l'instruction commune, on ne les mettait en état de surveiller celle de leurs enfants.

**2.** Parce que le défaut d'instruction des femmes introduirait dans les familles une inégalité contraire à leur bonheur.

D'ailleurs on ne pourrait l'établir pour les hommes seuls sans introduire une inégalité marquée, non seulement entre le mari et la femme mais entre le frère et la sœur et même entre le fils et la mère ; or, rien ne serait plus contraire à la pureté et au bonheur des mœurs domestiques. L'égalité est partout, mais surtout dans les familles, le premier élément de la félicité, de la paix et des vertus. Quelle autorité pourrait avoir la tendresse maternelle, si l'ignorance dévouait les mères à devenir pour leurs enfants un objet de ridicule ou de mépris ? On dira peut-être que j'exagère ce danger ; que l'on donne actuellement aux jeunes gens des connaissances que non seulement leurs mères, mais leurs pères mêmes ne partagent point, sans que cependant on puisse être frappé des inconvénients qui en résultent. Mais il faut observer d'abord que la plupart de ces connaissances, regardées comme inutiles par les parents et souvent par les enfants eux-mêmes, ne donnent aucune supériorité à leurs propres yeux ; et ce sont des connaissances réellement utiles qu'il est aujourd'hui question de leur enseigner. D'ailleurs, il s'agit d'une éducation générale, et les inconvénients de cette supériorité y seraient bien plus frappants que dans une éducation réservée à des classes où la politesse des mœurs et l'avantage que donne aux parents la jouissance de leur fortune empêchent les enfants de tirer trop de vanité de leur science naissante. Ceux, d'ailleurs, qui ont pu observer des jeunes gens de familles pauvres, auxquels le hasard a procuré une éducation cultivée, sentiront aisément combien cette crainte est fondée.

Condorcet, *Cinq mémoires sur l'instruction publique*, 1791.

**Plan proposé :**

**I.** Réflexions centrées sur le bien-être des femmes elles-mêmes

**a)** Délivrer aux femmes une éducation conforme à leur nature

**b)** Une éducation qui permet l'accès à l'instruction

**c)** L'équilibre d'une société : de jadis à maintenant

**II.** Réflexions dont l'objet est la société tout entière

**a)** Rôle des femmes au sein de la famille

**b)** Transmission des valeurs morales par la femme

**c)** Principe de l'égalité comme enjeu humain

**d)** L'évolution de la place des femmes dans l'histoire jusqu'à l'époque actuelle

CORRIGÉ

**Conclusion :** Les enjeux de l'éducation des femmes s'avèrent être doubles : s'ils paraissent concerner au premier chef les femmes, leur épanouissement et leur bien-être, ils ont aussi, et peut-être surtout, des répercussions sur l'organisation même de la société. L'éducation des femmes pour Condorcet est ainsi une nécessité permettant l'évolution de la société. L'auteur prend ainsi position en faveur des femmes privées d'éducation jusqu'alors.

Ce texte invite à prolonger la réflexion sur la scolarisation et l'éducation des filles et la place des femmes de nos jours, dans un monde où elles sont trop souvent victimes de stéréotypes sexistes et de discriminations qui violent leurs droits fondamentaux.

# CONVOQUER UNE CULTURE PERSONNELLE



Dans le cadre de cette épreuve, il est attendu du candidat qu'il convoque ses connaissances et sa culture personnelle afin de mener à bien « une réflexion suscitée par le texte à partir d'une question posée » (arrêté du 25 janvier 2021).

Il est donc fait appel à vos connaissances personnelles d'actualité mais également plus anciennes, telles que des connaissances littéraires, philosophiques, sociologiques, artistiques, faits de société.

Le débat ou la réflexion suscitée par le texte d'étude est susceptible de faire surgir des problématiques de société : plusieurs grandes thématiques se dégagent à partir desquelles vous pouvez vous interroger, construire votre culture. Nous vous proposons de les questionner en nous appuyant sur les axes de réflexion issus du cycle 4.



## FICHE 4 Agir sur le monde

### A Informer, désinformer

#### Objectifs

- Comprendre le rôle de l'information, ses auteurs et sa réception.
- Comprendre l'ironie et la satire et s'interroger sur leurs effets, le rôle des médias.

| Questionnement | Apports culturels : propositions de pistes |
| --- | --- |
| • **Les mass médias ont-ils un réel rôle d'information ?** | • **La presse :** dans les quotidiens comme *Le Monde*, *Libération*, *Médiapart*…, les informations données sont fortement documentées et font l'objet d'une véritable investigation. |
| • **Quel regard porter sur les réseaux sociaux ?**<br>De la contestation au culte de la personne (téléréalité) : Quel rôle jouent-ils ? | • **Les mouvements de dénonciation :**<br>– #MeToo ; #Balancetonporc sur les réseaux sociaux : ils dénoncent publiquement sans toujours vérifier les sources.<br>– La vague de contestation populaire contre les dictatures d'Afrique du Nord et du Moyen-Orient surnommée le « Printemps arabe » (2011) s'appuie sur un recours massif aux médias numériques. |
| • **Quel traitement de l'information ?**<br>Quel est le rôle des dessins de presse ? | • **Les caricatures** (leur rôle, leurs limites) : qui peut-on caricaturer ? Pour dire quoi ? Doit-on légiférer ? On peut également s'intéresser :<br>– aux dessins de presse qui rendent compte sous forme humoristique des informations (Nono, Cabu, Plantu, Wolinski…) ;<br>– aux caricaturistes comme Tomi Ungerer (écrivain de littérature de jeunesse) ou Honoré Daumier (1808-1879), dessinateur prolifique, auteur de plus de quatre mille lithographies, connu pour ses caricatures d'hommes politiques et ses satires du comportement de ses compatriotes. |

| Questionnement | Apports culturels : propositions de pistes |
|---|---|
| • **Informer ou manipuler ?** | • **La propagande :** les affiches antisémites de la Seconde Guerre mondiale cherchent à manipuler l'opinion générale (ce qui engendrera un nombre important de délations). Les discours de propagande tentent de faire réagir l'auditoire auquel ils s'adressent : comment et jusqu'à quel point ? |
| • **Informer ou dénoncer ?**<br>• **Que peut-on dénoncer ?** | • **Greta Thunberg** à l'origine d'un mouvement écologiste international. Elle a commencé par faire grève de l'école puis s'est adressée à la communauté politique |

## B L'individu et le pouvoir

### Objectifs

▸ Comprendre la notion d'engagement et de désobéissance : jusqu'où peut-on obéir ?
▸ Établir des liens entre l'information et l'engagement.

| Questionnement | Apports culturels : propositions de pistes |
|---|---|
| • **Jusqu'où peut-on, doit-on désobéir ?** | • **Les figures de grands résistants** (Jean Moulin, Charles de Gaulle) ont montré la nécessité de résister à l'oppression. Stéphane Hessel, ancien déporté invite à l'indignation (*Indignez-vous !*, 2010) contre l'écart entre les riches et les pauvres, contre la maltraitance faite aux sans-papiers, contre toute forme de dictature, contre les exactions menées contre la planète… |
| • **Comment dénoncer un pouvoir en place ?**<br>Quel est le rôle des artistes dans la prise de conscience individuelle ?<br>Peut-on tout dire ? Quel est le rôle du témoignage ?<br>Contestation et résistance : quelles différences ? | • **Émile Zola** n'hésite pas à s'adresser au pouvoir en place dans sa célèbre lettre « J'accuse » adressée au président de la République Félix Faure dans le journal *L'Aurore*.<br>• **Primo Levi**, écrivain juif, déporté à Auschwitz raconte l'horreur des camps d'extermination.<br>• **Stéphane Hessel**, résistant, déporté, ambassadeur, écrira toujours au nom de la liberté enjoignant ses contemporains à ouvrir les yeux.<br>• **Pierre Rabhi** est un paysan philosophe, engagé écologiquement.<br>• **Anaïs Nin, Simone de Beauvoir, Benoîte Groult** dénoncent le pouvoir masculin et revendiquent une émancipation. |
| • **Comment dénoncer les travers de la société par des formes d'expression particulières ?** | • **Certains artistes contemporains** comme les acteurs **Omar Sy, Jamel Debbouze** ou le poète **Grand Corps Malade** invitent à s'interroger sur les rapports humains, sur les fondements des droits humains.<br>• *Le Cri* (1893), œuvre expressionniste d'**Edvard Munch**, symbolise l'homme moderne emporté par une crise d'angoisse existentielle.<br>• Avec ***Guernica*** (1937), **Picasso** s'insurge contre la guerre d'Espagne : le bombardement de la ville de Guernica est ordonné par les nationalistes espagnols et exécutés par les troupes allemandes et italiennes.<br>• **Les films satiriques** peuvent également dénoncer.<br>Ex. :<br>– *Les Temps modernes* (1936) et *Le Dictateur* (1940) de **Charlie Chaplin** (sur le monde industrialisé et la montée du nazisme) ;<br>– *Docteur Folamour* (1964) de Stanley Kubrick (sur le « recyclage » de scientifiques allemands) ;<br>– *Orange mécanique* (1971) de Stanley Kubrick (sur la violence de la société moderne). |

| Questionnement | Apports culturels : propositions de pistes |
|---|---|
| | • **La chanson** peut également combattre ou rendre hommage.<br>Ex. :<br>– *Sunday bloody Sunday* (1983) de U2 (sur la guerre civile irlandaise) ;<br>– *Zombie* (1994) de The Cranberries (sur le conflit irlandais) ;<br>– *Imagine* (1971) de John Lennon (hymne pacifique et utopique) ;<br>– *Jaurès* (1977) de Jacques Brel ;<br>– *Aux armes et cætera* (1979) de Serge Gainsbourg ;<br>– *La Corrida* (2000) de Francis Cabrel (bien-être animal) ;<br>– *Lily* (1994) de Pierre Perret (racisme et intégration des étrangers) ;<br>– *Respire* (2003) de Mickey 3D (message écologique).<br>• **Les auteurs de jeunesse** écrivent des ouvrages à destination d'un jeune public pour les faire réagir.<br>Ex. : *Il faut désobéir : la France sous Vichy*, de Didier Daeninckx et Pef (2002).<br>• **La poésie** peut aussi être une arme.<br>Ex. : Dans *Les Enfants d'Izieu*, Rolande Causse (1989) relate la rafle des enfants juifs de la maison d'Izieu puis leur extermination à Auschwitz. Cette poésie en vers libres dénonce la barbarie.<br>• **L'artiste Jacques Monory** propose une sérigraphie insérant cette célèbre phrase du Marquis de Sade : « L'insurrection doit être l'état permanent de la République. » |
| • **L'humour peut-il tout permettre ?** | • **On peut dénoncer avec l'humour**. La devise de **Molière** était : *Castigat ridendo mores* (« châtier les mœurs en riant »). Ses comédies peignent les vices, les travers et les ridicules de ses contemporains. *L'Avare*, *Le Misanthrope*, Le Médecin malgré lui, sont une critique de certaines dérives sociales comme l'avarice ou l'ignorance des médecins, ou une dénonciation des relations hypocrites entre les hommes. |

## C Le rôle les personnages (héros/héroïne) dans la construction du lecteur

**Objectif :** Comprendre le symbole des personnages fictifs, leur portée, l'impact qu'ils peuvent avoir sur les jeunes lecteurs/spectateurs.

| Questionnement | Apports culturels : propositions de pistes |
|---|---|
| • **Quelles idées défendent-ils ? récusent-ils ?** | • **Daniel Defoe**, *Robinson Crusoé* (1719) : le héros, après son naufrage sur une île déserte, vit peu à peu en symbiose avec son univers sauvage, recréant ses propres règles de civilisation. |
| • **Quelle image renvoient-ils ? Que représentent-ils ?** | • **Émile Zola**, *Germinal* (1885) : un mineur s'indigne contre les conditions de travail dans les mines au XIX$^{e}$ siècle.<br>• **Les personnages d'Enki Bilal** (auteur de BD) : personnages de science-fiction qui repoussent leurs propres limites dans un monde futuriste.<br>• **Des films de science-fiction** : *Hunger Games* (2012-2015) et *Divergente* (2014) mettent en scène des héros/héroïnes qui contestent un pouvoir, qui dénoncent des clivages… |

| Questionnement | Apports culturels : propositions de pistes |
|---|---|
| • **Quelles relations entretiennent-ils avec la société ?**<br>• **Quelle réception le lecteur fait-il du personnage ?**<br>Jusqu'où le lecteur peut-il s'identifier ou, au contraire, quelle distance se crée, permettant une réflexion ? | • **Les héros/héroïnes des dessins animés :** dans les films des studios Disney, Cendrillon ou la Reine des neiges ne renvoient pas les mêmes représentations de la femme et du pouvoir. On peut aussi évoquer l'évolution de l'image de la princesse.<br>Superman, héros de *comics* américains des années 1930-1940, représente le héros qui prend la défense des faibles, il lutte pour les valeurs morales. C'est le chevalier des temps modernes : brave et moral. |
| • **Comment réécrire les contes et les récits pour les actualiser ?** | • **La réception d'une œuvre** varie selon l'époque, les connaissances encyclopédiques du lecteur.<br>Ex. :<br>– *Les Fables* de Jean de La Fontaine, écrites au XVII^e^ siècle, dénoncent une hypocrisie du pouvoir. La forme versifiée, les images utilisées servent à atténuer les propos et masquer les personnes visées. Au XXI^e^ siècle, la lecture des fables résonne différemment même si les morales restent d'actualité ;<br>– certains titres d'ouvrages issus d'une autre époque sont mal reçus par nos contemporains tels *Les Dix petits nègres* d'Agatha Christie rebaptisé *Ils étaient dix* parce que le titre est considéré comme outrageant (*cancel culture*). |

# FICHE 5 Se chercher, se construire

## A La quête de soi, le bonheur

### Objectifs

- S'interroger sur le sens de la vie, ses valeurs, le sentiment de bien-être.
- Comprendre qui on est pour mieux savoir où l'on va, pour donner un sens à sa vie, être heureux.

| Questionnement | Apports culturels : propositions de pistes |
| --- | --- |
| • **La quête de soi : se chercher et/ou se construire ?**<br><br>*Se chercher* : une logique d'exploration et de découverte de l'inconnu propice à la quête, au voyage, au détour, à la digression, voire à la transgression.<br><br>*Se construire* : une logique de « faire œuvre », de dégager ses propres fondations, la charpente de son être intérieur. | • **La quête de soi, objet même de la philosophie :** une démarche de réflexion critique et de questionnement de l'existence humaine, de la connaissance, du monde.<br>– Depuis l'Antiquité, avec **Socrate** et « Connais-toi toi-même » (Ve siècle av. J.-C.) : se connaitre soi-même, c'est savoir donner le meilleur de soi, au double sens de faire le bien et d'être heureux.<br>– Jusqu'à l'époque contemporaine avec **Jean-Paul Sartre**, *L'Être et le Néant* (1943) : l'homme est condamné à être, il est libre, il doit faire des choix et les assumer. |
| • **À quoi obéissent les mobiles de la quête de soi ? (Insatisfaction, curiosité, sentiment d'inanité ou d'angoisse…)**<br><br>*Se chercher* oppose le choix du perpétuel recommencement, du contingent, en somme du refus de l'absolu.<br><br>*Se construire* implique l'espoir peut-être vain de complétude. | • **La quête de soi en littérature** (l'alter ego, le double, autrui, l'autobiographie, le voyage et l'aventure (voir les parties B à D ci-dessous).<br><br>• **La quête de soi et l'expression artistique :**<br>– **la peinture :** le portrait, un élément incontournable dans les diverses œuvres, met à jour l'inquiétude existentielle, le doute et la quête d'identité de l'artiste, et s'impose comme l'expression d'une connaissance intime (ex. : Edvard Munch, *Le Cri*, 1893 : un personnage effrayé, une représentation de la propre angoisse existentielle de l'artiste) ;<br>– **les chansons :** dans toutes les époques (ex. : le rap avec Oxmo Puccino, Booba, NTM, Grand Corps Malade…). La société n'a jamais été autant soucieuse de permettre à chaque individu de trouver sa voie et sa voix : « Chacun sa route, chacun son chemin, passe le message à ton voisin » (Tonton David) ;<br>– **le cinéma :** *Thelma et Louise* de Ridley Scott (1991) met en scène deux femmes à la recherche de leur accomplissement personnel. Les deux principaux personnages sont confrontés à des évènements qui les poussent à choisir une autre vie, leur vie.<br><br>• **La quête de soi et les phénomènes sociétaux :** les conduites transgressives adolescentes (fumer, fuguer, s'opposer), penser le « soi » entre généricité et unicité. |

RÉFLEXION ET DÉVELOPPEMENT

| Questionnement | Apports culturels : propositions de pistes |
|---|---|
| • **Le bonheur, être heureux**<br><br>Le bonheur est-il une utopie, un idéal inaccessible ?<br><br>N'y a-t-il de bonheur que dans l'instant ?<br><br>Qu'est-ce qu'être heureux ?<br><br>Dépend-il de nous d'être heureux ? | • **Le « bonheur » exploité par la société de consommation :**<br>– **des bestsellers** (littérature populaire) : Don Miguel Ruiz, *Les Quatre Accords toltèques, la voie de la liberté personnelle* (2016), Paulo Coelho, *Sur le bord de la rivière Piedra, je me suis assise et j'ai pleuré* (1994) ;<br>– **les « magiciens du bonheur » :** l'évolution spirituelle promise par différents groupes ou organisations (le *New Age* et autres groupes de développement personnel).<br>Ce qui pose question : cette frénésie ne pousse-t-elle pas à renoncer à la mobilisation, à la révolte ? Ne tue-telle pas la volonté politique, ne désactive-t-elle pas notre engagement ?<br><br>• **Le bonheur, une thématique toujours d'actualité :**<br>– **Woody Allen** (réalisateur, acteur et auteur américain) : « Qu'est-ce que je serais heureux si j'étais heureux » ;<br>– **André Comte-Sponville**, *Le Bonheur, désespérément* (2000) : « Nous sommes séparés du bonheur par l'espérance même qui le poursuit. »<br><br>• **Le bonheur dans la peinture :**<br>– **Auguste Renoir**, qui peint le bonheur d'un instant et saisit les moments les plus chaleureux de la vie : *Jeunes Filles au piano* (1892), *Le Déjeuner des Canotiers* (1880-1881), *Bal du moulin de la Galette* (1876) ;<br>– **les impressionnistes**, témoins de l'intérêt que les artistes portent dans le spectacle de la vie moderne et de la société du XIXe siècle : Henri-Edmond Cross, « Je voudrais peindre du bonheur » (1893) ;<br>– **Pablo Picasso**, *Deux femmes courant sur la plage* (1922), *Joie de vivre* (1946). |

## B L'alter ego, le double, autrui

### Objectifs

- Poursuivre la réflexion sur la quête et la construction de soi (lien direct).
- La médiation de l'autre complète la dynamique de la quête de soi, apparemment autocentrée.
- La quête intime n'est pas que lecture de soi à travers soi, elle s'opère aussi à travers l'autre que l'on rencontre, que l'on imite, que l'on affronte, que l'on désire…

| Questionnement | Apports culturels : propositions de pistes |
|---|---|
| • **Doit-on attendre d'autrui qu'il apporte une vérité sur soi-même ?** | • **La quête de l'autre comme quête de soi en littérature :** la construction identitaire de soi à travers l'autre est un thème récurrent en littérature :<br>– **Patrick Modiano**, *Dora Bruder* (1997) : la période de l'Occupation et la situation des juifs à Paris, thème récurrent de son œuvre ;<br>– **Emmanuel Carrère**, *L'Adversaire* (2000) : le récit a pour sujet l'affaire Romand (Jean-Claude Romand s'est inventé une identité et a tué sa famille par peur de devoir affronter la vérité) ;<br>– **Marguerite Yourcenar**, *Mémoires d'Hadrien* (1951) : le destin individuel de l'empereur Hadrien est imbriqué dans le destin collectif. Écrivant sur soi, il poursuit son désir de connaissance et s'interroge aussi sur l'Autre ; |

| Questionnement | Apports culturels : propositions de pistes |
|---|---|
| | – **Florence Aubenas**, *Le Quai de Ouistreham* (2010) : la journaliste vit la vie d'une chômeuse ayant le Bac à la recherche d'un emploi. Le récit plonge dans le monde de la précarité ;<br>– **Gaël Faye**, *Petit Pays* (2016) ;<br>– **Louis-Ferdinand Céline**, *Voyage au bout de la nuit* (1932) ;<br>– **Édouard Louis**, *Qui a tué mon père* (2018) ;<br>– **Jean-Paul Sartre**, *L'Être et le Néant* (1943) : la découverte d'autrui est contemporaine de la découverte de soi. Dans tous les cas, on a besoin de l'autre pour se construire, pour exister. |
| • **L'alter ego, le double, l'écho, mais aussi l'ennemi, l'étranger, nous éprouvent et nous révèlent à nous-mêmes.**<br><br>• **Est-ce cet autre soi-même qui nous engage à la rupture, à l'émancipation, à l'affranchissement ?** | • **Le double, l'alter ego :**<br>– **l'autoportrait** n'est pas une forme artistique propre à la peinture : on trouve aussi des autoportraits en dessin, dans la photographie (**Robert Doisneau**, **Man Ray**, **Robert Mapplethorpe** ou encore **Raymond Depardon**). En peinture, les évènements difficiles qui ont mené l'artiste **Frida Kahlo** à la peinture, ont aussi brisé son identité. Elle s'est créé un personnage, un double, au travers de ses multiples autoportraits. Dans *L'Adoration des mages* (1475-1476), le peintre **Botticelli** s'est représenté à la droite du tableau, le regard dirigé vers le spectateur. L'autoportrait devient progressivement un outil d'introspection pour le peintre : la série d'autoportraits de **Rembrandt** au XVIIe siècle ; au XIXe siècle, **Vincent van Gogh** y évoque certains événements de sa vie comme dans l'*Autoportrait à l'oreille bandée* (1889), une référence à un acte d'automutilation (dans un accès de délire, le peintre s'était coupé une oreille) ; à la même époque, **Paul Gauguin** peint son *Autoportrait au Christ jaune* (1890 ou 1891) ; près de deux siècles plus tard, **Norman Rockwell** fera lui aussi un triple autoportrait « racontant » son identité ;<br>– en littérature : **Haruki Murakami**, *Autoportrait de l'auteur en coureur de fond* (2007) : autoportrait de l'écrivain qui puise son inspiration dans la course à pied ;<br>– des chansons : **Grand Corps Malade**, *Avec eux* (2008) ; **Stromae**, *Carmen* (2013) ; **Serge Reggiani**, *Le Vieux Couple* (1972). |
| • **La relation à autrui : une richesse ou une menace ?**<br><br>*Comprendre* la complexité des relations avec l'autre, des attachements et des tensions, en mesurer les enjeux.<br><br>*S'interroger* sur le sens et les difficultés de la conquête de l'autonomie au sein du groupe ou contre lui. | • **En littérature :**<br>– **Alain-Fournier**, *Le Grand Meaulnes* (1913) ;<br>– **Fred Uhlman**, *L'Ami retrouvé* (1971) ;<br>– **Azouz Begag**, *Le Gone du Chaâba* (1986). |

# C Le voyage et l'aventure

## Objectifs

▸ S'interroger sur les buts du voyage et les formes qu'il peut prendre.
▸ Aller vers l'inconnu, n'est-ce pas aller vers soi-même ?

| Questionnement | Apports culturels : propositions de pistes |
| --- | --- |
| • **Quelles formes peut prendre le voyage ? Qu'apporte-t-il ?** | • Des chansons : **Black M**, *Sur ma route*, « Sur ma route, j'ai eu des moments de doute, j'marchais sans savoir vers où » (2014) ; **The Clash**, *Shoud I stay or should I go* (1981).<br><br>**À chacun son voyage…** (Les formes peuvent par ailleurs s'entrelacer.) |
| Le voyage touristique | • Le périple, l'évasion, l'exotisme : imaginaires touristiques nourris par les stéréotypes que l'on rencontre dans les guides touristiques et les catalogues d'agences de voyages. |
| L'aventure | • L'exploration, l'expédition, la découverte. L'aventure sous-entend l'épreuve, l'accomplissement de soi :<br>– des récits de navigateur et navigatrice ; **Bernard Moitessier**, *Vagabond des mers du sud* (1960) ; **Isabelle Autissier**, *Seule la mer s'en souviendra* (2009) ;<br>– un album de photographies : **Thomas Pesquet**, *Terre(s)* (2017) ;<br>– un récit autobiographique : **Sylvain Tesson**, *Dans les forêts de Sibérie* (2011) ;<br>– un film : **Jean-Marc Vallée**, *Wild* (2014) ;<br>– **les robinsonnades** en littérature. |
| La migration | • L'exil, l'exode, la quête :<br>– **des chansons** : Laurent Voulzy, *Belle-Île-en-mer, Marie-Galante* (1986) ; Nino Ferrer, *Le Sud* (1975) ; Pierre Perret, *Lily* (1977) ;<br>– **en littérature** : un exil peut-il être heureux ? Dans *Eldorado* (2006), le personnage de **Laurent Gaudé** mesure la douleur de partir. Dans son recueil de poèmes *Les Regrets* (1553), **Joachim du Bellay** relate la douleur de son séjour prolongé à Rome. **Ovide**, dans sa correspondance avec son ami Rufin, regrette la terre dont on l'a éloigné (*Pontiques*, 13 ap. J.-C.). La bande dessinée *L'Odyssée d'Hakim* (2018), de **Fabien Toulmé**, raconte l'histoire vraie d'un réfugié.<br>Malgré les attentes et les aspirations que chacun cherche et qu'il peut trouver dans un ailleurs volontaire ou imposé, l'exil s'avère toujours une source de souffrance intime. |
| Le voyage intérieur | • Le voyage initiatique :<br>– **un récit spirituel : Jean-Christophe Rufin**, *Immortelle randonnée, Compostelle malgré moi* (2013). Le chemin de Saint-Jacques de Compostelle entraine l'auteur dans un pèlerinage vers sa propre vérité et son rapport au monde ;<br>– **un retour à l'essentiel** : dans *Le Partage des eaux* (1953), d'**Alejo Carpentier**, Yannes, le chercheur d'or grec, emporte partout avec lui l'*Odyssée* d'Homère. |

| Questionnement | Apports culturels : propositions de pistes |
| --- | --- |
| • Le récit de voyage | • **Le refuge (l'utopie, l'âge d'or, l'éden) ; la quête** (comme dans *Le Chercheur d'or* de Jean-Marie Gustave **Le Clézio**, 1985).<br><br>• **Des formes de voyages : la promenade, l'école buissonnière, le voyage éducatif, le vagabondage.**<br>Ex. :<br>– **Robert Louis Stevenson**, *Voyage avec un âne dans les Cévennes*, (1879). Entre réflexions personnelles et considérations générales, le périple poétique accompli dans les Cévennes par l'écrivain accompagné d'un âne sur lequel il ne montera jamais.<br>– *Antoinette dans les Cévennes* (2020), film de **Caroline Vignal**.<br><br>• Comme les exemples ci-dessus le montrent, le récit de voyage est un genre littéraire protéiforme dans lequel le voyage occupe une part importante du récit. Il comporte souvent une dimension symbolique. |

## D L'autobiographie

**Objectif :** Comprendre le sens des écritures en « je » : que permettent-elles ?

| Questionnement | Apports culturels : propositions de pistes |
| --- | --- |
| • Les enjeux de l'autobiographie : analyse ? témoignage ? | • L'autobiographie, le récit en « je », fait écho aux expériences communes à tous les humains.<br>• **Les buts de l'autobiographie :**<br>– se connaitre soi-même, comprendre : **Socrate**, « Connais-toi toi-même » ; **Michel Leiris**, *L'Âge d'homme* (1939) ; **Jean-Paul Sartre**, *Les Mots* (1964) ;<br>– se souvenir, retrouver le paradis perdu de l'enfance : **Nathalie Sarraute**, *Enfance* (1983) ; **Daniel Pennac**, *Chagrin d'école* (2007) ; **Anny Duperey**, *Le Voile noir* (1992) ; **Albert Cohen**, *Le Livre de ma mère* (1954) ; la chanson *Mon vieux* (la version de **Daniel Guichard**, 1974) ;<br>– se justifier : dans *Les Confessions* (1782), **Jean-Jacques Rousseau** rédige un plaidoyer contre ce dont on l'accuse. |
| • Quelles formes peut prendre l'autobiographie ? | • **Les mémoires** servent à retracer l'histoire de la vie, les grands évènements : **Charles de Gaulle**, *Mémoires de guerre* (1954).<br>• **Le journal intime** permet de se raconter à soi-même : **Anne Franck**, *Le Journal d'Anne Franck* (1947) ; **Stéphanie MacCarthy**, *Mon journal top secret* (2000).<br>• **La correspondance personnelle** s'ouvre aux autres : **Albert Camus** et **Maria Casarès**, *Correspondance* (1944-1959) (2017) ; **Vincent van Gogh**, *Lettres à Théo* (1914).<br>L'écriture autobiographique pose le problème de la vérité, de la sincérité. |
| • Les effets de l'exposition de soi, de l'exhibition de l'intimité | • À la lumière de l'écriture de soi apparaissent des notions fondatrices telles que celles du moi et du sujet, de l'intimité et du secret, de la scène publique et de la scène privée.<br>• Avec comme corollaire l'exhibition de l'intimité : **Christine Angot**, *L'Inceste* (1999) ; **Catherine Millet**, *La Vie sexuelle de Catherine M.* (2001) ; **Annie Ernaux**, *Passion simple* (1992). |

# FICHE 6 Vivre en société : le regard porté sur le monde

## A Vivre avec les autres : la famille, les amis, le groupe social

**Objectif :** S'interroger sur la complexité des relations avec autrui (attachements et tensions) et sur le sens et les difficultés de la conquête de l'autonomie au sein du groupe ou contre lui.

| Questionnement | Apports culturels : propositions de pistes |
| --- | --- |
| • **Comment le cercle familial permet-il une première rencontre avec l'autre ?**<br><br>L'enfance<br><br>Les enfances singulières | *Littérature*<br>• **De nombreux poètes** ont écrit sur l'enfance et son univers : l'école, la maison, la mère (ex. : Maurice Carême, Jacques Prévert, Corine Albaut, Jacques Charpentreau, Robert Gélis, René Guy Cadou).<br><br>• **Des enfances singulières :**<br>– **Jean-Jacques Rousseau** écrit ses *Confessions* (1782) afin de justifier l'abandon de ses enfants et pourquoi il ressent un sentiment profond d'injustice. L'incompréhension dont, adulte, il se sent victime fait écho à un souvenir : celui de l'épisode d'un peigne cassé, incident dont il fut accusé à tort. Dans ses œuvres philosophiques, il analyse avec sévérité les rapports que les adultes éducateurs autoritaires entretiennent avec les enfants ;<br>– **Jean-Paul Sartre**, dans *Les Mots* (1963), relate comment il a perdu le regard des autres en sacrifiant chez le coiffeur ses belles boucles blondes, pour ensuite se consacrer à l'écriture et retrouver son prestige aux yeux des adultes ;<br>– *La Clarisse* (2000) de **David Dumortier** est un recueil en prose, à la fois poétique et sociologique, mettant en scène la famille de la petite Clarisse, huit ans, qui dépeint avec humour la mise à l'écart des plus pauvres et leur mode de vie considéré comme incongru par leur voisinage. Dans *Des oranges pour ma mère* (2012), le même auteur expose le vécu des enfants dont la mère est incarcérée et les émotions qui en résultent ;<br>– **la littérature de jeunesse**, ces dix dernières années, aborde des thématiques telles que le divorce ou la famille élargie, en prise avec les changements de société ;<br>– **des contes de fée**, comme *Hansel et Gretel* ou *Le Petit Poucet*, racontent l'histoire d'enfants abandonnés.<br><br>• **L'éducation des filles :** *Correspondance de Napoléon Ier* (vol. 7, du 25 juillet 1806 au 31 mars 1807), rééditée par la Bibliothèque des introuvables (1re édition : 1869) ; **Simone de Beauvoir**, *Mémoires d'une jeune fille rangée* (1958). À un siècle d'intervalle, ces deux textes montrent que les filles doivent recevoir une éducation pour tenir, en tant que femmes, la place qui leur est assignée dans l'ordre social à l'époque qui est la leur : bonnes épouses et mères (pour Napoléon), instruites au mieux pour aspirer à devenir fonctionnaire pour le père de Simone de Beauvoir, et non pour briguer les grandes écoles scientifiques.<br><br>*Cinéma*<br>• **François Ozon**, *Potiche* (2010) : comédie de mœurs sur le sexisme, ou comment une femme « potiche » décide de prendre, avec succès, la direction de l'entreprise de son mari. |

| Questionnement | Apports culturels : propositions de pistes |
|---|---|
| | • **Régis Roinsard**, *Populaire* (2012) : ce film traite du stéréotype de la femme entrant dans le milieu professionnel (une dactylographe) dans les années 1960.<br>• **Martin Provost**, *La Bonne Épouse* (2020) : présente la vie dans une école ménagère pour jeunes filles juste avant 1968, afin de leur apprendre à être de bonnes épouses et de bonnes mères. |
| • **Comment la famille est-elle un lieu assurant la sécurité affective ?** | ***Littérature***<br>• Dans *L'Art d'être grand-père* (1877), **Victor Hugo** se montre avant tout comme un homme attachant dont les poèmes illustrent son amour pour ses deux petits-enfants.<br>• La petite fille dépeinte par **Nathalie Sarraute** dans *Enfances* (1983), dit ouvertement son amour à son père, se réjouit d'un ballon que ce dernier lui donne et accède, par son ballon tenu fermement, à un bonheur complet.<br>• *Le Livre de ma mère* (1954), d'**Albert Cohen**, est un hommage aux mères, l'auteur évoquant une femme pleine de courage, de bonté, et d'amour.<br>• **Marcel Pagnol,** dans *La Gloire de mon père* (1957) et *Le Château de ma mère* (1957), dépeint une enfance heureuse auprès de ses parents qu'il vénère.<br>• La famille garantit la sécurité affective mais aussi financière dans la fable « Le Laboureur et ses enfants » (1668) de **Jean de La Fontaine**.<br>• *Les Buddenbrook* (1901), de **Thomas Mann**, retrace le lent déclin d'une dynastie de négociants dans l'Allemagne du XIXe siècle. Le cycle romanesque *La Chronique des Pasquier* (1933-1944), de **Georges Duhamel**, décrit à l'inverse l'ascension sociale de bourgeois français de la fin du XIXe siècle à 1930. Ces deux livres peuvent être confrontés car il existe entre eux une similitude liée à l'interdépendance des membres de la famille. |
| • **Comment la famille est-elle aussi un espace d'opposition ?** | ***Littérature***<br>• *Roméo et Juliette* (1597), de **William Shakespeare**, n'est pas seulement un hymne à l'amour. La pièce montre aussi comment l'opposition de la famille aux choix de l'individu peut conduire au mal-être et à une fin néfaste.<br>• *Poil de Carotte* (1894), de **Jules Renard**, roman autobiographique, raconte les déboires d'un garçon roux mal-aimé et humilié par sa sœur, son frère, une mère qui le hait et un père indifférent.<br>• La pièce *Les Séquestrés d'Altona* (1959), de **Jean-Paul Sartre**, met en scène de très nombreux membres d'une famille qui se déchirent, se détestent mutuellement et sont victimes tour à tour d'un conflit permanent.<br>• Le personnage du roman d'**André Gide**, *Les Nourritures terrestres* (1897), rejette avec mépris l'éducation et la famille et se dresse contre toute forme d'attachement et de possessions pour prôner le retour à une vie sauvage et pleine de dénuement : « Familles, je vous hais ! ».<br>• **La littérature de jeunesse** s'est emparée aussi du thème des relations familiales conflictuelles :<br>– certaines nouvelles de **Bernard Friot** évoquent des problématiques comme la violence ou l'inceste (*La Machine à laver*) ou les jalousies fraternelles (*Zoo, Roxy*) ;<br>– le conte d'**Anderson**, *Le Vilain Petit Canard*, évoque l'exclusion.<br><br>***Sociologie***<br>• Certaines oppositions familiales sont très médiatisées comme les problèmes de succession de **Johnny Hallyday** entre sa dernière femme et ses deux premiers enfants, ou ceux de la famille **Bettencourt** (mère-fille). |

RÉFLEXION ET DÉVELOPPEMENT

| Questionnement | Apports culturels : propositions de pistes |
|---|---|
| • **Comment construire sa personnalité dans un groupe ?**<br><br>Paraître, se soumettre, ou s'opposer.<br><br>Chaque individu appartient à une famille, un groupe social et culturel, un pays, une communauté qui le construit et forge son destin. | ***Littérature***<br>• **François Rabelais** dans *Gargantua* (1534) montre que si l'enfant est d'abord un être sensuel, il se tourne ensuite vers l'adulte (ses professeurs) qui permet le développement de son esprit.<br>• Dans un des textes du recueil *Illuminations* (1886), **Arthur Rimbaud** vante les capacités imaginatives de l'enfant : vives les premières années, elles sont plus tard étouffées par les règles et les obligations sociales.<br>• Dans *Dialogues, Rousseau juge de Jean-Jacques* (1782), **Jean-Jacques Rousseau** dénonce le pouvoir du groupe face à l'écrivain.<br>• Dans *La Belle Adèle* (2010), **Marie Desplechin** évoque son quotidien au collège dans lequel « la différence est un défaut, l'originalité une tare » et où finalement « la pire erreur consiste à se faire remarquer ». Elle y dénonce des attitudes de harcèlement d'élèves au sein du collège.<br>• Dans « Le Grand Michu », extrait des *Nouvelles* (1874) d'**Émile Zola**, la majorité des élèves jugent immangeable la nourriture qu'on leur sert dans leur collège. Le Grand Michu, un fils de paysans, accepte d'être à la tête de la révolte.<br><br>***Peinture***<br>• *Les Ménines* (1656), de **Diego Vélasquez**, met en scène une famille que l'on exhibe socialement, celle de Philippe IV.<br><br>***Humour***<br>• Dans son sketch *Le Blond* (2007), le personnage joué par **Gad Elmaleh** développe un sentiment d'infériorité devant une représentation d'un être social parfait.<br>• **Florence Foresti** dénonce certains stéréotypes sur la maternité dans les sketchs de son spectacle *Mother Fucker* (2009).<br><br>***Sociologie***<br>• La nécessité d'appartenir à un groupe et d'exister au sein d'une communauté (parfois virtuelle) peut conduire aux pires dérives. Des campagnes de prévention sont organisées pour lutter contre le harcèlement au travail, à l'école et sur les réseaux sociaux. |
| • **Comment vivre avec les autres quand on est différent ?**<br><br>Répondre ou non aux stéréotypes du genre.<br><br>L'homosexualité | ***Littérature***<br>• *Avec Mehdi met du rouge à lèvres* (2006), **David Dumortier** s'intéresse aux stéréotypes du genre et met en scène, à travers des poèmes en prose, un petit garçon qui aime se travestir. L'ouvrage est un plaidoyer pour la tolérance et contre les discriminations sexuées.<br>• C'est « ce petit marmot qui fera le bonheur de toute la famille » : *Le Petit Poucet* (1697) de **Charles Perrault**.<br><br>***Humour***<br>• **Florence Foresti** avec ses sketchs : *J'aime pas les garçons et les filles* ; *J'aime les garçons et les filles.*<br><br>***Cinéma***<br>• Le cinéma est à la fois un vecteur de clichés en imposant de nouveaux « personnages » sur les écrans et un média permettant de lutter contre les stéréotypes concernant l'homosexualité (*Billy Elliot*, 1999 ; *La Vie d'Adèle*, 2013 ; *120 battements par minute*, 2017) et portant aussi le sujet de la transidentité (*Tomboy*, 2011 ; *Miss*, 2020). |

| Questionnement | Apports culturels : propositions de pistes |
|---|---|
| Le handicap | • Dans *Rain Man* (1988), de **Barry Levinson**, un homme rencontre son frère souffrant du syndrome d'Asperger.<br>• *Le Huitième Jour* (1996), de **Jaco Van Dormael**, relate la rencontre d'un homme seul avec une personne en situation de handicap mental.<br>• *Rouge comme le ciel* (2006), de **Cristiano Bortone**, retrace la jeunesse de Mirco Mencacci, l'un des grands ingénieurs du son du cinéma italien qui, suite à un accident, devient aveugle à l'âge de 10 ans. Le film retrace le parcours difficile des enfants handicapés en institut spécialisé dans les années 1970.<br>• *Hors Normes* (2019), d'**Olivier Nakache** et **Éric Toledano**, met en scène deux éducateurs s'occupant de personnes autistes.<br><br>***Chanson***<br>• *Ceux que l'on met au monde* (1999), de Linda Lemay, évoque l'enfant « spécial ».<br><br>***Législation***<br>• La **loi du 11 février 2005** favorise l'intégration scolaire en posant le principe de la scolarisation dans l'établissement pour les enfants handicapés. |
| • **L'amitié est-elle nécessaire pour se construire ?** | ***Littérature***<br>• Dans ses *Essais* (1580-1592), **Montaigne** narre son amitié avec La Boétie.<br>• **Jean de La Fontaine** fait l'éloge de l'amitié au travers de sa fable « Les Deux Amis » (1678).<br>• *Les Illusions perdues* (1837-1843) de **Balzac** : deux poètes liés par une amitié profonde.<br>• *Les Trois Mousquetaires* (1844), d'**Alexandre Dumas**, narre l'histoire de d'Artagnan et des trois mousquetaires du roi Louis XIII : Athos, Porthos et Aramis, qui vont s'opposer au Premier ministre, le cardinal de Richelieu.<br>• *Le Grand Meaulnes* (1913), d'**Alain-Fournier**, retrace l'histoire d'Augustin, racontée par son ancien camarade de classe François Seurel.<br>• **John Steinbeck** dans *Des souris et des hommes* (1937) raconte l'histoire de deux amis d'enfance pendant la Grande Dépression des années 1930.<br>• Dans *Feuillets d'Hypnos* (1943-1944), le poète **René Char** revient sur quelques épisodes marquants de son expérience de résistant et soutient que « l'amitié est aussi ce qui nous rend semblables et égaux ».<br>• *L'Ami retrouvé* (1971), de **Fred Uhlman**, raconte l'amitié entre le narrateur, fils d'un médecin juif, et un jeune aristocrate pendant la montée du régime nazi à Stuttgart.<br>• Pour le moraliste antique **Plutarque** (vers 46 ap. J.-C, vers 125 ap. J.-C), dans *De l'inconvénient d'avoir trop d'amis*, l'amitié apporte peines et désillusions répétées.<br>• L'amitié est un des thèmes privilégiés de la **littérature de jeunesse** depuis la petite enfance : *Amis* (2019) de **Grégoire Solotareff**, *Ami-Ami* de **Rascal** et **Stéphane Girel** (2002)…<br><br>***Peinture***<br>• Le sentiment est célébré par **Pablo Picasso** dans son œuvre *L'Amitié* (1908).<br><br>***Chansons***<br>• *You're my best friend* (1976) de **Queen**, *Les Amis* (2015) de **Julie Zenatti**, *L'Autre* (1991) de **Mylène Farmer**, *Pas d'amis comme toi* (1991) de **Stephan Eicher**, *Les Amis* (2016) de **Christophe Maé**. |

| Questionnement | Apports culturels : propositions de pistes |
| --- | --- |
| • **Les réseaux sociaux nous permettent-ils de mieux vivre avec les autres ?**<br><br>Un développement accru des liens sociaux.<br><br>Des relations superficielles, parfois non respectueuses des autres. | • Les réseaux sociaux sont un incroyable moyen de démultiplier ses contacts et les retrouvailles avec des personnes perdues de vue. Création de groupes d'intérêt.<br>• Nous sommes plusieurs milliards de personnes à utiliser les réseaux sociaux, mais ces derniers sont souvent décriés comme tissant des liens superficiels et conduisant à des publications issues de réactions immédiates, souvent peu réfléchies, parfois non respectueuses des autres.<br><br>*Chansons*<br>• *La Thune* (2018), **Angèle** : solitude de l'internaute et indifférence des lecteurs.<br>• *Réalité augmentée* (2016), **Nekfeu** (création d'une identité virtuelle) : « Chirurgie virtuelle, aucune photo sans modification / Montre-nous tes jambes, t'auras plus de 100 notifications ».<br>• *Carmen* (2013), **Stromae** (addiction et solitude) : « On en devient fêlé, et on finit solo ».<br>• *Bob Marley* (2018), **Dadju** : solitude et indifférence.<br>• *Mon précieux* (2016), **Soprano** : le chanteur ironise sur la vie par écran interposé.<br><br>*Sociologie*<br>• Les *fake news*, informations mensongères qui peuvent atteindre des personnalités notamment politiques. |

## B Individu et société : confrontations de valeurs

**Objectif :** S'interroger sur la confrontation des valeurs, les conciliations possibles ou non entre les systèmes de valeurs des individus.

| Questionnement | Apports culturels : propositions de pistes |
| --- | --- |
| • **Comment la littérature et le cinéma montrent-ils la confrontation des valeurs portées par des personnages ?**<br><br>Les conflits intérieurs<br><br>La dramatisation du conflit<br><br>Des valeurs collectives qui l'emportent sur les valeurs individuelles.<br><br>Des conciliations | *Littérature*<br>• *La Princesse de Clèves* (1678), de **Madame de La Fayette**, raconte le parcours d'une jeune femme élevée avec des préceptes moraux et vertueux, et qui découvre l'amour, ses passions et accède à son indépendance et à la liberté.<br>• *Le Cid* (1637), de **Corneille**, montre le conflit de l'amour et de l'honneur.<br>• La pièce de théâtre *Les Justes* (1949), d'**Albert Camus**, conduit des personnages à choisir la voie extrême du terrorisme pour assassiner un tyran, et pose la question de la trahison de ses amis et de ses idéaux.<br>• La tragédie *Roméo et Juliette* (1597), de **William Shakespeare**, met en scène deux familles qui se déchirent.<br>• **William Golding**, dans *Sa majesté des mouches* (1954), montre la disparition de la civilisation au profit d'une organisation tribale sauvage et violente.<br>• Les œuvres de **Victor Hugo** transmettent les valeurs humanistes défendues par l'auteur : *Notre-Dame de Paris* (1831) dresse le portrait de deux individus injustement exclus de la société ; *Les Misérables* (1862) mettent l'accent sur la confrontation de deux personnages (Valjean et Javert) aux valeurs opposées ; *Le Dernier Jour d'un condamné* (1829) est l'un de ses plaidoyers contre la peine capitale. |

| Questionnement | Apports culturels : propositions de pistes |
|---|---|
| | • « Écrire debout », une nouvelle de **Michel Tournier** extraite du recueil *Le Médianoche amoureux* (1989), réunit des personnages (des détenus, un écrivain) qu'à priori tout oppose et qui, oubliant leurs réticences initiales, se trouvent des valeurs communes.<br><br>*Cinéma*<br>• Les deux facettes d'un personnage dans *Le Seigneur des anneaux : Les Deux Tours* (2002), film de **Peter Jackson** : de Sméagol, le hobbit chassé pour avoir tué son ami qui a découvert l'anneau, à Gollum, nom d'emprunt du renégat.<br>• Montag, le héros de **Ray Bradbury** dans *Fahrenheit 451* (1953), roman adapté au cinéma par **François Truffaut** en 1966, refuse, seul contre tous, de détruire les livres alors que la société les interdit.<br>• *Joue-la comme Beckham* (2002), de **Gurinder Chadha**, raconte l'histoire d'une adolescente anglaise de confession sikh passionnée de football qui parvient à entrer dans une équipe et à s'émanciper avec courage. |
| • **Peut-on vivre seul contre tous ?**<br>L'exil pour s'échapper<br>L'exil pour se retrouver<br>La solitude | *Littérature*<br>• *Le Misanthrope* (1666), de **Molière**, montre un homme meurtri par la fausseté des relations humaines où chacun feint d'être ami ou amoureux. Alceste part vers de nouvelles contrées, où les hommes sauront apprécier son honnêteté et sa franchise.<br>• Dans « Fontaine narrative », dans le recueil *Fureur et Mystère* (1948), **René Char**, poète du XX<sup>e</sup> siècle, célèbre chez Arthur Rimbaud sa détermination à quitter les lieux et les choses qui ont perdu leur sens à ses yeux.<br>• Pour **Laurent Gaudé**, dans *Eldorado* (2006), s'échapper revient à se perdre notamment parce qu'on laisse ses proches derrière soi.<br>• *Les Rêveries du promeneur solitaire* (1782), de **Jean-Jacques Rousseau**, est le récit d'un homme apaisé, en retrait du monde.<br>• **Ovide**, *Pontiques* (livre I, lettre 3, « à Rufin », 13 apr. J.-C.) : contraint à un exil définitif et éloigné de Rome, le poète Ovide entretient une correspondance avec son ami Rufin notamment. L'exil lui parait difficile, « banni de la terre qui m'a vu naître ».<br>• **Joachim Du Bellay**, dans son recueil de poèmes *Les Regrets* (1558), se languit de son village natal.<br>• *Robinson Crusoé* de **Daniel Defoe** (1719) et les robinsonnades. |

# FICHE 7 Regarder le monde, inventer des mondes

## A Imaginer des univers nouveaux

**Objectif :** S'interroger sur l'existence et la représentation de mondes imaginaires.

| Questionnement | Apports culturels : propositions de pistes |
|---|---|
| • **Quel rôle l'imagination et l'imaginaire jouent dans la construction de l'individu ?** | • **La question du rôle de l'imagination n'est pas nouvelle et s'est toujours posée :**<br>– De l'Antiquité au XVII^e^ siècle, l'imagination est dépréciée, notamment pour **Blaise Pascal** (1623-1662) : « L'imagination, c'est cette partie décevante de l'homme, cette maîtresse d'erreur et de fausseté ».<br>– Seul **Aristote**, dans l'Antiquité, lui reconnait un rôle dans l'accès à la connaissance.<br>– À partir du XVII^e^ siècle, l'imagination prend une place importante et devient un lieu de création et de compréhension du monde.<br>– **Pour les Romantiques** (fin XVIII^e^ siècle-début XIX^e^ siècle), elle est le moteur de la création artistique et prévaut donc sur la raison.<br>– On reconnait aujourd'hui que l'imagination joue un rôle important dans le développement cognitif de l'enfant et est liée au développement du langage. Pour le psychologue **Jean Piaget** (1896-1980), elle constitue une étape vers le développement de la pensée. Pour le pédagogue **Lev Vygotski** (1896-1934), il s'agit d'une fonction mentale supérieure qui reflète la capacité d'un individu à se dégager du réel, et atteint son paroxysme à l'âge adulte.<br>• **L'imaginaire est également lié à la construction des sociétés :** étude des mythes et des symboles des différents peuples (travaux de l'anthropologue **Claude Lévi-Strauss**, 1908-2009). |
| Échapper au réel, s'évader du monde | • **Dans le film** *L'Histoire sans fin* (1984), la lecture permet au jeune Bastien de s'évader du réel et de découvrir un monde fantastique.<br>• **La poésie** (du grec *poiein* : « créer ») permet de créer un monde nouveau pour fuir le réel :<br>– poètes surréalistes du XX^e^ siècle qui disloquent le réel (**Paul Éluard** : « La terre est bleue comme une orange », **Guillaume Apollinaire**, **André Breton**…) ;<br>– création d'un monde irréel où le lecteur peut s'évader (**Charles Baudelaire**, **Arthur Rimbaud**). |
| Le plaisir de la création, inventer des mondes nouveaux | • **De nombreuses œuvres donnent à voir des mondes nouveaux,** des **œuvres d'anticipation** (qui décrivent le monde tel qu'il pourrait être dans un avenir proche ou plus lointain, en anticipant sur les évolutions possibles de la société) aux **utopies** (qui dépeignent une société imaginaire idéale) ou aux **œuvres de science-fiction** : *Candide* (1759) de **Voltaire** ; les romans de **Jules Verne** : *De la Terre à la Lune* (1865), *Autour de la Lune* (1870), *Vingt Mille Lieues sous les mers* (1869-1870) ; la saga *Harry Potter* (1998-2007) de **J. K. Rowling** ; *Le Seigneur des anneaux* (1954-1955) de **J.R. R. Tolkien** ; *Les Aventures d'Alice au pays des merveilles* (1865) de **Lewis Carroll** ; la saga *Star Wars* au cinéma (depuis 1977).<br>• **En littérature de jeunesse**, les illustrations de **Claude Ponti** proposent un monde symbolique et poétique, peuplé de monstres, de végétaux et d'animaux imaginaires.<br>• **Les jeux vidéo** permettent également de créer des univers parallèles. |

## B La fiction pour interroger le réel

**Objectif :** S'interroger sur le rapport entre le réel et la fiction.

| Questionnement | Apports culturels : propositions de pistes |
|---|---|
| • **Quelle place imaginaire et réel occupent-ils dans notre représentation du monde ?** | • **De nombreuses œuvres permettent d'interroger le rapport entre réalité et fiction.** |
| Représenter le monde et la société de manière fidèle | • **Le XIX^e^ siècle, marqué par la Révolution industrielle et l'essor des sciences, se caractérise par les courants littéraires réalistes et naturalistes.** Il s'agit d'observer le réel et de le décrire de façon objective, pour donner l'illusion du réel :<br>– **Gustave Flaubert** (*Madame Bovary*, 1857), **Guy de Maupassant** (*Bel-Ami*, 1885), **Émile Zola** (*Germinal*, 1885 ; *L'Assommoir*, 1877), ont ainsi proposé une description minutieuse de la société de leur époque.<br>– En peinture, les œuvres de **Gustave Courbet** (1819-1877) ou de **Jules Breton** (1827-1906) cherchent à « traduire les mœurs, les idées, l'aspect de son époque » (Gustave Courbet). |
| L'imaginaire pour interroger le monde et mieux le comprendre | • **Travestir la réalité, la transformer, est aussi un moyen de questionner le monde :**<br>– Dans *La Vie est belle* (1997), film de **Roberto Benigni**, Guido et son jeune fils sont déportés dans un camp de concentration. Le père, pour éviter l'horreur à son fils et rendre la réalité acceptable, lui fait croire qu'il s'agit d'un jeu permettant de remporter un véritable char d'assaut.<br>– *Le Petit Prince* (1943), conte philosophique d'**Antoine de Saint-Exupéry**, peut être lu comme une allégorie, qui transmet une leçon de vie (écouter son cœur, garder son âme d'enfant…).<br>– **Eugène Ionesco**, avec *Rhinocéros* (1959), dépeint une épidémie qui transforme tous les habitants en rhinocéros. Cette pièce de théâtre met en avant les dangers du conformisme qui favorise la montée des régimes totalitaires. |
| L'imaginaire pour critiquer le monde, dénoncer la société et ses travers | • **Inventer des mondes nouveaux permet aussi de dénoncer les faillites de la société, notamment dans des œuvres futuristes ou de science-fiction, des dystopies :**<br>– Dans *1984* (1949), **George Orwell** dépeint une société dont la liberté d'expression a disparu, entièrement contrôlée par Big Brother. Cette œuvre est une métaphore des régimes policiers et totalitaires et de la société de la surveillance.<br>– Au cinéma, *The Truman Show* (1998), **de Peter Weir**, présente l'histoire de Truman Burbank qui est depuis sa naissance, sans le savoir, le héros d'une émission de télé-réalité. Ce film permet de questionner la frontière entre réalité et fiction, la société du spectacle ou encore la valeur que l'on accorde à la vie privée.<br>– *Hunger Games* (2008-2010), trilogie de **Suzanne Collins** adaptée au cinéma, suit les aventures d'une jeune héroïne dans une société totalitaire où règne la terreur.<br>– La série *Black Mirror* (2011-2019) interroge quant à elle les possibles conséquences des nouvelles technologies et leurs influences sur la nature humaine. |

## C Visions poétiques du monde

**Objectif :** S'interroger sur la façon de voir le monde.

| Questionnement | Apports culturels : propositions de pistes |
|---|---|
| • **Comment appréhender le monde qui nous entoure ?** | **• C'est ici la question du rapport au monde qui est posée :**<br>– **La poésie**, en raison de son rapport spécifique au langage (mots, rythmes, sonorités, images) permet de transfigurer la réalité, de transformer la laideur en beauté et invite le lecteur à changer son regard, à s'ouvrir à la beauté du monde et à l'appréhender autrement (Charles Baudelaire : « Tu m'as donné ta boue et j'en ai fait de l'or »).<br>– **D'autres auteurs** célèbrent notre présence au monde et insistent sur l'importance de le contempler, de s'émerveiller des beautés de la nature, de rester curieux et de garder ses yeux d'enfants, pour se sentir en harmonie avec les éléments. Cette attitude constitue une voie d'accès au bonheur : dans *Noces* (1938), **Albert Camus** évoque le sentiment de plénitude qui découle de la contemplation du monde ; **Henri Peña-Ruiz** (*Bonheur, les chemins d'une vie sereine*, 2012) insiste à son tour sur la nécessité d'être ouvert à l'autre et au monde et la capacité à s'en émerveiller.<br>– **Les peintres impressionnistes** (**Claude Monet**, **Édouard Manet**, **Camille Pissarro**, **Alfred Sisley**…) invitent également à saisir la beauté du monde et notamment des paysages ou de certaines scènes de la vie quotidienne : en jouant avec la lumière et en privilégiant les couleurs vives, en adoptant un trait léger, par « petites touches », ils rendent compte de la beauté des choses et posent un regard apaisé et sensible sur le monde qui nous entoure.<br>– **Au cinéma**, *Le Fabuleux Destin d'Amélie Poulain* (2001), de **Jean-Pierre Jeunet**, invite à regarder le monde avec optimisme et poésie, à la manière de son héroïne qui cherche à faire le bien autour d'elle.<br>– **La méditation** de pleine conscience, ou encore **la sophrologie**, qui se développent de plus en plus dans nos sociétés actuelles, invitent à se montrer attentif à l'instant présent et à ce qui se passe en soi et autour de soi, sans émettre de jugement, afin d'appréhender notre rapport au monde de façon plus sereine et apaisée. |

| Questionnement | Apports culturels : propositions de pistes |
|---|---|
| • **Quel est le sens de notre présence au monde ? Quel est le sens de l'existence ?** | • **Différents courants intellectuels, religieux, philosophiques, se sont penchés sur cette question, y apportant des réponses différentes :**<br>– **Dans les différentes religions**, cette question du sens de l'existence est centrale. Chacune y apporte ses propres réponses (christianisme, islam, bouddhisme…) mais, pour la plupart, le sens de notre présence au monde est lié à la valeur de nos actes, dans l'attente du « jugement divin ».<br>– **En philosophie**, différentes réponses à cette interrogation métaphysique ont pu être apportées selon les courants. Dans l'Antiquité, pour **Platon**, c'est la connaissance qui prévaut et qui doit guider nos vies, de même que l'idée du Bien. Pour les **épicuriens**, l'existence prend sens dans la recherche du bonheur et dans l'absence de souffrance. Selon **Emmanuel Kant** (1724-1804), l'idée du devoir doit guider nos existences et les actions des hommes doivent répondre au principe de la non-contradiction. D'après les **nihilistes**, dont **Friedrich Nietzsche** (1844-1900) fait partie, la vie n'a pas de sens objectif. Pour autant, il n'exclut pas que l'homme puisse donner un sens à sa présence au monde. Il est rejoint en cela par **Albert Camus** (1913-1960), pour qui le sens de la vie est « la plus pressante des questions » et qui souligne qu'il est possible de trouver un sens à son existence. Enfin, selon le **courant existentialiste** (XXe siècle), chaque homme est libre de définir le sens de sa vie.<br>• **Au cinéma,** on retrouve cette thématique dans le film à sketchs *Monty Python : le sens de la vie* (1983), de **Terry Jones** : dans un aquarium, d'étranges poissons philosophes s'interrogent sur ces questions essentielles qui taraudent l'humanité depuis toujours (naissance, mort, religion, guerre, sexualité, quête du bonheur…).<br><br>• **La chanson** de Lynda Lemay, *La Grande Question* (2020), rend compte de cette interrogation majeure et des réponses que l'on tente d'y apporter, de même que la peinture de **Paul Gauguin** intitulée *D'où venons-nous ? Que sommes-nous ? Où allons-nous ?* (1897-1898). |

RÉFLEXION ET DÉVELOPPEMENT

# 3.

# SUJETS CORRIGÉS

# SUJET 1

→ Corrigés p. 394

## Français

3 heures

**Texte** **Paul Valéry, *Le bilan de l'intelligence,* 1935.**

Je n'hésite jamais à le déclarer, le diplôme est l'ennemi mortel de la culture. Plus les diplômes ont pris d'importance dans la vie (et cette importance n'a fait que croître à cause des circonstances économiques), plus le rendement de l'enseignement a été faible. Plus le contrôle s'est exercé, s'est multiplié, plus les résultats ont été mauvais.

Mauvais par ses effets sur l'esprit public et sur l'esprit tout court. Mauvais parce qu'il crée des espoirs, des illusions de droits acquis. Mauvais par tous les stratagèmes et les subterfuges qu'il suggère ; les recommandations, les préparations stratégiques, et, en somme, l'emploi de tous expédients pour franchir le seuil redoutable. C'est là, il faut l'avouer, une étrange et détestable initiation à la vie intellectuelle et civique. [...]

Le diplôme fondamental, chez nous, c'est le baccalauréat. Il a conduit à orienter les études sur un programme strictement défini et en considération d'épreuves qui, avant tout, représentent, pour les examinateurs, les professeurs et les patients, une perte totale, radicale et non compensée, de temps et de travail. Du jour où vous créez un diplôme, un contrôle bien défini, vous voyez aussitôt s'organiser en regard tout un dispositif non moins précis que votre programme, qui a pour but unique de conquérir ce diplôme par tous moyens. Le but de l'enseignement n'étant plus la formation de l'esprit, mais l'acquisition du diplôme, c'est le minimum exigible qui devient l'objet des études. Il ne s'agit plus d'apprendre le latin, ou le grec, ou la géométrie. Il s'agit d'emprunter, et non plus d'acquérir, d'emprunter ce qu'il faut pour passer le baccalauréat.

Ce n'est pas tout. Le diplôme donne à la société un fantôme de garantie, et aux diplômés des fantômes de droits. Le diplômé passe officiellement pour savoir : il garde toute sa vie ce brevet d'une science momentanée et purement expédiente. D'autre part, ce diplômé au nom de la loi est porté à croire qu'on lui doit quelque chose. Jamais convention plus néfaste à tout le monde, à l'État et aux individus (et, en particulier, à la culture) n'a été instituée. C'est en considération du diplôme, par exemple, que l'on a vu se substituer à la lecture des auteurs l'usage des résumés, des manuels, des comprimés de science extravagants, les recueils de questions et de réponses toutes faites, extraits et autres abominations. Il en résulte que plus rien dans cette culture altérée ne peut aider ni convenir à la vie d'un esprit qui se développe.

## PARTIE 1 – Étude de la langue

**1** Donnez la classe grammaticale des mots soulignés dans un classement ordonné. Donnez brièvement la définition de chaque classe.

Il a conduit à orienter les études sur un programme strictement défini et en considération d'épreuves qui, avant tout, représentent, pour les examinateurs, les professeurs et les patients, une perte totale, radicale et non compensée, de temps et de travail. (l. 10-13)

**2** Analysez la phrase suivante en propositions :

> Du jour où vous créez un diplôme, un contrôle bien défini, vous voyez aussitôt s'organiser en regard tout un dispositif non moins précis que votre programme, qui a pour but unique de conquérir ce diplôme par tous moyens. (l. 13-15)

**3** Relevez tous les termes *plus* du texte, et classez-les selon leur rôle dans la phrase.

**4** Quel est le type de ce texte ? Quel est le discours principal dans ce texte ?
Décrivez et analysez le système temporel. Vous justifierez l'emploi des temps verbaux.

**5** **a)** Donnez la nature et la fonction du groupe de mots soulignés, que vous justifierez.
**b)** Décomposez ce groupe de mots en ses éléments constitutifs que vous analyserez (nature et fonction).

> Il en résulte que plus rien dans cette culture altérée ne peut aider ni <u>convenir à la vie d'un esprit qui se développe</u>. (l. 28-29)

## PARTIE 2 – Lexique et compréhension lexicale

**1** Après avoir relevé les mots se terminant par *-tion* dans les paragraphes 2 et 3 (l. 5-19) :
**a)** Analysez cet affixe au niveau morphologique et sémantique (place, sens, nature et genre du mot).
**b)** Recherchez la base des mots de la liste suivante et proposez une classification suivant la nature grammaticale de la base :

> désertion – agrégation – pression – absorption – distanciation – décentration – audition – décision – division – nucléarisation – officialisation – agression – comparution – calorification – parution – cession.

Puis, faites l'analyse morphologique des mots du texte selon ce classement.
**c)** Pour les mots de la liste précédente, expliquez comment l'environnement vocalique de /sion/ (transcription phonétique) peut expliquer l'orthographe des mots.

**2** **a)** Définissez les différents sens du mot *emprunter* et illustrez chacun d'un exemple.
**b)** Caractérisez et expliquez en contexte ce terme dans la phrase suivante, puis précisez son effet.

> Il s'agit d'emprunter, et non plus d'acquérir, d'emprunter ce qu'il faut pour passer le baccalauréat. (l. 18-19)

**3** Commentez la figure de style qu'illustre la phrase suivante et précisez-en les effets.

> Le diplôme donne à la société un fantôme de garantie, et aux diplômés des fantômes de droits. (l. 20-21)

**4** **a)** Expliquez la construction du mot *géométrie* et précisez le sens de ce mot.
**b)** Donnez deux mots de la même famille.

## PARTIE 3 – Réflexion et développement

Vous commenterez l'extrait de Paul Valéry en axant votre réflexion sur le rôle et la fonction attribués au baccalauréat et plus généralement aux diplômes dans la société actuelle.

# CORRIGÉ DU SUJET 1

→ Sujet p. 392

## PARTIE 1 – Étude de la langue

**1** Il a conduit à orienter les études sur un programme strictement défini et en considération d'épreuves qui, avant tout, représentent, pour les examinateurs, les professeurs et les patients, une perte totale, radicale et non compensée, de temps et de travail.

FICHE 9, P. 53

| | Conjonction | Prépositions | Adverbes |
|---|---|---|---|
| relevé | *et* – *et* | *à* – *sur* – *en* – *pour* – *de* – *de* | *avant tout* – *non* |
| caractérisation | *et* est une conjonction de coordination. Elle relie des éléments de même niveau syntaxique ou de même nature grammaticale. | La préposition introduit un mot ou un groupe de mots ayant une fonction de complément.<br>**REMARQUE**<br>*en* est ici une préposition qui introduit un complément circonstanciel de manière. | Les adverbes sont des mots invariables. Ils peuvent être supprimés d'un point de vue syntaxique. La phrase reste grammaticale. |
| | Les prépositions, les conjonctions et les adverbes sont des mots invariables. | | |

FICHE 22, P. 126

**2** • **Méthodologie** *(ce point n'est pas attendu dans la réponse)*

– Je repère les verbes conjugués et les verbes à l'infinitif :

Du jour où vous créez un diplôme, un contrôle bien défini, vous voyez aussitôt s'organiser en regard tout un dispositif non moins précis que votre programme, qui a pour but unique de conquérir ce diplôme par tous moyens.

– Je regarde les verbes à l'infinitif : groupe infinitif ou proposition infinitive ?

[Vous voyez aussitôt] *tout un dispositif non moins précis que votre programme* s'organiser en regard.

→ *tout un dispositif non moins précis que votre programme :* sujet du verbe *s'organiser* : proposition infinitive.

→ *qui a pour but unique de conquérir ce diplôme* : introduit par la préposition *de*, l'infinitif est le noyau d'un groupe infinitif, COD de la locution verbale *a pour but unique* : ce n'est pas une proposition infinitive.

• **Corrigé**

Du jour //où vous créez un diplôme, un contrôle bien défini, // vous voyez aussitôt // s'organiser en regard tout un dispositif non moins précis que votre programme // qui a pour but unique de conquérir ce diplôme par tous moyens.

– *Du jour* (= à partir du jour) [...] *vous voyez aussitôt* : **proposition principale**.
– *où vous créez un diplôme, un contrôle bien défini :* **proposition subordonnée relative**, introduite par le pronom relatif *où*, ayant pour antécédent le nom *jour*, épithète du nom *jour*.
– *s'organiser en regard tout un dispositif non moins précis que votre programme :* **proposition infinitive**, COD du verbe *voyez*.
– *qui a pour but unique de conquérir ce diplôme par tous les moyens :* **proposition subordonnée relative**, introduite par le pronom relatif *qui*, ayant pour antécédent le GN *tout un dispositif non moins précis que votre programme*, épithète du nom *dispositif*.

**3** On relève 8 occurrences du mot *plus* dans cet extrait. (Le relevé apparait dans la classification proposée.)
Dans tous les cas, ***plus*** est un **adverbe**, mais il peut avoir différents rôles.

**a) Comparatif de supériorité :**
– comparatif portant sur un nom ou groupe nominal *: **Plus** les diplômes ont pris d'importance, **plus** le rendement, **Plus** le contrôle, **plus** les résultats*
– comparatif portant sur un adjectif : *Jamais convention **plus** néfaste à*
– comparatif portant sur un adverbe : ***Plus** rien ne peut aider.*

**b) Adverbe de négation** (couplé à *ne* : *ne... plus*)
– *Le but de l'enseignement n'étant **plus** la formation de l'esprit*
– *Il **ne** s'agit **plus***

**c) Locution négative lexicalisée** :
– *et **non plus** d'acquérir : non plus* permet de donner un sens négatif au mot auquel il se rapporte (*aussi* est l'adverbe inverse pour donner un sens positif).

**ATTENTION**

*Plus* indiquant le comparatif peut porter sur un adjectif, un adverbe, un nom ou une proposition.

**4** Ce texte est un essai, donc un texte de type **argumentatif** : il exprime l'opinion personnelle de l'auteur. Paul Valéry expose ses arguments afin d'étayer sa thèse et de convaincre le lecteur. Il utilise le **présent**, dans une énonciation en *je* : « *Je n'hésite jamais à le déclarer / du jour où vous créez un diplôme.* » Ce présent d'énonciation permet d'affirmer la prise de position de l'auteur afin d'influencer plus personnellement le destinataire.
Il utilise également le **présent de vérité générale** afin de donner à ses arguments une valeur universelle qui fait autorité, par exemple : « *Le diplôme fondamental, chez nous, c'est le baccalauréat* », ou encore « *Le diplôme donne à la société un fantôme de garantie.* »
Le texte comprend encore des **verbes au passé composé**. Ce temps est employé pour exprimer des faits complètement achevés dont les conséquences sont encore sensibles dans le présent. Il marque l'antériorité par rapport au moment de l'énonciation. L'aspect est accompli. « *Plus les diplômes ont pris d'importance dans la vie* [...], *plus le rendement de l'enseignement a été faible, plus les résultats ont été mauvais.* »

**5** Il en résulte que plus rien dans cette culture altérée ne peut aider ni convenir à la vie d'un esprit qui se développe.

SUJETS CORRIGÉS

**a) Groupe infinitif**, COD du verbe *peut.*
Justification : le COD est pronominalisable (*Plus rien ne **le** peut*). C'est un complément essentiel, appelé par le verbe pour compléter son sens.

**b)** Ce groupe infinitif a pour noyau l'infinitif *convenir*. Cet infinitif comprend une expansion nominale : le groupe nominal *à la vie d'un esprit qui se développe*, introduit par la préposition *à*, complément de l'infinitif. Ce groupe nominal complément de l'infinitif est structuré selon deux enchâssements successifs :

• *(à la vie)* ***d'un esprit qui se développe*** : groupe nominal, introduit par la préposition *de*, complément du nom *esprit.*

• *(d'un esprit)* ***qui se développe*** : expansion du nom *esprit :* Proposition subordonnée relative, introduite par le pronom relatif *qui*, épithète du nom *esprit.*

## PARTIE 2 – Lexique et compréhension lexicale

**1 a) Relevé et analyse :** *les recommandations, les préparations, une initiation, en considération, la formation, l'acquisition.*
*-tion* est un suffixe nominal **(place, nature)** qui exprime une action ou le résultat de cette action **(sens)**. Le suffixe *-tion* entre dans la construction de substantifs du genre féminin **(genre)**.

**b)**

| La base est celle du verbe en *er* | | La base est un adjectif ou un participe passé |
|---|---|---|
| **Pour les mots de la liste** | | |
| • désertion → désert-er<br>• agrégation → agrég-er<br>• pression → press-er<br>• absorption → absorb-er<br>• distanciation → distanc-er | • décentration → décentr-er<br>• officialisation → officialis-er<br>• agression → agress-er<br>• division → divis-er<br>• cession → cess-er | • audition → auditif<br>• décision → décisif<br>• nucléarisation → nucléaire<br>• comparution → comparu<br>• calorification → calorifique<br>• parution → paru |
| **Pour les mots du texte** | | |
| • les recommandations → recommand-er<br>• les préparations → prépar-er | • une initiation → initi-er<br>• en considération → considér-er<br>• la formation → form-er | • l'acquisition → acquis |

**c)** Après une voyelle, le suffixe est généralement *-tion* sauf après *e* ou c'est *-ssion.*
Entre deux voyelles, on prononce /z/ et la graphie est *-sion.*

**2 a)** Le mot *emprunter* a pour sens premier : se faire prêter quelque chose par quelqu'un (*Il m'a emprunté ma voiture pour la journée*). C'est le sens propre, dénoté. Le champ sémantique du mot regroupe l'ensemble des sens de ce mot et précise ses emplois au sens figuré (connotation) :
– **Se faire prêter de l'argent :** *Emprunter à la banque, faire un emprunt.*
– **User de quelque chose** dont on n'est pas le créateur, qui a son origine ailleurs : *Jean de la Fontaine a emprunté les thèmes de ses fables à Ésope.*
– **Utiliser une route**, une voie pour circuler : *Veuillez emprunter la voie de gauche.*

**b)** Ici, du point de vue littéraire, l'emprunt est immatériel. Le terme *emprunter* s'oppose à l'acquisition de savoirs permanents, approfondis, qui visent une culture personnelle et sont constitutifs de la formation personnelle de l'individu. Il souligne leur aspect éphémère, épisodique, comme s'ils n'étaient plus utiles une fois le diplôme obtenu et qu'il s'agissait de les *rendre*, donc de ne plus en avoir besoin.

**3** Cette phrase témoigne d'une construction en parallèle. (Le parallélisme consiste en la répétition d'un segment phrastique semblablement construit et d'une longueur similaire.) La figure se fonde donc principalement sur la juxtaposition de deux syntagmes, de deux phrases ou de deux vers semblablement construits.
L'ellipse de sujet et du verbe (*le diplôme donne*) dans le second syntagme permet une focalisation sur les compléments essentiels et un effet d'insistance, en lien avec le sens figuré du terme *fantôme* (« qui a l'apparence de », avec une garantie des droits, mais qui n'en sont pas), emploi que l'on peut considérer comme métaphorique.

**4** **a)** Le terme *géométrie* dérive du grec γῆ (gê) « terre » et μέτρον (métron) « mesure ». Ce serait donc « la science de la mesure du terrain ». Par extension, en mathématiques, c'est la science qui étudie les figures de l'espace selon leurs dimensions.

**b)** Les mots de la même famille sont des mots dérivés d'une même base, autour de laquelle s'agglutine(nt) un ou plusieurs affixe(s) – préfixe(s) et/ou suffixe(s) –, qui eux varient.
Quelle est la base du mot *géométrie* ? Le terme est formé par deux bases agrégées γῆ (gê) « terre » et μέτρον (métron) « mesure ».
Du point de vue lexical, aucun élément articulé ne prime sur l'autre.
On peut donc considérer :
– **la base « métrie »,** *géo* jouant la rôle de préfixe. **Mots de la même famille :** *lexicométrie* (étude quantitative du lexique), *hygrométrie* (mesure du degré d'humidité de l'atmosphère)
– **la base « géo »**, *métrie* jouant le rôle de suffixe. **Mots de la même famille :** *géographie* (science qui a pour objet la description de la Terre) ; *géothermie* (mesure de l'énergie calorique interne de la Terre).
Au concours, l'une ou l'autre de ses réponses est acceptable

## PARTIE 3 – Réflexion et développement

*Dans la proposition de corrigé qui suit, différents éléments sont repérés en bleu. Ils apparaissent pour vous permettre d'avoir une vue d'ensemble sur l'organisation de la réponse. Mais attention, ces indications ne doivent pas figurer sur votre copie !*

**[Introduction]**

Le texte de Paul Valéry, écrit en 1935, dans une époque en plein bouleversement économique et culturel, aborde un thème toujours d'actualité : celui de la place des diplômes dans l'enseignement, et en particulier de la place du baccalauréat.
Encore aujourd'hui ce diplôme est vu comme la clé à minima de l'accès à l'enseignement supérieur, à une formation et à un emploi. Symboliquement, il continue à marquer l'entrée dans la vie adulte : il a un indéniable rôle social.
Quels sont alors le rôle et la fonction attribués au baccalauréat et plus généralement aux diplômes dans la société actuelle ?
Quel que soit le niveau qu'il sanctionne, le diplôme génère des stratégies qui sont largement conditionnées par les exigences d'intégration sociale. Mais en même temps, la course au diplôme pervertit les buts de l'enseignement et, paradoxalement, ne favorise pas l'accès à la culture.

**[Partie 1]**

Le passage du « bac » est un enjeu social et culturel, la clé supposée de l'éducation et de la culture, depuis sa forme édictée par Napoléon 1er au début du XIXe jusqu'à celle de notre société du savoir, de la connaissance.
Cependant, s'interroge P. Valéry, sa préparation correspond-elle à une réelle formation ? Certes, élèves et professeurs sont unis dans le but d'obtenir le diplôme, avec cette idée de lutte étayée par des termes comme « conquérir » ou « dispositif ». Mais les élèves sont aussi des « patients », terme

SUJETS CORRIGÉS

se référant aux clients du professeur-médecin qui remédie à tous les maux en vue de l'obtention du diplôme. Celui-ci est à obtenir quel qu'en soit le moyen, en « empruntant » ce qu'il faut pour le préparer et le passer, ce qui renvoie à l'information parcellaire, la culture émiettée, le travail superficiel… et non à un apprentissage pérenne et de qualité ayant pour but la formation de l'individu qui doit acquérir des connaissances utiles dans sa vie. En presque un siècle d'écart, cet aspect s'est considérablement renforcé avec « les boites à bac » et autres « prépa » ou sites internet, par ailleurs payants, qui proposent une préparation au diplôme, un « bachotage ».

Car l'obtention du baccalauréat, du diplôme, permet l'insertion sociale, et dans ces conditions, déplore P. Valéry, la préoccupation de culture devient accessoire.

L'obtention du diplôme est fort éloignée de l'intégration raisonnée de savoirs et de savoir-faire. Et pourtant elle conditionne toute l'organisation de la scolarité, la mise en œuvre des programmes et les dispositifs associés. Ce faisant, selon P. Valéry, les partenaires de l'enseignement perdent leur temps et leur énergie à ce vain travail de conquête, au détriment de l'étude, de la progression intellectuelle et spirituelle dans les savoirs, savoir-faire et savoir-être des élèves. Les méthodes de travail ne visent plus à former l'esprit et à élever l'être humain mais à réussir son contrôle en vue d'obtenir son diplôme. Ainsi la formation de l'esprit devient un parcours d'obstacles, réduisant l'enseignement à une suite de certifications à valeur sociale.

De plus, le diplôme crée même des attentes, le « diplômé au nom de la loi est porté à croire qu'on lui doit quelque chose. » De nos jours, les médias se font écho de cette inflation des diplômés, en lien avec le marché de l'emploi. Par exemple, la chercheure Marie Duru-Bellat, dans *L'inflation scolaire. Les désillusions de la méritocrati*e (Seuil, 2006) remarque qu'il est admis qu'une forte adéquation formation-emploi est un gage d'efficacité. Pourtant, aujourd'hui, seulement la moitié des salariés occupe un emploi en rapport avec leur formation, nombre à peine plus élevé chez les jeunes, même à l'issue de formations professionnelles.

Au-delà du diplôme, le texte invite implicitement à s'interroger et à remettre en cause la structuration concurrentielle du système éducatif, où la compétition entre établissements amplifie la compétition, sévère et précoce, entre élèves et, comme Bourdieu l'a montré, entre les catégories sociales. En effet, quel citoyen veut-on former et par quelles connaissances ? Des auteurs tels que J. Prévert (*Le Cancre*) et D. Pennac (*Chagrin d'école*) démontent les a priori et les préjugés sur la culture, l'éducation et l'attestation finale de compétences, parfois factices.

**[Partie 2]**

Pour Paul Valéry, enseigner et apprendre sont des activités nobles que l'utilité sociale immédiate pervertit. Se plaçant ainsi en héritier de Platon et Socrate, il dénigre l'aspect social du diplôme en n'en voyant que ses aspects négatifs. Mais ce qui était acceptable à son époque l'est beaucoup moins à notre époque de démocratisation de l'enseignement. En effet, avec 80 % d'une génération ayant le bac, et 63 % d'inscrits en licence, on peut s'interroger, à l'instar de Séverine Chauvel dans *Course aux diplômes : qui sont les perdants ?* (2016) , sur les effets plus ou moins paradoxaux de la massification. Former, dit P. Valery, c'est former l'esprit par l'exercice intellectuel, comme le grec ou la géométrie. C'est ainsi que l'élève devient capable de penser par lui-même. C'est aussi s'approprier des connaissances, se les approprier vraiment, en étant capable de les réutiliser de façon autonome, et non de les « emprunter » juste le temps de passer le diplôme.

Les autres aspects de la formation de l'être humain, aujourd'hui pris en compte, comme les compétences actuelles du socle commun, les aptitudes, ne sont guère évoquées par l'auteur. Pour lui, seule l'acquisition de connaissances ordonne et domine l'ensemble de la formation.

Si P. Valéry critique également la préparation du passage de baccalauréat dans son aspect social, celui-ci se révèle néanmoins incontournable : les diplômes sont nationaux et l'État est garant de leur valeur et de leur homogénéité. Ainsi, le diplôme fonctionne comme un lien social, et chaque diplôme renvoie à un âge : il tient lieu de rite de passage et sanctionne nationalement un niveau acquis, quel que soit le pays.

Que certains élèves « empruntent » au lieu d'acquérir est regrettable, mais il est sans doute abusif de dire que c'est le cas de tous, même si les « mémos » et autres condensés fleurissent dans les classes.

Ainsi la critique de l'auteur, non dénuée de fondement, semble un peu sévère. Si le baccalauréat perdure, c'est qu'il est l'héritier d'une tradition napoléonienne mais sans doute fait-il la preuve de son utilité sociale et scolaire, puisque toutes les tentatives de réforme visant à sa suppression ont jusqu'à présent avorté.

Enfin, les analystes du phénomène du chômage reconnaissent que les diplômes protègent en général du non-emploi. Ils ne sont en général critiqués que de ceux qui en sont nantis. En effet, le diplôme suppose l'acquisition de savoirs de base, de compétences, de spécialisations que le monde de l'emploi recherche. Par ailleurs, un certain nombre de diplômes sont devenus professionnels ou professionnalisants. C'est par exemple le cas de la formation des enseignants. C'est aussi le cas des formations en alternance qui s'étendent des écoles spécialisées aux universités et aux grandes écoles. Cela dit, la critique contre les diplômes n'est pas morte : les baccalauréats généraux, les licences disciplinaires voire les masters sont inadaptés à l'entrée directe sur le marché de l'emploi. Par ailleurs un diplôme doit-il être étroitement spécialisé pour que son titulaire soit immédiatement opérationnel ou doit-il donner une culture générale destinée à permettre des adaptations tout au long de la carrière ? Le débat est loin d'être clos.

On remarquera cependant que les diplômes certifient dans le monde entier un niveau d'étude, et que désormais l'obtention de tous les diplômes va dans le sens d'une plus grande formation de l'esprit : instauration du contrôle continu pour le bac depuis 2021, stages, travaux de recherche, ce qui procède d'une culture moins restreinte aux savoirs mais plus ouverte au monde.

**[Conclusion]**

Le texte critique de Paul Valéry ne s'adresse plus tout à fait au même public, au même diplôme et à la même société. Le diplôme de l'élite qu'il évoque dans *Le bilan de l'intelligence* est devenu le diplôme de base de la majorité des Français. Les diplômes se sont également diversifiés même s'ils ne suffisent pas encore suffisamment, tels quels, à permettre l'insertion sociale de tous.

Pourtant ces critiques n'ont pas tout à fait perdu de leur actualité. Mais il entre aussi quelques excès d'idéalisme dans cette charge contre les diplômes, qui restent nécessaires pour attester d'un niveau de connaissance et de compétences.

L'extrait invite donc à sensibiliser particulièrement les jeunes générations aux formes que peut prendre la connaissance, dans cette nouvelle ère de la technologie et de l'immédiateté qui est la nôtre, et notamment à renoncer à une éducation qui ne miserait que sur le succès des diplômes au détriment de la formation d'esprits libres et indépendants.

# SUJET 2

→ Corrigés p. 402

## Français

3 heures

**Texte** **Maurice Baron, *L'Illettré* © Éditions Anne Carrière, 2006.**

*Le narrateur adulte, longtemps illettré, a demandé à Marguerite, une institutrice à la retraite, de lui apprendre à lire.*

Elle m'a fait raconter. Au début, Julien comprenait mal mon « charabia » et il avait décidé de le corriger en me lisant des histoires. À la fin de sa lecture, il demandait si j'avais compris. Je répondais : « Oui, et c'est beau. » Il recommençait sa lecture et répétait sa question, mais là, je n'avais rien compris parce qu'il avait enlevé des mots en lisant. Julien me disait que moi aussi je parlais en oubliant des mots importants pour me faire comprendre. Alors il me racontait une autre histoire et je cherchais avec lui les mots oubliés, des petits mots de rien du tout comme « mais », « alors », « parce que », « ne… pas » – le plus difficile – et d'autres encore qui ne paient pas de mine mais sont là pour « éclairer la phrase », disait Julien. Marguerite m'a dit que j'avais eu de la chance de le rencontrer. […]

Un peu plus tard, quand j'ai mieux connu Marguerite, j'ai parlé du colloque.

J'étais inquiet de savoir si avec sa méthode je pourrais comprendre ma lecture puisqu'une dame n'avait pas arrêté de crier que si on commençait par déchiffrer, on ne pouvait rien comprendre. Marguerite m'a répondu de ne pas croire à ces bêtises. « Déchiffrer » ça voulait dire assembler comme il faut les lettres des mots pour les transformer en sons. L'important, c'était le nombre de mots connus avant dans leur vrai sens. Aucune méthode ne pouvait faire comprendre une phrase remplie de mots au sens inconnu. « Ça veut dire, j'ai réfléchi, que plus on connaît de mots et plus on peut comprendre ce qu'on lit et aussi ce qu'on nous dit. » Elle a ri. J'avais bien compris. « Et si on ne comprend pas des mots, comment on fait pour savoir ? » Quelquefois, on pouvait deviner, mais c'était plus sûr de demander à quelqu'un qui savait ou de chercher dans un dictionnaire. J'ai raconté à Marguerite l'histoire des filles de Milton qui « décodaient » du grec pour leur père. Marguerite a dit que les filles lisaient. Elles auraient sans doute aimé comprendre, parce que quand on lit, c'est pour comprendre ce qui est écrit, sinon ça ne sert à rien. Elle m'a raconté qu'elle avait lu, vers ses douze ans, un livre au très beau titre : *Vol de nuit*. Longtemps après elle se souvenait du livre comme d'un conte merveilleux mais ne pouvait rien raconter de l'histoire. Un jour elle avait relu le livre. Elle le regrettait : maintenant, elle pouvait raconter l'histoire, mais le souvenir merveilleux avait disparu. J'étais content : je n'apprenais pas seulement à lire avec Marguerite.

En revenant de P. sur mon vélo, je m'amuse à tourner les lettres dans ma tête, à en mettre ensemble et chanter les sons qu'elles font. Des fois ça fait des mots d'objets ou d'animaux, par exemple un « lavoir », un « lapin ». C'est drôle, ça commence pareil, mais les sons d'après font lavoir et lapin et pas autre chose. Les lettres qui font lapin ou lavoir ne sont pas des objets, seulement une manière d'écrire des sons, j'ai enfin compris. C'est pas croyable ! Quelques lettres suffisent pour faire des mille et des mille de mots, et chacun a un son différent pour nommer un objet ou un animal sans risque de confondre. J'ai compris qu'il fallait apprendre comment fabriquer les sons – Marguerite préfère dire créer – pour trouver « heureux », « école » et tous les autres mots. Créer, c'est mieux que deviner.

Marguerite m'a dit que les sons, parfois, s'amusent à nous tromper mais qu'un peu d'attention suffit pour éviter leurs pièges. On verrait plus tard.

Elle a aussi commencé à m'apprendre la grammaire, utile pour donner la bonne place aux mots dans les phrases et se faire comprendre des autres, surtout à l'écrit parce que la personne qui lit est seule, sans espoir d'avoir une explication par celui qui a écrit.

## PARTIE 1 – Étude de la langue

**1** Donnez la nature des mots soulignés dans les extraits suivants.

**a)** « Déchiffrer » ça voulait dire assembler comme il faut les lettres des mots pour les transformer en sons. (l. 13-14)

**b)** Les lettres qui font lapin ou lavoir ne sont pas des objets, seulement une manière d'écrire des sons, j'ai enfin compris. (l. 32-33)

**2** Justifiez l'orthographe des terminaisons soulignées dans les extraits suivants.

**a)** Elle m'a fait raconter. (l. 1)

**b)** [...] je cherchais avec lui les mots oubliés [...] (l. 6)

**c)** Elles auraient sans doute aimé comprendre [...]. (l. 22)

**d)** [...] parce que la personne qui lit est seule [...] (l. 41-42)

**3** Analysez les verbes conjugués dans le passage suivant. Vous indiquerez pour chacun le temps, le mode, la personne et la voix. Vous préciserez également leur valeur dans cet extrait.

Au début, Julien comprenait mal mon « charabia » et il avait décidé de le corriger en me lisant des histoires. À la fin de sa lecture, il demandait si j'avais compris. Je répondais : « Oui, et c'est beau. » Il recommençait sa lecture et répétait sa question, mais là, je n'avais rien compris parce qu'il avait enlevé des mots en lisant. (l. 1-4)

**4** Donnez la nature et la fonction des mots ou groupes de mots soulignés dans les extraits suivants.

**a)** À la fin de sa lecture, il demandait si j'avais compris. (l. 2-3)

**b)** Un peu plus tard, quand j'ai mieux connu Marguerite, j'ai parlé du colloque. (l. 10)

**c)** J'ai raconté à Marguerite l'histoire des filles de Milton qui « décodaient » du grec pour leur père. (l. 20-22)

**d)** Les lettres qui font lapin ou lavoir ne sont pas des objets, seulement une manière d'écrire des sons, j'ai enfin compris. (l. 32-33)

**5** Analysez les propositions de la phrase suivante.

J'étais inquiet de savoir si avec sa méthode je pourrais comprendre ma lecture puisqu'une dame n'avait pas arrêté de crier que si on commençait par déchiffrer, on ne pouvait rien comprendre. (l. 11-13)

## PARTIE 2 – Lexique et compréhension lexicale

**1** Expliquez ce que veut dire l'expression *ne pas payer de mine* dans le passage ci-après. Vous préciserez le sens que prend le mot *mine* dans cette expression et proposerez d'autres sens pour ce même mot.

> Alors il me racontait une autre histoire et je cherchais avec lui les mots oubliés, des petits mots de rien du tout comme « mais », « alors », « parce que », « ne… pas » – le plus difficile – et d'autres encore qui **ne paient pas de mine** mais sont là pour « éclairer la phrase », disait Julien. (l. 6-9)

**2** Expliquez la formation du mot *transformer*.

> « Déchiffrer » ça voulait dire assembler comme il faut les lettres des mots pour les **transformer** en sons. (l. 13-14)

**3** Quelle image du narrateur le lexique et la syntaxe utilisés dans cet extrait contribuent-ils à créer ?

## PARTIE 3 – Réflexion et développement

Quelles sont les conditions de l'entrée dans la lecture ? Vous présenterez votre réponse de façon structurée et argumentée en vous appuyant sur le texte de Maurice Baron ainsi que sur l'ensemble de vos connaissances personnelles et de vos lectures.

# CORRIGÉ DU SUJET 2

→ Sujet p. 400

## PARTIE 1 – Étude de la langue

**1** **a)** • ***ça*** est un pronom démonstratif.

• ***des*** est un article défini contracté qui correspond à l'amalgame entre la préposition *de* et l'article défini pluriel *les* (*les lettres des mots* = *les lettres de les mots*). Ces deux unités sont dans ce contexte momentanément « enchevêtrées », « amalgamées » l'une à l'autre.

• ***les*** est un pronom personnel qui reprend *les lettres des mots* : ***les*** a donc pour antécédent *les lettres des mots*.

**b)** • ***qui*** est un pronom relatif qui introduit une proposition subordonnée relative (*qui font lapin ou lavoir*). Il a pour antécédent *les lettres*.

• ***des*** est un article indéfini pluriel. Il s'agit ici du pluriel de *un*, à ne pas confondre avec *des*, article contracté rencontré dans la phrase précédente.

• ***d'*** correspond à la préposition *de* élidée : cette unité permet de relier deux unités, en l'occurrence le nom *manière* et le verbe à l'infinitif *écrire*. Cette préposition introduit ici le groupe verbal prépositionnel *d'écrire des sons* qui assume la fonction complément du nom *manière*.

• ***enfin*** est un adverbe.

**2** **a)** Dans cette phrase, le verbe *raconter* suit le verbe *faire*. Il s'agit ici d'une périphrase verbale construite avec le semi-auxiliaire *faire* suivi d'un verbe à l'infinitif. Bien qu'ils ne soient pas considérés comme pleinement intégrés au système verbal, les semi-auxiliaires, associés à un verbe à l'infinitif, apportent des nuances sémantiques. En l'occurrence, le semi-auxiliaire *faire* indique que l'action exprimée par le verbe à l'infinitif est prise en charge par un tiers (ici *elle*, c'est-à-dire Marguerite). *Racont**er*** est à l'infinitif et prend donc la marque ***-er*** caractéristique des verbes du 1^er^ groupe. Afin de vérifier qu'il s'agit bien de l'infinitif et non du participe passé (il y a en effet homophonie entre les deux formes), on peut remplacer le verbe *raconter* par un verbe du 2^e^ ou du 3^e^ groupe pour lequel la différence entre l'infinitif et le participe passé s'entend (ex. : *elle m'a fait **boire***).

**b)** *oubli**és*** est un participe passé employé comme adjectif. Il assume la fonction d'épithète du nom *mots* et doit donc s'accorder avec celui-ci au masculin pluriel.

**c)** *aim**é*** est un participe passé. Il intervient ici dans la formation du verbe *aimer*, conjugué au conditionnel passé sur le modèle suivant : auxiliaire + participe passé. L'auxiliaire employé ici étant l'auxiliaire *avoir*, le participe passé ne s'accorde pas avec le sujet et reste donc invariable (*aim**é***). Le participe passé construit avec l'auxiliaire *avoir* s'accorde en revanche avec le COD lorsque celui-ci est placé avant, ce qui n'est pas le cas ici.

**d)** L'adjectif *seul**e*** assume dans cette phrase la fonction attribut du sujet *la personne qui lit* : il s'accorde par conséquent avec ce sujet, au féminin singulier.

**3** *Pour une présentation claire et structurée, il est possible de répondre à cette question sous la forme d'un tableau.*

| Mode | Temps | Voix | Personne | Verbes conjugués |
|---|---|---|---|---|
| Indicatif | Imparfait | Active | 3^e^ personne du singulier (P3) | ***comprenait*** ***demandait*** ***recommençait*** ***répétait*** |
| Indicatif | Imparfait | Active | 1^re^ personne du singulier (P1) | ***répondais*** |
| Indicatif | Plus-que-parfait | Active | 3^e^ personne du singulier (P3) | ***avait décidé*** ***avait enlevé*** |
| Indicatif | Plus-que-parfait | Active | 1^re^ personne du singulier (P1) | ***avais compris*** ***avais (rien) compris*** |
| Indicatif | Présent | Active | 3^e^ personne du singulier (P3) | ***(c')est*** |

Dans ce passage, on remarque que les temps utilisés sont l'imparfait, le plus-que-parfait et le présent de l'indicatif.

• L'imparfait et le plus-que-parfait appartiennent tous les deux au système énonciatif du récit :
– l'imparfait présente des faits qui se sont déroulés dans le passé. Il a également ici valeur d'habitude et permet de souligner le caractère répétitif, redondant des actions mentionnées (*Julien comprenait mal* ; *il demandait* ; *je répondais* ; *il recommençait sa lecture et répétait sa question*), renforçant le caractère itératif véhiculé par le sémantisme de certains verbes (*recommencer*, *répéter*) ;
– le plus-que-parfait indique une action antérieure par rapport à l'imparfait (*il avait décidé* ; *si j'avais compris* ; *je n'avais rien compris parce qu'il avait enlevé des mots*). Ce temps indique en outre que l'action exprimée par le verbe est terminée, révolue (les temps composés ont en effet une valeur d'accompli).

• Quant au présent utilisé dans ce passage, il appartient au système énonciatif du discours et apparait d'ailleurs dans les paroles rapportées du narrateur : *Je répondais : Oui, et c'est beau*. Ce temps est en effet caractéristique du système du discours.
Ici, on peut considérer qu'il s'agit d'un présent d'énonciation, concomitant au moment de l'énonciation : le narrateur juge que l'histoire que lui raconte Julien est belle. Mais on peut aussi considérer qu'il correspond à un présent de vérité générale puisque le narrateur émet un jugement de valeur sur l'histoire lue, qui résonne comme une vérité par rapport à l'histoire.
*Au concours, les deux réponses peuvent donc être acceptées.*

**4 a)** ***si j'avais compris***

– nature : proposition subordonnée complétive, interrogative indirecte ;
– fonction : COD du verbe *demandait*. Il s'agit en effet d'une fonction essentielle, qui dépend du verbe et est appelée par celui-ci (*demander quelque chose*). Cette fonction est pronominalisable (*il* ***le*** *demandait*).

**b)** ***du colloque***

– nature : groupe nominal prépositionnel (= *de le colloque*) ;
– fonction : COI du verbe *ai parlé*. Là encore, il s'agit d'une fonction essentielle, appelée par le verbe (*parler de quelque chose*). Cette fonction n'apparait pas directement après le verbe mais elle est introduite par une préposition (*de*, amalgamée ici avec l'article défini *le* = ***du*** *colloque*). Elle est également pronominalisable (*j'****en*** *ai parlé*). Il convient d'ailleurs de noter que les pronoms qui remplacent un groupe en fonction COD ne sont pas les mêmes que ceux qui remplacent un groupe en fonction COI. Cette manipulation peut donc permettre de distinguer les fonctions COD et COI.

**c)** ***des filles de Milton***

– nature : groupe nominal prépositionnel (= *de les filles de Milton*) ;
– fonction : complément du nom *histoire*. On remarque d'ailleurs que cette expansion du nom ***des filles de Milton*** est constituée d'un complément du nom lui-même complété par un autre complément du nom :
*l'histoire [des filles de Milton]* ⟶ *des filles [de Milton]*
nom    Ct du nom    nom    Ct du nom
Ceci peut être également visualisé ainsi :
*l'histoire* ⟵ *[des filles* ⟵ *de Milton]*

**d)** • ***qui***

– nature : pronom relatif (ayant pour antécédent *les lettres*) ;
– fonction : sujet du verbe *font*.

• ***des objets***

– nature : groupe nominal (article indéfini pluriel + nom commun) ;
– fonction : attribut du sujet *les lettres qui font lapin ou lavoir*.

**5** Cette phrase complexe contient cinq propositions, repérées ci-après entre crochets :

[J'étais inquiet de savoir] [si avec sa méthode je pourrais comprendre ma lecture] [[puisqu'une dame n'avait pas arrêté de crier] [que [si on commençait par déchiffrer], on ne pouvait rien comprendre]].

Cette phrase présente des difficultés dans la mesure où, comme le montre le repérage entre crochets, certaines propositions se trouvent enchâssées dans d'autres. Il convient donc de hiérarchiser ces différentes propositions qui correspondent à des niveaux différents :

• ***j'étais inquiet de savoir :*** proposition principale ;

• ***si avec sa méthode je pourrais comprendre ma lecture :*** proposition subordonnée complétive, interrogative indirecte, rattachée à la proposition principale *j'étais inquiet de savoir*, assumant la fonction COD du verbe *savoir* ;

• ***puisqu'une dame… comprendre :*** proposition subordonnée circonstancielle, assumant la fonction complément circonstanciel de cause, rattachée à la proposition *si avec sa méthode je pourrais comprendre ma lecture*. Cette proposition contient elle-même plusieurs propositions enchâssées :
– ***que… on ne pouvait rien comprendre :*** proposition subordonnée complétive, rattachée à la

proposition *puisqu'une dame n'avait pas arrêté de crier* et assumant la fonction COD du verbe *crier* ;
– ***si on commençait par déchiffrer :*** proposition subordonnée circonstancielle, assumant la fonction complément circonstanciel de condition et rattachée à la proposition *que… on ne pouvait rien comprendre*.

## PARTIE 2 – Lexique et compréhension lexicale

**1** L'expression *ne pas payer de mine* signifie « valoir mieux que son apparence ».

**REMARQUE**

Au XVII$^{e}$ siècle, *payer de* signifiait « faire preuve de telle ou telle qualité », et *payer de bonne mine* voulait dire « avoir un physique avantageux ». À partir du XVIII$^{e}$ siècle, l'emploi négatif (ne pas payer de mine) traduit une différence entre l'apparence réelle (la mine) et ce qui peut se cacher derrière.

Ici, le narrateur évoque les *petits mots de rien du tout* (les conjonctions, les connecteurs…) qui, malgré leur apparence et le fait qu'ils soient *petits*, ont une grande importance dans le fonctionnement de la langue, notamment pour la compréhension d'une phrase. D'une manière naïve, le narrateur souligne ainsi que ces *petits mots de rien du tout*, même s'ils n'en ont pas l'air (car ils sont *petits*), sont très importants. Il ne faut donc pas se fier aux apparences.
Dans cette expression, le mot *mine* renvoie donc à l'aspect extérieur.
Ce mot peut également avoir d'autres sens :
– il peut renvoyer de façon plus précise au visage, à la figure (ex. : *Il rentre de vacances au soleil : il a vraiment bonne* ***mine*** ; *Elle a eu une* ***mine*** *réjouie en le voyant*) ;
– dans le domaine de l'écriture, il peut désigner la partie destinée à laisser une trace sur le papier (ex. : *La* ***mine*** *de mon crayon est cassée*) ;
– une mine est aussi l'endroit dont on extrait le charbon, ou d'autres composés naturels ou minerais (ex. : *Dans* Germinal, *Zola a su dépeindre la dure réalité du travail dans les* ***mines***).

**2** Le mot ***transformer*** est construit par dérivation, à partir du radical (ou base) *form* (*forme*) auquel on ajoute le préfixe *trans-* (qui signifie « au-delà, à travers » ou indique un changement) et le suffixe verbal *-er* (qui permet de créer un verbe du 1$^{er}$ groupe).
Le verbe ***transformer*** signifie « faire passer d'une forme à une autre ». Dans cet extrait, il s'agit en effet de passer des lettres aux sons, autrement dit, de faire les correspondances graphie-phonie pour déchiffrer, décoder.

**3** Le narrateur qui s'exprime dans cet extrait est un adulte, longtemps illettré, qui raconte son entrée dans la lecture.
Il s'exprime ici à la 1$^{re}$ personne, en utilisant un lexique enfantin (*Julien comprenait mal mon « charabia » ; les mots oubliés, des petits mots de rien du tout*), mais aussi une syntaxe orale, qui traduit ses pensées de manière spontanée (*il demandait si j'avais compris. Je répondais : « Oui, et c'est beau. » Il recommençait sa lecture et répétait sa question, mais là, je n'avais rien compris*).
Le lexique donne aussi à voir un adulte fragilisé et en quelque sorte marginalisé, en raison de son illettrisme (*j'étais inquiet*). Cet adulte, perdu face à cette nouvelle découverte qu'il est en train d'expérimenter, se pose des questions naïves, formulées dans une syntaxe orale (*« Et si on ne comprend pas des mots, comment on fait pour savoir ? »*).
Pour autant, le champ lexical du plaisir, de l'amusement et de l'émerveillement traduisent la motivation de cet adulte et la façon dont il entre dans l'apprentissage de la lecture, grâce à ses différentes rencontres : *j'étais content* ; *je m'amuse à tourner les lettres dans ma tête, à en mettre ensemble et*

*chanter les sons qu'elles font* ; *c'est drôle* ; *C'est pas croyable ! Quelques lettres suffisent pour faire des mille et des mille de mots*. Cette découverte est pour lui une véritable révélation.
Le style utilisé ici (lexique, syntaxe) construit le portrait touchant de cet adulte, spontané et naïf, qui après de nombreuses années, entre enfin dans l'apprentissage de la lecture.

## PARTIE 3 – Réflexion et développement

*Dans la proposition de corrigé qui suit, différents éléments sont repérés en* **bleu**. *Ils apparaissent pour vous permettre d'avoir une vue d'ensemble sur l'organisation de la réponse. Mais attention, ces indications ne doivent pas figurer sur votre copie !*

**[Introduction]**

En France, on estime à 7 % le nombre d'adultes illettrés, qui bien qu'ayant suivi une scolarité, ne sont pas capables de maitriser la lecture.
Dans cet extrait de son roman *L'Illettré*, paru en 2006 aux Éditions Anne Carrière, Maurice Baron évoque la démarche du narrateur, illettré, qui à l'âge adulte se tourne vers une ancienne institutrice afin qu'elle lui apprenne enfin à lire. Cet extrait invite à s'interroger sur les conditions de l'entrée dans la lecture.
Dans un premier temps, nous évoquerons les raisons qui sont susceptibles de freiner cet apprentissage, avant d'étudier quels peuvent être les facteurs favorables pour entrer finalement dans la lecture.

**[Partie 1]**

Dans cet extrait, le narrateur évoque, dans un texte à la 1re personne rédigé de manière très enfantine et dans un style plutôt oral, sa maitrise défaillante du langage oral. Il parle de son « charabia » et explique : « je parlais en oubliant des mots importants pour me faire comprendre ». Or, on le sait, une bonne maitrise de l'oral est indispensable pour pouvoir accéder au monde de l'écrit et aux apprentissages fondamentaux que sont la lecture et l'écriture. Les programmes d'enseignement de l'école maternelle de 2015 insistent d'ailleurs sur cette maitrise de la langue, objectif fondamental du cycle 1 de l'école. De plus, de nombreux travaux de recherche, parmi lesquels ceux de Laurence Lentin, d'Alain Bentolila ou encore de Roland Goigoux, montrent l'importance du bagage lexical des élèves dans l'apprentissage de la lecture. Le narrateur réalise d'ailleurs que « l'important, c'est le nombre de mots connus et plus on connaît de mots et plus on peut comprendre ce qu'on lit et ce qu'on nous dit ».
Ce texte souligne par ailleurs une autre difficulté d'accès à l'écrit. Tant que l'enfant n'a pas compris le fonctionnement de l'écrit et notamment le lien entre l'oral et l'écrit, il ne peut accéder à la lecture. Les programmes soulignent ainsi l'importance de la découverte du principe alphabétique, qui va progressivement se mettre en place dès la maternelle. L'enfant doit en effet comprendre que l'écrit code l'oral et que les lettres (ou plus précisément les graphèmes) permettent de coder les sons de la langue (les phonèmes). « Les lettres qui font lapin ou lavoir ne sont pas des objets, seulement une manière d'écrire des sons, j'ai enfin compris. »
Bien entendu, quand il s'agit d'apprentissage de la lecture, on pense aussi aux différentes méthodes pour y parvenir et à la « fameuse » dichotomie entre méthode syllabique et méthode globale. Dans cet extrait, le narrateur évoque, dans le cadre d'un « colloque », « une dame [qui] n'avait pas arrêté de crier que si on commençait par déchiffrer, on ne pouvait rien comprendre », allusion faite ici en creux à la méthode globale qui accorde la priorité au traitement des unités de haut niveau (le texte, la situation de communication) et fait passer au second plan le travail sur le code et le déchiffrage. Avec la réponse de l'institutrice (« Marguerite m'a répondu de ne pas croire à ces bêtises »), référence est faite à cette querelle des méthodes : on sait aujourd'hui que le travail sur le code, sur l'apprentissage des correspondances graphie-phonie est indispensable. Pour autant, les textes officiels mettent l'accent sur le fait que lire, c'est à la fois déchiffrer et comprendre, et que ces deux aspects doivent être travaillés de façon conjointe dans l'apprentissage de la lecture. Cette idée est d'ailleurs relayée par le narrateur qui indique, presque naïvement : « quand on lit, c'est pour comprendre ce qui est écrit, sinon ça ne sert à rien ».

Enfin, à travers cet extrait, on perçoit aussi les sentiments de cet adulte illettré, qui se sent fragilisé et marginalisé en raison de son ignorance et de son incapacité à lire. Ceci ressort de sa façon de s'exprimer, très enfantine, mais aussi des questions naïves qu'il pose (« Et si on ne comprend pas des mots, comment on fait pour savoir ? »). Dans son roman *Orphelin des mots*, Gérard Louviot relate la souffrance de ne pas savoir lire, lui qui a appris à 35 ans : « Ne pas savoir lire, c'est comme ne pas pouvoir respirer. C'est se battre pour se frayer un chemin, ruser, contourner, encaisser ». De la même façon, Aline Le Guluche (*J'ai appris à lire à 50 ans*) évoque cette situation que l'on cache, la honte d'être illettrée, et le handicap quotidien que cela représente. Dans sa chanson *Stylo vert*, Calogero dresse quant à lui de façon pudique le portrait d'un homme, tiraillé entre honte et envie, qui fait l'effort d'apprendre à lire pour ses enfants.

De nombreuses études en sociologie, psychologie, linguistique et didactique, s'intéressent à ce phénomène pour en dégager les causes et les conséquences et permettre à chacun de trouver sa place dans une société dans laquelle la maitrise de l'écrit est une condition indispensable d'insertion sociale et culturelle. D'un point de vue sociétal, la lutte contre l'illettrisme est définie comme une priorité nationale : le ministère de l'Éducation nationale s'engage ainsi dans la prévention des difficultés de lecture et d'écriture par le biais de dispositifs d'accompagnement à la scolarité et le soutien aux associations œuvrant dans ce domaine.

**[Partie 2]**

Un certain nombre de facteurs sont susceptibles de bloquer l'entrée dans la lecture. Mais l'extrait de Maurice Baron est aussi porteur d'espoir, il est le témoignage d'une expérience heureuse, d'une belle découverte puisqu'à l'âge adulte, le narrateur a pu trouver les clés pour accéder au monde de l'écrit. Il convient de noter tout d'abord l'importance des rencontres et le rôle déclencheur de celle avec Julien puis Marguerite, l'institutrice à la retraite, qui vont aider le narrateur avec beaucoup de bienveillance et de patience, dans ses apprentissages (« il demandait si j'avais compris » ; « Marguerite m'a dit que j'avais eu de la chance de le rencontrer »). Pour Aline Le Guluche et Gérard Louviot, c'est de façon similaire la rencontre avec un supérieur empathique qui leur a proposé une formation qui a été l'élément déclencheur de cette réconciliation avec le monde de l'écrit. Si les actions de formation sont aujourd'hui nombreuses pour permettre une réappropriation de l'écrit, Jean-Marie Besse, professeur de psychologie cognitive et spécialiste de l'illettrisme, note pourtant que le public illettré se présente rarement aux sessions de formations. Ceci s'explique sans doute par le fait qu'il faut d'abord surmonter sa honte et être capable de passer outre les représentations et les amalgames parfois rapides qui tendent à assimiler « illettré » et « ignare » ou « inculte ». Comme le souligne le sociologue Bernard Lahire, mieux vaut dans ce cas rester caché.

Mais pour le narrateur de *L'Illettré*, l'expérience est tout autre : en confiance, il entre dans les apprentissages, à la fois avec émerveillement et amusement (« je m'amuse à tourner les lettres dans ma tête », « c'est drôle », « c'est pas croyable ! »). Ces réflexions rappellent l'entrée du petit Marcel Pagnol dans la lecture, décrite dans *La Gloire de mon père* et vécue comme un moment magique : le jeune garçon cherche ensuite à lire tout ce qui lui passe sous les yeux et prend conscience de la puissance de cette découverte. Jean-Paul Sartre, dans *Les Mots*, raconte ce bonheur : arrivé au terme de son apprentissage et découvrant qu'il sait lire, il exulte : « J'étais fou de joie ». Maurice Baron évoque aussi ce plaisir ressenti : « j'étais content : je n'apprenais pas seulement à lire avec Marguerite ».

Guidé par les explications de l'ancienne institutrice, le narrateur va alors enfin comprendre le principe alphabétique, compétence essentielle pour pouvoir entrer dans l'apprentissage de la lecture : « je m'amuse à tourner les lettres dans ma tête, à en mettre ensemble et à chanter les sons qu'elles font. [...] Quelques lettres suffisent pour faire des mille et des mille de mots, et chacun a un son différent ». Ce passage souligne aussi l'importance du jeu dans cet apprentissage : en maternelle, l'acquisition de la conscience phonologique se fait de façon ludique et les élèves sont amenés à jouer avec les sons, les mots, les syllabes pour prendre conscience des réalités sonores du langage.

Enfin, la réussite du narrateur est aussi liée au fait que la langue est ici envisagée et travaillée dans sa globalité. L'ancienne institutrice lui fait découvrir la lecture, en l'initiant au travail de déchiffrage, mené de façon systématique afin de découvrir l'ensemble des principes de la combinatoire, avec ses régularités et ses particularités. Ce travail sur le code va de pair avec la question de la compréhension « parce que quand on lit, c'est pour comprendre ce qui est écrit ». Aussi, le plaisir des rencontres avec les textes littéraires est-il évoqué à travers le témoignage de Marguerite. Les livres ouvrent des horizons, permettent de voyager, de s'évader, de comprendre et de rêver : c'est également l'idée que l'on retrouve chez Jean-Paul Sartre (*Les Mots*), Simone de Beauvoir (*Mémoires d'une jeune fille rangée*) ou encore Daniel Pennac (*Chagrin d'école*).

En plus de cet apprentissage de la lecture, le narrateur est initié à l'importance de la grammaire, « utile pour donner la bonne place aux mots dans les phrases et se faire comprendre des autres » de manière fine. On retrouve ici l'objectif des programmes qui envisagent la grammaire comme un moyen de mieux comprendre ce qu'on lit et d'améliorer la qualité de ses productions écrites.

Enfin, ces apprentissages concernant la maitrise de la langue incluent bien entendu une attention particulière au vocabulaire, qui occupe une place importante dans les apprentissages à tous les cycles de l'école : « L'important, c'était le nombre de mots connus avant dans leur vrai sens ».

**[Conclusion]**

Le témoignage touchant, spontané et naïf de cet adulte invite à réfléchir aux freins mais aussi aux leviers que chaque enfant est susceptible de rencontrer dans l'apprentissage fondamental que constitue la lecture. Il permet également de prendre conscience de manière forte de l'importance de la maitrise de la langue et de l'entrée dans l'écrit.

# SUJET 3

→ Corrigés p. 411

## Français

3 heures

**Texte** **Stéphane Hessel, *Indignez-vous !* © Indigène éditions, octobre 2010, Montpellier, France.**

On ose nous dire que l'État ne peut plus assurer les coûts de ces mesures citoyennes. Mais comment peut-il manquer aujourd'hui de l'argent pour maintenir et prolonger ces conquêtes alors que la production de richesses a considérablement augmenté depuis la Libération, période où l'Europe était ruinée ? Sinon parce que le pouvoir de l'argent, tellement combattu par la Résistance, n'a jamais été aussi grand, insolent, égoïste, avec ses propres serviteurs jusque dans les plus hautes sphères de l'État. Les banques désormais privatisées se montrent d'abord soucieuses de leurs dividendes, et des très hauts salaires de leurs dirigeants, pas de l'intérêt général. L'écart entre les plus pauvres et les plus riches n'a jamais été aussi important ; et la course à l'argent, la compétition, autant encouragées.

Le motif de base de la Résistance était l'indignation. Nous, vétérans des mouvements de résistance et des forces combattantes de la France libre, nous appelons les jeunes générations à faire vivre, transmettre l'héritage de la Résistance et ses idéaux. Nous leur disons : prenez le relais, indignez-vous ! Les responsables politiques, économiques, intellectuels et l'ensemble de la société ne doivent pas démissionner, ni se laisser impressionner par l'actuelle dictature internationale des marchés financiers qui menace la paix et la démocratie.

Je vous souhaite à tous, à chacun d'entre vous, d'avoir votre motif d'indignation. C'est précieux. Quand quelque chose vous indigne comme j'ai été indigné par le nazisme, alors on devient militant, fort et engagé. On rejoint ce courant de l'histoire et le grand courant de l'histoire doit se poursuivre grâce à chacun. Et ce courant va vers plus de justice, plus de liberté mais pas cette liberté incontrôlée du renard dans le poulailler. Ces droits, dont la Déclaration universelle a rédigé le programme de 1848, sont universels. Si vous rencontrez quelqu'un qui n'en bénéficie pas, plaignez-le, aidez-le à les conquérir. […]

C'est vrai, les raisons de s'indigner peuvent paraître aujourd'hui moins nettes ou le monde trop complexe. Qui commande, qui décide ? Il n'est pas toujours facile de distinguer entre tous les courants qui nous gouvernent. Nous n'avons plus affaire à une petite élite dont nous comprenons clairement les agissements. C'est un vaste monde, dont nous sentons bien qu'il est interdépendant. Nous vivons dans une interconnectivité comme jamais encore il n'en a existé. Mais dans ce monde, il y a des choses insupportables. Pour le voir, il faut bien regarder, chercher. Je dis aux jeunes : cherchez un peu, vous allez trouver. La pire des attitudes est l'indifférence, dire « je n'y peux rien, je me débrouille ». En vous comportant ainsi, vous perdez l'une des composantes essentielles qui fait l'humain. Une des composantes indispensables : la faculté d'indignation et l'engagement qui en est la conséquence.

## PARTIE 1 – Étude de la langue

**1** Dans le paragraphe suivant :

**a)** Identifiez une phrase composée de deux propositions coordonnées.

**b)** Relevez deux propositions subordonnées de nature différente. Indiquez leur nature grammaticale et leur fonction respectives.

Je vous souhaite à tous, à chacun d'entre vous, d'avoir votre motif d'indignation. C'est précieux. Quand quelque chose vous indigne comme j'ai été indigné par le nazisme, alors on devient militant, fort et engagé. On rejoint ce courant de l'histoire et le grand courant de l'histoire doit se poursuivre grâce à chacun. Et ce courant va vers plus de justice, plus de liberté, mais pas cette liberté incontrôlée du renard dans le poulailler. Ces droits, dont la Déclaration universelle a rédigé le programme en 1848, sont universels. Si vous rencontrez quelqu'un qui n'en bénéficie pas, plaignez-le, aidez-le à les conquérir. (l. 16-22)

**2** Relevez et analysez les formes du verbe *indigner* dans la phrase suivante.

Quand quelque chose vous indigne comme j'ai été indigné par le nazisme, alors on devient militant, fort et engagé. (l. 17-18)

**3** Donnez la nature grammaticale de *que* dans chacune des phrases suivantes.

On ose nous dire <u>que</u> l'État ne peut plus assurer les coûts de ces mesures citoyennes. Mais comment peut-il manquer aujourd'hui de l'argent pour maintenir et prolonger ces conquêtes alors <u>que</u> la production de richesses a considérablement augmenté depuis la Libération, période où l'Europe était ruinée ? (l. 1-4)

**4** Dans ces deux phrases, recopiez les groupes qui ont pour noyaux les noms encadrés, soulignez les expansions de ces noms, indiquez la nature et la fonction de chaque expansion.

**a)** Nous n'avons plus affaire à une petite [élite] dont nous comprenons clairement les agissements. (l. 25-26)

**b)** On rejoint ce courant de l'histoire et le grand [courant] de l'histoire doit se poursuivre grâce à chacun. (l. 18-19)

**5** Indiquez la nature et la fonction des *les* soulignés.

**a)** Ces droits, dont la Déclaration universelle a rédigé le programme de 1848, sont universels. Si vous rencontrez quelqu'un qui n'en bénéficie pas, plaignez-le, aidez-le à <u>les</u> conquérir. (l. 20-22)

**b)** C'est vrai, <u>les</u> raisons de s'indigner peuvent paraître aujourd'hui moins nettes ou le monde trop complexe. (l. 23-24)

**6** Dans les phrases suivantes, relevez les participes passés et justifiez leur accord.

**a)** Mais comment peut-il manquer aujourd'hui de l'argent pour maintenir et prolonger ces conquêtes alors que la production de richesses a considérablement augmenté depuis la Libération, période où l'Europe était ruinée ? (l. 2-4)

**b)** Nous vivons dans une interconnectivité comme jamais encore il n'en a existé. (l. 27-28)

## PARTIE 2 – Lexique et compréhension lexicale

**1** Expliquez la formation des mots suivants puis, pour chacun, proposez deux mots de la même famille dont vous indiquerez la nature grammaticale.

**a)** indignation **b)** clairement **c)** interdépendant

**2** Indiquer le sens du mot *vétérans* en contexte.

Nous, **vétérans** des mouvements de résistance et des forces combattantes de la France libre, nous appelons les jeunes générations à faire vivre, transmettre l'héritage de la Résistance et ses idéaux (l. 10-12).

**3** Dans ce passage, relevez deux procédés lexicaux utilisés par Stéphane Hessel pour amener son lecteur à l'engagement.

Je vous souhaite à tous, à chacun d'entre vous, d'avoir votre motif d'indignation. C'est précieux. Quand quelque chose vous indigne comme j'ai été indigné par le nazisme, alors on devient militant, fort et engagé. On rejoint ce courant de l'histoire et le grand courant de l'histoire doit se poursuivre grâce à chacun. Et ce courant va vers plus de justice, plus de liberté, mais pas cette liberté incontrôlée du renard dans le poulailler. Ces droits, dont la Déclaration universelle a rédigé le programme de 1848, sont universels. Si vous rencontrez quelqu'un qui n'en bénéficie pas, plaignez-le, aidez-le à les conquérir (l. 16-22).

## PARTIE 3 – Réflexion et développement

À partir du texte de Stéphane Hessel, vous vous demanderez en quoi l'engagement permet-il d'affirmer son humanité. Votre réflexion, présentée de manière structurée et argumentée, s'appuiera sur l'ensemble de vos connaissances et de vos lectures.

# CORRIGÉ DU SUJET 3

→ Sujet p. 409

## PARTIE 1 – Étude de la langue

**1 a)** [On rejoint ce courant de l'histoire] et [le grand courant de l'histoire doit se poursuivre grâce à chacun].

Les deux propositions sont autonomes (elles ne sont pas rattachées à une proposition principale). Elles sont sur le même plan syntaxique et indépendantes l'une de l'autre. Elles sont reliées par une conjonction de coordination : *et*.

**REMARQUES**

- La phrase « Et ce courant va vers plus de justice, plus de liberté, mais pas cette liberté incontrôlée du renard dans le poulailler. » n'est pas composée de deux propositions coordonnées avec deux verbes conjugués. La présence d'une conjonction de coordination ne suffit pas à caractériser deux propositions coordonnées.
- Par ailleurs, lorsqu'il vous est demandé « une phrase », il faut se contenter d'une seule réponse. Le fait de choisir une autre phrase entrainait ici nécessairement une erreur. La réponse dans ce cas ne peut être acceptée comme juste même si elle comportait la bonne phrase.

**b)** Je vous souhaite à tous, à chacun d'entre vous, d'avoir votre motif d'indignation. C'est précieux. [Quand quelque chose vous indigne [comme j'ai été indigné par le nazisme]], alors on devient militant, fort et engagé. On rejoint ce courant de l'histoire et le grand courant de l'histoire doit se poursuivre grâce à chacun. Et ce courant va vers plus de justice, plus de liberté, mais pas cette liberté incontrôlée du renard dans le poulailler. Ces droits, [dont la Déclaration universelle a rédigé le programme en 1848], sont universels. [Si vous rencontrez quelqu'un qui n'en bénéficie pas], plaignez-le, aidez-le à les conquérir.

- ***Quand quelque chose vous indigne comme j'ai été indigné par le nazisme :*** proposition subordonnée conjonctive / complément circonstanciel de temps. Dans cette proposition subordonnée, une autre proposition est enchâssée : ***comme j'ai été indigné par le nazisme***.
- ***comme j'ai été indigné par le nazisme :*** proposition subordonnée conjonctive / complément circonstanciel de comparaison.
- ***Si vous rencontrez quelqu'un qui n'en bénéficie pas :*** proposition subordonnée conjonctive / complément circonstanciel de condition (d'hypothèse).
- ***dont la Déclaration universelle a rédigé le programme en 1948 :*** proposition subordonnée relative / épithète du nom *droits*.
- ***qui n'en bénéficie pas :*** proposition subordonnée relative / épithète du pronom *quelqu'un*.

**REMARQUES**

- Délimitez très strictement la proposition subordonnée, sinon la réponse ne peut être acceptée. Une erreur fréquente consiste à tronquer les propositions.
- Là encore, on ne vous demande que deux réponses. Toute réponse supplémentaire inexacte laisse à penser que la notion n'est pas acquise et annule le point ou les points acquis par réponse exacte.

**2** • ***indigne :*** verbe *indigner*, 3e personne du singulier (P3), indicatif, présent (de vérité générale), voix active.

- ***ai été indigné :*** verbe *indigner*, 1re personne du singulier (P1), indicatif, passé composé, voix passive.

**REMARQUE**

Une réponse qui n'indiquerait pas les voix active et passive serait incomplète, en plus des modes et temps du verbe.

**3** • ***que*** *(l'État…) :* conjonction de subordination. ***Que*** introduit une proposition subordonnée conjonctive complétive, COD de *ose*. ***Que*** ne représente aucun autre mot.

- *(alors)* ***que : que*** fait partie de la locution conjonctive *alors que* qui marque une opposition. La locution introduit une proposition subordonnée circonstancielle, complément circonstanciel de temps.

**4 a)** une <u>petite</u> [élite] <u>dont nous comprenons clairement les agissements</u>

**b)** le <u>grand</u> [courant] <u>de l'histoire</u>

| Déterminants | Noms | Expansions | Nature des expansions | Fonction des expansions |
|---|---|---|---|---|
| *une* | *élite* | ***petite*** | Adjectif qualificatif | Épithète du nom *élite* |
| | | ***dont nous comprenons clairement les agissements*** | Proposition subordonnée relative | Épithète du nom *élite* ; l'antécédent du pronom *dont* est *élite.* |
| *le* | *courant* | ***grand*** | Adjectif qualificatif | Épithète du nom *courant* |
| | | ***de l'histoire*** | Groupe nominal prépositionnel | Complément du nom *courant* |

**5 a)** *(aidez-le à)* ***les*** *(conquérir)*

**Pronom personnel**, mis pour *les droits de la Déclaration universelle*. **Fonction :** COD du verbe *conquérir*. **Justifications possibles :** le pronom personnel *les* est toujours COD ; construction du verbe (*conquérir quelque chose* : ici les droits de la Déclaration universelle).

**b)** ***les*** *(raisons de s'indigner)*

**Article défini.** L'article détermine (introduit) le nom commun *raisons*.

*Les justifications attendues portent sur l'identification de la classe du mot, la fonction étant ici liée à l'identification du déterminant.*

**Justifications possibles :** substitution (par d'autres déterminants : *des*, *ces*, *mes*, *ses*…) ; effacement impossible (*C'est vrai, *raisons de s'indigner*…).

**REMARQUE**

*Les* pronom personnel est situé devant un verbe, tandis que *les* article défini est placé devant un nom (parfois précédé d'un ou de plusieurs adjectifs).

**6 a)** Mais comment peut-il manquer aujourd'hui de l'argent pour maintenir et prolonger ces conquêtes alors que la production de richesses a considérablement <u>augmenté</u> depuis la Libération, période où l'Europe était <u>ruinée</u> ?

- *(la production de richesses) a (considérablement)* ***augmenté*** : verbe *augmenter*, indicatif passé composé, 3e personne du singulier (P3), voix active. Le participe passé ne s'accorde pas ici avec le sujet *la production de richesses* car il est employé avec l'auxiliaire *avoir*.
- *(l'Europe) était* ***ruinée*** **:** verbe *ruiner*, indicatif imparfait, 3e personne du singulier (P3), voix passive. Le participe passé est conjugué avec l'auxiliaire *être*, il s'accorde avec le sujet *l'Europe*, féminin singulier.

**REMARQUE**

On pourrait aussi considérer qu'il s'agit d'un participe passé employé comme adjectif (commutation possible avec un adjectif comme : l'Europe était triste / seule) car on insiste plus ici sur le résultat que sur l'action (le processus). Les deux réponses sont acceptables.

**b)** Nous vivons dans une interconnectivité comme jamais encore il n'en a <u>existé</u>.

- *(il n'en) a* ***existé*** **:** verbe *exister*, indicatif passé composé, 3e personne du singulier (P3), voix active. Le participe passé ne s'accorde pas ici avec le sujet *il* car il est employé avec l'auxiliaire *avoir*. Il s'accorderait avec un COD placé devant lui. En l'espèce, il n'y a pas de COD, mais un COI (*en*) que l'on peut rattacher indirectement au verbe par la proposition sous-entendue *de* si on nominalise (*il n'a jamais existé d'interconnectivité*).

## PARTIE 2 – Lexique et compréhension lexicale

**1** Tous ces mots sont formés par dérivation.

**ATTENTION**

Le sens des mots n'est pas explicitement demandé. Cependant, il peut être valorisé par le correcteur, et donc il n'est pas inutile de le préciser.

**a)** ***in/dign/ation :*** préfixe négatif / radical / suffixe nominal (du latin *dignare*, « daigner » ⟶ *indignare*, « s'indigner »).
**Sens :** sentiment de colère et de mépris qu'excite une personne ou une chose indigne (*Littré*) ; sentiment de colère et de révolte suscité par tout ce qui peut provoquer la réprobation et porter plus ou moins atteinte à la dignité de l'homme (*CNTRL*).
**Mots de la même famille :** *dignité*, *digne*, *indignité*, *dignitaire*, *indigner*…

**b)** ***claire/ment :*** formation de l'adverbe sur la base du féminin de l'adjectif. Radical : *claire* ; suffixe adverbial : *ment*.

**REMARQUE**

Une erreur fréquente consiste à découper ainsi : *clair/ement*. Les adverbes se forment à partir des adjectifs mis au féminin : *claire/ment*.

**Sens :** de façon évidente, nette (*Larousse*).
**Mots de la même famille :** *clair*, *éclairer*, *éclairage*, *éclaircir*, *clairvoyant*, *clarté*, *clarification*…

**c)** ***inter/dépend/ant :*** préfixe signifiant « entre » / radical / suffixe d'adjectif verbal.

**REMARQUE**

Une erreur fréquente consiste à ne pas indiquer l'ensemble des affixes alors qu'il y a un préfixe et un suffixe ajouté au radical. Par exemple, dire : *interdépendant* vient de *dépendant* auquel on a ajouté le préfixe *inter-*.

**Sens :** dont les éléments dépendent les uns des autres.
**Mots de la même famille :** *dépendre*, *dépendance*, *indépendant*, *indépendance*…

**ATTENTION**

Il ne faut pas confondre les mots de la même famille (ex. : ***clair*** et ***clairement***) et les mots synonymes (ex. : ***visiblement*** pour ***clairement***).

**2** **Vétéran(s) :** soldat(s) ayant accompli un long service (*Larousse*) ; soldat(s) ayant de longs états de service (*CNTL*).
Dans cet extrait, les vétérans sont les soldats ayant participé à la Résistance, sous une forme ou une autre (La France libre est le régime de résistance extérieure fondé à Londres par le Général de Gaulle), contre l'ennemi pendant la Seconde Guerre mondiale. Le Conseil national de la Résistance composé des forces politiques en présence (communistes, gaullistes, démocrates-chrétiens) adopta dans la clandestinité un texte visant à « instaurer un ordre social plus juste » qui jeta les bases des droits économiques et sociaux institués par le préambule de la Constitution de 1946, repris dans la Constitution de 1958. Cet appel des résistants se concluait par cette formule : « Créer, c'est résister. Résister, c'est créer. » Les idéaux de ce texte sont donc évoqués par Stéphane Hessel qui détourne la formule du Conseil national de la Résistance avec son ouvrage titré : *Indignez-vous !*

3 Dans ce passage, plusieurs figures de style sont employées :

• Une comparaison : ***Quand quelque chose vous indigne comme j'ai été indigné par le nazisme.***
Stéphane Hessel établit un lien entre *quelque chose vous indigne* et *le nazisme*. Le rapprochement entre les deux motifs d'indignation s'effectue par un terme comparatif, l'adverbe *comme*, pour exprimer une idée de similitude.

• Une métaphore : ***Et ce courant va vers plus de justice, plus de liberté, mais pas [cette liberté incontrôlée du renard dans le poulailler].***
Stéphane Hessel invite chacun à exprimer par l'action le sentiment de colère ou de révolte qu'il ressent notamment pour défendre les valeurs telles que la liberté. La liberté qui doit être défendue est une liberté respectueuse des individus et non une *liberté incontrôlée du renard dans le poulailler*. En utilisant cette métaphore du prédateur, Hessel entend défendre le plus faible contre le plus fort et montre les dérives d'un système qui, sous prétexte de liberté, laisserait des individus sur le bas-côté.

• Une figure d'insistance (la répétition) : ***On rejoint ce courant de l'histoire et le grand courant de l'histoire doit se poursuivre grâce à chacun. Et ce courant va vers plus de justice, plus de liberté, mais pas cette liberté incontrôlée du renard dans le poulailler.***
L'essayiste utilise une figure d'insistance en répétant les mots *courants* (trois occurrences), *plus de* (deux occurrences) et *liberté* (deux occurrences). Pour Stéphane Hessel, les raisons de l'engagement sont nombreuses pour défendre les droits universels et notamment une valeur suprême : la liberté. Elles conduisent à prolonger l'action des résistants en entrant dans *le grand courant de l'histoire*, c'est-à-dire en allant dans le sens de l'histoire, puisque le but de toute civilisation est d'arriver à accroitre la valeur individuelle de l'homme.
On notera également la déclinaison *indignation*, *indigne*, *indigné*.

• Le pléonasme : ***Quand quelque chose vous indigne comme j'ai été indigné par le nazisme, alors on devient <u>militant</u>, fort et <u>engagé</u>.***
Là encore, la redondance crée l'insistance. On peut considérer qu'être militant c'est en effet être engagé et qu'ici les deux adjectifs ont le même sens.

• Une figure d'amplification (la gradation) : ***Je vous souhaite [à tous, à chacun d'entre vous], d'avoir votre motif d'indignation.***
Le procédé de gradation (descendante) permet d'amplifier l'adresse au destinataire du discours. En s'adressant à tous, l'auteur invite chacun d'entre nous à agir.
En conclusion, le lexique choisi participe à la tonalité engagée du texte, révélatrice du point de vue de l'auteur et de la portée illocutoire (capacité de l'énoncé à agir sur le destinataire) de son discours : Stéphane Hessel, engagé contre le nazisme lors de la Seconde Guerre mondiale, invite chacun à s'indigner pour défendre toujours, envers et contre tout, les droits de l'Homme et les libertés.

## PARTIE 3 – Réflexion et développement

*Dans la proposition de corrigé qui suit, différents éléments sont repérés en bleu. Ils apparaissent pour vous permettre d'avoir une vue d'ensemble sur l'organisation de la réponse. Mais attention, ces indications ne doivent pas figurer sur votre copie !*

**[Introduction]**

S'il est au départ une initiative individuelle, l'engagement permet de participer à la vie collective et d'affirmer sa citoyenneté. Les liens sociaux et l'engagement créés par et au service de la collectivité sont au cœur des préoccupations militantes et du texte de Stéphane Hessel.
Dans un court essai publié en 2010, *Indignez-vous !* Stéphane Hessel (1917-2013), diplomate, écrivain et militant politique français d'origine allemande, s'appuie sur sa propre expérience pour montrer combien l'indignation est essentielle à l'engagement. Il exprime ses sujets d'indignation et appelle chacun à s'engager.

Ce manifeste, qui connut un succès international, nous invite à nous interroger sur les formes de l'engagement et leurs effets : en quoi l'engagement permet-il d'affirmer son humanité ? L'engagement, sous la forme d'un refus ou par l'action nourrie par des valeurs communes, cherche à accroitre notre humanité.

[Partie 1]

L'engagement s'exprime d'abord par le refus de la compromission, du désintérêt, de l'égoïsme. Selon Stéphane Hessel, ancien résistant qui prône les valeurs véhiculées pendant cette période de l'histoire de France, les raisons de s'indigner existent. Il s'adresse à la jeunesse, essentiellement française, en tout cas occidentale, qui vit dans l'opulence de la société de consommation, en dehors de tout conflit, et apparemment en sécurité, protégée des violations des droits humains. C'est pourquoi il lui enjoint de « chercher » des motifs d'indignation, en refusant le fatalisme et le repli sur soi (« je n'y peux rien, je me débrouille »). Le traitement fait aux immigrés, aux sans-papiers, aux Roms sont autant de motifs pour Stéphane Hessel de s'indigner. De la formule tronquée attribuée à Michel Rocard en 1989, premier ministre, qui a fait polémique, mais qui révèle les limites d'une politique d'accueil (« La France ne peut pas accueillir toute la misère du monde »), on retiendra que l'intéressé appelait au refus de l'indifférence (« mais elle doit savoir en prendre fidèlement sa part »). Ce refus du repli sur soi, c'est aussi le refus de l'insupportable, note Hessel, de ce qui est indigne de l'humanité contre lesquels l'individu doit se révolter. À l'instar d'Albert Camus, *L'Homme révolté* (1951), le révolté est un homme qui dit « non » après avoir pris conscience que les choses ont trop duré et qu'il y a une limite à ne pas dépasser. Il fait volte-face et refuse pour la première fois un état de fait. C'est ainsi qu'il faut comprendre les mouvements de désertion ou de refus de soldats de participer à des opérations militaires pendant des conflits, comme celui ayant opposé les États-Unis et le Vietnam.
En littérature, le personnage d'Antigone, dans la pièce de théâtre de Jean Anouilh, représentée pour la première fois en 1944 pendant l'occupation allemande, incarne cette faculté de s'opposer à un pouvoir qui se croit tout puissant par la force d'un « non » ; ce « non » brandi comme un étendard du droit individuel consiste à choisir la mort plutôt que la compromission et la soumission, comme le font ceux qui refusent de dénoncer les leurs à l'ennemi.
C'est aussi le refus de l'insupportable qui conduit Stéphane Hessel à pointer les inégalités et l'intérêt particulier : « L'écart entre les plus pauvres et les plus riches n'a jamais été aussi important ; et la course à l'argent, la compétition, autant encouragées ». Aujourd'hui, en refusant d'acheter certains produits, des consommateurs manifestent leur engagement pour l'écologie face à l'idée insupportable de la disparition de la biodiversité. Ce refus est une première forme d'engagement actif même s'il ne bouleversera pas l'ordre établi. Des auteurs comme Albert Camus prônent cette réaction porteuse de valeurs : « Toute valeur n'entraîne pas la révolte, mais tout mouvement de révolte invoque tacitement une valeur ». C'est en effet au nom des valeurs humaines, consacrées par le droit naturel mais aussi par les constitutions et les textes internationaux, que se forge l'engagement par l'action.
L'empathie, la compassion sont stériles si elles ne conduisent pas à l'action, laquelle devient alors constructive pour défendre des droits essentiels, des droits universels. Le militantisme combat pour construire. Cet engagement, moteur de l'action, pour des idées, pour une vision du monde puise sa force dans la solidarité humaine, le sentiment de fraternité qui permet de rejoindre « le courant de l'histoire » alimenté par la somme des engagements individuels. C'est ce que met en relief Stéphane Hessel à travers l'engagement contre le nazisme, et en livrant des pistes pour agir dans son autre ouvrage : *Engagez-vous !*

[Partie 2]

De fait, l'engagement est nourri par des valeurs communes à l'humanité, partagées ou à partager par l'action, et souvent portées par des écrivains, d'autres intellectuels ou des artistes qui éveillent les consciences. Il s'agit d'abord de liberté, mais pas pour Stéphane Hessel une liberté libérale qui assujettit le plus faible à la loi (du marché) des plus forts. Une liberté ou plutôt des libertés, de penser, de dire, de s'exprimer, de circuler… toutes ces libertés que défendent les associations aux objets statutaires divers, dont les associations humanitaires et les organisations non gouvernementales, comme

Amnesty International ou l'Unicef. L'engagement peut être collectif, mais aussi individuel. Ainsi, la liberté de disposer de sa vie et de son corps est au cœur de l'engagement de Gisèle Halimi (1927-2020), avocate, par des engagements aussi divers que son militantisme en faveur de l'indépendance de l'Algérie et son soutien au manifeste des 343 de 1971 réunissant des femmes déclarant avoir déjà avorté et réclamant le libre accès à l'avortement.

La justice est évidemment l'un des droits fondamentaux pour lequel des écrivains, dans des contextes et des époques différentes, s'engagent par l'action dénonciatrice de la plume. Ainsi, Émile Zola la voit comme le guide essentiel des conduites à adopter et des choix à opérer et écrit dans *L'Aurore* le célèbre « J'accuse » qui contribuera à la défense d'Alfred Dreyfus, victime de l'antisémitisme et d'une conspiration au plus haut niveau de l'État français. Lui aussi est convaincu du formidable levier que constitue la jeunesse en s'adressant plusieurs fois à elle, notamment dans une lettre ouverte parue en brochure en 1897 pendant l'affaire Dreyfus. Il faut le récit du procès de Claude Buffet et de Roger Bontems dans *L'Exécution* (1973) et l'engagement persistant de Robert Badinter contre la peine de mort pour préparer la France et ses représentants à modifier le fonctionnement de la Justice française.

L'égalité est aussi une valeur défendue par l'engagement citoyen et associatif. Au nom de l'égalité devant les droits vitaux, ceux d'être nourris et logés dignement, l'abbé Pierre avec son association ou encore l'humoriste Coluche avec les Restos du cœur, disent non à l'indifférence et s'engagent en faveur des plus démunis. Le droit de vivre sa sexualité et son identité librement est l'un des moteurs de la communauté LGBT soutenue par de nombreuses stars comme David Bowie, Cher ou Ricky Martin. L'égalité entre les femmes et les hommes est au cœur de l'engagement féministe du groupe des Femen d'origine ukrainienne.

L'engagement fait donc vivre des valeurs communes et permet à chacun d'exprimer sa solidarité et son humanité. Stéphane Hessel s'appuie sur le caractère universel des droits consacrés au niveau international dans la Déclaration universelle des droits de l'homme de 1948, mais aussi souligne notre interdépendance et notre « interconnectivité » pour justifier nos engagements communs. Les problématiques sont devenues internationales et obligent à penser chaque sujet sous le prisme de la mondialisation. Avant Stéphane Hessel, Nicolas Hulot dans une « Lettre ouverte aux jeunes » parue dans la revue *Phosphore* en 2007, exhorte la jeunesse à s'engager tandis que l'activité humaine marque la nature d'une empreinte écologique excessive. L'héritage voulu par Stéphane Hessel de l'engagement est ici imposé par le comportement déraisonnable des générations antérieures. Le formidable défi à relever ne peut l'être seulement par des décisions politiques, mais force chacun à l'action en « consomm'acteurs avertis ».

Ces invitations à s'engager prennent donc la forme d'injonctions car, dès que l'humanité est en danger, c'est chacun, dans un geste de solidarité, qui se doit d'agir. Cet engagement œuvrant pour le bien commun, animé par la conscience d'un intérêt collectif, permet de préparer un monde meilleur, et c'est en cela qu'il « fait l'humain » (Stéphane Hessel). C'est pourquoi l'essayiste s'adresse en priorité à la jeunesse pour préparer les transformations à venir, et c'est aussi la raison pour laquelle dès l'école, tous les enseignements doivent concourir à développer le sens de l'engagement et de l'initiative, par la mise en œuvre de projets. Les formes de l'engagement dans notre société sont d'ailleurs très diverses et laissent à chacun le choix de ses modalités : bénévolat au sein d'associations, volontariat dans le cadre du service civique, militantisme syndical et politique, écriture ou prises de paroles publiques, jusqu'aux actions ponctuelles proposées par des associations, comme celle de l'association L214 qui incite ses adhérents à interpeler, via les réseaux sociaux, les firmes alimentaires qui méprisent le bien-être animal.

**[Conclusion]**

En somme, l'engagement individuel et collectif, au quotidien ou dans des circonstances exceptionnelles, permet par le refus et par l'action de défendre des droits communs ou d'en porter de nouveaux. Au-delà de l'indignation nécessaire à la prise de conscience, l'engagement témoigne, dans la durée et dans la réflexion, de notre interdépendance, de notre communauté de valeurs et d'un sens de l'humanité qui, dépassant les époques et les lieux, définit toute civilisation. L'engagement participe de cette utopie positive à laquelle il nous faut croire : être encore capables, ensemble, de réformer l'état du monde.

# SUJET 4

## Français

→ Corrigés p. 420

3 heures

**Texte** **Théophile Gautier, « La bonne soirée », *Émaux et Camées*. 1852.**

Quel temps de chien ! – il pleut, il neige ;
Les cochers, transis sur leur siège,
Ont le nez bleu.
Par ce vilain soir de décembre,
Qu'il ferait bon garder la chambre,
Devant son feu !

À l'angle de la cheminée
La chauffeuse capitonnée
Vous tend les bras
Et semble avec une caresse
Vous dire comme une maîtresse,
« Tu resteras ! »

Un papier rose à découpures,
Comme un sein blanc sous des guipures.
Voile à demi
Le globe laiteux de la lampe
Dont le reflet au plafond rampe,
Tout endormi.

On n'entend rien dans le silence
Que le pendule qui balance
Son disque d'or,
Et que le vent qui pleure et rôde,
Parcourant, pour entrer en fraude,
Le corridor.

C'est bal à l'ambassade anglaise ;
Mon habit noir est sur la chaise,
Les bras ballants ;
Mon gilet bâille et ma chemise
Semble dresser, pour être mise,
Ses poignets blancs.

Les brodequins à pointe étroite
Montrent leur vernis qui miroite,
Au feu placés ;
À côté des minces cravates
S'allongent comme des mains plates
Les gants glacés.

Il faut sortir ! – quelle corvée !
Prendre la file à l'arrivée
Et suivre au pas
Les coupés des beautés altières
Portant blasons sur leurs portières
Et leurs appas.

Rester debout contre une porte
À voir se ruer la cohorte
Des invités ;
Les vieux museaux, les frais visages,
Les fracs en cœur et les corsages
Décolletés ;

Les dos où fleurit la pustule,
Couvrant leur peau rouge d'un tulle
Aérien ;
Les dandys et les diplomates,
Sur leurs faces à teintes mates,
Ne montrant rien.

Et ne pouvoir franchir la haie
Des douairières aux yeux d'orfraie
Ou de vautour,
Pour aller dire à son oreille
Petite, nacrée et vermeille,
Un mot d'amour !

Je n'irai pas ! – et ferai mettre
Dans son bouquet un bout de lettre
À l'Opéra.
Par les violettes de Parme,
La mauvaise humeur se désarme :
Elle viendra !

J'ai là l'Intermezzo de Heine,
Le Thomas Grain-d'Orge de Taine,
Les deux Goncourt ;
Le temps, jusqu'à l'heure où s'achève
Sur l'oreiller l'idée en rêve,
Me sera court.

## PARTIE 1 – Étude de la langue

**1** Justifiez l'orthographe des mots soulignés dans les extraits suivants.

**a)** Un papier rose à découpures, / Comme un sein blanc sous des guipures. / Voile à demi / Le globe laiteux de la lampe (l. 13-16)

**b)** Les brodequins à pointe étroite / Montrent leur vernis qui miroite, / Au feu placés (l. 31-33)

**c)** À côté des minces cravates / S'allongent comme des mains plates / Les gants glacés. (l. 34-36)

**2** Indiquez la nature et la fonction des groupes de mots suivants.

**a)** transis sur leur siège (l. 2)

**b)** Ses poignets blancs (l. 30)

**c)** Des invités (l. 45)

**3** Relevez les pronoms employés dans la strophe 2.

**a)** Indiquez leur nature grammaticale.

**b)** Indiquez leur fonction grammaticale.

**c)** Précisez leur référent.

**4** Indiquez la nature et, le cas échéant, la fonction des propositions dans la strophe suivante (l. 13-18).

Un papier rose à découpures,
Comme un sein blanc sous des guipures.
Voile à demi
Le globe laiteux de la lampe
Dont le reflet au plafond rampe,
Tout endormi.

**5** Identifiez deux expansions du nom différentes dans cet extrait.

Les coupés des beautés altières (l. 40)

**6** Indiquez le temps et le mode des verbes conjugués de la première strophe et commentez leur emploi.

**7** Identifiez la forme des phrases suivantes en précisant leur construction et leur emploi.

**a)** Quel temps de chien ! (l. 1)

**b)** Tu resteras ! (l. 12)

## PARTIE 2 – Lexique et compréhension lexicale

**1** Quelle figure de style est employée dans l'extrait suivant ? Relevez, dans le texte, une autre figure de style de nature différente.

Des douairières aux yeux d'orfraie (l. 56)

**2** Relevez deux champs lexicaux. Vous en commenterez l'emploi.

**3** Analysez la formation des mots suivants et précisez leur sens.

**a)** chauffeuse (l. 8) **b)** dandys (l. 52)

## PARTIE 3 – Réflexion et développement

La poésie peut-elle changer notre vision du monde ? Vous présenterez votre réponse de façon structurée et argumentée en vous appuyant sur le texte de Théophile Gautier ainsi que sur l'ensemble de vos connaissances personnelles et de vos lectures.

# CORRIGÉ DU SUJET 4

→ *Sujet p. 418*

## PARTIE 1 – Étude de la langue

**1** **a)** ***à demi*** est une locution adverbiale et donc invariable.

**ATTENTION**

Si la locution adverbiale *à demi* est invariable, *demi* peut s'employer comme adjectif et s'accorde comme tel lorsqu'il est placé derrière le nom (devant, il reste invariable).
Ex. : une demi-heure / une heure et demie

**b)** ***placés :*** le participe passé employé comme adjectif s'accorde en genre et en nombre (masculin, pluriel) avec le nom auquel il se rapporte : *brodequins*.

**c)** ***S'allongent :*** le verbe, en emploi pronominal au présent de l'indicatif, s'accorde avec son sujet. Le sujet est au pluriel, il est inversé : *les gants glacés*, le verbe prend donc la marque du pluriel (P6) : *-ent*.

**2** **a)** ***transis sur leur siège :*** groupe adjectival, apposé au nom *cochers* (selon la terminologie du ministère de l'Éducation nationale) ou épithète détachée (selon une autre terminologie grammaticale).

**b)** ***Ses poignets blancs :*** groupe nominal, COD du verbe *dresser*.

**c)** ***Des invités :*** groupe prépositionnel, complément du nom *cohorte*.

**3** **a)** Les pronoms ***vous*** (l. 9 et 11) et ***tu*** (l. 12) sont des pronoms personnels.

**b)** • Le premier pronom ***vous*** (l. 9) est COI de la locution verbale *tendre les bras*.

• Le second pronom ***vous*** (l. 11) est COS du verbe *dire* puisque la phrase du discours direct *« Tu resteras ! »* (l. 12) est COD du verbe *dire*.

• Le pronom ***tu*** (l. 12) est sujet du verbe *resteras*.

**c)** • Le pronom ***vous***, dans les deux emplois, symbolise la communauté représentée par le poète et les lecteurs.
• Le pronom ***tu*** renvoie à la maitresse à qui le poète s'adresse.

**4** • ***Un papier rose à découpures, / Comme un sein blanc sous des guipures. / Voile à demi / Le globe laiteux de la lampe :*** proposition principale (pas de fonction).

• ***Dont le reflet au plafond rampe, / Tout endormi. :*** proposition subordonnée relative, introduite par le pronom relatif *dont* qui a pour antécédent le groupe nominal *Le globe laiteux de la lampe*, épithète du groupe nominal *Le globe laiteux de la lampe.*

**5** • ***des beautés altières :*** groupe prépositionnel, complément du nom *coupés*.

• ***altières :*** adjectif, épithète de *beautés*.

**6**

Quel temps de chien ! – il **pleut**, il **neige** ;
Les cochers, transis sur leur siège,
**Ont** le nez bleu.

Par ce vilain soir de décembre,
Qu'il **ferait** bon garder la chambre,
Devant son feu !

Les verbes ***pleut***, ***neige*** et ***ont*** sont au présent de l'indicatif. C'est un présent d'énonciation, il exprime un fait réel au moment où le locuteur parle.
Le verbe ***ferait*** est au conditionnel présent (indicatif). Il exprime un irréel du présent, un souhait.

**7** **a)** ***Quel temps de chien ! :*** forme exclamative construite avec un déterminant exclamatif (*quel*) et un point d'exclamation. Elle exprime l'émotion ressentie par le poète, la colère, la déception.

**b)** ***Tu resteras ! :*** selon la terminologie du ministère de l'Éducation nationale, on parle de phrase de type déclaratif et de forme exclamative, mais selon les autres grammaires, on peut parler de type injonctif. La phrase utilise un futur à valeur d'injonction, le poète invite sa maitresse à rester.

## PARTIE 2 – Lexique et compréhension lexicale

**1** Il s'agit d'une métaphore. Deux éléments sont comparés : les yeux de la douairière sont comparés à ceux d'une orfraie (un rapace).
On trouve dans le texte d'autres figures de style *(une seule est attendue)* :

• une comparaison : *Comme un sein blanc sous des guipures* (l. 14) ;

• une métaphore : *Les vieux museaux* (l. 46) ;

• des personnifications :

– *La chauffeuse capitonnée / Vous tend les bras* (l. 8-9) ;
– *Dont le reflet au plafond rampe, /Tout endormi* (l. 17-18) ;
– *Et que le vent qui pleure et rôde, / Parcourant, pour entrer en fraude, / Le corridor* (l. 22-24) ;
– *Mon gilet bâille et ma chemise / Semble dresser, pour être mise, / Ses poignets blancs* (l. 28-30) ;
– *Les brodequins à pointe étroite / Montrent leur vernis qui miroite* (l. 31-32) ;
– *À côté des minces cravates / s'allongent comme des mains plates* (l. 34-35).

On remarque que les personnifications sont nombreuses : les objets semblent alors s'animer et prendre vie. Grâce à ces procédés, le poète transfigure le réel : des objets présents dans sa chambre, il en fait des êtres doués de vie qui égaient la soirée.

**2** Plusieurs champs lexicaux peuvent être relevés :
– le froid : *temps de chien, pleut, neige, transis, le nez bleu, vilain soir, décembre* ;
– l'extérieur : *temps de chien, pleut, neige, les cochers* ;
– l'intérieur : *chambre, feu, cheminée, chauffeuse, papier rose, lampe* ;
– le confort, l'intimité : *bonne soirée, qu'il ferait bon garder la chambre, feu, chauffeuse capitonnée, caresse, maitresse, sein blanc, endormi.*
On note une opposition entre l'extérieur et l'intérieur, le chaud et le froid. L'intérieur est chaud, douillet et invite à la douceur, la paresse tandis que l'extérieur est présenté comme hostile, froid et peu enclin au plaisir.

**3** **a)** ***chauffeuse :*** mot formé par dérivation à partir du radical *chauff-* auquel est adjoint le suffixe nominal *-euse*. Une chauffeuse est un fauteuil confortable qui, à l'origine, est une chaise que l'on plaçait près du feu.
**b)** ***dandys :*** mot d'emprunt, d'origine anglaise. Il désigne les hommes élégants de la bonne société.

## PARTIE 3 – Réflexion et développement

*Dans la proposition de corrigé qui suit, différents éléments sont repérés en **bleu**. Ils apparaissent pour vous permettre d'avoir une vue d'ensemble sur l'organisation de la réponse. Mais attention, ces indications ne doivent pas figurer sur votre copie !*

**[Introduction]**
La poésie, genre né dans l'Antiquité, a assumé des fonctions diverses. Qu'elle célèbre les louanges des Grands, qu'elle sublime l'amour ou encore qu'elle dénonce par son engagement, la poésie accompagne tant le lecteur que le poète.
« La bonne soirée », texte de Théophile Gautier, est un poème dans lequel le narrateur-poète transfigure le réel. Publié en 1852 dans le recueil *Émaux et Camées*, il présente au lecteur sa chambre, lieu intime, et la soirée qu'il compte passer, en offrant une vision poétique d'une réalité assez banale.
La poésie peut-elle changer notre vision du monde ?
Si elle peut transformer le réel en offrant par sa création un regard nouveau, elle peut également permettre à chacun, lecteur ou poète, de partager et de se rassembler autour d'une même passion, d'un même engagement.

**[Partie 1]**
La réalité du monde peut prêter à sourire ou à grincer des dents, elle peut s'appréhender, selon l'individu, de différentes façons. Si les médias ont pour intention d'informer sur une actualité, un quotidien, une réalité, la littérature a ce pouvoir d'inventer, d'imaginer et de transfigurer le quotidien. La poésie, en particulier, genre autrefois très codifié, peut réussir à transcender cette réalité, à modifier le regard que l'on peut porter sur le monde.
Le titre du poème « La bonne soirée » invite le lecteur à entrer dans un univers propice à passer un moment agréable. Cette bonne soirée se présente par une description des lieux que tout oppose. L'univers extérieur apparait comme hostile, connoté négativement par un vocabulaire péjoratif : « temps de chien », « transis », « vilain soir », « corvée ». À cet espace froid et inamical répond un univers intérieur accueillant et réconfortant. Les sensations agréables s'opposent à celles, plus désagréables, liées à l'extérieur. Les lieux ainsi décrits, en contraste, traduisent une autre opposition : la liberté, celle de rester bien au chaud, et la contrainte, celle de sortir pour se rendre à l'invitation au « bal de l'ambassade anglaise ». Max Jacob, dans le « Petit poème » évoque également la chambre comme un lieu intime qui offre une capacité au souvenir ; lieu de mémoire, cet espace engendre la mélancolie. Vincent van Gogh, autre artiste, contemporain de Théophile Gautier, rend compte de son univers personnel : une chambre, rassurante, colorée comme les petits moments de vie mais dépouillée. Les mots, la peinture, autre forme artistique, permettent au poète comme au peintre, ainsi qu'aux lecteurs-spectateurs d'entrer dans un autre univers que le leur, forme d'échappatoire à la réalité.

La chambre, lieu chaleureux est espace de liberté où le poète se laisse aller à la paresse et la rêverie alors que son invitation à sortir l'oblige à se plier aux codes mondains d'une soirée à l'ambassade. Un faisceau d'oppositions comme autant de saynètes surgissent au gré des vers : le « cocher » du premier sizain en contraste avec le « je » poétique, installé au coin de son feu dans le confort et le luxe de son intérieur. Ainsi le poème de Théophile Gautier traduit une forme d'introspection, de laisser-aller à la paresse pour mieux se retrouver. Ce pouvoir d'introspection donne au poète la possibilité d'imaginer le monde pour mieux le sublimer. La poésie va alors permettre une expression libre des sentiments : exacerbation des émotions, création d'un langage poétique qui dit le monde autrement. Victor Hugo, dans son célèbre poème « Demain, dès l'aube » écrit dans des circonstances tragiques, exprime la tristesse, la peine du père mais permet d'accueillir l'inacceptable : la perte de sa fille. La poésie, grâce à l'expression de ses émotions permet à Victor Hugo de sublimer le deuil.
Mais elle invite aussi à l'action en agissant sur le monde, permettant à l'auteur et au lecteur d'échapper aux contraintes. Elle peut, comme l'a fait Guillaume Apollinaire avec ses *Calligrammes* qui ont mis en scène des espaces moins sérieux, transgresser les contraintes du genre. Le langage donne alors accès à une autre lecture que celle du regard. Il donne à voir autrement. Les figures de style, nombreuses dans le poème « La bonne soirée », expriment par les personnifications des objets une métamorphose des éléments de la chambre, elles donnent vie à des éléments inertes, offrant au lecteur une lecture amusante, presque ironique.
À travers ces oppositions, le lecteur devine le souhait du poète, il s'associe à lui, oscillant entre renoncement et acceptation. De cette réalité duelle nait un univers sublimé par la poésie.

**[Partie 2]**

Le poète cherche à susciter l'adhésion du lecteur lorsque sa poésie, au-delà de ce qui est dit, permet d'adhérer à un programme commun, une vision, voire un idéal partagé. L'expérience évoquée par le poème est ainsi généralisée et concerne tous les lecteurs. L'humour, en particulier, est une des marques de la connivence de chacun. Perceptible dès le premier sizain, l'évocation du « nez bleu », synonyme de froid, crée un effet comique. La scène de séduction de la chauffeuse (fauteuil dont le nom s'oppose au froid de l'extérieur) n'est pas dénuée d'humour, on remarquera le jeu sur la polysémie du mot « bras ». Même le vent semble fripon, lui qui cherche à rentrer « en fraude » dans cet univers tellement plus accueillant que l'extérieur. Vent « fripon » que l'on retrouve dans la chanson *Le Vent*, de Georges Brassens, qui transfigure également la réalité : d'un orage terrifiant, le chansonnier en fait l'occasion d'une rencontre amoureuse. Le vocabulaire familier participe à cette tonalité comique avec le recours aux expressions populaires : « Quel temps de chien ! » ou « quelle corvée ! ». Ainsi le langage poétique rassemble : la poésie résonne en chaque lecteur, preuve de son universalité. Les fables, poésies apprises par des générations d'élèves sont connues de tous et se partagent au sein d'une communauté scolaire et intergénérationnelle : « La Cigale et la Fourmi » pourrait se réciter de concert entre les membres d'une même famille.
Le côté expressif de la poésie permet de reconnaitre chez l'autre son propre désarroi : les mots pour le dire sont différents mais touchent le lecteur. Le texte poétique lu, écouté, écrit se partage mais par-dessus tout, dit Jean-Pierre Siméon, directeur artistique de la manifestation annuelle « Le printemps des poètes » de 2001 à 2017, est nécessaire pour questionner le monde. Il va jusqu'à parler de combat pour lutter contre la « clôture des consciences ». Le genre évolue et se clame à celui qui veut l'entendre : le slam, le rap voient le jour. Grand Corps Malade, chantre parisien, n'hésite pas à combattre l'inégalité, à pointer les dysfonctionnements sociétaux, défendant ce nouveau genre qu'est le slam, « la poésie dans les bars a rendez-vous avec la vie ».
« Liberté, j'écris ton nom », poème de Paul Éluard, sera parachuté par milliers en 1942 en France, invitant les Français à s'engager. Le mot *liberté* est alors martelé près de 40 fois, pointant le manque face à l'occupation. Ce poème est repris et connu par nombre d'élèves contemporains, comme une mémoire de cette époque mais également comme un besoin universel à partager « Sur mes cahiers d'écolier / Sur mon pupitre et les arbres / Sur le sable sur la neige / J'écris ton nom ». Que ce soit dans des espaces de vie, de partage tels les bars, les lieux où la poésie se clame, que ce soit dans des espaces confinés, plus restreints, chez soi, la poésie rassemble car elle interroge le monde, elle interroge son propre regard.

Elle a la capacité d'appeler à la résistance : elle manifeste par divers procédés tels que les figures de styles, les adresses au lecteur, le rythme… une sensibilité qui touche et invite le lecteur, l'auditeur à réagir. Jacques Lusseyran, poète résistant, déporté à Buchenwald, raconte comment la poésie a pu rassembler les hommes : il clame des vers à ses codétenus qui ne parlent pas tous sa langue mais « peu à peu, à [sa] voix, une autre voix s'était ajoutée ». Ses vers récités tout haut permettent le partage, libèrent l'émotion : Jacques Lusseyran entendra les hommes pleurer à écouter cette récitation.

**[Conclusion]**

D'un lieu banal, d'un moment ordinaire, le poète invite le lecteur à découvrir un autre monde : un lieu réconfortant, une rencontre avec soi-même ; il donne une autre vie à une réalité qui semblait morne et peu attrayante. C'est donc un des rôles de la poésie que celui de transfigurer, de donner à lire autrement. La poésie, c'est « la capacité de faire parler la langue comme personne pour tout le monde » écrit Alain Borer, célèbre poète, défenseur de la langue française.

# SUJET 5

→ Corrigés p. 428

## Français — Sujet zéro*

3 heures

**Texte** **Jean Giono, « La grande barrière », *Solitude de la pitié* © Éditions Gallimard, 1932.**

*Un soir d'avril, le narrateur sort se promener sous la pluie. Il entend une plainte dans l'herbe tout près de lui.*

Deux grands corbeaux montèrent de l'herbe. Je les reconnus. C'étaient de ces vieux sauvages des plateaux. Les vieux durs qui ont chassé le rat ou la marmotte pendant l'hiver et qui coulent dans le printemps vers nos collines plus douces, vers des proies plus savoureuses.

Ils s'étaient haussés de l'herbe, d'un simple coup d'épaule. Juste assez pour se poser dans l'olivier.

Le gémissement reprit. Les corbeaux me regardaient. Ils se mirent à craquer tous les deux comme des branches qui se cassent. C'était un avertissement. Alors, de l'herbe, monta un freux[1]. Un gros freux râblé, de vol mou, qui s'empêtra dans une liane de vent, trébucha des deux ailes et tomba comme une épave dans le vide du vallon. Il n'y avait pas à se tromper : c'était une bête repue.

La plainte encore.

Je chassai les corbeaux à coups de pierres. Je m'approchai de l'herbe. On ne se plaignit plus. Je cherchai : il y eut un petit tressaillement du fourré qui me guida. C'était une hase[2]. Une magnifique bête toute dolente et toute éperdue. Elle venait d'avoir ses petits, tout neufs. C'étaient deux éponges sanglantes, crevées de coups de bec, déchirées par le croc du freux. La pauvre. Elle était couchée sur le flanc. Elle aussi blessée et déchirée dans sa chair vive. La douleur était visible comme une grande chose vivante. Elle était cramponnée dans cette large plaie du ventre et on la voyait bouger là-dedans comme une bête qui se vautre dans la boue. La hase ne gémissait plus.

À genoux à côté d'elle, je caressais doucement l'épais pelage brûlant de fièvre et surtout là, sur l'épine du cou où la caresse est plus douce. Il n'y avait qu'à donner de la pitié, c'était la seule chose à faire : de la pitié, tout un plein cœur de pitié, pour adoucir, pour dire à la bête :

– Non, tu vois, quelqu'un souffre de ta souffrance, tu n'es pas seule. Je ne peux pas te guérir, mais je peux encore te garder.

Je caressais ; la bête ne se plaignait plus.

Et alors, en regardant la hase dans les yeux, j'ai vu qu'elle ne se plaignait plus parce que j'étais pour elle encore plus terrible que les corbeaux.

Ce n'était pas apaisement ce que j'avais porté là, près de cette agonie, mais terreur, terreur si grande qu'il était désormais inutile de se plaindre, inutile d'appeler à l'aide. Il n'y avait plus qu'à mourir.

J'étais l'homme et j'avais tué tout espoir. La bête mourait de peur sous ma pitié incomprise ; ma main qui caressait était plus cruelle que le bec du freux. Une grande barrière nous séparait.

---

* Ce sujet est l'un des deux sujets zéro proposé en 2021 par le ministère de l'Éducation nationale pour donner un exemple de ce qui sera attendu à partir de la session 2022 : https://www.devenirenseignant.gouv.fr/cid157873/sujets-zero-2022.html

Oui, en commençant, j'ai dit : « Et pourtant, moi… » Ce n'est pas de la fatuité, c'est de la surprise, c'est de la naïveté.

Moi qui sais parler la langue des mésanges, et les voilà dans l'escalier des branches, jusque sur la terre, jusqu'à mes pieds ; moi que les lagremuses[3] approchent jusqu'à m'avoir peint à l'envers sur les globes d'or de leurs yeux ; moi que les renards regardent ; et puis d'un coup ils savent qui je suis et ils passent doucement ; moi qui ne fais pas lever les perdreaux, mais ils picorent sans lever le bec ; moi qui suis une bête d'entre elles toutes par ce grand poids de collines, de genévriers, de thym, d'air sauvage, d'herbes, de ciel, de vent, de pluie que j'ai en moi ; moi qui ai plus de pitié pour elles que pour les hommes, s'il en est un pour qui la grande barrière devait tomber…

Non, elle est là. Il en a fallu de nos méchancetés entassées pendant des siècles pour la rendre aussi solide.

1. **un freux :** un corbeau.
2. **une hase :** la femelle du lièvre.
3. **les lagremuses :** les lézards.

## PARTIE 1 – Étude de la langue

**1** Indiquez la nature et la fonction des mots ou groupes de mots soulignés dans les extraits suivants.

**a)** Je les reconnus. (l. 1)

**b)** […] qui ont chassé le rat ou la marmotte pendant l'hiver […] (l. 2)

**c)** Alors, de l'herbe, monta un freux. (l. 9)

**d)** On ne se plaignit plus. (l. 13-14)

**e)** […] un petit tressaillement du fourré qui me guida […] (l. 14)

**f)** La douleur était visible […]. (l. 18)

**2** Justifiez l'orthographe des mots soulignés dans les extraits suivants.

**a)** C'étaient de ces vieux sauvages des plateaux. (l. 1-2)

**b)** Ils s'étaient haussés de l'herbe […]. (l. 5)

**c)** […] on la voyait bouger là-dedans […] (l. 19)

**d)** […] moi qui ai plus de pitié pour elles […] (l. 44)

**3** Indiquez la nature et, le cas échéant, la fonction des propositions dans la phrase suivante.

Elle était cramponnée dans cette large plaie du ventre et on la voyait bouger là-dedans comme une bête qui se vautre dans la boue. (l. 18-20)

❹ Indiquez le temps et le mode de chacun des verbes suivants et commentez leur emploi.

**a)** Je cherchai : il y eut un petit tressaillement du fourré qui me guida. C'était une hase. (l. 14)

**b)** Ce n'était pas apaisement ce que j'avais porté là […]. (l. 30)

**c)** […] moi que les lagremuses approchent jusqu'à m'avoir peint à l'envers sur les globes d'or de leurs yeux […] (l. 39-40)

❺ Identifiez la caractéristique grammaticale de la phrase suivante et commentez son emploi en contexte.

La plainte encore. (l. 12)

❻ Commentez l'usage, dans le texte, du tiret et des guillemets.

## PARTIE 2 – Lexique et compréhension lexicale

❶ Indiquez le sens du mot *dolente* en contexte.

Une magnifique bête toute dolente et toute éperdue. (l. 15)

❷ Le texte présente plusieurs occurrences du nom *bête*. Indiquez les nuances d'emploi et de sens.

**a)** […] tout un cœur plein de pitié pour adoucir, pour dire à la bête : […] (l. 23-24)

**b)** […] on la voyait bouger là-dedans comme une bête qui se vautre dans la boue. (l. 19-20)

**c)** […] moi qui suis une bête d'entre elles toutes […] (l. 42)

❸ Comment le lexique employé dans le texte exprime-t-il la « pitié » évoquée à plusieurs reprises par le narrateur ?

## PARTIE 3 – Réflexion et développement

Après avoir expliqué ce que Jean Giono désigne par l'image de la « grande barrière », vous vous interrogerez sur la pertinence actuelle de cette expression pour caractériser la relation entre l'homme et l'animal.

Votre réflexion, structurée et argumentée, s'appuiera sur le texte de Jean Giono ainsi que sur l'ensemble de vos connaissances et de vos lectures.

# CORRIGÉ SUJET 5

→ Sujet p. 425

## PARTIE 1 – Étude de la langue

**1 a)** ***les :*** pronom personnel, masculin pluriel, COD du verbe *reconnus*.

**b)** ***pendant l'hiver :*** groupe nominal prépositionnel, complément circonstanciel de temps de la proposition relative *qui ont chassé le rat ou la marmotte*.

**c)** ***un freux :*** groupe nominal (déterminant : article indéfini + nom commun), sujet inversé du verbe *monta*.

**d)** ***on :*** pronom personnel indéfini (ici, *on* est mis pour la hase), sujet du verbe *plaignit*.

**e)** ***qui :*** pronom relatif, ayant pour antécédent le groupe nominal *un petit tressaillement du fourré*, sujet du verbe *guida*.

**f)** ***visible :*** adjectif qualificatif, féminin singulier, attribut du sujet *la douleur*.

**2 a)** ***c'étaient :*** le présentatif *c'étaient* est une tournure impersonnelle dans laquelle *c'* est le sujet apparent du verbe, le sujet réel étant le groupe prépositionnel *de ces vieux sauvages des plateaux*, ce qui explique la terminaison du verbe à la 3e personne du pluriel (P6).

**b)** ***haussés :*** le verbe *se hausser*, ici au plus-que-parfait, est occasionnellement pronominal. Le participe passé s'accorde avec le complément d'objet direct (COD) *s'* si celui-ci est placé avant le verbe : *s'* reprend *les corbeaux*, donc *haussés* s'accorde au masculin pluriel.

**c)** ***bouger :*** infinitif, COD du verbe *voyait*. La terminaison de l'infinitif des verbes du 1er groupe est en *-er*. On peut procéder à une manipulation pour vérifier que c'est bien l'infinitif qui est attendu ici en remplaçant par un verbe du 2e ou du 3e groupe (ex. : *on la voyait dorm**ir***) pour éviter la confusion avec le participe passé, puisque la différence s'entend alors. *Bouger* constitue un groupe infinitif.

**d)** ***ai :*** mode indicatif, présent du verbe avoir à la 1re personne du singulier (P1). L'emploi du présent de l'indicatif se justifie par la valeur du temps : réel. Le sujet est *qui* mis pour *moi*, donc accord à la 1re personne du singulier.

**3 Niveau 1 :** [Elle était cramponnée dans cette large plaie du ventre] **et** [on la voyait bouger là-dedans comme une bête qui se vautre dans la boue].
→ Deux propositions indépendantes coordonnées par la conjonction de coordination *et* (une conjonction de coordination relie des éléments de même niveau syntaxique).
**Niveau 2 :** [et on la voyait bouger là-dedans comme une bête] [**qui** se vautre dans la boue].
→ *[et on la voyait bouger là-dedans comme une bête] :* proposition principale.
→ *[qui se vautre dans la boue] :* proposition subordonnée relative, introduite par le pronom relatif *qui*, ayant pour antécédent le nom *bête*. Cette proposition subordonnée relative assume la fonction épithète.

**REMARQUE**

L'organisation de la réponse à cette question est pour le moins délicate : dans les faits, la phrase contient deux propositions indépendantes coordonnées, reliées par une conjonction de coordination (*et*) qui permet de relier des éléments de même niveau syntaxique. La seconde proposition se décompose en une proposition principale et une proposition subordonne relative. Les deux niveaux de construction doivent être analysés.

**4 a)** Je **cherchai** : il y **eut** un petit tressaillement du fourré qui me **guida**. C'**était** une hase.

- ***cherchai :*** verbe *chercher* ; temps : passé simple ; mode : indicatif ; 1re personne du singulier (P1).
- ***eut :*** verbe *avoir* ; temps : passé simple ; mode : indicatif ; 3e personne du singulier (P3).

• ***guida :*** verbe *guider* ; temps : passé simple ; mode : indicatif ; 3e personne du singulier (P3).

• ***était :*** verbe *être* ; temps : imparfait ; mode : indicatif ; 3e personne du singulier (P3).
L'imparfait et le passé simple sont les deux temps du récit (système du passé). Ils sont employés en alternance : les actions de premier plan sont au passé simple, tandis que l'imparfait marque les actions d'arrière-plan.

**b)** Ce n'**était** pas apaisement ce que j'**avais porté** là […].

• ***était :*** verbe *être* ; temps : imparfait ; mode : indicatif ; 3e personne du singulier (P3).

• ***avais porté :*** verbe *porter* ; temps : plus-que-parfait ; mode : indicatif ; 1re personne du singulier (P1).
Dans un récit au passé, marqué par l'alternance passé simple / imparfait, le plus-que-parfait marque l'antériorité dans le passé : le narrateur veut d'abord porter l'apaisement, et constate ensuite que celui -ci n'a pas eu lieu. Le plus-que-parfait indique une action terminée (aspect accompli).

**c)** […] moi que les lagremuses **approchent** jusqu'à m'**avoir peint** à l'envers sur les globes d'or de leurs yeux […]

• ***approchent :*** verbe *approcher* ; temps : présent ; mode : indicatif ; 3e personne du singulier (P3).

• ***avoir peint :*** verbe *peindre* ; infinitif passé ; mode : infinitif.
Le verbe « approchent » est un présent de vérité générale.
L'infinitif passé a une valeur nominale. C'est le noyau du groupe infinitif *jusqu'à m'avoir peint à l'envers sur les globes d'or de leurs yeux*. Le passé indique une antériorité (stylistique ici).

**5** Cette phrase averbale est une phrase nominale composée d'un groupe nominal renforcé par l'adverbe *encore*. Elle clôt le paragraphe qui précède dont le thème est le gémissement de la hase.
L'ellipse verbale permet de mettre en relief le contenu sémantique sur lequel porte l'assertion : *(j'entends) la plainte encore*. La mise en relief est renforcée par l'adverbe *encore* qui marque la répétition et qui entretient l'atmosphère dramatique du passage.

**6** Dans le texte, les tirets comme les guillemets introduisent un discours direct.
L'auteur marque différemment les paroles rapportées qui sont dans des instances énonciatives différentes, celles du discours et celles du récit (Benveniste).
Le tiret introduit le discours direct dans le récit, même si ce discours direct relève d'un discours non verbalisé :

> Il n'y avait qu'à donner de la pitié […] pour dire à la bête :
> – Non, tu vois, quelqu'un souffre de ta souffrance, tu n'es pas seule. Je ne peux pas te guérir, mais je peux encore te garder.

Les guillemets introduisent les paroles rapportées dans le discours du narrateur :

> Oui, en commençant, j'ai dit : « Et pourtant, moi… »

## PARTIE 2 – Lexique et compréhension lexicale

**1** L'adjectif *dolente* signifie : qui souffre (physiquement et/ou moralement) de manière passive ou plaintive ; qui est dans un état de souffrance pénible. L'étymologie de l'adjectif renvoie au verbe *souffrir* (latin *dolens*, *-entis*, de *dolere*, « souffrir »).
La hase souffre ici physiquement car elle est *blessée et déchirée dans sa chair vive*, une *large plaie du ventre* provoquée par l'attaque d'un corbeau dont on peut supposer qu'il s'agit du *gros freux râblé* et repu. La douleur est *visible* (l. 18) et palpable puisque le pelage de l'animal est *brûlant de fièvre* (l. 21).

Les propositions *on ne se plaignit plus* (l. 13-14), *la hase ne gémissait plus* (l. 20) et *la bête ne se plaignait plus* (l. 27) indiquent qu'elle a d'abord exprimé sa douleur puis s'est tue. La hase a en outre perdu ses petits, *deux éponges sanglantes*, et a pu subir aussi une souffrance morale.

**2** Une unité lexicale ne prend sens et ne révèle ses nuances d'emploi qu'en contexte.

**a)** […] tout un cœur plein de pitié pour adoucir, pour dire à la **bête** : […]

Le substantif est utilisé ici au sens usuel (sens dénoté) et renvoie à l'être appartenant au règne animal autre que l'homme. La bête qui se tait s'oppose ici à l'homme qui lui parle. Le substantif *bête* est employé comme hyperonyme pour inclure la hase dans le monde animal.

**b)** […] on la voyait bouger là-dedans commune une **bête** qui se vautre dans la boue.

Le substantif est employé ici de façon allégorique et renvoie à la douleur qui est personnifiée : *la douleur était visible comme une grande chose vivante*. La douleur bouge dans le ventre de l'animal *comme une bête qui se vautre dans la boue*. La comparaison laisse entrevoir le tressaillement de la hase sous la douleur (*il y eut un petit tressaillement du fourré qui me guida*, l. 14) et l'existence de mouvements, peut-être de soubresauts, dans un désordre d'organes que l'éventration a atteints.
Cet emploi du substantif est lié à l'isotopie de la souffrance présente tout au long du texte, initié dans la phrase qui précède : *la douleur était visible comme une grande chose vivante*.

**REMARQUE**

On appelle « isotopie » l'ensemble des mots qui renvoie à un même thème par un jeu de références, de sens implicites ou seconds, figurés, sens qui ne se comprennent que dans le contexte.

**c)** […] moi qui suis une **bête** d'entre elles toutes […]

Par cette suite anaphorique *moi qui…* (répétée quatre fois entre les lignes 38 et 44), Jean Giono montre l'harmonie qui existe entre le narrateur et la nature qui l'entoure. Le substantif *bête* est employé métaphoriquement pour signifier que cet homme s'assimile à un animal (*moi qui suis une bête d'entre elles toutes*), en communion avec l'environnement naturel qu'il ressent jusque dans son être : *par ce grand poids de collines, de genévriers, de thym, d'air sauvage, d'herbes, de ciel, de vent, de pluie que j'ai en moi*.

**3** La pitié est le thème du recueil de nouvelles et de courts textes publié par Jean Giono en 1932 : *Solitude de la pitié*.
Le mot *pitié* est répété par le narrateur pour insister sur la compassion : *il n'y avait qu'à donner de la pitié, c'était la seule chose à faire : de la pitié, tout un plein cœur de pitié, pour adoucir* (l. 22-23), *la bête mourait de peur sous ma pitié incomprise* (l. 33-34).
Cette pitié s'exprime par le lexique et les expressions utilisés, pour montrer du côté du personnage :
– la bienveillance et la douceur (*caresser*, *doucement*, *adoucir*) : *je caressais doucement l'épais pelage* […] *sur l'épine du cou où la caresse est plus douce* (l. 21-22), *pour adoucir* (l. 23), *je caressais* (l. 27) ;
– l'apitoiement : *toute dolente et toute éperdue* (l. 15) (répétition de l'adverbe), *La pauvre.* (l. 17) (phrase averbale rompant le flux de la narration et attirant ainsi l'attention du lecteur) ;
– la souffrance et la compassion (*souffrir*, *souffrance*) : *quelqu'un souffre de ta souffrance, tu n'es pas seule* (l. 25) ;
– la volonté de secourir (*garder*) : *je ne peux pas te guérir, mais je peux encore te garder* (l. 25-26) ;
– la détresse (expression *tuer l'espoir*) : *j'étais l'homme et j'avais tué tout espoir* (l. 33).
Ce registre pathétique est utilisé par le narrateur pour susciter aussi la pitié du lecteur afin qu'il s'indigne des *méchancetés* humaines et compatisse à la souffrance de l'animal et à celle du narrateur.

## PARTIE 3 – Réflexion et développement

*Dans la proposition de corrigé qui suit, différents éléments sont repérés en* **bleu**. *Ils apparaissent pour vous permettre d'avoir une vue d'ensemble sur l'organisation de la réponse. Mais attention, ces indications ne doivent pas figurer sur votre copie !*

**[Introduction]**

Dans *Solitude de la pitié*, un recueil de nouvelles paru en 1932, Jean Giono célèbre la nature et le lien qu'elle entretient avec les hommes, thème récurrent de la première partie de son œuvre. L'extrait sur lequel s'appuie notre réflexion évoque la rencontre de l'auteur avec une hase blessée et son impossibilité à établir le lien avec l'animal terrorisé.

Il permet d'interroger l'image de « la grande barrière » ainsi érigée, une barrière entre l'homme et l'animal considérée comme quasi infranchissable jusqu'à la fin du XXe siècle.

Cette « grande barrière » permet d'interroger le lien nature-culture tel que le revendique Jean Giono, et de voir comment peut résonner cette expression de nos jours, alors que les rapports entre l'animal et l'homme ont acquis une dimension nouvelle.

**[Partie 1]**

Dans un récit dont la présence du narrateur à la 1re personne peut être assimilée à l'auteur, Jean Giono, parti se promener sous la pluie, raconte le spectacle insoutenable de l'attaque par des corbeaux d'une hase et de ses petits, « deux éponges sanglantes, crevées de coups de bec, déchirées par le croc du freux ». La mère est gravement blessée, elle va mourir. L'homme de nature, qui dit « parler aux mésanges », « apprivoiser les lagremuses », l'homme que « regardent les renards », et qui ne fait pas « lever les perdreaux quand ils picorent », caresse l'animal avec toute sa compassion. Il connait son pouvoir, marqué stylistiquement par l'anaphore rhétorique « moi qui » présente tout le long d'un paragraphe ; il a besoin de communier avec le monde, avec les êtres qui souffrent. Jean Giono éprouve de la pitié, il est sensible à la souffrance et caresse l'animal, car le toucher est l'une des formes les plus immédiates de la communication.

Mais si le narrateur veut réconforter la hase qui agonise, il s'aperçoit que sa présence cause à l'animal une horreur plus terrible que la mort. Le sujet et l'objet de la pitié ne sauraient se rejoindre : celui qui éprouve la pitié et celui qui l'inspire demeurent le plus souvent radicalement seuls, une grande barrière est érigée entre eux. Pire encore, la pitié peut être une torture et non un réconfort : « La bête mourait de peur sous ma pitié incomprise ; ma main qui caressait était plus cruelle que le bec du freux ».

C'est alors à sa propre solitude qu'est renvoyé le lecteur, invité à méditer sur les limites de sa faculté de compassion et sur son appartenance à l'universalité égoïste caractéristique de la condition humaine, dans la culture occidentale du moins. La « grande barrière d'avec le monde » est là, dans cette impossibilité à ne faire qu'un, l'homme d'un côté, les animaux de l'autre, la culture d'une part, la nature d'autre part. Cette tension n'est pas nouvelle puisque, déjà au XVIIIe siècle, Jean-Jacques Rousseau écrivait dans le même souci d'unicité que l'homme était naturellement bon et que la culture était la cause première de tous les maux (*Discours sur l'origine et les fondements de l'inégalité parmi les hommes*, 1755).

Cependant, la hase est terrifiée, son regard reflète la distance absolue qui existe entre l'homme et la bête : « J'étais l'homme et j'avais tué tout espoir ». Les deux ne peuvent se rejoindre, même si le narrateur s'essaie à la fusion entre son esprit, qui habite la nature, et la nature elle-même. Le monde, dont les animaux font partie, mène une vie qui lui est propre, étrangère à celle des hommes.

Pourtant, et Giono le revendique, ce lien qui semble impossible mérite d'être questionné. Cette grande barrière qui se dresse « est là. Il en a fallu de nos méchancetés entassées pendant des siècles pour la rendre aussi solide. » Le narrateur, bien que sachant interpréter les signes de la nature, tels que l'avertissement des corbeaux, constate qu'il n'est pas capable de rassurer la hase à l'agonie qu'il vient pourtant de délivrer de ses prédateurs. L'obstacle serait-il infranchissable ?

**[Partie 2]**

L'écrivain, dans ce premier tiers du XXe siècle, appartient à la frange minoritaire des penseurs qui cherchent à comprendre le monde comme un tout. Montaigne l'avait fait avant lui en remettant en

cause dans le livre II des *Essais* la supériorité de l'homme, qui serait le seul être vivant raisonnable et pensant. Jean Giono s'oppose à tout anthropocentrisme, une idée revendiquée depuis des siècles par les philosophes, d'Aristote à Heidegger, de Descartes à Kant, ou encore partagée par le naturaliste Buffon : une distance infinie sépare l'homme de la bête. Le narrateur parle à la hase et essaie d'initier une communication réciproque, sans nulle supériorité de l'homme sur l'animal.
L'homme de Provence invite le lecteur à questionner la place du sujet dans la relation de l'homme à l'animal, une thématique qui induit depuis la fin du XX^e siècle de nombreux mouvements sociétaux et qui est toujours d'actualité.
Giono raconte les animaux sauvages, ceux qui, vivant en liberté, n'ont qu'un rapport distancié à la vie humaine. Ils vivent à l'état de nature, soumis à la dure loi de l'équilibre proies-prédateurs, mécanisme naturel de régulation.
L'écrivain nous invite à prolonger la réflexion : ainsi la chasse, une pratique qui clive la population, les uns la tenant comme un mécanisme de régulation sans tenir compte de la souffrance et de la mort animales, les autres la pensant en contradiction avec les engagements écologiques et environnementaux qui doivent être pris en compte dans un monde actuel et un futur menacé.
La domestication, en évolution continue depuis l'émergence de la sédentarisation et de l'agriculture au Néolithique, a permis de distinguer les animaux sauvages que décrit Jean Giono, ceux qui ont une existence propre, des animaux d'élevage et de compagnie. Déjà Homère mentionnait Argos, le chien d'Ulysse, fidèle entre les fidèles, ami entre les amis, le seul à reconnaitre son maitre au retour de la guerre de Troie. Ce processus de domestication atteint un point important avec les notions de protection animale et de bienêtre animal, jusqu'à la loi relative à la protection de la nature de 2006, modifiée en 2015 pour y ajouter la notion d'être vivant doué de sensibilité. On peut citer en exemple l'abattage de masse des animaux, qui leur inflige une terreur et une souffrance insoutenables, et la manière dont notre modèle alimentaire a changé, lié à l'idéologie, à la sensibilité de chacun, et plus généralement la représentation de notre mode de vie. Ainsi, les restaurations scolaires ont introduit des menus végétariens et bio et les collectivités territoriales revendiquent désormais des labels en faveur de la biodiversité et de l'éthique animale. Le modèle d'élevage se transforme peu à peu.
Cela permet-il de briser la « grande barrière » de Jean Giono ? Certes, les « méchancetés entassées pendant des siècles pour la rendre aussi solide » résonnent désormais différemment avec la mise en place de cadres collectifs culturels et moraux et de statuts juridiques qui définissent les droits des animaux. L'éthologie, une science nouvelle, questionne les formes d'intentionnalité ou de conscience chez les animaux. Elle permet de considérer la cognition animale et de penser d'une autre manière la subjectivité de l'animal, un être vivant ayant des représentations faisant appel à la mémoire et aux émotions. Mais cela suffit-il pour s'inscrire dans cette ontologie naturaliste que revendique Jean Giono ?
Paradoxalement, la période contemporaine semble se traduire pour la population urbaine par une distanciation de l'homme des villes avec le monde animal, excepté pour l'animal de compagnie dont le statut tend à rejoindre celui d'une personne dépendante et pour lequel l'attachement peut coexister avec une certaine indifférence vis-à-vis des autres animaux. On peut se demander également dans quelle mesure la vision du rapport homme-animal est influencée par les images véhiculées par les médias de masse. La population des campagnes, elle, est concernée plus directement car elle côtoie l'animal et ses positions sont plus contrastées.
Vivre avec les animaux n'est-il finalement qu'une utopie, comme l'écrit Jocelyne Porcher dans un livre paru il y a une dizaine d'années : *Vivre avec les animaux, une utopie pour le XXI^e siècle* ?

**[Conclusion]**

Jean Giono, dans l'extrait de *Solitude de la pitié*, invite donc les hommes, un siècle après son écriture, à reconsidérer la place de l'animal dans notre monde artificialisé. Il questionne plus largement le rapport de l'homme à la nature, au monde, en nous rappelant notre propre humanité. Il en va du respect mutuel mais également de la survie de l'ensemble des espèces.
Cette question mérite d'être abordée dès l'école primaire avec les jeunes générations qui se doivent de participer à la construction du monde de demain.

# SUJET 6

→ Corrigés p. 435

3 heures

## Français — Sujet zéro*

**Texte** **Elsa Triolet, *La Mise en mots*, 1969.**

Si je vous racontais, par exemple, comment je suis descendue aux enfers du *P* souterrain d'un grand magasin ? Enfer encore en construction et déjà en marche. La construction d'une catastrophe, une de ces visions à partir desquelles cela bouge en moi, comme une inquiétude. J'essaye de la raconter, je ne me fais pas comprendre, on ne m'écoute pas, mal, on dit oui, oui… Cela ne se met pas en mots, ne reste exprimé que dans mon langage intime seul. J'ai vécu une descente aux enfers que je ne sais pas dire.

J'y suis entrée en voiture par un trou dans le trottoir, à la suite d'autres voitures, suivie par d'autres voitures. Une fois cette route prise, plus de retour, on est coincé. Odeur de catastrophe. Catacombes étroites, grises de murs et de faibles lumières. On les toucherait de la main, ces murs et plafonds.

Stop : un automate-distributeur de tickets vous guette. Ticket en main, la voiture se présente au bras mécanique de la barrière, le bras se lève et prend la forme d'un gibet pour une personne : vous pouvez passer dessous et sortir du Purgatoire. Alors éclate un bruit d'enfer comme il se doit puisqu'on y est, et la voiture roule lentement… entre dans une zone élargie où il vous est conseillé par écrit de prendre *la première place disponible* (il y a donc des enfers complets ?). On tourne. On tourne encore dans le ventre d'un serpent-dragon souterrain enroulé sur lui-même. Il a avalé toutes les voitures rangées côte à côte, vers les murs. Quelques humains à pied, ces piétons pour qui des passages, pattes du monstre-serpent-dragon-énorme lézard, sont creusés vers l'extérieur.

La première place disponible ? Et si on vous obligeait de tourner, de vous enfoncer de plus en plus profond jusqu'à ce qu'il en apparaisse une ? Si on ne vous permettait pas de gagner la sortie autrement qu'en ayant disposé d'une place ? Ça prendra le temps qu'il faudra, un jour, un an… Parking rouge… Parking vert… Au Luna-Park de ma tendre jeunesse, j'aimais avoir peur dans une baraque avec l'étroit couloir où le sol se dérobait sous mes pieds et où ici et là s'ouvraient des visions d'épouvante. Il n'y a pas de *Luna-Parking* ici, ce n'est pas pour jouer que des petits piétons étrangement vulnérables et furtifs et mous, fuient ou courent après quelque chose, quelqu'un, et les voitures sont des poissons morts abandonnés sur une banquise malsaine.

483 ! ma place disponible porte au-dessus, sur le mur d'un gris menaçant, ce gros numéro. Je ne dois pas l'oublier, ce numéro, on me prévient, on me dit de ne pas l'oublier. Je n'ai pas de quoi écrire. Ma pauvre tête. Des portes. Des ascenseurs. Tous, ils descendent. Plus bas, plus bas, selon la flèche comme le pouce de César. D'après le temps qu'ils mettent pour revenir et tout ce monde qui s'y entasse, ces ascenseurs sont descendus au cœur de la terre, ils risquent de la traverser de part en part. À peine est-on dedans, qu'ils vous arrachent de votre petit quatrième en dessous, sans que personne n'ait fait quelque chose pour cela, leurs portes pincent les derniers arrivants, et les passagers-piétons se précipitent pour libérer les coincés de leur prise. Sortie générale, c'est écrit.

* Ce sujet est l'un des deux sujets zéro proposé en 2021 par le ministère de l'Éducation nationale pour donner un exemple de ce qui sera attendu à partir de la session 2022 : https://www.devenirenseignant.gouv.fr/cid157873/sujets-zero-2022.html

## PARTIE 1 – Étude de la langue

**1** Quels indices orthographiques permettent au lecteur, dans les deux premiers paragraphes, d'identifier le genre du narrateur ou de la narratrice ?

**2** Justifiez l'orthographe des terminaisons soulignées dans les extraits suivants.

**a)** […] on est coincé. (l. 8)

**b)** […] toutes les voitures rangées côte à côte […] (l. 17)

**c)** […] ici ou là s'ouvraient des visions d'épouvante. (l. 25)

**d)** […] tout ce monde qui s'y entasse. (l. 33)

**3** Relevez les pronoms personnels employés dans les extraits suivants.

**a)** Indiquez leur fonction grammaticale.

**b)** Commentez leur emploi en vous appuyant sur ces extraits et sur l'ensemble du texte.

– Si je vous racontais, par exemple […] (l. 1).
– Une fois cette route prise, plus de retour, on est coincé. (l. 8)
– […] un automate-distributeur de tickets vous guette. (l. 11)

**4** Analysez les propositions de la phrase suivante.

J'essaye de la raconter, je ne me fais pas comprendre, on ne m'écoute pas, mal, on dit oui, oui… (l. 4)

**5** Quelle est la nature de chacune des deux expansions du nom soulignées ? Proposez pour le nom ***couloir*** une autre expansion de nature différente.

[…] l'étroit couloir où le sol se dérobait sous mes pieds […] (l. 24-25)

**6** Comment peut-on expliquer le passage au présent dans les lignes suivantes ? Réécrivez cet extrait en le transposant au passé.

Stop : un automate-distributeur de tickets vous guette. Ticket en main, la voiture se présente au bras mécanique de la barrière, le bras se lève et prend la forme d'un gibet pour une personne : vous pouvez passer dessous et sortir du Purgatoire. (l. 11-13)

**7** Quelles sont les marques du type interrogatif dans le texte ? Comment comprenez-vous ici l'emploi des phrases interrogatives ?

## PARTIE 2 – Lexique et compréhension lexicale

**1** Analysez la formation du nom *inquiétude*. (l. 4)

**2** Expliquez en contexte le sens de l'adjectif ***vulnérable***.

> […] des petits piétons étrangement vulnérables et furtifs et mous […] (l. 26-27)

**3** Comment le lexique employé dans le texte construit-il peu à peu l'image des enfers ?

## PARTIE 3 – Réflexion et développement

Le gigantisme technologique est-il associé à la défaite de l'humain ? Vous présenterez votre réponse de façon structurée et argumentée en vous appuyant sur le texte d'Elsa Triolet ainsi que sur l'ensemble de vos connaissances personnelles et de vos lectures.

# CORRIGÉ DU SUJET 6

→ Sujet p. 433

## PARTIE 1 – Étude de la langue

**1** Indices permettant au lecteur d'identifier le genre du narrateur ou de la narratrice :

• *je suis descendue :* dans cette forme verbale, le verbe *descendre* est conjugué au passé composé avec l'auxiliaire *être*. Le participe passé s'accorde donc en genre et en nombre avec le sujet *je*, qui renvoie au narrateur. La terminaison *descendue* au féminin singulier permet de dire que le narrateur est une femme.

• *j'y suis entrée :* le verbe *entrer* est là aussi conjugué au passé composé avec l'auxiliaire *être*. Le participe passé s'accorde en genre et en nombre donc avec le sujet *j'* correspondant au narrateur. La terminaison *entrée* au féminin singulier confirme qu'il s'agit d'une narratrice.

• *suivie par d'autres voitures :* le participe passé *suivie* (qui se rapporte à *j'* : *j'y suis entrée*) est au féminin singulier, confirmant qu'il s'agit d'une narratrice.

En conclusion, ces différents participes passés, au féminin singulier, permettent d'indiquer que le narrateur est une femme.

**ATTENTION**

Il ne suffit pas de dire que la terminaison en *-e* correspond au féminin. Votre justification doit être grammaticale, elle doit tenir compte des relations qui s'instaurent entre les différents éléments de la phrase.

Ici, les relations grammaticales entre les unités ont des répercussions sur leur orthographe, en l'occurrence sur l'accord du participe passé. Ceci permet d'apporter des informations relatives au sens du texte : le narrateur est une femme.

**2 a)** *on est coincé : coincé* est un participe passé employé comme adjectif, qui assume la fonction attribut du sujet. Il s'accorde donc avec le sujet *on*, pronom personnel indéfini, neutre : la terminaison du participe passé est donc celle du masculin singulier.

**REMARQUE**

On pourrait aussi considérer que la forme verbale *on est coincé* correspond à une forme passive. Pour autant ici, il semble s'agir ici davantage d'un constat, d'un résultat, et l'on pourrait remplacer *coincé* par un autre adjectif (commutation ⟶ *on est **triste***).

**b)** *toutes les voitures rang**ées** côte à côte : rang**ées*** est un participe passé employé comme adjectif, qui assume la fonction épithète du nom. Il s'accorde donc avec le nom qu'il détermine, *voitures*, au féminin pluriel.

**c)** *ici ou là s'ouvr**aient** des visions d'épouvante :* le verbe *s'ouvrir* est à l'imparfait (marque *-ai-*) et s'accorde avec son sujet *des visions d'épouvante*, placé après le verbe (on parle de sujet inversé). Ce sujet étant au pluriel, le verbe s'accorde au pluriel (*-ent*).

**d)** *tout ce monde qui s'y entass**e** :* le verbe *s'entasser* est conjugué au présent et s'accorde avec son sujet *qui*, pronom relatif qui reprend *tout ce monde*. Même si ce groupe nominal exprime du point de vue sémantique la pluralité, il s'agit d'un singulier. Le verbe doit donc être conjugué à la 3e personne du singulier.

**3**
– Si **je** **vous** racontais, par exemple […] (l. 1).
– Une fois cette route prise, plus de retour, **on** est coincé. (l. 8)
– […] un automate-distributeur de tickets **vous** guette. (l. 11)

**a)** • ***je :*** sujet du verbe *racontais*.
• ***vous :*** COI du verbe *racontais*.
• ***on :*** sujet du verbe *est*.
• ***vous :*** COD du verbe *guette*.

**ATTENTION**

La fonction correspond à une relation qui s'instaure entre deux unités. Quand on vous demande d'indiquer la fonction d'un mot ou d'un groupe de mots, n'oubliez pas de préciser avec quelle autre unité cette relation s'établit (ici sujet / COD / COI du verbe).

**b)** Dans ces extraits et dans l'ensemble du texte, l'autrice joue sur l'alternance entre les trois pronoms : *je*, *on*, *vous*. Il s'agit ici d'une énonciation en *je* ; nous sommes donc dans le système énonciatif du discours :
– le *je* (pronom personnel de 1re personne) permet de partir de l'expérience singulière de la narratrice (*je suis descendue* ; *j'y suis entrée*) ;
– le pronom indéfini *on* vise à généraliser l'expérience de la narratrice : il permet d'englober le lecteur, en le projetant dans l'action, mais aussi tout un chacun (*on est coincé* ; *on tourne*). Par ce glissement du *je* au *on*, il s'agit de faire partager cette expérience singulière et de permettre à tout lecteur de se la représenter et de se sentir concerné ;
– l'utilisation du pronom personnel de 2e personne *vous* permet, dans la première occurrence, d'interpeler le lecteur de manière individuelle et ciblée (*Si je vous racontais*). Dans le second cas (*un automate-distributeur de tickets vous guette*), il a une valeur générique et permet également de présenter l'expérience de la narratrice comme une expérience partagée : le lecteur s'identifie à la narratrice, dans le ressenti de son expérience singulière.

**4** [J'essaye de la raconter], [je ne me fais pas comprendre], [on ne m'écoute pas, mal], [on dit oui, oui…]

Cette phrase complexe comporte quatre propositions juxtaposées, séparées par un signe de ponctuation (ici une virgule). Chacune de ces propositions est indépendante : elle fonctionne de manière autonome et n'est soumise à aucune autre proposition.

**REMARQUE**

Cette juxtaposition forme une figure de style, l'asyndète, fondée sur la suppression des liens logiques dans une phrase. Elle permet de donner un rythme.
L'asyndète est une forme de parataxe (on dit construction parataxique ou paratactique) : aucun mot de liaison n'explicite les rapports syntaxiques qu'entretiennent les propositions.

**5 a)** […] l'étroit couloir où le sol se dérobait sous mes pieds […]

• ***étroit*** est un adjectif qualificatif, masculin singulier, qui complète le nom *couloir*. Il assume ici la fonction épithète du nom.

• ***où le sol se dérobait sous mes pieds*** est une proposition subordonnée relative (introduite par le pronom relatif *où*). Elle complète également le nom *couloir* et assume la fonction épithète du nom.

**b)** Autre expansion de nature différente : *le couloir* ***du bâtiment***.
***du bâtiment*** est un groupe nominal prépositionnel qui assume la fonction complément du nom *couloir*.

**6** Dans cet extrait, le présent commute avec les temps du récit au passé (imparfait / passé simple) : il s'agit d'un présent de narration, puisqu'il nous permet de suivre la narratrice dans sa descente au souterrain. Des faits passés sont ainsi présentés au présent, ce qui permet de dynamiser le récit, de le rendre plus vivant, et d'accroitre la saillance narrative des évènements évoqués.
*Transposition au passé :* Stop : un automate-distributeur de tickets vous **guettait**. Ticket en main, la voiture se **présentait** au bras mécanique de la barrière, le bras se **levait** et **prenait** la forme d'un gibet pour une personne : vous **pouviez** passer dessous et sortir du Purgatoire.

**ATTENTION**

La consigne indiquait de réécrire cet extrait au passé, sans préciser à quel temps précis du passé. Le passage a été transposé à l'imparfait, pour décrire, rendre compte dans le passé, de la succession des différentes actions présentées au présent dans le texte originel.

**7** Dans cet extrait, on retrouve cinq phrases interrogatives, marquées à l'écrit par la présence du point d'interrogation, correspondant à l'oral à un courbe intonative montante.
La première phrase (*Si je vous racontais, par exemple, comment je suis descendue aux enfers du* P *souterrain d'un grand magasin ?*) ouvre l'extrait et fait office de proposition adressée au lecteur : l'autrice, d'une façon rhétorique, propose à son lecteur de lui raconter une expérience particulière et l'interpelle pour susciter son attention.
Un peu plus loin, la phrase *il y a donc des enfers complets ?* apparait sous la forme d'un commentaire, entre parenthèses : la narratrice commente l'expérience qu'elle raconte et semble s'interroger à voix haute. Ceci explique sans doute pourquoi cette phrase interrogative ne présente pas une inversion sujet-verbe mais suit les caractéristiques de l'oral.
Le début du quatrième paragraphe se caractérise par la présence de trois phrases interrogatives successives. La première (*La première place disponible ?*) est une phrase non verbale, qui traduit l'interrogation soudaine de la narratrice. Cette phrase est suivie de deux autres phrases interrogatives, construites sur une hypothèse, une supposition (phrases introduites par la conjonction de subordination *si* suivie du conditionnel – *Et si on vous obligeait de tourner, de vous enfoncer de plus en plus profond jusqu'à ce qu'il en apparaisse une ?* –, et à la forme négative pour la seconde – *Si on ne vous permettait pas de gagner la sortie autrement qu'en ayant disposé d'une place ?*). La succession de ces trois phrases interrogatives reflète les questions et les inquiétudes qui assaillent la narratrice au fur et à mesure qu'elle s'enfonce dans le souterrain. L'enchainement de ces phrases traduit la montée de son angoisse, la peur d'être prise au piège.

## PARTIE 2 – Lexique et compréhension lexicale

**1** Le mot *inquiétude* est formé par dérivation à partir du radical *quiet-* qui signifie « repos ». Lui sont adjoints le préfixe *in-* qui exprime le contraire et le suffixe nominal *-ude* qui exprime l'agitation. Ainsi le mot *inquiétude* exprime une anxiété, une crainte.

**2** Dans le contexte, le mot *vulnérable* exprime une fragilité. Les piétons évoqués sont un rappel au jeu de fête foraine qui faisait peur, comme l'indique la narratrice. À la différence qu'ici, les piétons ne jouent pas, ne sont pas dans une fête foraine et sont *étrangement* vulnérables, fragilisés par la situation dans ce parking vu comme les enfers. Les piétons sont écrasés du poids de la structure immense que représente le parking, écrasés par la masse de voitures inertes, comparées à des poissons morts.

**3** L'image des enfers se construit dès la première ligne lorsque la narratrice évoque sa descente aux enfers, expression que l'on doit à la mythologie, grecque en particulier. L'expression inaugure et clôture le premier paragraphe : ce sera le récit de cette descente que la narratrice essaie de raconter.
Le mot *enfer* disparait ensuite pour laisser place à celui de *catastrophe*. La référence christique peut également être retenue puisque la narratrice évoque le *Purgatoire*, qui correspond à la descente au tombeau. Le champ lexical de la mort est fortement présent : *trou*, *catacombes*, *gibet*, *poissons morts*, *le pouce de César* (en référence aux gladiateurs dans les jeux de cirque qui pouvaient être graciés ou condamnés par un simple geste du pouce), *descendre au cœur de la terre*. À cela s'ajoute le fort sentiment d'emprisonnement. En effet, la narratrice se sent coincée, face à un monstre dont le nom composé de plusieurs noms accentue la monstruosité : *monstre-serpent-dragon-énorme lézard* (forme de Cerbère, gardien des Enfers).
L'image des Enfers est donc construite par le biais de différents procédés dans cet extrait : par la répétition du mot *enfer*, repris de nombreuses fois, par la présence d'un champ lexical très développé (en particulier celui de la mort), par les références culturelles utilisées (mythologie, religion, antiquité).

## PARTIE 3 – Réflexion et développement

*Dans la proposition de corrigé qui suit, différents éléments sont repérés en* ***bleu****. Ils apparaissent pour vous permettre d'avoir une vue d'ensemble sur l'organisation de la réponse. Mais attention, ces indications ne doivent pas figurer sur votre copie !*

**[Introduction]**

La technologie fait partie de notre quotidien et nous ne pourrions pas nous en passer. Toutefois les excès technologiques dans de nombreux domaines tels que la science, la médecine, la téléphonie… peuvent desservir la société.
Elsa Triolet, dans son essai *La Mise en mots* paru en 1969, s'interroge sur sa démarche créatrice. Dans l'extrait proposé, la narratrice, Elsa Triolet, tente de raconter une descente dans un parking souterrain, descente qu'elle vit comme celle aux Enfers. Le texte parait en 1969, dans les années d'explosion industrielle.
Sa lecture permet d'interroger le rapport à la technologie : le gigantisme technologique est-il associé à la défaite de l'humain ?
D'après l'expérience racontée par l'autrice, la technologie est vécue comme un frein à l'évolution humaine ; elle a pourtant vocation à être au service de l'homme même si elle peut l'amener à se fourvoyer et provoquer sa défaite.

**[Partie 1]**

Les nouveautés technologiques au service de l'homme peuvent aller à l'encontre de leur objectif premier : l'expérience relatée par Elsa Triolet dans un parking souterrain est assimilée à une véritable descente aux Enfers.

En 1969, année de la publication de l'œuvre, les parkings souterrains sont nouveaux, ce que découvre la narratrice qui ne semble pas opposée au progrès. Le lecteur découvre ainsi peu à peu les tribulations de la conductrice. Si les étapes ne doivent sans doute pas être inconnues pour le lecteur contemporain, le point de vue de la narratrice l'oblige à reconsidérer les choses et leur utilité, voire leur sens. Dès son entrée, elle présente le parking comme un espace d'enfermement : un gardien « vous guette », un « bras se lève et prend la forme d'un gibet », un monstre a « avalé toutes les voitures ». Ainsi le lecteur déambule dans les spirales du labyrinthe du Minotaure, « monstre-serpent-dragon-énorme lézard ». Car le parking est ainsi présenté : dangereux, dans un cheminement imposé duquel il sera difficile de sortir. Les êtres humains, devenus piétons après avoir garé leur voiture, sont vus comme des êtres prisonniers, pris à la gorge dans cette impossibilité de rebrousser chemin. Émile Zola a su décrire de cette façon, dans *Germinal*, la descente à la mine des mineurs, vus comme des petites fourmis œuvrant pour le progrès technologique.
Le lecteur assiste à une véritable descente aux Enfers, telle que racontée dans la mythologie grecque lorsqu'Orphée va chercher Eurydice. La narratrice y fait allusion, créant ainsi une interrogation sur le sens de ces endroits censés permettre de gagner du temps, de gagner une forme de liberté en ayant les rayons du supermarché à portée de mains… Il s'agit en fait d'un asservissement : cette descente aux Enfers traduit le conditionnement dans lequel l'être humain s'est enfermé : les chemins sont tracés, celui des voitures, il est « conseillé de prendre la première place disponible », « des passages […] sont creusés » pour les piétons. Les parkings souterrains ont pour vocation de répondre à la quantité de voitures : ils obligent à repenser la circulation des individus, des voitures et des piétons. Si le texte date de 1969, l'interrogation sur la massification et la circulation reste d'actualité et au centre du questionnement des sociétés. À cela s'ajoute la violence présente dans les parkings à l'égard des femmes.

**[Partie 2]**

La métaphore des Enfers relatée par la narratrice renvoie au rôle premier de la technologie : au service des hommes, elle tend à le soumettre plus qu'à le libérer.
Dans un premier temps, le progrès reste au service de l'homme. Dans une forme plus légère, la narratrice évoque, à travers le Luna-Park, le plaisir de la fête foraine. Par ailleurs, les progrès qui ont permis l'accès à l'eau potable, l'électricité ou encore la médecine pour tous constituent indéniablement un service rendu à l'humanité. La situation sanitaire internationale rencontrée en 2020 traduit ce rapport favorable à l'humanité. Les moyens numériques ont rendu possible une concertation internationale tout comme l'évolution technologique de la médecine.
Mais l'évolution technique au service de l'homme n'est pas sans conséquences : la robotisation supprime des emplois, le nucléaire pollue irrémédiablement… L'homme s'est ainsi fourvoyé, demeurant prisonnier de ce progrès, même si depuis la révolution industrielle du XIXe siècle, il lui a voué une grande confiance. Elsa Triolet tente de l'expliquer en présentant l'individu dominé par les instances technologiques qui décident du sort des automobilistes « comme le pouce de César ». Le gigantisme, l'excès du nombre, l'excès des informations, l'excès de contrôle engendrent ce sentiment de perte d'autonomie. Sentiment que l'on retrouve dans nombre de dystopies de science-fiction où l'individu est au service de la technologie. George Orwell, dans son célèbre roman *1984*, met en scène un Big Brother qui instaure, par le biais de la vidéosurveillance, un contrôle permanent de l'individu. Si cette technologie permet des progrès, elle génère des risques d'atteinte aux droits essentiels tels que l'on peut le voir dans l'usage qui est fait avec outrance des détecteurs visuels en Chine. Plus récemment, Bernard Beckett, dans son livre destiné aux adolescents *Genesis*, démontre à l'inverse le début d'une humanité dans un monde régi uniquement par des robots, traitant ainsi d'un thème très actuel, la robotisation à l'excès. Car ce n'est pas tant le progrès qui est à interroger que son excès, ce que l'on nomme le gigantisme technologique, qui, comme l'écrivait Jean-Gabriel Ganascia (président du Comité d'éthique du CNRS) en 2007, pourrait aboutir à une domination programmée de l'intelligence artificielle qui prendrait le pas sur le pouvoir décisionnaire de l'être humain.
Ce que ressent le lecteur face au texte d'Elsa Triolet est de l'ordre du malaise : un renversement de situation semble naitre. Et si la technologie, par son emploi excessif, allait à l'encontre de son

but premier, si elle contribuait à l'aliénation de l'individu, à une forme de déshumanisation ? Les piétons du parking souterrain sont « étrangement vulnérables » et semblent fuir « quelque chose, quelqu'un ». La massification dans tous ses aspects : scolaire, professionnelle, géographique… crée inexorablement la perte de l'individu. Pour autant, cette défaite n'est pas inéluctable. Le documentaire *Demain* de Cyril Dion et Mélanie Laurent démontre qu'il est encore possible de retrouver l'humanité à travers des actions écologiques de partage permettant de mettre l'individu au centre du progrès. La jeune Greta Thunberg est également un témoignage de cette volonté de sortir de cet enfermement, de sortir des Enfers, pour filer la métaphore d'Elsa Triolet.

[Conclusion]

Le texte d'Elsa Triolet s'inscrit dans une démarche créatrice d'un éditeur, Albert Skira, qui a souhaité donner la parole aux écrivains afin de s'interroger sur leur propre création. À travers l'épopée décrite dans ce parking souterrain, assimilée à une descente aux Enfers, l'autrice offre au lecteur contemporain, cinquante ans plus tard, l'occasion de s'interroger sur les excès du progrès. Entre perte d'autonomie, de repères, l'individu semble soumis à une autorité technologique. Toutefois, il est encore possible d'inverser les rôles et de lui permettre de retrouver sa souveraineté afin de mettre un terme à la marche d'une déshumanisation. Les jeunes générations semblent pouvoir être en mesure de relever le défi.

# BIBLIOGRAPHIE SITOGRAPHIE

## Parties 1 et 2 – Grammaire et lexique


- PELLAT, J.-C. & FONVIELLE, S., *Le Grevisse de l'enseignant, La référence grammaticale indispensable – Du son au texte*, Magnard, 2016.
- PELLAT, J.-C. (dir.), *Le Grevisse de l'enseignant, L'analyse des textes, outils pour l'interprétation des textes – Des signes au sens*, Magnard, 2017.
- PELLAT, J.-C. & FONVIELLE, S., *Le Grevisse de l'enseignant, 1000 exercices de grammaire*, Magnard, 2018.


Le volume *Du son au texte* a une dimension didactique.
Le volume *L'analyse des textes* peut aussi être un outil utile (types et genres de textes, faits de langue et procédés rhétoriques…)
Pour compléter la partie grammaire, le dernier volume propose *1 000 exercices de grammaire*.


- TISSET, C., *Enseigner la langue française à l'école – La grammaire, l'orthographe, la conjugaison*, Hachette Éducation, 2017.
- TOMASSONE, R., 1996, *Pour enseigner la grammaire*, Delagrave.

*Pour approfondir :*

- RIEGEL, M., PELLAT, J.-C. & RIOUL, R., *Grammaire méthodique du français*, PUF, Collection « Quadrige Manuels », 2021.

### Sites Internet

- https://www.ccdmd.qc.ca/fr/ : entraînements, exercices
- https://www.quebec.ca/education/apprendre-le-francais/outils-ressources


## Partie 3 – Réflexion et développement


- BRAUNSTEIN, F., PÉPIN, J.-F., *La culture générale pour les nuls*, First Édition, 2019 : un tour d'horizon de la culture générale à travers 200 notions aussi variées que le géocentrisme, le cinéma muet, les droits de l'homme, le cynisme, la mondialisation…

### Site Internet

- https://eduscol.education.fr/1712/programmes-et-ressources-en-francais-voie-gt : pour la littérature, le programme du lycée et ses ressources citent aussi des sites.